最新校勘精注今译本

四書五經

原　著　春秋　孔子等

学术顾问　汤一介　文怀沙

六

中國書店

論語卷之一

學而第一

朱熹集註

此爲書之首篇故所記多務本之意乃
入道之門積德之基學者之先務也凡
十六章

子曰學而時習之不亦說乎　同
學之爲言效也人性皆善而覺有先後後覺
者必效先覺之所爲乃可以明善而復其初
也習鳥數飛也學之不已如
鳥數飛也說喜
意也既學而又時
時習之則所學者熟而中

襄公十四年

经　十有四年春，王正月，季孙宿、叔老会晋士匄、齐人、宋人、卫人、郑公孙虿、曹人、莒人、邾人、滕人、薛人、杞人、小邾人会吴于向。二月乙未朔，日有食之。夏四月，叔孙豹会晋荀偃、齐人、宋人、卫北宫括、郑公孙虿、曹人、莒人、邾人、滕人、薛人、杞人、小邾人伐秦。己未，卫侯出奔齐。莒人侵我东鄙。秋，楚公子贞帅师伐吴。冬，季孙宿会晋士匄、宋华阅、卫孙林父、郑公孙虿、莒人、邾人于戚。

传　十四年春，吴告败于晋。会于向，为吴谋楚故也。范宣子数吴之不德也①，以退吴人②。

执莒公子务娄，以其通楚使也。

将执戎子驹支③。范宣子亲数诸朝，曰：“来，姜戎氏！昔秦人迫逐乃祖吾离于瓜州④，乃祖吾离被苫盖⑤，蒙荆棘⑥，以来归我先君。我先君惠公有不腆之田，与女剖分而食之。今诸侯之事我寡君不如昔者，盖言语漏泄，则职女之由⑦。诘朝之事，尔无与焉⑧！与将执女！”对曰：“昔秦人负恃其众，贪于土地，逐我诸戎。惠公蠲其大德⑨，谓我诸戎是四岳之裔胄也⑩，毋是翦弃⑪。赐我南鄙之田，狐狸所居，豺狼所嗥。我诸戎除剪其荆棘，驱其狐狸豺狼，以为先君不侵不叛之臣，至于今不贰。昔文公与秦伐郑，秦人窃与郑盟而舍戍焉，于是乎有殽之师。晋御其上，戎亢其下，秦师不复⑫，我诸戎实然。譬如捕鹿，晋人角之⑬，诸戎掎之⑭，与晋踣之⑮，戎何以不免？自是以来，晋之百役⑯，与我诸戎相继于时⑰，以从执政，犹殽志也。岂敢离逷⑱？今官之师旅⑲，无乃实有所阙，以携诸侯⑳，而罪我诸戎！我诸戎饮食衣服，不与华同，贽币不通㉑，言语不达，何恶之能为？不与于会，亦无瞢焉㉒！”赋《青蝇》而退㉓。宣子辞焉，使即事于会，成恺悌也㉔。

于是，子叔齐子为季武子介以会㉕，自是晋人轻鲁币㉖，而益敬其使。

吴子诸樊既除丧㉗，将立季札。季札辞曰：“曹宣公之卒也，诸侯与曹人不义曹君，将立子臧。子臧去之，遂弗为也，以成曹君。君子曰：‘能守节。’君，义嗣也㉘。谁敢奸君？有国，非吾节也。札虽不才，愿附于子臧㉙，以无失节。”固立之。弃其室而耕。乃舍之。

夏，诸侯之大夫从晋侯伐秦，以报栎之役也。晋侯待于竟，使六卿帅诸侯之师以进。及泾，不济。叔向见叔孙穆子㉚，穆子赋《匏有苦叶》㉛。叔向退而具舟，鲁人、莒人先济。郑子蟜见卫北宫懿子曰㉜："与人而不固，取恶莫甚焉！若社稷何？"懿子说。二子见诸侯之师而劝之济，济泾而次。秦人毒泾上流㉝，师人多死。郑司马子蟜帅郑师以进，师皆从之，至于棫林㉞，不获成焉㉟。荀偃令曰："鸡鸣而驾，塞井夷灶，唯余马首是瞻㊱！"栾黡曰："晋国之命，未是有也。余马首欲东。"乃归。下军从之。左史谓魏庄子曰㊲："不待中行伯乎㊳？"庄子曰："夫子命从帅。栾伯，吾帅也，吾将从之。从帅，所以待夫子也。"伯游曰㊴："吾令实过，悔之何及，多遗秦禽㊵。"乃命大还㊶。晋人谓之迁延之役㊷。

栾针曰："此役也，报栎之败也。役又无功，晋之耻也。吾有二位于戎路㊸，敢不耻乎？"与士鞅驰秦师㊹，死焉。士鞅反，栾黡谓士匄曰："余弟不欲往，而子召之㊺。余弟死，而子来，是而子杀余之弟也。弗逐，余亦将杀之。"士鞅奔秦。

于是齐崔杼、宋华阅、仲江会伐秦，不书，惰也。向之会亦如之。卫北宫括不书于向，书于伐秦，摄也㊻。

秦伯问于士鞅曰："晋大夫其谁先亡？"对曰"其栾氏乎！"秦伯曰："以其汰乎？"对曰："然。栾黡汰虐已甚，犹可以免。其在盈乎㊼！"秦伯曰："何故？"对曰："武子之德在民㊽，如周人之思召公焉，爱其甘棠㊾，况其子乎？栾黡死，盈之善未能及人，武子所施没矣，而黡之怨实章㊿，将于是乎在。"秦伯以为知言[51]，为之请于晋而复之。

卫献公戒孙文子、宁惠子食[52]，皆服而朝。日旰不召[53]，而射鸿于囿。二子从之，不释皮冠而与之言[54]。二子怒。孙文子如戚[55]，孙蒯入使[56]。公饮之酒，使大师歌《巧言》之卒章[57]。大师辞，师曹请为之[58]。初，公有嬖妾，使师曹诲之琴，师曹鞭之。公怒，鞭师曹三百。故师曹欲歌之[59]，以怒孙子以报公。公使歌之，遂诵之[60]。蒯惧，告文子。文子曰："君忌我矣，弗先，必死。"

并帑于戚而入[61]，见蘧伯玉曰[62]："君之暴虐，子所知也。大惧社稷之倾覆，将若之何？"对曰："君制其国，臣敢奸之？虽奸之，庸知愈乎？"遂行，从近关出。

公使子蟜、子伯、子皮与孙子盟于丘宫[63]，孙子皆杀之。四月己未[64]，子展奔齐[65]。公如鄄，使子行请于孙子，孙子又杀之。公出奔齐，孙氏追之，败公徒于阿泽[66]。鄄人执之[67]。

初，尹公佗学射于庾公差，庾公差学射于公孙丁。二子追公⑱，公孙丁御公。子鱼曰："射为背师，不射为戮，射为礼乎。"射两鞅而还⑲。尹公佗曰："子为师，我则远矣。"乃反之。公孙丁授公辔而射之，贯臂。

子鲜从公⑳，及竟，公使祝宗告亡㉑，且告无罪。定姜曰㉒："无神何告？若有，不可诬也。有罪，若何告无？舍大臣而与小臣谋，一罪也。先君有冢卿以为师保㉓，而蔑之㉔，二罪也。余以巾栉事先君㉕，而暴妾使余㉖，三罪也。告亡而已，无告无罪。"

公使厚成叔吊于卫，曰："寡君使瘠㉗，闻君不抚社稷㉘，而越在他竟㉙，若之何不吊？以同盟之故，使瘠敢私于执事曰㉚：'有君不吊㉛，有臣不敏㉜，君不赦宥，臣亦不帅职㉝，增淫发泄㉞，其若之何？'"卫人使大叔仪对曰："群臣不佞，得罪于寡君。寡君不以即刑而悼弃之㉟，以为君忧。君不忘先君之好，辱吊群臣，又重恤之。敢拜君命之辱，重拜大贶㊱。"厚孙归，复命，语臧武仲曰："卫君其必归乎！有大叔仪以守，有母弟鱄以出㊲，或抚其内，或营其外，能无归乎？"

齐人以郲寄卫侯㊳。及其复也，以郲粮归。

右宰穀从而逃归㊴，卫人将杀之。辞曰㊵："余不说初矣㊶，余狐裘而羔袖㊷。"乃赦之。

卫人立公孙剽，孙林父、宁殖相之，以听命于诸侯。

卫侯在郲。臧纥如齐，唁卫侯㊸。卫侯与之言，虐㊹。退而告其人曰㊺："卫侯其不得入矣！其言粪土也㊻，亡而不变，何以复国？"子展、子鲜闻之，见臧纥，与之言，道㊼。臧孙说，谓其人曰："卫君必入。夫二子者，或挽之㊽，或推之，欲无入，得乎？"

师归自伐秦，晋侯舍新军㊾，礼也。成国不过半天子之军㊿，周为六军，诸侯之大者，三军可也。

于是知朔生盈而死⓮，盈生六年而武子卒，彘裘亦幼⓯，皆未可立也。新军无帅，故舍之。

师旷侍于晋侯⓰。晋侯曰："卫人出其君，不亦甚乎？"对曰："或者其君实甚。良君将赏善而刑淫，养民如子，盖之如天，容之如地。民奉其君，爱之如父母，仰之如日月，敬之如神明，畏之如雷霆，其可出乎？夫君，神之主而民之望也⓱。若困民之主⓲，匮神乏祀⓳，百姓绝望，社稷无主，将安用之？弗去何为？天生民而立之君，使司牧之⓴，勿使失性。有君而为之贰㉕，使师保之㉖，勿使过度。是故天子有公，诸侯有卿，卿置侧室㉗，大夫有贰宗，士有朋友，庶人、工、商、皂、隶、牧、圉皆有亲昵，以相辅佐也。善则赏之，过则匡之⑫，患则救之，失则革之⑬。自王以下，各有父兄子弟，以补察其政。史为书⑭，瞽为诗⑮，工诵箴谏⑯，大夫规诲⑰，士传言，庶人谤⑱，商旅于市⑲，百工献艺⑳。故《夏书》曰：'遒人以木铎徇于路㉑。官师相规㉒，工执艺事以谏。'正月孟春，于是乎有之㉓，谏失常也。天之爱民甚矣。岂其使一人肆于民上，以从其淫，而弃天地之性？必不然矣。"

秋，楚子为庸浦之役故，子囊师于棠以伐吴㉔，吴不出而还。子囊殿，以吴为不能而弗儆。吴人自皋舟之隘要而击之㉕，楚人不能相救。吴人败之，获楚公子宜穀。

王使刘定公赐齐侯命，曰："昔伯舅大公㉖，右我先王，股肱周室，师保万民，世胙大师，以表东海㉗。王室之不坏，繄伯舅是赖。今余命女环㉘，兹率舅氏之典㉙，纂乃祖考㉚，无忝乃旧㉛。敬之哉，无废朕命！"

晋侯问卫故于中行献子㉜，对曰："不如因而定之。卫有君矣，伐之，未可以得志而勤诸侯。史佚有言曰：'因重而抚之㉝。'仲虺有言曰㉞：'亡者侮之，乱者取之，推亡固存，国之道也。'君其定卫以待时乎！"

冬，会于戚，谋定卫也。

范宣子假羽毛于齐而弗归㉟，齐人始贰。

楚子囊还自伐吴，卒。将死，遗言谓子庚㊱："必城郢。"君子谓："子囊忠。君薨不忘增其名㊲，将死不忘卫社稷，可不谓忠乎？忠，民之望也。《诗》曰：'行归于周，万民所望㊳。'忠也。"

【注释】

①数：指责。　②退：拒绝。　③驹支：戎子名。　④乃祖：你的祖父。瓜州：即今甘肃敦煌。一说在今秦岭高峰的南北两坡。　⑤被苫盖：披着草编的遮身物，如今之蓑衣。　⑥蒙：冒。　⑦职女之由：当是由于你。　⑧与：参加。　⑨蠲：显明。　⑩四岳之裔胄：四岳的后代。四岳，尧时方伯，姜姓。　⑪毋是翦弃：倒装句，即毋翦弃是。翦弃，除去。　⑫不复：回不去。意为覆没。　⑬角之：抓住角。　⑭掎（jǐ）之：拉住后腿。　⑮踣（bó）之：使之仆倒。　⑯百役：泛指所有战役。　⑰相继于时：未尝间断。　⑱离逖（tì）：远离。⑲官之师旅：外交辞令，即晋执政者。　⑳携诸侯：使诸侯携贰。　㉑赍币不通：财货不相往来。　㉒瞢（méng）：闷，愧，忧。　㉓《青蝇》：《诗经·小雅》篇名。　㉔成恺悌：不信谗言。《青蝇》诗意如此。　㉕子叔齐子：即叔老。　㉖轻鲁币：减轻鲁国财礼。　㉗除丧：服丧终结。　㉘义嗣：合法继承人。诸樊为死君嫡长子，当继承，故曰义嗣。　㉙附：追随，效仿。　㉚叔孙穆子：鲁大夫叔孙豹。　㉛《匏有苦叶》：《诗经·邶风》中篇名。　㉜北宫懿

子：即北宫括。㉝毒泾上流：在泾水上游放毒物。㉞棫（yù）林：秦地名，在泾阳县泾水西南。㉟不获成焉：不能使秦媾和。㊱唯余马首是瞻：只看我的马头行事。㊲魏庄子：魏绛。㊳中行伯：即荀偃。㊴伯游：荀偃字。㊵多遗秦禽：多留下人马只能为秦所擒获。㊶大还：全部撤军。㊷迁延之役：拖拉无功的战役。㊸戎路：将帅所乘的兵车，栾黡时为戎右，居第二位。㊹士鞅：士匄之子。㊺而子：你的儿子。㊻摄：积极参与。㊼盈：栾黡之子。㊽武子：栾书，黡之父。㊾爱其甘棠：召公听讼，舍于甘棠之下，周人思之，不害其树，而作勿伐之诗。见《诗经·召南》。㊿章：同“彰”，明显。(51)知言：明智的话。(52)戒……食：即邀请……吃饭。(53)日旰（gān）：天色已晚。(54)皮冠：用白鹿皮制成的帽子，田猎时戴上，君见臣，臣若穿朝服，依当时礼节，应脱去皮冠。(55)戚：孙林父采邑。(56)孙蒯入使：孙蒯，林父之子。入使，入朝请命。(57)《巧言》：《诗经·小雅》篇名。其卒章云“彼何人斯，居河之麋。无拳无勇，职为乱阶”。卫献公以此比喻孙文子居河上将作乱。(58)师曹：太师所属乐人。(59)歌：依照乐谱歌唱。(60)诵：朗诵。(61)并帑：合并家兵臣仆。(62)蘧伯玉：卫臣，名瑗，谥成子。(63)丘宫：卫都宫名。(64)己未：二十六日。(65)子展：卫献公弟。(66)阿泽：地名，在今山东阳谷县东北。又作河泽，柯泽。(67)执之：指抓获卫献公的败兵。(68)二子：指尹公佗与庾公差。(69)軥（gōu）：车辕两端的曲木。(70)子鲜：卫献公母弟。(71)祝宗：掌祭祀的官员。(72)定姜：卫定公夫人，献公嫡母。(73)冢卿：指孙林父、宁殖等卿。(74)蔑：轻视。(75)巾栉：梳洗的工具。(76)暴妾使余：对待我像对待婢妾一样残暴。(77)瘠：厚成叔名。(78)不抚：不有。(79)越：播越，流亡。(80)执事：指卫国诸大夫。(81)不吊：不善。(82)敏：明达。(83)帅职：尽职。(84)增淫：积蓄已久。(85)悼弃之：远弃群臣。意即流亡。(86)重拜大贶：再拜哀怜群臣。(87)鱄：即子鲜。(88)以郲寄卫侯：把郲邑让卫侯寄居。郲即莱。(89)右宰穀：卫大夫。(90)辞：辩解。(91)不说初：指最初跟随献公并不乐意。说，同悦。(92)狐裘而羔袖：此为比喻句。狐皮贵重以喻善，羊皮轻贱以喻恶。意为一身尽善而仅有小恶。喻虽从君出，其罪不多。一说，狐裘羔袖本末不同，喻虽从君出，与君异心。(93)唁：吊生，慰问。(94)虐：粗暴。(95)其人：当为臧纥下属。(96)粪土：比喻粗暴。(97)道：和顺。(98)挽：前牵为挽。(99)舍：撤销。(100)成国不过半天子之军：大国不超过天子军队的一半，成国，一说为“成千乘之国”。(101)知朔：知䓨之子，知盈之父。(102)彘裘：士鲂之子。(103)师旷：晋乐太师，字子野。(104)神之主：神灵的祭主。(105)困民之主：使百姓生计困乏。主当为“生”字之误。(106)匮神之祀：对鬼神缺乏祭祀。(107)司牧：统治。(108)性：天性，本性。(109)贰：辅佐。(110)师保：用作动词，即教育保护。(111)侧室、贰宗：详见桓公二年传注。(112)匡：纠正。(113)革：更改。(114)史：太史。(115)瞽（gǔ）：乐师。(116)工：乐工。(117)规诲：教导。(118)谤：公开指责过失。(119)商旅于市：即商旅议于市，承上省略一动词。(120)百工献艺：即百工献艺以谏的省略。(121)遒人：宣传命令的官员。木铎：一种金口木舌的铃，金铎用于武事，木铎用于文教。(122)官师相规：官师规劝。官师，一官之长，地位不高。(123)有之：有遒人徇于路。(124)棠：地名，在今江苏六合县西。(125)皋舟：吴国的险隘之道。(126)伯舅大公：即姜太公吕尚。(127)表：显扬。(128)环：齐灵公名。(129)兹率：孜孜不倦地遵循。(130)纂乃祖考：继承你的祖先。纂，继；乃，你的。

⑬无忝乃旧：不要玷辱你的祖先。忝，辱。旧，即祖考。 ⑬故：事。 ⑬因重而抚：因为重不可移，就安定之。意为卫殇公已经即位。 ⑬仲虺（huǐ）：商汤的左相。 ⑬羽毛：羽，鸟羽；毛，又作旄，即旄牛尾。羽毛用作旗杆或仪仗的装饰。 ⑬子庚：即公子午，继子囊为令尹。 ⑬增其名：指楚共王死时谥其号为"共"。 ⑬行归于周，万民所望：见《诗经·小雅·都人士》的首章。周，忠信。

【译文】

十四年春季，吴国向晋国报告战败的消息。季孙宿、叔老和晋国的士匄、齐国人、宋国人、卫国人、郑国的公孙虿、曹国人、莒国人、邾国人、滕国人、薛国人、杞国人、小邾国人在向地和吴国人会谈，为吴国谋划对付楚国。士匄指责吴国人在楚国国丧期间攻打是不道德的，并拒绝了吴国人。

会上又抓住了莒国的公子务娄，因为他私通楚国的使节。

还准备把戎子驹支抓起来。士匄在朝廷上指责他："你过来！姜戎氏！从前秦国人把你的祖先吾离从瓜州赶出来时，他身披衰衣，头戴草帽投奔我们先君。当时先君惠公虽然田地不多，却和他一分为二，让其能够生存下去。如今诸侯事奉寡君不如以前了，大概是因为有什么言语被泄露了出去。这都是由于你们的缘故。明天早晨开会时你不要参加了，不然就把你抓起来。"戎子驹支回答说："过去秦国依仗人多，贪图我们的土地，驱赶我们戎人各部落。惠公表现了他的崇高德行，认为我们戎人也是尧时方伯的后代，不能把我们抛弃。就把晋国南部边疆的土地赐给了我们，那里狐狸出没，豺狼嚎叫。我们各部落戎人劈荆斩棘，驱逐了野兽，准备做一个永不侵犯背叛先君的忠臣，直到现在也没有二心。从前晋文公和秦国一同攻打郑国，秦国人又私下和郑国讲和，并且增派军队戍守郑国，因此发生了殽地之战。在这一战役中，晋国从正面作战，我们戎人在后面抵抗，秦军之所以全军覆没，就是因为有戎人各部奋力助战。就比如捕鹿，晋国人抓住了鹿角，戎人从后面抓住了鹿的腿，一同把它摔倒，为什么我们戎人还要受到责备呢？自殽战以来，晋国发动的数次战争，我们戎人都及时参加，绝对服从，和殽战一样尽心尽力，岂敢违背？现在恐怕是贵国执政者有了过失，使诸侯离心离德，却反过来指责我们戎人。我们戎人的饮食和服装都和中原各国不同，而且不相往来，言语不通，能做什么坏事呢？即使不让参加会议，我们也问心无愧。"说完吟诵着《青蝇》一诗退了下去。士匄急忙上前道歉，并当即决定让他参加会议，表现了不听谗言的宽广胸怀。

此时子叔齐子作为季武子的副手参加大会，从此晋国减轻了鲁国的贡礼，并更加敬重鲁国的使者。

吴子诸樊除去丧服之后，准备立弟弟季札为国君。季札推辞说："曹宣公去世时，诸侯和曹国人都不赞成立曹君，准备立子臧。子臧逃离了曹国，因此曹国人就改变了主意，成全了曹君。君子认为子臧的这种行为是'能保守节操。'国君您是合法继承人，谁敢冒犯您。当国君不是我的志向。我季札虽然没有什么才干，但愿意效仿子臧以不失操守。"诸樊坚持要立他为君。季札放弃了家产到乡间种田去了。诸樊才不再勉强他。

夏季，诸侯的大夫们都随同晋悼公攻打秦国，以报栎地一战之仇。悼公停在国境等候，派六卿率联军继续前进。行至泾水时，军队都不肯渡过河去。叔肸进见叔孙豹，叔孙豹吟诵了《匏有苦叶》一诗后，叔肸便退出去准备船只了，鲁国人、莒国人率先渡河。郑国的子蟜求见卫国的北宫懿子说："既然顺服晋国却又不死心踏地，没有比这更令人讨厌的了。这样国家将怎么办？"懿子非常高兴。两人去拜见诸侯各军，劝他们尽快渡河，随后军队渡过泾水，驻扎到对岸。秦国人在泾水上游下了毒，军队中很多人中毒而死。郑国的司马子蟜率领郑国军队出发，其他军队随后跟上，行至棫林，仍然没能使秦国屈服求和。荀偃下令："明天早晨鸡叫时驾好战车，填井平灶，跟着我的马走就行了。"栾黡说："晋国还从来没有下过这样的命令。我的马头可是要往东走的啊！"于是掉转马头回国了，整个下军也随他回去了。左史对魏绛说："我们也不等荀偃吗？"魏绛说："是他命令我们要服从主帅。栾黡是我的主帅，我只能跟从他。服从主帅，也就是服从荀偃。"荀偃说："我的命令确实有失误，后悔也来不及，只能给秦国创造一次战胜的机会。"于是下令全部撤退。晋国人称这次战役为"拖拖拉拉的一次战役。"

栾鍼说："这一战役，本是为报栎地战败之仇的。但发动了战役却没有成功，这实是晋国的耻辱。我们栾氏兄弟也参加了这次征伐，怎能不为此而羞辱万分呢？"于是和士匄的儿子士鞅一同冲入秦军之中，结果战死。士鞅逃了回来。栾黡对士匄说："我弟弟并不想这么干，是你儿子怂恿他去的。如今我弟弟死了，你儿子却逃了回来，实际上是你儿子杀了我的弟弟。如果不把他赶走，我就杀了他。"于是士鞅逃亡到了秦国。

当时齐国的崔杼、宋国的华阅、仲江也参加了讨秦之战，《春秋》没有记载，是因为他们临阵怠惰。对向地会盟的记载也是这样。对卫国的北宫括则不一样，他在向地会盟时怠惰，就没有记载，在伐秦战役中积极主动，就记载了他的名字。

秦景公对士鞅说："晋国的大夫哪一个会先灭亡呢？"士鞅回答说："恐怕

是栾氏吧！"景公说："是因为他骄横无礼吗？"士鞅回答说："是的。栾黡极为骄横残暴，或许还能幸免于难，恐怕灭亡要落到他的儿子身上！"景公说："这是什么原因呢？"士鞅回答说："栾书的恩德至今留在百姓心中，百姓怀念栾书犹如周朝人怀念召公一样，人们对召公停留过的甘棠树尚且倍加爱护，更何况对栾书的儿子呢？将来栾黡死后，栾盈的善行百姓还没有体会到，而栾书的恩德却已随时光的流逝逐渐被遗忘了，人们对栾黡的怨恨就会日益加剧，因此栾氏的灭亡将要在栾盈身上发生。"景公认为这话很有见地，便向晋国请求，恢复了他的职位。

卫献公邀请孙文子、宁惠子共进午餐，两人穿上朝服在朝廷上等候。直到天色已晚还没有召请他们，原来献公还在园林里射雁。两人来到园林，献公和他们说话时没有摘掉帽子。两个非常生气。孙文子回到戚地，派他的儿子孙蒯到朝中听命。献公请孙蒯喝酒，并让太师演奏《巧言》一诗的最后一章。太师拒绝，师曹主动请求演唱。当初献公有一个妾，让师曹教她弹琴，师曹鞭打了她。献公大怒，打了师曹三百鞭子。因此师曹想通过演唱激怒孙蒯，让他报复献公。献公让他演唱，师曹便吟诵了这首诗。孙蒯听后非常害怕，回去告诉了孙文子，文子说："国君已经嫉恨我了，如果不先下手为强，肯定非死不可。"

于是孙文子把家众集合到戚地，然后攻入卫都，途中遇到了遽伯玉，他说："国君暴虐无道，你也知道。我很担心国家因此而灭亡，你看该怎么办？"伯玉回答说："国君统治整个国家，臣子怎么敢冒犯他？即使敢冒犯，谁知道将来新君能不能比他强呢？"随后从最近的一个关口逃出了国境。

卫献公派子蛟、子伯、子皮在丘官和孙文子结盟，文子把他们都杀了。四月二十六日，子展逃亡到齐国。献公到了鄄地，派子行向孙文子请求，文子又把子行杀了。献公逃往齐国，文子追上去，在阿泽打败了献公的亲兵。鄄地人把献公的亲兵都抓了起来。

当初，尹公佗曾向庾公差学习射箭，庾公差的箭术则是从公孙丁那里学的。现在尹公佗和庾公差为孙文子追赶献公，为献公驾车的却是公孙丁。庾公差说："我如果射他，就背叛了恩师，如果不射，又会被处死，恐怕还是射了更合乎礼吧。"就射了两箭，射中了车上两旁的曲木，便驱车回去。尹公佗说："您顾及师生情谊而不忍射中，我和他的关系就疏远一层了。"就要掉转头去追赶。公孙丁连忙把马缰交给献公，取弓射箭，射中了尹公佗的胳臂。

子鲜随同献公出逃，到边境时，献公让祝宗设坛向祖先报告逃亡一事，并说明自己无罪。献公的母亲定姜说："如果没有神灵，就没有必要报告。如果有，就欺骗不了它。您确实有罪，为什么要说没有？排斥大臣而和小臣谋划，这是第一条罪状；先君让孙林父等卿作为您的辅佐，您却轻视他们，这是第二条罪状；我尽心尽力事奉先君，您却把我当婢妾一样残暴地对待，这是第三条罪状。您只报告逃亡就行了，不要再说没有罪。"

襄公派厚成叔前往卫国慰问，说："寡君派我前来，是听说贵君失去国家，逃亡到了国外，怎么能不来慰问呢？因为是同盟之国，所以寡君派我对诸位大夫说：'国君不善良，臣子也就不贤能；国君不能宽大为怀，臣子也就不能尽职尽责。如果积怨已久，一旦爆发出来，怎么办？'"卫国人派太叔仪答复，说："我们群臣没有才能，得罪了寡君，寡君不但没有严惩我们，反而流亡在外，以致贵君为我们担心。贵君又不忘先君的友好，派您前来慰问，对我们如此同情。首先感谢贵国对我们失去国君的关心，其次感谢对我们群臣的同情。"厚成叔回国复命后，告诉臧武仲说："卫君肯定能回国复位！因为有太叔仪这样的人留守国内，又有子鲜这样的人随同出奔。有人在国内镇抚，有人在国外斡旋，能回不来吗？"齐国人把郲地送给卫献公寄居。但等到献公回国复位的时候，竟然把郲地的粮食也带走了。

卫国大夫右宰穀随同献公出逃，后来又逃回来了，卫国人准备把他杀掉。他辩解说："我本来就不想跟国君出逃。我并没有多少罪过，就像一件狐裘大衣，全身都是好的，只是袖口有点羊皮罢了。"卫国人便放了他。

卫国人拥立公孙剽为君，孙林父、宁殖辅佐，并甘愿听从诸侯的命令。

卫献公住在郲地。臧武仲到齐国探望他。献公和他说话时态度粗暴。臧武仲出来后告诉下属说："卫侯恐怕不能回国了。他说的话简直如粪土，逃亡在外又不知悔改，怎么能恢复君位呢？"子展、子鲜听说后，去见臧武仲，言谈话语很通情达理。臧武仲很高兴，又对下属说："看来卫侯一定能回去。有这样两个人帮助他，即使不想回国也不行吧！"

诸侯联军讨伐秦国回来之后，晋悼公撤销了新军，这是合乎礼的。即使是大国，其军队也不应超过天子的一半，天子拥有六个军，诸侯大国有三个军就足够了。

此时荀朔生了荀盈后就死了，荀盈长到六岁时，荀蓇也去世了，彘裘也还年幼，都不能做继承人，新军无帅，就把它撤销了。

师旷在晋悼公身边伺候。悼公问他："卫国人把自己的国君赶走，不是太过分了吗？"师旷回答说："也许是他们的国君太过分了。贤明的国君奖赏善良而惩罚邪恶，像对待子女一样保护他的臣民，像上天一样覆盖他们，像大地一样容纳他们。这样臣民对待国君，像父母一样爱戴他，像日月一样仰望他，像神明一样尊敬他，像雷霆一样畏惧他，还能把他赶出去吗？国君是神灵的祭主，百姓的希望。如果使百姓困乏，使神灵失去祭祀，百姓就会绝望，国家将会失去主人，国君还有什么用呢？不赶走他又怎么办呢？上天创造了百姓并给他们立下一个国君，就是让国君统治他们，不让他们失去天性。有了国君再设两个人辅佐他，教育他，使他不致失去分寸。因此天子有公，诸侯有卿，卿有侧室，大夫有二宗，士有朋友，庶人、工、商、皂、牧、圉也都有亲近的人互相帮助。行善就奖赏，有错就纠正，有难就救援，有失就改掉，从国君以下，都有父兄子弟帮助他们发现和弥补过失。太史写成史书，乐师写成诗歌，乐人吟诵箴谏，大夫规劝开导，士人传达意见，平民指出缺点，商人在市场上议论纷纷，工匠通过献艺委婉规劝。因此《夏书》中说：'宣令官摇着铃，大路上来巡行，小吏上前来规劝，工匠献艺以讽谏。'初春的正月，宣令官便出动了，目的就是使大众能有机会谏诤国君的过失。上天非常热爱他的百姓，怎能容忍一个人骑在百姓头上作威作福，任意胡为，从而失去天地的本来愿望呢？肯定不会这样。"

秋季，楚康王因为庸浦一战，让子囊从棠地发兵，攻打吴国。吴国人不敢迎战，楚军便回去了。子囊走在最后，他以为吴国无力应战，就放松了警戒。不料吴国人从皋舟的险要处对楚军拦腰截击，楚国人彼此不能相救，被吴军打得大败，公子宜穀被俘。

天子派刘定公到齐国赐给齐灵公爵命，说："从前伯舅太公辅佐先王时，堪称是周室的得力助手，百姓的师长。先王让太公世世代代承袭爵位，使齐国得以统帅东海诸国。王室之所以没有衰微下去，完全是太公的功劳。现在我命令你，继续遵循伯舅规定的典法，继承伯舅父祖的大业，不要给你的先祖带来耻辱。务必要谨慎小心，不要废弃我的命令。"

晋悼公向荀偃问起卫国的情况，荀偃回答说："不如趁此机会使卫国安定下来。卫国已经有了新君，如果讨伐它，不一定能达到目的，反而又惊动了诸侯各国。史佚有句话说：'趁其稳定，快去安抚。'仲虺有句话说：'灭亡的可以欺侮，动乱的可以占领，推翻灭亡的，巩固存在的，就是治国之道。'国君何不出面安抚卫国以等待适当时机再征服它呢？"

冬季，季孙宿和晋国的士匄、宋国的华阅、卫国的孙林父、郑国的公孙虿、莒国人、邾国人在戚地会见，商量如何安定卫国。

士匄向齐国借了羽毛旗子后一直没有归还，齐国人开始有了二心。

楚国的子囊征伐吴国回来后就去世了。临死时他对子庚说："一定要把郢城修好！"君子因此而认为："子囊忠君爱国。国君死后，没有忘记谥其为'共'；自己死时，没有忘记保卫国家，能说不忠诚吗？忠诚是百姓的希望所在。《诗经》说：'一切行为都归于忠信，这就是天下万民所希望的。'说的就是忠诚。"

襄公十五年

经　十有五年春，宋公使向戌来聘。二月己亥，及向戌盟于刘。刘夏逆王后于齐。夏，齐侯伐我北鄙，围成。公救成，至遇。季孙宿、叔孙豹帅师城成郛。秋八月丁巳，日有食之。邾人伐我南鄙。冬十有一月癸亥，晋侯周卒。

传　十五年春，宋向戌来聘，且寻盟。见孟献子，尤其室①，曰："子有令闻②，而美其室，非所望也！"对曰："我在晋，吾兄为之。毁之重劳③，且不敢间④。"

官师从单靖公逆王后于齐。卿不行，非礼也。

楚公子午为令尹，公子罢戎为右尹，蒍子冯为大司马，公子橐师为右司马，公子成为左司马，屈到为莫敖，公子追舒为箴尹⑤，屈荡为连尹，养由基为宫厩尹，以靖国人。

君子谓："楚于是乎能官人⑥。官人，国之急也。能官人，则民无觎心⑦。《诗》曰⑧：'嗟我怀人，置彼周行。'能官人也。王及公、侯、伯、子、男、甸、采、卫、大夫，各居其列，所谓周行也。"

郑尉氏、司氏之乱，其余盗在宋。郑人以子西、伯有、子产之故，纳赂于宋，以马四十乘与师茷、师慧⑨。三月，公孙黑为质焉⑩。司城子罕以堵女父、尉翩、司齐与之。良司臣而逸之⑪，托诸季武子⑫，武子置诸卞⑬。郑人醢之⑭，三人也。

师慧过宋朝，将私焉⑮。其相曰⑯："朝也。"慧曰："无人焉。"相曰："朝也，何故无人？"慧曰："必无人焉。若犹有人，岂其以千乘之相易淫乐之矇⑰？必无人焉故也。"子罕闻之，固请而归之。

夏，齐侯围成，贰于晋故也。于是乎城成郛。

秋，邾人伐我南鄙。使告于晋，晋将为会以讨邾、莒。晋侯有疾，乃止。

冬，晋悼公卒，遂不克会。

郑公孙夏如晋奔丧，子蟜送葬。

宋人或得玉，献诸子罕。子罕弗受。献玉者曰："以示玉人^⑱，玉人以为宝也，故敢献之。"子罕曰："我以不贪为宝，尔以玉为宝，若以与我，皆丧宝也。不若人有其宝^⑲。"稽首而告曰："小人怀璧，不可以越乡^⑳。纳此以请死也^㉑。"子罕置诸其里^㉒，使玉人为之攻之^㉓，富而后使复其所^㉔。

十二月，郑人夺堵狗之妻^㉕，而归诸范氏。

【注释】

①尤其室：指责他的房子。　②令闻：好名声。　③重劳：重视修建的劳苦。　④不敢间：不敢以兄长所为为非。间，非。　⑤箴尹：谏官。　⑥能官人：能因能授官。　⑦觎（yú）心：非分之心。　⑧《诗》云：以下二句出自《诗经·周南·卷耳》。诗句本意为妇女思念丈夫远出。左传作者以己意解此诗，谓"思君子，官贤人，置周之列位"。　⑨师茷、师慧：二乐师名。　⑩公孙黑：子驷之子，字子晳。　⑪良司臣而逸之：认为司臣有才能而放跑了他。良，用作动词。　⑫季武子：鲁正卿季孙宿。　⑬卞：地名，在今山东泗水县东。　⑭醢（hǎi）：古代一种酷刑，杀死后剁成肉酱。　⑮私：小便。　⑯相：盲人的扶持者。　⑰矇（méng）：盲人。　⑱玉人：玉匠。　⑲人有其宝：各人有各人之宝。　⑳越乡：穿越乡里。　㉑请死：请求免于一死。　㉒其里：子罕所居乡里。　㉓攻：雕琢。　㉔使复其所：使献玉者返回乡里。　㉕堵狗：堵女父之族人。

【译文】

十五年春季，宋国的向戌来鲁国聘问，并重温鲁襄公十一年亳地的盟约。和孟献子会见时，责备他的房屋过于豪华，说："您有很好的名声，却住这么漂亮的房子，我感到有点失望。"孟献子回答说："这是我在晋国时，我哥哥修建的，如果毁了它吧，还得费一番工夫，再说也不敢肯定我哥哥就是错的。"

官师刘夏随同单靖公到齐国迎娶王后。迎接王后，如果卿不去，是不合礼的。

楚国的公子午出任令尹，公子罢任右尹，芳子冯任大司马，公子橐任右司马，公子成任左司马，屈到任莫敖，公子追舒任箴尹，屈荡任连尹，养由基任宫厩尹，以安定国人。

君子认为："楚国在这一时期能恰当地任用官员。恰当地任用官员是国家的首要问题。官员贤能，百姓就没有非分之想。《诗经》说：'我深切怀念那贤能的人，要把他放到合适的位置上。'说的就是知人善任。天子和公、侯、伯、子、男、甸服、采服、卫服的大夫，各居其位，就是所谓的'周行'。"

郑国的尉氏、司氏叛乱之后，得以脱身的叛乱分子都逃到了宋国。郑国人为了给子西、伯有和子产报仇，用一百六十四马和乐师师茷、师慧作为礼物送给宋国。三月，又派公孙黑到宋国作了人质。宋国的司城子罕便把堵女父、尉翩、司齐交给了郑国。认为司臣有才能，把他放走了，托付给鲁国的季武子，季武子把他安置在下地。郑国人把堵女父等三人煮熟后醢了起来。

有一次师慧经过宋国朝廷时打算小便，搀扶他的人说："这里是朝廷。"师慧说："不要紧，没有人。"搀扶他的人说："朝廷上怎么没有人呢？"师慧说："肯定是没有人。如果有人，怎么还会用拥有千乘之尊的相国来换取我一个只会演奏乐曲的盲人呢？肯定是宋国没有人才的原因。"子罕听说此事后，坚持请求宋平公把师慧送回了郑国。

夏季，齐灵公包围了成地，因为齐国对晋国有了二心。此时齐国还在成地修建了外城。

秋季，邾国人攻打鲁国南部边境。鲁国派使者向晋国报告，晋国准备会合诸侯攻打邾、莒二国。因为晋悼公患病，就停止了。冬季，晋悼公去世，这次会见就没有能够举行。

郑国的公孙夏到晋国吊唁，并派子蟜前去送葬。

宋国有个人得到一块美玉，献给了子罕。子罕不肯接受。献玉的人说："我让玉工看过了，玉工认为这是一块宝玉，所以我才献给您。"子罕说："我把不贪作为宝物，你把美玉作为宝物，如果给了我，那么我们两个人都失去了宝物。还不如各人拥有自己的宝物。"献玉人叩头回答说："我身藏璧玉，深怕来往各地不安全。把它献给您是为了自己避免被人谋财害命。"子罕就把这块玉拿回自己的住处，请玉工给他雕成宝物，卖出后，使献玉人一下子成为富翁，后来就让他回老家去了。

十二月，郑国人抢去了堵狗的妻子，然后把她送到娘家，即晋国的范氏。

襄公十六年

经　十有六年春，王正月，葬晋悼公。三月，公会晋侯、宋公、卫侯、郑伯、曹伯、莒子、邾子、薛伯、杞伯、小邾子于溴梁。戊寅，大夫盟。晋人执莒子、邾子以归。齐侯伐我北鄙。夏，公至自会。五月甲子，地震。叔老会郑伯、晋荀偃、卫宁殖、宋人伐许。秋，齐侯伐我北鄙，围成。大雩。冬，叔孙豹如晋。

传 十六年春，葬晋悼公。平公即位。羊舌肸为傅①，张君臣为中军司马，祁奚、韩襄、栾盈、士鞅为公族大夫，虞丘书为乘马御。改服修官②，烝于曲沃。警守而下③，会于溴梁④。命归侵田。以我故，执邾宣公、莒犁比公，且曰："通齐、楚之使。"

晋侯与诸侯宴于温，使诸大夫舞，曰："歌诗必类⑤！"齐高厚之诗不类。荀偃怒，且曰："诸侯有异志矣！"使诸大夫盟高厚，高厚逃归。于是，叔孙豹、晋荀偃、宋向戌、卫宁殖、郑公孙虿、小邾之大夫盟曰："同讨不庭⑥。"

许男请迁于晋。诸侯遂迁许，许大夫不可。晋人归诸侯。

郑子蟜闻将伐许，遂相郑伯以从诸侯之师。穆叔从公。齐子帅师会晋荀偃。书曰："会郑伯。"为夷故也⑦。

夏六月，次于棫林。庚寅⑧，伐许，次于函氏⑨。

晋荀偃、栾黡帅师伐楚，以报宋扬梁之役。楚公子格帅师及晋师战于湛阪⑩，楚师败绩。晋师遂侵方城之外⑪，复伐许而还。

秋，齐侯围成，孟孺子速徼之⑫。齐侯曰："是好勇⑬，去之以为之名⑭。"速遂塞海陉而还⑮。

冬，穆叔如晋聘，且言齐故。晋人曰："以寡君之未禘祀，与民之未息。不然，不敢忘。"穆叔曰："以齐人之朝夕释憾于敝邑之地⑯，是以大请！敝邑之急，朝不及夕，引领西望曰：'庶几乎！'比执事之间⑰，恐无及也！"见中行献子，赋《圻父》⑱。献子曰："偃知罪矣！敢不从执事以同恤社稷，而使鲁及此。"见范宣子，赋《鸿雁》之卒章⑲。宣子曰："匄在此⑳，敢使鲁无鸠乎㉑？"

【注释】

①傅：太傅，官名。 ②改服：脱去丧服，必穿吉服。修官：选拔贤能。一说修理馆舍。官，通"舘"。 ③警守而下：布置警备，沿黄河而下。 ④溴（jù）梁：溴水大堤。溴水源出济源县西，东流入黄河。溴梁当在济源县西。 ⑤歌诗必类：演唱诗一定要与舞蹈相配。⑥不庭：此指不忠于盟主晋国的人。 ⑦夷：平。 ⑧庚寅：初九日。 ⑨函氏：许地，在今河南叶县北。 ⑩湛阪：地名，在今河南平顶山市北。 ⑪方城：详见僖公四年传注。 ⑫徼：拦击。 ⑬是好勇：此人喜好勇敢。 ⑭为之名：使他成名。 ⑮海陉：鲁、齐之间的险道。
⑯释憾：发泄怨愤。 ⑰比：等待。 ⑱《圻父》：今作《祈父》，《诗经·小雅》篇名。
⑲《鸿雁》：《诗经·小雅》篇名。 ⑳匄：范宣子名。 ㉑鸠：安。

中
华
藏
书

四
书
五
经
·
最
新
校
勘
精
注
今
译
本

中
国
书
店

二
一
八

　　十六年春季，晋国安葬了晋悼公。平公即位。羊舌肸任太傅，张君臣任中军司马，祁奚、韩襄、栾盈、士鞅任公族大夫，虞丘书任乘马御。又脱去丧服，穿上吉服，选任一批贤能之士，又在曲沃举行了烝祭。平公在国都布置了警备，然后便顺黄河而下，和襄公、宋平公、卫献公、郑简公、曹成公、莒子、邾子、薛伯、杞孝公、小邾子在溴梁会见。平公命令都要把互相侵占的田地还给对方。因为鲁国的请求，把邾宣公、莒犁比公抓了起来，并且说："他们二国还派使者来往于齐、楚之间。"

　　晋平公和诸侯在温地举行宴会，席间让大夫们跳舞，而且说："诵诗时一定要和舞步相和谐。"齐国高厚吟诵的诗不合舞步。荀偃很恼火，他说："诸侯们有叛逆之心了。"便让大夫们和高厚盟誓，高厚吓得逃回了国内。于是叔孙豹、晋国的荀偃、宋国的向戌、卫国的宁殖、郑国的公孙虿、小邾国的大夫盟誓说："共同讨伐不忠于盟主的国家。"

　　许灵公请求迁到晋国去。诸侯准备帮助许国迁移，许国大夫不同意。晋国只好让诸侯都回国了。

　　郑国的子蟜听说要讨伐许国，便辅佐郑简公参加了诸侯联军。穆叔跟随襄公。齐灵公率领军队和晋国的荀偃会合。《春秋》记载"会郑伯"，是为了使先后顺序更为公平一些。

　　夏季六月，军队驻扎在械林。九日，攻打许国，驻扎在函氏。

　　晋国的荀偃、栾黡率军攻打楚国，以报宋国扬梁一战之仇。楚国的公子格领兵在湛阪和晋军交战，楚军大败。晋军随后攻到方城之外，再次攻打许国后才回去。

　　秋季，齐灵公包围了成地，孟孺子速率军拦击齐军。齐灵公说："这个人一向很勇敢，不如离开这里以成全他的名声。"孟孺子封锁了海陉险要道路后就回去了。

　　冬季，叔孙豹到晋国聘问，同时报告了齐国攻打成地的情况。晋国人说："由于寡君还没有举行禘祭，百姓还没有得到休息，因此暂时不能发兵救援。如果不是这个原因，我们是不敢忘记贵国面临的灾难的。"穆叔说："齐国人经常在我国的土地上横行肆虐，因此才来郑重地向贵国请求。我们国家面临的危急可以说是朝不保夕，百姓天天翘首西望：'也许晋国就要来援救我们了吧！'等到贵国有时间发兵了恐怕也来不及了。"见到荀偃时，吟诵了《圻父》

一诗。荀偃说："我知道自己的罪过了。我怎敢不和您一起为贵国分忧，而使贵国到这一步呢！"见到士匄时，吟诵了《鸿雁》一诗的最后一章。士匄说："有我士匄在此，怎能让鲁国不得安宁呢？"

襄公十七年

经　十有七年春，王二月庚午。邾子轻卒。宋人伐陈。夏，卫石买帅师攻曹。秋，齐侯伐我北鄙，围桃。高厚帅师伐我北鄙，围防。九月，大雩。宋华臣出奔陈。冬，邾人伐我南鄙。

传　十七年春，宋庄朝伐陈，获司徒卬①，卑宋也。

卫孙蒯田于曹隧②，饮马于重丘③，毁其瓶④。重丘人闭门而诟之⑤，曰："亲逐而君，尔父为厉⑥。是之不忧，而何以田为？"

夏，卫石买、孙蒯伐曹，取重丘。曹人愬于晋。

齐人以其未得志于我故，秋，齐侯伐我北鄙，围桃。高厚围臧纥于防⑦。师自阳关逆臧孙⑧，至于旅松⑨。郰叔纥、臧畴、臧贾帅甲三百，宵犯齐师，送之而复。齐师去之。

齐人获臧坚。齐侯使夙沙卫唁之，且曰："无死！"坚稽首曰："拜命之辱！抑君赐不终⑩，姑又使其刑臣礼于士⑪。"以杙抉其伤而死⑫。

冬，邾人伐我南鄙，为齐故也。

宋华阅卒。华臣弱皋比之室⑬，使贼杀其宰华吴。贼六人以铍杀诸卢门合左师之后⑭。左师惧曰："老夫无罪！"贼曰："皋比私有讨于吴⑮。"遂幽其妻⑯，曰："畀余而大璧！"宋公闻之，曰："臣也，不唯其宗室是暴，大乱宋国之政，必逐之！"左师曰："臣也，亦卿也。大臣不顺，国之耻也。不如盖之⑰。"乃舍之。左师为己短策⑱，苟过华臣之门，必骋⑲。

十一月甲午⑳，国人逐瘈狗㉑，瘈狗入于华臣氏，国人从之。华臣惧，遂奔陈。宋皇国父为大宰，为平公筑台，妨于农收。子罕请俟农功之毕，公弗许。筑者讴曰："泽门之皙㉒，实兴我役。邑中之黔㉓，实慰我心。"子罕闻之，亲执扑㉔，以行筑者㉕，而抶其不勉者㉖，曰："吾侪小人，皆有阖庐以辟燥湿寒暑㉗。今君为一台而不速成，何以为役？"讴者乃止。或问其故，子罕曰："宋国区区㉘，而有讴有祝㉙，祸之本也。"

齐晏桓子卒㉚。晏婴粗缞斩㉛，苴绖、带、杖㉜，菅屦㉝，食粥，居倚庐㉞，寝苫³⁵，枕草。其老曰³⁶：“非大夫之礼也。”曰：“唯卿为大夫。”

【注释】

⑦司徒卬：陈大夫。　②曹隧：曹地名。　③重丘：古国名，其地在今山东茌平县西南。　④瓶：汲水器。　⑤诟（gòu）：同"诟"，骂。　⑥厉：恶。　⑦防：臧氏采邑。　⑧阳关：地名，在今山东泰安县偏东。　⑨旅松：地名，距防不远。　⑩抑：转折连词，但，然而。不终，不死。　⑪姑：借为"故"，故意。刑臣：指宦官夙沙卫。士：臧坚自谓。　⑫杙（yì）：木橛，一端尖锐。抉（jué）其伤：刺进伤口。　⑬华臣：华阅之弟。皋比：华阅之子。　⑭铍（pí）：兵器，形如刀而两边有刃。卢门：宋城门。合左师之后：合左师，即向戌，其官为左师，其采邑在合乡，故称合左师。后，屋后。　⑮吴：华吴。　⑯其妻：华吴之妻。　⑰盖：掩盖。　⑱为己短策：为自己准备一根短马鞭。　⑲骋：快跑。　⑳甲午：二十二日。　㉑瘈（jì）狗：狂犬。　㉒泽门之皙：住在泽门的白脸皮。泽门，宋东城南门。皙，面目白皙。指皇国父。　㉓邑中之黔：邑中住的黑面孔。邑中，城内，子罕住处。黔，黑色。　㉔扑：竹鞭。　㉕行：巡视。　㉖不勉者：不卖力气的人。　㉗阖庐：房子。　㉘区区：微小。　㉙有诅有祝：有诅咒有歌颂。　㉚晏桓子：即晏弱，晏婴之父。　㉛粗缞（cuī）斩：粗麻丧服。斩，不缝边。　㉜苴绖（jūdié）、带、杖：即麻布襄头、麻布腰带、竹仗。　㉝屦：草鞋。　㉞倚庐：草棚。　㉟苫（shān）：草席。　㊱老：家臣宰。

【译文】

十七年春季，宋国的庄朝攻打陈国，俘虏了司徒卬。这是陈国轻视宋国的结果。

卫国的孙蒯在曹隧打猎，又在重丘饮马，不小心打破了汲水的瓶子。重丘人关起门来咒骂他："你亲自赶走了你的国君，你的父亲又作恶多端。这些事你不担忧，还来打什么猎？"

夏季，卫国的石买、孙蒯攻打曹国，夺取了重丘。曹国人向晋国人告状。

齐国人因为没有能够得到鲁国的成地，就在秋季，由齐灵公亲率军队攻打鲁国北部边境，包围了桃地。高厚在防地包围了臧纥。鲁军从阳关出发接应臧纥，行至旅松。耶叔纥、臧畴、臧贾率领甲士三百人，趁夜里偷袭齐军，保护臧纥冲出防城，送到旅松，然后又回到防城。齐军离开了鲁国。

齐国人抓获了臧坚。齐灵公派夙沙卫去安慰他，并说："不要寻死"。臧坚叩头感谢说："拜谢国君的命令。但国君不让我死，却又让一个宦官来安慰我，这是对我的侮辱。"便抓起一根木棍刺进伤口而死。

冬季，邾国人攻打鲁国南部边境，这是为了齐国。

宋国的华阅去世。华臣认为皋比软弱可欺，便派刺客去杀皋比家的总管华吴。六个刺客用铍这种凶器把华吴杀死在卢门向戍家的后边。向戍非常害怕，说："老夫没有罪啊。"刺客说："这是皋比自己要杀死华吴的。"把华吴的妻子也关了起来，威胁她说："把你们家的大宝玉交出来。"宋平公听说此事后说："华臣不仅对他的宗室如此残暴，还会使宋国大乱，一定要把他驱逐出去。"左师向戍说："华臣也是一个卿。大臣不够和顺，也是国家的耻辱。不如把此事掩盖起来。"就把华臣放了。向戍为自己做了一个短马鞭，只要经过华臣家门口，就必定要打马快跑。

十一月二十二日，国人追赶一只疯狗，疯狗逃到华臣家中，人们追了进去。华臣非常害怕，就逃亡到了陈国。

宋国的皇国父做了太宰，他为了给平公修建一座台子而妨碍了收割粮食。子罕请求等农忙结束后再修建，平公不答应。修台的民工唱道："白面孔的皇国父，奴役我们兴土木；子罕虽是黑面孔，体贴我心暖融融。"子罕听到后，亲自拿着鞭子监督施工，并鞭打那些不肯出力的人，他说："我们这些小人都有房子躲避干湿热冷。现在国君要建一个台子，如果不尽快完成，还能再干什么呢？"那些唱歌的人便不再唱了。有人问子罕为什么这么做，子罕说："宋国这么一个小国家，竟然也有咒骂，有歌颂，这都是祸乱的根源。"

齐国的晏桓子去世。晏婴身穿粗布丧服，头上和腰间束着麻带，手拿竹仗，脚穿草鞋，每天只喝稀粥，住草棚，睡在干草上，枕头也是用草捆成的。他的总管说："这不是大夫之礼啊。"但他说："只有卿才能行大夫之礼，我还不够行大夫之礼的资格啊。"

襄公十八年

经　十有八年春，白狄来。夏，晋人执卫行人石买。秋，齐师伐我北鄙。冬十月，公会晋侯。宋公、卫侯、郑伯、曹伯、莒子、邾子、滕子、薛伯、杞伯、小邾子同围齐。曹伯负刍卒于师。楚公子午帅师伐郑。

传　十八年春，白狄始来。
夏，晋人执卫行人石买于长子①，执孙蒯于纯留②，为曹故也。
秋，齐侯伐我北鄙。中行献子将伐齐③，梦与厉公讼，弗胜；公以戈击之，首队于前，跪而戴之，奉之以走④，见梗阳之巫皋⑤。他日，见诸道⑥，与之言，同⑦。巫曰："今兹主必死⑧，若有事于东方，则可以逞。"献子许诺。

晋侯伐齐，将济河。献子以朱丝系玉二珏⑨，而祷曰：“齐环怙恃其险⑩，负其众庶，弃好背盟，陵虐神主⑪。曾臣彪将率诸侯以讨焉⑫，其官臣偃实先后之⑬。苟捷有功，无作神羞⑭，官臣偃无敢复济⑮。唯尔有神裁之⑯！”沉玉而济⑰。

冬十月，会于鲁济⑱，寻漠梁之言，同伐齐。

齐侯御诸平阴⑲，堑防门而守之⑳，广里㉑。夙沙卫曰：“不能战，莫如守险。”弗听。诸侯之士门焉，齐人多死。范宣子告析文子曰㉒：“吾知子，敢匿情乎㉓？鲁人、莒人皆请以车千乘自其乡入㉔，既许之矣。若入，君必失国。子盍图之？”子家以告公，公怒。晏婴闻之曰：“君固无勇，而又闻是，弗能久矣。”

齐侯登巫山以望晋师㉕。晋人使司马斥山泽之险㉖，虽所不至，必旆而疏陈之㉗。使乘车者左实右伪㉘，以旆先㉙，舆曳柴而从之㉚。齐侯见之，畏其众也，乃脱归㉛。丙寅晦㉜，齐师夜遁。师旷告晋侯曰：“鸟乌之声乐㉝，齐师其遁。”邢伯告中行伯曰㉞：“有班马之声㉟，齐师其遁。”叔向告晋侯曰：“城上有乌，齐师其遁。”

十一月，丁卯朔，入平阴，遂从齐师。夙沙卫连大车以塞隧而殿㊱。殖绰、郭最曰：“子殿国师，齐之辱也。子姑先乎！”乃代之殿。卫杀马于隘以塞道。晋州绰及之，射殖绰，中肩，两矢夹脰㊲，曰：“止，将为三军获。不止，将取其衷㊳。”顾曰：“为私誓㊴。”州绰曰：“有如日！”乃弛弓而自后缚之㊵。其右具丙亦舍兵而缚郭最。皆衿甲面缚㊶，坐于中军之鼓下。

晋人欲逐归者㊷，鲁、卫请攻险。己卯㊸，荀偃、士匄以中军克京兹㊹。乙酉㊺，魏绛、栾盈以下军克邿㊻。赵武、韩起以上军围卢㊼，弗克。十二月戊戌㊽，及秦周㊾，伐雍门之萩㊿。范鞅门于雍门，其御追喜以戈杀犬于门中(51)。孟庄子斩其橁以为公琴(52)。己亥(53)，焚雍门及西郭、南郭。刘难、士弱率诸侯之师焚申池之竹木。壬寅(54)，焚东郭、北郭。范鞅门于扬门(55)。州绰门于东闾(56)，左骖迫(57)，还于门中(58)，以枚数阖(89)。

齐侯驾，将走邮棠(60)。大子与郭荣扣马(61)，曰：“师速而疾，略也(62)。将退矣，君何惧焉！且社稷之主，不可轻(63)，轻则失众。君必待之。”将犯之(64)，大子抽剑断鞅，乃止。甲辰(65)，东侵及潍(66)，南及沂(67)。

郑子孔欲去诸大夫，将叛晋而起楚师以去之(68)。使告子庚(69)，子庚弗许。楚子闻之，使扬豚尹宜告子庚曰(70)：“国人谓不穀主社稷，而不出师，死不从礼。不穀即位，于今五年，师徒不出，人其以不穀为自逸，而忘先君之业矣。

大夫图之！其若之何？”子庚叹曰：“君王其谓午怀安乎(71)！吾以利社稷也。”见使者，稽首而对曰：“诸侯方睦于晋，臣请尝之(72)。若可，君而继之。不可，收师而退，可以无害，君亦无辱。”

子庚帅师治兵于汾(73)。于是子蟜、伯有、子张从郑伯伐齐。子孔、子展、子西守。二子知子孔之谋，完守入保(74)。子孔不敢会楚师。

楚师伐郑，次于鱼陵(75)。右师城上棘(76)，遂涉颍，次于旃然(77)。蒍子冯、公子格率锐师侵费滑、胥靡、献于、雍梁(78)，右回梅山(79)，侵郑东北，至于虫牢而反(80)。子庚门于纯门(81)，信于城下而还(82)。涉于鱼齿之下(83)，甚雨及之(84)，楚师多冻，役徒几尽(85)。

晋人闻有楚师，师旷曰：“不害。吾骤歌北风(86)，又歌南风。南风不竞，多死声(87)。楚必无功。”董叔曰：“天道多在西北(88)，南师不时(89)，必无功。”叔向曰：“在其君之德也。”

【注释】

①长子：地名，在今山西长子县西郊。　②纯留：本留吁国，为晋所灭。在今山西屯留县南。　③中行献子：荀偃。　④奉之以走：两手捧着头跑掉。　⑤梗阳：晋邑，在今山西清徐县治。巫皋：巫人名。　⑥见诸道：在路上见到巫皋。　⑦同：巫皋同时有此梦。　⑧今兹主必死：今年你一定要死。兹，年。主，对荀偃的称呼。　⑨二珏：二对。　⑩齐环：齐侯名环。　⑪神主：百姓。　⑫曾臣彪：曾臣，陪臣。天子称臣于神，诸侯称臣于天子，故诸侯于神称曾臣。彪，晋平公名。　⑬先后：辅佐。　⑭无作神羞：不给神灵带来羞耻。　⑮复济：再次渡河。　⑯有神裁之：神灵制裁。有，名词词头，无义。　⑰沉玉：将玉沉入水中。　⑱鲁济：济水在鲁境内称鲁济。　⑲平阴：在今山东平阴县东北。　⑳堑防门：在防门挖掘沟壕。防门，地名，在今山东平阴县东北。　㉑广里：横着有一里。　㉒析文子：齐大夫子家。　㉓匿情：隐瞒情况。　㉔乡：向，方向。　㉕巫山：一名孝堂山，在今平阴县东北。　㉖斥：开拓，排除。　㉗旆而疏陈：树上旗帜，稀疏地排列军阵。　㉘左实右伪：战车上左边是真人，右边是假人。　㉙以旆先：以大旗作前导。　㉚舆曳柴而从：战车后面拖着树枝。晋以此使尘土飞扬，如大军奔驰，为疑兵之计。　㉛脱归：离开军队脱身而归。　㉜丙寅晦：十月二十九日。　㉝鸟乌之声乐：乌鸦的叫声快乐。鸟乌，指乌。　㉞邢伯：晋大夫邢侯。　㉟班马之声：战马盘旋的声音。　㊱塞隧而殿：堵塞山中小道而殿后。　㊲脰（dòu）：颈项。夹脰，即一箭中左肩，一箭中右肩。　㊳将取其衷：将射你中心。衷，同“中”。　㊴私誓：私人间盟誓。　㊵弛弓：解下弓。　㊶衿甲面缚：衿（jīn）甲，不脱衣甲；面缚，双手背后而缚。　㊷归者：逃归者。　㊸己卯：十三日。　㊹京兹：地名，在今平阴县东南。　㊺乙酉：十九日。　㊻邿：即邿山，在平阴县西。　㊼卢：在今长清县西南。　㊽戊戌：二日。　㊾秦周：地名，接近雍门。　㊿雍门之萩：雍门，齐都西门名。萩，即楸树。　(51)追喜：人名。

52楢（xún）：树木名，可制作琴。公琴：颂琴。　53已亥：三日。　54壬寅：初六日。　55扬门：齐城西北门。　56东闾：齐东门。　57左骖迫：车左边的战马因拥挤而不前进。　58还：盘旋。　59以枚数阖：即数阖之枚。阖，门扇。枚，门上的乳钉，有如钟乳。　60邮棠：即棠地。疑在今山东平度县东南。　61扣马：拦住马头。　62略：掠取财物。　63轻：轻动，逃走。　64犯：突犯，冲出。　65甲辰：初八日。　66潍：潍水。　67沂：沂水。　68起楚师：发动楚军。　69子庚：楚令尹公子午。　70杨豚尹宜：楚国使者名。杨，其氏；豚尹，官名，即使者；宜，其名。　71怀安：即自逸，贪图安逸。　72尝：试探。　73汾：楚地，在今河南许昌市西南。　74完守入保：进入城堡，加强守备。　75鱼陵：地名，不详。　76上棘：地名，在今河南禹县南。　77旟然：即索水。　78费滑等：均为地名。费滑在今偃师县南，胥靡在偃师县东，献于不详何处，雍梁在今禹县东北。　79右回梅山：向右绕过梅山。梅山，在今郑州市西南。　80虫牢：地名，在今河南封丘县北。　81纯门：郑国都外郭门。　82信：住宿二夜。　83鱼齿：鱼齿山，在今河南平顶山市西北。山下有水，名滍水，今名沙河。　84甚雨：大雨。　85几尽：几乎死尽。　86北风：北方曲调。　87多死声：多有象征死亡的声音。古人迷信，多以乐律占卜出兵的吉凶，师旷歌风亦类此。　88天道：木星所行之道。　89不时：不合天时。

【译文】

十八年春季，白狄第一次来到鲁国。

夏季，晋国在长子抓住了卫国的外交使节石买，在纯留抓住了孙蒯，这是因为他们攻打曹国。

秋季，齐灵公攻打鲁国北部边境。荀偃准备攻打齐国，晚上做梦和晋厉公打官司，结果败诉。厉公还拿着刀来杀自己，自己的脑袋被砍下来坠到前面，只好跪着把头捡起来再安到脖子上，用两手扶着向前走，又见到梗阳的巫皋。过了不几天，荀偃果然在路上遇到了这个巫皋，说起梦中所见，没想到巫皋也梦见了同样的情况。巫皋说："今年您一定要死去。如果东边发生了战争，您一定要在这次战争中死去。"荀偃答应了他的要求。

晋平公攻打齐国，准备渡过黄河。荀偃用一根红线绑住两块玉祈祷说："齐国依仗地势险要和人口众多，而背弃盟约，欺陵百姓。陪臣彪将率领诸侯军队前往讨伐，陪臣的下属荀偃将全力协助。假如此战成功，不使神灵蒙受耻辱，那么荀偃将不再回来。一切请神灵定夺。"然后把两块玉沉到黄河里了。

冬季十月，襄公和晋平公、宋平公、卫献公、郑简公、曹成公、莒子、滕子、薛伯、杞孝公、小邾子在鲁国济水岸边会见，重新强调了溴梁的盟约，然后一同攻打齐国。

齐灵公在平阴抵抗，在防门之外挖了沟壕坚守，沟壕有一里长。夙沙卫说："如果不能出战，最好的办法就是固守险要。"齐灵公不听。诸侯的军队攻打城门，齐军战死无数。士匄对齐国大夫子家说："你我也算是老朋友了，我把真实情况都告诉你。鲁国人、莒国人都请求各带一千辆战车打过来，我们已经同意了。如果等他们打来了，贵君一定会失去整个国家。希望认真考虑一下。"子家转告了齐灵公，灵公害怕了。晏婴听到后，说："国君本来就胆小怯懦，又听了这一情况，肯定坚持不了多久了。"

齐灵公登上巫山眺望晋军。晋国人正派司马领人排除山泽之中的险阻，即使是大军不到的地方，也插上一杆大旗并稀疏地布上战阵。在战车的左边坐上真人，右边则放上假人，并用大旗作为前导，车子后面拖上树枝，行进时尘土飞扬，如大军奔驰。看到这些情况，齐灵公害怕他们人多，就离开军队独自逃跑了。二十九日，齐军在夜间逃跑。师旷对晋平公说："乌鸦发出了快乐的叫声，齐军就要逃走了。"邢伯对荀偃说："有马回去的声音，齐军就要逃走了。"叔向也对平公说："城上有乌鸦在飞行，齐军已经撤退了。"

十一月一日，晋军进入平阴，随后追击齐军。夙沙卫把战车连起来堵住山中小道，自己走在最后边。殖绰、郭最说："你一个宦官殿后，这是齐军的耻辱。你还是走在前面去吧。"便代替他走在最后。夙沙卫又杀了马堵住狭窄小道。晋国的州绰追上来，射殖绰，射中肩膀，两箭一左一右正好夹住他的脖子，州绰说："你如果停下来，将被我们抓获。不停下来，我再射一箭，取你的脑袋。"殖绰回头说："你要发誓，不能杀我。"州绰说："我对太阳发誓。"说完，放下弓箭，从后面把殖绰捆了起来。他的车右具丙也放下武器捆住了郭最。两人都没有解下盔甲就被从后面捆了起来，坐到中军战车的大鼓下边。

晋国人要追赶逃兵，鲁、卫两军请求攻打险要之处。十三日，荀偃、士匄率领中军攻克京兹。十九日，魏绛、栾盈率领下军攻克邿地，赵武、韩起率领上军围攻卢地，没有攻下。十二月二日，军队追到秦周，砍伐了雍门之外的萩树。范鞅攻打雍门，他的御者追喜用戈在门里杀死一条狗。孟庄子砍下当地的槠木，后来为襄公做了一把琴。三日，晋军焚烧了雍门和西边、南边的外城。刘难、士弱率领诸侯军队焚烧了申池中的竹林。六日，又焚烧了齐都东边和北边的外城，范鞅又攻打齐都西城的扬门。州绰攻打东城的东闾，他的左边骖马因为拥挤不堪而盘旋不前，在停留的时间内他居然把城门上的乳钉都数了一遍。

齐灵公驾车准备逃往邮棠。太子和大夫郭荣拉住他的马说："敌军攻势迅猛，是为了掠夺财物。他们马上就会撤退的，您还怕什么？再说作为一国之君不能轻易移动，不然就会失去大众。国君一定要耐心等待。"齐灵公准备策马冲过去，太子抽剑砍断了马鞍，灵公才停下来。八日，军队又向东攻到潍水西岸，向南攻到沂水流域。

郑国的子孔打算铲除众位大夫，准备背叛晋国，发动楚国军队将大夫铲除，就派人告诉了子庚，子庚不答应。楚康王听说后，派扬豚尹宜告诉子庚："国人认为我主持国政却按兵不动，将来死后就享受不了规定的祭祀礼仪。我即位到今，已经五年了，不出兵征战，别人会认为我只顾贪图安逸却忘记了先君的霸业。大夫考虑一下，应该怎么办？"子庚叹道："国君难道认为我是怀恋安逸吗？我这样做正是为了有利于国家。"便去见康王派去的人，叩头说："如今诸侯正和晋国和睦，请让我先试探一下。如果可以，国君随后发兵。如果不行，就班师回国。这样既没有什么害处，又不会给国君带来耻辱。"

于是子庚便在汾地操练军队，分发武器。此时郑国的子蟜、伯有、子张正随郑简公攻打齐国。子孔、子展、子西在国内留守。子展和子西知道了子孔的阴谋，就加强守备，提高警惕。因此子孔不敢和楚军会合。

楚军攻打郑国，军队驻扎在鱼陵。右师在上棘筑城，随后渡过颍水，驻扎在旃然。芳子冯、公子格率领精锐部队入侵费滑、胥靡、献于、雍梁，然后挥师东进绕过梅山，侵入郑国东北，一直攻至虫牢才返回。子庚攻打郑都的纯门，在城下住了两天就回去了。在鱼齿渡过滍水时，遇到了大雨，楚军冻死很多人，军中服役的人几乎全被冻死。

晋国人听说楚军出动，师旷说："没关系。我多次演唱北方的乐曲，也演唱过南方的乐曲。南方的乐曲音调微弱，多死亡之声，楚军不会立下什么大功的。"董叔说："从天象看，现在木星运行的轨道多在西北，西北气运强。南方的军队出动不合天时，肯定无功而返。"叔向说："关键在于国君的德行如何。"

襄公十九年

经　十有九年春，王正月，诸侯盟于祝柯。晋人执邾子。公至自伐齐。取邾田，自漷水。季孙宿如晋。葬曹成公。夏，卫孙林父帅师伐齐。秋七月辛卯，齐侯环卒。晋士匄帅师侵齐，至榖，闻齐侯卒，乃还。八月丙辰，仲孙蔑卒。齐杀其大夫高厚。郑杀其大夫公子嘉。冬，葬齐灵公。城西郛。叔孙豹会晋士匄于柯。城武城。

传　十九年春，诸侯还自沂上，盟于督扬①，曰："大毋侵小。"

执邾悼公，以其伐我故。遂次于泗上②，疆我田。取邾田，自漷水归之于我。晋侯先归。公享晋六卿于蒲圃，赐之三命之服③。军尉、司马、司空、舆尉、候奄，皆受一命之服。贿荀偃束锦④，加璧⑤，乘马，先吴寿梦之鼎⑥。

荀偃瘅疽⑦，生疡于头⑧。济河，及著雍⑨，病，目出⑩。大夫先归者皆反。士匄请见，弗内。请后⑪，曰："郑甥可⑫。"二月甲寅⑬，卒，而视⑭，不可含⑮。宣子盥而抚之，曰："事吴⑯，敢不如事主！"犹视。栾怀子曰⑰："其为未卒事于齐故也乎⑱？"乃复抚之曰："主苟终⑲，所不嗣事于齐者⑳，有如河！"乃瞑，受含。宣子出，曰："吾浅之为丈夫也㉑。"

晋栾鲂帅师从卫孙文子伐齐。

季武子如晋拜师，晋侯享之。范宣子为政，赋《黍苗》㉒。季武子兴㉓，再拜稽首曰："小国之仰大国也，如百谷之仰膏雨焉㉔！若常膏之，其天下辑睦，岂唯敝邑？"赋《六月》㉕。

季武子以所得于齐之兵，作林钟而铭鲁功焉。臧武仲谓季孙曰："非礼也。夫铭，天子令德㉖，诸侯言时计功㉗，大夫称伐。今称伐则下等也，计功则借人也㉘，言时则妨民多矣，何以为铭？且夫大伐小，取其所得以作彝器㉙，铭其功烈以示子孙㉚，昭明德而惩无礼也。今将借人之力以救其死，若之何铭之？小国幸于大国㉛，而昭所获焉以怒之，亡之道也。"

齐侯娶于鲁，曰颜懿姬，无子。其侄鬷声姬，生光，以为大子。诸子仲子、戎子㉜，戎子嬖。仲子生牙，属诸戎子。戎子请以为大子，许之。仲子曰："不可。废常㉝，不祥，间诸侯㉞，难。光之立也，列于诸侯矣，今无故而废之，是专黜诸侯㉟，而以难犯不祥也。君必悔之。"公曰："在我而已。"遂东大子光㊱，使高厚傅牙以为大子。夙沙卫为少傅。

齐侯疾，崔杼微逆光㊲。疾病，而立之。光杀戎子，尸诸朝，非礼也。妇人无刑㊳。虽有刑，不在朝市㊴。

夏五月壬辰晦㊵，齐灵公卒。庄公即位，执公子牙于句渎之丘。以夙沙卫易己，卫奔高唐以叛㊶。

晋士匄侵齐及穀㊷，闻丧而还，礼也。

于四月丁未㊸，郑公孙虿卒，赴于晋大夫。范宣子言于晋侯，以其善于伐秦也。六月，晋侯请于王，王追赐之大路㊹。使以行㊺，礼也。

秋八月，齐崔杼杀高厚于洒蓝，而兼其室㊻。书曰："齐杀其大夫。"从君于昏也㊼。

郑子孔之为政也专。国人患之，乃讨西宫之难，与纯门之师。子孔当罪⁴⁸，以其甲及子革、子良氏之甲守⁴⁹。甲辰⁵⁰，子展、子西率国人伐之，杀子孔而分其室。书曰："郑杀其大夫。"专也。

子然、子孔，宋子之子也⁵¹。士子孔，圭妫之子也⁵²。圭妫之班，亚宋子而相亲也⁵³。二子孔亦相亲也。僖之四年⁵⁴，子然卒。简之元年⁵⁵，士子孔卒。司徒孔实相子革、子良之室⁵⁶。三室如一，故及于难。子革、子良出奔楚，子革为右尹⁵⁷。郑人使子展当国，子西听政，立子产为卿。

齐庆封围高唐，弗克。冬十一月，齐侯围之，见卫在城上⁵⁸，号之，乃下。问守备焉，以无备告。揖之，乃登。闻师将傅，食高唐人⁵⁹。殖绰、工偻会夜缒纳师，醢卫于军。

城西郛，惧齐也。

齐及晋平，盟于大隧⁶⁰。故穆叔会范宣子于柯。穆叔见叔向，赋《载驰》之四章⁶¹。叔向曰："肸敢不承命⁶²！"穆叔归曰："齐犹未也，不可以不惧。"乃城武城。

卫石共子卒⁶³，悼子不哀⁶⁴。孔成子曰⁶⁵："是谓蹷其本⁶⁶，必不有其宗⁶⁷。"

【注释】

①督扬：即祝柯，在今山东长清县东北。　②泗上：在今曲阜东北。　③三命之服：详见成公二年传注。　④束锦：锦五匹。一束十端，二端一匹。　⑤加璧：另加玉璧。　⑥先：先于。即以束锦等为先。　⑦瘅（dān）疽：一种恶疾，或为脑后疽。　⑧疡：脑痈疽。　⑨著雍：见襄公十年传注。　⑩目出：眼球突出。　⑪请后：请指定继承人。　⑫郑甥：即郑出。荀吴之母为郑国女，故呼荀吴为郑甥。　⑬甲寅：十九日。　⑭视：不闭眼。　⑮不可含：口紧闭，不能含珠玉。　⑯吴：荀吴。　⑰栾怀子：栾盈。　⑱未卒事于齐：指伐齐之事未完成。　⑲主苟终：你死后。　⑳嗣事：继续从事。　㉑浅之：浅薄，小视。　㉒《黍苗》：《诗经·小雅》篇名。　㉓兴：从座上站起。　㉔膏：泽，润。　㉕《六月》：《诗经·小雅》篇名。　㉖令德：铭德。　㉗言时计功：举得时，动有功，则可铭。　㉘借人：借助他人的力量。　㉙彝器：宗庙中的常器。　㉚功烈：同义词连用。　㉛幸：侥幸战胜。　㉜诸子：众姬妾。　㉝废常：废弃常规。　㉞间：触犯。　㉟专黜：专擅而鄙视。　㊱东：迁移到东部边鄙。　㊲微逆：暗中迎接。　㊳无刑：无专门刑罚。　㊴不在朝：不能暴尸于朝市。　㊵壬辰：二十九日。　㊶高唐：在今山东高唐县东。　㊷榖：地名，在今山东东阿县南。　㊸丁未：十三日。　㊹大路：天子赐给的车子。　㊺使以行：使大路跟随送葬的行列。　㊻洒蓝：地名，在临淄城郊。　㊼从君于昏：顺从国君的昏庸。　㊽当罪：判罪，抵罪。　㊾以：率领。甲：甲士，兵丁。　㊿甲辰：十一日。　51宋子：郑穆公妾。　52圭妫：亦为郑穆公妾。　53亚：次于。　54僖：郑僖公。　55简：指郑简公。　56司徒孔：即子孔。　57右尹：楚国

右尹。　⑤卫：夙沙卫。　⑤食：饱餐。　⑥大隧：地名，在今高唐县境。　⑥《载驰》：《诗经·鄘风》篇名。　⑥肸：叔向名。　⑥石共子：石买。　⑥悼子：石买之子石恶。　⑥孔成子：卫卿孔烝钼。　⑥戄（jié）：同"蹶"，拨动。　⑥有：保有。

【译文】

十九年春季，诸侯的军队从沂水岸边回来，在督扬结盟，说："大国决不侵略小国。"

会上把邾悼公抓了起来，因为他发兵入侵鲁国。然后军队驻扎在泗水岸上，重新划定鲁国的疆界。把漷水以西邾国的土田都划归了鲁国。

晋平公先行回国。襄公在蒲圃设宴招待晋国的六个卿，赠给他们每个人一套三命车服。赠给军尉、司马、司空、舆尉、候奄每人一套一命车服。送给荀偃五匹锦缎，加上玉璧、四匹马以及吴王寿梦的一座铜鼎。

荀偃头上生了很多恶疮，渡过黄河到达著雍时，病又加重，眼睛都鼓了出来。先回去的大夫们又都折了回来。士匄想见荀偃，荀偃不见。让人问荀偃谁可以做他的继承人，荀偃说："荀吴可以。"二月十九日，荀偃去世，但仍然眼睛圆睁，嘴唇紧闭，以至于无法把珠玉放到嘴中。士匄用水擦洗荀偃的尸体后抚摸着说："今后一定要像事奉您一样事奉荀吴。"荀偃睛睛还是不肯闭上。栾盈说："是因为没有征服齐国而死不瞑目吗？"就抚摸着荀偃的尸体说："我们对黄河发誓，在您死后，一定要继续征伐齐国。"荀偃这才闭上了眼睛，并张开嘴让把珠玉放了进去。士匄出来感慨地说："我那样理解荀偃，真是浅薄之极啊。"

晋国的栾鲂率领军队跟随卫国的孙文子攻打齐国。

季武子到晋国就邾田一事表示感谢。晋平公设宴招待了他。此时士匄主持国政，他吟诵了《黍苗》一诗。季武子起身叩头拜谢说："小国仰望大国，如同禾苗仰望天降甘霖。如果上天经常滋润，天下将和平安定。这不仅仅是我国的福气。"说完吟诵了《六月》一诗。

季武子把缴获齐国的武器铸成了林钟，并在上面刻上铭文以记载鲁国的战功。臧武仲对他说："这样做是不合礼的。铭文这种形式，天子用以铭刻自己的德行，诸侯用以记载自己行动合乎时令和建立的功劳，大夫则用以记载自己的征伐之事。现在你如果要记载征伐，那是自动降了一等；如果要记载功劳，而你的功劳是借助别人的力量取得的，如果要记载行动合乎时令，这次行动恰恰妨碍了农时，你究竟要记载什么？再说大国攻打小国，用缴获的东西铸造成宗庙祭器，记载建树的战功，留给子孙们看，目的是宣扬圣明的德行而惩戒无礼的行为。现在却是借助别国的力量使自己免于灭亡，还有什么值得铭刻？小国侥幸地战胜大国，又大肆宣扬所得的战利品，势必要激怒大国，这实是亡国之道。"

齐灵公从鲁国娶的妻子叫颜懿姬，没有生孩子。她的陪嫁侄女鬷声姬生了公子光，被立为太子。齐灵公的姬妾中有仲子、戎子，其中戎子倍受宠爱。仲子生了公子牙之后，把他托付给了戎子。戎子请求立公子牙为太子，灵公同意。但仲子说："不能这么做。废嫡立庶违反常规是不吉祥的，恐怕也会触怒诸侯，是很难成功的。公子光被立为太子，已经代表国家多次参与了诸侯的行动，如今无缘无故地要废掉他，这是专横霸道，也是对诸侯的轻视。用这种难以做到的事情去冒天下之大不韪，国君肯定要后悔的。"齐灵公说："废与立，一切由我做主。"随后把太子光流放到齐国东部边境，立公子牙为太子，派高厚做他的太傅，夙沙卫为少傅。

齐灵公患了病，崔杼暗中派人把公子光接回齐都。趁灵公病危重新立他为太子。太子光杀了戎子，把她的尸体放到朝廷上示众，这一行为是不合礼的。国家对妇女没有制定专门的刑罚条文。即使她应该处死，也不能暴尸朝廷。

夏季五月二十九日，齐灵公去世。齐庄公即位，在句渎之丘抓住了公子牙。庄公以为是夙沙卫主张把自己废掉的，夙沙卫逃到高唐发动了叛乱。

晋国的士匄入侵齐国，军队到达穀地时，听说齐灵公去世的消息，便回国了，这是合乎礼的。

四月十三日，郑国公孙虿去世，向晋国大夫发了讣告。士匄告诉了晋平公，因为公孙虿在诸侯攻打秦国时表现很好。六月，平公请求天子允许，使用卿以上才能乘坐的大路车为公孙虿送葬，这是合乎礼的。

秋季八月，齐国的崔杼在洒蓝杀了高厚，并没收了他的家产和封地。《春秋》中记载"齐杀其大夫"，意思是高厚跟随齐灵公做了蠢事。

郑国的子孔主持国政以来，专横跋扈。郑国人都深为忧虑，就开始追究鲁襄公十年西宫叛乱和去年楚军攻打纯门的责任，结果判定子孔有罪，但子孔带着他的甲兵和子革、子良的甲兵负隅顽抗。十一日，子展、子西率领国人攻打，杀了子孔，没收了他的家产和封地。《春秋》记载为"郑杀其大夫"，表明这是子孔专权的结果。

子然、子孔都是郑穆公妃子宋子的儿子。士子孔则是郑穆公妃子圭妫的儿子。圭妫的地位虽然在宋子之下，但两人非常亲近，两个子孔关系也很好。郑僖公四年，子然去世。郑简公元年，士子孔去世。司徒子孔辅佐子革、子良两家。三家亲密如同一家，所以另外两家也受到株连。子革、子良逃亡到楚国，后来子革担任了楚国右尹。郑国人让子展摄政，让子西主持日常政事，并立子产为卿。

齐国的庆封围攻高唐，未能攻下，冬季十一月，齐庄公率军攻打，看到夙沙卫站在城墙上，便大声喊他，夙沙卫走下城来。庄公问他守卫情况，夙沙卫说并没有做什么防备。两人互相作揖之后，夙沙卫就登上城墙回去了。夙沙卫听说齐军将要攻城，便让高唐人饱餐一顿准备迎战。当天夜里，殖绰和工偻会用绳子把城外的齐军吊进城内，潜入守城军中把夙沙卫杀死醢了起来。

鲁国在国都外城修建城墙，这是害怕齐国入侵。

齐国和晋国讲和，在大隧结盟。为此穆叔在柯地会见了士匄。见到叔向时，穆叔吟诵了《载驰》一诗的第四章，叔向说：“我怎敢不听从您的命令呢？”穆叔回到鲁国说：“齐国还不会停止侵略，不能放松警惕。”随后便修筑武城。

卫国的石买去世，他的儿子悼子并不悲伤。孔成子说：“这就是忘本，将来肯定不能保护他的宗族延续下去。”

襄公二十年

经　二十年春，王正月辛亥，仲孙速会莒人盟于向。夏六月庚申，公会晋侯、齐侯、宋公、卫侯、郑伯、曹伯、莒子、邾子、滕子、薛伯、杞伯、小邾子盟于澶渊。秋，公至自会。仲孙速帅师伐邾。蔡杀其大夫公子燮。蔡公子履出奔楚。陈侯之弟黄出奔楚。叔老如齐。冬十月丙辰朔，日有食之。季孙宿如宋。

传　二十年春，及莒平。孟庄子会莒人[①]，盟于向，督扬之盟故也。

夏，盟于澶渊[②]，齐成故也。

邾人骤至[③]，以诸侯之事，弗能报也。秋，孟庄子伐邾以报之。

蔡公子燮欲以蔡之晋[④]，蔡人杀之。公子履，其母弟也。故出奔楚。

陈庆虎、庆寅畏公子黄之逼，愬诸楚曰：“与蔡司马同谋[⑤]。”楚人以为讨。公子黄出奔楚。

初，蔡文侯欲事晋，曰：“先君与于践土之盟[⑥]，晋不可弃，且兄弟也。”畏楚，不能行而卒。楚人使蔡无常[⑦]，公子燮求从先君以利蔡[⑧]。不能而死。

书曰："蔡杀其大夫公子燮"，言不与民同欲也。"陈侯之弟黄出奔楚"，言非其罪也。公子黄将出奔，呼于国曰："庆氏无道，求专陈国，暴蔑其君⑨，而去其亲，五年不灭，是无天也。"

齐子初聘于齐⑩，礼也。

冬，季武子如宋，报向戌之聘也。褚师段逆之以受享，赋《常棣》之七章以卒⑪。宋人重贿之。归，复命，公享之。赋《鱼丽》之卒章⑫。公赋《南山有台》⑬。武子去所⑭，曰："臣不堪也⑮。"卫宁惠子疾，召悼子曰⑯："吾得罪于君，悔而无及也。名藏在诸侯之策，曰：'孙林父、宁殖出其君。'君入则掩之。若能掩之，则吾子也。若不能，犹有鬼神，吾有馁而已，不来食矣⑰。"悼子许诺，惠子遂卒。

【注释】

①孟庄子：即仲孙速。　②澶渊：地名，在今河南濮阳县西北。　③骤至：屡次侵犯。④以蔡之晋：使蔡顺服晋国。　⑤蔡司马：即公子燮。司马，官名。　⑥践土之盟：见僖公二十八年传。　⑦使蔡无常：役使、征发蔡国无一定限额、标准、次数。　⑧从先君：遵从先君遗志。　⑨暴蔑：轻慢。　⑩齐子：即叔老。　⑪《常棣》：《诗经·小雅》篇名。其第七章云："妻子好合，如鼓瑟琴。兄弟既翕，和乐且湛。"其卒章云："宜尔家室，乐尔妻帑。是究是图，亶其然乎？"季武子赋此诗二章，意为鲁、宋以婚姻之国，宜和睦相处，使各乐家室。　⑫《鱼丽》之卒章：《鱼丽》为《诗经·小雅》篇名。其卒章云："物其有矣，维其时矣。"比喻公命聘宋得时。　⑬《南山有台》：《诗经·小雅》篇名。义取"乐只君子，邦家之基"等句，比喻季子奉使能为国争光。　⑭去所：避席。　⑮不堪：不敢承当。　⑯悼公：即喜宁。　⑰不来食：不来受祭。即不认其为儿子。

【译文】

二十年春季，鲁国和莒国讲和。孟庄子会见莒国人，在向地结盟，这是因为两国去年在督扬结了盟。

夏季，襄公和晋平公、齐庄公、宋平公、卫殇公、郑简公、曹武公、莒子、邾子、滕子、薛伯、杞孝公、小邾子在澶渊结盟，因为和齐国结成了友好关系。

邾国人多次入侵鲁国，他们以为鲁国忙于参加诸侯征伐盟会，顾不上报复。秋季，孟庄子攻打邾国报了仇。

蔡国的公子燮想让蔡国顺服晋国，结果被蔡国人杀死。公子履是他的同母弟弟，也因此逃亡到了楚国。

陈国的庆虎、庆寅害怕公子黄的迫害，便向楚国告状说："公子黄和蔡国的公子燮一同密谋要背叛楚国。"楚国便要讨伐公子黄，公子黄吓得连忙去楚国解释。

当初，蔡文侯准备事奉晋国，他说："先君曾参加了践土盟会，晋国不能丢弃我国，再说两国本来就是兄弟国家。"因为畏惧楚国，才迟迟没有行动，后来就去世了。楚国人对蔡国人发号施令没有一定标准，公子燮打算实现先君文侯的愿望，以有利于蔡国，也没有完成就死了。《春秋》记载"蔡杀其大夫公子燮"，意思是说公子燮的想法和蔡国人不一样。《春秋》又写道："陈侯之弟黄出奔楚"，是说公子黄并没有罪。公子黄逃亡之前，在都城对国人喊道："庆氏兄弟无道，企图在陈国专权，侮辱蔑视他们的国君，并赶走国君的亲属，如果他们五年内不灭亡，就没有天理可讲了。"

叔老首次到齐国聘问，这是合乎礼的。

冬季，季武子到宋国，答谢向戍对鲁国的聘问。褚师段出来迎接并让他接受宴请，季武子吟诵了《常棣》一诗的第七章和最后一章。宋国人送给他很多礼物。季武子回国复命，襄公宴请他。他吟诵了《鱼丽》一诗的最后一章，襄公则吟诵了《南山有台》一诗。季武子连忙起身说："下臣实在不敢当。"

卫国的宁殖患了病，他召来儿子悼子说："我得罪了国君，后悔也已来不及。我的恶名已被记录在诸侯的史书上并被收藏起来，说是'孙林父和宁殖赶走了他们的国君。'如果国君能够回国，还能掩饰一下我的恶名。但能够掩饰我恶名的就只有你了。如果你做不到，假如死后还有鬼神的话，我宁可做一个饿鬼，也不吃你供奉的食物。"悼子答应后，宁殖才放心地死去。

襄公二十一年

经 二十有一年春，王正月，公如晋。邾庶其以漆、闾丘来奔。夏，公至自晋。秋，晋栾盈出奔楚。九月庚戌朔，日有食之。冬十月庚辰朔，日有食之。曹伯来朝。公会晋侯、齐侯、宋公、卫侯、郑伯、曹伯、莒子、邾子于商任。

传 二十一年春，公如晋，拜师及取邾田也。

邾庶其以漆、闾丘来奔[①]。季武子以公姑姊妻之[②]，皆有赐于其从者。于是鲁多盗。季孙谓臧武仲曰："子盍诘盗也[③]？"武仲曰："不可诘也，纥又不能。”季孙曰：“我有四封④，而诘其盗，何故不可？子为司寇，将盗是务去⑤，若之何不能？”武仲曰：“子召外盗而大礼焉，何以止吾盗？子为正卿而来外盗，使纥去之，将何以能？庶其窃邑于邾以来，子以姬氏妻之，而与之邑，其从者皆有赐焉。若大盗，礼焉以君之姑姊与其大夫邑，其次皂牧舆马⑥，其小者衣裳剑带，是赏盗也。赏而去之，其或难焉。纥也闻之，在上位者，洒濯其心⑦，壹以待人⑧，轨度其信⑨，可明征也⑩，而后可以治人。夫上之所为，民之归也⑪。上所不为而民或为之，是以加刑罚焉，而莫敢不惩。若上之所为而民亦为之，乃其所也⑫，又可禁乎？《夏书》曰⑬：‘念兹在兹，释兹在兹，名言兹在兹，允出兹在兹，惟帝念功。’将谓由己壹也。信由己壹⑭，而后功可念也。”

庶其非卿也，以地来，虽贱必书，重地也。

齐侯使庆佐为大夫，复讨公子牙之党，执公子买于句渎之丘。公子鉏来奔。叔孙还奔燕。

夏，楚子庚卒，楚子使薳子冯为令尹。访于申叔豫⑮，叔豫曰：“国多宠而王弱，国不可为也。”遂以疾辞。方暑，阙地⑯，下冰而床焉⑰。重茧衣裘⑱，鲜食而寝⑲。楚子使医视之，复曰：“瘠则甚矣⑳！而血气未动㉑。”乃使子南为令尹㉒。

栾桓子娶于范宣子㉓，生怀子㉔。范鞅以其亡也㉕，怨栾氏，故与栾盈为公族大夫而不相能㉖。桓子卒，栾祁与其老州宾通㉗，几亡室矣㉘。怀子患之。祁惧其讨也，愬诸宣子曰：“盈将为乱，以范氏为死桓主而专政矣㉙，曰：‘吾父逐鞅也，不怒而以宠报之，又与吾同官而专之，吾父死而益富㉚。死吾父而专于国，有死而已！吾蔑从之矣㉛。’其谋如是，惧害于主㉜，吾不敢不言。”范鞅为之征㉝。怀子好施，士多归之。宣子畏其多士也，信之。怀子为下卿，宣子使城著而遂逐之㉞。秋，栾盈出奔楚。宣子杀箕遗、黄渊、嘉父、司空靖、邴豫、董叔、邴师、申书、羊舌虎、叔罴㉟，囚伯华、叔向、籍偃。

人谓叔向曰：“子离于罪㊱，其为不知乎㊲？”叔向曰：“与其死亡若何㊳？《诗》曰㊴：‘优哉游哉，聊以卒岁。’知也。”

乐王鲋见叔向曰㊵：“吾为子请！”叔向弗应。出，不拜。其人皆咎叔向㊶。叔向曰：“必祁大夫㊷。”室老闻之，曰：“乐王鲋言于君无不行，求赦吾子，吾子不许。祁大夫所不能也，而曰：‘必由之。’何也？”叔向曰：“乐王鲋，从君者也㊸，何能行？祁大夫外举不弃雠，内举不失亲，其独遗我乎？《诗》曰：‘有觉德行，四国顺之㊹。’夫子，觉者也。”

晋侯问叔向之罪于乐王鲋，对曰："不弃其亲㊺，其有焉。"于是祁奚老矣，闻之，乘驲而见宣子㊻，曰："《诗》曰：'惠我无疆，子孙保之㊼。'《书》曰：'圣有谟勋，明征保定㊽。'夫谋而鲜过，惠训不倦者，叔向有焉，社稷之固也。犹将十世宥之㊾，以劝能者㊿。今壹不免其身㈤，以弃社稷，不亦惑乎？鲧殛而禹兴。伊尹放大甲而相之㉜，卒无怨色。管、蔡为戮㈤，周公右王。若之何其以虎也弃社稷㈤？子为善，谁敢不勉？多杀何为？"宣子说，与之乘㈤，以言诸公而免之。不见叔向而归。叔向亦不告免焉而朝。

初，叔向之母妒叔虎之母美而不使㈤，其子皆谏其母。其母曰："深山大泽，实生龙蛇。彼美，余惧其生龙蛇以祸女㈤。女，敝族也㈤。国多大宠㈤，不仁人间之㈤，不亦难乎？余何爱焉㈤！"使往视寝，生叔虎。美而有勇力，栾怀子嬖之，故羊舌氏之族及于难。

栾盈过于周，周西鄙掠之㈤。辞于行人㈤，曰："天子陪臣盈㈤，得罪于王之守臣㈤。将逃罪，罪重于郊甸㈤，无所伏窜㈤，敢布其死㈤。昔陪臣书能输力于王室㈤，王施惠焉。其子黡，不能保任其父之劳㈤。大君若不弃书之力㈤，亡臣犹有所逃。若弃书之力，而思黡之罪；臣，戮余也㈤，将归死于尉氏㈤，不敢还矣。敢布四体㈣，唯大君命焉！"王曰："尤而效之㈤，其又甚焉㈤！"使司徒禁掠栾氏者，归所取焉。使候出诸辕辕㈤。

冬，曹武公来朝，始见也。

会于商任㈤，锢栾氏也㈤。

齐侯、卫侯不敬。叔向曰："二君者必不免。会朝，礼之经也㈤。礼，政之舆也㈤。政，身之守也㈤。怠礼失政，失政不立㈤，是以乱也。"

知起、中行喜、州绰、邢蒯出奔齐㈤，皆栾氏之党也。乐王鲋谓范宣子曰："盍反州绰、邢蒯，勇士也"。宣子曰："彼栾氏之勇也，余何获焉？"王鲋曰："子为彼栾氏㈤，乃亦子之勇也。"

齐庄公朝，指殖绰、郭最曰："是寡人之雄也㈤。"州绰曰："君以为雄，谁敢不雄？然臣不敏，平阴之役，先二子鸣。"庄公为勇爵㈤。殖绰、郭最欲与焉。州绰曰："东闾之役，臣左骖迫，还于门中，识其枚数。其可以与于此乎？"公曰："子为晋君也。"对曰："臣为隶新㈤。然二子者，譬于禽兽，臣食其肉而寝处其皮矣㈤。"

【注释】

①邾庶其：邾国大夫。漆、闾丘：二者均为地名，或为邾庶其的采邑。　②姑姊：姑母。

③诘：治，禁。　④四封：四方边境。　⑤将盗是务去：此句是"将务去是盗"的倒装。即当政力于去除盗贼。　⑥皂牧舆马：贱役车马。　⑦洒濯：洗。　⑧壹：专诚。　⑨轨度：纳入规范法度。　⑩明征：明验。　⑪归：依从。　⑪乃其所：是势所必然。　⑬《夏书》：以下引文为逸书。念兹在兹：想要做的在于此。兹，同"此"。释：舍弃。名言：号令。允出：诚信所在。念功：记录此功劳。　⑭信由己壹：诚信由自己专一。　⑮访：商议。　⑯阙：同"掘"，挖。　⑰下冰而床：地下放冰，冰上置床。　⑱重茧：两层绵袍。　⑲鲜食：少食。　⑳瘠：瘦。　㉑血气未动：血脉正常。　㉒子南：即公子追舒。　㉓栾桓子：即栾黡。娶于范宣子：娶范宣子之女为妻。范宣子，即士匄。　㉔怀子：栾盈。　㉕范鞅：即士鞅，为栾黡所迫奔秦。　㉖不相能：不相得，不和睦。　㉗栾祁：栾黡之妻，士匄之女，栾盈之母。老：室老，大夫的家臣之长。　㉘亡室：指栾氏的家财为州宾所占有。　㉙死桓主：害死桓主。桓主，指栾桓子。　㉚益富：更加富有。此指范氏。　㉛蔑从：不从。　㉜主：此为栾祁称其父士匄为主。　㉝征：证，作证。　㉞著：地名，即著雍。　㉟箕遗等：十人均为晋大夫，栾盈之党。　㊱离：同"罹"，遭遇。　㊲知：同"智"。　㊳死亡：死，逃亡。　㊴《诗》曰：下二句为逸诗。　㊵乐王鲋：晋大夫，又称乐桓子。　㊶其人：叔向的下属。　㊷祁大夫：祁奚。　㊸从君者也：是顺从国君的人。　㊹有觉德行两句：出自《诗经·大雅·抑》篇。有觉，正直之貌。顺，归顺。　㊺亲：指羊舌虎，叔向之弟。　㊻驲（rì）：传车。　㊼惠我无疆，子孙保之：二句见《诗经·周颂·烈文》篇。惠我，施恩惠于我。　㊽圣有谟勋，明证定保：二句逸书文。意为圣哲的人有谋略，有训诲，当相信保护。谟，谋略。勋，借为训。　㊾宥：宽恕。　㊿劝：勉励。　51壹：一经。　52伊尹：商汤之相。大甲：即太甲，商汤之孙。　53管、蔡：即管叔、蔡叔，二人与周公并为兄弟，因助殷叛乱，被周公所杀。　54虎：即羊舌虎。弃社稷：死，即被杀。　55与之乘：与之同乘一车。　56不使：不使侍寝。　57祸女：祸害你们。　58敝族：衰败的家族。　59大宠：极受宠信的人。　60间之：从中挑拨。　61爱：惜。　62掠之：劫掠栾盈的财物。　63辞：申诉。　64陪臣：诸侯之臣在天子面前称陪。　65守臣：王室守土之臣，指晋侯。　66罪重于郊甸：又一次在天子郊外得罪。指被劫掠。　67伏窜：躲藏逃窜。　68布其死：冒死。　69书：指栾书，栾盈之祖。输力：效力，尽力。　70保任：同义词连用，即保守，保全。　71大君：指天王。　72戮余：幸免于被杀戮者，即死里逃生之人。　73尉氏：古代狱官名，晋有军尉，掌刑戮。　74布四体：直言不讳。一说愿受斧钺。　75尤而效之：栾盈本来就错了，再去效仿它。　76其又甚焉：过错就更大。　77候：候人，道路迎送宾客的官吏。出诸轘辕：护送出轘辕山。轘辕，山名，在河南登封县西北。　78商任：地名，在河南安阳市一带。　79锢：禁锢。　80经：常规。　81舆：车子，即载体。　82守：守护，依靠。　83不立：不能立身。　84知起等：四人均为晋大夫。　85为彼栾氏：即对待他们像栾氏一样。　86雄：雄鸡。春秋时喜以斗鸡博胜负，胜者先鸣。　87为勇爵：为勇士专设酒器。一说设爵位以命勇士。　88隶新：隶仆中的新人。新，不久。　89食其肉而寝处其皮：古者杀牲，食其肉，坐其皮。此句意为殖绰、郭最是我战败过的人，不足为雄。

【译文】

　　二十一年春季，襄公前往晋国，对晋国帮助讨伐齐国和夺取邾国田地表示感谢。

邾国的庶其带着漆地和闾丘逃亡来到鲁国。季武子把襄公的姑姑嫁给他做妻子，对跟从他出逃的人也都各有赏赐。此时鲁国盗贼很多。季武子对臧武仲说："您怎么不下决心惩治盗贼呢？"臧武仲说："盗贼不好对付，我也惩治不了。"季武子说："我国有四方边界，惩治国内的盗贼，有什么治不了的？您作为司寇，理应致力于惩治盗贼呢？为什么说不能呢？"臧武仲说："您把国外的盗贼请来，又给以隆重地接待，我还怎么来治理国内的盗贼呢？您作为正卿，收容国外的强盗，却让我铲除国内的盗贼，怎么能做到呢？庶其从邾国把两座城邑偷来，您把姬氏送给他做妻子，又送给他城邑，跟他来的人都有赏赐。如果用国君的姑姑和大片土地对大盗表示尊重，用皂隶车马、衣服剑带对其随从表示鼓励，这无疑就是奖赏盗贼。一方面要奖赏，一方面又要铲除，令人无所适从。我曾听说：身居上位的人要时刻保持心地清洁，待人要始终如一，使其诚信合于法度，令人信服，这样才能有资格治理别人。上面的所作所为，是百姓效法的榜样。如果上面的人没有干坏事而下面的百姓干了，就要加以惩罚，使其他人引以为戒。如果上面的人做了坏事，下面的百姓也做了坏事，这是理所当然的，又怎么禁得住呢？《夏书》中说：'干什么要依据这个标准，不干什么也要依据这个标准，发号施令要依据这个标准，讲究信用要依据这个标准。只有帝王才能建立如此功德。'意即自己的言行要保持一致。言行一致才能建立功劳。"

庶其不是邾国的卿，只因为他带着土地前来，虽然他地位卑贱，《春秋》也一定要加以记载，其原因就是看重这两座城邑。

齐庄公让庆佐担任大夫，再次讨伐公子牙的党徒，在句渎之丘抓住了公子买。公子钽逃亡来到鲁国，叔孙还逃亡到燕国。

夏季，楚国的子庚去世，楚康王任命蒍子冯为令尹。蒍子冯前去征求申叔豫的意见，叔豫说："国家宠臣太多，而国君又年轻软弱，国家不好治理。"蒍子冯便以有病为由拒绝接任令尹一职。此时正值天气炎热，他在地下挖了个洞，洞里放上冰块，在冰块上放张床，再穿上两层绵袍，又穿上皮大衣，只吃一点饭就睡觉了。康王派医生探望他，医生回去报告说："他身体非常瘦弱，但血气很正常。"康王只好另派子南做令尹。

栾黡娶士匄的女儿为妻，生了怀子。士鞅因为曾被栾黡逼迫逃亡而对栾氏怀恨在心，和栾盈虽然同为公族大夫，但不能很好地相处。栾黡去世后，他的妻子栾祁和总管家州宾私通，州宾几乎要把他们的家产全部侵吞。栾盈很担心。栾祁怕他惩罚自己，便先到士匄那里诬告说："栾盈准备叛乱，他认为是你们家族弄死了栾黡从而要独揽大权，他说：'我父亲赶走士鞅，士鞅回来后我父亲不但没有惩治他反而宠信重用他，又让他担任和我同样的官职，更加专横跋扈。我父亲死后他们家族更加富贵起来。分明是他们将我父亲弄死，从而独揽国家大权。我宁可一死也不能再听从他们了。'这就是他的阴谋，我深怕伤害您，因此不敢不告诉。"士鞅也在旁边为栾祁作证。栾盈平时一向喜好施舍，很多士人都愿意跟随他。士匄正担心栾盈笼络了这么多人后患无穷，就相信了他们的话。栾盈当时是下卿，士匄派他去著地筑城，把他赶出都城。秋季，栾盈逃亡到了楚国，士匄杀了他的党羽箕遗、黄渊、嘉父、司空靖、邴豫、董叔、邴师、申书、羊舌虎、叔罴，把伯华、叔向、籍偃三人囚禁起来。

有人对叔向说："您遭到这样的惩罚，不觉得太不明智了吗？"叔向说："和那些死去和逃亡的相比，又怎么样呢？《诗经》中说：'逍遥自在，终此一生'，这就是明智啊！"

乐王鲋见到叔向说："我去为您求情吧。"叔向没吭声。客人走时，也没有拜谢。他的家人都埋怨他。叔向说："一定要让祁奚为我讲情"。他的家臣听到后说："乐王鲋在国君面前说的话，没有不被采纳的，他请求去赦免您，您不同意。祁奚做不到，您却说一定要让他，这是为什么？"叔向说："乐王鲋对国君百依百顺，怎么能救得了我？祁奚外举不避仇，内举不避亲，他能不管我吗？《诗经》说：'有正直德行的人，天下人都会听从他。'祁奚就是一个正直的人。"

晋平公向乐王鲋问起叔向的罪过，乐王鲋回答说："他一向不丢弃自己的亲人，很可能一同参与了叛乱。"此时祁奚已告老退休，得知此事后，乘坐驿车赶到国都求见士匄，他说："《诗经》说：'先王赐给我们无穷的恩惠，子孙永远享用不尽。'《书经》说：'圣明的人有谋略有训诲，子孙才能得到安宁和保护。'参与谋划国家大事而又很少犯错误，教育别人而又不知疲倦，只有叔向能做到，这样的人是国家的柱石。即使他的后代子孙犯了罪也应该加以赦免，以鼓励那些有能力的人。现在他偶尔获罪一次，连他本人也不宽恕，从而置国家利益于不顾，不是很糊涂的做法吗？从前鲧被处死，他的儿子禹却得到重用；伊尹曾放逐过太甲，后来又辅佐他，太甲却始终对他面无怨色；管叔、蔡叔被杀戮，而他们的兄弟周公却能继续辅佐天子。怎么可以因为一个羊舌虎就置国家于不顾呢？您如果推行善政，谁能不更加勤勉呢？何必多杀人呢？"士匄非常高兴，和他一起乘车劝说平公，平公就赦免了叔向。事后祁奚没有见到叔向就回家了，叔向也没有向祁奚表示感谢就上朝了。

当初，叔向的母亲嫉妒羊舌虎的母亲美丽而不让她事奉丈夫，她的儿子都劝她不要这样。但她说："深山大泽之中，难保能生龙生蛇。她长得那么漂亮，我担心她一旦生出龙蛇来会给你们带来祸害。你们是日趋没落的家族。如今国家宠臣又多，一旦有人从中挑拨是非，你们的处境就艰难了？我自己有什么可爱惜的？"就同意羊舌虎的母亲和丈夫同房。后来生下羊舌虎，漂亮而且勇猛有力，栾盈很喜欢，也正因此使得羊舌氏受到株连。

栾盈途经周王室境内，王室西部的百姓抢劫了他的财物。栾盈向王室的使者申诉说："我作为天子的陪臣得罪了天子的守臣。准备逃脱罪责时，却在天子的郊外遭到抢劫，我无处逃避，所以才冒死前来申诉。从前我祖父栾书曾效力于王室，天子也曾赏赐过他。他的儿子栾黡没能保守父亲创建的功业。天子如果还没有忘记栾书的贡献，那么我这个亡命之臣还可以有地方逃避。如果不念栾书的贡献，只想到栾黡的罪过，那么我即使被免于杀戮，也要回国死到刑官手中，这样我就不敢再回国了。特此冒死直陈，悉听天子定夺。"天子说："既然我认为晋国放逐栾盈做得不对，那么我再去效法，就更不对了。"便让司徒抓住那些抢劫栾盈的人，把被抢的财物全部还给他，并派礼宾官员护送他走出辕辕山。

冬季，曹成公来鲁国朝见，这是他首次朝见襄公。

襄公和晋平公、齐庄公、宋平公、卫殇公、郑简公、曹武公、莒子、邾子在商任会见，为的是让各国都不要收留栾盈。

会上，齐庄公和卫殇公傲慢无礼。叔向说："这两位国君一定难免灾祸。会见和朝见是礼的典范。礼是政治的运行工具。政治是立身的依托。礼有疏忽，政治就会失误；政治失误，就无法立身处世，因此就会招致动乱。"

知起、中行喜、州绰、邢蒯逃亡到了齐国，他们都是栾盈的党羽。乐王鲋对士匄说："怎么不让州绰和邢蒯回来，他们是勇士啊！"士匄说："他们都是栾盈的勇士，我能得到什么？"王鲋又说："如果您成为栾盈，他们就能成为您的勇士。"

齐庄公上朝时，指着殖绰和郭最说："这两个人是我的勇士。"州绰在一旁说："国君认为他们是勇士，谁能说不是呢？不过，在平阴那次战役中，我却把他们两个俘获了。"庄公设置了两个勇士杯。殖绰和郭最都想获得。州绰说："在齐国东间之战中，我的马被挤得来回转圈，因此把城门上的钉子都数清了，我可不可以得到一个杯子呢？"庄公说："那时你是为晋君而战。"州绰回答说："我刚刚成为您的臣子。而这两个人，如果把他们比作禽兽，平阴之战中，我就可以吃他们的肉，剥他们的皮来睡觉了。"

襄公二十二年

经　二十有二年春，王正月，公至自会。夏四月。秋七月辛酉，叔老卒。冬，公会晋侯、齐侯、宋公、卫侯、郑伯、曹伯、莒子、邾子、薛伯、杞伯、小邾子于沙随。公至自会。楚杀其大夫公子追舒。

传　二十二年春，臧武仲如晋，雨，过御叔①。御叔在其邑，将饮酒，曰："焉用圣人②！我将饮酒，而己雨行，何以圣为？"穆叔闻之曰："不可使也，而傲使人③，国之蠹也④。"令倍其赋。

夏，晋人征朝于郑⑤。郑人使少正公孙侨对曰⑥：

"在晋先君悼公九年，我寡君于是即位。即位八月，而我先大夫子驷从寡君以朝于执事。执事不礼于寡君，寡君惧。因是行也，我二年六月朝于楚，晋是以有戏之役⑦。楚人犹竟，而申礼于敝邑⑧。敝邑欲从执事而惧为大尤⑨，曰晋其谓我不共有礼⑩，是以不敢携贰于楚。我四年三月，先大夫子蟜又从寡君以观衅于楚⑪，晋于是乎有萧鱼之役⑫。谓我敝邑，迩在晋国，譬诸草木，吾臭味也，而何敢差池⑬？楚亦不竞，寡君尽其土实⑭，重之以宗器⑮，以受齐盟⑯。遂帅群臣随于执事以会岁终。贰于楚者，子侯、石盂⑰，归而讨之。浸梁之明年，子蟜老矣，公孙夏从寡君以朝于君，见于尝酎⑱，与执燔焉⑲。间二年，闻君将靖东夏⑳，四月又朝，以听事期㉑。不朝之间，无岁不聘，无役不从。以大国政令之无常，国家罢病，不虞荐至㉒，无日不惕，岂敢忘职㉓？"

"大国若安定之，其朝夕在庭，何辱命焉？若不恤其患，而以为口实㉔，其无乃不堪任命㉕，而翦为仇雠㉖，敝邑是惧。其敢忘君命？委诸执事，执事实重图之㉗。"

秋，栾盈自楚适齐。晏平仲言于齐侯曰："商任之会，受命于晋㉘。今纳栾氏，将安用之？小所以事大，信也。失信不立㉙，君其图之。"弗听。退告陈文子曰："君人执信㉚，臣人执共㉛，忠信笃敬，上下同之，天之道也。君自弃也，弗能久矣！"

九月，郑公孙黑肱有疾，归邑于公。召室老、宗人立段㉜，而使辟官㉝，薄祭㉞。祭以特羊㉟，殷以少牢㊱。足以共祀，尽归其余邑。曰："吾闻之，生于乱世，贵而能贫，民无求焉㊲，可以后亡。敬共事君，与二三子㊳。生在敬戒㊴，不在富也。”己巳㊵，伯张卒㊶。君子曰：“善戒。《诗》曰：‘慎尔侯度，用戒不虞㊷。’郑子张其有焉。”

冬，会于沙随，复锢栾氏也。

栾盈犹在齐，晏子曰：“祸将作矣！齐将伐晋，不可以不惧。”

楚观起有宠于令尹子南，未益禄㊸，而有马数十乘，楚人患之，王将讨焉。子南之子弃疾为王御士㊹，王每见之，必泣。弃疾曰：“君三泣臣矣㊺，敢问谁之罪也？”王曰：“令尹之不能㊻，尔所知也。国将讨焉，尔其居乎？”对曰：“父戮子居，君焉用之？泄命重刑㊼，臣亦不为。”王遂杀子南于朝，轘观起于四竟㊽。

子南之臣谓弃疾：“请徙子尸于朝㊾。”曰：“君臣有礼，唯二三子㊿。”三日，弃疾请尸(51)，王许之。既葬，其徒曰：“行乎！”曰：“吾与杀吾父(52)，行将焉入？”曰：“然则臣王乎？”曰：“弃父事雠，吾弗忍也。”遂缢而死。

复使薳子冯为令尹，公子齮为司马，屈建为莫敖。有宠于薳子者八人，皆无禄而多马。他日朝，与申叔豫言。弗应而退。从之，入于人中。又从之，遂归。退朝，见之，曰：“子三困我于朝(53)，吾惧，不敢不见。吾过，子姑告我，何疾我也？”对曰：“吾不免是惧(54)，何敢告子？”曰：“何故？”对曰：“昔观起有宠于子南，子南得罪，观起车裂。何故不惧？”自御而归，不能当道(55)。至，谓八人者曰：“吾见申叔，夫人所谓生死而肉骨也(56)。知我者，如夫子则可(57)。不然，请止(58)。”辞八人者，而后王安之。

十二月，郑游眅将归晋(59)，未出竟，遭逆妻者(60)，夺之，以馆于邑(61)。丁巳，其夫攻子明，杀之，以其妻行。子展废良而立大叔(62)，曰：“国卿，君之贰也，民之主也，不可以苟(63)。请舍子明之类(64)。”求亡妻者(65)，使复其所。使游氏勿怨(66)，曰：“无昭恶也。”

【注释】

①过御叔：看望御叔。御叔，鲁国御邑大夫。 ②圣人：明哲的人。 ③傲使人：傲视出使的人。 ④蠹：蛀虫。 ⑤征朝于郑：征召郑人朝见。 ⑥少正公孙侨：少正，官名，即亚卿。公孙侨，即子产。 ⑦戏之役：见襄公九年传。 ⑧申礼：申明礼义。 ⑨大尤：大罪。 ⑩不共有礼：不恭敬于有礼者。 ⑪观衅：观察是否有隙。 ⑫萧鱼之役：见襄公十一年传。 ⑬差池：不一致。 ⑭土实：土地所产。 ⑮重之：加上。 ⑯齐盟：即斋盟。 ⑰子侯、石盂：郑国二大夫。 ⑱尝酎（zhòu）：祭名，即在尝祭时用酎祭宗庙。酎：连酿三次的醇酒。 ⑲与执燔：参与分得膰肉。燔同“膰”，祭肉。 ⑳东夏：指齐国。 ㉑事期：会期。

㉒不虞荐至：意外的事情经常发生。荐，屡。　㉓职：指朝于晋。　㉔口实：借口，话柄，一说为口中的食物。　㉕任命：承命。　㉖蔑：弃。　㉗重图：深思。　㉘受命于晋：指接受晋国禁锢栾氏的命令。　㉙失信不立：失去信用，不能立身立国。　㉚君人执信：做人君要保持信用。　㉛臣人执共：做人臣的要保持恭敬。　㉜段：公孙黑肱之子。　㉝黜官：减少家臣。　㉞薄祭：祭祀从简。　㉟祭以特羊：四时的常祭只用一只羊。　㊱殷以少牢：殷祭用羊和猪。殷，盛祭，本应用太牢，减省为少牢。　㊲民无求焉：即无求于民。求，索取。　㊳二三子：指诸大臣。　㊴敬戒：即警戒。　㊵己巳：二十五日。　㊶伯张：即黑肱，字子张。　㊷慎尔侯度，用戒不虞：句出《诗经·大雅·抑》篇。侯度，公侯的法度。　㊸益禄：增加俸禄。　㊹御士：侍御之人。　㊺三泣臣：三次对臣哭泣。　㊻不能：不善。　㊼泄命重刑：泄露君主的命令而加重处罚。　㊽轘（huàn）：车裂。　㊾子尸：子南之尸。　㊿二三子：指诸大臣。　51请尸：请求收尸。　52与：与闻。　53困：困窘，难堪。　54不免是惧：害怕不免于罪。　55当道：车行正道。　56生死而肉骨：·使死者复生，让白骨长肉。　57夫子：指申叔豫。　58止：休，绝交之辞。　59游贩（fàn）：公孙虿之子，字子明。　60遭：遇到。　61馆于邑：在其邑住下。　62良：游贩之子。大叔：即游吉，游贩之弟。　63苟：苟且。　64舍：抛弃。　65求：寻找。　66怨：怨恨，报复。　67昭恶：宣扬邪恶。

【译文】

　　二十二年春季，臧武仲前往晋国，遇到下雨，就去看望御叔。御叔在他的封地正在饮酒，并说："圣人有什么用？我只知道喝酒，外出遇到大雨，还算什么圣人？"穆叔听说后说："他不配做使节，却对使节傲慢无礼，真是国家的蛀虫。"就加倍征收御叔的赋税。

　　夏季，晋国人让郑国人前去朝见。郑国人派少正公孙侨答复说："贵国先君悼公九年，寡君即位。即位八个月，先大夫子驷便随同寡君前来朝见国君，但国君对寡君很不尊重，寡君害怕了。为此，我们就在二年六月朝见了楚国，贵国因此发动了戏地之战。楚国人正很强大，却对我国很有礼貌。我国本打算顺从贵国，却又担心犯下大罪，心想晋国会不会认为我们不尊重讲究礼仪的国家呢？因此也就不敢对楚国再有二心。我国四年三月，先大夫子蟜又随同寡君到楚国观察动静，于是贵国又发动了萧鱼之战。我们认为，我国距贵国很近，比如贵国是草木，我们就是散发出来的香味，哪里敢不保持一致呢？楚国日趋衰弱，寡君献出了我国出产的全部东西，又加上祖庙的礼器，接受了诸侯盟约。又率领群臣随国君参加了年终会见。当时我国与楚国暗中勾结的，只有子侯和石盂，国君回去后就把他们治罪了。溴梁之盟的第二年，子蟜告老退休，公孙夏又随同寡君前来朝见，在举行尝祭时拜见了国君，参加了祭祀。隔了两年，听说国君准备安定东方，四月，我们又来贵国朝见以听取会盟的日期。在不来朝见期间，没有一年不来聘问，没有一次战役不派兵助战。大国政令反复无常，而且我国疲惫不堪，内忧外患随时都可能发生，从来没有放松过警惕。怎么敢忘记应尽的义务呢？"

"如果大国能够安定我国，我们自己就会主动前来朝见。哪里还用得着要求呢？但如果不体谅我们的忧患，只是口头上说一些好听的话，我们就很难接受大国的命令，而被大国视为仇敌了。我国非常害怕，哪里敢忘记国君的命令呢？一切听从国君发落。"

秋季，栾盈从楚国到了齐国。晏平仲对齐庄公说："在商任盟会上，我们曾接受了晋国的命令。如今收容栾盈，您打算怎么办？小国事奉大国，靠的就是信用。失去信用，便不能生存。希望国君慎重考虑。"庄公不听。晏平仲出来后对陈文子说："国君守信，臣子才恭敬。忠心、信用、诚笃、恭敬，上下一致，才是上天之道。国君自己要抛弃这些，肯定难以长久保守君位。"

九月，郑国的公孙黑肱患了病，便把封邑还给郑简公。并把室老和宗人叫来，立了段为继承人，还让他们裁减家臣，祭祀从简。一般的祭祀只用一只羊，殷祭时只用羊和猪。留下足够供给祭祀的土地，其余封邑全都还给郑简公。他说："我听说：生在动乱时代，虽然地位尊贵也要安于清贫，使百姓对他没有什么要求，这样就可以死在别人之后。你要恭恭敬敬地事奉国君和几位大臣。生存下去关键在于自我警戒，不在于是否贫富。"二十五日，公孙黑肱去世。君子认为："公孙黑肱善于自戒。《诗经》说：'谨慎你的法度，以防不测。'郑国的公孙黑肱做到了这一点。"

冬季，襄公和晋平公、齐庄公、宋平公、卫殇公、郑简公、曹武公、莒子、薛伯、杞孝公、小邾公在沙随会见，是为了再次重申各国不得收留栾盈。

栾盈还在齐国，晏子说："灾难马上就要发生。齐国将要攻打晋国，这不能不使人忧虑万分。"

楚国的观起受到令尹子南的宠信，他的官禄虽然没有增加，却有了能驾驭数辆车子的几十匹马。楚国人非常担心，楚康王准备讨伐他。此时子南的儿子弃疾是康王的御士，康王每次见到他，必定默默流泪。弃疾问："国君在臣面前已经哭了三次了，请问这是谁的罪过呢？"康王说："令尹不善，这你知道。现在国家准备要惩罚他，你还能留下来吗？"弃疾回答说："父亲被杀戮，即使儿子住下不走，国君还能重用他吗？不过泄露了机密也将受到严重惩罚，我不会这么做。"康王便在朝廷上杀了子南，将观起车裂，把他的尸体分别送到楚国四方边境示众。

子南的家臣对弃疾说："请允许把你父亲的尸体从朝廷上运回来。"弃疾说："君臣之间有一定的礼仪，听凭几位大臣处理。"三天后弃疾请求收敛尸首，康王同意了。安葬子南后，弃疾手下的人说："要不要出走呢？"弃疾说："我实际上也参加了对我父亲的谋害，哪里还会收留我呢？"手下人又问："那么继续事奉国君吗？"弃疾说："抛弃了父亲却事奉仇人，我不忍心这么做。"就自缢而死。

康王又让蒍子冯做令尹，公子蒍为司马，屈建为莫敖。受到蒍子冯宠信的八个人都没有俸禄却拥有很多匹马。有一天，蒍子冯上朝，和申叔豫说话。申叔豫不理他就走了。蒍子冯追了上去，申叔豫躲到人群中。蒍子冯继续追赶，申叔豫便回家了。退朝之后，蒍子冯到申叔豫家里找他，说："你在朝廷上三次给我难堪，我很担心，不敢不来求见。我有过错，你可以告诉我。为何这么讨厌我呢？"申叔豫回答说："我还害怕不能免于犯罪呢，还怎么敢告诉你？"蒍子冯问："为什么？"申叔豫回答说："从前观起受到子南宠信，子南因此而获罪，观起被五马分尸。怎么能不害怕呢？"蒍子冯自己驾车回去时，因为心里害怕，车子总是偏离正道。到家见到那八个人说："我刚才见到了申叔，这个人是那种让死者复生使白骨长肉的人。你们谁能像这个人了解我，谁就留下。不然。就请自便。"便把那八个人赶走了，从此康王才对他放心了。

十二月，郑国的游贩准备回到晋国，还没有走出国境，遇到一个娶妻的人，他夺了这个人的妻子住到自己的封地中去了。十二月某日，那女人的丈夫攻打游贩，杀了他之后带着妻子走了。子展把游贩的儿子良废掉，立了游吉，他说："一个国家的卿，便是国君的副手，百姓的主人，不能任意胡为。请把这类人废掉。"又找到那个妻子被夺、杀了游贩的人，让他回到家乡。并警告游氏不得怨恨此人，说："不要使游贩的恶名再得以张扬。"

襄公二十三年

经　二十有三年春，王二月癸酉朔，日有食之。三月己巳，杞伯匄卒。夏。邾畀我来奔。葬杞孝公。陈杀其大夫庆虎及庆寅。陈侯之弟黄自楚归于陈。晋栾盈复入于晋，入于曲沃。秋，齐侯伐卫，遂伐晋。八月，叔孙豹帅师救晋，次于雍榆。己卯，仲孙速卒。冬十月乙亥，臧孙纥出奔邾。晋人杀栾盈。齐侯袭莒。

传　二十三年春，杞孝公卒，晋悼夫人丧之①。平公不彻乐，非礼也。礼为邻国阙②。

陈侯如楚。公子黄愬二庆于楚，楚人召之。使庆乐往，杀之。庆氏以陈叛。夏，屈建从陈侯围陈。陈人城，板队而杀人③。役人相命④，各杀其长⑤。遂杀庆虎、庆寅。楚人纳公子黄。君子谓："庆氏不义，不可肆也⑥。故《书》曰：'惟命不于常⑦。'"

晋将嫁女于吴，齐侯使析归父媵之⑧，以藩载栾盈及其士⑨，纳诸曲沃。栾盈夜见胥午而告之⑩，对曰："不可。天之所废，谁能兴之？子必不免。吾非爱死也，知不集也⑪。"盈曰："虽然，因子而死⑫，吾无悔矣。我实不天⑬，子无咎焉。"许诺。伏之⑭，而觞曲沃人⑮。乐作，午言曰："今也得栾孺子⑯，何如？"对曰："得主而为之死，犹不死也。"皆叹，有泣者。爵行⑰，又言。皆曰："得主，何贰之有？"盈出，遍拜之⑱。

四月，栾盈帅曲沃之甲，因魏献子⑲，以昼入绛。初，栾盈佐魏庄子于下军⑳，献子私焉㉑，故因之。赵氏以原、屏之难怨栾氏，韩、赵方睦㉒。中行氏以伐秦之役怨栾氏㉓，而固与范氏和亲㉔。知悼子少㉕，而听于中行氏。程郑嬖于公。唯魏氏及七舆大夫与之。

乐王鲋侍坐于范宣子。或告曰："栾氏至矣！"宣子惧。桓子曰："奉君以走固宫㉖，必无害也。且栾氏多怨，子为政；栾氏自外，子在位，其利多矣。既有利权㉗，又执民柄㉘，将何惧焉？栾氏所得，其唯魏氏乎！而可强取也㉙。夫克乱在权，子无懈矣。"

公有姻丧㉚，王鲋使宣子墨缞冒绖㉛，二妇人辇以如公㉜，奉公以如固宫。范鞅逆魏舒，则成列既乘㉝，将逆栾氏矣。趋进，曰："栾氏率贼以入，鞅之父与二三子在君所矣。使鞅逆吾子。鞅请骖乘持带。"遂超乘㉞，右抚剑，左援带，命驱之出。仆请㉟，鞅曰："之公㊱。"宣子逆诸阶，执其手，赂之以曲沃。

初，斐豹，隶也，著于丹书㊲。栾氏之力臣曰督戎，国人惧之。斐豹谓宣子曰："苟焚丹书，我杀督戎。"宣子喜，曰："而杀之，所不请于君焚丹书者，有如日！"乃出豹而闭之㊳，督戎从之。逾隐而待之㊴，督戎逾入，豹自后击而杀之。

范氏之徒在台后，栾氏乘公门㊵。宣子谓鞅曰："矢及君屋，死之！"鞅用剑以帅卒，栾氏退。摄车从之㊶，遇栾乐，曰："乐免之㊷，死将讼女于天。"乐射之，不中。又注㊸，则乘槐本而覆㊹。或以戟钩之，断肘而死。栾鲂伤。

栾盈奔曲沃，晋人围之。

秋，齐侯伐卫。先驱[45]，谷荣御王孙挥，召扬为右。申驱[46]，成秩御莒恒，申鲜虞之傅挚为右。曹开御戎，晏父戎为右。贰广[47]，上之登御邢公，卢蒲癸为右。启[48]，牢成御襄罢师，狼蕲疏为右。胠[49]，商子车御侯朝，桓跳为右。大殿[50]，商子游御夏之御寇，崔如为右，烛庸之越驷乘[51]。自卫将遂伐晋。

晏平仲曰："君恃勇力以伐盟主[52]，若不济，国之福也。不德而有功，忧必及君。"崔杼谏曰："不可。臣闻之，小国间大国之败而毁焉，必受其咎。君其图之！"弗听。陈文子见崔武子曰："将如君何？"武子曰："吾言于君，君弗听也。以为盟主，而利其难。群臣若急，君于何有？子姑止之。"文子退，告其人曰："崔子将死乎！谓君甚[53]，而又过之，不得其死。过君以义[54]，犹自抑也[55]，况以恶乎？"

齐侯遂伐晋，取朝歌[56]。为二队，入孟门[57]，登大行[58]，张武军于荧庭[59]。成郫邵[60]，封少水[61]，以报平阴之役[62]，乃还。赵胜帅东阳之师以追之[63]，获晏氂[64]。八月，叔孙豹帅师救晋，次于雍榆，礼也。

季武子无适子，公弥长[65]，而爱悼子[66]，欲立之。访于申丰[67]，曰："弥与纥，吾皆爱之，欲择才焉而立之。"申丰趋退，归，尽室将行。他日，又访焉，对曰："其然！将具敝车而行[68]。"乃止。

访于臧纥，臧纥曰："饮我酒，吾为子立之。"季氏饮大夫酒，臧纥为客[69]。既献，臧孙命北面重席[70]，新樽絜之间。召悼子，降，逆之。大夫皆起。及旅[72]，而召公鉏，使与之齿[73]，季孙失色。

季氏以公鉏为马正[74]，愠而不出[75]。闵子马见之[76]，曰："子无然！祸福无门，唯人所召。为人子者，患不孝，不患无所[77]。敬共父命，何常之有？若能孝敬，富倍季氏可也。奸回不轨[78]，祸倍下民可也。"公鉏然之。敬共朝夕，恪居官次[79]。季孙喜，使饮己酒，而以具往[80]，尽舍旃[81]。故公鉏氏富，又出为公左宰[82]。

孟孙恶臧孙，季孙爱之。孟氏之御驺丰点好羯也[83]，曰："从余言。必为孟孙。"再三云，羯从之。孟庄子疾，丰点谓公鉏："苟立羯，请仇臧氏。"公鉏谓季孙曰："孺子秩，固其所也[84]。若羯立，则季氏信有力于臧氏矣[85]。"弗应。己卯[86]，孟孙卒[87]，公鉏奉羯立于户侧。季孙至，入，哭，而出，曰："秩焉在？"公鉏曰："羯在此矣！"季孙曰："孺子长。"公鉏曰："何长之有？唯其才也。且夫子之命也[88]。"遂立羯。秩奔郝。

臧孙入哭，甚哀，多涕。出，其御曰："孟孙之恶子也，而哀如是。季孙若死，其若之何？”臧孙曰：“季孙之爱我，疾疢也⑧。孟孙之恶我，药石也⑨。美疢不如恶石⑨。夫石犹生我⑨，疢之美，其毒滋多⑨。孟孙死，吾亡无日矣。”孟孙闭门，告于季孙曰：“臧氏将为乱，不使我葬。”季孙不信。臧孙闻之，戒。冬十月，孟氏将辟⑨，藉除于臧氏⑨。臧孙使正夫助之⑨，除于东门，甲从己而视之⑨。孟氏又告季孙。季孙怒，命攻臧氏。乙亥⑨，臧孙斩鹿门之关以出⑨，奔邾。

初，臧宣叔娶于铸⑩，生贾及为而死。继室以其侄，穆姜之姨子也⑩。生纥，长于公宫。姜氏爱之，故立之。臧贾、臧为出在铸。臧武仲自邾使告臧贾，且致大蔡焉⑩，曰：“纥不佞，失守宗祧⑩，敢告不吊。纥之罪，不及不祀。子以大蔡纳请，其可。”贾曰：“是家之祸也，非子之过也。贾闻命矣。”再拜受龟。使为以纳请，遂自为也⑩。臧孙如防，使来告曰：“纥非能害也⑩，知不足也。非敢私请！苟守先祀，无废二勋⑩，敢不辟邑⑩。”乃立臧为。臧纥致防而奔齐⑩。其人曰：“其盟我乎？”臧孙曰：“无辞。”将盟臧氏，季孙召外史掌恶臣⑩，而问盟首焉，对曰：“盟东门氏也⑩，曰：‘毋或如东门遂，不听公命，杀适立庶。’盟叔孙氏也，曰：‘毋或如叔孙侨如，欲废国常，荡覆公室。’”季孙曰：“臧孙之罪，皆不及此。”孟椒曰⑪：“盍以其犯门斩关？”季孙用之。乃盟臧氏曰：“毋或如臧孙纥干国之纪⑫，犯门斩关。”臧孙闻之，曰：“国有人焉！谁居⑬？其孟椒乎！”

晋人克栾盈于曲沃，尽杀栾氏之族党。栾鲂出奔宋。书曰：“晋人杀栾盈。”不言大夫，言自外也。

齐侯还自晋，不入。遂袭莒，门于且于⑭，伤股而退。明日将复战，期于寿舒⑮。杞殖、华还载甲，夜入且于之隧⑯，宿于莒郊。明日，先遇莒子于蒲侯氏⑰。莒子重赂之，使无死，曰：“请有盟。”华周对曰⑱：“贪货弃命，亦君所恶也。昏而受命⑲，日未中而弃之，何以事君？”莒子亲鼓之，从而伐之，获杞梁⑳。莒人行成。

齐侯归，遇杞梁之妻于郊，使吊之。辞曰：“殖之有罪，何辱命焉？若免于罪，犹有先人之敝庐在，下妾不得与郊吊㉑。”齐侯吊诸其室。

齐侯将为臧纥田，臧孙闻之，见齐侯。与之言伐晋。对曰：“多则多矣，抑君似鼠。夫鼠昼伏夜动，不穴于寝庙㉒，畏人故也。今君闻晋之乱而后作焉㉓。宁将事之，非鼠如何？”乃弗与田。

仲尼曰：“知之难也㉔。有臧武仲之知，而不容于鲁国，抑有由也。作不顺而施不恕也㉕。《夏书》曰：‘念兹在兹㉖。’顺事、恕施也。”

①晋悼夫人丧之：晋悼公夫人为他服丧。晋悼夫人，杞孝公之妹，晋平公之母。　②阙：撤乐。　③板队而杀人：夹板掉下，就杀死筑城的人。　④相命：互相传令。　⑤长：役夫之长。　⑥肆：放肆。作"赦"解亦通。　⑦惟命于不常：句出《尚书·康诰》。意即天命不常在。　⑧媵之：送媵妾。　⑨藩：车上的篷布。　⑩胥午：曲沃大夫。　⑪不集：不成。　⑫因子：依靠您。　⑬不天：不为天所佑。　⑭伏：藏匿。　⑮觞：请喝酒。　⑯栾孺子：指栾盈。　⑰爵行：互相举杯。　⑱遍拜：拜谢。　⑲魏献子：即魏舒。　⑳魏庄子：魏绛，献子之父。　㉑私：要好。　㉒韩、赵：指韩起、赵武。　㉓中行氏：荀氏的一支。　㉔范氏：指范宣子。　㉕知悼子：即知盈。　㉖固宫：晋侯的别宫。　㉗有利权：有利有权。　㉘民柄：对百姓的赏罚。　㉙强取：强力争取。　㉚姻丧：即晋悼夫人丧其兄杞孝公。　㉛墨缞冒绖：黑色丧服。缞，衰服；冒，冒巾；绖，腰绖。　㉜二妇人辇以如公：和两个女人乘坐辇车去到晋侯那里。　㉝成列既乘：军队已排好，兵车准备完毕。　㉞超乘：跳上车子。　㉟仆请：御者问到哪里。　㊱之公：到国君那里。之，动词，到，往。　㊲著于丹书：用红字记载在竹简上。　㊳出豹而闭之：让斐豹出宫门然后关上宫门。　㊴逾隐：跳过短墙。隐，短墙。　㊵乘：登。　㊶摄车：驱车。　㊷免之：免战。　㊸注：搭上箭。　㊹乘槐本：车子碰着槐树根。　㊺先驱：先锋部队。　㊻申驱：次前锋。　㊼贰广：齐侯副车。　㊽启：左翼。　㊾胠：右翼。　㊿大殿：后军。　51驷乘：四人共乘一车殿后。　52盟主：指晋国。　53甚：过分。　54过君以义：用道义超过国君。　55自抑：抑制自己。　56朝歌：地名，在今河南淇县。　57孟门：在今河南辉县市西，为太行隘道。　58太行：即太行陉，在今河南沁阳西北。　59张武军：详见宣公十二年传注。荧庭：即陉庭，见桓公二年传。　60郫邵：地名，在今河南济源县西。　61封少水：在少水收尸封土。少水，即沁水。　62平阴之役：事见襄公十八年传。　63东阳：泛指晋属太行山以东的地方。　64晏氂（mào）：即晏莱，晏婴之子。　65公弥：即公鉏。　66悼子：名纥。　67申丰：季氏家臣。　68具敝车：套上我的车子。　69客：上宾。　70北面重席：面向北铺二层席子。　71新樽絜子：用新酒杯并洗涤干净。絜，同"洁"。　72旅：旅酬，即宾主按尊卑长幼次序互相敬酒。　73使与之齿：使之与别人按年龄大小排列顺序。齿，年龄。　74马正：大夫家司马。主管土地的军赋。　75愠：怒。　76闵子马：即闵马父，人名。　77无所：无地位。　78奸回：奸邪。　79恪居官次：谨慎地履行职责。　80具：宴享的器具。　81旃：之焉合音字。　82出：出仕。　83御驺丰点：御驺，养马兼驾车的官员。丰点，人名。羯：孟庄子之庶子，孺子秩之弟，又称孝伯。　84固其所：本来是继承人。　85夫信：确实。　86己卯：八月十日。　87孟孙：即仲孙速。　88夫子：指孟庄子。　89疾疢（zhěn）：疾病。　90药石：药，中草药；石，砭石，古以石为针，可以治病。　91美疢不如恶石：好的疾病不如坏的砭石。　92生我：使我活下去。　93滋多：更多。　94辟：开掘墓道。　95藉除：借用役夫。　96正夫：即正卒，正徒。适合服役的男子。　97甲从己：甲士跟着自己。　98乙亥：十月初七日。　99斩鹿门之关：斩断鹿门上的门闩。鹿门，鲁都南城东门。　100铸：古国名，在今山东肥城县南。　101穆姜之姨子：穆姜妹妹的女儿。　102

大蔡：大龟。 ⑩失守宗祧：不能祭祀宗庙。 ⑩自为：请求立自己为继承人。 ⑩非能害：不能伤害别人。 ⑩二勋：二人的功勋。二人指二位先人文仲、宣叔。 ⑩辟邑：离开封邑。 ⑩致防：献出防地。 ⑩外史：官名。恶臣：逃亡在外之臣。 ⑩东门氏：即东门襄仲，杀嫡子恶立宣公。见文公十八年传。 ⑪孟椒：孟献子之孙子服惠伯。 ⑫干国之纪：违犯国家的法纪。 ⑬居：疑问助词，同"欤"。 ⑭且于：莒邑名，当在山东莒县境内。 ⑮寿舒：莒地名。 ⑯隧：狭路、隘道。 ⑰蒲侯氏：近莒之邑。 ⑱华周：即华还，齐大夫。 ⑲昏：黄昏。 ⑳获杞梁：获，死获，即战死。杞梁：杞殖之字。 ㉑不得与郊吊：不能接受在郊外吊唁。 ㉒多：指战功。 ㉓寝庙：宗庙。 ㉔作：发兵。 ㉕知：同"智"。 ㉖作不顺而施不恕：所作不顺事理，所为不合恕道。 ㉗念兹在兹：想到这，一心在这。

【译文】

二十三年春季，杞孝公去世，晋悼公夫人为他服丧。但晋平公没有停止演奏音乐，这是不合礼的。按照礼的规定，邻国有了丧事就应该自动停止奏乐。

陈哀公到楚国朝见。公子黄在楚国对庆虎、庆寅提出控告，楚国人便让二庆前去，二庆不敢去，派了庆乐去。楚国把庆乐杀了。二庆便带着陈国背叛了楚国。夏季，屈建跟随陈哀公围攻陈国。陈国人修筑城池加以抵抗，筑城时夹板不小心掉了下来，二庆便把这个民工杀了。民工们奔走相告，各自杀了他们的监工。最后又杀了庆虎、庆寅。楚国人把公子黄送到陈国。君子认为庆氏"不义之心不可放纵。因此《书经》说：'天命不能常保不变。'"

晋平公准备把女儿嫁到吴国去，齐庄公派析归父给晋国送去一个女子陪嫁，顺便把栾盈和他的随从带到了曲沃。栾盈夜里拜见胥午，把情况告诉他，胥午说："不能这么做。既然是上天要废掉一个人，谁还能挽救他呢？你难逃一死，我并不怕死，只是知道事情难于成功。"栾盈说："即使如此，为您而死，我决不后悔。我实在不为上天所保佑，您没有罪过。"胥午答应了他。先把他藏起来，再请曲沃人喝酒，并演奏音乐。一曲终了，胥午说："如果现在找到了栾盈，我们怎么办？"众人回答说："如果找到了主人，就是为他而死也在所不惜。"大家都唏嘘而叹，有人甚至哭了起来。举杯痛饮之后，胥午又说起此事。大家都说："既然找到了主人，还能不听他的吗？"于是栾盈出来，对众人一一拜谢。

四月，栾盈率领曲沃的甲兵，依靠魏舒做内应，白天攻入了绛城。当初，栾盈在下军做魏绛的副帅时，和魏舒交情很好，因此能得到他的帮助。赵氏由于赵同、赵括的被杀而对栾氏有所怨恨，此时韩氏和赵氏刚刚和好。中行氏因为伐秦之战中栾黡擅自撤退也怨恨栾氏，而和范氏更加友好。荀盈还很年轻，凡事自然都听从中行氏。程郑深受平公的宠信。只有魏氏和七舆大夫肯帮助栾盈。

乐王鲋正在士匄一旁伺候。有人报告："栾氏打进来了。"士匄非常害怕。乐王鲋说："快保护国君躲到固宫中去，肯定没有危险。再说栾氏仇人很多，你握有军政大权。栾氏刚从国外回来，您身在要位，自然就占了优势。有利有权，又掌握着对百姓的赏罚，还怕什么？能帮助栾氏的，只有魏氏一家。并且魏氏也可以用强力争取过来。镇压叛乱关键在于手中的权力，您不能松懈。"

晋平公亲戚有丧事，乐王鲋便让士匄身穿黑色丧服，和两个妇女坐车到平公那里，保护着平公到了固宫。范鞅去迎接魏舒，魏舒的军队已经整装待发，准备和栾盈的部队一同会合。范鞅快步向前说："栾氏率领叛贼攻入都城，我父亲和几位大臣现在都在国君那里。特派我来迎接您去。请让我持带陪乘。"说完跳上魏舒的战车，右手拿着宝剑，左手拉着带子，下令驱车前进。驾车人问到哪里去，范鞅回答说："到国君那里。"士匄走下台阶迎接魏舒，拉住他的手，答应把曲沃送给他。

当初，裴豹是一个奴隶，他的罪行曾被用红笔记载到竹简上。栾氏有个大力士叫督戎，国人都很怕他。裴豹对士匄说："如果您能把记载我罪行的竹简烧掉，我可以杀死督戎。"士匄很高兴，便说："我对太阳发誓，你如果杀了他，我一定请求国君赦免你的罪过。"说完便放裴豹出了宫门，又把门关上。督戎看到裴豹后就追了上来，裴豹跳过一道矮墙等着他，待督戎也跳进墙来时，从后面把他杀死。

范氏的手下人隐藏在公台后面，栾氏已经登上了宫门。士匄对范鞅说："箭已经能射到国君屋子了，你要拼死抵抗。"范鞅挥舞着剑率领士兵冲上去，栾氏被迫后退。范鞅又坐上战车追赶，遇到栾乐，对他说："栾乐你不要再打了，我死了，要向上天控告你。"栾乐射他，没有射中。又把箭搭上弓准备再射，不料他的战车被一个槐树根绊翻，有人上去用戟钩他，把他的胳膊砍断，他就死了。栾鲂受了重伤。栾盈逃亡到曲沃，晋国人又包围了上去。

秋季，齐庄公攻打卫国。前锋第一道部队由谷荣为王孙挥驾车，召扬为车右；第二道由成秩为莒恒驾车，申鲜虞的儿子傅挚任车右。曹开为庄公驾车，晏父戎为车右。庄公的副车上，由上之登为邢公驾车，庐蒲癸为车右。左翼部队由牢成为襄罢师驾车，狼蘧疏为车右，右翼部队由商子车为侯朝驾车，桓跳为车右，后卫部队由商子游为夏之御寇驾车，崔如为车右，烛庸之越为驷乘。

准备攻打卫国后再进攻晋国。

晏平仲说："国君依仗勇猛和武力攻打盟主，如果不成功，是国家的幸运。如果倒行逆施却取得了成功，灾祸必将降到国君身上。"崔杼也劝阻说："不能这么做。我听说，小国乘大国动乱出兵攻打，一定要受到惩罚。国君还是慎重考虑一下。"庄公不听。陈文子见到崔杼说："你准备把国君怎么办？"崔杼说："我已劝说国君了，但他不听。拥戴晋国为盟主，却又乘人之危而攻打。群臣如果被逼急了，还顾得上什么国君不国君呢。请您去劝劝他吧。"文子出来对他的手下人说："崔杼将难逃一死。指责国君做事过分，他自己却又更为放肆，不得好死。即使自己在道义上超过了国君，也应更加抑制，何况本来就极为恶劣呢？"

随后齐庄公攻打晋国，占领了朝歌，又兵分两路，一路攻入孟门，一路登上太行山，在荥庭建了一个京观。又派兵戍守郫邵，在少水将晋军尸体集中到一起埋在一个大坑里，从而报了平阴一战之仇，然后才撤回。赵胜率领东阳的军队追击齐军，俘虏了齐将晏釐。八月，叔孙豹率领鲁国军队救援晋国，驻扎在雍榆待命，这是合乎礼的。

季武子没有嫡子，公弥年长，但季武子更喜欢悼子，打算立他为继承人。征求家臣申丰的意见说："公弥和悼子，我都喜欢，我想挑有才干的立为继承人。"申丰连忙退出来，回到家打算带领全家离开。他日，季武子又问他，他回答说："您要这么做，我将套上我的车离开您家。"季武子打消了这一念头。

季武子又去问臧纥，臧纥说："您请我喝酒，我帮您立他。"季武子设宴招待大夫们，臧纥为上宾。献酒之后，臧纥让季氏家人在北侧设上一个席位，并洗一个新的酒杯摆上。然后召见悼子，走下台阶迎接他。见此情况，大夫们也都纷纷离席起身。等主宾酬答完毕，才召见公弥，让他和一般宾客坐一起。季武子大惊失色。

季武子让公弥做了马正，公弥生气不干。闵子马见到他，说："你不要这样。祸福无常，都是人们自己召来的。作为儿子，担心的应是不孝，不要担心失去地位。只要尊重父亲的命令。怎么能保证事情不会发生变化呢？你如果能孝敬父母，就能使季氏加倍地富贵。如果奸邪不孝，祸患就可能比一般百姓还要严重一倍。"公弥听从了他的劝告，对父亲早晚问候，非常恭敬，而且对公务十分认真。季武子非常满意，让公弥请自己喝酒。受到邀请后，带着贵重的饮宴器具到公弥家，酒后把这些器具都留给了公弥。公弥因此而富有起来，后来又担任了鲁襄公的左宰。

孟庄子一向讨厌臧纥，季武子却很喜欢他。孟氏的御骊丰点喜欢孟庄子的庶子孝伯，他说："你听我的，将来必定能成为孟孙氏的继承人。"再三这样说，孝伯听了他的话。孟庄子得了病，丰点对公弥说："如果立了孝伯，就请他为您报复臧纥。"公弥对季武子说："孺子秩是孟孙氏的继承人。如果改立孝伯，季孙氏就更有力量对付臧氏了。"季武子不答应。八月十日，孟庄子去世，公弥事奉孝伯立在门口接受宾客的吊唁。季武子也前来吊唁，进去哭了一阵出来问："孺子秩哪里去了？"公弥说："孝伯在这里。"季武子说："孺子秩年长。"公弥说："年长不年长有什么？只要有才干就行。这是孟孙的遗命。"便立了孝伯为继承人。孺子秩逃到了邾国。

臧纥前来吊丧，哭得非常悲痛，涕泪交流。他的御者说："孟孙讨厌您，您却如此悲伤。如果季孙死了，您又能怎样呢？"臧纥说："季孙爱我有如病毒，孟孙恨我就像良药。病毒不如良药，良药能救我一命，病毒却要害我。孟孙死了，我也马上就要灭亡了。"孟氏关起大门对季武子说："臧氏准备叛乱，不让我们家举行葬礼。"季武子不相信。臧纥听说后，加强了戒备。冬季十月，孟氏准备挖掘墓穴，向臧氏家借用劳工。臧纥派正夫前去帮忙，在东门外挖掘墓道时，臧纥带着甲兵前去观看。孟氏又告诉季武子。季武子非常恼怒，下令攻打臧氏。十月七日，臧纥砍断了鲁都南门鹿门的门闩逃亡到了邾国。

当初，臧宣叔从铸国娶了妻子，生下贾和为之后，妻子就死了。臧宣叔又以她的侄女为继室，这就是穆姜妹妹的女儿。她生了臧纥，臧纥在宫中长大，很受穆姜宠爱，因此被立为臧宣叔的继承人、臧贾、臧为则到铸国居住。臧纥从邾国派人告诉臧贾，并把祖传的大龟送给他说："我愚蠢无能，不能继续守护宗庙，特此向您报告。我的罪行还没有重到应该断子绝孙。您可以用这个大龟请求作为臧氏的继承人。"臧贾说："这是家族的祸害，不是你一人的过错。我一定要遵照您的命令。"两次拜谢后接受了大龟。让臧为拿着去请求立自己为继承人，不料臧为却请求立了自己。臧纥从邾国到防地后，派人到朝廷说："我并不想作乱，只是不够聪明罢了。请求另立继承人也不是为我自己，只要保证祖先继续受到祭祀，不至于废弃祖父文仲和父亲宣叔的功劳，我宁可离开封地远走他乡。"便把臧为立为继承人。臧纥把防地还给国家后就逃到了齐国。他的随从说："他们会不会为了我们而盟誓呢？"臧纥说："他们找不出我的罪状来。"果然，臧纥逃走后，季武子召见负责掌管逃亡之臣事务的外史询问怎样盟誓。外史回答说："像东门氏那样，就说：'决不能像东门遂那样不听国君命令，杀嫡立庶。'或者像叔孙氏那样，就说：'决不能像叔孙侨如那样想废弃国家的制度，颠覆公室。'"季武子说："臧纥的罪过都没有达到这种程度。"孟椒说："何不以他砍坏城门门闩这件事为理由写成盟辞呢？"季武子采纳了这一建议。便和官员们盟誓说："决不能像臧纥那样触犯国家的法纪，砍坏城门的门闩！"臧纥听说后，说："国内还是有人才啊，是谁呢？难道是孟椒吗！"

晋国人在曲沃打败了栾盈，把栾氏一族人都杀死了。栾鲂逃亡到了宋国。《春秋》记载为"晋人杀栾盈"，不说杀大夫栾盈，表明栾盈是从国外回来发动叛乱的。

齐庄公从晋国回来，没有进入齐都，便又去袭击莒国，攻打莒国且于城的大门，因腿部受伤而退兵。第二天，准备再战，并下令在寿舒集合出发。齐国大夫杞植、华周用战车载着甲士，趁夜里进入且于的一条狭窄小道，并露宿在莒都郊外。第二天，在蒲侯氏遇到了莒子。莒子送给他们很多财物，请求不要杀死他，并说："我愿和你们结盟。"华周回答说："贪图财物而抛弃君命，也是您所厌恶的。昨晚才接受了国君的命令，不到今天中午就违背，还怎么能事奉国君？"莒子只好亲自擂鼓，追击齐军；结果将杞植杀死。莒国和齐国讲和。

齐庄公回国时，在齐都郊外遇到杞植的妻子，派人前去吊唁。她辞谢说："如果杞植有罪，哪里还敢有劳国君吊唁。如果他没有罪，就请到我们家里去吊唁。我不能接受郊外的吊唁。"庄公便到她家中去吊唁。

齐庄公准备封给臧纥田地，臧纥听说后，求见庄公。庄公和他说起攻打晋国的情况，他回答说："国君虽然取得了很多战功，但国君的做法有点像老鼠。那老鼠白天隐藏，晚上出动，不敢在宗庙中打洞居住，是因为害怕人。如今国君听说晋国发生了内乱就趁机兴兵讨伐，等它安定下来又去事奉，这种做法不像老鼠又像什么？"庄公一气之下，决定不再封给臧纥田地。

孔子对此评论说："一个人很难做到聪明啊。像臧纥那样聪明的人，竟然不能为鲁国所容，说来也是有原因的。因为他的所作所为不合事理，又不能宽恕别人。《夏书》中说：'干什么都要依据这个标准。'说的就是要顺乎事理，宽恕别人。"

襄公二十四年

经　二十有四年春，叔孙豹如晋。仲孙羯师师侵齐。夏，楚子伐吴。秋七月甲子朔，日有食之，既。齐崔杼师师伐莒。大水。八月癸巳朔，日有食之。

公会晋侯、宋公、卫侯、郑伯、曹伯、莒子、邾子、滕子、薛伯、杞伯、小邾子于夷仪。冬，楚子、蔡侯、陈侯、许男伐郑。公至自会。陈鍼宜咎出奔楚。叔孙豹如京师。大饥。

传　二十四年春，穆叔如晋。范宣子逆之，问焉，曰：“古人有言曰，‘死而不朽’，何谓也？”穆叔未对。宣子曰：“昔匄之祖，自虞以上，为陶唐氏，在夏为御龙氏，在商为豕韦氏，在周为唐杜氏，晋主夏盟为范氏，其是之谓乎？”穆叔曰：“以豹所闻，此之谓世禄，非不朽也。鲁有先大夫曰臧文仲，既没，其言立①。其是之谓乎？豹闻之：‘大上有立德②，其次有立功③，其次有立言④’。虽久不废，此之谓不朽。若夫保姓受氏⑤，以守宗祊⑥，世不绝祀，无国无之。禄之大者⑦，不可谓不朽。”

范宣子为政，诸侯之币重，郑人病之。二月，郑伯如晋。子产寓书于子西以告宣子⑧，曰：

“子为晋国⑨，四邻诸侯，不闻令德，而闻重币，侨也惑之⑩。侨闻君子长国家者⑪，非无贿之患⑫，而无令名之难⑬。夫诸侯之贿聚于公室，则诸侯贰⑭。若吾子赖之⑮，则晋国贰。诸侯贰，则晋国坏⑯。晋国贰，则子之家坏。何没没也⑰！将焉用贿？夫令名，德之舆也。德，国家之基也。有基无坏，无亦是务乎⑱！有德则乐，乐则能久。《诗》云⑲：‘乐只君子，邦家之基。’有令德也夫！‘上帝临女，无贰尔心⑳。’有令名也夫！恕思以明德㉑，则令名载而行之，是以远至迩安。毋宁使人谓子㉒：‘子实生我’，而谓‘子浚我以生乎㉓？’象有齿以焚其身㉔，贿也。”

宣子说，乃轻币。

是行也，郑伯朝晋，为重币故，且请伐陈也。郑伯稽首，宣子辞。子西相，曰：“以陈国之介恃大国而陵虐于敝邑㉕，寡君是以请请罪焉㉖。敢不稽首。”

孟孝伯侵齐，晋故也。

夏，楚子为舟师以伐吴㉗，不为军政㉘，无功而还。

齐侯既伐晋而惧，将欲见楚子。楚子使薳启强如齐聘，且请期。齐社㉙，蒐军实㉚，使客观之。陈文子曰：“齐将有寇㉛。吾闻之，兵不戢㉜，必取其族㉝。”

秋，齐侯闻将有晋师，使陈无宇从薳启强如楚，辞，且乞师。崔杼帅师送之，遂伐莒，侵介根㉞。

会于夷仪⑤，将以伐齐，水，不克。

冬，楚子伐郑以救齐，门于东门，次于棘泽㊱。诸侯还救郑。晋侯使张骼、辅跞致楚师㊲，求御于郑。郑人卜宛射犬吉㊳。子大叔戒之曰："大国之人，不可与也㊴。"对曰："无有众寡，其上一也㊵。"大叔曰："不然，部娄无松柏㊶。"二子在幄㊷？坐射犬于外㊸，既食而后食之。使御广车而行㊹，己皆乘乘车㊹。将及楚师，而后从之乘㊻，皆踞转而鼓琴㊼。近，不告而驰之。皆取胄于槖而胄㊽，入垒，皆下，搏人以投㊾，收禽挟囚㊿。弗待而出[51]。皆超乘，抽弓而射。既免[52]，复踞转而鼓琴，曰："公孙[53]！同乘，兄弟也，胡再不谋[54]？"对曰："曩者志人而已[55]，今则怵也[56]。"皆笑，曰："公孙之亟也[57]！"

楚子自棘泽还，使薳启强帅师送陈无宇。

吴人为楚舟师之役故，召舒鸠人[58]，舒鸠人叛楚。楚子师于荒浦[59]，使沈尹寿与师祁犁让之[60]。舒鸠子敬逆二子，而告无之，且请受盟。二子复命，王欲伐之。薳子曰[61]："不可。彼告不叛，且请受盟，而又伐之，伐无罪也。姑归息民，以待其卒[62]。卒而不贰，吾又何求？若犹叛我，无辞，有庸[63]。"乃还。

陈人复讨庆氏之党，鍼宜咎出奔楚。

齐人城郏[64]。穆叔如周聘，且贺城。王嘉其有礼也，赐之大路。

晋侯嬖程郑，使佐下军。郑行人公孙挥如晋聘。程郑问焉，曰："敢问降阶何由[65]？"子羽不能对[66]。归以语然明，然明曰："是将死矣，不然将亡。贵而知惧，惧而思降，乃得其阶。下人而已，又何问焉？且夫既登而求降阶者，知人也，不在程郑。其有亡衅乎[67]？不然，其有惑疾[68]，将死而忧也。"

【注释】

①言立：言语流传不衰。　②大上：即太上。一说太上即于人为至尊，于德为至美，于事为至当，于时为至古。立德：树立德行。　③立功：树立功业。　④立言：树立言论。　⑤保姓受氏：保守承袭姓氏。　⑥宗祊：宗庙。　⑦禄：官禄。　⑧寓书：寄书。　⑨为：治。　⑩侨：公孙侨，即子产。　⑪长国家：领导国和家。　⑫非无贿之患：即不患无贿。　⑬无令名之难：患没有令名。难，患。　⑭贰：不一致，分裂。　⑮赖：利。　⑯坏：祸害。　⑰没没：即昧昧，不明白，糊涂。　⑱无亦是务：即不亦是务。务，致力，努力。　⑲《诗》云：以下二句见《诗经·小雅·南山有台》。　⑳上帝临女，无贰尔心：句出《诗经·大雅·大明》篇。临女，监临着你。　㉑恕思以明德：用宽恕来显明德行。　㉒毋宁：即无宁，宁可。毋、无均为语首助词，无义。　㉓浚我以生：靠剥削我而生存。浚，剥削，榨取。　㉔焚：即偾（fèn），仆倒。　㉕介恃：杖恃。　㉖请请罪焉：请求请罪于陈，即请求伐郑。　㉗舟师：

水军。㉘不为军政：不对军队施行政教。㉙社：祭祀社神。㉚蒐军实：大检阅。㉛寇：入侵者。㉜戢：藏兵。㉝族：类。取其族：即危害自己。㉞介根：本为莒旧都，在今山东胶县西南。㉟夷仪：晋地，在今河北邢台市西。㊱棘泽：郑地，在今河南新郑县东南。㊲致楚师：向楚军挑战。㊳宛射犬：人名。㊴与：对抗。㊵上：车上。㊶部娄：小土山。㊷幄：帐幕。㊸坐射犬于外：让射犬坐于帐幕外面。㊹广车：攻敌之车。㊺已：指二子，即张骼、辅跞。乘车：平日所乘战车。㊻而后从之乘：而后跳下自己的战车，登上射犬的广车。㊼踞转：蹲在车后的横木上。转，即轸，车后横木。㊽櫜（gāo）：盛甲胄的袋子。胄：戴上头盔。此用作动词。㊾搏人以投：与楚兵搏斗，抓住楚兵扔出去。㊿收禽挟囚：将俘虏绑住或夹在腋下。(51)弗待：指射犬不等待二人。(52)既免：已脱险。(53)公孙：指射犬。(54)胡再不谋：为何两次都不商量。(55)曩：以往。此指前一次，即不告而驰。志入：一心进入敌营。(56)今：指后一次，即弗待而出。(57)亟：急。言其性急。(58)舒鸠：楚属国。(59)荒浦：舒鸿地名，即黄阪。(60)沈尹寿、师祁犁：二人均为楚大夫。(60)薳子：即令尹薳子冯。(62)卒：结果。(63)有庸：有功。(64)郏：即郏鄏，详见宣公三年传。(65)降阶何由：如何降级。(66)子羽：即公孙挥。(67)亡衅：逃亡的迹象。(68)惑疾：心神不安而多疑。

【译文】

二十四年春季，穆叔前往晋国。士匄出来迎接，问他："古人有句话说：'死而不朽。'是什么意思？"穆叔没有回答。士匄又说："从前我的祖先，在虞舜以前是陶唐氏，在夏朝是御龙氏，在商朝是豕韦氏，在周朝为唐杜氏，晋国称霸中原诸侯的时候是范氏，古人那句话恐怕说的就是这个吧！"穆叔说："据我所知，这只能叫做'世禄'，并非'不朽'。鲁国有个先大夫叫臧文仲，他死后，其言论还世代流传。所谓'不朽'，说的是这个吧！我听说：最高的境界是树立德行，其次是建立功业，再其次是留下言论。能做到这些，经历再长的时间也不会被废弃，这才叫做不朽。至于能保存祖先的姓氏，守住宗庙，使祖先世代得到祭祀的情况，每一个国家都有。世世代代永享禄位的，还不能说是不朽。"

士匄执政期间，诸侯向晋国进献的贡品太多。郑国人不堪忍受。二月，郑简公到了晋国。子产给子西一封书信，让他转达士匄。信中内容是：

"阁下治理晋国，四邻的诸侯国家听不到您的美德，听到的却是纳贡日益增加，我感到迷惑不解。我听说君子治理国家，并不忧虑财物多少，忧虑的是没有一个美好的名声。诸侯的财物一旦都集中到贵国公室，诸侯就会产生二心。如果您也想如此地聚敛财物，晋国的内部也会四分五裂。诸侯有了二心，晋国就会受到损害；晋国的内部出现了分裂，您的家族也将受到损害。您是多么糊涂啊！怎么能这么看重财物呢？美好的名声是装载德行的工具，德行是一个国家或家族的基础。有了基础，国与家才不致被毁坏，能不致力于这个基础的建设吗？有了德行就会令人快乐，内心快乐便能事事长久。《诗经》说：'快乐的君子，国家的基础。'说的就是有美德！'上天在监视你，必须一心一德。'说的就是有美名！宽恕别人宣扬自己的德行，美名就不胫而走，因此远处的人朝见，邻近的人安心。您是想让人说：'确实是您养活了我。'还是想让人说：'您榨取我们养活了自己'呢？大象正因为有了象牙，才使自己遭到毁灭，这就是象牙值钱的缘故。"

士匄非常高兴，便减轻了诸侯的贡品。

这次郑简公朝见晋国，除了因为贡品太多之外，还有一个目的就是请求出兵讨伐陈国。郑简公叩头行礼，士匄不敢接受。子西作为相礼说："陈国依仗楚国而欺侮我国，寡君请求向陈国兴师问罪。怎敢不叩头呢？"

鲁国的孟孝伯入侵齐国，是为了报复齐国对晋国的侵略。

夏季，楚康王出动水军攻打吴国，因为没有制订赏罚的制度，所以无功而返。

齐庄公攻打晋国之后便害怕了，准备去朝见楚康王。康王派薳启强到齐国聘问，并询问朝见的日期。齐国在军中祭祀，并检阅了军队，让客人参观。陈文子说："齐国将要受到侵犯。我听说，不把武器收藏起来，必然危及自身。"

秋季，齐庄公听说晋军将要出动，便派陈无宇随同薳启强到楚国，解释不能朝见，同时请求出兵协助。崔杼领兵护送他出国，又攻打莒国，侵入介根。

襄公和晋平公、宋平公、卫殇公、郑简公、曹武公、莒子、邾子、滕子、薛伯、杞文公、小邾子在夷仪会见，准备攻打齐国，因为发生水灾，没有攻克。

冬季，楚康王进攻郑国以援救齐国，攻打郑都的东门，驻扎在棘泽。诸侯从齐国返回救援郑国。晋平公派张骼、辅跞向楚军挑战，准备找一个郑国人驾车。郑国人通过占卜知道派宛射犬吉利。子太叔提醒宛射犬说："大国人是不能和他们争夺高低上下的。"宛射犬说："国家不论大小，军队不论多少，御者位于车左车右之上，都是一样的。"太叔说："不是这样。小土山上长不出松柏，小国不能与大国平起平坐。"张骼、辅跞坐在帐篷内，却让宛射犬坐到帐篷外面；两人吃完饭，才让宛射犬吃。他们让宛射犬驾着广车前面走，自己则坐到战车上。快到楚国跟前了，两人才丢掉战车，坐上广车，而且又都蹲在车后的横木上弹琴。靠近楚军时，宛射犬没有告诉他们就冲了过去。两人连忙取出头盔戴上，进入营垒后，都下了车，抓住楚国士兵就扔了出去，又把两个士兵捆好挟在腋下。宛射犬没有等他们俩就驾车奔出。两人都迅速跳上车，并抽弓射杀追赶的敌兵。脱离危险之后，又蹲在车后横木上弹起琴来，并且说："公孙，同坐一辆车，就是兄弟，为什么进出都不和我们商量呢？"宛射犬回答说："开始是一心想着冲进去，这一回是害怕了，想快点逃出来。"两个人都笑道："公孙真是急性子！"

楚康王从棘泽回来，派蒍启强领兵送回陈无宇。

吴国人因为楚国水军进攻那一战而召集舒鸠人，舒鸠人就背叛了楚国。楚康王从荒浦发兵，派沈尹寿和师祁犁前去指责他们。舒鸠子恭敬有礼地迎接两人，告诉他们根本没有这回事，并且请求结盟。两人回去复命，康王还想攻打舒鸠人。蒍子冯说："不能这么做。他们说没有背叛，并且请求结盟，而我们又攻打，这是在攻打无罪之国啊。我们暂且回去，使百姓得到休息，以等待最后的结果。如果最后他们真是没有二心，我们还有什么可说的？如果背叛了我们，他们无话可说，我们就能建立战功了。"楚军便回国了。

陈国人又一次讨伐二庆的党羽，鍼宜咎逃亡到了楚国。

齐国人在郏地筑城。穆叔到王室聘问，同时祝贺筑城的顺利完工。天子嘉奖他言行有礼，特地赐他一辆大路车。

晋平公宠信程郑，让他担任下军副帅。郑国外交使节公孙挥到晋国聘问。程郑问他："请问降级是怎么回事？"公孙挥回答不出来。回国后告诉然明。然明说："问这话的人快要死了，不死也要逃亡他国。地位尊贵才想到害怕，害怕了才想到下降，这是想得到他认为适合自己的位置，把位置让给别人就行了，还问什么。再说已登上高位又想自动降级的人，应该说是很明智的，但不是程郑这种人，恐怕他有了逃亡的迹象吧！再不然就是疑神疑鬼，心神不安，是忧虑自己快要死了吧。"

襄公二十五年

经　二十有五年春，齐崔杼帅师伐我北鄙。夏五月乙亥，齐崔杼弑其君光。公会晋侯、宋公、卫侯、郑伯、曹伯、莒子、邾子、滕子、薛伯、杞伯、小邾子于夷仪。六月壬子，郑公孙舍之帅师入陈。秋八月己巳，诸侯同盟于重丘。公至自会。卫侯入于夷仪。楚屈建帅师灭舒鸠。冬，郑公孙夏帅师伐陈。十有二月，吴子遏伐楚，门于巢，卒。

传　二十五年春，齐崔杼帅师伐我北鄙，以报孝伯之师也。公患之，使告于晋。孟公绰曰[1]："崔子将有大志，不在病我[2]，必速归，何患焉！其来也不寇[3]，使民不严[4]，异于他日。"齐师徒归[5]。

齐棠公之妻[6]，东郭偃之姊也。东郭偃臣崔武子。棠公死，偃御武子以吊焉。见棠姜而美之，使偃取之。偃曰："男女辨姓[7]，今君出自丁[8]，臣出自桓[9]，不可。"武子筮之，遇《困》䷮之《大过》䷛[10]。史皆曰："吉。"示陈文子，文子曰："夫从风，风陨妻[11]，不可娶也。且其《繇》曰[12]：'困于石，据于蒺藜，入于其宫，不见其妻，凶[13]。'困于石，往不济也。据于蒺藜，所恃伤也[14]。入于其宫，不见其妻，凶，无所归也[15]。"崔子曰："嫠也何害[16]？先夫当之矣。"遂取之。

庄公通焉，骤如崔氏。以崔子之冠赐人，侍者曰："不可。"公曰："不为崔子[17]，其无冠乎？"崔子因是[18]，又以其间伐晋也[19]，曰："晋必将报。"欲弑公以说于晋，而不获间。公鞭侍人贾举而又近之，乃为崔子间公[20]。

夏五月，莒为且于之役故，莒子朝于齐。甲戌[21]，飨诸北郭。崔子称疾不视事[22]。乙亥[23]，公问崔子，遂从姜氏[24]。姜入于室，与崔子自侧户出。公拊楹而歌[25]。侍人贾举止众从者而入[26]，闭门。甲兴[27]。公登台而请[28]，弗许。请盟，弗许。请自刃于庙，弗许。皆曰："君之臣杼疾病，不能听命。近于公宫，陪臣干掫有淫者[29]，不知二命[30]。"公逾墙。又射之[31]，中股，反队[32]。遂弑之。贾举、州绰、邴师、公孙敖、封具、铎父、襄伊、偻堙皆死[33]。祝佗父祭于高唐，至，复命。不说弁而死于崔氏[34]。申蒯，侍渔者[35]，退，谓其宰曰："尔以帑免[36]，我将死。"其宰曰："免，是反子之义也[37]。"与之皆死。崔氏杀鬷蔑于平阴。

晏子立于崔氏之门外，其人曰："死乎？"曰："独吾君也乎哉？吾死也。"曰："行乎？"曰："吾罪也乎哉？吾亡也。"曰："归乎？"曰："君死，安归？君民者[38]，岂以陵民？社稷是主。臣君者[39]，岂为其口实[40]？社稷是养[41]。故君为社稷死，则死之；为社稷亡，则亡之。若为己死而为己亡，非其私昵[42]，谁敢任之[43]？且人有君而弑之[44]，吾焉得死之？而焉得亡之？将庸何归[45]？"门启而入，枕尸股而哭。兴[46]，三踊而出[47]。人谓崔子："必杀之！"崔子曰："民之望也！舍之，得民。"

卢蒲癸奔晋，王何奔莒[48]。

叔孙宣伯之在齐也[49]，叔孙还纳其女于灵公。嬖，生景公。丁丑[50]，崔杼立而相之，庆封为左相。盟国人于大宫，曰："所不与崔、庆者——"晏子仰天叹曰：“婴所不唯忠于君、利社稷者是与，有如上帝！”乃歃。辛巳[51]，公与大夫及莒子盟。

大史书曰：“崔杼弑其君。”崔子杀之。其弟嗣书，而死者二人。其弟又书，乃舍之。南史氏闻大史尽死，执简以往。闻即书矣，乃还。

闾丘婴以帷缚其妻而载之[52]，与申鲜虞乘而出。鲜虞推而下之，曰：“君昏不能匡，危不能救，死不能死，而知匿其昵，其谁纳之？”行及弇中[53]，将舍。婴曰：“崔、庆其追我！”鲜虞曰：“一与一，谁能惧我？”遂舍，枕辔而寝，食马而食[54]。驾而行，出弇中，谓婴曰：“速驱之！崔、庆之众，不可当也。”遂来奔。

崔氏侧庄公于北郭[55]。丁亥[56]，葬诸士孙之里[57]，四翣[58]，不跸[59]，下车七乘[60]，不以兵甲。

晋侯济自泮[61]，会于夷仪，伐齐，以报朝歌之役。齐人以庄公说，使隰鉏请成。庆封如师，男女以班[62]。赂晋侯以宗器、乐器。自六正、五吏、三十帅、三军之大夫、百官之正长、师旅及处守者，皆有赂。晋侯许之。使叔向告于诸侯。公使子服惠伯对曰：“君舍有罪，以靖小国，君之惠也。寡君闻命矣！”

晋侯使魏舒、宛没逆卫侯，将使卫与之夷仪。崔子止其帑[63]，以求五鹿。

初，陈侯会楚子伐郑，当陈隧者[64]，井堙木刊[65]，郑人怨之。六月，郑子展、子产帅车七百乘伐陈，宵突陈城[66]，遂入之。陈侯扶其大子偃师奔墓，遇司马桓子，曰：“载余！”曰：“将巡城。”遇贾获，载其母妻，下之，而授公车。公曰：“舍而母[67]！”辞曰：“不祥。”与其妻扶其母以奔墓，亦免。

子展命师无入公宫，与子产亲御诸门。陈侯使司马桓子赂以宗器。陈侯免[68]，拥社[69]。使其众男女别而累[70]，以待于朝。子展执絷而见[71]，再拜稽首，承饮而进献[72]。子美入[73]，数俘而出。祝祓社[74]，司徒致民，司马致节[75]，司空致地，乃还。

秋七月己巳[76]，同盟于重丘[77]，齐成故也。

赵文子为政[78]，令薄诸侯之币而重其礼[79]。穆叔见之。谓穆叔曰：“自令以往，兵其少弭矣！齐崔、庆新得政，将求善于诸侯。武也知楚令尹[80]。若敬行其礼，道之以文辞，以靖诸侯，兵可以弭。”

楚薳子冯卒，屈建为令尹，屈荡为莫敖。舒鸠人卒叛楚，令尹子木伐之[81]，及离城[82]，吴人救之。子木遽以右师先，子强、息桓、子捷、子骈、子盂帅左师以退。吴人居其间七日。子强曰：“久将垫隘[83]，隘乃禽也。不如速战。请以其私卒诱之，简师陈以待我㉞。我克则进，奔则亦视之，乃可以免。不然，必为吴禽。”从之。五人以其私卒先击吴师。吴师奔，登山以望，见楚师不继，复逐之，傅诸其军㉟。简师会之，吴师大败。遂围舒鸠，舒鸠溃。八月，楚灭舒鸠。

卫献公入于夷仪。

郑子产献捷于晋，戎服将事㊱。晋人问陈之罪，对曰：“昔虞阏父为周陶正㊲，以服事我先王。我先王赖其利器用也㊳，与其神明之后也㊴，庸以元女大姬配胡公㊵，而封诸陈，以备三恪㊶。则我周之自出㊷，至于今是赖。桓公之乱㊸，蔡人欲立其出。我先君庄公奉五父而立之，蔡人杀之。我又与蔡人奉戴厉公，至于庄、宣，皆我之自立。夏氏之乱㊹，成公播荡㊺，又我之自人，君所知也。今陈忘周之大德，蔑我大惠㊻，弃我姻亲，介恃楚众㊼，以冯陵我敝邑，不可亿逞㊽。我是以有往年之告。未获成命，则有我东门之役。当陈隧者，井堙木刊。敝邑大惧不竞，而耻大姬。天诱其衷㊾，启敝邑心㊿。陈知其罪，授手于我○。用敢献功。”晋人曰：“何故侵小？”对曰：“先王之命，唯罪所在，各致其辟○。且昔天子之地一圻○，列国一同○，自是以衰○。今大国多数圻矣○。若无侵小，何以至焉？”晋人曰：“何故戎服？”对曰：“我先君武、庄，为平、桓卿士。城濮之役，文公布命，曰：‘各复旧职！’命我文公戎服辅王，又授楚捷，不敢废王命故也。”士庄伯不能诘○，复于赵文子。文子曰：“其辞顺，犯顺不祥。”乃受之。

冬十月，子展相郑伯如晋，拜陈之功。子西复伐陈，陈及郑平。

仲尼曰：“《志》有之：‘言以足志○，文以足言○。’不言谁知其志？言之无文，行而不远○。晋为伯，郑人陈，非文辞不为功。慎辞也。”

楚蒍掩为司马，子木使庀赋○，数甲兵○。甲午，蒍掩书土田○，度山林○，鸠薮泽○，辨京陵○，表淳卤○，数疆潦○，规偃猪○，町原防○，牧隰皋○，井衍沃○，量入修赋○，赋车籍马○，赋车兵、徒兵、甲楯之数○。既成，以授子木，礼也。

十二月，吴子诸樊伐楚，以报舟师之役。门于巢○。巢牛臣曰○：“吴王勇而轻，若启之，将亲门。我获射之，必殪。是君也死，疆其少安！”从之。吴子门焉，牛臣隐于短墙以射之，卒。

楚子以灭舒鸠赏子木。辞曰：“先大夫蒍子之功也。”以与蒍掩。

晋程郑卒。子产始知然明，问为政焉。对曰：“视民如子。见不仁者诛之，如鹰鹯之逐鸟雀也。”子产喜，以语子大叔，且曰：“他日吾见蔑之面而已○，今吾见其心矣。”

子大叔问政于子产。子产曰：“政如农功，日夜思之，思其始而成其终，朝夕而行之。行无越思[㉂]，如农之有畔[㉃]。其过鲜矣。”

卫献公自夷仪使与宁喜言，宁喜许之。大叔文子闻之，曰：“乌乎！《诗》所谓‘我躬不说，皇恤我后’者[㉄]，宁子可谓不恤其后矣。将可乎哉？殆必不可。君子之行，思其终也，思其复也[㉅]。《书》曰：‘慎始而敬终，终以不困[㉆]。’《诗》曰[㉇]：‘夙夜匪懈，以事一人。’今宁子视君不如弈棋^㉈，其何以免乎？弈者举棋不定，不胜其耦^㉉。而况置君而弗定乎？必不免矣。九世之卿族，一举而灭之。可哀也哉！”

会于夷仪之岁，齐人城郏。其五月，秦、晋为成。晋韩起如秦莅盟，秦伯车如晋莅盟，成而不结^㉊。

【注释】

①孟公绰：鲁大夫。　②病：困扰。用作动词。　③不寇：不劫掠。　④使民不严：役使百姓不严厉。　⑤徒：空。　⑥齐棠公：齐棠邑大夫。　⑦男女辨姓：男女婚姻区别姓氏。即同姓不婚。　⑧丁：齐丁公，姜太公之子。　⑨桓：齐桓公。丁、桓同为姜姓。　⑩《困》：卦名，其卦象为下坎上兑。《大过》：卦名，其卦象为下巽上兑。　⑪夫从风，风陨妻：丈夫随从风，风吹落妻子。《困卦》的卦象是坎下兑上，坎为中男，故曰夫。三爻由阴变阳而为巽，巽为风，故曰“夫从风”。兑仍在上，故曰“风陨妻”。　⑫《繇》：繇辞。下句为《困》卦六三爻辞。　⑬困于石：为石头所困。据于蒺藜：站在蒺藜丛里。宫：室。　⑭往不济：前往不成功。恃伤：依靠它就会受伤害。　⑮无所归：没有归宿。　⑯嫠：寡妇。　⑰不为崔子：即不用崔子之冠。　⑱因是：因此怀恨。　⑲间：晋国动乱的机会。　⑳间公：寻找杀齐庄公的机会。　㉑甲戌：十六日。　㉒称疾：推说有病。不视事：不参加，不办公。　㉓乙亥：十七日。　㉔从姜氏：跟姜氏在一起。　㉕拊楹：轻轻拍打柱子。　㉖止：阻止。　㉗甲兴：崔子的甲士起而攻庄公。　㉘请：请求住手。　㉙干掫（zōu）：巡查搜捕。　㉚不知二命：其他命一概不受。　㉛又射：有人射箭。又同“有”。　㉜反队：坠落在墙里面。　㉝贾举、州绰等：八人均为齐庄公所宠爱的勇士。　㉞不说弁：不脱去帽。说，通“脱”。弁，爵弁，祭服。　㉟侍渔：管理渔业的人。　㊱帑：家室。　㊲反子之义：违反您的道义。　㊳君民：作为民众的国君。　㊴臣君：作为国君的臣子。　㊵口实：指俸禄。　㊶养：保。　㊷私昵：个人所宠爱。　㊸任：承担。　㊹人有君：别人有君。别人，指崔杼。有君，立君。　㊺庸何：同义词连用。　㊻兴：站起。　㊼三踊：顿跳三次。　㊽卢蒲癸、王何：二人为庄公亲信。　㊾叔孙宣伯：即叔孙侨如。　㊿丁丑：十九日。　51辛巳：二十三日。　52闾丘婴：与申鲜虞均为庄公近臣。以帷缚：用帷幕包着。　53弇（yǎn）中：地名，在今山东临淄镇西南。　54食马而食：先喂马后自食。　55侧：烧土为砖，以砖围砌于棺木之外。　56丁亥：二十九日。　57

士孙之里：里名。古代族人应葬于族墓，唯凶死者另葬，以示惩罚。　⑧翣（shà）：一种长柄扇。安葬时放在墓坑中。据《礼记·礼器》载："天子八翣，诸侯六翣，大夫四翣。"此用四翣，表示庄公被贬为大夫礼。　⑨跸（bì）：清道、警戒。　⑩下车：送葬的破车子。一说为陪葬的车子。　⑪泮：水名，在今山东泰安一带。　⑫男女以班：男女分开排列、捆绑。　⑬止其帑：留下卫侯的妻子儿女。　⑭当陈隧：陈军经过之地。　⑮井堙木刊：井被填塞，树木被伐。刊，除。　⑯宵突：夜里突袭。　⑰舍：安置，即同乘一车。　⑱免（wèn）：丧服。　⑲拥社：抱着土地神主。　⑳累：捆绑。　㉑縶：绳子。　㉒承饮：捧着酒杯。　㉓子美：子产。　㉔祝祓社：向土地神祷告除灾。　㉕致节：归还符节。　㉖己巳：十二日。　㉗重丘：齐地。具体所在，其说不一。　㉘赵文子：赵武。　㉙薄：轻。　㉚知楚令尹：与楚令尹相知。　㉛子木：即屈建。　㉜离城：舒鸠邑名。　㉝垫隘：疲弱。　㉞简师：挑选精兵。　㉟傅：接近。　㊱戎服：穿着军装。　㊲陶正：掌管制陶的官员。　㊳先王：指周武王。赖：善，此作嘉奖。　㊴神明之后：指虞舜的后代。　㊵元女大姬：周武王长女。大同"太"。胡公：阏父之子。　㊶三恪：据《礼记·乐记》载，"武王克殷，反商，未及下车，而封黄帝之后于蓟，封帝尧之后于祝，封帝舜之后于陈。"三恪当指此。恪，敬。　㊷周之自出：周朝的后代，实为周的外甥。　㊸桓公：指陈桓公。桓公之乱，事在鲁桓公五年。　㊹夏氏之乱：指鲁宣公十年夏征舒杀陈灵公事。　㊺播荡：流离失所。　㊻蔑：弃。　㊼介恃：借恃，借仗。　㊽亿逞：满足。　㊾天诱其衷：上天厌恶他们。　⓪启敝邑心：开启我国伐陈之心。　⑩授手：降服。　⑩辟：刑。　⑩一圻：四方各一千里。圻（qí），又作畿。《诗经·商颂·玄鸟》中有"邦畿千里"。　⑩一同：方百里。　⑩自是以衰：自此以下递减。衰，降。　⑩多数圻：多至几千里。　⑩士庄伯：士弱。　⑩言以足志：言语用来满足（服务于）心愿。　⑩文以足言：文采用来满足于言语。　⑩行而不远：不能传播远方。　⑪庀赋：治理军赋。　⑫数：检查计算。　⑬书土田：统计土田。　⑭度山林：度量山林木材。　⑮鸠薮泽：聚集河湖渊泽的水产品。　⑯辨京陵：区别山陵高地情况。　⑰表淳卤：标出盐碱地。　⑱数疆潦：计算水淹地。疆当做"强"。　⑲规偃猪：规划畜水池。偃，同"堰"。猪，亦作潴。　⑳町原防：划分小块耕地。原、防同意。　㉑牧隰皋：在低洼草地上放牧。　㉒井衍沃：在肥沃的土地上划定井田。　㉓量入修赋：计算收入而修订赋税之法。　㉔赋车籍马：征收车马。　㉕车兵、徒兵：战车和步兵的武器。甲楯：盔甲，盾牌。　㉖巢，地名，在今安徽巢县东北。　㉗巢牛臣：人名。　㉘蔑之面：蔑，爨蔑，即然明。面，面貌，然明貌丑。　㉙行无越思：所做不超越所思。　㉚畔：田埂。　㉛我躬不说，遑恤我后：句出《诗经·邶风·谷风》及《小雅·小弁》。说一作"阅"，容纳。遑，暇。恤，忧，顾念。　㉜复：再一次。　㉝《书》曰：二句出自《逸书》。　㉞《诗》曰：以下二句出自《大雅·烝民》篇。夙夜，即早晚、朝夕。解同"懈"，懈怠。　㉟弈棋：下棋。　㊱耦：弈棋的对手。　㊲成而不结：媾和而不巩固。

【译文】

二十五年春季，齐国的崔杼率领军队攻打鲁国的北部边境，以报去年孝伯入侵齐国之仇。襄公很担心，派人到晋国报告。孟公绰说："崔杼另有野心，他的目的不在于侵略我国，肯定会尽快退兵，不必为此担心。他们进攻却不抢劫财物，对士兵也不严厉，与往日不同。"果然，齐军空手而归。

　　齐国棠公的妻子是东郭偃的姐姐。东郭偃是崔杼的家臣。棠公去世时，东郭偃为崔杼驾车前去吊唁。崔杼见棠姜很美丽，便让东郭偃为自己娶过来。东郭偃说："男女结婚要辨别姓氏。您是齐丁公的后代，我们是齐桓公的后代，不能通婚。"崔杼让人占卜，遇到困卦变成大过卦。太史都说："吉利。"拿给陈文子看，文子说："丈夫从风，大风吹落妻子，不能娶。而且它的繇辞说：'为石块所困，靠着蒺藜丛，走进屋子中，不见妻子影，是为凶。'为石块所困，即使去了也不能成功。靠着蒺藜丛，说明所依靠的东西会伤害人。进到屋子中，不见妻子踪影，是凶兆，意味着无家可归。"崔杼说："她是个寡妇，有什么可害怕的？先大夫棠公已经承担了凶险。"就娶了棠姜。

　　齐庄公和棠姜私通，多次到崔杼家。还把崔杼的帽子赐给别人，侍从劝阻说："不能这么做。"庄公说："不用崔杼的帽子，别人的帽子就不能用吗？"崔杼对此怀恨在心，又准备乘晋国内乱而去攻打，他说："晋国一定会来报仇。"企图杀了庄公以讨好晋国，一直没有找到机会。庄公鞭打侍从贾举，后来又让他接近自己，于是贾举同意为崔杼寻找杀死庄公的机会。

　　夏季五月，因为去年的且于之战，莒子前往齐国朝见。十六日，庄公在北城设宴招待。崔杼推说有病没有前去。十七日，庄公前去探望崔杼，又和姜氏鬼混起来。姜氏进入室内，和崔杼从左侧的门里出来。庄公拍着柱子唱起歌来。侍从贾举阻拦庄公的随从人员入内，把他们关到门外。崔杼的甲士群起攻打庄公。庄公登上高台请求免他一死，甲士不答应。庄公请求盟誓，也不同意。庄公请求在祖庙中自杀，也不答应。甲士们都说："国君的臣子崔杼病重，不能亲自前来听命。这里距公室很近，我们只知道搜捕淫乱之人，不知道还有其他命令。"庄公企图跳墙逃走。甲士们射他，射中了大腿，他从墙上坠下来。甲士们上去把他杀了。贾举、州绰、邴师、公孙敖、封具、铎父、襄尹、偻堙也都同时被杀死。祝佗父在高唐祭祀了齐国的别庙后回来复命，还没有来得及脱掉祭服，便被杀死在崔杼家中。申蒯是负责管理渔业的一个官员，他退出来对家臣说："你带着我的妻子逃跑，我准备为国君战死。"他的家臣说："我如果在此时逃走，就辜负了你对我的情义。"也和申蒯一同战死。崔杼在平阴杀了贾蒦。

　　晏子站在崔家大门外，他的手下人说："您打算为国君而死吗？"晏子说："我为什么要死呢？也不是我一个人的国君。"手下人又说："那就逃走吧。"

晏子说："我有罪吗？为什么要逃走？"手下人又说："那就回去吧。"晏子说："国君已死，我们能回到哪里去呢？作为百姓的国君，怎么能够凌驾到百姓头上任意胡为呢？要以国家为重。作为国君的臣子，难道仅仅是为了得到俸禄吗？应该切实地保护国家。因此如果国君是为国家而死，我们就应该随他而死，如果是为国家而逃亡，就应该随他而逃亡。但如果国君是为自己而死，为自己而逃亡，那么除了他所亲信的人，谁愿意去干呢？再说崔杼立了国君又杀了国君，我为什么要为他而死而逃亡呢？但我又能到哪里呢？"崔杼家的大门打开，晏子进去，趴到庄公的大腿上哭了起来，然后站起来，跳了三次就出去了。有人对崔杼说："一定要把他也杀死。"崔杼说："他是百姓所仰望的人，放了他，能够得到民心。"

庄公的党羽卢蒲癸逃亡到了晋国，王何到了莒国。

叔孙宣伯在齐国时，叔孙还把他的女儿嫁给齐灵公。这个女人受到宠爱，后来生了景公。五月十九日，崔杼把他立为国君并亲自辅佐，庆封任左相，又在大宫庙中和国人盟誓说："谁要不亲附崔氏、庆氏——"，晏子接过来仰天叹道："我晏婴如果对忠君利国的人不亲近，甘愿受到上天的惩罚。"便歃血。二十三日，齐景公和大夫以及莒子结盟。

太史记载这一事件时写道："崔杼弑其君。"崔杼把他杀了。太史弟弟仍坚持这么写，结果崔杼又连杀两人。太史最后一个弟弟还是这么写，崔杼也把他放了。南史听说太史都死了，便拿着竹简来到宫中。听说已经如实记载了，这才回去。

闾丘婴用车子的帐幔把妻子包起来放到车上，和申鲜虞乘坐一辆车逃走。申鲜虞把闾丘婴的妻子推下车，说："如今国君昏庸无道不能匡正，国家危亡不能挽救，国君死了不能随其而死，只知道藏匿自己的娇妻，有谁会接纳你呢？"来到弇中准备住宿时，闾丘婴说："崔杼、庆封恐怕正在后面追我们。"鲜虞说："一个对一个，谁能让我们害怕？"便住了下来，枕住马缰而睡，先喂了马，自己才吃饭。然后又套上车子上路，过了弇中，鲜虞对闾丘婴说："请快点跑，崔、庆的人多，我们抵抗不住。"然后逃到鲁国。

崔杼把庄公的棺木暂时停放在北面外城。二十九日，安葬在士孙之里，葬礼上只用了四把长柄扇，没有清道警戒，只用了七辆车子，没有出动兵甲保卫。

晋平公从泮水渡过河，和襄公、宋平公、卫殇公、郑简公、曹武公、莒子、邾子、滕子、薛伯、杞文公、小邾子在夷仪会见，然后攻打齐国，以报朝歌一战之仇。齐国人以杀庄公这件事向晋国讨好，并派隰鉏请求讲和。庆封来到军中活动，把派出表示降服的男女排成两队。又赠送晋平公祭祀用的器皿和乐器。对六卿、五吏、三十个将领、三军大夫、各部门的主管及其下属、地方官等都送了东西。平公答应讲和，并让叔向通知诸侯。襄公派子服惠伯答复说："国君原谅有罪的国家，以安定小国，这是国君的恩惠。寡君完全拥护。"

晋平公派魏舒和宛没迎接卫献公，准备让卫国把夷仪一地送给献公居住。崔杼把献公的妻子儿女扣下作为人质，要求把五鹿一地送给他。

当初，陈哀公会合楚国攻打郑国时，陈军所到之处，水井都被填上，树木全被砍伐。郑国人对此怀恨在心。六月，郑国的子展、子产率领七百辆战车攻打陈国，夜里发动袭击攻进城内。陈哀公带着太子偃师逃到坟堆中，遇到司马桓子，哀公说："让我们坐上你的车。"司马桓子说："我还要去巡视城防情况呢！"遇到贾获，车上拉着他的母亲和妻子，贾获让她们都下来，把车子送给哀公坐。哀公说："让你母亲也坐上吧！"贾获说："女人和你同乘一辆车，不够吉祥。"就带着母亲和妻子藏到了坟堆中，也躲过了这场灾难。

子展下令军队不要进入陈哀公的宫内，和子产两人亲自守卫在门口。哀公让司马桓子把宗庙中的祭器送给他们。哀公身穿丧服怀抱神位，率领百官将佐，男女站成两排，在朝廷听候处理。子展拿着绳子进见哀公，两次叩头后向哀公敬酒。子产进来，清点了俘虏的人数就出去了。郑国人祭祀土地神以消除灾邪，由司徒把百姓重新还给陈国，由司马把兵符还给陈国，司空把土地还给陈国，然后便回国了。

秋季七月十二日，诸侯在重丘结盟，这是因为已和齐国讲和。

赵武执政，他下令减轻诸侯的贡品，但加强了对礼仪的重视。穆叔见他时，他说："从今以后，尽量避免发生战争。齐国的崔杼、庆封刚刚取得政权，正在和诸侯求和。我和楚国的令尹比较熟悉。如果言行恭敬有礼，再加上优美的外交辞令，就能够使诸侯安定下来，战争便可以消除。"

楚国的蒍子冯去世，屈建出任令尹，屈荡为莫敖。此时舒鸠人终于背叛了楚国。屈建就发兵攻打，军队到达离城。吴国人前来救援，屈建连忙让右翼部队冲上去，让子强、息桓、子捷、子骈、子孟率领左翼部队撤退。吴国人在楚国左右两军之间驻扎了七天。子强说："停留时间太长，军队就会疲弱，疲弱了就容易被俘虏。不如速战速决。请允许我带领家兵去引诱敌军，你们挑选精锐部队严阵以待。我能战胜他们就继续前进，如果失败了，你们就看情况决定怎么办，这样可以免于被俘。不然的话，一定被吴军俘虏。"大家听从了他的话。由五个人带领自己的家兵先攻击吴军。吴军逃亡，登上山回头一看，见楚军没有继续追赶，便折回来逼近楚军。和楚军精锐部队遭遇，结果吴军大败。楚军又围攻舒鸠，舒鸠人也溃散了。八月，楚国灭亡了舒鸠国。

卫献公来到夷仪住下。

郑国的子产到晋国进献俘获的战利品，当时身穿军服。晋国人问他陈国犯了什么罪，他回答说："从前虞阏父担任周朝的陶正时，因为顺服才事奉我们周武王。武王为奖励他能制造武器，非常有用，再加上他是虞舜的后代，便把大女儿太姬嫁给他，并封他在陈地，从而使黄帝、尧、舜的后代得到了妥善的安置。因此陈国是周朝的外甥，它至今还依靠着周朝。陈桓公死后陈国发生了动乱，蔡国人想把他们的外甥厉公立为国君，我们先君庄公事奉五父，立他为君，蔡国人杀了五父。我们又和蔡国人共同拥立厉公，至于庄公和宣公，都是我们所立的。夏征舒之乱后，陈成公流离失所，又是我们让他回国即位的，这一点国君您也知道。如今陈国忘记了周朝大德，无视我国的恩惠，不认我们这个亲戚，依仗楚国人多，进攻我国城池，但并没有达到目的。我国因此在去年请求贵国帮助攻打陈国，没有得到允许，后来又发生了陈国攻打郑国东门的战役。陈军所到之处，填平井水，砍伐树木。我国很担心因此受到削弱而使太姬蒙受耻辱。也是上天助我，使我们萌发了攻打陈国的念头。陈国深知他们的罪过，甘愿受到惩罚。因此我国才敢前来献功。"晋国人说："为什么要侵略比你们小的国家？"子产回答说："先王曾下令，只要犯了罪，都要分别给予处罚。再说从前天子的土地东西南北一千里，诸侯的土地四百里，其他伯、子、男依次递减。如今大国的土地竟然多至几千里，如果不是侵略小国，怎么能有这么多？"晋国人说："你为什么穿着军服进献战利品？"子产回答说："我们先君武公、庄公曾做过平王、桓王的卿士。城濮之战中，晋文公下令：'每个人都恢复原来的职位。'命令我们文公穿上军服辅佐天子，并接受楚国的俘虏献给天子。我穿着军服进献俘虏，是因为不敢废弃天子的命令。"士弱哑口无言，回去向赵武复命。赵武说："他的回答顺乎情理，如果我们硬要违背情理，是不吉祥的。"便接受了子产献上的战利品。

冬季十月，子展作为郑简公的相礼到晋国，对晋国接受了战利品表示感谢。子西又攻打陈国，陈国和郑国讲和。

孔子说："《志》中有句话说：'言语用来表达思想，文采用以修饰言语。'如果不会讲话，谁能了解他的志向呢？如果说话没有文采，他的话便不能广为流传。晋国成为霸主，郑国入侵陈国，都是讲究文辞的结果，不然就不会成功。要谨慎地使用辞令啊!"

楚国的芋掩担任司马,屈建让他管理税赋,清点武器数量。十月八日,芋掩统计土田的数量,调查山林木材,聚集河湖沼泽中的出产,区别山陵高地的情况,标出盐碱地的情况,计算水淹地的数量,规划堤坝蓄水防灾,把土地分成若干小块,在低洼草地发展牧业,在肥沃的土地上实行井田制,根据收成多少确定赋税的数量。同时征收战车和马匹,征收车兵和步兵使用的武器等。任务完成之后,交给屈建,这是合乎礼的。

十二月,吴子诸樊攻打楚国,以报去年楚国水兵入侵之仇。吴军攻打巢地城门时,巢牛臣说:"吴王勇敢但很轻率,如果打开城门,他必定亲自带头入城。我乘机用箭射他,定能把他射死。国君一死,我们的边境就可以稍微安定一些。"楚国人同意。吴王进入城门时,牛臣隐藏在矮墙后射他,一箭把他射死。

楚康王因为灭了舒鸠国而又赏赐屈建。屈建推辞说:"这是先大夫蒍子冯的功劳。"把赏赐给了蒍子冯的儿子芋掩。

晋国的程郑去世。子产这才知道然明的预测非常准确,便向他询问有关为政的道理。然明回答说:"视百姓如子女,发现不仁之人将他诛杀,就像老鹰捕捉麻雀一样。"子产非常高兴,告诉了子太叔,并且说:"以前我见到的只是然明的外貌,现在才算了解了他的内心。"

子太叔向子产问起有关为政的道理。子产回答说:"为政就像从事农业生产,白天晚上都想着这件事,想到播种也想到收获。并且起早贪黑地努力去干,不要去做那些没有想到的事情,就像农民不要耕种田埂以外别人的田地一样。这样他的过失就会很少。"

卫献公从夷仪派人和宁喜商议复位之事,宁喜答应了他的要求。太叔文子听说此事后说:"哎呀!《诗经》中所说的'我自身尚且没有被人们所容纳,哪里还顾得上我的后代。'宁喜真可以说是不顾及他的后代了。能这样做吗?肯定不能。君子在行动之前一定要考虑到后果,并且要想到下次还能不能做。《尚书》说:'始终谨慎小心,最后才不至于困惑。'《诗经》说:'早晚都不敢松懈,目的是事奉一人。'如今宁喜对待国君还不如对待下棋,他怎么能免于祸患呢?下棋的人举棋不定,所以才不能战胜对方。更何况在拥立君主的问题上没有一个固定标准呢?他肯定不能免于祸患。宁喜是九代相传的卿族,一旦被毁灭,不是很可悲吗?"

诸侯在夷仪会见那一年,齐国人在郏地筑城。那年五月,秦、晋讲和。晋国的韩起到秦国参加结盟，秦国的伯车到晋国参加结盟，两国虽然讲和，但并不巩固。

襄公二十六年

经　二十有六年春，王二月辛卯，卫宁喜弑其君剽。卫孙林父入于戚以叛。甲午，卫侯衍复归于卫。夏，晋侯使荀吴来聘。公会晋人、郑良霄、宋人、曹人于澶渊。秋，宋公杀其世子痤。晋人执卫宁喜。八月壬午，许男宁卒于楚。冬楚子、蔡侯、陈侯伐郑。葬许灵公。

传　二十六年春，秦伯之弟鍼如晋修成，叔向命召行人子员。行人子朱曰：“朱也当御①。”三云，叔向不应。子朱怒，曰：“班爵同②，何以黜朱于朝”？抚剑从之。叔向曰：“秦、晋不和久矣！今日之事，幸而集③，晋国赖之。不集，三军暴骨。子员道二国之言无私④，子常易之。奸以事君者，吾所能御也⑤。”拂衣从之。人救之⑥。平公曰：“晋其庶乎⑦！吾臣之所以争者大⑧。”师旷曰：“公室惧卑⑨，臣不心竞而力争，不务德而争善，私欲已侈⑩，能无卑乎？”

卫献公使子鲜为复⑪，辞。敬姒强命之⑫。对曰：“君无信，臣惧不免。”敬姒曰：“虽然，以吾故也。”许诺。初，献公使与宁喜言，宁喜曰：“必子鲜在，不然必败。”故公使子鲜。子鲜不获命于敬姒，以公命与宁喜言曰：“苟反，政由宁氏，祭则寡人。”宁喜告蘧伯玉，伯玉曰：“瑗不得闻君之出⑬，敢闻其入？”遂行，从近关出。告右宰穀⑭，右宰穀曰：“不可。获罪于两君，天下谁畜之⑮？”悼子曰⑯：“吾受命于先人，不可以贰。”穀曰：“我请使焉而观之。”遂见公于夷仪。反曰：“君淹恤在外十二年矣⑰，而无忧色，亦无宽言，犹夫人也⑱。若不已⑲，死无日矣。”悼子曰：“子鲜在。”右宰穀曰：“子鲜在，何益？多而能亡，于我何为？”悼子曰：“虽然，不可以已。”

孙文子在戚，孙嘉聘于齐，孙襄居守⑳。二月庚寅㉑，宁喜、右宰穀伐孙氏，不克，伯国伤㉒。宁子出舍于郊。伯国死，孙氏夜哭。国人召宁子，宁子复攻孙氏，克之。辛卯㉓，杀子叔及大子角㉔。书曰：“宁喜弑其君剽。”言罪之在宁氏也。孙林父以戚如晋。书曰：“入于戚以叛。”罪孙氏也。臣之禄，君实有之。义则进，否则奉身而退㉕，专禄以周旋㉖，戮也㉗。

甲午㉘，卫侯入。书曰“复归”，国纳之也。大夫逆于竟者，执其手而与之言。道逆者，自车揖之。逆于门者，颔之而已㉙。公至，使让大叔文子曰：“寡人淹恤在外，二三子皆使寡人朝夕闻卫国之言㉚，吾子独不在寡人㉛。古人有言曰：‘非所怨，勿怨。’寡人怨矣。”对曰：“臣知罪矣！臣不佞，不能负羁绁，以从扞牧圉，臣之罪一也。有出者，有居者。臣不能贰，通外内之言以事君，臣之罪二也。有二罪，敢忘其死？”乃行，从近关出。公使止之。

卫入侵戚东鄙，孙氏愬于晋，晋戍茅氏。殖绰伐茅氏㉜，杀晋戍三百人。孙蒯追之，弗敢击。文子曰：“厉之不如㉝！”遂从卫师，败之圉㉞。雍鉏获殖绰。复愬于晋。

郑伯赏入陈之功。三月甲寅朔㉟，享子展，赐之先路、三命之服，先八邑㊱。赐子产次路、再命之服，先六邑。子产辞邑，曰：“自上以下，降杀以两㊲，礼也。臣之位在四，且子展之功也。臣不敢及赏礼，请辞邑。”公固予之㊳，乃受三邑。公孙挥曰：“子产其将知政矣！让不失礼。”

晋人为孙氏故，召诸侯，将以讨卫也。夏，中行穆子来聘㊴，召公也。

楚子、秦人侵吴，及雩娄㊵，闻吴有备而还。遂侵郑，五月，至于城麇㊶。郑皇颉戍之。出，与楚师战，败。穿封戌囚皇颉，公子围与之争之，正于伯州犁㊷。伯州犁曰：“请问于囚。”乃立囚。伯州犁曰：“所争，君子也，其何不知㊸？”上其手㊹，曰：“夫子为王子围㊺，寡君之贵介弟也㊻。”下其手㊼，曰：“此子为穿封戌，方城外之县尹也。谁获子？”囚曰：“颉遇王子，弱焉㊽。”戌怒，抽戈逐王子围，弗及。楚人以皇颉归。

印堇父与皇颉戍城麇。楚人囚之，以献于秦。郑人取货于印氏以请之，子大叔为令正㊾，以为请。子产曰：“不获。受楚之功而取货于郑，不可谓国㊿。秦不其然。若曰‘拜君之勤郑国㉛，微君之惠，楚师其犹在敝邑之城下。’其可。”弗从，遂行。秦人不予。更币㊷，从子产而后获之。

六月，公会晋赵武、宋向戌、郑良宵、曹人于澶渊以讨卫，疆戚田。取卫西鄙懿氏六十以与孙氏㊹。

赵武不书，尊公也。向戌不书，后也。郑先宋，不失所也。

于是卫侯会之。晋人执宁喜、北宫遗，使女齐以先归㊺。卫侯如晋，晋人执而囚之于士弱氏。

秋七月，齐侯、郑伯为卫侯故，如晋，晋侯兼享之。晋侯赋《嘉乐》㊻。国景子相齐侯，赋《蓼萧》㊼。子展相郑伯，赋《缁衣》㊽。叔向命晋侯拜二君曰：“寡君敢拜齐君之安我先君之宗祧也，敢拜郑君之不贰也。”国子使宴平仲私于叔向㊾，曰：“晋君宣其明德于诸侯，恤其患而补其阙，正其违而治其烦^{⑤⑨}，所以为盟主也。今为臣执君，若之何？”叔向告赵文子，文子以告晋侯。晋侯言卫侯之罪，使叔向告二君。国子赋《辔之柔矣》^{⑥⑩}，子展赋《将仲子兮》^{⑥①}，晋侯乃许归卫侯。

叔向曰：“郑七穆^{⑥②}，罕氏其后亡者也^{⑥③}。子展俭而壹^{⑥④}。”

初，宋芮司徒生女子^{⑥⑤}，赤而毛，弃诸堤下。共姬之妾取以入^{⑥⑥}，名之曰弃。长而美。平公入夕^{⑥⑦}，共姬与之食。公见弃也，而视之，尤^{⑥⑧}。姬纳诸御^{⑥⑨}，嬖，生佐。恶而婉^{⑦⑩}。大子痤美而很^{⑦①}，合左师畏而恶之^{⑦②}。寺人惠墙伊戾为大子内师而无宠^{⑦③}。秋，楚客聘于晋，过宋。大子知之^{⑦④}，请野享之^{⑦⑤}。公使往，伊戾请从之。公曰：“夫不恶女乎？”对曰：“小人之事君子也，恶之不敢远，好之不敢近。敬以待命，敢有贰心乎？纵有共其外，莫共其内。臣请往也。”遣之，至，则欿，用牲，加书，征之^{⑦⑥}，而骋告公曰：“大子将为乱，既与楚客盟矣。”公曰：“为我子，又何求？”曰：“欲速。”公使视之，则信有焉。问诸夫人与左师^{⑦⑦}，则皆曰：“固闻之。”公囚大子。大子曰：“唯左也能免我。”召而使请，曰：“日中不来，吾知死矣。”左师闻之，聒而与之语^{⑦⑧}。过期，乃缢而死。佐为大子。公徐闻其无罪也，乃亨伊戾^{⑦⑨}。

左师见夫人之步马者^{⑧⑩}，问之，对曰：“君夫人氏也。”左师曰：“谁为君夫人？余胡弗知？”圉人归，以告夫人。夫人使馈之锦与马，先之以玉，曰：“君之妾弃使其献。”左师改命曰：“君夫人。”而后再拜稽首受之。

郑伯归自晋，使子西如晋聘，辞曰：“寡君来烦执事，惧不免于戾。使夏谢不敏^{⑧①}。”君子曰：“善事大国。”

初，楚伍参与蔡大师子朝友，其子伍举与声子相善也^{⑧②}。伍举娶于王子牟，王子牟为申公而亡，楚人曰：“伍举实送之^{⑧③}。”伍举奔郑，将遂奔晋。声子将如晋，遇之于郑郊，班荆相与食^{⑧④}，而言复故^{⑧⑤}。声子曰：“子行也，吾必复子。”

及宋向戌将平晋、楚，声子通使于晋，还如楚。令尹子木与之语，问晋故焉。且曰：“晋大夫与楚孰贤？”对曰：“晋卿不如楚，其大夫则贤，皆卿材也。如杞、梓、皮革，自楚往也。虽楚有材，晋实用之。”子木曰：“夫独无族姻乎^{⑧⑥}？”对曰：“虽有，而用楚材实多，归生闻之^{⑧⑦}：‘善为国者，赏不僭而刑不滥。’赏僭^{⑧⑧}，则惧及淫人；刑滥，则惧及善人。若不幸而过^{⑧⑨}，宁僭无滥。与其失善，宁其利淫。无善人，则国从之。《诗》曰^{⑨⑩}：‘人之云亡，邦国殄瘁。’无善人之谓也。故《夏书》曰^{⑨①}：‘与其杀不辜，宁失不经。’惧失善也。《商颂》有之曰：‘不僭不滥，不敢怠皇，命于下国，封建厥福^{⑨②}。’此汤所以获天福也。古之治民者，劝赏而畏刑[㊤]，恤民不倦。赏以春夏，刑以秋冬。是以将赏，为之加膳，加膳则饫赐[㊔]，此以知其劝赏也。将刑，为之不举[㊕]，不举则彻乐，此以知其畏刑也。夙兴夜寐，朝夕临政，此以知其恤民也。三者礼之大节也。有礼无败。今楚多淫刑，其大夫逃死于四方，而为之谋主[㊖]，以害楚国，不可救疗，所谓不能也[㊗]。子仪之乱，析公奔晋[㊘]，晋人置诸戎车之殿，以为谋主。绕角之役，晋将遁矣，析公曰：'楚师轻窕，易震荡也[㊙]。若多鼓钧声^⑩，以夜军之，楚师必遁。'晋人从之，楚师宵馈。晋遂侵蔡，袭沈，获其君；败申、息之师于桑隧，获申丽而还。郑于是不敢南面。楚失华夏，则析公之为也。雍子之父兄谮雍子。君与大夫不善是也^⑩。雍子奔晋。晋人与之鄐^⑩，以为谋主。彭城之役，晋、楚遇于靡角之谷。晋将遁矣。雍子发命于军曰：'归老幼，反孤疾，二人役，归一人，简兵蒐乘，秣马蓐食，师陈焚次，明日将战。'行归者而逸楚囚，楚师宵溃。晋降彭城而归诸宋，以鱼石归。楚失东夷，子辛死之，则雍子之为也。子反与子灵争夏姬^⑩，而雍害其事^⑩，子灵奔晋。晋人与之邢，以为主谋，扞御北狄，通吴于晋，教吴叛楚，教之乘车、射御、驱侵，使其子狐庸为吴行人焉。吴于是伐巢，取驾，克棘，入州来。楚罢于奔命，至今为患，则子灵为也。若敖之乱^⑩，伯贲之子贲皇奔晋。晋人与之苗^⑩，以为谋主。鄢陵之役，楚晨压晋军而陈，晋将遁矣。苗贲皇曰：'楚师之良，在其中军王族而已。若塞井夷灶，成陈以当之，栾、范易行以诱之^⑩，中行、二郤必克二穆^⑩。吾乃四萃于其王族^⑩，必大败之。'晋人从之，楚师大败，王夷师熠^⑩，子反死之。郑叛吴兴，楚失诸侯，则苗贲皇之为也。"子木曰："是皆然矣。"声子曰："今又有甚于此者。椒举娶于申公子牟^⑩，子牟得戾而亡，君大夫谓椒举^⑩：'女实遣之！'惧而奔郑，引领南望曰：'庶几赦余！'亦弗图也^⑩。今在晋矣。晋人将与之县，以比叔向。彼若谋害楚国，岂不为患？"子木惧，言诸王。益其禄爵而复之。声子使椒鸣逆之^⑩。

许灵公如楚，请伐郑，曰："师不兴，孤不归矣！"八月，卒于楚。楚子曰："不伐郑，何以求诸侯？"

冬十月，楚子伐郑。郑人将御之，子产曰："晋、楚将平，诸侯将和，楚王是故昧于一来^⑩。不如使逞而归，乃易成也。夫小人之性，衅于勇^⑩，啬于祸^⑩，以足其性而求名焉者，非国家之利也。若何从之？"子展说，不御寇。十二月乙酉^⑩，入南里，堕其城。涉于乐氏^⑩，门于师之梁^⑩。县门发，获九人焉。涉于氾而归^⑩，而后葬许灵公。

卫人归卫姬于晋，乃释卫侯。君子是以知平公之失政也。

晋韩宣子聘于周。王使请事⑫。对曰："晋士起将归时事于宰旅⑬，无他事矣。"王闻之曰："韩氏其昌阜于晋乎⑭！辞不失旧。"

齐人城郏之岁，其夏，齐乌馀以廪丘奔晋⑮。袭卫羊角⑯，取之。遂袭我高鱼⑰，有大雨，自其窦入⑱，介于其库⑲，以登其城，克而取之。又取邑于宋。于是范宣子卒，诸侯弗能治也。及赵文子为政，乃卒治之。文子言于晋侯曰："晋为盟主。诸侯或相侵也，则讨而使归其地。今乌馀之邑，皆讨类也⑳，而贪之，是无以为盟主也。请归之。"公曰："诺。孰可使也？"对曰："胥梁带能无用师。"晋侯使往。

【注释】

①当御：奉职，当班。　②班爵：职位级别。　③集：成功。　④道：同"导"，传达，沟通。　⑤御：抵抗。　⑥纠：劝止。　⑦晋其庶乎：晋国庶几要大治吧。　⑧大：指大事。　⑨公室惧卑：公室的地位恐怕要降低。　⑩侈：多，大。　⑪子鲜：卫献公母弟鱄。　⑫敬姒：献公之母。　⑬瑗：伯玉名。　⑭右宰穀：卫大夫。　⑮畜：容留。　⑯悼子：宁喜。　⑰淹恤：淹留忧患，即避难。　⑱犹夫人：还是那么一个人。夫，那。　⑲已：止。　⑳孙嘉、孙襄：孙林父之二子。　㉑庚寅：初六日。　㉒伯国：即孙襄。　㉓辛卯：初七日。　㉔子叔：即卫侯剽。　㉕奉身而退：保全自身而引退。　㉖专禄以周旋：把俸禄视为私人专有而与人周旋。　㉗戮：罪当杀。　㉘甲午：初十日。　㉙领：领首，点头。　㉚二三子：指卫国诸大夫。　㉛在：存问。　㉜茅氏：地名，戚邑东部边境。　㉝厉：恶鬼。　㉞圉：地名，在今河南濮阳县东。　㉟甲寅朔：初一日。　㊱先八邑：先于八邑。古代送礼，先轻后重。　㊲降杀以两：以二数递减。　㊳固予：坚持给予。予同"与"。　㊴中行穆子：即荀吴。　㊵零娄：地名，在今河南商城县东。　㊶城廪：地名，不详。　㊷正：判断。　㊸其何不知：此为暗示语。知同"智"。　㊹上其手：高抬他的手。　㊺夫子：那一位。　㊻贵介：即地位高贵。　㊼下其手：降下他的手。　㊽弱：无力抵抗。　㊾令正：官名，主管起草文件、命令。　㊿不可谓国：不合国礼。　51勤郑国：即勤于郑国。勤，劳，助。　52更币：改用礼品。　53懿氏六十：懿氏，地名。六十即六十邑。　54女齐：晋臣，又名女叔侯。　55《嘉乐》：《诗经·大雅》篇名。取其"嘉乐君子，显显令德……"，以嘉乐齐、郑二君。　56《蓼萧》：《诗经·小雅》篇名。取其"既见君子，孔燕岂弟，宜兄宜弟"诸句，以喻晋、郑为兄弟之国。　57《缁衣》：《诗经·郑风》篇名。取义于"适子之馆兮，还予授子之粲兮"，望晋能见齐侯、郑伯亲来，能许其所求。　58私：私语。　59烦：乱。　60《辔之柔矣》：此为逸诗，见《周书》。取义宽政以安诸侯，若柔辔之御刚马。　61《将仲子》：《诗经·郑风》篇名。取义人言可畏。　62郑七穆：指郑穆公后代的七个家族。　63罕氏：即子展的家族。　64俭而壹：节俭而专一。　65芮司徒：宋大夫。　66共姬：宋伯姬，宋共公夫人。　67平公入夕：宋平公夕时入而问安。平公，共姬之子。　68尤：绝美。后来多以极美的妇女为尤物。　69御：御妾。

⑦恶而婉：面貌丑陋而性情和顺。　⑦美而很：貌美而心毒。很，今作"狠"。　⑦合左师：即向戌。　⑦内师：太子宫内宦官之长。　⑦知：相识。　⑦野享：野外宴享。　⑦欿（kǎn），用牲等：此为伊戾之伪作，以诬陷太子。　⑦夫人：即弃。　⑦聒：絮语不休。　⑦亨：同"烹"。　⑧步马：遛马。　⑧夏：子西名。　⑧声子：子朝之子。　⑧送：护送。　⑧班荆：以草铺地代席。班，布、铺。　⑧复故：返楚的事。故，事。　⑧族姻：宗族姻亲。　⑧归生：即声子。　⑧僭：僭越，泛滥。　⑧过：不当。　⑨《诗》曰：以下二句出自《诗经·大雅·瞻卬》篇。珍，尽，瘁，病。　⑨《夏书》曰：以下二句出自逸书。不经，不守常法的人。　⑨不僭不滥四句：句出《诗经·商颂·殷武》。怠皇，偷闲。封建，大建。　⑨劝赏：乐于赏赐。　⑨饫（yù）赐：将剩余菜肴赐予下属。饫，饱。　⑨举：丰盛饮食且以乐助食。　⑨谋主：主要谋士。　⑨不能：即不能用其材。　⑨析公奔晋：事见文公十四年。　⑨震荡：震动。　⑩钧声：同时击鼓，其声宏大。　⑩不善是：不能调解是非。　⑩鄐（chù）：地名，在今河南温县附近。　⑩争夏姬：事见成公二年传。　⑩雍害：阻碍，破坏。　⑩若敖之乱：事见宣公四年传。　⑩苗：晋邑，在今河南济源县西。　⑩易行：改变陈法，率家兵先进。　⑩二穆：指楚穆王二位后代子重、子辛。　⑩四萃：指晋上、中、下、新四军集中攻击。　⑩王夷师熸：楚王受伤，士气不振。夷，伤。熸（qián），火灭。　⑪椒举：即伍举。　⑫君大夫：指君及诸大夫。　⑬弗图：不考虑。　⑭椒鸣：伍举之子，伍奢之弟。　⑮昧：冒昧。　⑯衅于勇：见有机会，就凭血气之勇。　⑰啬于祸：见有祸乱则有所贪图。　⑱乙酉：初五日。　⑲乐氏：洧水渡口名，在新郑县境。　⑳师之梁：郑城门。　㉑汜：即南汜，地名，在今河南襄城县南。　⑫请事：即问事。　㉓士起：起，韩起，即韩宣子。士，韩起于晋为卿，于周则为士。以示位卑。时事：四时贡职。宰旅：家宰之下士。表示尊敬。　㉔昌阜：昌盛。　㉕乌馀：齐大夫。　㉖羊角：邑名，在今山东郓城县西北。　㉗高鱼：鲁地名，在郓城县北。　㉘窦：亦作渎。城墙排水洞。　㉙介于其库：从武器库中取出甲胄装备士兵。　㉚讨类：在讨伐之列。

【译文】

二十六年春季，秦景公的弟弟鍼到晋国重修友好，叔向让人去喊外交官子员。外交官子朱说："现在是子朱值班。"说了三次，叔向都不理他。子朱大怒，说："我的职位和子员一样，为什么要在朝廷上贬损我。"拔出剑来威胁叔向。叔向说："秦、晋两国不和已经有很长时间了。如今有幸达成和议，晋国对此非常重视。万一和约签订不成，三军将士又要死在战场上。子员在两国事务上没有私心，你却经常变化不定，对以邪恶来事奉国君的人，我是能抵抗得住的。"说完提起衣服走上前去。旁边的人把他们劝住。平公说："看来晋国有希望大治了，因为我的臣子所争执的都是国家大事。"师旷却说："公室恐怕要趋于衰弱了，臣子之间不在智慧上竞争却在武力上竞争，不致力于德行的修养而争强斗胜，个人的私心已经太大，公室能不衰弱吗？"

卫献公派子鲜为自己争取恢复君位，被子鲜拒绝。敬姒强迫他去。子鲜回答说："国君不讲信用，我担心自己不能免于祸害。"敬姒说："即使如此，为了我，你还是去吧。"子鲜这才答应。当初，献公派人和宁喜谈起过这件事，宁喜说："一定要子鲜参加，不然肯定要失败。"因此献公才派子鲜去。子鲜既然被敬姒强迫前往，便把献公的命令告诉宁喜说："假如能回到国内，政权由宁氏掌握，我只管祭祀之事。"宁喜告诉了遽伯玉，伯玉说："我没有听说过国君出国的事，怎么敢听他回国的情况呢？"说完便走，又从较近的关口出国了。宁喜告诉了右宰穀，右宰穀说："不能这么做。如果两个国君都得罪了，将来谁还敢收留你？"宁喜说："我接受了父亲的命令，不能说话不算数。"右宰穀说："请让我先去看看情况。"随后到夷仪进见献公。回来后他说："国君在外流亡二十年，却没有一丝忧虑，说话时也没有任何宽恕的意思，还是老样子。如果他不停止复辟的计划，恐怕就活不几天了。"宁喜说："有子鲜在，怕什么？"右宰穀说："有子鲜在，又有什么用？他最多不过是自己逃亡，也救不了我们。"宁喜说："即使如此，也不能停止这一努力。"

孙文子住在戚地，孙嘉到齐国聘问，孙襄留守在家里。二月六日，宁喜、右宰穀攻打孙氏，没有取胜。孙襄受了伤。宁喜躲到郊外去住。孙襄伤重死了，夜里孙氏家里传出哭声。国都的人都去找宁喜，宁喜再次攻打孙氏，终于将其打败。七日，杀了子叔和太子角。《春秋》记载为"宁喜弑其君剽"，是说罪过在于宁氏。孙林父从戚地到了晋国。《春秋》记载为"入于戚以叛"，意思是归罪于孙氏。臣子的俸禄实际上都是国君给的，合乎道义就尽力争取，否则就急流勇退，如果把俸禄视为私有财产而和国君周旋，就应该杀掉。

十日，卫献公进入卫都。《春秋》记为"复归"，意思是本国让他回来的。献公对来到国境上迎接他的大夫拉着手说话；对路边迎接他的人，从车上向他们作揖；对站在城门口迎接他的人，只是点点头而已。献公来到宫中，派人去责难太叔文子说："我长久在外，几个大臣每天都向我报告有关卫国的情况，只有你眼里没有我。古人有句话说：'不应该怨恨的就不要怨恨。'现在我恨你。"太叔文子说："我知道自己的罪过。我没有才能，没有随同国君出外保驾，这是第一条罪状；国内有君，国外也有君，我没有能够三心二意，两边都效忠，这是第二条罪状。有这两条罪状，怎能不去一死？"就动身出走，要从最近的一个关口出国。献公派人劝阻了他。

卫国人攻打戚地的东部边境，孙林父到晋国告状，晋国派兵去茅氏戍守。殖绰攻打茅氏，杀了晋国守兵三百人。孙蒯追赶殖绰，没敢袭击。孙林父骂他："你连一个厉鬼都比不上。"孙蒯又去追击卫军，在圉地把他们打败。雍鉏抓住了殖绰。孙林父又到晋国告状。

郑简公开始赏赐征伐陈国的有功人员。三月一日，设宴招待子展，赐给他先路车和三命朝服，送给他八座城邑。赐给子产次路车和二命朝服，送给他六座城邑。子产辞掉了城邑，说："自上而下应以二的数目依次递减，这才合乎礼。我位居第四位，再说这是子展的功劳。我不敢接受这赏赐，请允许我辞去城邑。"郑简公坚持要给，子产不得已接受了三座。公孙挥说："子产将来有一天要执政，因为他谦让而又不失礼。"

晋国人为了孙林父而召集诸侯准备攻打卫国。夏季，荀吴来到鲁国聘问，为的是召请襄公参加大会。

楚康王和秦国人入侵吴国，到达雩娄时，听说吴国做好了准备，便退走了。又进攻郑国，五月，攻至城麇。郑国的皇颉负责戍守城麇，出城与楚军作战，结果战败。穿封戌抓住了皇颉，公子围和他争夺这一功劳。请求伯州犁评判。伯州犁说："请让我问问被抓住的人。"便让皇颉来到跟前。伯州犁说："他们二人争夺的是你这位君子，你应该明白怎么回事。"手朝上指着公子围说："这个人是王子围，是寡君的地位高贵的弟弟。"手朝下指着穿封戌说："这是穿封戌，是方城山外的一个县尹。是谁抓住了你呢？"皇颉说："我遇到了王子，抵抗不住才被抓获的。"穿封戌大怒，抽出戈来要追赶王子围，没能赶上。楚国人带着皇颉回国。

印堇父和皇颉一同戍守城麇，楚国人把他抓住献给了秦国。郑国从印氏那里取了财物请求赎取印堇父，子太叔作为令正，为他们拟写请求理由。子产说："你们得不到印堇父。接受楚国献给的俘虏，却从郑国那里换取财物，这不是一个国家所应该做的。秦国不会这么干。如果说：'感谢国君帮助郑国，如果没有国君的恩惠，恐怕楚国至今还在我们城下呢。'这样才可以。"子太叔不听，就动身去秦国。果然秦国不答应。后来换成一般礼物，按照子产的话去做，才把印堇父领了回来。

六月，襄公和晋国的赵武、宋国的向戌、郑国的良霄以及曹国人在澶渊会见，以讨伐卫国，重新划定戚地的疆界。夺取了卫国西部边境懿氏六十座城邑送给了孙林父。

《春秋》中没有写赵武，是表示尊重襄公。没有写向戌，说明他迟到了。把郑国写在宋国前面，是因为郑国人如期到会了。

当时卫献公也参加了会见。晋国人把宁喜和北宫遗抓了起来，让女齐带着他们先回晋国。卫献公到晋国后，晋国人把他抓住囚禁在士弱氏家中。

　　秋季七月，齐景公、郑简公因为卫献公被抓一事到了晋国，晋平公设宴招待他们。席间，平公吟诵了《嘉乐》一诗。当时国景子是齐景公的相礼，吟诵了《蓼萧》一诗。子展作为郑简公的相礼吟诵了《缁衣》一诗。叔向提醒平公应该向两位国君拜谢，并说："寡君感谢齐君能够安定我国先君的宗庙，也感谢郑君对我国忠贞不贰。"国景子派晏平仲私下对叔向说："晋君向天下诸侯表现了他崇高的德行，体恤灾难，补救过失，纠正违礼行为，帮助平定动乱，因此成为诸侯的盟主。现在怎么能为了一个臣子而把卫国的国君抓起来呢？"叔向告诉了赵武，赵武又转告了平公。平公列举了卫献公的罪状，让叔向转告齐、郑两君。国景子吟诵了《辔之柔矣》，子展吟诵了《将仲子兮》，平公听了，才同意让卫献公回国。

　　叔向说："郑穆公后代的七个家族中，大概罕氏将最后灭亡。因为子展这个人节俭而且专一。"

　　当初，宋国的芮司徒生了一个女儿，皮肤很红且全身长满了毛，就把她丢弃到了河堤之下。宋共姬的侍妾捡了回来，取名为"弃"。她长大后出落得很漂亮。平公晚上向母亲共姬问安，共姬留他一同吃饭，平公见到弃，端详之后，认为她很漂亮。共姬就送给他做了妾，弃深受平公宠爱，后来生了佐。佐相貌很丑但性情温顺。太子痤外貌英俊却心狠手毒，向戌对他又怕又讨厌。寺人惠墙伊戾虽然是太子的内师但并不受宠信。秋季，楚国的使者到晋国聘问，路过宋国。太子和使者相识，便请求在野外设宴招待。平公同意他去，伊戾也请求跟随前往。平公说："他不是很讨厌你吗？"伊戾回答说："我事奉君子，即使被讨厌也不敢远离而去，即使被宠信也不敢过分亲近。而是恭敬地听候吩咐，哪里敢有二心呢？太子宴请客人，即使有人在外面料理，里面却没有人伺候。请允许我前去。"平公让他去。伊戾到了野外，挖了一个坑，杀了牛羊，然后把盟书放上去，又检查了一遍，然后回来向平公报告说："太子准备叛乱了，他已经和楚国的客人盟誓了。"平公说："他已经被立为继承人，还想要求什么？"伊戾回答说："他是想快点继位。"平公派人前去察看，果真如此。平公又问夫人和向戌，都说："确实有这回事。"平公便囚禁了太子。太子说："只有佐才能救我。"让人去找佐为他向平公请求，并且说："如果到中午他还不来，我就知道自己该死了。"向戌听说后，故意缠着佐没完没了地说话。过了中午，佐还没有来，太子自缢而死。佐被立为太子。后来平公听说太子痤并没有罪，就把伊戾烹煮了。

向戍见到为夫人遛马的人，问他是谁家的人，那人回答说："我是君夫人家的人。"向戍故意说："谁是君夫人？我怎么不知道？"那人回去之后，告诉了夫人。夫人派人给向戍送去锦缎和马匹，并先送去玉璧，说："国君的侍妾派我前来献上。"向戍连忙让来人改口称"君夫人"，然后才叩头接受礼物。

简公从晋国回去后，派子西到晋国聘问，子西致辞说："寡君给贵国添了麻烦，担心有失敬之处犯下罪过。特派我前来致歉。"君子对此评论说："郑国善于事奉大国。"

当初，楚国的伍参和蔡国的太师子朝关系很好，伍参的儿子伍举和子朝的儿子声子也很要好。伍举娶了王子牟的女儿为妻，王子牟因为申公而获罪出奔，楚国人说："是伍举送他逃走的。"伍举逃亡到了郑国，并打算逃到晋国。此时声子也准备到晋国去，两人在郑都郊外相遇，他们把草铺到地上，坐到上面一边吃饭，一边商谈回国之事。声子说："你先去晋国吧，我一定设法让你回国。"

此时正值宋国的向戍准备促使晋、楚两国和好，声子派使者到晋国，自己则回到楚国。令尹子木和他谈话时问起晋国之事，令尹说："晋、楚两国的大夫相比较，哪一方更为贤明呢？"声子回答说："晋国的卿不如楚国的卿，但晋国的大夫则很贤明，都是卿的材料。就像杞木、梓木、皮革，都是从楚国运去的一样，楚国虽然有人才，却被晋国使用了。"子木说："他们没有同宗和亲戚吗？"声子说："虽然也有，但确实较多地重用了楚国的人才。我听说：'善于治理国家的人，既不要赏赐失当也不要滥用刑罚。'赏赐失当，就有可能奖赏坏人。滥用刑法，就有可能冤枉好人。即使不慎掌握失当，也宁可失当而不可滥用。与其滥用刑罚失去好人，宁可奖赏失当成全坏人。失去了好人，国家就会跟着受害。《诗经》说：'这些人没有了，国家也就灭亡了。'说的就是没有好人。因此《夏书》说：'与其杀害无罪之人，宁可使不法之人漏网。'说的就是怕失去善人。《商颂》有句话说：'若想不失当不滥用，就不能有丝毫的松懈和偷闲，这样才能号召天下万邦，建立不朽的福禄。'这是商汤能够获得上天福禄的原因。古代治理百姓的人都喜欢奖赏而害怕用刑，为百姓分忧解愁而不知疲倦。在春夏两季行赏，在秋冬两季用刑。准备奖赏时增加膳食，加膳以后把多余的饭菜赐给下面的人，以此告诉人们，他们乐于奖赏。准备用刑时，不但要减膳，而且要撤乐，以此告诉人们，他们不愿用刑。早起晚睡，朝夕忙于政事，以此告诉人们，他们非常体恤关怀百姓。这三个方面都是礼中的关键之处。有了礼办事就不会失败。如今楚国滥用刑罚，大夫们纷纷逃往四方国家，为他们出谋划策，反过来危害楚国，以至于这种局面不可挽救，这就是他们不能容忍滥用刑罚的结果。子仪叛乱后，析公逃亡晋国。晋国人让他在晋侯战车的后面做谋士。绕角那次战役中，晋国人准备逃走，析公说：'楚国不够坚强，很容易动摇。如果同时敲击很多鼓发出震耳欲聋的声音，并在夜里发动全军攻打楚军，楚军肯定要逃走。'晋国人听了他的话，楚军夜里溃散了。晋国随后入侵蔡国，袭击沈国，抓获了沈国国君又在桑隧打败了申、息两地的军队，俘获申丽而归。郑国从此不敢再亲近楚国。楚国失去了中原的国家，就是析公出谋划策的结果。雍子的父亲和哥哥诬陷雍子，楚王和大夫不能分辨是非曲直。雍子逃亡到了晋国，晋国人把鄐地封给他，让他做了谋士。彭城战役中，晋、楚两军在靡角之谷遭遇。晋军准备逃跑，雍子向军队发布命令说：'把年龄大的和年龄小的都送回去，把孤儿和患病的人都送回去，有兄弟两人一同出征的回去一个，然后精选步兵，整治战车，喂饱战马，让士兵饱餐一顿，摆好军阵，烧掉帐篷，准备明日决一死战。'让该回去的统统回去，同时故意放走楚军俘虏，结果楚军连夜逃跑。晋军降服彭城后把它还给了宋国，只把鱼石一地收归晋国所有。楚国失去东夷诸国，子辛为此而死，这都是雍子干的。子反和巫臣争夺夏姬，阻挠破坏巫臣的婚事，巫臣逃亡到晋国。晋国人把邢地封给他，让他做了谋士。从此帮助晋国抵御北狄，南通吴国，唆使吴国背叛楚国，教授吴国怎样使用战车、射箭、驱车追击敌人，还让他的儿子狐庸做了吴国的外交官员。吴国因此讨伐巢国，夺取驾地，攻克棘地，侵入州来。楚军南征北战，疲于奔命，时至今日这还是楚国的一大忧患，这都是巫臣出的主意。若敖叛乱时伯贲的儿子贲皇逃亡到了晋国，晋国人把苗地封给他，让他做了谋士。鄢陵之战时楚军在早晨迫近晋军摆开阵势，晋军正准备逃跑。苗贲皇说：'楚军的精兵强将都集中在中军王族中。如果填井平灶，摆开阵势抵挡，栾书和士燮再带领家兵引诱他们，荀偃和郤锜、郤至一定能战胜子重、子辛。我们再集中中、上、下、新四军攻击他们的王族，肯定能大败楚军。'晋国人听了他的话，结果楚军大败，楚共王还伤了一只眼睛，军队也受到重创，子反也在此一战役中死去。郑国的背叛，吴国的强大，楚国的失去诸侯，这都是苗贲皇干的。"子木说："确实如此。"子声说："现在还有比这更严重的。那就是伍举娶了王子牟的女儿为妻，子牟获罪逃亡，国君和大夫们都说伍举：'是你帮助他逃走的。'伍举吓得逃到了郑国，但常常引颈南望说：'也许能够赦免我的罪过。'但我们并未考虑这件事。现在他正在晋国。晋国准备封给他一个地方，以享受和叔向同等的待遇。如果他谋划危害楚国，岂不又成为我国的心腹大患？"子木也很害怕，转告了康王，康王决定增加伍举的官禄并提高爵位，让他回国官复原职。声子派椒鸣前往晋国迎接。

许灵公到楚国请求攻打郑国，他说："贵国不发兵，我就不回去了。"八月，死在楚国。楚康王说："如果再不讨伐郑国，怎么能得到诸侯的拥戴呢？"

冬季十月，楚康王攻打郑国。郑国人准备抵抗，子产说："晋、楚两国准备和好，诸侯之间将要和平共处。楚王这次只是一时冲动才发兵前来。不如让他满意而归，这样反而更有助于晋、楚两国的议和。小人的品性就是凭着一时的勇气，制造祸乱从而有所贪图，以满足自己的野心，求得一些虚名，这样做并不利于国家，怎么能听从呢？"子展很高兴，便不再抵抗。十二月五日，楚军攻入南里，拆毁了城墙。又在乐氏渡过洧水，攻打郑都的师之梁门。郑国人将城门放下，楚军只抓住九个人。楚军渡过汜水回国，回去后安葬了许灵公。

卫国人把卫姬嫁给了晋平公，晋国才释放了卫献公。君子们从这件事看出晋平公已失去了为政之道。

晋国的韩起到王室聘问。天子派人问他此行的目的。韩起回答说："晋国的士韩起此次前来，只是向王室进献贡品，并无别的事情。"天子听到后说："看来韩氏将要在晋国兴旺发达了！因为他辞令中仍然体现了传统的礼。"

齐国人在郏地筑城的那一年夏季，齐国的乌馀带着廪丘投奔晋国。随后偷袭卫国的羊角，夺取后又入侵鲁国的高鱼。时逢大雨，乌馀率众从排水孔钻进城去，冲入高鱼的军械库，取出甲胄武装士兵，又登上城墙，占领了高鱼。随后又占领了宋国的城邑。当时士匄已经去世，诸侯无力惩治乌馀。等赵武执政，才决心将其惩治。赵武对晋平公说："晋国是诸侯的盟主，诸侯中有互相侵犯的，就应该攻打，让它归还强占的土地。现在乌馀取得的这些城邑都是侵夺而来的，都属于讨伐之列。如果晋国贪图这些土地，就没有资格再当盟主了。请求把这些土地还给原来的国家。"平公说："好，可是派谁去办这件事呢？"赵武说："胥梁带能够不用武力就把事情办好。"平公便派胥梁带前去办理此事。

襄公二十七年

经　二十有七年春，齐侯使庆封来聘。夏，叔孙豹会晋赵武、楚屈建、蔡公孙归生、卫石恶、陈孔奂、郑良霄、许人、曹人于宋。卫杀其大夫宁喜。卫侯之弟鱄出奔晋。秋七月辛巳，豹及诸侯之大夫盟于宋。冬十有二月乙亥朔，日有食之。

传　二十七年春，胥梁带使诸丧邑者具车徒以受地，必周①。使乌馀具车徒以受封，乌馀以其众出。使诸侯伪效乌馀之封者，而遂执之，尽获之。皆取其邑而归诸侯，诸侯是以睦于晋。

齐庆封来聘，其车美。孟孙谓叔孙曰：“庆季之车，不亦美乎？”叔孙曰：“豹闻之：‘服美不称②，必以恶终。’美车何为？”叔孙与庆封食，不敬。为赋《相鼠》③，亦不知也。

卫宁喜专，公患之。公孙免馀请杀之④。公曰：“微宁子不及此，吾与之言矣。事未可知，只成恶名，止也。”对曰：“臣杀之⑤，君勿与知。”乃与公孙无地、公孙臣谋，使攻宁氏。弗克，皆死。公曰：“臣也无罪，父子死余矣⑥。”夏，免馀复攻宁氏，杀宁喜及右宰穀，尸诸朝。石恶将会宋之盟，受命而出。衣其尸，枕之股而哭之。欲敛以亡，惧不免，且曰：“受命矣。”乃行。

子鲜曰：“逐我者出，纳我者死，赏罚无章，何以沮劝⑦？君失其信，而国无刑⑧，不亦难乎！且鱄实使之⑨。”遂出奔晋。公使止之，不可。及河，又使止之。止使者而盟于河，托于木门⑩，不乡卫国而坐。木门大夫劝之仕。不可。曰：“仕而废其事⑪，罪也；从之，昭吾所以出也。将谁愬乎⑫？吾不可以立于人之朝矣。”终身不仕。公丧之，如税服⑬，终身。

公与免馀邑六十，辞曰：“唯卿备百邑，臣六十矣，下有上禄，乱也。臣弗敢闻。且宁子唯多邑，故死。臣惧死之速及也。”公固与之，受其半。以为少师。公使为卿，辞曰：“大叔仪不贰，能赞大事⑭。君其命之。”乃使文子为卿。

宋向戌善于赵文子，又善于令尹子木，欲弭诸侯之兵以为名。如晋，告赵孟。赵孟谋于诸大夫，韩宣子曰：“兵，民之残也，财用之蠹，小国之大灾也。将或弭之，虽曰不可⑮，必将许之。弗许，楚将许之，以召诸侯，则我失为盟主矣。”晋人许之。如楚，楚亦许之。如齐，齐人难之。陈文子曰：“晋、楚许之，我焉得已。且人曰弭兵，而我弗许，则固携吾民矣⑯！将焉用之？”齐人许之。告于秦，秦亦许之。皆告于小国，为会于宋。

五月甲辰⑰，晋赵武至于宋。丙午⑱，郑良霄至。六月丁未朔⑲，宋人享赵文子，叔向为介。司马置折俎⑳，礼也。仲尼使举是礼也㉑，以为多文辞㉒。戊申㉓，叔孙豹、齐庆封、陈须无、卫石恶至。甲寅㉔，晋荀盈从赵武至。丙辰㉕，邾悼公至。壬戌㉖，楚公子黑肱先至，成言于晋㉗。丁卯㉘，宋向戌如陈，从子木成言于楚。戊辰㉙，滕成公至。子木谓向戌："请晋、楚之从交相见也㉚。"庚午㉛，向戌复于赵孟。赵孟曰："晋、楚、齐、秦，匹也。晋之不能于齐㉜，犹楚之不能于秦也。楚君若能使秦君辱于敝邑，寡君敢不固请于齐？"壬申㉝，左师复言于子木。子木使驲谒诸王㉞。王曰："释齐、秦，他国请相见也。"秋七月戊寅㉟，左师至。是夜也，赵孟及子晳盟㊱，以齐言㊲。庚辰㊳，子木至自陈。陈孔奂、蔡公孙归生至。曹、许之大夫皆至。以藩为军㊴。

晋、楚各处其偏。伯夙谓赵孟曰："楚氛甚恶㊵，惧难。"赵孟曰："吾左还㊶，入于宋，若我何？"辛巳㊷，将盟于宋西门之外，楚人衷甲㊸。伯州犁曰："合诸侯之师，以为不信，无乃不可乎？夫诸侯望信于楚，是以来服。若不信，是弃其所以服诸侯也。"固请释甲。子木曰："晋、楚无信久矣，事利而已。苟得志焉，焉用有信？"大宰退㊹，告人曰："令尹将死矣，不及三年。求逞志而弃信，志将逞乎？志以发言，言以出信，信以立志，参以定之㊺。信亡，何以及三㊻？"赵孟患楚衷甲，以告叔向。叔向曰："何害也。匹夫一为不信，犹不可，单毙其死㊼。若合诸侯之卿，以为不信，必不捷矣。食言者不病㊽，非子之患也。夫以信召人，而以僭济之㊾，必莫之与也㊿，安能害我？且吾因宋以守病51，则夫能致死52。与宋致死53，虽倍楚可也。子何惧焉？又不及是。曰'弭兵'以召诸侯，而称兵以害我54，吾庸多矣55，非所患也。"

季武子使谓叔孙以公命，曰："视邾、滕56。"既而齐人请邾，宋人请滕，皆不与盟。叔孙曰："邾、滕，人之私也57。我，列国也58，何故视之？宋、卫，吾匹也。"乃盟。故不书其族，言违命也。

晋、楚争先59。晋人曰："晋固为诸侯盟主，未有先晋者也。"楚人曰："子言晋、楚匹也，若晋常先，是楚弱也。且晋、楚狎主诸侯之盟也久矣60！岂专在晋？"叔向谓赵孟曰："诸侯归晋之德只61，非归其尸盟也62。子务德，无争先。且诸侯盟，小国固必有尸盟者。楚为晋细63，不亦可乎？"乃先楚人。书先晋，晋有信也。

壬午64，宋公兼享晋、楚之大夫，赵孟为客65。子木与之言，弗能对。使叔向侍言焉，子木亦不能对也。

乙酉66，宋公及诸侯之大夫盟于蒙门之外67。子木问于赵孟曰："范武子之德何如？"对曰："夫子之家事治，言于晋国无隐情。其祝史陈信于鬼神68，无愧辞69。"子木归，以语王。王曰："尚矣哉70！能歆神人71，宜其光辅五君以为盟主也72。"子木又语王曰："宜晋之伯也！有叔向以佐其卿，楚无以当之，不可与争。”

晋荀盈遂如楚莅盟。

郑伯享赵孟于垂陇(73)，子展、伯有、子西、子产、子大叔、二子石从(74)。赵孟曰：“七子从君，以宠武也(75)。请皆赋以卒君贶(76)，武亦以观七子之志。”子展赋《草虫》(77)，赵孟曰：“善哉！民之主也。抑武也不足以当之。”伯有赋《鹑之贲贲》(78)，赵孟曰：“床笫之言不逾阈(79)，况在野乎？非使人之所得闻也。”子西赋《黍苗》之四章(80)，赵孟曰：“寡君在，武何能焉？”子产赋《隰桑》(81)，赵孟曰：“武请受其卒章(82)。”子大叔赋《野有蔓草》(83)，赵孟曰：“吾子之惠也。”印段赋《蟋蟀》(84)，赵孟曰：“善哉！保家之主也。吾有望矣。”公孙段赋《桑扈》(85)，赵孟曰：“‘匪交匪敖(86)’，福将焉往？若保是言也，欲辞福禄，得乎？”

卒享。文子告叔向曰：“伯有将为戮矣！诗以言志，志诬其上(87)，而公怨之(88)，以为宾荣，其能久乎？幸而后亡(89)。”叔向曰：“然。已侈(90)！所谓不及五稔者(91)，夫子之谓矣。”文子曰：“其余皆数世之主也。子展其后亡者也，在上不忘降(92)。印氏其次也，乐而不荒(93)。乐以安民，不淫以使之(94)，后亡，不亦可乎！”

宋左师请赏，曰：“请免死之邑(95)。”公与之邑六十。以示子罕，子罕曰：“凡诸侯小国，晋、楚所以兵威之。畏而后上下慈和，慈和而后能安靖其国家，以事大国，所以存也。无威则骄，骄则乱生，乱生必灭，所以亡也。天生五材(96)，民并用之，废一不可，谁能去兵？兵之设久矣，所以威不轨而昭文德也。圣人以兴(97)，乱人以废，废兴存亡昏明之术，皆兵之由也。而子求去之，不亦诬乎！以诬道蔽诸侯(98)，罪莫大焉。纵无大讨，而又求赏，无厌之甚也！”削而投之(99)。左师辞邑。

向氏欲攻司城(100)，左师曰：“我将亡，夫子存我(101)，德莫大焉，又可攻乎？”君子曰：“‘彼己之子，邦之司直(102)。’乐喜之谓乎(103)！‘何以恤我，我其收之(104)。’向戌之谓乎！”

齐崔杼生成及强而寡(105)。娶东郭姜，生明。东郭姜以孤入(106)，曰棠无咎，与东郭偃相崔氏。崔成有疾，而废之，而立明。成请老于崔，崔子许之。偃与无咎弗予，曰：“崔(107)，宗邑也，必在宗主(108)。”成与强怒，将杀之。告庆封曰：“夫子之身亦子所知也，唯无咎与偃是从，父兄莫得进矣(109)。大恐害夫子，敢以告。”庆封曰：“子姑退，吾图之。”告卢蒲嫳(110)。卢蒲嫳曰：“彼(111)，君之雠也。天或者将弃彼矣。彼实家乱，子何病焉？崔之薄(112)，庆之厚也(113)。”他日又告。庆封曰："苟利夫了，必去之！难，吾助女。"

九月庚辰⑭，崔成、崔强杀东郭偃、棠无咎于崔氏之朝。崔子怒而出，其众皆逃，求人使驾，不得。使圉人驾，寺人御而出。且曰："崔氏有福，止余犹可。"遂见庆封。庆封曰："崔、庆一也。是何敢然？请为子讨之。"使卢蒲嫳帅甲以攻崔氏。崔氏堞其宫而守之⑮，弗克。使国人助之，遂灭崔氏，杀成与强，而尽俘其家，其妻缢。嫳复命于崔子，且御而归之。至，则无归矣，乃缢。崔明夜辟诸大墓。辛巳⑯，崔明来奔，庆封当国。

楚蘧罢如晋莅盟，晋侯享之。将出，赋《既醉》⑰。叔向曰："蘧氏之有后于楚国也，宜哉！承君命，不忘敏⑱。子荡将知政矣⑲。敏以事君，必能养民。政其焉往？"

崔氏之乱，申鲜虞来奔，仆赁于野⑳，以丧庄公㉑。冬，楚人召之，遂如楚，为右尹。

十一月乙亥朔㉒，日有食之。辰在申㉓，司历过也㉔，再失闰矣。

【注释】

①周：秘密。　②称：相称。　③《相鼠》：《诗经·鄘风》篇名。其意为诅咒无礼仪的人。　④公孙免馀：卫大夫。　⑤臣：指公孙臣。　⑥死余：为我而死。　⑦沮劝：止恶劝善。　⑧无刑：刑罚无常。　⑨鱄：子鲜名。　⑩托于木门：寓居在木门。木门，地名，在今河北河间县西北。　⑪废其事：不尽职责。　⑫愬：诉说。愬，同"诉"。　⑬如税服：穿戴丧服。税服，即缌服，丧服的一种。　⑭赞：助，佐。　⑮不可：办不到。　⑯携吾民：使我们的百姓携有二心。　⑰甲辰：二十七日。　⑱丙午：二十九日。　⑲丁未：初一日。　⑳折俎：即将牲体解成一节一段，置于俎中。另见宣公十六年传。　㉑举：记录。　㉒多文辞：多有文饰之辞。　㉓戊申：初二日。　㉔甲寅：初八日。　㉕丙辰：初十日。　㉖壬戌：十六日。　㉗成言：相约。　㉘丁卯：二十一日。　㉙戊辰：二十二日。　㉚请晋、楚之从交相见：请跟从晋国与跟从楚国的国家互相朝见。　㉛庚午：二十四日。　㉜不能于齐：即不能指挥齐国。　㉝壬申：二十六日。　㉞谒诸王：向楚康王报告。　㉟戊寅：初二日。　㊱子晳：楚公子黑肱。　㊲齐言：统一盟辞。　㊳庚辰：初四日。　㊴以藩为军：用藩篱隔开各国军队。　㊵楚氛：楚军气氛。　㊶左还：左转。还同"旋"。　㊷辛巳：初五日。　㊸衷甲：甲在衣中。　㊹太宰：即伯州犁。　㊺参以定之：有此三者（志、言、信）方能安定。参同"叁"。　㊻三：三年。　㊼单毙其死：个人不得好死。　㊽不病：不能害人。　㊾憪：假。　㊿与：赞同，帮助。　51守病：防卫对我们的祸害。　52夫：指晋军。　53致死：拼命。　54称兵：举兵，兴兵。　55庸：同"用"，用处，好处。　56视邾、滕：即比照邾、滕二国向晋、楚纳赋。　57私：私属国，非独立国。　58列国：诸侯国。　59争先：争执歃盟的先后。　60狎：更替。　61只：语气助词，无义。　62尸盟：主盟。　63细：小。　64壬午：六日。　65

客：上宾。　⑥乙酉：九日。　⑥蒙门：宋都东北门。　⑥陈信：陈述忠诚。　⑥无愧辞：无虚饰的话。　⑦尚：崇高。　⑦歆：欣喜。　⑦五君：五代国君。即晋文、晋襄、晋灵、晋成、晋景。　⑦垂陇：郑地，在今郑州市西北。　⑦二子石：即印段、公孙段。　⑦宠武：使我赵武感到荣耀。　⑦以卒君贶：用来完成郑君的恩赐。　⑦《草虫》：《诗经·召南》篇名。诗有"未见君子，忧心忡忡。亦既见止，亦既觏止，我心则降。"句，此视赵孟为君子。　⑦《鹑之贲贲》：《诗经·鄘风》篇名。或以此诗为刺卫宣姜淫乱而作，故赵孟以为"床笫之言"。而伯有赋此诗之意，实在"人之无良，我以为君"两句。　⑦床笫之言：男女枕席上的情话。笫（zǐ），竹席。阈：门槛。　⑧《黍苗》：《诗经·小雅》篇名。其四章有"肃肃谢功，召伯营之。列列征师，召伯成之"四句，以赵武比召伯。　⑧《隰桑》：《诗经·小雅》篇名。其义取其思见君子尽心以事之。　⑧卒章：《隰桑》卒章为："心乎爱矣，遐不谓矣。中心藏之，何日忘之？"赵武愿意接受子产的规谏。　⑧《野有蔓草》：《诗经·郑风》篇名。其义取"邂逅相遇，适我愿兮"，子大叔与赵孟乃初次相见。　⑧《蟋蟀》：《诗经·唐风》篇名。诗意勉励人们不要耽于淫乐，应及时努力。　⑧《桑扈》：《诗经·小雅》篇名。其义取君子有礼仪文采，故能受天之福。　⑧匪交匪敖：此为《桑扈》卒章句，意为不侮慢，不骄傲。　⑧志诬其上：从心意里诬蔑其国君。　⑧公怨：公开怨恨。　⑧幸而后亡：即使侥幸其后一定逃亡。　⑨已侈：骄奢过分。　⑨五稔：五年。　⑨不忘降：指所赋《草虫》的"我心则降"句。　⑨乐而不荒：印段赋《蟋蟀》，有"好乐无荒"句。荒，荒唐，废乱。　⑨不淫：不过分。　⑨免死：免于一死，谦言。　⑨五材：指金、木、火、水、土。　⑨圣人以兴：圣人由于兵（武力）而兴起。　⑨诬道：欺诈术。　⑨削而投之：将书简削去字迹扔了出去。古人书于竹简或木札，书写有误则以刀削去。　⑩司城：子罕为司城。　⑩夫子：指子罕。　⑩彼己之子，邦之司直：句出《诗经·郑风·羔裘》。己，今本作"其"，语气助词。司直，主持正义。　⑩乐喜：即子罕。　⑩何以恤我，我其收之：二句为《诗经·周颂·维天之命》中"假以溢我，我其收之"的变文。恤，赐。收，接受。　⑩寡：同"鳏"。　⑩孤：东郭姜前夫棠公之子。　⑩崔：邑名，在今山东济阳县东北。　⑩宗主：指崔明。　⑩进：进言。　⑩卢蒲嫳（bì）：庆封所属大夫。　⑪彼：指崔杼。　⑪薄：削弱。　⑪厚：巩固。　⑪庚辰：五日。　⑪堞其宫：加筑宫墙。　⑪辛巳：六日。　⑪《既醉》：《诗经·大雅》篇名。其中有"既醉以酒，既饱以德。君子万年，介尔景福"句，既谢享礼，又赞美晋侯。　⑪不忘敏：不忘敏捷应对。　⑪子荡：即薳罢。　⑫仆赁于野：在郊外雇佣仆人。　⑫以丧庄公：为庄公服丧。　⑫乙亥朔：初一日。　⑫辰在申：斗柄指申。　⑫司历：主管历法者。

【译文】

二十七年春季，胥梁带通知各个失去土地的诸侯率领兵马前来收回自己的土地，行动必须隐秘。又通知乌馀带领人马前来接受封地，乌馀带着他的人马全部出动。胥梁带让诸侯假装准备把土地送给乌馀的样子，把乌馀抓了起来，并一网打尽。把他侵占的土地全都夺回来还给了诸侯。诸侯因此和晋国更加友好。

齐国的庆封来鲁国聘问，乘坐的车子非常豪华。孟孙对叔孙说："庆封的车子不是太漂亮了吗？"叔孙说："我听说：'一个人的车服如果和他的身份地位不相称，必将招致恶果。'车子再漂亮有什么用呢？"叔孙请庆封吃饭，庆封很不恭敬。叔孙吟诵了《相鼠》一诗讽刺他，他也浑然不知。

卫国的宁喜专权独断，卫献公很担心。公孙免馀请求杀了他。献公说："如果没有宁喜的协助，我不可能到今天这一步，再说我曾经答应过让他掌管政权。杀他之事未必能成功，反而落一个恶名，不要这么干。"公孙免馀回答说："我去杀他，国君就全当不知道这件事。"便和公孙无地、公孙臣一同谋划，让他们攻打宁氏。没有成功，两人都被杀死。献公说："公孙臣没有罪，他们父子都是为我而死的。"夏季，公孙免馀再次攻打宁氏，杀了宁喜和右宰穀，把他们的尸体放到朝廷上示众。石恶准备到宋国参加盟会，接受了命令后，出来。给宁喜穿上衣服，并枕着大腿大哭一场。他准备入殓后再逃亡，又害怕不能免于罪祸，就说："已经接受了命令，还是早点走吧。"便动身走了。

子鲜说："赶走国君的人逃走了，接纳国君的人却被杀害，赏罚如此不公，怎么能劝恶扬善呢？国君不讲信用，国家没有正常的刑罚，不也很难吗？再说是我让宁喜接纳献公回来的。"就准备逃亡到晋国。献公派人劝阻他，没有成功。走到黄河岸边，献公又派人挽留他。他拒绝了使者，并对黄河发誓决不回去，然后隐居在晋国的木门，连坐下时都不肯面对卫国。木门大夫动员他出来做官。他不答应。他说："如果出来做官却不能尽职尽责，那是罪过；如果恪尽职守，就等于向世人表明了我逃亡的原因。我向谁去说明这些呢？我不能在异国他乡做官。"从此终身不仕。献公把他的出走视为一桩不幸事件，为此身着丧服一直到去世。

卫献公送给公孙免馀六十座城邑，公孙免馀推辞说："只有卿才能拥有一百座城邑，我已经有六十座了，居下位却享有上位的福禄，就会导致祸乱。我不敢想像这种后果。而且宁喜也正因为拥有太多的城邑才招致杀身之祸。我害怕自己也会过早地死亡。"献公坚持要给他，他勉强接受了一半。又让他做了少师。献公要升他为卿，他推辞说："太叔仪忠心不二，能够辅佐国君成就大事，国君还是任命他吧。"献公只好任命太叔仪为卿。

宋国的向戌和晋国的赵武关系很好，和楚国的令尹子木也很要好，他准备出面调停消除诸侯之间的战争，以提高自己的声望。到晋国告诉赵武，赵武和大夫们商量，韩起说："战争，使百姓遭到残害，使各国的经济蒙受损失，更是弱小国家的巨大灾难。现在有人提出了消除战争的倡议，虽然不一定能做到，也一定要答应他。我们不答应，楚国将会答应他，并以此号召诸侯，我们势必失去盟主的地位。"晋国人答应了向戌的请求。向戌到楚国，楚国人也答应了。到了齐国，齐国人开始不赞成。陈文子说："晋、楚两国已经答应，我们怎能阻挠？再说人家说是要'消除战争，'我们不赞成，就会使百姓产生二心，还怎么使用他们呢？"齐国人便答应了。向戌又到秦国，秦国也答应了。各大国又分别通知自己的附属小国，到宋国参加盟会。

五月二十七日，晋国的赵武到了宋国。二十九日，郑国的良霄也到了。六月一日，宋国人设宴招待赵武，叔向为副宾。司马把煮熟的肉拆碎摆到桌上，这是合乎礼的。后来孔子看到有关这次宴会的记录，认为使用的华丽辞藻太多。二日，鲁国的叔孙豹、齐国的庆封、陈国的须无、卫国的石恶来到宋国。八日，晋国的荀盈随赵武来到。十日，邾悼公到达。十六日，楚国的公子黑肱先到一步，和晋国达成了和议。二十一日，宋国的向戌到陈国，和令尹子木商量盟约中有关楚国的条款。二十二日，滕成公来到。子木对向戌提出："让晋、楚两国的盟国互相朝见。"二十四日，向戌向赵武转达了这一提议。赵武说："晋、楚、齐、秦四国地位相当，晋国不能指挥齐国，就像楚国不能指挥秦国一样。如果楚君能让秦君到我国朝见，寡君又怎能不让齐国去朝见楚国呢？"二十六日，向戌又告诉了子木，子木派人乘驿车去请示楚康王。康王说："把齐国和秦国的问题放下，先让其他国家互相朝见。"秋季七月二日，向戌回到宋国。当晚，赵武和公子黑肱拟定了盟辞，统一了意见。四日，子木从陈国赶来。陈国的孔奂、蔡国的公孙归生也来到。曹国、许国的大夫也都到会。各国带来的军队只用篱笆围起来作为屏障。

晋、楚两军分别驻扎在南北两地。荀盈对赵武说："楚国方面气氛很紧张，恐怕他们会发难。"赵武说："我们向左转入宋都，能把我们怎么样？"五日，诸侯准备在宋都西门之外结盟，楚国人在外衣里面套上皮甲。伯州犁说："集合了诸侯的军队，却如此不讲信用，恐怕不行吧？诸侯本来是信任楚国，才前来顺服的。如果不讲信用，就是自愿丢弃使诸侯信服的东西了。"坚持请求脱下皮甲。子木说："晋、楚之间互不信任由来已久，只要对我们有利就行了。只要能达到目的，哪里还用得着讲什么信用？"伯州犁下去后对人说："令尹快要死了，至多不出三年。只求满足欲望而丢弃信用，欲望能满足吗？有了某种思想才能形成为言论，有了言论才能产生信用，有了信用才能实现思想，这三个方面互相关联，互为条件。如今令尹丧失了信用，怎能活到三年呢？"赵武对楚国人内穿皮甲深为担心，告诉了叔向。叔向说："这有什么害怕的？一个普通人背信弃义，尚且不行，不得好死。如果召集诸侯的卿却做出失信之事，肯定也不会取得成功。说话不算数的人并不可怕，这不是您的祸患。这次会盟本是以信用号召大家的，如果以虚伪欺骗诸侯，必然没有人听从他，又怎能危害我们呢？再说我们可以依靠宋国防范意外，晋军人人奋力作战，和宋军一同拼死抗楚，即使楚军再多一倍也可以抵抗得住。您又怕什么？况且事情还不至于到这一步。楚国以消除战争为名召集了诸侯，却发动战争危害我国，这对我们极为有利，不是祸患。"

季武子派人向叔孙传达襄公的命令，说"视邾、滕两国而定。"不久齐国人请求把邾国作为属国，宋国人请求把滕国作为属国，邾、滕二国便不参加结盟。叔孙说："邾、滕二国是别人的附属国。我们是诸侯国，怎么能比照邾、滕二国呢？宋国、卫国才和我们的地位对等。"就参加了结盟。《春秋》只写"豹"而没有写他的族名，意思是他违背了国君的命令。

晋、楚为先后顺序争执起来。晋国人说："晋国本来就是诸侯盟主，没有谁能排在晋国前面。"楚国人说："你们说过晋、楚两国地位平等，如果晋国事事都领先，就说明楚国地位低下了。再说晋、楚两国轮流主持诸侯盟会也由来已久，怎能一直由晋国主持呢？"叔向对赵武说："诸侯归服晋国主要是因为德行，不是因为主持结盟。您尽管致力于修养德行，不必去争夺盟誓的先后。再说诸侯结盟，小国本来也有参与负责具体事务的。全当楚国作为晋国的小国主持盟会不就行了吗？"于是就让楚国先行歃血盟誓。《春秋》把晋国写在前面，是因为晋国有信用。

六日，宋平公设宴同时招待晋、楚两国大夫，赵武作为主宾。子木和赵武谈话时，赵武回答不上来。他让叔向陪子木谈话，子木也回答不上来。

九日，宋平公和诸侯的大夫们在宋都的蒙门之外结盟。子木问赵武："士会这个人的品德怎么样？"赵武说："他治家很有条理，对晋国来说毫无隐瞒，坦荡无私，他的祝史向鬼神祷告时从没有任何谎言。"子木回国后告诉了楚康王。康王感叹道："真是高尚啊！他能同时得到人和神的喜爱，他能一连辅佐五代国君，并使晋国成为盟主，也是应该的。"子木又对康王说："晋国成为霸主也是应当的，有叔向这样的人辅佐他们的卿，楚国就没有与之匹敌的人，不要再与晋国争雄了。"

晋国的荀盈随后到楚国参加结盟。

郑简公在垂陇设宴招待赵武，子展、伯有、子西、子产、子太叔以及印段、公孙段作陪。席间，赵武说："七位大夫随同国君陪我，使我受宠若惊。请诸位大夫吟诗来完成国君的恩赐。我也以此了解各位的想法。"子展吟诵了《草虫》一诗，赵武说："好啊！您真是百姓的主人，我这样的人是和你不能相比的。"伯有吟诵了《鹑之贲贲》一诗，赵武说："男女室内情话不能传出门槛，更何况我们这是在野外呢？这不是我这个使者应当听的。"子西吟诵了《黍苗》的第四章，赵武说："上有寡君，我有什么能耐呢？"子产吟诵了《隰桑》一诗，赵武说："请允许我只接受最后那一章。"子太叔吟诵了《野有蔓草》一诗，赵武说："这是托您的福啊！"印段吟诵了《蟋蟀》一诗，赵武说："好啊！您是一位能保有家族的主人！我对您寄予很大希望。"公孙段吟诵了《桑扈》一诗，赵武说："'不骄不傲'，福禄还能跑到哪里去呢？如果能保持这句话，想不要福禄，能行吗？"

宴会结束后，赵武对叔向说："伯有将遭杀身之祸。诗能表达一个人的思想，如果他的思想里流露出对国君的污蔑和公开的怨恨，并以此向宾客炫耀，他还能长久吗？即使侥幸免除一死，将来也要逃亡国外。"叔向说："是这样，他确实太傲慢了。所谓等不到五年的，大概就是说他了。"赵武说："其他人都可以延续几代。子展可能是最后一个灭亡，虽然位居他人之上，却不忘谦虚自抑。印氏是第二个，虽然欢乐而有所节制。以欢乐安定百姓，使用他们又不过分，在别人之后灭亡不是应当的吗？"

宋国的向戌请求赏赐，他说："此次盟会成功，使我免于一死，请国君赐给城邑。"平公赐给他六十座城邑。并把写明这一决定的简册拿给子罕看。子罕说："诸侯小国常常受到晋、楚两国的武力相逼。畏惧使他们上下团结和睦，团结和睦使其国家得到安定，以此事奉大国，小国才能生存。没有威慑便会滋生骄傲，骄傲便会招致祸乱，祸乱产生了必然导致灭亡，这就是小国灭亡的原因。上天制造了金、木、水、火、土五种材料，百姓使用它们，想废弃哪一种都不行，又有谁能废弃武力呢？使用武力由来已久，目的是要威慑越轨行为并宣扬文治德政。圣人因武力而兴起，叛乱的人也因武力被铲除。兴衰、存亡、昏庸、贤明，都由武力决定。而您却企图要消除武力，这不是自欺欺人吗？以欺骗来愚弄诸侯，没有比这更大的罪过了。对这种人不但没有讨伐，他倒反而来请求赏赐，真是贪得无厌到了极点。"说完用刀削去了简册上的字迹，并扔到地上。向戌这才撤销了请求。

向氏一族准备攻打司城子罕，向戌说："在我将要面临灭亡时，是子罕挽救了我，再没有比这更大的恩德了。怎能恩将仇报去攻打他呢？"君子对此评论说："'那个人是主持国家正义的人。'大概说的就是子罕吧！'你把什么赐给我，我都接受。'说的就是向戌吧！"

齐国崔杼的妻子生了成和强两个儿子后就死了。崔杼又娶了东郭姜，生了明。东郭姜把与前夫所生的儿子也带来了，他叫棠无咎，后来和东郭偃共同辅佐崔氏一族。崔成有病被废弃，明被立为继承人。崔成请求到崔地养老，崔杼答应了。东郭偃和棠无咎不让，说："崔地是宗庙所在地，一定要给崔氏继承人。"崔成和崔强大怒，准备杀了他们，便对庆封说："我父亲这个人您也知道，一向只听棠无咎和东郭偃的，崔氏父老兄弟没有人能说得动他。我们担心将来会害了他，所以才向您报告。"庆封说："你们先回去，让我再考虑一下。"庆封告诉了卢蒲嫳。卢蒲嫳说："崔杼本是国君的仇人，也许是上天将要抛弃他了。这实际上是他们家族出了内乱，您担心什么？崔氏受到削弱，等于庆氏得到了加强。"几天后，崔成、崔强又向庆封说起此事。庆封说："如果对你们的父亲有利，就一定要将他们二人除掉。有什么危险，我帮助你们。"

九月五日，崔成、崔强在崔氏的外朝上杀了东郭偃和棠无咎。崔杼大怒，准备出奔，但手下人都逃走了，找人套车，竟然找不到。只好让养马人套上车，让寺人驾着车子出去。并说："如果崔氏还有福的话，希望祸患能到我这儿就停下来。"随后见到了庆封。庆封说："崔、庆犹如一家，这些人怎么能这么干？请允许我为您讨伐他们。"派卢蒲嫳率领甲兵攻打崔氏。崔氏族人加高宫墙据以抵抗，以至无法攻克。卢蒲嫳又动员国都的人前来助战，最后将崔氏灭亡，杀了崔成和崔强，夺取了他们的全部家产和人口。崔杼的妻子自缢身亡。卢蒲嫳回去向崔杼复命，并驾车送他回家。崔杼回去后，一看已经无家可归了，也上吊自杀。崔明因为趁夜里躲入崔氏祖坟中才得以逃脱。六日，崔明逃亡来到鲁国，庆封掌管了齐国的大权。

楚国的蓬罢到晋国参加结盟，晋平公设宴招待他。宴会结束时，蓬罢吟诵了《既醉》一诗。叔向说："蓬氏在楚国后继有人是理所应当的！因为他执行君命而又机智敏捷。他将要掌握政权了。以机智敏捷事奉国君，就一定能养活百姓。政权还能落到谁手里呢？"

鲁襄公二十五年崔氏叛乱杀了齐庄公后，申鲜虞逃亡来到鲁国，雇佣了仆人住在郊外，为庄公服丧。冬季，楚国人召请他，他到了楚国，担任了右尹。

十一月一日，鲁国出现了日食。当时斗柄指向申的方位。由于司历官的过失，本应两次设置闰月，都没有设置。

襄公二十八年

经　二十有八年春，无冰。夏，卫石恶出奔晋。邾子来朝。秋八月，大雩。仲孙羯如晋。冬，齐庆封来奔。十有一月，公如楚。十有二月甲寅，天王崩。乙未，楚子昭卒。

传　二十八年春，无冰。梓慎曰①："今兹宋、郑其饥乎②？岁在星纪③，而淫于玄枵④，以有时菑⑤，阴不堪阳⑥。蛇乘龙⑦。龙，宋、郑之星也⑧，宋、郑必饥。玄枵，虚中也⑨。枵⑩，耗名也。土虚而民耗，不饥何为？"

夏，齐侯、陈侯、蔡侯、北燕伯⑪、杞伯、胡子⑫、沈子、白狄朝于晋，宋之盟故也。

齐侯将行，庆封曰："我不与盟，何为于晋⑬？"陈文子曰："先事后贿⑭，礼也。小事大，未获事焉⑮，从之如志⑯，礼也。虽不与盟，敢叛晋乎？重丘之盟，未可忘也。子其劝行！"

卫人讨宁氏之党，故石恶出奔晋。卫人立其从子圃，以守石氏之祀⑰，礼也。

邾悼公来朝，时事也⑱。

秋八月，大雩，旱也。

蔡侯归自晋，入于郑。郑伯享之，不敬。子产曰："蔡侯其不免乎？日其过此也⑲，君使子展迋劳于东门之外⑳，而傲。吾曰：'犹将更之。'今还，受享而惰，乃其心也。君小国事大国㉑，而惰傲以为己心，将得死乎㉒？若不免，必由其子。其为君也，淫而不父㉓。侨闻之，如是者，恒有子祸㉔。"

孟孝伯如晋，告将为宋之盟故如楚也。

蔡侯之如晋也，郑伯使游吉如楚。及汉㉕，楚人还之㉖，曰："宋之盟，君实亲辱。今吾子来，寡君谓吾子姑还！吾将使驲奔问诸晋而以告。"子大叔曰："宋之盟，君命将利小国，而亦使安定其社稷，镇抚其民人，以礼承天之休㉗，此君之宪令㉘，而小国之望也。寡君是故使吉奉其皮币㉙，以岁之不易㉚，聘于下执事，今执事有命曰，女何与政令之有㉛？必使而君弃而封守㉜，跋涉山川，蒙犯霜露㉝，以逞君心。小国将君是望，敢不唯命是听！无乃非盟载之言，以阙君德，而执事有不利焉，小国是惧。不然，其何劳之敢惮㉞？"

子大叔归，复命，告子展曰："楚子将死矣！不修其政德，而贪昧于诸

侯[35]，以逞其愿，欲久，得乎？《周易》有之，在《复》䷗之《颐》䷚[36]，曰
‘迷复，凶[37]。’其楚子之谓乎！欲复其愿[38]，而弃其本[39]，复归无所，是谓迷
复。能无凶乎？君其往也，送葬而归，以快楚心。楚不几十年[40]，未能恤诸侯
也[41]。吾乃休吾民矣。”裨灶曰：“今兹周王及楚子皆将死。岁弃其次[42]，而旅
于明年之次[43]，以害鸟帑[44]。周、楚恶之[45]。”

　　九月，郑游吉如晋，告将朝于楚，以从宋之盟。子产相郑伯以如楚，舍不
为坛[46]。外仆言曰[47]：“昔先大夫相先君，适四国[48]，未尝不为坛。自是至今，
亦皆循之[49]。今子草舍[50]，无乃不可乎？”子产曰：“大适小，则为坛；小适大，
苟舍而已，焉用坛？侨闻之，大适小有五美：宥其罪戾，赦其过失，救其菑
患，赏其德刑，教其不及[51]。小国不困，怀服如归。是故作坛以昭其功，宣告
后人，无怠于德。小适大有五恶：说其罪戾[52]，请其不足，行其政事，共其职
贡，从其时命[53]。不然，则重其币帛，以贺其福而吊其凶，皆小国之祸也，焉
用作坛以昭其祸！所以告子孙，无昭祸焉可也。”

　　齐庆封好田而耆酒[54]，与庆舍政[55]。则以其内实迁于卢蒲嫳氏[56]，易内而饮
酒[57]。数日，国迁朝焉[58]。使诸亡人得贼者[59]，以告而反之。故反卢蒲癸。癸臣
子之[60]，有宠，妻之。庆舍之士谓卢蒲癸曰[61]：“男女辨姓。子不辟宗，何也？”
曰：“宗不余辟，余独焉辟之？赋诗断章[62]，余取所求焉，恶识宗[63]？”癸言王
何而反之，二人皆嬖，使执寝戈[64]，而先后之。

　　公膳[65]，日双鸡[66]。饔人窃更之以鹜[67]。御者知之[68]，则去其肉而以其洎
馈[69]。子雅、子尾怒[70]。庆封告卢蒲嫳。卢蒲嫳曰：“譬之如禽兽，吾寝处之
矣[71]。”使析归父告晏平仲。平仲曰：“婴之众不足用也，知无能谋也。言弗敢
出[72]，有盟可也[73]。”子家曰[74]：“子之言云，又焉用盟？”告北郭子车。子车
曰[75]：“人各有以事君，非佐之所能也[76]。”陈文子谓桓子曰[77]：“祸将作矣，吾
其何得？”对曰：“得庆氏之木百车于庄[78]。”文子曰：“可慎守也已！”

　　卢蒲癸、王何卜攻庆氏，示子之兆[79]，曰：“或卜攻雠，敢献其兆。”子之
曰：“克，见血。”冬十月，庆封田于莱，陈无宇从。丙辰[80]，文子使召之。请
曰：“无宇之母疾病，请归。”庆季卜之[81]，示之兆，曰：“死。”奉龟而泣。乃
使归。庆嗣闻之[82]，曰：“祸将作矣！”谓子家[83]：“速归！祸作必于尝[84]，归犹
可及也。”子家弗听，亦无俊志[85]。子息曰[86]：“亡矣！幸而获在吴、越。”陈无
宇济水而戕舟发梁[87]。

　　卢蒲姜谓癸曰[88]：“有事而不告我，必不捷矣。”癸告之。姜曰：“夫人
愎[89]，莫之止，将不出，我请止之。”癸曰：“诺。”十一月乙亥[90]，尝于大公之

庙，庆舍莅事。卢蒲姜告之，且止之。弗听，曰：“谁敢者。”遂如公[91]。麻婴为尸[92]，庆绳为上献[93]。卢蒲癸、王何执寝戈。庆氏以其甲环公宫[94]。陈氏、鲍氏之圉人为优[95]。庆氏之马善惊，士皆释甲束马而饮酒，且观优，至于鱼里[96]。栾、高、陈、鲍之徒介庆氏之甲[97]。子尾抽桷击扉三[98]，卢蒲癸自后刺子之，王何以戈击之，解其左肩。犹援庙桷[99]，动于甍[100]，以俎壶投[101]，杀人而后死。遂杀庆绳、麻婴。公惧。鲍国曰：“群臣为君故也。”陈须无以公归，税服而如内宫[102]。

庆封归，遇告乱者。丁亥[103]，伐西门，弗克。还伐北门，克之。入，伐内宫，弗克。反，陈于岳[104]，请战，弗许。遂来奔。献车于季武子，美泽可以鉴[105]。展庄叔见之[106]，曰：“车甚泽，人必瘁，宜其亡也。”叔孙穆子食庆封，庆封汜祭[107]。穆子不说，使工为之诵《茅鸱》[108]，亦不知。既而齐人来让，奔吴。吴句馀予之朱方[109]，聚其族焉而居之，富于其旧。子服惠伯谓叔孙曰：“天殆富淫人，庆封又富矣。”穆子曰：“善人富谓之赏，淫人富谓之殃。天其殃之也。其将聚而歼旃？”

癸巳[110]，天王崩。未来赴，亦未书，礼也。

崔氏之乱，丧群公子。故钽在鲁，叔孙还在燕，贾在句渎之丘。及庆氏亡，皆召之，具其器用而反其邑焉。与晏子邶殿其鄙六十[111]，弗受。子尾曰：“富，人之所欲也，何独弗欲？”对曰：“庆氏之邑足欲，故亡。吾邑不足欲也。益之以邶殿，乃足欲。足欲，亡无日矣。在外，不得宰吾一邑[112]。不受邶殿，非恶富也，恐失富也。且夫富如布帛之有幅焉[113]，为之制度，使无迁也[114]。夫民生厚而用利[115]，于是乎正德以幅之[116]，使无黜嫚[117]，谓之幅利[118]。利过则为败。吾不敢贪多，所谓幅也。”与北郭佐邑六十，受之。与之雅邑，辞多受少。与子尾邑，受而稍致之[119]。公以为忠，故有宠。释卢蒲嫳于北竟[120]。

求崔杼之尸，将戮之，不得。叔孙穆子曰：“必得之。武王有乱臣十人[121]，崔杼其有乎？不十人，不足以葬。”既，崔氏之臣曰：“与我其拱璧[122]，吾献其枢。”于是得之。十二月乙亥朔[123]，齐人迁庄公[124]，殡于大寝[125]。以其棺尸崔杼于市[126]。国人犹知之，皆曰：“崔子也。”

为宋之盟故，公及宋公、陈侯、郑伯、许男如楚。公过郑，郑伯不在。伯有迁劳于黄崖[127]，不敬。穆叔曰：“伯有无戾于郑[128]，郑必有大咎。敬，民之主也，而弃之，何以承守[129]？郑人不讨，必受其辜。济泽之阿[130]，行潦之苹藻[131]，置诸宗室[132]，季兰尸之[133]，敬也。敬可弃乎？”

及汉，楚康王卒。公欲反，叔仲昭伯曰：“我楚国之为，岂为一人？行也!"子服惠伯曰:"君子有远虑,小人从迩㉞。饥寒之不恤,谁遑其后?不如姑归也。"叔孙穆子曰:"叔仲子专之矣㉝,子服子始学者也㊱。"荣成伯曰:"远图者,忠也。"公遂行。宋向戌曰:"我一人之为,非为楚也。饥寒之不恤,谁能恤楚?姑归而息民,待其立君而为之备。"宋公遂反。

楚屈建卒。赵文子丧之如同盟,礼也。

王人来告丧。问崩日,以甲寅告。故书之,以征过也。

【注释】

①梓慎:鲁大夫。　②今兹:今年。　③岁在星纪:岁星,即木星。木星公转周期为11.86年,古人误以为十二年,并以此纪年。古代天文学家以日月所会之处为次,日月一年十二会,故有十二次,与十二宫相当。十二次其名称为降娄、大梁、实沈、鹑首、鹑火、鹑尾、寿星、大火、析木、星纪、玄枵、娵(jù)訾。星纪,即此十二星次之一,在十二支中为丑,在二十八宿中为斗宿和牛宿。　④淫于玄枵:淫,过,过了头。玄枵,十二星次之一,在十二支中为子,在二十八宿中为女、虚、危三宿。古人推算与客观天象不合,误差较大,故云"淫于玄枵"。　⑤时菑:天时不正常之灾。　⑥阴不堪阳:古人称寒冷为阴,温暖为阳。应有冰而无冰,即应寒而暖,故曰阴不堪阳。　⑦蛇乘龙:古人以岁星为木,木为青龙。而次于玄枵,玄枵相当女、虚、危三宿。虚、危古以为蛇。龙行疾而失位,出现在虚、危之下,龙在下而蛇在上,故曰蛇乘龙。　⑧龙,宋、郑之星:此为古分野之说,以土地疆域配天上星宿。　⑨虚中:玄枵有三宿,虚宿在中间。　⑩枵(xiāo):空虚。　⑪北燕:即姬姓之燕,都于蓟。　⑫胡:归姓国,故城在今安徽阜阳县治。　⑬于晋:即朝于晋。　⑭先事后贿:先事奉大国而后考虑财币。　⑮未获事:事情未能办成。　⑯从之如志:按照大国的意图而顺从它。　⑰从子:兄弟之子。今称侄。　⑱时事:四时朝聘。　⑲日:往日。　⑳迋劳:前往慰劳。迋同"往"。　㉑君小国:为小国之君。　㉒得死:善终。　㉓淫而不父:指与儿媳通奸,非父所为。　㉔恒有子祸:常有儿子发动的祸乱。　㉕汉:汉水。　㉖还之:使游吉返回。　㉗承天之休:承受上天的福禄。休,福禄。　㉘宪令:法令。　㉙皮币:指财礼。　㉚岁之不易:岁有饥荒灾难。　㉛女:同"汝",指游吉。　㉜弃而封守:丢掉你们的疆土和守备。而同"尔"。　㉝蒙犯:冒着。　㉞惮:畏。　㉟贪昧:贪图进奉。　㊱《复》:六十四卦之一,其卦象为震下坤上。《颐》:六十四卦之一,其卦象为震下艮上。　㊲迷复,凶:《复》卦变为《颐》卦,则《复》卦上六爻由阴变阳。"迷复,凶",即为《复》上六爻辞。意为迷了路,往回走,不吉利。　㊳复其愿:实践自己的愿望。　㊴弃其本:忘掉了原路。　㊵不几十年:没有近十年的时间。几,近。　㊶恤诸侯:争霸。恤,忧。　㊷岁弃其次:岁星不在其位置。即岁不在星纪。　㊸旅于明年之次:运行在明年的位置上。即岁在玄枵。　㊹以害鸟帑:要危害鸟尾。据杜预注,"岁星所在,其国有福。失次于北,祸冲在南。南为朱鸟,鸟尾曰帑。鹑火、鹑尾,周、楚之分,故周王、楚子受其咎。"朱鸟即朱雀,为南方井、鬼、柳、星、张、翼、轸七宿的总称。鹑火在二十八宿中为柳、星、张三宿,鹑尾为翼、轸二宿。　㊺周、楚恶

之：即周、楚遭受灾祸。　㊺舍不为坛：设置帷宫而不筑坛。古代国君至他国设坛以受郊劳，即先除野草，为一坦坪，然后积土为坛。　㊼外仆：官名，主管筑坛置舍的人。　㊽四国：四方各国。　㊾循：因循沿袭。　㊿草舍：不除草而为舍。　51教其不及：教导它做不到的地方。　52说：解释。　53时命：随时下达的命令。　54耆：同"嗜"。　55庆舍：庆封之子。　56内实：宝物妻妾。　57易内：交换妻妾。　58迁朝：庆封虽付政于舍，但仍当国。诸大夫则往卢蒲嫳之家而朝见。　59亡人：为避崔杼之乱而逃亡的人。贼：指崔氏党羽。　60癸臣子之：卢蒲癸做了子之的家臣。子之，庆舍字。　61士：家臣。卿大夫之家臣，其长称室老或宰，其余均泛称为士。　62断章：即断章取义。春秋时外交场合常赋诗表意，赋者与听者各取所需，不顾本义。　63恶：疑问代词，何。　64寝戈：亲近兵杖。　65公膳：办公用餐，由朝廷供给。　66日双鸡：每日两只鸡。此为大夫的膳食。　67饔（yōng）人：主持割亨的厨师。鹜：鸭子。　68御者：送饭的人。　69洎（jì）：肉汁。　70子雅、子尾：齐大夫，二人皆为惠公之孙。　71寝处之：即寝其皮。　72弗敢出：不敢泄露。　73有盟可也：即可以盟誓。　74子家：析归父。　75子车：齐大夫。　76佐：子车名。　77桓子：文子之子陈无宇。　78庄：临淄城大街名。　79兆：龟兆。　80丙辰：十七日。　81庆季：即庆封。　82庆嗣：庆封之族。　83子家：指庆封，字子家。　84尝：秋祭。　85无悛志：无改悔之意。　86子息：庆嗣字。　87戕舟发梁：破坏船只，拆掉桥梁。　88卢蒲姜：卢蒲癸之妻，庆舍之女。　89夫子愎：夫子，指庆舍。愎，刚愎，倔强。　90乙亥：七日。　91如公：至公所，即太公庙。　92尸：古代祭祀，用活人代替受祭者。　93上献：上宾，宾长。　94环：围。　95圉人：养马者。优：即俳优，演戏者。　96鱼里：里名。　97介：穿着。　98桷：椽。　99援庙桷：攀住太庙的屋椽。　100甍（méng）：栋梁。　101俎壶：盛酒肉的器具。　102税服：脱去丧服。税同"脱"。　103丁亥：十九日。　104岳：城内大街名。　105美泽可以鉴：美丽而光泽能作镜子。　106展庄叔：鲁大夫。　107汜祭：遍祭诸神。　108工：乐师。《茅鸱》：逸诗，其意为讽刺不恭敬者。　109朱方：吴邑名。　110癸巳：十一月二十五日。　111邶殿其鄙：邶殿，齐国大邑，在今山东昌邑县西北郊。其鄙，郊鄙；其，之。　112宰：主宰，用作动词。　113幅：幅度，宽度。　114迁：变。　115生厚而用利：生活富裕而器用富饶。　116正德以幅之：端正道德以限制他们。　117使无黜嫚（màn）：使他们无不足也无过分。黜，退，下。嫚，借为漫，水过多为漫。　118幅利：限制私利。　119稍致之：全部退还国君，稍，尽。　120释：放逐。　121乱臣：治臣。乱，反训为治。　122拱璧：大璧玉。　123乙亥：初一日。　124迁：迁葬。　125大寝：即路寝，诸侯的正室。　126棺尸崔杼于市：即将崔杼的棺材、尸体暴露在街市上。　127黄崖：在今新郑县北。　128无戾：无罪，即不治罪。　129承守：继承守护先祖家业。　130济泽之阿：水边的薄土。济，渡口。泽，沼泽。阿，水崖。　131行潦之苹藻：路旁积水中的浮萍水草。行，道路。潦，积水。苹，浮萍。藻，水草。　132置诸宗室：用作祭品。宗室，宗庙。　133季兰：即《诗经·召南·采苹》篇中之季女。一说为真实的人名。　134从迩：只见眼前近处。　135专之：足以专用。　136始学者：刚学习的人。

【译文】

　　二十八年春季，鲁国没有冰。鲁国大夫梓慎说："恐怕今年宋国和郑国要发生饥荒了！岁星本应在斗、牛的位置上，现在却已经过了这个位置，到了女、虚、危的位置。天时不正，就会带来灾荒，气候本应寒冷却仍然温暖，龙在下而蛇在上，龙是宋国、郑国的星宿，宋国、郑国必然发生饥荒。玄枵有女、虚、危三宿，虚宿居中。枵表示虚耗。土地虚耗百姓就会遭到损害，能不发生饥荒吗？"

夏季，齐景公、陈哀公、蔡景公、北燕伯、杞文公、胡子、沈子、白狄到晋国朝见，这是宋国结盟的缘故。

齐景公动身时，庆封说："我国没有参加结盟，为什么要朝见晋国呢？"陈文子说："先事奉大国然后再进献贡品，这是合乎礼的。小国事奉大国，即使没有结盟，但仍然顺从大国的意愿，也是合乎礼的。我们虽然没有参加结盟，但能背叛晋国吗？重丘的盟约还不能忘记啊。您还是劝国君去吧！"

因为卫国人要讨伐宁氏的党羽，所以石恶逃亡到了晋国。卫国人立了他的侄子石圃为继承人，以保证石氏的宗庙继续得到祭祀，这是合乎礼的。

郝悼公来鲁国朝见，这是每年的例行朝见。

秋季八月，鲁国举行大雩祭，这是因为天旱。

蔡景公从晋国回来后，进入郑国。郑简公设宴招待他，席间景公显得很无礼。子产说："蔡侯恐怕难逃灾祸！从前他经过郑国时，国君派子展到东门外慰劳他，他就很傲慢。我还以为他能改正。没想到这次回来，宴请他，还是那样的怠惰无礼，这就是他的本性如此了。小国国君事奉大国，内心却傲慢无礼，他还能有好结果吗？如果他被杀害也必然是他的儿子所为。他作为国君，竟然不守父道与儿媳通奸。据我所知，这种乱伦之人，经常会招致儿子发动祸乱。"

孟孝伯到晋国报告，准备履行宋国的盟约到楚国朝见。

蔡景公去晋国时，郑简公派游吉前往楚国。行至汉水时，楚国人让游吉回去，说："宋国的盟会，贵君亲自参加了。如今却派您来朝见，寡君让您先回去。我们将派驿车到晋国询问。"游吉说："宋国盟会上，贵君曾主张要有利于小国，使他们安定国家，镇抚百姓，依靠礼承受上天的福禄，这是贵君的命令，也是我们小国的希望。因为年成不好，寡君才派我来致送财礼，问候阁下。现在阁下又命令：你怎能代表你们国家？一定要让你们国君放弃政事，跋山涉水，披霜踏露，才能满足我们的愿望。小国还要依靠贵君，怎能不俯首听命呢？只是这样做有违盟约的内容，也会损害贵君的德行，从而对阁下不利，小国对此深为忧虑。如果不是这样，寡君还怕奔波的劳苦吗？"

游吉回国复命，告诉子展说："楚王快要死了。他不修德政，却贪图诸侯的进奉，以满足自己的愿望，还想能久于人世，可能吗？《周易》有这样的卦象，复卦变为颐卦，就叫'迷路往回走，不吉利'。大概说的就是楚王吧。他想满足自己的愿望，却放弃了修养品行这一根本，就像回去找不到归路一样，这就是'迷复'。怎能不发生凶事呢？还是让国君去吧，参加完楚王的葬礼就能回来，这样可以满足楚国的虚荣心。楚国没有十年不能争霸诸侯。我们可以让百姓得到休息了。"禅灶说："今年周天子和楚王都将死去。岁星失去了它本来的位置，却运行到明年的位置上，以至危害到了象征南方的朱鸟尾。王室和楚国都将遭到灾祸。"

九月，郑国的游吉到晋国，告诉将要朝见楚国，以履行宋国的盟约。子产作为郑简公的相礼到了楚国。他们只搭了帐篷没有设坛。随同的外仆说："从前先大夫作为先君的相礼到四方各国访问，没有不筑土坛的。直到今天都沿用这种做法。现在您不除草就搭起帐篷，恐怕不行吧？"子产说："大国到小国访问一般要设土坛，小国到大国朝见，简单地搭一个帐篷就行了，哪里需要设坛？据我所知，大国到小国访问有五种好处：赦免小国的罪过，原谅它的过失，救助它的灾难，奖励它的德行和法典，指导它想不到的地方。使小国不至于困乏，归服大国就如回到自己的家中。因此才设坛以宣扬大国的德行，并告诚后人，要勤于修养德行。小国朝见大国有五种坏处：大国会极力为自己的罪过辩解，向小国要求所缺乏的东西，要求小国执行大国的命令，向大国进献贡品，并听从大国的任何一种命令。如果不这样，就加重小国的贡赋，以祝贺喜事或吊唁丧事，这都是小国的祸患。哪里还用得着设坛以宣扬它的祸患呢？只要能够告诉子孙不要再招惹灾祸就行了。"

齐国的庆封喜欢打猎和喝酒，政权则交给庆舍去处理。他带着妻妾财物迁到卢蒲嫳家居住，两人互换妻妾饮酒作乐。几天之后，官员们都到这里朝见庆封。庆封让因崔氏之乱逃亡在外的人，只要能抓到崔氏的党羽，就让他回来。因此就让卢蒲癸回来了。卢薄癸作了庆舍的家臣，很受宠信，庆舍还把女儿嫁给了他。庆舍的家臣对卢蒲癸说："男女结婚首先要分清姓氏。您不避同宗女子，这是为什么？"卢蒲癸说："是同宗不避我，我怎么能避开同宗呢？就像吟诗时人们断章取义各取所需一样，我也只争取自己所需要的就行了，又何必顾忌同宗不同宗？"卢蒲癸又让王何也回到齐国，两人都受到庆舍的宠信，经常手执武器护卫在庆舍的前后。

公务用餐，按例每天有两只鸡。主管伙食的人暗中给换成两只鸭子。送饭的人知道了，干脆连鸭子也拿掉，只上肉汤。子雅、子尾大怒。庆封告诉了卢蒲嫳。卢蒲嫳说："我把他们当做禽兽，不但要吃他们的肉，而且还要剥他们的皮。"并派析归父告诉了晏婴。晏婴说："我的家臣不足以使用，即使聪明也不能参与谋划。但我对此事绝对保守秘密，您如果不信，可以盟誓。"析归父说："既然您这样说了，哪里还用得着盟誓呢？"析归父又告诉了北郭子车。子车说："每个人都有自己事奉国君的方法，这不是我所能做到的。"陈文子对陈无宇说："祸乱就要发生，我们能得到什么？"陈无宇说："能在庄街上得到庆氏一百车木材。"文子说："得到了就谨慎地保守它。"

　　卢蒲癸、王何为攻打庆氏而占卜，把结果拿给庆舍看，并说："有人占卜要攻打仇人，我们把占卜的卦象献给您。"庆舍说："能够战胜，但需要流血。"冬季十月，庆封在莱地打猎，陈无宇随同前往。十七日，陈文子派人召陈无宇回去。陈无宇请求说："我母亲有病，请允许我回去。"庆封为他占卜，把结果让他看，无宇说："母亲要死。"捧着龟甲哭起来。庆封便让他回去了。庆嗣听到此事后说："祸乱马上就要发生。"对庆封说："赶快回去！祸乱肯定在举行秋祭时发生，回去还能来得及防止。"庆封不以为然，也丝毫没有悔改的意思。庆嗣说："他要灭亡了。即使侥幸免于一死，也只能逃亡到吴、越二国。"陈无宇渡过河，就破坏了渡船，并撤去了桥梁。

　　卢蒲姜对卢蒲癸说："如果发生了祸乱而不告诉我，肯定不能成功。"卢蒲癸便把此事告诉了她。卢蒲姜说："庆舍刚愎自用，没有办法劝阻他，他是不会出来的。让我去劝阻他。"卢蒲癸说："好吧。"十一月七日，在太庙举行秋祭，庆舍准备亲临祭祀。卢蒲姜告诉他有人要发动叛乱，劝他别去，但他不听，并说："谁能把我怎么样？"随后便来到太公庙。祭祀时麻婴充当受祭者，庆绳为上宾。卢蒲癸、王何手拿寝戈严阵以待。庆氏派甲兵在公宫四周警卫。陈氏、鲍氏的养马人表演节目。庆氏的马容易受惊，士兵都脱下皮甲，绊住马腿，一同饮酒，喝完酒又到鱼里去观看表演。于是子雅、子尾、陈文子、鲍国的徒众趁机穿上庆氏甲兵的皮甲。子尾抽出槌子在门上敲了三下，卢蒲癸从后面刺杀庆舍，王何用戈击他，砍下了他的左肩。庆舍挣扎着拔掉庙上的一根椽子，房顶为之震动起来，他抓起盛肉的器具和酒器扔了出去，杀死几个人后才死去。随后又杀了庆绳、麻婴。齐景公非常害怕。鲍国安慰他："群臣是为了国君才发动这次叛乱的。"陈文子带着景公回去，脱下祭服回到宫内。

　　庆封回来后，碰到有人向他报告动乱的消息。十九日，领人攻打西门，没能攻下。回头攻打北门，将北门攻克。进城后攻打内宫，没有攻下。又折回去在岳街摆开战阵，庆封请求决战，没有得到同意，便逃亡来到鲁国。献给季武子一辆车子，车子豪华无比，光可耀人。展庄叔见到后说："车子如此华贵，主人必然会招致灾祸，难怪他逃亡国外。"叔孙穆子请庆封吃饭，庆封首先把各种神灵祭告了一遍。穆子有点不高兴，让乐师演奏了《茅鸱》一诗，庆封也不明白是什么意思。不久齐国人前来对鲁国收留庆封提出抗议，庆封又逃亡到吴国。吴王句馀把朱方一地封给他，庆封便集合了他的族人住到那里，反而比在齐国时更加富有。子服惠伯对叔孙说："大概是上天要让恶人富有，所以庆封又富有起来了。"穆子说："好人富有是奖赏，恶人富有是祸殃。恐怕上天要降灾给他。先把他们的族人都集中起来，然后一举消灭。"

十一月二十五日，周天子去世。王室没有发来讣告，《春秋》也就没有记载，这是不合礼的。

崔氏之乱时，齐国的公子们四散奔逃。公子钼逃到鲁国，叔孙还逃到燕国，公子贾逃到句渎之丘。等到庆氏被灭亡，齐国把他们都召回去，并准备了家用器具，把原来的封地还给他们。还把邶殿边境上的六十座城邑送给晏婴，晏婴不接受。子尾说："富有是人人所希望的，为何只有您不想富有呢？"晏婴回答说："庆氏的城邑满足了欲望，因此导致逃亡国外。我的城邑并不能满足我的愿望，如果加上邶殿的六十座城邑，才能满足。但欲望满足了，灭亡也就近在眼前了。如果逃亡在外，就连一个城邑也没有了。我不要邶殿六十邑，不是讨厌富有，正是害怕失去富有。再说富有犹如布帛一样有一定的幅度，为它制定了幅度，目的就是不让随便改变。百姓总是希望生活富足，财物多多益善，因此就需要端正道德标准来规范、限制他们，使其既不要不足，也不要过分，这就叫做限制财富。财富太多会招致败亡。我不敢贪多，就是要对我的财富加以限制。"景公赏给北郭佐六十座城邑，他爽快地接受了。赏给子雅城邑，他辞掉的多，接受的少。赏给子尾城邑，开始接受了，后来又全部还给了景公。景公认为子尾很忠诚，因此子尾受到宠信。把卢蒲嫳放逐到齐国的北部边境。

齐国寻找崔杼的尸首，准备戮尸以泄愤，但到处找不到。叔孙穆子说："一定要找到。周武王当年有十个忠臣，崔杼有这么多忠于他的人吗？只要没有十个人，他就不能够下葬。"不久，崔氏的一个家臣说："把崔杼那块大玉璧送给我，我就献出他的棺材。"这才找到了崔杼的尸首。十二月一日，齐国人迁葬庄公，棺材停放在正室。又把崔杼的棺材和尸体暴露在街头示众，国人还能认出他，都说："确实是崔杼。"

为实践宋国的盟约，襄公和宋平公、陈哀公、郑简公、许男前往楚国朝见。襄公路过郑都时，郑简公不在。伯有来到黄崖慰劳襄公，态度显得无礼。穆叔说："郑国如果不杀掉伯有，就一定会发生大的灾祸。恭敬是治理百姓的保证，抛弃了它，靠什么承继祖先创下的家业？郑国人如果不讨伐他，必受其祸。即使是贫瘠的土地，路边积水中的浮萍水草，只要作为祭品放到宗庙中，由季兰这样的女子作为替身，也算是恭敬。恭敬难道能丢弃吗？"

襄公行至汉水时，楚康王就去世了。襄公打算回来，叔仲昭伯说："我们是为楚国而来，难道只是为了楚王一个人？还是要去。"子服惠伯说："君子有长远眼光，小人才只顾眼前利益。连眼前的饱暖都解决不了，谁还能顾及以后呢？不如暂且回去吧。"叔孙穆子说："叔仲昭伯可以委以专项重任了，而子服惠伯则只能算是刚刚开始学习。"荣成伯说："能深谋远虑、有长远眼光的人，就是忠诚。"襄公便决定继续前进。宋国的向戌说："我只是为楚王一人而来，并非为了整个楚国。我们的饥寒都没有人关心，谁还能顾得上楚国呢？姑且回去休养百姓，等他们立了新君后再做防备。"宋平公便回国了。

楚国的令尹屈建去世。赵武前往吊唁，礼仪就如同对待盟国一般，这是合乎礼的。

王室派人来通报天子去世的消息。鲁国询问去世的日期，回答是十二月十六日。因此《春秋》也就这样记载。这是对误报日期的惩罚。

襄公二十九年

经　二十有九年春，王正月，公在楚。夏五月，公至自楚。庚午，卫侯衎卒。阍弑吴子馀祭。仲孙羯会晋荀盈、齐高止、宋华定、卫世叔仪、郑公孙段、曹人、莒人、滕人、薛人、小邾人城杞。晋侯使士鞅来聘。杞子来盟。吴子使札来聘。秋九月，葬卫献公。齐高止出奔北燕。冬，仲孙羯如晋。

传　二十九年春，王正月，公在楚，释不朝正于庙也①。
楚人使公亲襚②，公患之。穆叔曰："袯殡而襚③，则布币也④。"乃使巫以桃、茢先祓殡⑤。楚人弗禁，既而悔之。
二月癸卯⑥，齐人葬庄公于北郭。
夏四月，葬楚康王。公及陈侯、郑伯、许男送葬，至于西门之外。诸侯之大夫皆至于墓。楚郏敖即位。王子围为令尹。郑行人子羽曰："是谓不宜，必代之昌。松柏之下，其草不殖⑦。"

公还，及方城。季武子取卞⑧，使公冶问，玺书追而与之⑨，曰："闻守卞者将叛，臣帅徒以讨之，既得之矣，敢告⑩。"公冶致使而退，及舍而后闻取卞。公曰："欲之而言叛，祇见疏也⑪。"

公谓公冶曰："吾可以入乎？"对曰："君实有国，谁敢违君！"公与公冶冕服⑫。固辞，强之而后受。公欲无人，荣成伯赋《式微》⑬，乃归。五月，公至自楚。

公冶致其邑于季氏，而终不入焉。曰："欺其君，何必使余？"季孙见之，则言季氏如他日。不见，则终不言季氏。及疾，聚其臣，曰："我死，必无以冕服敛，非德赏也⑭。且无使季氏葬我。"

葬灵王。郑上卿有事，子展使印段往。伯有曰："弱⑮，不可。"子展曰："与其莫往，弱不犹愈乎？《诗》云：'王事靡盬，不遑启处⑯。'东西南北，谁敢宁处？坚事晋、楚，以蕃王室也⑰。王事无旷⑱，何常之有？"遂使印段如周。

吴人伐越，获俘焉，以为阍⑲，使守舟。吴子馀祭观舟，阍以刀弑之。

郑子展卒，子皮即位⑳。于是郑饥而未及麦，民病。子皮以子展之命，饩国人粟㉑，户一钟㉒，是以得郑国之民。故罕氏常掌国政，以为上卿。宋司城子罕闻之，曰："邻于善㉓，民之望也。"宋亦饥，请于平公，出公粟以贷㉔。使大夫皆贷。司城氏贷而不书㉕，为大夫之无者贷。宋无饥人。叔向闻之，曰："郑之罕㉖，宋之乐㉗，其后亡者也！二者其皆得国乎！民之归也，施而不德，乐氏加焉㉘，其以宋升降乎㉙？"

晋平公，杞出也，故治杞㉚。六月，知悼子合诸侯之大夫以城杞，孟孝伯会之。郑子大叔与伯石往。子大叔见大叔文子㉛，与之语。文子曰："甚乎㉜！其城杞也。"子大叔曰："若之何哉？晋国不恤周宗之阙㉝，而夏肄是屏㉞。其弃诸姬，亦可知也已。诸姬是弃，其谁归之？吉也闻之㉟，弃同即异㊱，是谓离德。《诗》曰：'协比其邻，昏姻孔云㊲。'晋不邻矣㊳，其谁云之？"

齐高子容与宋司徒见知伯㊴，女齐相礼㊵。宾出，司马侯言于知伯曰："二子皆将不免。子容专，司徒侈，皆亡家之主也。"知伯曰："何如？"对曰："专则速及，侈将以其力毙，专则人实毙之，将及矣。"

范献子来聘，拜城杞也。公享之，展庄叔执币㊶。射者三耦㊷，公臣不足㊸，取于家臣。家臣，展瑕、展玉父为一耦。公臣，公巫召伯、仲颜庄叔为一耦，鄫鼓父、党叔为一耦。

晋侯使司马女叔侯来治杞田⑭，弗尽归也。晋悼夫人愠曰⑮："齐也取贷⑯。先君若有知也，不尚取之⑰！"公告叔侯，叔侯曰："虞、虢、焦、滑、霍、扬、韩、魏，皆姬姓也，晋是以大⑱。若非侵小，将何所取？武、献以下⑲，兼国多矣，谁得治之？杞，夏余也，而即东夷。鲁，周公之后也，而睦于晋。以杞封鲁犹可，而何有焉⑳？鲁之于晋也，职贡不乏，玩好时至㉑，公卿大夫相继于朝，史不绝书，府无虚月㉒。如是可矣！何必瘠鲁以肥杞？且先君而有知也，毋宁夫人㉓，而焉用老臣？"

杞文公来盟。书曰"子"，贱之也。

吴公子札来聘㉔，见叔孙穆子，说之。谓穆子曰："子其不得死乎㉕？好善而不能择人㉖。吾闻君子务在择人。吾子为鲁宗卿，而任其大政，不慎举㉗，何以堪之？祸必及子！"

请观于周乐。使工为之歌《周南》、《召南》㉘，曰："美哉！始基之矣㉙，犹未也。然勤而不怨矣㉚。"为之歌《邶》、《鄘》、《卫》㉛，曰："美哉，渊乎㉜！忧而不困者也㉝。吾闻卫康叔、武公之德如是㉞，是其《卫风》乎？"为之歌《王》，曰："美哉！思而不惧㉟，其周之东乎㊱？"为之歌《郑》，曰："美哉！其细已甚㊲，民弗堪也，是其先亡乎！"为之歌《齐》，曰："美哉，泱泱乎㊳，大风也哉㊴！表东海者㊵，其大公乎！国未可量也。"为之歌《豳》，曰："美哉，荡乎㊶！乐而不淫，其周公之东乎㊷？"为之歌《秦》，曰："此之谓夏声㊸。夫能夏则大，大之至也，其周之旧乎㊹？"为之歌《魏》，曰："美哉，沨沨乎㊺！大而婉㊻，险而易行，以德辅此，则明主也。"为之歌《唐》，曰："思深哉！其有陶唐氏之遗民乎？不然，何其忧之远也？非令德之后，谁能若是？"为之歌《陈》，曰："国无主，其能久乎？"自《郐》以下无讥焉㊼。为之歌《小雅》，曰："美哉！思而不贰㊽，怨而不言㊾，其周德之衰乎？犹有先王之遗民焉。"为之歌《大雅》，曰："广哉，熙熙乎㊿！曲而有直体[51]，其文王之德乎？"为之歌《颂》，曰："至矣哉！直而不倨[52]，曲而不屈[53]，迩而不逼[54]，远而不携[55]，迁而不淫[56]，复而不厌[57]，哀而不愁，乐而不荒[58]，用而不匮，广而不宣[59]，施而不费[60]，取而不贪，处而不底[61]，行而不流[62]，五声和[63]，八风平[64]，节有度[65]，守有序[66]，盛德之所同也[67]。"

见舞《象箾》、《南籥》者[68]，曰："美哉！犹有憾。"见舞《大武》者[69]，曰："美哉！周之盛也，其若此乎？"见舞《韶濩》者[70]，曰："圣人之弘也，而犹有惭德[71]，圣人之难也。"见舞《大夏》者[72]，曰："美哉！勤而不德[73]，非禹，其谁能修之？"见舞《韶箾》者[74]，曰："德至矣哉！大矣，如天之无不帱也[105]，如地之无不载也，虽甚盛德[106]，其蔑以加于此矣[107]。观止矣！若有他乐，吾不敢请已！”

其出聘也，通嗣君也。故遂聘于齐，说晏平仲[108]，谓之曰：“子速纳邑与政[109]！无邑无政，乃免于难。齐国之政，将有所归，未获所归，难未歇也。”故晏子因陈桓子以纳政与邑，是以免于栾、高之难[110]。

聘于郑，见子产，如旧相识，与之缟带[111]，子产献纻衣焉[112]。谓子产曰：“郑之执政侈，难将至矣！政必及子。子为政，慎之以礼。不然，郑国将败。”

适卫，说蘧瑗、史狗、史鰌、公子荆、公叔发、公子朝，曰：“卫多君子，未有患也。”

自卫如晋，将宿于戚[113]。闻钟声焉，曰：“异哉！吾闻之也：‘辩而不德[114]，必加于戮。’夫子获罪于君以在此，惧犹不足，而又何乐？夫子之在此也，犹燕之巢于幕上[115]。君又在殡，而可以乐乎？”遂去之。文子闻之，终身不听琴瑟。

适晋，说赵文子、韩宣子、魏献子，曰：“晋国其萃于三族乎！”说叔向，将行，谓叔向曰：“吾子勉之！君侈而多良[116]，大夫皆富，政将在家[117]。吾子好直，必思自免于难。”

秋九月，齐公孙虿、公孙灶放其大夫高止于北燕[118]。乙未[119]，出。书曰：“出奔。”罪高止也。高止好以事自为功，且专，故难及之。

冬，孟孝伯如晋，报范叔也。

为高氏之难故，高竖以卢叛[120]。十月庚寅[121]，闾丘婴帅师围卢。高竖曰：“苟使高氏有后，请致邑。”齐人立敬仲之曾孙酀[122]，良敬仲也[123]。十一月乙卯[124]，高竖致卢而出奔晋，晋人城緜而置旃[125]。

郑伯有使公孙黑如楚[126]，辞曰：“楚、郑方恶，而使余往，是杀余也。”伯有曰：“世行也[127]。”子晳曰：“可则往，难则已，何世之有？”伯有将强使之。子晳怒，将伐伯有氏，大夫和之。十二月己巳[128]，郑大夫盟于伯有氏。裨谌曰：“是盟也，其与几何[129]？《诗》曰：‘君子屡盟，乱是用长[130]。’今是长乱之道也。祸未歇也，必三年而后能纾。”然明曰：“政将焉往？”裨谌曰：“善之代不善，天命也，其焉辟子产？举不逾等[131]，则位班也[132]。择善而举，则世隆也[133]。天又除之[134]，夺伯有魄[135]。子西即世[136]，将焉辟之？天祸郑久矣，其必使子产息之[137]，乃犹可以戾[138]。不然，将亡矣。”

【注释】

①朝正：诸侯每月初一至祖庙，杀羊致祭，然后回朝听政。前者称之为告朔、视朔或听

朔，后者称之为朝庙、朝享或朝正。　②襚（suí）：为死者穿衣。　③袚殡：驱除棺尸上的凶邪之气。袚（fú），除凶去灾。　④布币：陈列皮币。　⑤桃、茢：桃，桃棒；茢（liè），箒帚。桃茢袚殡为君临臣丧之礼。　⑥癸卯：初六日。　⑦松柏之下，其草不殖：此句以松柏喻王子围，以草喻郑敖。　⑧卞：本为鲁公室邑，季武子取为己有。　⑨玺书追而与之：用印泥封书追上公冶交给他。玺，印章。　⑩闻守卞者将叛……：此为玺书内容。　⑪祗见疏：仅是为了疏远我。祗，仅仅，只。　⑫冕服：卿大夫的朝服。　⑬《式微》：《诗经·邶风》篇名。中有"式微式微，胡不归"句，劝公入国。式，语首助词。　⑭非德赏：并非因德行而赏赐我。　⑮弱：年少。　⑯王事靡盬，不遑启处：句见《诗经·小雅·四牡》。　⑰蕃：通"藩"，屏藩，保护。　⑱旷：空缺。　⑲阍（hūn）：守门人。　⑳子皮：子展之子，代父为上卿。　㉑饩（xì）：放粮。　㉒户一钟：每户一钟。钟，合当时六石四斗。　㉓邻：近。　㉔贷：借。　㉕不书：不书契约，即不求归还。　㉖郑之罕：郑子展、子皮为罕氏。　㉗宋之乐：宋子罕为乐氏。　㉘加：高。　㉙以宋升降：随宋国盛衰而升降。　㉚治杞：修治杞国的土地、城墙。　㉛大叔文子：卫大叔仪。　㉜甚：过分。　㉝周宗之阙：周室的衰微。　㉞夏肆是屏：惟保护夏代的残余。肆，余。屏，藩屏。杞为夏的后代。　㉟吉：游吉，即子大叔。

㊱弃同即异：抛弃同姓国，亲近异姓国。　㊲协比其邻，昏姻孔云：句出《诗经·小雅·正月》。协比，亲附。孔，甚。云，友好。　㊳不邻：不以同姓国为亲近。　㊴高子容：即高止。宋司徒：即华定。知伯：荀盈。　㊵女齐：即司马侯。　㊶执币：拿着束帛。在享礼中，主人劝宾饮酒，并赠送束帛，名为酬币。　㊷射者三耦：参加射礼的要三对。古代天子与诸侯射六耦，诸侯与诸侯射四耦，此诸侯与卿大夫射，则三耦。依古礼，三耦先射，每射四箭，然后主人与宾射。　㊸公臣不足：三耦有六人，此六人必须习于礼仪且善射者。当时鲁公室衰微，才能之士多在私门，故公室不足备六人。　㊹女叔侯：即女齐。治杞田：使鲁归还以往所取的杞田。　㊺晋悼夫人：晋平公母，杞国之女。　㊻取货：仍指取杞田。　㊼不尚：不佑助。　㊽大：扩大。　㊾武、献：指武公、献公。　㊿何有焉：即何有于杞。　51玩好时至：玩物按时送到。　52府无虚月：国库月月接收贡品。　53毋宁夫人：宁可让夫人自己办理。　54公子札：又名季札，吴王寿梦第四子。　55不得死：不能寿终。　56不能择人：不能选择善人。　57不慎举：不能慎重选拔人才。　58《周南》、《召南》：《诗经》十五国风开始的歌诗。以下所歌诗篇均见《诗经》，不再一一注明。　59始基之：开始为王业奠定基础。　60勤而不怨：百姓勤劳而不怨恨。　61《邶》、《鄘》、《卫》：本为三国名，因叛周后为周公平定，并入卫。

62渊：深。　63忧而不困：忧伤而不困窘。　64康叔、武公：康叔，周公弟。武公，康叔九世孙。　65思而不惧：忧思而不恐惧。　66周之东：指周东迁以后的乐诗。　67细：琐碎。郑风多言男女间琐细之事。　68泱泱：宏大。　69大风：大国的音乐。　70表东海：为东方各国的表率。　71荡：荡然平易。　72周公之东：指周公东征。　73夏声：西方的乐声。古指西方为夏。　74周之旧：秦国为西周旧地。　75渢渢（fàn）：浮泛。　76大而婉：粗犷而婉转。

77郐：相传为祝融氏之后，在今郑州市南，为郑武公所灭。自郐以下，尚有曹风。讥：批评，评论。　78思而不贰：思文、武之德，无叛逆之心。　79怨而不言：有怨恨而不表达出来。　80熙熙：和乐。　81曲而有直体：抑扬曲折而本体刚正。　82直而不倨：正直而不倨

　⑧曲而不屈：婉曲而不屈折。　⑧迩而不逼：亲近而不侵迫。　⑧远而不携：疏远而不离心。　⑧迁而不淫：迁移而不淫乱。　⑧复而不厌：反复而不厌倦。　⑧乐而不荒：欢乐而不荒淫。　⑧广而不宣：宽广而不显露。　⑨施而不费：施舍而不耗费。　⑨处而不底：安处而不停滞。　⑨行而不流：行动而不流荡。　⑨五声和：宫、商、角、徵、羽五声和谐。　⑨八风平：八方之气协调。　⑨节有度：节拍有法度。　⑨守有序：音阶有规律。　⑨盛德：指盛德之人，即文、武、成诸王。　⑨《象箾》、《南籥》：象箾，奏箫而为象舞。箾，同"箫"。南籥：奏南乐以配籥舞。籥（yuè），乐器，似笛。　⑨《大武》：周武王乐舞。　⑩《韶濩》：成汤的乐舞。　⑩惭德：惭愧之德。季札或以商汤伐纣为犯上。　⑩《大夏》：夏禹的乐舞。　⑩勤而不德：勤劳而不自以为有德。　⑩《韶箾》：虞舜的乐舞。　⑩帱（táo）：覆盖。　⑩虽：同"唯"。　⑩蔑：无。　⑩说：同"悦"。　⑩纳邑与政：使封邑与政权归于公。　⑩栾、高之难：见昭公八年传。　⑪缟带：白色大带。　⑫纻衣：纻麻所织的衣服。　⑬戚：孙文子采邑。　⑭辩而不德：既为变乱而又不修德行。辩，读为"变"。　⑮幕：帐幕。　⑯良：良臣。　⑰政将在家：政权将归于大夫家。　⑱放：放逐。　⑲乙未：初二日。　⑳高竖：高止之子。　㉑庚寅：二十七日。　㉒敬仲：高偃。鄬：即高偃。鄬、偃音近可通。　㉓良敬仲：认为敬仲贤良。良，用作动词。　㉔乙卯：二十三日。　㉕縣：縣上，亦即介山。在今山西介休县东南。　㉖公孙黑：即子皙。　㉗世行：世代为行人。行，行人，外交官员。　㉘己巳：七日。　㉙其与几何：即"其几何欤"的变句，言不能久。　㉚君子屡盟，乱是用长：句出《诗经·小雅·巧言》。用，因此。　㉛逾等：越级。　㉜则位班也：若依班次，子产应执政。　㉝世隆：为世所重。　㉞除之：清除障碍。　㉟夺魄：夺去魂魄。此谓伯有不得善终。　㊱即世：去世。　㊲息：平息。　㊳戾：定。

【译文】

　　二十九年春季，周历正月，"公在楚"，《春秋》这样记载，是解释襄公为什么没有到祖庙听政。

　　楚国人让襄公亲自把寿衣放到楚康王的灵柩一旁，襄公很为难。穆叔说："先清除棺材的不祥之气，再把衣服放到那里，这就和陈列朝见时的皮币一样了。"便让巫人用桃木棒和扫帚先在棺材上扫除邪气。楚国人没有阻止，但不久就后悔了。

　　二月六日，齐国人把齐庄公安葬到国都外城的北面。

　　夏季四月，安葬了楚康王。襄公和陈哀公、郑简公、许男送葬，只走到西门之外。诸侯的大夫们则都送到墓地。楚国的郏敖即位。康王的弟弟王子围为令尹。郑国的外交官员子羽说："这样安排不合适，令尹一定会取国君而代之并昌盛起来。松柏之下的草是长不起来的。"

　　襄公回国，到达方城。季武子强行夺取了卞地，派公冶前来问候襄公，又写了一封信，加上印章，派人追上已经出发的公冶。信的内容是："惊闻卞城守将阴谋叛乱，臣率领徒众前来讨伐，已经占领卞地，特此禀告。"公冶把信交给襄公后就退下去了，襄公回到住处后才得知季武子已经夺取了卞地，便气愤地说："分明是自己想要得到这个地方，却借口别人叛乱，这只能说明他在有意疏远我。"

襄公问公冶："我能回到国都吗？"公冶回答说："国君拥有整个国家，谁敢违背您呢？"襄公要把卿一级的冕服赐给公冶。公冶坚决推辞。襄公再三坚持，他才接受。襄公不打算回到国都，荣成伯吟诵了《式微》一诗后，才决定回去。五月，襄公从楚国回到国都。

公冶把他的封邑退还给季氏，从此再也没有到过季孙家。他说："既然欺骗国君，又何必派我去呢？"季孙见他时，他像往常一样和季孙说话；不见时，就始终不谈及他。等到他病了，便把家臣召集起来说："我死后，一定不要把冕服放入棺材，这并不是依靠我的德行而得到的赏赐。而且也不要让季氏为我送葬。"

王室安葬周天子。郑国的上卿子展忙于政事脱不开身，派印段前去吊唁。伯有说："印段太年轻，不行。"子展说："年轻也总比没有人去要强吧？《诗经》说：'处理王室之事需要踏实细致，因此就顾不上安逸了。'东西南北，谁敢安定地居住？要坚定地事奉晋、楚两国，以保护王室。只要王室的事情没有什么缺失，管它符不符合规定呢？"便派印段去了王室。

吴国人攻打越国，抓到了一个俘虏，让他当守门人，又派他守护船只。当吴王馀祭观看船只时，这个人乘机杀了他。

郑国的子展去世，子皮即位做了上卿。此时郑国发生饥荒，麦子还没有成熟，百姓困苦不堪。子皮根据子展的遗命，给国人分发粮食，每户一钟，因此他得到了郑国百姓的拥戴。所以罕氏能够长久地掌握国政，一直为上卿。宋国的司城子罕听说后说："多做善事，是百姓的希望。"宋国也发生了饥荒，子罕请求宋平公后，拿出公室的粮食借给百姓。让大夫们也都把粮食借出去。司城氏家族借给人们粮食时不写借据，同时还送给缺粮的大夫一些，让他们借给百姓。因此，宋国没有人挨饿。叔向听说这一情况后说："郑国的罕氏、宋国的乐氏，肯定会兴旺不衰，他们都能得到国家的政权吧！民心已归向他们了，借给大夫粮食让他们施舍，不只是考虑树立自己的德行，在这一点上，乐氏更胜一筹。他将与宋国同存亡吧！"

晋平公的母亲是杞国女子，因此平公决定帮助杞国修治都城。六月，荀盈集合诸侯的大夫为杞国筑城，孟孝伯也参加了，郑国的子太叔和伯石也去了。子太叔见到太叔文子，和他说起话来。文子说："如此帮助杞国筑城，太过分了！"子太叔说："有什么办法呢？晋国不关心周王室的衰落，却要保护夏朝的后裔。由此可以知道，它也势必要抛弃姬姓诸国。抛弃了姬姓诸侯，还有谁能归顺它呢？据我所知，抛弃同姓之国而亲近异姓之国，叫做远离德行。《诗经》说：'亲近同姓之国，亲戚就会和它友好相处。'晋国不把姬姓诸侯当做同姓之国看待，还有谁和它友好往来呢？"

齐国的高子容和宋国的司徒华定拜见荀盈，由女齐为相礼。客人走后，女齐对荀盈说："这两个人都免不了遇到灾祸。子容专横独断，司徒华定奢侈过度，都是导致家族灭亡的人。"荀盈说："为什么呢？"女齐说："独断专行则迅速招致灾祸，奢侈将自取灭亡，专横就会置自己于死地。他马上就要招来灾祸了。"

士鞅来鲁国聘问，对帮助修筑杞城表示感谢。襄公设宴招待，由展庄叔负责赠送礼物。宴后举行射箭游戏，由三对六个人参加，襄公的朝臣挑不够六个人，便从家臣中选取。家臣由展瑕、展王父为一对。公臣中由公巫召伯、仲颜召叔为一对，鄫鼓父、党叔为一对。

晋平公派司马女齐来鲁国办理归还杞国田地一事，鲁国并没有全部还给杞国。晋悼公夫人生气地说："派女齐去求取田地，他真是没用的人。先君如果知道了这件事，也不高兴。"平公把这话转告了女齐，女齐说："虞、虢、焦、滑、霍、杨、韩、魏等国，都是姬姓国家，依靠这些国家，晋国才日益强大起来。如果不是通过侵略小国，又能到哪里去取得土地呢？从武公、献公以来，历代先君兼并小国的土地有很多，最后还给谁了？杞国是夏朝的后代，亲近东夷。鲁国是周公的后代，和晋国友好。如果把杞国封给鲁国倒还可以，怎么能要求鲁国把田地全部还给杞国呢？鲁国对待晋国，一向贡品源源不断，珍贵的玩物时有奉献，公卿大夫也相继前来朝见。对这些，史官从来没有中断过记载，国库中没有一个月不接受鲁国的贡品。这样就足够了，又何必削弱鲁国来增强杞国呢？如果先君知道此事，也许会让夫人前去办理此事，哪里会用我这个老臣呢？"

杞文公前来结盟。《春秋》称其为"子"，表示对他的鄙视。

吴国的公子札来鲁国聘问，见到叔孙穆子，很高兴。他对穆子说："您将来难以善终。您虽然喜欢人才但不能很好地选用。我听说君子应致力于选拔人才。您作为鲁国宗卿，执掌国家政权，却不能谨慎地选用人才，国家怎么能受得了呢？灾祸肯定会降到您身上。”

公子札请求观赏周朝的乐舞。襄公让乐工为他演唱《周南》、《召南》，他说：“美妙极了！从中可以感到文王的事业已经奠定了基础，虽然还没有成功，但百姓勤劳而没有怨言。”为他演唱《邶风》、《鄘风》、《卫风》，他说：“真好听啊，音调深沉！反映出百姓虽然忧伤但并不困惑的情绪。我听说卫国的康叔、武公就具有这种品德，刚才演唱的大概是《卫风》吧！”为他演唱《王风》，他说：“美极了！百姓虽然怀恋过去但并不恐惧，这大概是周王室东迁以后的乐曲吧！”为他演唱《郑风》，他说：“好听！但内容多是男女之间的恋情琐事，使百姓难以忍受，这大概预示着郑国要首先灭亡吧！”为他演唱《齐风》，他说：“好听！声音宏大，不愧是大国的音乐！象征着可以做东海一带诸侯的表率，这恐怕是姜太公的国家吧！其国运无法估量。”为他演唱《豳风》，他说：“好听！坦荡无邪！欢快而又有节制，这恐怕是周公东征时的音乐吧！”为他演唱《秦风》，他说：“这是西方的夏声。能有这种夏声，国家自然强盛，而且非常的强盛，这恐怕是周朝旧地的乐曲吧！”为他演唱《魏风》，他说：“好听！轻盈飘逸，粗犷而又委婉，说明政令虽然艰难但并不难于推行，如果再辅以德行，就能成为贤明的君主了！”为他演唱《唐风》，他说：“思绪深沉！这里恐怕有陶唐氏的遗民吧！否则，为什么忧思如此深沉呢？若不是继承唐尧美德的后代，谁能够这样呢？”为他演唱《陈风》，他说：“听起来感到这个国家好像没有君主，那么它能够长久吗？”对《邻风》以下的内容，不再加以评论。为他演唱《小雅》，他说：“真美妙啊！深切地怀念文王、武王的德行而没有叛离之心，虽有怨恨但没有尽情吐露，这大概是说明周朝已经开始衰败下去了吧？不过还是有先王的遗风啊。”为他演唱《大雅》，他说：“意境宽广，和谐动听！表面柔缓曲折但内里刚劲有力，体现了文王的美好德行！”为他演唱《颂》，他说：“真是好极了！刚直而不倨傲，委婉柔和而又不屈不挠，紧凑密集而不局促逼迫，稀疏悠远而不散漫游离，有变化而不过分，有反复而不令人厌倦，有哀思而不忧伤，有欢快而不过度，乐调丰富多彩用之不竭，意境宽广含蓄不露，如同施舍恩惠而不浪费，又如求取财物而不贪婪，平静而不停滞，流动而不泛滥。因此五声和美，八音谐调。节奏有规律，乐器配合有次序，乐舞中所表现的，与圣贤的美德是一致的。”

公子札看到表演《象箭》、《南籥》舞，说：“真是优美！不过好像还有点美中不足。”看到表演《大武》舞，他说：“很优美！当年周朝强盛的时候，大概就是这个样子吧！”看到表演《韶濩》舞，他说：“表现了圣人的宽宏大度，不过好像还流露出惭愧的意思，可见圣人也有为难的时候。"看到表演《大夏》舞，他说："很优美！表现了勤奋而不居功自傲的精神，除了禹，谁还能创造出这样的舞蹈呢？"看到表演《韶箾》舞，他说："功德达到了顶峰，而且广大无边！如同上天一样覆盖一切，又像大地一样承载万物，即使再高尚的德行，也不会超过这种尽善尽美的境界了。真让我叹为观止了。即使还有其他乐舞，我也不敢再请求观赏了。"

公子札出国聘问，是为新的国君谋求友好。因此随后就从鲁国到齐国聘问，他很喜欢晏婴，对他说："你赶紧把封邑和政权还给国君。只有既没有封地又没有政权，才能免于祸患。齐国的政权将会另有归属，如果做不到这一点，祸乱就不会停止。"因此晏婴就通过陈桓子把政权和封邑还给了齐景公，这样才逃过后来栾氏和高氏发动的祸乱。

公子札到郑国聘问，见到子产，两人一见如故，他送给子产一匹白绢大带，子产送给他一件麻布衣服，他对子产说："郑国的执政者过于奢侈，一场祸乱迫在眉睫。政权必将落到您的手中。将来您一旦执政，务必要谨慎地依靠礼处理政事。否则，郑国将会败亡。"

到了卫国，对蘧瑗、史狗、史鰌、公子荆、公叔发、公子朝很喜欢，他说："卫国有很多君子，不会有忧患发生。"

公子札从卫国到了晋国，准备投宿戚地。忽然听到一阵钟声，他说："奇怪！据我所知，'一个人发动叛乱而又没有德行，一定会遭到杀戮。'孙林父得罪了国君后住在这里，恐惧还来不及呢，又怎么能如此的快乐呢？他住在这里，就如同燕子在帐幕上筑巢，非常危险。国君又正停棺待葬，国丧期间怎么能去钟行乐呢？"说完便离开了戚地。孙林父听说后，终身不听音乐。

到晋国后，公子札很喜欢赵武、韩起、魏舒，他说："晋国的政权将要落到这三大家族手中！"也喜欢叔向，临走时，对叔向说："您努力吧！国君虽然奢侈但良臣很多，大夫们也都非常富有，晋国的政权将来要落到大夫手中。您为人耿直，一定要尽量使自己避免祸难。"

秋季九月，齐国的子尾、子雅把他们的大夫高止放逐到了北燕。二月，高止动身出国。《春秋》记载为"出奔"，意思是高止有罪。高止一向喜欢惹是生非且常常贪功自傲，又专横独断，因此灾难就降到了身上。

冬季，孟孝伯到晋国，对士鞅访问鲁国进行回访。

因为高止被流放，高竖率领卢地发动了叛乱。十月二十七日，同丘婴率领军队包围了卢地。高竖说："如果答应不杀害高氏的后代，我就把卢地还给国君。"齐国人便立了高傒的曾孙高酀为继承人，因为高酀贤良。十一月二十三日。高竖交出卢地后逃亡到了晋国，晋国人在緜地筑城后把他安置在那里。

郑国的伯有派子皙到楚国去，子皙推辞说："楚、郑正处关系恶化时期，让我前去，等于是要杀掉我。"伯有说："因为你们家世代都是外交使使官。"子皙说："能去就去，不能去就不要去，和世代为外交官没有关系。"伯有强迫他去。子皙非常恼火，准备攻打伯有氏，大夫们为他们调解。十二月七日，郑国的大夫们在伯有家里结盟。裨谌说："这次盟誓能维持多长时间呢？《诗经》说：'君子一次又一次结盟，动乱反而会因此增多。'这次结盟也是在进一步促使动乱。祸乱暂时还难以消除，必须在三年之后才能稳定下来。"然明说："政权将会落到谁的手中呢？"裨谌说："好人取代坏人，这是天命，除了子产，政权还能落到哪里呢？如果选拔人才不越级的话，按级别顺序也应该轮到他了。选择好人予以提拔重用，自然是那些为世人所敬重的人。上天又为他扫清了道路，让伯有不得善终，让子西死去，这样除了子产还能有谁呢？上天降祸于郑国已经很久了，一定要等待子产出来整顿平息，国家才能得以安定。否则，郑国将灭亡无疑。"

襄公三十年

经　三十年春，王正月，楚子使薳罢来聘。夏四月，蔡世子般弑其君固。五月甲午，宋灾，宋伯姬卒。天王杀其弟佞夫。王子瑕奔晋。秋七月，叔弓如宋，葬宋共姬。郑良霄出奔许，自许入于郑，郑人杀良霄。冬十月，葬蔡景公。晋人、齐人、宋人、卫人、郑人、曹人、莒人、邾人、滕人、薛人、杞人、小邾人会于澶渊，宋灾故。

传　三十年春，王正月，楚子使薳罢来聘，通嗣君也。穆叔问："王子之为政何如①？"对曰："吾侪小人，食而听事②，犹惧不给命而不免于戾③，焉与知政？"固问焉，不告。穆叔告大夫曰："楚令尹将有大事，子荡将与焉④，助之，匿其情矣。"

子产相郑伯以如晋，叔向问郑国之政焉。对曰："吾得见与否，在此岁也。驷、良方争⑤，未知所成⑥。若有所成，吾得见，乃可知也。"叔向曰："不既和矣乎？"对曰："伯有侈而愎，子皙好在人上，莫能相下也。虽其和也，犹相积恶也，恶至无日矣。"

二月癸未⑦，晋悼夫人食舆人之城杞者⑧。绛县人或年长矣，无子，而往与于食。有与疑年⑨，使之年⑩。曰："臣小人也，不知纪年。臣生之岁，正月甲子朔，四百有四十五甲子矣，其季于今三之一也⑪。"吏走问诸朝，师旷曰："鲁叔仲惠伯会郤成子于承匡之岁也。是岁也，狄伐鲁。叔孙庄叔于是乎败狄于咸，获长狄侨如及虺也、豹也，而皆以名其子。七十三年矣。"史赵曰："亥有二首六身⑫，下二如身⑬，是其日数也。"士文伯曰："然则二万六千六百有六旬也⑭。"赵孟问其县大夫，则其属也。召之，而谢过焉⑮，曰："武不才，任君之大事，以晋国之多虞，不能由吾子⑯，使吾子辱在泥涂久矣⑰，武之罪也。敢谢不才。"遂仕之，使助为政。辞以老。与之田，使为君复陶⑱，以为绛县师⑲，而废其舆尉⑳。

于是，鲁使者在晋，归以语诸大夫。季武子曰："晋未可媮也㉑。有赵孟以为大夫㉒，有伯瑕以为佐㉓，有史赵、师旷而咨度焉㉔，有叔向、女齐以师保其君。其朝多君子，其庸可媮乎？勉事之而后可。"

夏四月己亥，郑伯及其大夫盟。君子是以知郑难之不已也。

蔡景侯为大子般娶于楚，通焉。大子弒景侯。

初，王儋季卒㉕，其子括将见王，而叹。单公子愆期为灵王御士，过诸廷，闻其叹而言曰："乌乎！必有此夫㉖！"入以告王，且曰："必杀之！不戚而愿大㉗，视躁而足高㉘，心在他矣。不杀，必害。"王曰："童子何知？"及灵王崩，儋括欲立王子佞夫㉙，佞夫弗知。戊子㉚，儋括围蒍，逐成愆㉛。成愆奔平畤㉜。五月癸巳㉝，尹言多、刘毅、单蔑、甘过、巩成杀佞夫㉞。括、瑕、廖奔晋。书曰："天王杀其弟佞夫。"罪在王也。

或叫于宋大庙㉟，曰："谯谯！出出㊱！"鸟鸣于亳社，如曰："谯谯。"甲午㊲，宋大灾㊳。宋伯姬卒，待姆也㊴。君子谓"宋伯姬，女而不妇㊵。女待人，妇义事也㊶"。

六月，郑子产如陈莅盟。归，复命。先大夫曰："陈，亡国也，不可与也。聚禾粟，缮城郭，恃此二者，而不抚其民。其君弱植㊷，公子侈，大子卑，大夫敖㊸，政多门，以介于大国㊹，能无亡乎？不过十年矣。"

秋七月，叔弓如宋，葬共姬也。

郑伯有耆酒，为窟室㊺，而夜饮酒，击钟焉㊻，朝至未已㊼。朝者曰："公焉在㊽？"其人曰："吾公在壑谷㊾。"皆自朝布路而罢㊿。既而朝，而又将使子皙如楚，归而饮酒。庚子○51，子皙以驷氏之甲伐而焚之。伯有奔雍梁，醒而后知之，遂奔许。

大夫聚谋。子皮曰："《仲虺之志》云[52]：'乱者取之，亡者侮之。推亡固存，国之利也。'罕、驷、丰同生[53]。伯有汰侈，故不免。"人谓子产："就直助强[54]！"子产曰："岂为我徒[55]？国之祸难，谁知所敝[56]？或主强直[57]，难乃不生。姑成吾所[58]。"辛丑[59]，子产敛伯有氏之死者而殡之，不及谋而遂行[60]。印段从之。子皮止之。众曰："人不我顺，何止焉？"子皮曰："夫子礼于死者，况生者乎？"遂自止之。壬寅[61]，子产入。癸卯[62]，子石入[63]。皆受盟于子晳氏。乙巳[64]，郑伯及其大夫盟于大宫。盟国人于师之梁之外[65]。

伯有闻郑人之盟己也，怒，闻子皮之甲不与攻己也，喜，曰："子皮与我矣。"癸丑[66]，晨，自墓门之渎入[67]，因马师颉介于襄库[68]，以伐旧北门。驷带率国人以伐之[69]。皆召子产。子产曰："兄弟而及此，吾从天所与[70]。"伯有死于羊肆[71]，子产襚之[72]，枕之股而哭之，敛而殡诸伯有之臣在市侧者。既而葬诸斗城[73]。子驷氏欲攻子产，子皮怒之曰："礼，国之干也[74]，杀有礼，祸莫大焉"。乃止。

于是游吉如晋还，闻难不入，复命于介[75]。八月甲子[76]，奔晋。驷带追之，及酸枣[77]。与子上盟[78]，用两珪质于河[79]。使公孙肸入盟大夫[80]。己巳[81]，复归。

书曰："郑人杀良霄。"不称大夫，言自外入也。

于子蟜之卒也[82]，将葬，公孙挥与裨灶晨会事焉[83]。过伯有氏，其门上生莠[84]。子羽曰[85]："其莠犹在乎？"于是岁在降娄[86]，降娄中而旦[87]。裨灶指之曰："犹可以终岁[88]，岁不及此次也已。"及其亡也，岁在娵訾之口。其明年，乃及降娄。

仆展从伯有[89]，与之皆死。羽颉出奔晋[90]，为任大夫[91]。

鸡泽之会，郑乐成奔楚，遂适晋。羽颉因之，与之比[92]，而事赵文子，言伐郑之说焉。以宋之盟故，不可。子皮以公孙锄为马师[93]。

楚公子围杀大司马蒍掩而取其室。申无宇曰："王子必不免。善人，国之主也。王子相楚国，将善是封殖[94]，而虐之，是祸国也。且司马，令尹之偏[95]，而王之四体也[96]。绝民之主[97]，去身之偏，艾王之体[98]，以祸其国，无不祥大焉[99]！何以得免？"

为宋灾故，诸侯之大夫会，以谋归宋财[100]。冬十月，叔孙豹会晋赵武、齐公孙虿、宋向戌、卫北宫佗、郑罕虎及小邾之大夫，会于澶渊。既而无归于宋，故不书其人。

君子曰："信其不可不慎乎！澶渊之会，卿不书，不信也。夫诸侯之上卿，会而不信，宠名皆弃[101]，不信之不可也如是！《诗》曰：'文王陟降，在帝左右⑩。'信之谓也。又曰：'淑慎尔止，无载尔伪⑩。'不信之谓也。"书曰"某人某人会于澶渊，宋灾故"，尤之也⑩。不书鲁大夫，讳之也。

郑子皮授子产政，辞曰："国小而逼⑩，族大宠多，不可为也。"子皮曰："虎帅以听⑩，谁敢犯子？子善相之，国无小，小能事大，国乃宽⑩。"

子产为政，有事伯石⑩，赂与之邑。子大叔曰："国，皆其国也。奚独赂焉？"子产曰："无欲实难。皆得其欲，以从其事，而要其成⑩，非我有成，其在人乎？何爱于邑，邑将焉往？"子大叔曰："若四国何⑪？"子产曰："非相违也，而相从也，四国何尤焉？《郑书》有之曰⑪：'安定国家，必大焉先⑫。'姑先安大，以待其所归。"既，伯石惧而归邑，卒与之。伯有既死，使大史命伯石为卿，辞。大史退，则请命焉。复命之，又辞。如是三，乃受策入拜。子产是以恶其为人也，使次己位。

子产使都鄙有章⑬，上下有服⑭，田有封洫⑮，庐井有伍⑯。大人之忠俭者⑰，从而与之⑱。泰侈者⑲，因而毙之⑳。

丰卷将祭，请田焉。弗许，曰："唯君用鲜，众给而已㉑。"子张怒㉒，退而征役㉓。子产奔晋，子皮止之而逐丰卷。丰卷奔晋。子产请其田里㉔，三年而复之，反其田里及其入焉㉕。

从政一年，舆人诵之，曰："取我衣冠而褚之㉖，取我田畴而伍之㉗。孰杀之产，吾其与之！"及三年，又诵之，曰："我有子弟，子产诲之。我有田畴，子产殖之㉘。子产而死，谁其嗣之？"

【注释】

①王子：即王子围，时为令尹。　②食而听事：吃了饭就办事。　③不给命：不足完成使命。给，足。　④子荡：蒍罢之字。　⑤驷、良：指驷氏，子晳；良氏，伯有。　⑥成：调停。　⑦癸未：二十二日。　⑧食：蹴食。　⑨疑年：怀疑其年龄。　⑩使之年：使他说出年龄。　⑪其季于今三之一：即其最后一个甲子到今日为三分之一周甲，亦即二十日。　⑫亥有二首六身："亥"字是"二"字头，"六"字身。此或为小篆字体，或为晋国当时字体。　⑬下二如身：将"二"字取下来作身子。　⑭有六旬：又六十日。　⑮谢过：道歉。　⑯由：任用。　⑰辱在泥涂：屈居下面。　⑱复陶：主管免除徭役的事务。陶，通"繇"。　⑲县师：县大夫属官。　⑳舆尉：主持征役的官吏。　㉑媮（tōu）：轻视。　㉒大夫：指上卿。　㉓伯瑕：士匄字，即士文伯。　㉔咨度：顾问，咨询。　㉕儋季：周灵王弟。　㉖必有此：一定想占有此（朝廷）。　㉗愿大：愿望甚大。　㉘视躁而足高：眼光张皇不定而举趾又高。　㉙佞夫：灵王之子。　㉚戊子：四月二十八日。　㉛成愆：芮邑大夫。一说即单公子愆期。　㉜平畤：周邑，当离洛阳不远。　㉝癸巳：初四日。　㉞尹言多等：此五人为周大夫。　㉟叫：大呼。　㊱謷謷、出出：象声词。　㊲甲午：初五日。　㊳大灾：大火灾。　㊴待姆：等待保

姆。　㊵女而不妇：行女道，非妇道。女，闺女；妇，媳妇。　㊶义事：据具体情况便宜从事。　㊷弱植：根基不固。　㊸敖：同"傲"。　㊹介于大国：在大国之间。　㊺窟室：地下室。　㊻击钟：指奏乐。　㊼朝至未已：朝见的人已经来到还不停止。　㊽公：指伯有。　㊾墼谷：即窟室。　㊿布路：分散。　51庚子：十一日。　52《仲虺之志》：疑为记载仲虺言论的古书。仲虺，商汤左相。　53同生：同胞弟兄。　54就直助强：靠近正直的，帮助强大的。　55徒：党。　56敝：借为"弊"，止，平息。　57或主强直：或言主政者，强大而正直。　58姑成吾所：姑且固定我的地位。　59辛丑：十二日。　60行：出走。　61壬寅：十三日。　62癸卯：十四日。　63子石：印段。　64乙巳：十六日。　65师之梁：郑城门。　66癸丑：二十四日。　67墓门之渎：郑城门的排水沟。　68马师颉：人名，子羽孙。　69驷带：子西子。　70从天所与：服从上天所赞助的人。　71羊肆：卖羊之街。　72襚（suì）：衣其尸，小敛。　73斗城：地名，在今河南通许县东北。　74干：骨干，支柱。　75介：副手。　76甲子：初六日。　77酸枣：地名，在今河南延津县西南。　78子上：即驷带。　79用两珪质于河：沉两珪于黄河为信。　80公孙肸：或为游吉副手。　81己巳：十一日。　82子蟜：公孙虿。　83会事：共商丧事。　84莠：狗尾草。　85子羽：即公孙挥。　86岁：岁星。降娄：亦名奎娄，十二星次之一，与黄道十二宫的白羊宫相当。　87中而旦：降娄在中天而天亮。　88终岁：岁星绕太阳一周。　89仆展：郑大夫，伯有党羽。　90羽颉：即马师颉。　91任：晋邑，在今河北任县东南。　92比：勾结。　93公孙鉏：子罕之子。马师：官名。　94封殖：培养。　95偏：辅佐。　96四体：手足。　97绝：断。　98艾：读为刈，斩除。　99无：发声词，无义。不祥大焉：句与"不祥莫大焉"同。　100归：馈赠，即今之捐赠。　101宠名：宠，尊荣；名，氏族与名字。　102文王陟降，在帝左右：句出《诗经·大雅·文王》。陟降，升降。帝，天帝。　103淑慎尔止，无载尔伪：逸诗。淑，善。慎，谨慎。止，举止。载，行为。　104尤：罪。　105逼：逼近大国。　106虎：子皮名。　107宽：宽缓。　108伯石：即公孙段。　109要其成：取得成功。要，求，取。　110四国：四方邻国。　111《郑书》：郑国史籍。　112大焉先："先大焉"的倒装句。大，大族。　113都鄙有章：城乡有别。　114有服：有职责。　115封洫：田界，水沟。　116庐井有伍：庐舍和耕地相适应以征收赋税。　117大人：指卿大夫。　118从而与之：亲近，听从。　119泰侈：骄纵奢侈。　120毙：惩办。　121给：足够。　122子张：丰卷之字。　123征役：征兵役，欲攻子产。　124请其田里：请求不要没收其田地、房屋。　125入：田地的收入。　126褚：即贮。　127伍：赋。　128殖：增加产量。释为"种植"亦通。

【译文】

三十年春季，周历正月，楚王派蒍罢来鲁国聘问，为新君谋求两国友好。穆叔问："王子围的执政情况如何？"蒍罢回答说："我们这些小人吃了饭就办事，就这样还经常害怕完不成使命不能免于罪过，哪里有工夫过问国家大事呢？"再三问他，仍然不回答。穆叔对大夫们说："楚国的令尹可能要发动政变，蒍罢将会参与，蒍罢在帮助他掩饰内情。"

子产作为相礼和郑简公前往晋国，叔向问起郑国的政权。子产回答说："我预测今年能见分晓。现在子皙和伯有正在争权，还不知道调停的最后结果。如果能被调和，我知道了结果，才能知道怎么样。"叔向说："他们二人不是已经和好了吗？"子产说："伯有骄奢而刚愎，子皙喜欢高居别人之上，双方互不相让。虽然表面上已经和好，但彼此积怨已深，很快就会爆发。"

二月二十二日，晋悼公夫人慰劳修建杞城的役卒吃饭。有一个绛县的老年人，因为没有儿子，便自己去吃饭了。有人怀疑他的年龄，让他说出自己的岁数。他说："我是个小人，不知道自己的年龄。只记得我出生那一年，是正月初一甲子日，到如今已经过了四百四十五个甲子了，最末一个甲子日到今天刚刚二十天。"官吏到朝廷上询问。师旷说："他出生于鲁国的叔仲惠伯在承匡会见郤成子那一年。那一年，狄人攻打鲁国。叔孙庄叔在咸地打败了狄人，俘获了长狄侨如和虺、豹，把几个人的名字都作为他儿子的名字。算来已经七十三岁了。"史赵说："'亥'这个字有两个头，六个身子，把两个头拿下来当做身子，这就是他活的天数。"士文伯说："那么就是二万六千六百六十天了。"赵武问老人的县大夫是谁，才知道他是自己的下属。于是赵武把老人请来，向他道歉说："我赵武无能，却担任了国家重任，因为晋国忧患丛生，所以没能重用您，使您屈居下位这么多年，这是我的罪过。再次向您道歉。"便要让他做官，协助自己处理政务。老人借口年老推辞了。赵武送给他一些田地，让他负责为国君处理免役之事，并兼任绛县掌管田地的县师，并免去了那个征他做役卒的舆尉的职务。

这时鲁国的使者正在晋国访问，回国后告诉了大夫们。季武子说："晋国不可轻视。有赵武为上卿，有士文伯辅佐，有史赵、师旷为顾问，有叔向和女齐担任国君的师保。他们的朝中有很多君子，能够小看他们吗？只有尽力事奉才行。"

夏季四月某日，郑简公和他的大夫们盟誓。君子因此而知道郑国的祸乱还没有结果。

蔡景公从楚国为太子般娶了妻子，又和儿媳私通。太子般便杀了景公。

当初，周灵王的弟弟儋季去世后，他的儿子儋括脱掉丧服去见灵王，在朝廷上叹息起来。单国的公子愆期是灵王的侍卫，经过朝廷，听到叹息声便说："哎呀！他一定是想夺取政权。"进去告诉了灵王，并且说："一定要把这个人杀掉！他父亲刚死，却已经没有悲哀而有了这种野心，您看他东张西望，走路时脚抬得很高，说明已心怀不轨。如果不杀了他，将来必然成为祸害。"灵王说："你小孩子知道什么？"等到灵王去世后，儋括准备立王子佞夫为王，佞夫不知道这回事。二十八日，儋括包围了芮地，赶走了芮邑大夫成愆。成愆逃亡到了平畤。五月四日，尹言多、刘毅、单蔑、甘过、巩成杀了佞夫。括、瑕、廖逃亡到了晋国。《春秋》记载为"天王杀其弟佞夫，"意思是罪过在于周景王。

有人在宋国的太庙中大喊大叫："嘻嘻，快逃快逃。"乌也在亳社上鸣叫，声音也像"嘻嘻"。五月五日，宋国发生了大火灾，宋伯姬被烧死，她是为了等保姆出来才被烧死的。君子认为"宋伯姬像个小姐而不像个已嫁的妇人，小姐应当等保姆陪着才走，而已嫁的妇人就完全可以根据具体情况灵活行事。"

六月，郑国的子产到陈国参加结盟。回来后复命，对大夫们说："陈国将要灭亡，不能再和它结好。他们积聚粮食，修治城郭，只知道依仗这两点而不知道安抚百姓。他们的国君地位不牢固，公子奢侈，太子卑微，大夫傲慢，政出多门，这样处在大国之间，还能不灭亡吗？超不过十年了。"

秋季七月，叔弓到宋国参加宋共姬的葬礼。

郑国的伯有喜欢喝酒，特地修建了地下室，夜里边饮酒边击钟助兴，直到第二天早晨朝见时，还没有尽兴。朝见的人都问："主人在哪里？"伯有的家人说："在地下室。"朝见的人便分头回去了。过了一会，朝见郑简公时，伯有还让子皙出使楚国，然后又回去喝酒了。十一日，子皙率领本族的甲兵攻打伯有，放火烧了他的家。伯有逃亡到雍梁，酒醒之后才知道发生了什么事，随后逃到了许国。

大夫们聚在一起商量。子皮说："《仲虺之志》上说：'昏乱之人就攻取他，灭亡之人就欺侮他。推翻将要灭亡的，巩固存在的，符合国家的利益。'子皮、子皙、公孙段是同母兄弟，伯有骄傲狂妄，因此他难免灾祸。"有人劝子产："要亲近正直的，帮助强大的。"子产说："我怎能和他们结为一伙呢？国家的祸难，谁知道怎样才能平息？如果主持国政的人强大而且正直，祸乱就可以消除。我暂且保持中立态度吧。"十二日，子产收殓了伯有家族死人的尸体，埋葬后没有和大夫们商量就出走了。印段也跟他去了。子皮准备去阻止他们。众人都说："他既然不听我们大家的，为什么不让他走呢？"子皮说："子产对死去的人尚且如此有礼，更何况对活着的人呢？"便亲自去劝阻子产。十三日，子产回到郑都。十四日，印段也回来了。大家都到子皙家里结盟。十六日，郑简公又和大夫们在太庙中结盟，和国都的人在郑都的师之梁门外结盟。

伯有听说郑国人为了对付自己而结盟，非常生气，又听说子皮的甲兵没有参与攻打他，又很高兴，他说："还是子皮和我好啊！"二十四日早晨，伯有从墓门的排水道中进入郑都，通过马师颉取了襄库中的皮甲，攻打郑都的旧北门。驷带率领国人攻打他。双方都去请子产帮助自己。子产说："你们兄弟之间既然已到了这一步，我只好帮助上天保佑的一方了。"结果伯有死在卖羊的大街上。子产给伯有穿上衣服，枕到他的大腿上大哭起来，又把伯有入殓后暂时停放在旁边伯有下属的家中，不久又把他葬到斗城。驷氏家族准备攻打子产，子皮生气地说："礼是一个国家的根本。杀了讲究礼的人，再没有比这更大的祸患了。"驷氏才停止。

这时，游吉从晋国回来，听说发生了动乱，没敢入城，委托副手代替他回国复命。八月六日，准备逃亡到晋国。驷带连忙追赶，到了酸枣才追上。两人在黄河岸边盟誓，并把两块玉硅投到河里请河神为证。并派公孙肸回到郑都和大夫们盟誓。十一日，回到郑都。

《春秋》记载为"郑人杀良霄"，不称其为大夫，表明伯有是从国外回来而被杀的。

当初子娇去世后准备安葬，子羽和禆灶早晨商量丧事。路过伯有家，看到他的门上长出了狗尾巴草。子羽说："这个狗尾巴草还能长久吗？"当时岁星运行至降娄的位置，降娄星行至上天中部天就亮了。禆灶指着降娄星说："还可以等到岁星绕太阳转一周，他再也活不到岁星下一次运行到降娄位置的时候了。"果然，伯有今年被杀的时候，岁星才运行到娵訾的口上。等到明年才能到达降娄的位置。

仆展紧跟伯有，所以和他一起死去了。羽颉逃亡到了晋国，做了任邑的大夫。

鸡泽盟会上，郑国的乐成逃亡到了楚国，随后又到了晋国。羽颉前去依靠他，两人勾结在一起共同事奉赵武，并劝赵武攻打郑国。由于宋国盟会的约束，赵武不肯答应。子皮派公孙钮做了马师。

楚国的公子围杀了大司马芿掩并侵占了他的家产。申无宇说："王子围必定难免灾祸。善人是一个国家的栋梁。王子围辅佐楚国的政权，理应培养扶植善人，而他却虐待他们，这是在危害国家。再说司马本是令尹的助手，国君的手足。如今竟要砍断国家的栋梁，铲除自己的助手，斩去国君的臂膀，以给国家带来祸端，再没有比这更大的凶兆了！他怎么能免于祸患呢？"

因为宋国发生了火灾，诸侯的大夫们会谈商量怎样捐赠给宋国财物。冬季十月，叔孙豹和晋国的赵武、齐国的公孙虿、宋国的向成、卫国的北宫佗、郑国的罕虎及小邾国的大夫在澶渊会见。会后并没有送给宋国什么东西，因此《春秋》中没有书写各国与会者的姓名。

君子说："对待信用不可不谨慎。记载澶渊盟会，《春秋》不写各国卿大夫的名字，是因为他们不讲信用。作为诸侯的上卿，商量好了却又背弃信用，竟然连他们的名声都不顾及了。因此不能这样不讲信用。《诗经》说：'文王或升或降，都不离天帝的左右。'说的就是要讲信用。又说：'小心你的言行，为人不要欺诈。'说的是不讲信用。"《春秋》中记载为"某人某人会于澶渊，宋灾故。"意思是责难他们。也没有写鲁大夫，是为本国避讳。

郑国的子皮要把政权交给子产，子产推辞说："国家小又受到大国的逼迫，公族势力强大而且恃宠专横的人又很多，很难治理。"子皮说："只要我率领大家听您的，有谁敢违抗？您尽管好好地去治理，国家不在于大小，小国只要能事奉大国，也就不会受到逼迫了。"

子产开始执政，为了让公孙段去完成一项任务，送给他一座城邑。子太叔说："国家是大家的国家，为什么唯独要送给他城邑呢？"子产说："要使一个人没有欲望是很难的。让他的欲望得到满足，以便为国办事，而且要争取把事情办好，只要事情成功，难道不是因为我，而是因为别人吗？对城邑有什么爱惜的，即使给了公孙段，还不是仍然属于郑国所有吗？"子太叔说："四周的邻国对这件事会怎么看呢？"子产说："我这样做，并不是要使群臣不团结，而是要使他们互相顺从，周围的国家又有什么可责怪的？《郑书》中有句话说：'要想使国家安定，必须使大族得到优先的待遇。'暂且先使大族安定下来，再进一步观看结果。"不久公孙段害怕了，要归还城邑，子产还是给了他。伯有死后，让太史下令任公孙段为卿，被推辞。太史回去后，公孙段又请求太史重新下令，又一次故意推辞。如此反复三次，才接受任命。子产因此而非常讨厌他的为人，又担心他会制造动乱，只好让他的地位仅次于自己。

子产使都城和边境有所不同，上下尊卑各有一定的制度，田地中有疆界有沟渠，房舍和水井五家编为一组互相保护。卿大夫中忠诚俭朴的，听从并举拔他；骄傲奢侈的，便撤销他的职务并加以惩办。

丰卷准备举行家祭，请求外出打猎以获取祭品。子产不允许，他说："只有国君祭祀才用新杀的野兽，至于群臣，只要祭品齐全就可以了。"丰卷很生气，回去召集兵卒准备攻打子产。子产准备逃往晋国，子皮劝阻，并帮他驱逐了丰卷。丰卷逃亡到了晋国，子产请求国君不要没收丰卷的田地住宅，三年以后又让丰卷回国，把田地住宅以及田地的收入都一并还给了他。

子产执政一年，众人都唱道："没收了我的衣服，夺走了我的田地，谁要杀死子产，我将助他一臂之力。"三年后，人们又唱道："我有子弟，子产帮助教育；我有土地，子产帮助种植。如果子产死了，谁能把他代替?"

襄公三十一年

经　三十有一年春，王正月。夏六月辛巳，公薨于楚宫。秋九月癸巳，子野卒。己亥，仲孙羯卒。冬十月，滕子来会葬。癸酉，葬我君襄公。十有一月，莒人弑其君密州。

传　三十一年春，王正月，穆叔至自会，见孟孝伯，语之曰："赵孟将死矣。其语偷①，不似民主。且年未盈五十，而谆谆焉如八九十者②，弗能久矣。若赵孟死，为政者其韩子乎！吾子盍与季孙言之，可以树善③，君子也。晋君将失政矣，若不树焉，使早备鲁，既而政在大夫，韩子懦弱，大夫多贪，求欲无厌，齐、楚未足与也，鲁其惧哉④！"孝伯曰："人生几何？谁能无偷？朝不及夕，将安用树？"穆叔出而告人曰："孟孙将死矣。吾语诸赵孟之偷也，而又甚焉。"又与季孙语晋故，季孙不从。及赵文子卒，晋公室卑⑤，政在侈家⑥。韩宣子为政，不能图诸侯⑦。鲁不堪晋求，谗慝弘多⑧，是以有平丘之会。

齐子尾害闾丘婴⑨，欲杀之，使帅师以伐阳州⑩。我问师故⑪。夏五月，子尾杀闾丘婴以说于我师⑫。工偻洒、渻灶、孔虺、贾寅出奔莒⑬。出群公子。

公作楚宫⑭。穆叔曰："《大誓》云⑮：'民之所欲，天必从之。'君欲楚也夫！故作其宫。若不复适楚，必死是宫也。"六月辛巳⑯，公薨于楚宫。

叔仲带窃其拱璧⑰，以与御人，纳诸其怀而从取之，由是得罪。

立胡女敬归之子子野⑱，次于季氏。秋九月癸巳，卒，毁也⑲。

己亥，孟孝伯卒。

立敬归之娣齐归之子公子裯，穆叔不欲，曰："大子死，有母弟则立之，无则立长。年钧择贤⑳，义钧则卜，古之道也。非適嗣㉑，何必娣之子？且是人也，居丧而不哀，在戚而有嘉容㉒，是谓不度㉓。不度之人，鲜不为患。若果立之，必为季氏忧。"武子不听，卒立之。比及葬，三易衰㉔，衰衽如故衰㉕。于是昭公十九年矣㉖，犹有童心，君子是以知其不能终也。

冬十月，滕成公来会葬，惰而多涕㉗。子服惠伯曰："滕君将死矣！怠于其位㉘，而哀已甚，兆于死所矣㉙。能无从乎㉚？”

癸酉㉛，葬襄公。

公薨之月，子产相郑伯以如晋，晋侯以我丧故，未之见也。子产使尽坏其馆之垣而纳车马焉㉜。士文伯让之㉝，曰：“敝邑以政刑之不修，寇盗充斥㉞，无若诸侯之属辱在寡君者何㉟？是以令吏人完客所馆㊱，高其闬闳㊲，厚其墙垣，以无忧客使。今吾子坏之，虽从者能戒，其若异客何？以敝邑之为盟主，缮完葺墙㊳，以待宾客，若皆毁之，其何以共命㊴？寡君使匄请命。”对曰：“以敝邑褊小，介于大国，诛求无时㊵，是以不敢宁居，悉索敝赋，以来会时事，逢执事之不间㊶，而未得见，又不获闻命，未知见时㊷，不敢输币㊸，亦不敢暴露㊹。其输之，则君之府实也，非荐陈之㊺，不敢输也。其暴露之，则恐燥湿之不时而朽蠹㊻，以重敝邑之罪。侨闻文公之为盟主也，宫室卑庳㊼，无观台榭㊽，以崇大诸侯之馆㊾。馆如公寝，库厩缮修㊿，司空以时平易道路(51)，圬人以时塓馆宫室(52)。诸侯宾至，甸设庭燎(53)，仆人巡宫，车马有所，宾从有代(54)，巾车脂辖(55)，隶人牧圉(56)，各瞻其事(57)，百官之属，各展其物。公不留宾(58)，而亦无废事(59)，忧乐同之，事则巡之(60)，教其不知，而恤其不足。宾至如归，无宁灾患？不畏寇盗，而亦不患燥湿。今铜鞮之宫数里(61)，而诸侯舍于隶人(62)。门不容车，而不可逾越。盗贼公行，而天疠不戒(63)。宾见无时，命不可知。若又勿坏，是无所藏币，以重罪也。敢请执事，将何所命之？虽君之有鲁丧，亦敝邑之忧也。若获荐币，修垣而行，君之惠也，敢惮勤劳？”文伯复命，赵文子曰：“信！我实不德，而以隶人之垣以赢诸侯(64)，是吾罪也。”使士文伯谢不敏焉。

晋侯见郑伯，有加礼(65)，厚其宴好而归之(66)。乃筑诸侯之馆。叔向曰：“辞之不可以已也如是夫！子产有辞(67)，诸侯赖之(68)，若之何其释辞也？《诗》曰(69)：‘辞之辑矣，民之协矣。辞之绎矣，民之莫矣。’其知之矣。”

郑子皮使印段如楚，以适晋告，礼也。

莒犁比公生去疾及展舆，既立展舆，又废之。犁比公虐，国人患之。十一月，展舆因国人以攻莒子，弑之，乃立。去疾奔齐，齐出也。展舆，吴出也。书曰：“莒人弑其君买朱鉏。”言罪之在也。

吴子使屈狐庸聘于晋，通路也。赵文子问焉，曰：“延州来季子其果立乎(70)？巢陨诸樊(71)，阍戕戴吴(72)，天似启之(73)，何如？”对曰：“不立。是二王之命也(74)，非启季子也。若天所启，其在今嗣君乎！甚德而度(75)，德不失民，度不失事，民亲而事有序，其天所启也。有吴国者，必此君之子孙实终之。季子，守节者也。虽有国，不立。”

十二月，北宫文子相卫襄公以如楚⑦，宋之盟故也。过郑，印段迋劳于棐林⑦，如聘礼而以劳辞⑦。文子入聘。子羽为行人，冯简子与子大叔逆客。事毕而出，言于卫侯曰：“郑有礼，其数世之福也。其无大国之讨乎！《诗》云⑦：‘谁能执热，逝不以濯。’礼之于政，如热之有濯也。濯以救热⑧，何患之有？”

子产之从政也，择能而使之。冯简子能断大事。子大叔美秀而文⑧。公孙挥能知四国之为⑧，而辨于其大夫之族姓、班位、贵贱、能否⑧，而又善为辞令。裨谌能谋，谋于野则获⑧，谋于邑则否⑧。郑国将有诸侯之事，子产乃问四国之为于子羽，且使多为辞令。与裨谌乘以适野，使谋可否。而告冯简子，使断之。事成，乃授子大叔使行之，以应对宾客。是以鲜有败事。北宫文子所谓有礼也。

郑人游于乡校⑧，以论执政。然明谓子产曰：“毁乡校，何如？”子产曰：“何为？夫人朝夕退而游焉⑧，以议执政之善否⑧。其所善者，吾则行之；其所恶者，吾则改之，是吾师也。若之何毁之？我闻忠善以损怨⑧，不闻作威以防怨。岂不遽止⑩，然犹防川⑨，大决所犯，伤人必多，吾不克救也。不如小决使道⑨，不如吾闻而药之也⑨。”然明曰：“蔑也今而后知吾子之信可事也。小人实不才。若果行此，其郑国实赖之。岂唯二三臣？”

仲尼闻是语也，曰：“以是观之，人谓子产不仁，吾不信也。”

子皮欲使尹何为邑⑨。子产曰：“少，未知可否？”子皮曰：“愿⑨，吾爱之，不吾叛也。使夫往而学焉⑨，夫亦愈知治矣。”子产曰：“不可。人之爱人，求利之也。今吾子爱人则以政，犹未能操刀而使割也，其伤实多。子之爱人，伤之而已，其谁敢求爱于子？子于郑国，栋也，栋折榱崩⑨，侨将厌焉⑨，敢不尽言？子有美锦，不使人学制焉⑨。大官、大邑，身之所庇也⑩，而使学者制焉。其为美锦⑩，不亦多乎？侨闻学而后入政，未闻以政学者也⑩。若果行此，必有所害。譬如田猎，射御贯则能获禽⑩，若未尝登车射御，则败绩厌覆是惧⑩，何暇思获？”子皮曰：“善哉！虎不敏。吾闻君子务知大者远者，小人务知小者近者。我，小人也。衣服附在吾身，我知而惧之。大官、大邑所以庇身也，我远而慢之⑩。微子之言，吾不知也。他日我曰：‘子为郑国，我为吾家，以庇焉，其可也。’今而后知不足。自今请，虽吾家，听子而行。”子产曰：“人心之不同，如其面焉。吾岂敢谓子面如吾面乎？抑心所谓危⑩，亦以告也。”子皮以为忠，故委政焉。子产是以能为郑国。

卫侯在楚，北宫文子见令尹围之威仪⑩，言于卫侯曰："令尹似君矣⑩！将有他志，虽获其志，不能终也。《诗》云⑩：'靡不有初，鲜克有终。'终之实难，令尹其将不免？"公曰："子何以知之？"对曰："《诗》云：'敬慎威仪，惟民之则⑪。'令尹无威仪，民无则焉。民所不则⑪，以在民上，不可以终。"公曰："善哉！何谓威仪？"对曰："有威而可畏谓之威⑪，有仪而可象谓之仪⑪。君有君之威仪，其臣畏而爱之，则而象之⑭，故能有其国家，令闻长世⑮。臣有臣之威仪，其下畏而爱之，故能守其官职，保族宜家。顺是以下皆如是⑯，是以上下能相固也⑰。《卫诗》曰：'威仪棣棣，不可选也⑱。'言君臣、上下、父子、兄弟、内外、大小皆有威仪也。《周诗》曰⑲：'朋友攸摄，摄以威仪。'言朋友之道，必相教训以威仪也。《周书》数文王之德⑳，曰：'大国畏其力，小国怀其德。'言畏而爱之也。《诗》云㉑：'不识不知，顺帝之则。'言则而象之也。纣囚文王七年，诸侯皆从之囚。纣于是乎惧而归之，可谓爱之。文王伐崇㉒，再驾而降为臣㉓，蛮夷帅服㉔，可谓畏之。文王之功，天下诵而歌舞之，可谓则之。文王之行，至今为法，可谓象之。有威仪也。故君子在位可畏，施舍可爱，进退可度，周旋可则㉕，容止可观，作事可法，德行可象，声气可乐，动作有文，言语有章㉖，以临其下，谓之有威仪也。"

【注释】

①偷：苟且，无远虑。　②谆谆焉：絮叨不休的样子。　③树善：结好。　④惧：陷入困境。　⑤卑：下降。　⑥侈家：指贪求无厌的大夫家族。　⑦不能图诸侯：不能谋求为诸侯霸主。　⑧弘多：很多。　⑨害：患。　⑩阳州：此时为鲁邑，在今山东东平县北。　⑪问师故：问齐何故伐我。　⑫说：解释。　⑬工偻洒等：四人为闾丘婴之党。　⑭楚宫：楚式宫殿。　⑮《大誓》：《尚书》篇名。今《大誓》无此文。　⑯辛巳：二十八日。　⑰拱璧：襄公的大璧。　⑱胡女敬归：胡，归姓国。敬归，襄公妾。　⑲毁：哀痛过度。　⑳钧：同"均"，相同。　㉑非适嗣：指子野。适同"嫡"。　㉒在戚：父母死称在戚。嘉容：喜色。　㉓不度：不孝。　㉔三易衰：三次更换丧服。　㉕衰衽：丧服的衣襟。　㉖十九年：十九岁。　㉗惰：不恭敬。　㉘怠于其位：在葬礼的位子上不恭敬。　㉙兆于死所：在葬礼中已有了预兆。　㉚从：随从。指随襄公而死。　㉛癸酉：二十一日。　㉜坏其馆之垣：拆毁其宾馆的围墙。　㉝士文伯：即士匄。　㉞充斥：充满。　㉟辱在寡君：朝聘寡君。　㊱完：修缮。　㊲高其闬闳：加高大门。闬（hàn）闳（hóng），皆指门。　㊳完：借为"院"。　㊴共命：供给所求。　㊵诛求无时：索求贡品无一定时候。诛，责。　㊶不间：即不闲，无瑕。　㊷见时：进见的时间。　㊸输币：送交财礼。　㊹暴露：日晒夜露。　㊺荐陈：进献并陈列。　㊻朽蠹：腐朽败坏。　㊼卑庳（bēi）：低矮。　㊽无观台榭：没有可供观望的台榭。　㊾崇大：又

高又大。用作动词。　　㊿库厩：仓库马棚。　　51以时：按时。平易：平整使之平坦。　　52圬（wū）人：泥工。塓（mì）：涂抹墙壁。　　53甸：即甸师，官名。庭燎：大火把。一说烧柴于庭以照明。　　54宾从有代：宾客的随从有人代为值班。　　55巾车脂辖：巾车，主管车子的官员。脂辖，为车轴上油。辖，安在车轴末端的挡铁，以不使车轮脱落。此指车轴。　　56隶人牧圉：隶人，掌客馆的洒扫。牧，养牛者。圉，养马者。　　57各瞻其事：各尽其职。瞻，照看。　　58公不留宾：文公不使宾客滞留，来到就接见。　　59无废事：没有荒废其他事情。　　60巡：安抚。　　61铜鞮之宫：晋离宫，在今山西沁县南。　　62舍于隶人：居于隶人之舍。　　63天疠不戒：疾疫不能防备。　　64赢：接受，接待。　　65加礼：增加礼仪。　　66宴、好：宴，即燕礼。好，好货，即在飨宴时馈送礼品。　　67有辞：善辞令。　　68赖：利。　　69《诗》曰：以下诗句出自《诗经·大雅·板》篇。辑：辑睦。协：协同。绎：通"怿"，和悦。莫：安定。　　70延州来季子：指季札。季札初封于延陵，后又加封州来，故称延州来季子。果立：最终能立为国君。　　71巢陨诸樊：诸樊死于攻巢，见襄公二十五年传。　　72阍戕戴吴：戴吴（即徐祭）为阍人所杀。　　73天似启之：上天好像为季札打开为君之门。　　74二王之命：两位国王的命运。　　75甚德而度：甚有德行，且合于法度。　　76北宫文子：即北宫佗。　　77柴林：即北林，在今河南新郑县北。　　78如聘礼而以劳辞：仪节如聘问之礼，而用郊劳之辞。　　79《诗》云：下二句见《诗经·大雅·桑柔》篇。执热：酷热。逝不以灌：不去洗浴。逝，语首助词，无义。　　80救热：消除炎热。　　81美秀而文：外貌举止秀美而有文采。　　82四国之为：四方诸侯的政令。　　83能否：才能大小。　　84谋于野则获：在野外谋划就正确。　　85谋于邑则否：在城内谋划就失当。　　86乡校：乡间学校。　　87夫人：那些人。夫，指示代词。退而游焉：干完事而在那里游玩。　　88善否：好坏。　　89损怨：减少怨言。　　90遽止：马上防止。　　91川：河流。　　92道：同"导"。　　93药：药石。用作动词，即治疗己病。　　94为邑：做邑宰。　　95愿：谨慎老实。　　96夫：指尹何。　　97榱（cuī）：屋椽。　　98厌：通"压"。　　99学制：学习裁剪。　　100身之所庇：自身的庇护。　　101其为美锦：它与美锦相比。　　102以政学：把做官作为学习。　　103射御贯：即熟习射箭驾车。贯，今作"惯"。　　104败绩厌覆是惧：老是担心翻车被压。　　105远而慢之：疏远而轻视它。　　106抑心所谓危：不过心里认为是危险的。抑，转折连词。　　107威仪：即仪表。　　108似君：像国君。　　109《诗》云：以下二句出自《大雅·荡》篇。　　110敬慎威仪，惟民之则：句出《诗经·大雅·抑》篇。敬慎，恭敬谨慎。则，准则。　　111不则：不效法。　　112有威而可畏：有威严而使人生畏。　　113有仪而可象：有仪表而使人仿效。　　114则而象之：以之为准则而且仿效。　　115令闻长世：好名声流传后世。　　116顺是：顺着这个次序。　　117相固：互相巩固。　　118威仪棣棣，不可选也：句出《诗经·邶风·柏舟》。此言卫诗，因邶、鄘均并入卫。棣棣，安和的样子。选，计算。　　119《周诗》：下二句出《诗经·大雅·既醉》篇。摄：佐，辅助。　　120数：列举。　　121《诗》云：以下二句见《诗经·大雅·皇矣》篇。　　122文王伐崇：见僖公十九年传。　　123再驾：二次出兵。　　124帅服：相继归服。帅，通"率"。　　125周旋：应酬。　　126章：条理。

【译文】

　　三十一年春季，周历正月，穆叔从澶渊盟会上回来，见到孟孝伯，对他说：

"赵武快死了。他说话毫无远虑，不像是百姓的主人。再说他年龄还不到五十，说起话来絮絮叨叨像个八九十岁的老人，可见他活不长久了。如果赵武死了，执政的人恐怕是韩起吧！您何不和季孙说说，可以早点与韩起建立友好关系，韩起是一位君子啊。晋君将要失去大权，如果不早点建立友好关系，提前为鲁国做些预备工作，不久政权落入大夫们的手中，到那时韩起软弱无力，大夫们又贪婪成性，欲望难以满足，而齐国、楚国又难以依靠，鲁国不就很危险了吗?"孝伯说:"人的一生能有多长时间，谁能考虑多长多远? 早晨起来难以保证活到晚上，又哪里用得着提前去建立友好关系呢?"穆叔出来告诉别人说:"孟孙也活不长了。我告诉他赵武不能远虑，而他比赵武的目光更为短浅。"他又和季孙说起晋国的事情，季孙也不听。等到赵武去世，晋国公室衰弱无力，政权落到豪奢的大夫手中。韩起虽然执掌政权，但无力使诸侯都听从晋国。鲁国难以承受晋国的苛刻要求，因此出现了很多奸邪小人，因此就有了平丘之会。

齐国的子尾因为担心闾丘婴成为祸害，打算杀了他，便让他领兵攻打鲁国的阳州。鲁国发兵前去质问为何入侵。夏季五月，子尾杀了闾丘婴，以向鲁国解释。工偻洒、渻灶、孔虺、贾寅逃亡到了莒国。子尾还把公子们赶出了齐国。

襄公建造了一座楚国式的宫殿。穆叔说:"《大誓》说:'百姓想要的，上天必然答应他们。'国君这是想要整个楚国，因此才修建了楚国式的宫殿。如果他不再去楚国，就必然死在这座宫殿里。"六月二十八日，襄公在楚宫去世。

叔仲带偷了襄公的大玉璧，交给车夫藏到怀中带出去，又从车夫手中要了过来，因此得罪了鲁国人。

鲁国立胡国女人敬归的儿子子野为新君，让他住到季氏家服丧。秋季九月十一日，子野因悲伤过度而死。

九月十七日，孟孝伯去世。

又立敬归妹妹的儿子公子裯为新君，穆叔不想立他，说:"太子死了，如果有同母弟弟，就应该立他;没有同母弟弟，就应该立年长的公子。如果年龄相同就择贤而立，如果同样贤能就通过占卜的方式来决定，这是自古以来的继位方法。死去的并不是嫡子，又何必立他母亲妹妹的儿子呢? 再说这个人在服丧期间竟然一点也不悲哀，父亲死了反而面呈喜色，这叫做不孝。不孝的人很少不惹祸端。如果真是立了他，肯定将成为季氏的忧患。"季武子不听，终究立了公子裯为君。等到襄公下葬，公子裯竟一连换了三次丧服，每次换了不久就弄脏了，简直如同旧衣服。此时他已经十九岁了，但仍然像个小孩子，君子因此而预测他将不得善终。

冬季十月，滕成公前来鲁国参加葬礼，吊唁时不够恭敬有礼，且眼泪很多。子服惠伯说：“滕君快要死了。身处国君之位却显得懒怠无礼，且又过度悲痛，葬礼上已有了他将死的征兆，能不随先君而死吗？”

十月二十一日，安葬了襄公。

襄公去世的那个月，子产作为相礼和郑简公来到晋国，晋平公以鲁国有丧事为由，没有接见。子产派人把宾馆周围的垣墙全部拆毁，把车马赶到里面。士匄指责子产说：“我国因为政治刑法施行得不好，所以盗贼很多，无奈各国诸侯和卿大夫又经常屈尊来朝见寡君。因此我们让人修缮外宾下榻的宾馆，加高大门，增厚围墙，以使宾客高枕无忧。现在您把围墙拆毁，虽然您的随从加强戒备，但其他国家的宾客怎么办？因为我国是诸侯盟主，才修建了有高大垣墙的馆舍，以接待各国的宾客，如果把垣墙都拆毁了，还拿什么来满足大家的要求呢？寡君特地派我请问您这是什么意思？”子产说：“因为我国领土狭小，又夹在大国之间，大国向我们索取贡品没有一定的规律，因此我们不敢安居，搜尽了全部财富前来朝见。不料阁下竟然没有时间接见我们，而且又没有得到贵国的指示，不知什么时候才得以朝见。我们既不敢献纳贡品，又不敢把它暴露在野外。如果直接交到贵国府库，就成为贵国的东西了，但又没有经过陈列庭院的仪式，不敢随便缴纳。如果让贡品暴露在外面，又怕日晒雨淋造成腐烂或被虫蛀坏，以加重我国的罪过。据我所知，从前晋文公作为诸侯盟主的时候，他的公室又小又矮，也没有观台楼阁，却建筑了高大的宾馆接待诸侯。那宾馆就像现在国君的寝宫一样，仓库和马棚都修建得很好，司空按时修建平整道路，泥瓦匠也按时粉刷墙壁。诸侯的宾客来了，负责接待的官员在庭院中设置火炬照明，仆人日夜巡视馆舍，车马有停放的地方，还有专人替代宾客的随从以供役使，负责管理车辆的官员给车轴上油，隶人、牧人和圉人各自照看自己分内的事情，文武百官也都拿出他们的珍贵物品招待宾客。文公也从不无故使宾客滞留，宾主都不会耽误事情。忧宾客之忧，乐宾客之乐，万一发生了什么意外，也亲自前来安抚，教导宾客不知道的，关心宾客所缺少的，使各国宾客犹如回到家里一样，不仅不担心有什么灾祸，甚至不必担心盗寇，也不担心贡品会遭到日晒雨淋。如今铜鞮宫广阔数里，诸侯下榻的馆舍却像奴隶居住的地方。大门狭窄连车马都进不去，周围又有垣墙阻隔，无法越过。盗贼公然横行，对天气的阴晴变化又没有任何预防措施。宾客不知何时才能朝见，也不知道贵君什么时候才发布接见的命令。如果不拆毁围墙，就没有地方安置贡品，将来势必要加重我们的罪过。请问贵国，你们究竟让我们把这些东西放到什么地方？虽然贵君遇到了鲁国的丧事，但鲁侯的去世，我们也感到很悲伤啊。如果能早点献上贡品，我们愿意把垣墙修好再回去，这也是贵君的莫大恩惠，难道我们还怕这一点辛苦吗？"士匄回去复命，赵武说："确如子产所说。实在是我们缺少德行，用容纳奴隶的住所去接待诸侯，这是我的过错啊。"又派士文伯前去道歉。

晋平公接见郑简公时，特别加重了礼仪，宴会更加隆重，赠送的礼品也更为丰厚，然后送他们回去。并迅速建造了接待诸侯的宾馆。叔向说："外交辞令竟是如此地重要！子产善于辞令，其他诸侯也因此而受益，怎能忽视辞令的作用呢？《诗经》说：'言语温和，百姓就能融洽一心；言语动听，百姓就能太平安定。'写这首诗的人是很懂得这个道理的。"

郑国的子皮派印段到楚国去，并事先到晋国告知此事，这是合乎礼的。

莒国的犁比公生了去疾和展舆两个儿子，已经立了展舆为太子，但又废黜了他。犁比公为人暴虐，国人都很担心。十一月，展舆依靠国人攻打犁比公，杀了他自立为君。去疾逃亡到了齐国，他本是齐国女子所生。展舆则是吴国女子所生。《春秋》记载"莒人弑其君买朱钼"，是说罪过在于犁比公。

吴王派屈狐庸到晋国聘问，是为进一步沟通两国之间的关系。赵武问他："公子札能被立为吴君吗？在攻打巢国时诸樊被杀死，馀祭又被守门人杀死，好像上天在为季札打开通向君位的大门，是不是这么回事？"屈狐庸回答说："他不会被立为国君。诸樊和馀祭先后死去，是因为他们二人的命运不好，并不是上天在为季札扫清道路。如果说是上天打开了大门，恐怕也是为了现在的嗣君夷昧吧！夷昧德行很好且行为合于法度，有了德行就不会失去百姓，合于法度就不会处置失当，百姓亲近，事情就井然有序，这就是上天的帮助！保有吴国江山的，必然是这位国君的子孙。至于季札，是一位保守节操的人，即使让他做国君，他也不会干。"

十二月，北宫文子作为相礼和卫襄公到楚国，是为了履行宋国的盟约。途经郑国时，印段到柴林慰劳他们。见面时行了聘问之礼，使用了慰劳的辞令。文子则进入郑都聘问。子羽作为外交官员陪同前往，冯简子和子太叔出来迎接。事后出来，文子对卫襄公说："郑国有礼，这是他们今后几代人的福气。不会再有大国讨伐他们了！《诗经》说：'天气热得难以忍受，谁还能不愿意去洗澡凉快呢？'对政治来说，礼就像天热了要去洗澡一样。洗澡可以消除酷热，还有什么可以担心的呢？"

子产执政，能够选拔贤能并重用他们。冯简子能决断大事。子太叔外表英俊且文采斐然。子羽通晓四方诸侯的政令，并且对各国大夫的家族姓氏、官职爵位、地位贵贱、才能高低等了如指掌，又善于辞令。裨谌善于谋划，在野外谋划就能获得成功，在城里谋划则不行。因此郑国遇到和其他国家的事情时，子产就向子羽询问有关其他国家的政令，并让他起草外交辞令。然后和裨谌乘车到郊外，让他谋划是否可行。最后再让冯简子决断。一旦计划决定了，便交给子太叔执行，去和宾客应对谈判。因此很少有不成功的时候。这就是北宫文子所说的郑国有礼。

郑国人在乡间的学堂游玩聚会，议论朝中执政得失。然明对子产说："把乡间学堂毁掉怎么样？"子产说："这是为什么？人们在早晚做完事情后到那里游玩散心，评议国家执政的得失和好坏。他们认为好的，我们就推行。认为不好的，我们就改掉。这实际上是我们的老师啊。为什么要毁掉呢？我只听说应该择善而从以减少怨恨，没有听说过利用权势来防止怨恨。难道不能立即把大家的嘴封住吗？但这样做就像防水决口一样，河水决了大口子，必然有很多人遭受伤害，到那时也就无法挽救了。不如决开一个小口，让水一点点流出来。不妨把听到的批评当做治病的良药来看待。"然明说："今天我才真正明白，您确实值得事奉。我实在没有才能。如果照这样去做，郑国就大有希望了，不仅仅是对几个大臣有利。"

孔子听到这话后说："由此看来，有人说子产不仁，我不相信。"

子皮打算让尹何担任邑宰。子产说："他还年轻，不知能否胜任？"子皮说："他一向谨慎忠厚，我很喜欢他，不会背叛我的。让他去学着治理，想必就更懂得如何处理政事了。"子产说："不行。一个人喜欢另一个人，总是希望对他有利，现在您喜欢一个人，却要把政事交给他，这就像让一个不会拿刀子的人去割东西，必然会让他受到伤害。您喜欢他，却又要让他受到伤害，那么将来还有谁敢让您喜欢呢？您是郑国的栋梁，如果栋梁折断，房屋就会倒塌，我就会被压在底下，我怎敢不把话都直说出来呢？假如您有一块美丽的绸缎，是不会让一个不懂剪裁的人来练习裁剪衣服的。大的官位和大的封邑，是身家性命之所寄托，却让一个不会治理的人去学着治理。这样做岂不是对美丽的绸缎比对大官大邑还看得更重吗？我只听说学习以后才能做官，没有听说边做官边学习的。如果真要这么做，一定会受到伤害。再如打猎，只有对射箭和驾车非常熟悉，才能捕获猎物，如果从没有登过车射过箭，在车上只顾担心车翻人亡，哪里还顾得上捕获猎物呢？"子皮说："说得太好了！我实在糊涂。我听说，君子想到大事，看得长远，小人则只能想到小事，看到眼前，看来我只能是小人啊。衣服穿在我的身上，我知道小心地爱护它，而大官大邑，这是身家性命之所寄托，我却认为是遥远的事情而忽视了它。如果没有您这番话，我是不会明白这个道理的。从前我就说过：你治理郑国，我只治理我的家，使我能有个托身之地就可以了。现在我才知道这样做还是不够的。从现在我请您允许，即使将来治理我家，也要听从您的意见。"子产说："每个人的心都不一样，就如同人的面孔不同一样。我怎么敢说您的面孔就像我的面孔一样呢？不过只要我心里认为很危险的事情，还是会以实相告的。"子皮认为子产非常忠实，便把郑国的政权完全交给他了。子产因此能执掌郑国大权。

卫襄公在楚国访问时，北宫文子看到公子围仪容威严，便对襄公说："令尹就像一位国君，他将有野心，但即使能实现野心，也必然难以善终。《诗经》说：'什么事都有一个好的开始，但很少能有一个好的结局。'想要善始善终很难，令尹必将难免灾祸。"襄公问："你怎么知道？"文子说："《诗经》说：'珍惜谨慎你的仪容威严，因为它是百姓的榜样。'令尹没有令尹的威仪，百姓就没有了效法的榜样。百姓不效法的人高居上位，他就不能善终。"襄公说："说得好！什么是威仪呢？"文子回答说："有威严又能使人敬畏叫威，有仪表又能令人效仿叫仪。国君有国君的威仪，他的臣子应该敬畏而又爱戴他，并以他为榜样而效仿他，因此他才能保有国家，并流芳百世。臣子有臣子的威仪，让他的下属敬畏而爱戴他，因此他才能保守他的官职，保护他的家族，并使家庭和睦。以此类推都是这个道理。因此上下才能互相团结一致，牢不可破。《卫诗》说：'威仪很多，数不胜数，'就是说君臣、上下、父子、兄弟、内外、大小之间都有威仪。《周诗》说：'朋友之间互相帮助，依赖的就是威仪。'说的是朋友之间相处必须通过威仪来互相规劝教训。《周书》历数文王的德行时说：'大国畏惧他的力量，小国怀念他的恩德。'说的就是敬畏而爱戴他。《诗经》说：'不需要智慧也不要知识，一切顺应上天的法则。'说的就是有了榜样而加以效仿。殷纣王囚禁周文王达七年之久，诸侯也都跟着他被囚禁。纣王因此吓得把文王放了回去。可见文王是深受人们爱戴的。文王攻打崇国，只发兵两次，崇国就俯首称臣，南方的蛮夷也先后归服。可见文王是受到人们敬畏的。文王的功业，受到天下人的传诵和赞美。可见人们是以文王为榜样的。文王的做法，至今还是我们的典范。可见人们仍然在效仿他。这就是有威仪的缘故。因此君子在位时要让人敬畏，施舍时要让人爱戴，进退要作为人们的典范，处世要成为人们的榜样，举止要让人感到优美，做事要为人作出表率，德行要让人值得效仿，言语要让人高兴，动作要斯文典雅，说话要条理清晰，以此对待下属，就叫做有威仪。"

昭　公

昭公元年

经　元年春，王正月，公即位。叔孙豹会晋赵武、楚公子围、齐国弱、宋向戌、卫齐恶、陈公子招、蔡公孙归生、郑罕虎、许人、曹人于虢。三月，取郓。夏，秦伯之弟铖出奔晋。六月丁巳，邾子华卒。晋荀吴帅师败狄于大卤。秋，莒去疾自齐入于莒。莒展舆出奔吴。叔弓帅师疆郓田。葬邾悼公。冬十有一月己酉，楚子麇卒。楚公子比出奔晋。

传　元年春，楚公子围聘于郑①，且娶于公孙段氏，伍举为介②。将入馆，郑人恶之。使行人子羽与之言，乃馆于外。既聘，将以众逆。子产患之。使子羽辞③，曰："以敝邑褊小，不足以容从者，请墠听命④！"令尹命大宰伯州犁对曰："君辱贶寡大夫围，谓围将使丰氏抚有而室⑤。围布几筵⑥，告于庄、共之庙而来。若野赐之⑦，是委君贶于草莽也⑧，是寡大夫不得列于诸卿也！不宁唯是⑨，又使围蒙其先君⑩，将不得为寡君老⑪，其蔑以复矣⑫。唯大夫图之！"子羽曰"小国无罪，恃实其罪⑬。将恃大国之安靖己，而无乃包藏祸心以图之。小国失恃而惩诸侯⑭，使莫不憾者⑮，距违君命⑯，而有所壅塞不行是惧！不然，敝邑，馆人之属也，其敢爱丰氏之桃⑰？"伍举知其有备也，请垂橐而入⑱。许之。

正月乙未⑲，入，逆而出，遂会于虢，寻宋之盟也。祁午谓赵文子曰："宋之盟，楚人得志于晋。今令尹之不信，诸侯之所闻也。子弗戒，惧又如宋。子木之信称于诸侯，犹诈晋而驾焉⑳，况不信之尤者乎㉑？楚重得志于晋㉒，晋之耻也。子相晋国以为盟主，于今七年矣！再合诸侯，三合大夫，服齐、狄，宁东夏，平秦乱，城淳于，师徒不顿，国家不罢，民无谤讟㉓，诸侯无怨，天无大灾，子之力也。有令名矣，而终之以耻㉔，午也是惧。吾子其不可以不戒！"文子曰："武受赐矣㉕。然宋之盟，子木有祸人之心，武有仁人之心，是楚所以驾于晋也。今武犹是心也，楚又行僭㉖，非所害也。武将信以为本，循而行之㉗。譬如农夫，是穮是蓘㉘，虽有饥馑，必有丰年。且吾闻之：'能信不为人下。'吾未能也。《诗》曰：'不僭不贼，鲜不为则㉙'，信也。能为人则者，不为人下矣。吾不能是难㉚，楚不为患。"楚令尹围请用牲，读旧书㉛，加于牲上而已。晋人许之。

三月甲辰㉜，盟，楚公子围设服离卫㉝。叔孙穆子曰："楚公子美矣，君哉㉞！"郑子皮曰："二执戈者前矣。"蔡子家曰："蒲宫有前㉟，不亦可乎？"楚伯州犁曰："此行也，辞而假之寡君㊱。"郑行人挥曰："假不反矣！"伯州犁曰："子姑忧子晳之欲背诞也㊲。"子羽曰："当璧犹在㊳，假而不反，子其无忧乎？"齐国子曰："吾代二子愍矣㊴。"陈公子招曰："不忧何成，二子乐矣。"卫齐子曰："苟或知之，虽忧何害？"宋合左师曰："大国令，小国共。吾知共而已。"晋乐王鲋曰："《小旻》之卒章善矣㊵，吾从之。"

退会，子羽谓子皮曰："叔孙绞而婉㊶，宋左师简而礼㊷，乐王鲋字而敬㊸，子与子家持之㊹，皆保世之主也㊺。齐、卫、陈大夫其不免乎？国子代人忧，子招乐忧，齐子虽忧弗害。夫弗及而忧，与可忧而乐，与忧而弗害，皆取忧之道也，忧必及之。"《大誓》曰㊻："'民之所欲，天必从之。'三大夫兆忧㊼，忧能无至乎？言以知物㊽，其是之谓矣。"

季武子伐莒，取郓，莒人告于会。楚告于晋曰："寻盟未退㊾，而鲁伐莒，渎齐盟，请戮其使。"

乐桓子相赵文子，欲求货于叔孙而为之请。使请带焉㊿，弗与。梁其跻曰[51]："货以藩身，子何爱焉？"叔孙曰："诸侯之会，卫社稷也。我以货免，鲁必受师[52]，是祸之也，何卫之为？人之有墙，以蔽恶也。墙之隙坏，谁之咎也？卫而恶之[53]，吾又甚焉。虽怨季孙，鲁国何罪？叔出季处[54]，有自来矣[55]，吾又谁怨？然鲋也贿[56]，弗与，不已。"召使者，裂裳帛而与之[57]，曰："带其褊矣[58]。"赵孟闻之，曰："临患不忘国，忠也；思难不越官[59]，信也；图国忘死，贞也；谋主三者[60]，义也。有是四者，又可戮乎？"乃请诸楚曰："鲁虽有罪，其执事不辟难[61]，畏威而敬命矣。子若免之，以劝左右可也。若子之群吏，处不辟污[62]，出不逃难，其何患之有？患之所生，污而不治，难而不守，所由来也。能是二者，又何患焉？不靖其能[63]，其谁从之？鲁叔孙豹可谓能矣，请免之以靖能者。子会而赦有罪，又赏其贤，诸侯其谁不欣焉望楚而归之，视远如迩？疆埸之邑，一彼一此，何常之有？王伯之令也[64]，引其封疆[65]，而树之官。举之表旗[66]，而著之制令[67]。过则有刑[68]，犹不可壹[69]。于是乎虞有三苗[70]，夏有观、扈，商有姺、邳，周有徐、奄。自无令王[71]，诸侯逐进[72]，狎主齐盟㉓，其又可壹乎？恤大舍小㉔，足以为盟主，又焉用之㉕？封疆之削㉖，何国蔑有？主齐盟者，谁能辩焉㉗。吴、濮有衅㉘，楚之执事，岂其顾盟㉙？莒之疆事，楚勿与知㉚。诸侯无烦㉛，不亦可乎？莒、鲁争郓，为日久矣，苟无大害于其社稷，可无亢也㉜。去烦宥善，莫不竞劝㉝。子其图之！"固请诸楚，楚人许之，乃免叔孙。

令尹享赵孟，赋《大明》之首章㉞。赵孟赋《小宛》之二章㉟。事毕，赵孟谓叔向曰："令尹自以为王矣，何如？"对曰："王弱，令尹强，其可哉！虽可，不终。"赵孟曰："何故？"对曰："强以克弱而安之，强不义也。不义而强，其毙必速。《诗》曰：'赫赫宗周，褒姒以灭之㊱。'强不义也。令尹为王，必求诸侯。晋少懦矣㊲，诸侯将往。若获诸侯，其虐滋甚㊳。民弗堪也，将何以终㊴？夫以强取，不义而克㊵，必以为道㊶。道以淫虐，弗可久已矣。"

夏四月，赵孟、叔孙豹、曹大夫入于郑，郑伯兼享之㊷。子皮戒赵孟㊸，礼终，赵孟赋《瓠叶》㊹。子皮遂戒穆叔，且告之。穆叔曰："赵孟欲一献㊺，子其从之。"子皮曰："敢乎？"穆叔曰："夫人之所欲也㊻，又何不敢？"及享，具五献之笾豆于幕下㊼。赵孟辞，私于子产曰："武请于冢宰矣㊽。"乃用一献。赵孟为客，礼终乃宴㊾。穆叔赋《鹊巢》㊿。赵孟曰："武不堪也⓲。"又赋《采蘩》⓳，曰："小国为蘩⓴，大国省穑而用之㉑，其何实非命㉒。"子皮赋《野有死麇》之卒章㉓。赵孟赋《常棣》㉔，且曰："吾兄弟比以安㉕，尨也可使无吠㉖。"穆叔、子皮及曹大夫兴㉗，拜，举兕爵㉘，曰："小国赖子，知免于戾矣。"饮酒乐，赵孟出，曰："吾不复此矣㉙。"

天王使刘定公劳赵孟于颍㉚，馆于雒汭㉛。刘子曰："美哉禹功，明德远矣。微禹，吾其鱼乎㉜！吾与子弁冕端委㉝，以治民、临诸侯，禹之力也。子盍亦远绩禹功㉞，而大庇民乎？"对曰："老夫罪戾是惧，焉能恤远？吾侪偷食㉟，朝不谋夕，何其长也？"刘子归，以语王曰："谚所谓老将知而耄及之者㊱，其赵孟之谓乎！为晋正卿，以主诸侯，而侪于隶人㊲，朝不谋夕，弃神人矣㊳。神怒民叛，何以能久？赵孟不复年矣㊴。神怒，不歆其祀；民叛，不即其事㊵。祀事不从，又何以年㊶？"

叔孙归，曾夭御季孙以劳之㊷。旦及日中不出。曾夭谓曾阜㊸曰："旦及日中，吾知罪矣。鲁以相忍为国也㊹，忍其外不忍其内，焉用之？"阜曰："数月于外，一旦于是㊺，庸何伤？贾而欲赢㊻，而恶嚣乎㊼？"阜谓叔孙曰："可以出矣。"叔孙指楹曰㊽："虽恶是，其可去乎？"乃出见之。

郑徐吾犯之妹美㊾，公孙楚聘之矣，公孙黑又使强委禽焉㊿。犯惧，告子产。子产曰："是国无政[134]，非子之患也。唯所欲与[135]。"犯请于二子，请使女择焉。皆许之。子晳盛饰入[136]，布币而出[137]。子南戎服入[138]，左右射，超乘而出。女自房观之，曰："子晳信美矣[139]，抑子南，夫也[140]。夫夫妇妇[141]，所谓顺也[142]。"适子南氏。子晳怒。既而橐甲以见子南[143]，欲杀之而取其妻。子南知之，执戈逐之。及冲[144]，击之以戈。子晳伤而归，告大夫曰："我好见之，不知其有异志也[145]，故伤。"

大夫皆谋之。子产曰："直钧[146]，幼贱有罪[147]，罪在楚也。"乃执子南而数之[148]，曰："国之大节有五，女皆奸之[149]。畏君之威，听其政，尊其贵，事其长，养其亲，五者所以为国也[150]。今君在国，女用兵焉，不畏威也；奸国之纪，不听政也；子晳，上大夫；女，嬖大夫[151]，而弗下之，不尊贵也；幼而不忌[152]，不事长也。兵其从兄[153]，不养亲也。君曰：'余不女忍杀[154]，宥女以远[155]。'勉，速行乎，无重而罪！"

五月庚辰[156]，郑放游楚于吴[157]。将行子南[158]，子产咨于大叔[159]。大叔曰："吉不能亢身[160]，焉能亢宗？彼，国政也，非私难也。子图郑国，利则行之，又何疑焉？周公杀管叔而蔡蔡叔[161]，夫岂不爱？王室故也。吉若获戾，子将行之，何有于诸游？"

秦后子有宠于桓[162]，如二君于景[163]。其母曰："弗去，惧选[164]。"癸卯[165]，鍼适晋，其车千乘。书曰："秦伯之弟鍼出奔晋。"罪秦伯也。

后子享晋侯，造舟于河[166]，十里舍车[167]，自雍及绛。归取酬币[168]，终事八反[169]。司马侯问焉，曰："子之车，尽于此而已乎？"对曰："此之谓多矣！若能少此，吾何以得见？"女叔齐以告公[170]，且曰："秦公子必归。臣闻君子能知其过，必有令图[171]。令图，天所赞也。"

后子见赵孟。赵孟曰："吾子其曷归[172]？"对曰："鍼惧选于寡君，是以在此，将待嗣君。"赵孟曰："秦君何如？"对曰："无道。"赵孟曰："亡乎？"对曰："何为？一世无道，国未艾也[173]。国于天地，有与立焉[174]。不数世淫[175]，弗能毙也。"赵孟曰："天乎[176]？"对曰："有焉。"赵孟曰："其几何？"对曰："鍼闻之，国无道而年谷和熟[177]，天赞之也。鲜不五稔[178]。"赵孟视荫[179]，曰："朝夕不相及，谁能待五？"后子出，而告人曰："赵孟将死矣。主民，玩岁而愒日[180]，其与几何[181]？"

郑为游楚乱故，六月丁巳[182]，郑伯及其大夫盟于公孙段氏。罕虎、公孙侨、公孙段、印段、游吉、驷带私盟于闺门之外[183]，实薰隧[184]。公孙黑强与于盟，使大史书其名，且曰七子。子产弗讨。

晋中行穆子败无终及群狄于大原⑱，崇卒也⑱。将战，魏舒曰："彼徒我车，所遇又阨⑱，以什共车必克⑱。困诸阨，又克。请皆卒，自我始。"乃毁车以为行⑱，五乘为三伍⑲。荀吴之嬖人不肯即卒⑲，斩以徇。为五陈以相离⑫，两于前，伍于后，专为右角，参为左角，偏为前拒，以诱之⑬。翟人笑之⑭。未陈而薄之⑮，大败之。

莒展舆立，而夺群公子秩⑯。公子召去疾于齐⑰。秋，齐公子鉏纳去疾，展舆奔吴。

叔弓帅师疆郓田，因莒乱也。于是莒务娄、瞀胡及公子灭明以大厖与常仪靡奔齐⑱。

君子曰："莒展之不立，弃人也夫！人可弃乎？《诗》曰：'无竞维人⑲。'善矣。"

晋侯有疾，郑伯使公孙侨如晋聘，且问疾⑳。叔向问焉，曰："寡君之疾病，卜人曰：'实沈、台骀为祟。'史莫之知㉑，敢问此何神也？"子产曰："昔高辛氏有二子㉒，伯曰阏伯，季曰实沈，居于旷林㉓，不相能也㉔。日寻干戈㉕，以相征讨，后帝不臧㉖，迁阏伯于商丘，主辰㉗。商人是因㉘，故辰为商星。迁实沈于大夏㉙，主参㉚。唐人是因，以服事夏、商。其季世曰唐叔虞。当武王邑姜方震大叔㉛，梦帝谓己：'余命而子曰虞㉜，将与之唐㉝，属诸参㉞，而蕃育其子孙。'及生，有文在其手曰'虞'，遂以命之。及成王灭唐而封大叔焉㉟，故参为晋星。由是观之，则实沈，参神也。昔金天氏有裔子曰昧㊱，为玄冥师㊲，生允格、台骀。台骀能业其官㊳，宣汾、洮㊴，障大泽㊵，以处大原㊶。帝用嘉之㊷，封诸汾川㊸。沈、姒、蓐、黄㊹，实守其祀。今晋主汾而灭之矣。由是观之，则台骀，汾神也。抑此二者㊺，不及君身。山川之神，则水旱疠疫之灾㊻，于是乎禜之㊼。日月星辰之神，则雪霜风雨之不时㊽，于是乎禜之。若君身，则亦出入饮食哀乐之事也㊾。山川星辰之神，又何为焉？侨闻之，君子有四时㊿：朝以听政，昼以访问，夕以修令[51]，夜以安身。于是乎节宣其气[52]，勿使有所壅闭湫底[53]，以露其体[54]。兹心不爽[55]，而昏乱百度[56]。今无乃壹之[57]，则生疾矣。侨又闻之，内官不及同姓[58]，其生不殖[59]。美先尽矣[60]，则相生疾，君子是以恶之。故《志》曰：'买妾不知其姓，则卜之。'违此二者[61]，古之所慎也。男女辨姓，礼之大司也。今君内实有四姬焉[62]，其无乃是也乎？若由是二者，弗可为也已。四姬有省犹可[63]，无则必生疾矣。"叔向曰："善哉！肸未之闻也。此皆然矣。"

叔向出，行人挥送之，叔向问郑故焉，且问子皙。对曰："其与几何？无礼而好陵人，估富而卑其上，弗能久矣。”

晋侯闻子产之言，曰："博物君子也㉔。"重贿之。

晋侯求医于秦。秦伯使医和视之，曰："疾不可为也。是谓近女室㉕，疾如蛊㉖。非鬼非食㉗，惑以丧志㉘。良臣将死，天命不佑。"公曰："女不可近乎？"对曰："节之㉙，先王之乐，所以节百事也，故有五节㉚，迟速本末以相及㉛，中声以降，五降之后，不容弹矣。于是有烦手淫声㉜，慆堙心耳㉝，乃忘平和，君子弗听也。物亦如之，至于烦㉞，乃舍也已，无以生疾。君子之近琴瑟㉟，以仪节也，非以慆心也。天有六气㊱，降生五味㊲，发为五色㊳，徵为五声，淫生六疾㊴。六气曰阴、阳、风、雨、晦、明也。分为四时㊵，序为五节㊶。过则为灾，阴淫寒疾，阳淫热疾，风淫末疾㊷，雨淫腹疾，晦淫惑疾，明淫心疾。女，阳物而晦时㊸，淫则生内热惑蛊之疾。今君不节不时㊹，能无及此乎？"

出，告赵孟。赵孟曰："谁当良臣？"对曰："主是谓矣㊺。主相晋国，于今八年，晋国无乱，诸侯无阙，可谓良矣。和闻之，国之大臣，荣其宠禄，任其大节㊻，有灾祸兴而无改焉，必受其咎。今君至于淫以生疾，将不能图恤社稷，祸孰大焉！主不能御㊼，吾是以云也。"赵孟曰："何谓蛊？"对曰："淫溺惑乱之所生也。于文㊽，皿虫为蛊，谷之飞亦为蛊㊾。在《周易》，女惑男，风落山，谓之《蛊》☰㊿。皆同物也。"赵孟曰："良医也。"厚其礼而归之。

楚公子围使公子黑肱、伯州犁城犨、栎、郏，郑人惧。子产曰："不害，令尹将行大事，而先除二子也。祸不及郑，何患焉？"

冬，楚公子围将聘于郑，伍举为介。未出竟，闻王有疾而还。伍举遂聘。十五月己酉㊷，公子围至㊸，入问王疾，缢而弑之。遂杀其二子幕及平夏㊹。右尹子干出奔晋㊺。宫厩尹子皙出奔郑。杀大宰伯州犁于郑。葬王于郏，谓之郏敖。使赴于郑，伍举问应为后之辞焉㊻。对曰："寡大夫围。"伍举更之曰："共王之子围为长。"

子干奔晋，从车五乘，叔向使与秦公子同食㊼，皆百人之饩㊽。赵文子曰："秦公子富。"叔向曰："底禄以德㊾，德钧以年㊿，年同以尊。公子以国⓿，不闻以富，且夫以千乘去其国，强御已甚❶。"《诗》曰❷："不侮鳏寡，不畏强御。'秦、楚，匹也。"使后子与子干齿。辞曰："铖惧选，楚公子不获❸，是以皆来，亦唯命。且臣与羁齿❹，无乃不可乎？史佚有言曰；'非羁何忌❺？'"

楚灵王即位❻，蒍罢为令尹，蒍启强为大宰。郑游吉如楚，葬郏敖，且聘立君。归，谓子产曰："具行器矣❼！楚王汰侈而自说其事❽，必合诸侯。吾往无日矣^⑳。"子产曰："不数年，未能也。"

十二月，晋既烝^㉒，赵孟适南阳，将会孟子馀^㉘。甲辰朔，烝于温。庚戌^㉔，卒。郑伯如晋吊，及雍乃复^㉙。

【注释】

①公子围：即王子围，时为楚令尹。　②介：副手。　③辞：拒绝。　④墠（shàn）：祭祀所用的平地。　⑤丰氏：即公孙段。抚有：有。抚、有为同义词连用。　⑥布：陈列。　⑦野：野外。墠仅是城外一处平地。　⑧委君贶于草莽：把国君的恩赐丢在草丛中。委，弃。　⑨宁：语中助词，无义。　⑩蒙：欺。　⑪老：卿老，上卿。　⑫复：返，或作复命。　⑬恃实其罪：意为恃大国而无备，则是罪。　⑭惩诸侯：使诸侯戒惧。　⑮憾：怨恨。　⑯距：同"拒"。　⑰桃：宗庙。　⑱垂橐：把弓矢袋口朝下。以示内无兵器。　⑲乙未：十五日。　⑳驾：驾陵。　㉑尤：特，甚。　㉒重：再次。　㉓谤讟（dú）：诽谤。　㉔终之以耻：以蒙受耻辱而终结。　㉕武：赵文子之名。　㉖僭：不守信。　㉗循：依旧。　㉘是穮（biāo）是蓘（gǔn）：言辛勤耕作。穮，田间除草。蓘，培土。　㉙不僭不贼，鲜不为则：句出《诗经·大雅·抑》。详见僖公九年传注。　㉚不能是难：难于不能。　㉛读旧书：宣读过去的盟辞。旧书，即宋之盟约。正本已埋于宋盟之坎，此所读者为各盟国所藏副本。　㉜甲辰：二十五日。　㉝设服离卫：摆设国君的服饰仪仗，两卫士执戈侍立。离通俪，一对。　㉞君：像国君。　㉟蒲宫有前：蒲宫，楚君离宫。有前，有执戈卫士立于前。　㊱辞而假之：经请示而借来的。　㊲子皙之欲背诞：指襄公三十年郑子皙杀伯有，背命放诞，将为国难。　㊳当璧：面对玉璧。此指楚平王当璧事，详见昭公十三年传。　㊴愍：同"闵"，忧。　㊵《小旻》：《诗经·小雅》篇名。其卒其云"不敢暴虎，不敢冯河。人知其一，莫知其他，战战兢兢，如临深渊，如履薄冰。"　㊶绞而婉：恰切而婉转。　㊷简而礼：言简而合于礼。　㊸字而敬：自爱而恭敬。　㊹持：持平得体。　㊺保世：保持世代禄位。　㊻《大誓》：见襄公三十一年传注。　㊼兆忧：有忧虑的征兆。　㊽言以知物：从言语来验证事情。　㊾退：结束。　㊿请带：索要带子。　51梁其踁：叔孙的家臣。　52受师：受伐。　53卫而恶之：本为保卫社稷反而受攻伐。　54叔出季处：叔孙出使，季孙守国。　55有自来矣：由来已久了。　56贿：好受贿。　57裂：撕裂。　58褊：狭小。　59不越官：不忘记职守。　60谋主三者：考虑事情以忠、信、贞三者为主。　61执事：指叔孙豹。　62处不辟污：在国内不避污浊。　63靖其能：安靖贤能。　64王、伯：三王五霸。　65引：正。　66表旗：标志，亦即界碑。　67制令：即章程、条例。　68过则有刑：越过边境则处罚之。　69壹：一致不变。　70三苗：以下均为历代反抗当时王朝的诸侯。　71自无令王：自从没有英明的帝王。　72逐进：角逐竞争。　73狎主齐盟：交替主持结盟。狎，更，代。齐，通斋。　74恤大舍小：忧虑大祸患，赦免小过错。　75用之：治小事。　76削：削小。　77辟：治。　78濮：指百濮，详见文公十六年传注。　79顾盟：顾及盟约。　80勿与知：不要参与过问。　81无烦：不劳军。　82芘：庇护。　83竞劝：尽力为善。　84《大明》：《诗经·大雅》篇名。其首章言文王明明照于下，故能赫赫盛于上。

令尹取义首章，以光大自己。 (85)《小宛》：《诗经·小雅》篇名。赵孟赋《小宛》二章，取义天命一去，不可复返，以戒令尹。 (86)赫赫宗周，褒姒灭之：句出《诗经·小雅·正月》。赫赫，盛大貌。宗周，周都镐京，褒姒，周幽王之宠妃。 (87)少懦：稍衰弱。 (88)滋甚：更厉害。 (89)终：指善终。 (90)不义而克：行不义而成功。 (91)道：常道，方法，经验。 (92)兼享：同时享燕。 (93)戒：告。 (94)《瓠叶》：《诗经·小雅》篇名。此诗为叙述低级贵族举行饮酒礼的情况。赵孟赋此诗以告子皮，享燕之食当从菲薄。 (95)一献：士饮酒之礼，即主人向宾客进酒一次，则其他食品仪节亦相应减少、减轻。 (96)夫：指示代词，那。 (97)具五献之笾豆于幕下：在东房准备了五献的食品用具。笾豆，盛食品的礼器。笾，以竹制成；豆，以木制成。 (98)家宰：指子皮，为郑上卿。 (99)宴：即燕，饮宴。古人享礼，享后必宴，宾主始能尽欢。 (100)《鹊巢》：《诗经·召南》篇名。其有"维鹊有巢，维鸠居之。之子于归，百两御之。"穆叔意在比赵孟为鹊，以己为鸠。大国主盟，己得安居。 (101)不堪：不敢当。 (102)《采蘩》：《诗经·召南》篇名。 (103)蘩：俗名白蒿，菊科植物。此言贡品菲薄。 (104)省穑：减省爱惜。穑，通"啬"，爱惜。 (105)何实非命：何敢不从命。 (106)《野有死麕》：《诗经·召南》篇名。其卒章有"舒而脱脱兮，无感我帨兮，无使尨也吠"句，子皮赋此，喻赵孟以义抚诸侯，勿以非礼相欺陵。 (107)《常棣》：《诗经·小雅》篇名。取其凡今人莫如兄弟，言欲亲兄弟之国。 (108)比：亲密。 (109)尨（páng）：狗。 (110)兴：站起来。 (111)兕爵：用犀牛角制成的酒杯。 (112)不复此：不会再见到如此欢乐。 (113)颍：邑名，郑地，在今登封县东。 (114)雒汭：洛水岸边，其地或在今河南巩义西。 (115)吾其鱼乎：我们或许成了鱼吧。 (116)弁冕端委：弁冕，古时卿大夫的礼帽。端委，礼服。 (117)远绩：远继。 (118)偷食：苟且度日。 (119)老将知：老了将聪明。知同"智"。耄及之：糊涂接着来到。耄，昏乱，糊涂。 (120)侪：等。 (121)弃神人：丢弃神灵、百姓。 (122)不复年：不能再过一年。 (123)不即其事：不从事。即，就。 (124)年：一年之内。 (125)曾夭：季孙的家臣。 (126)曾阜：叔孙的家臣。 (127)相忍：相互忍让。 (128)一旦于是：即一旦劳于是的省略。 (129)贾而欲赢：商人做买卖是想赢利。 (130)嚣：指市场上的喧嚣声。 (131)楹：堂上大柱。 (132)徐吾犯：郑大夫。 (133)委禽：古代婚礼，第一件事为纳采，纳采用雁，故称为委禽。 (134)无政：政事混乱。 (135)唯所欲与：即女子欲与谁则与谁，听其所欲。 (136)子皙：即公孙黑。盛饰：装扮华丽。 (137)布币：陈设财礼。 (138)子南：即公孙楚。 (139)信：诚，实。 (140)夫：丈夫气象。 (141)夫夫妇妇：夫有夫行，妻有妻德。此句法与"君君臣臣，父父子子"相同。前一字为名词作主语，后一字为谓语。 (142)顺：理。 (143)櫜甲：即衷甲，皮甲着衣内。 (144)冲：大道四通之处。 (145)异志：别的想法。 (146)直钧：各有理由。钧，同"均"。 (147)幼贱有罪：年幼且地位低下的有罪。 (148)数：列举罪状。 (149)奸：犯。 (150)为国：治国。 (151)嬖大夫：即下大夫。 (152)忌：敬。 (153)兵其从兄：用武器伤害堂兄。从兄，同祖或同伯叔之子年长于己者均称为从兄。 (154)不女忍杀：不忍杀女的倒装句。女同"汝"。 (155)宥女以远：赦免你的死罪逐于远方。 (156)庚辰：初二日。 (157)游楚：即子南。 (158)行子南：使子南行。 (159)大叔：即游吉，为游氏宗主。 (160)亢：庇护。 (161)蔡蔡叔：放逐蔡叔。前一"蔡"字用作动词，即放。 (162)后子：秦桓公子，景公母弟，名械。 (163)如二君于景：在景公时，如同有两个国君。 (164)选：遣，即放逐。 (165)癸卯：二十五日。 (166)造舟：排列船只当做浮桥。 ⑯十里舍车：每隔十里，停车若干辆。 ⑯酬币：古代享礼，先由主人敬酒，曰献；次由宾客回敬，曰酢；再由主人先酌酒自饮，即劝宾客随饮，曰酬。献、酢、酬合称一献。酬必主人赠礼物于宾客以劝酒，称为酬币。 ⑯终事八反：享礼结束，取币往返八次。后子享晋侯，用最隆重的九献之礼。九献则须用酬币九次。第一次酬币，后子先载于车，其余八次酬币，则须一次一次取于车，或后子欲藉酬币而多献贿于晋侯。 ⑰女叔齐：即司马侯。 ⑰令：善。 ⑰曷：通"何"。 ⑰艾：绝。 ⑰与立：帮助扶持。 ⑰救世淫：连续几代荒淫。 ⑰夭：短命。 ⑰和熟：丰收。 ⑰鲜不五稔：少则不超过五年。 ⑰荫：日影。 ⑱玩岁而愒（kài）日：习厌岁月，旷废时日。愒，旷废。 ⑱其与几何：即"其几何欤"的变句。 ⑱丁巳：九日。 ⑱闰门：郑城门。 ⑱实薰隧：盟地就在薰隧。薰隧，门外道路名。 ⑱无终：详见襄公四年传注。 ⑱崇卒：重用徒兵。 ⑱阨：险要之地。 ⑱以什共车：十人共当一车。 ⑱行：步卒行列。 ⑲五乘为三伍：五辆战车的人员编为三个伍。伍，五人为伍，为战斗最小组织。 ⑲即卒：编入步兵行列。 ⑲为五陈以相离：列成五种阵势以相互联系。离，通丽，附丽。 ⑲两、伍、专、参、偏：五种阵势名。此为步兵阵法。 ⑲翟：同狄。 ⑲薄：迫近。 ⑲秩：俸禄。 ⑲公子：指群公子。 ⑲大厖、常仪靡：莒国二邑名，在今山东莒县西北。 ⑲无竞维人：句出《诗经·周颂·烈文》。意为能强大者惟人才。 ⑳问疾：探视疾病。 ㉑史：太史。 ㉒高辛氏：帝喾。 ㉓旷林：旷野之林。 ㉔不相能：互相不和。 ㉕寻：用。 ㉖后帝不臧：后帝，帝尧。不臧，不善，即不以为善。 ㉗主辰：以辰来定时节。辰，大火星，即心宿，亦名商星。 ㉘商人是因：商朝人沿袭下来。 ㉙大夏：即今太原市。 ㉚主参：以参星定时节。参，参宿，有星七颗，即猎户星座。 ㉛邑姜：武王后，齐太公之女。震：怀孕 ㉜命：取名。而：同尔，你。 ㉝与之唐：给他唐国。 ㉞属诸参：属于参星。 ㉟封大叔：大叔即叔虞，成王同母弟。叔虞封为唐侯，其子燮父改为晋侯。 ㊱金天氏：少昊，黄帝之子，名契。裔子：后代。 ㊲玄冥师：水官之长。玄冥，水官。 ㊳业其官：以其官为世业。 ㊵宣：疏通。 ㊴障：堤防。 ㊶大原：高平地带。 ㊷帝：或为颛顼。 ㊸汾川：汾水流域。 ㊹沈、姒、蓐、黄：四国名，均为台骀之后。 ㊺二者：指实沈、台胎。 ㊻不及君身：与晋君的疾病无关。 ㊼疠疫：传染病。 ㊽禜（yíng）：祭名，即聚草木而束之，设为祭处，以祭名求神鬼，去祸祈福。 ㊾不时：不合时令。 ㊿出入：逸劳。 ㊶四时：四个时间。 ㊷修令：确定政令。 ㊸节宣其气：有节制地散发、畅通血液气脉，即调节气脉，使之畅通。 ㊴壅闭湫底：四字义近，即壅塞停滞。 ㊵露：同"羸"，弱。 ㊶不爽：不明朗。 ㊷百度：百事的节度。 ㊸壹：专一。指人的精气专用于某一处。 ㊹内官：国君之姬妾。 ㊵殖：繁盛。 ㊶美先尽矣：美丽早就全部占有。 ㊷二者：指昼夜昏乱及娶同姓之美女。 ㊸内实：宫内臣妾。四姬：姬姓者四人。 ㊹省：去掉，减去。 ㊺博物：知识渊博。 ㊻近女室：亲近女人。 ㊼蛊：蛊惑。 ㊽非鬼非食：非由于鬼神，也非由于饮食。 ㊾惑以丧志：迷惑女色而丧失心志。 ㊿节：节制。 ㊶五节：五声的节奏。 ㊷迟速本末以相及，中声以降：宫商角徵羽五声，有迟有速，有本有末，调和而得中和之声，然后降于无声。 ㊸烦手淫声：繁复的手法和靡靡之音。淫，过度。 ㊹慆（tāo）堙心耳：使心中不定，耳朵淤塞。慆，淫。堙，塞。 ㊵烦：过度。 ㊶琴瑟：《诗经·关雎》有"窈窕淑女，琴瑟友之"句，此以琴瑟比女色。 ㉗六气：指阴阳、风雨、晦明六种气象。 ㉘五味：辛、酸、咸、苦、甘。 ㉙发为五色：表现为五色。五色为白、青、黑、赤、黄。 ㉚六疾：即下文的寒、热、末、腹、惑、心诸疾。 ㉛四时：即上文的朝、昼、夕、夜。一说为春夏秋冬四季。 ㉜五节：五声之节。 ㉝末疾：四肢之疾。 ㉞阳物：女阴常随男阳，故云阳物。晦时：男女同寝常在夜间，故云晦时。 ㉟不节不时：女色过度不分昼夜。 ㊱主：指赵武。 ㊲大节：大事。 ㊳御：禁止。 ㊴文：文字。 ㊵谷之飞：谷物中的飞虫。 ㊶《蛊》：六十四卦之一，其卦象为巽下艮上。巽为长女，为风；艮为少男，为山。少男配长女，不相匹，故曰女惑男。风又吹落山上林木，故又曰风落山。 ㊷己酉：初四日。 ㊸至：到楚都郢。 ㊹幕、平夏：楚王二子名。 ㊺子干：即王子比。 ㊻为后之辞：嗣立继承人的措辞。 ㊼同食：食禄相同。 ㊽百人之饩：一百人的口粮。 ㊾厎禄以德：按照德行供给俸禄。厎（zhǐ），致。 ㊿德钧以年：德行相同，根据年龄。均，同"均"。 51公子以国：谓若公子来奔，则根据国家的大小。 52强御：强梁，强暴。 53《诗》曰：下二句出自《大雅·烝民》。 54齿：并列。 55不获：不被信任。 56羁：羁旅之客。 57忌：恭敬。 58楚灵王：即公子围。 59具行器：准备行装。 60说：同"悦"。 61往：参加盟会。 62烝：冬祭。 63将会孟子馀：准备祭祀孟子馀。会，祭名。孟子馀，赵衰，赵氏之祖。 64庚戌：初七日。 65雍：晋地名，在今河南修武县西。

【译文】

　　元年春季，楚国的王子围到郑国聘问，同时要娶公孙段的女儿为妻，伍举做为副手陪同前往。准备投宿宾馆时，郑国人表现出了对他们的厌恶，并让外交官员子羽转告，将他们安置在城外住下。聘问的礼仪结束后，楚国人提出要率领兵众进入郑都迎亲。子产担心楚国人会乘机侵郑，派子羽拒绝了他们，说："因为国都狭小，容纳不下贵国众多的随从人员，请在城外设埠举行婚礼吧！"令尹王子围派太宰伯州犁回答说："承蒙贵君恩赐我国大夫子围，说将把公孙段的女儿嫁给他。子围为此特地摆设了筵席，在庄王、共王庙中祭告了祖先后来到郑国。如果在野外设埠行礼，等于把贵君的恩赐抛弃在草丛之中了，这样做也是没有把子围作为卿来对待。不仅如此，这样又将导致子围欺骗我们的先君，使他失去继续担任楚国上卿的资格，而且他也再无颜回到楚国复命。请大夫考虑一下。"子羽说："小国并没有什么罪，要说它有罪过，那就是一心依赖大国而毫无戒备。小国本来准备依靠大国来安定自己，怎奈大国却包藏祸心，企图借机图谋它。如果小国失去了依靠，诸侯将以此为戒，全都怨恨大国，从而抗拒大国的命令。如此一来，大国的命令将难以施行。如果不是担心这个，我国就等于贵国的宾馆，难道还舍不得让你们在丰氏的祖庙内举行婚礼吗？"伍举知道郑国已经有了准备，请求倒背着弓袋入城，表示没有携带

中华藏书

四书五经·最新校勘精注今译本

中国书店

武器。子产答应了他们。

正月十五日，王子围进入郑都，迎娶新妇后便出城。在郑国的虢地和鲁国的叔孙豹、晋国的越武、齐国的国弱、宋国的向戍、陈国的公子招、蔡国的公子归生、郑国的罕虎、许国人、曹国人举行会谈，以重温宋国之盟。祁午对赵武说："在宋国盟会上，楚国人比晋国领先歃血。如今楚国的令尹不讲信用。这也是诸侯都清楚的。如果您不有所戒备，我担心又会像在宋国盟会上那样。子木讲信用，为诸侯所称道，尚且还内穿皮甲欺骗了晋国，凌驾于晋国之上，更何况不讲信用出了名的人呢？如果楚国再一次领先于晋国，那将是晋国的耻辱。您辅佐晋国作为盟主已经七年了。其间两次会合诸侯，三次会合大夫，征服齐国和狄人，安定华夏的东方，平定了秦国的战乱，修筑了杞国的淳于城，却没有使军队过分疲困，国家没有因此而困乏，百姓没有怨言，诸侯心情愉快，上天没有降下灾祸，这都是您的功劳。您有这样的好名声，最后却又得到耻辱，对此我很担心，您不能不提防。"赵武说："我感谢您的忠告。但在宋国的盟会上，子木有害人之心，我有仁爱之心，所以楚国能压在晋国上面占了便宜。现在我仍然怀着仁爱之心，楚国又不守信用，不会再造成什么损害了。我将以信为本，沿着这条道走下去。就像农夫，只要努力除草培土，即使有一时的饥馑，必然有丰收的年成。再说我听说：'只要坚守信用，就不会处于别人之下。'我还没有完全做到这一点。《诗经》说：'既不失信也不害人，就很少不能成为做人的典范。'这就是守信的作用。能够成为众人效仿的典范，就不会处于别人之下。我担心的是不能做到这一点，并不认为楚国能造成什么危害。"楚国令尹王子围请求杀了牲畜，宣读过去的盟约，把它放到牺牲上面。晋国人同意这样做。

三月二十五日，举行结盟仪式。楚国的王子围使用了国君的服饰和器物，前后各有两名卫兵保护。叔孙穆子说："楚国的公子服饰华美，简直像国君！"郑国的子皮说："还有两个执戈的人站在前面。"蔡国的子家说："他在楚国就住在国君的离宫蒲宫中，这样不也可以吗？"楚国的伯州犁说："这些东西是这次出来时向我们国君借来的"。郑国外交官子羽说："恐怕借了就不会再还回去了吧！"伯州犁说："您还是去操心你们的子皙会不会背叛国君作乱吧。"子羽说："贵君还健在，如果借了不还，您难道不忧虑吗？"齐国的国弱说："我为王子围和伯州犁的命运忧虑。"陈国的公子招说："没有忧患怎能取得成功呢？可是这两人只知道快乐。"卫国的齐子说："如果事先知道有了防备，即使有忧患又有什么危害呢？"宋国的向戍说："大国发号施令，小国俯首听命，我们只管恭敬听命就行了。"晋国的乐王鲋说："《小旻》的最后一章说得很好，我愿意象诗中说的那样去做。"

盟会结束后，子羽对子皮说："叔孙说话恰切而婉转，宋国向戌简洁而有礼貌，乐王鲋自爱而恭敬，您和子家不偏不倚，都能保持几代爵禄。齐、卫、陈三国的大夫恐怕难逃灾祸！国弱为他人忧虑，子招以忧为乐，齐子虽有忧患意识却又不以为害。凡是不应忧而忧，应忧而不忧，以及虽忧而不以为害，都是招致忧患的途径，忧患必然会降临到他头上。《大誓》说：'百姓所希望的，上天必然答应。'这三位大夫已有了忧患的征兆，忧患还能不降临吗？通过言语来预知事物的结局，大概就是这个意思。"

季武子攻打莒国，夺取了郓地，莒子到盟会上控告。楚国人对晋国人说："重温宋国盟约的会议还没有结束，鲁国就讨伐莒国，这是对盟誓的亵渎，请把鲁国使者杀掉。"

当时乐王鲋作为赵武的助手参加会议，他准备向叔孙索贿以向赵武求情，便派人去要叔孙的带子，叔孙不给。叔孙的家臣梁其踁说："财物本来就是用以保护自身的，您为何如此爱惜财物呢？"叔孙说："诸侯举行会盟，为的是保卫各自的国家。如果我通过贿赂幸免于祸，鲁国势必受到攻打。这实际上是给国家带来祸害，又怎么能保卫呢？人们建造了墙壁，就是为了阻挡盗贼。墙壁因出现裂缝而毁坏，是谁的过错呢？我本为保护国家而来，却为它招致灾祸，我的罪过又超过了墙壁的裂缝，虽然季孙伐莒应当受到埋怨，但鲁国有什么罪呢？我出使在外，季孙留守在内，一向如此，我又去怨谁呢？不过乐王鲋贪财，如果不给他，他不会罢休。"就把那使者叫来，把自己的裙子撕下一条给他，说："带子恐怕有点小。"赵武听说此事后感叹地说："面临死亡的威胁，却念念不忘国家，就是忠；宁可选择灾难而不放弃职守，就是信；为了国家利益而甘愿一死，就是贞。遇事能做到这三点，就是义。具备了这四点，又怎么能杀他呢？"便向楚国请求说："鲁国虽然有罪，但其大臣却不怕惩罚，他惧怕楚国的威严，服从楚国的命令。如果能免其一死，就可以勉励贵国的群臣。如果贵国群臣能够做到在国内不逃避困难，到国外不害怕灾祸，那么贵国还有什么可害怕的呢？忧患的产生往往就在于臣下遇到困难不去解决，遇到灾难远远逃避。如果能做到这两点，又有什么可害怕呢？如果不能安抚贤能之人，还有谁肯效仿他呢？鲁国的叔孙豹可以说是一个贤能之人，请求能赦免他，以安抚他人。如果赦免了鲁国的罪过，又奖赏了它的贤人，诸侯中有谁不心悦诚服地甘愿归服楚国呢？即使楚国地处遥远，谁不去亲近它呢？如今边境上的城邑，一会归属这个国家，一会又归属那个国家，哪里有固定的主人呢？三王五伯曾下令划定边界，并设置了官员，树立了界碑，制定了边界章程，谁要越境就要受到处罚。尽管如此，仍然不能使国界一成不变。因此在三王时有三苗之乱，夏朝有观、扈之乱，商朝有姺、邳之乱，周朝有徐、奄之乱。自从失去了圣明的天子之后，诸侯互相攻伐，扩张疆土，轮流做诸侯的盟主，又怎能使疆界划定不变呢？关心大的祸乱赦免小的过失，这才是盟主的气度，又何必什么小事都要过问呢？疆界遭到侵占，哪个国家没有遇到过这种事情呢？作为盟主，又怎能一一过问得了？如果吴国和百濮有机可乘，难道贵国还顾及盟约而不攻伐吗？莒国疆土一事，楚国不必过问，诸侯也不必兴师动众，不也可以吗？莒国和鲁国争夺郓地由来已久，如果对莒国没有根本的危害，可以不去保护它。免除诸侯的烦劳，赦免贤能的人士，大家便都会争相努力向善。请认真考虑一下。"并坚决请求楚国人同意，楚国人答应并赦免了叔孙。

令尹王子围宴请赵武，席间王子围吟诵了《大明》的第一章，赵武吟诵了《小宛》的第二章。宴会后，赵武对叔向说："楚国的令尹已自以为国君了，他能怎么样？"叔向说："国君弱小，令尹强大，他大概能成功。但即使成功，最终也没有好结果。"赵武说："这是为什么？"叔向回答说："凭借强大欺凌弱小，而又自以为心安理得，这种强大是不义的。不义又很强大，他的灭亡必将很快到来。"《诗经》说："赫赫西周多昌盛，褒姒把它来灭亡。'这就是虽然强大但多行不义的结果。令尹做了国君之后，必然要争取诸侯的拥护。晋国已经有点衰弱了，诸侯将会前去归顺它。假如楚国能得到诸侯的拥护，其暴虐必然更加厉害，百姓不堪忍受，这样令尹怎能得以善终呢？凭借强大的势力夺取君位，依靠不义的行为达到目的，他必然认为这是正常的道理。把荒淫暴虐视为正常，又怎能长久下去呢？"

夏季四月，赵武、叔孙豹和曹国的大夫一起到了郑国，郑简公同时宴请他们。子皮前去告诉赵武宴请的时间，仪式结束后，赵武吟诵了《瓠叶》一诗。子皮又去告诉叔孙豹，并说了赵武赋诗的情况。叔孙豹说："赵武希望只举行一献标准的宴会，您还是听他的。"子皮说："敢这么做吗？"叔孙豹说："这是他要求的，有什么不敢？"等宴会开始，郑国在东房准备了五献标准的东西。赵武看到后，便谢绝了，并私下对子产说："我已经对子皮说了，不要这么丰盛。"郑国只好又改为一献的标准。赵武作为主宾，举行完享礼的仪式后，才入席开始饮宴。席间叔孙豹吟诵了《鹊巢》一诗，赵武说："这我可不敢当。"叔孙豹又吟诵了《采蘩》一诗，并说："小国就像蘩草，只要大国不嫌弃，爱护并使用它，它怎能不对大国言听计从呢？"子皮吟诵了《野有死麇》一诗的最后一章。赵武吟诵了《常棣》一诗，并说："只要我们兄弟国家亲密稳定，就可以制止任何一条狗的狂叫。"叔孙豹、子皮及曹国的大夫连忙离席下拜，举起杯子说："小国依靠您，就完全能免于灾祸了。"大家都喝得很开心。赵武出来后说："我再也不会遇到如此欢乐的宴会了。"

周天子派刘定公到颖地慰劳赵武，住在雒汭。刘定公说："禹王的功业真是伟大！他圣明的德行将流芳百世。如果没有禹王，我们恐怕都要变成鱼了吧！现在我和您都穿着朝服戴着礼帽，治理百姓，与诸侯往来，这都是禹王的功劳啊！您为何不继承禹王的功业而努力保护百姓呢？"赵武回答说："我只害怕犯下罪过，哪能考虑这么长远？像我们这些人只是苟且度日，过了早晨不想晚上，怎能想那么远呢？"刘定公回去后告诉天子说："俗话说越老越聪明，但糊涂也随之而来，这大概说的是赵武吧！他身为晋国正卿，主持诸侯各国大事，却把自己等同于一般人，早晨不考虑晚上，这是在丢弃神灵和百姓啊。如果神灵发怒，百姓反叛，他还怎么能长久下去？赵武熬不过今年了。神灵一旦发怒，就不会享用他的祭祀；百姓一旦背叛，就会停止做事。不能祭祀，不做事情，他又怎能活到明年呢？"

叔孙豹到鲁国，曾夭为季孙驾车前去慰问他。他们早晨来到，等到中午还不见叔孙豹出来。曾夭对叔孙的家臣曾阜说："从早晨等到中午还不离去，说明我们已经知罪了。鲁国一向是以忍让治国的，如果只能在外边忍让，却不能在国内忍让，又怎么能行呢？"曾阜说："我们在国外奔波了几个月，你们在这里等一早晨，又算得了什么？就像商贾想要赚钱，还能讨厌市场上的喧嚣嘈杂吗？"曾阜对叔孙豹说："您可以出去了。"叔孙豹指着房屋的大柱子说："我虽然讨厌它，但也不能把它拆掉啊！"便出门会见了季孙。

郑国徐吾犯的妹妹很漂亮，本来已被子南聘定为妻，子皙又派人强行送去了聘礼。徐吾犯很害怕，告诉了子产。子产说："这是因为国家政事混乱，才导致二大夫争一女子，你不必忧虑，让你妹妹去选择好了。"徐吾犯便向子南和子皙请求，让他妹妹挑选。两人都同意。子皙身着华丽的衣服来到徐家，把礼品放下就走了。子南身穿戎装来到院子里，左右开弓射了两箭，便一跃登上车走了。徐吾犯的妹妹从房内向外观看说："子皙确实很漂亮，不过子南是个真正的男子汉。丈夫要像个丈夫，妻子要像个妻子，这才是所谓的顺理成章。"便嫁给了子南。子皙非常恼火，不久便内穿皮甲去见子南，企图杀了他霸占其妻。子南知道他的用心，拿起戈来追赶，一直追到大街上，用戈猛打。子皙受伤回来，对大夫们说："我友好地去拜访他，没料到他有别的想法，所以我才受到伤害。"

大夫们商量怎样处理此事。子产说："双方各有道理。不过比较起来，年轻而地位低的人有罪，罪过在子南。"便把子南抓了起来，并数落他的罪状："国家有五条重要原则，你都违犯了。惧怕国君的威严，服从国君的命令，尊重地位高贵的人，事奉长辈，供养亲属，这五条是用来治理国家的法则。现在国君正在都城，你使用了武器，这是不怕国君的威严；违犯了国家的法纪，就是不服从国君的命令；子晳是上大夫，你是下大夫，却不肯忍让，这是不尊重高贵的人；你年轻却无所顾忌，这是不事奉长者；用武器打你堂兄，这是不肯奉养亲属。国君说：'我不忍心杀害你，决定免你一死，流放到远方。'你好自为之，快点走吧，不要再因为拖延而加重罪过。"

五月二日，郑国把子南放逐到吴国。让子南动身之前，子产又去征求大叔的意见。大叔说："我自身尚且难保，又怎能保护整个宗族呢？这件事属于国家政纪问题，并不是个人的灾难。您为郑国考虑，有利就去办，还犹豫什么呢？从前周公杀了管叔，放逐了蔡叔，难道是不爱他们吗？是为了巩固王室的需要。即使我犯了罪，您也要放逐我，何必顾虑游氏家族呢？"

秦国的后子受到了秦桓公的宠信，秦景公即位后，秦国就像有两个国君一样。他母亲说："如果你不离开秦国，我担心会放逐你。"五月二十五日，后子前往晋国，带去的车辆有上千乘。《春秋》记载为"秦伯之弟铖出奔晋，"意思是罪过在于景公。

后子设宴招待晋平公，在黄河里排列了许多船只，组成一座浮桥，而且每隔十里，就停放若干乘车，一直从秦都雍城连到晋都绛城。派人回去求取奉献的礼物，直到宴会结束一共往返了八次。司马侯问后子："您的车辆全都在这里了吗？"后子说："这已经算是多的了。如果少于这些，我怎么敢来到晋国拜见国君呢？"司马侯把这话告诉了平公，并说："秦公子将来一定能回国。据我所知，君子能认识到自己的过失，就一定会有好的计划。好计划便能得到上天的赞助。"

后子见到赵武，赵武说："您什么时候回去呢？"后子回答说："我害怕寡君流放我，所以逃亡在此，准备等新君继位后再回去。"赵武问："秦君现在怎么样？"后子说："暴虐无道。"赵武又问："国家会灭亡吗？"后子说："怎么会灭亡呢？一代国君无道，国家不会灭绝。国家存在于天地之中，必然有辅佐国君的臣子出现，如果不是连续几代荒淫无道，国家就不会灭亡。"赵武问：

"国君会短命而亡吗？"后子说："有可能。"赵武问："还能有几年？"后子说："据我所知，国家无道而粮食丰收，完全是上天的帮助。他少则再活五年。"赵武看着太阳的影子感叹地说："早晨起来恐怕连晚上都等不到，谁还能再等五年呢？"后子出来对别人说："赵武快要死了。主持百姓事务，却感叹日月的流逝，忧虑自己的寿命，他还能坚持多久呢？"

因为子南事件，六月九日，郑简公和他的大夫们在公孙段家里结盟。罕虎、子产、公孙段、印段、游吉、驷带在闺门之外又私下订立了盟约，地点就是薰隧。子晳也强行要参加结盟，让太史记下他的名字，和六卿一起称为"七子"。子产也没有讨伐他。

晋国的荀吴在大原打败了无终和狄人各部落，这是他重视步兵的结果。准备作战时，魏舒说："他们是步兵我们是车兵，交锋的地点又是狭隘地区。如果用十个步兵对付一辆战车，一定能取胜。如果把他们困到险要地带，又能战胜他们。请把车兵全部改为步兵，从我开始。"于是丢掉战车改成步兵的队列，五乘战车上的十五个人编为三个小组。荀吴的宠臣不肯让编入步兵队伍，荀吴便把他杀了示众。将部队编成五种阵势互相呼应，两阵在前，五阵在后，专阵为右翼，参阵为左翼，偏阵为前锋，以引诱敌人。狄人看到后，还讥笑他们。但狄人没有摆开阵势，晋兵就发动了攻势，结果狄人大败。

莒国的展舆继位，剥夺了公子们的俸禄。公子们便到齐国找公子去疾回来。秋季，齐国的公子鉏把公子去疾送回莒国，展舆则逃到了吴国。

叔弓领兵划定郓地的疆界，这是利用莒国发生了动乱的机会。此时，莒国的务娄、瞀胡和公子灭明带着大厖和常仪两座城邑逃到了齐国。

君子认为："莒国的展舆不能被立为国君，是因为失去了民心吧！民心能失去吗？《诗经》说：'最强莫过得民心。'说得太好了。"

晋平公有了病，郑简公派子产前去晋国聘问，顺便问候平公的病情。叔向问子产："寡君的病情很重，占卜的人说：'是实沈、台骀在作怪。'太史不知道他们是谁。请问这是什么神啊？"子产说："从前高辛氏有两个儿子，大的叫阏伯，小的叫实沈。他们住在森林中，互不相容，每天都大动干戈，互相攻打。尧帝认为他们不好，便把阏伯迁到商丘，以心宿来确定时节，商朝沿用这种方法，因此心宿就成了商星。把实沈迁到大夏，用参宿来确定时节，唐国人沿用这种方法，以事奉夏、商两朝。唐国的末代国君叫唐叔虞。当周武王的王后邑姜怀着太叔时，曾梦见上帝对自己说：'我为你的儿子起名为虞，准备把唐国送给他，属于参宿，他的子孙将繁衍不绝。'太叔生下后，手掌上有一个极像虞字的花纹，于是便为他取名'虞'。等到成王灭了唐国，便把太叔封到那里，因此参宿便成为晋国的星宿。由此看来，实沈是参宿之神。从前金天氏有一个儿子叫昧，主管水官。他生了允格和台骀两个儿子。台骀能继承父亲的官位，疏通了汾水和洮水，又为大泽修筑了堤防，让百姓住在高平地区。颛顼帝因此而嘉奖他，把汾水流域封给了他。沈、姒、蓐、黄四国就是他的后代，一直祭祀他。如今晋国占领了汾水流域，灭掉了这些国家。由此看来，台骀是汾水之神。但这二位神灵都与贵君的疾病无关。山川之神兴水旱和瘟疫之灾，可以通过祭祀禳除，日月星辰之神兴风霜雨雪之灾，也可以通过祭祀禳除。至于贵君的疾病，乃是因为逸劳、饮食、哀乐之事所致，和山川、星辰之神有什么关系呢？据我所知，君子有四个时间，早晨用于处理政事，白天用于四处出访，晚上用于修定政令，夜里用于休养身体。这样才能有节制地散发血气体气，从而使血气不至于壅塞不通，保证身体健康。如果心情不愉快，处理事情就会昏乱不堪。现在贵君很可能是精气集中到一处，因此导致生病。据我所知，不能以同姓女子为姬妾，否则其子孙不能昌盛。如果娶同姓女子为妾，这个女子必然是极为美丽，美丽集中到一人身上，就会因此而生病，君子最忌讳这一点。因此《志》书中说：'如果买妾不知道她的姓氏，就要通过占卜来弄清。'违背了昼夜昏乱和娶同姓女子这两条，是古人都害怕的。男女通婚首先要辨明姓氏，这是礼仪中最主要的。现在贵君的姬妾中有四人是姬姓，恐怕是因为这个缘故吧！若是因为这两点，恐怕他的病就无法医治了。如果赶快把这四个姬姓女子去掉还来得及，否则一定要生病。"叔向说："太好了！我还没有听说过这些。这都是真的啊。"

叔向出来时，郑国的外交官员送他。叔向问起郑国的情况，同时问起子皙。外交官员回答说："他还能坚持多久啊！没有礼貌又喜欢凌驾于他人之上，仗着富有而看不起他的上级，他长久不了。"

晋平公听说了子产的话，说："他真是个知识渊博的君子啊。"便送给子产很多礼物。

晋平公向秦国求医治病。秦景公派一个叫和的医生前来诊治。医生说："这种病已经无法医治了。这叫做'亲近女子，就像患上蛊惑。不是鬼神作怪，也不是饮食不当，是因为沉溺于女色以致丧失了心志。良臣将要死去，连上天也保佑不了'。"平公说："女色不能接近吗？"医生说："应该有所节制。先王的音乐，就是为了节制各种事情而制定的，因此有五声节奏。快慢终始互相调和，然后变成中和之声，再慢慢降下来，五声降下来以后就不能再弹了。

再弹就变得复杂了，弹出来的都是靡靡之音，容易使人心荡神摇，从而忘记平正中和的声音，这种声音君子都不听。做其他事情也是这个道理，一旦过分，就尽快停止，不致因此得病。君子接近女子和琴瑟，是出于礼仪制度的需要，并不是为了淫荡取乐。天有六气，降到地上形成五种味道，表现为五种颜色，显现为五种声音，一旦过分就会滋生出六种疾病。六气是阴、阳、风、雨、晦、明，又分为朝、夕、昼、夜四时，又按顺序形成为五声节奏。过分了就要生灾，阴过度要生寒病，阳过度要生热病，风过度要生四肢病，雨过度要生肠胃病，晦过度要生迷乱病，明过度要生心病。男女之事属于阳性，又在夜里进行，过分了体内就会发热，从而产生盅惑之病。现在国君对女色不节制，又不分昼夜，能不生病吗？”

医生出来后告诉了赵武。赵武说：“您说的良臣是指谁呢？”医生说：“说的就是您啊。您辅佐晋国，至今已八年，晋国没有发生动乱，诸侯也没有什么过失，您可以说是良臣了。我听说，作为大臣，肩负重任，享有爵禄，国家发生了灾祸，却不能及时挽救，那么他必将遭到灾祸。现在国君因沉湎女色而生病，不能治理国家，还有比这更大的灾祸吗？您没有能及时加以制止，所以我才这么说。”赵武说：“什么叫做盅？”医生回答说：“这种病是对某一事物沉溺惑乱所导致的。从文字上说，盅由‘虫’和‘皿’二字构成。稻谷中的飞虫也叫盅。《周易》中，女人迷惑男人，或大风吹落山木都叫盅。这都是同样的东西。”赵武说：“您真是一位良医。”便馈赠给他许多东西，送他回国。

楚国的王子围派公子黑肱和伯州犁在犨、栎、郏三地筑城，郑国人害怕了。但子产说：“不要害怕。这是令尹要造反，而先用此种方法除掉这两个人。祸患不会降给郑国，怕什么？”

冬季，王子围准备到郑国聘问，伍举为副手。还未走出国境，听说楚王有了病，王子围便回去了，由伍举到郑国聘问。十一月四日，王子围回到郢都，进去探视楚王病情，趁机把楚王勒死，又杀了楚王的两个儿子幕和平夏。右尹子干逃到了晋国，宫厩尹公子黑肱逃到了郑国。王子围在郏地杀了太宰伯州犁，把楚王安葬到郏地，称为郏敖。又派使者发讣告给郑国，伍举问使者如果郑国问起新君之事怎样答对，使者说：“是我们的大夫王子围。”伍举纠正说：“你应该说共王的儿子围年长。”

子干逃到晋国，随他而逃的有五辆车。叔向让他和秦公子享有同样的食禄，都有一百人的口粮。赵武说：“秦公子富有，不应该享有这么多俸禄。”叔向说：“确定一个人的俸禄要根据他的德行，德行相同就根据年龄大小，年龄也相同就根据地位高低。对逃亡来晋的公子要根据其国家大小确定应享受的俸禄，没有听说过要根据他是否富有来定。再说秦公子带着上千辆车离开他的国家，可见他势力确实很强大。《诗经》说：'不欺侮鳏寡之人，不畏惧强大之人。'秦国和楚国是相匹敌的国家。"便让后子和子干享受同等待遇。后子推辞说："我因为害怕受到流放，楚国公子是因为不被信任，所以我们都逃到这里，一切听从您的安排。再说我和楚公子这样的羁旅之客享有同等待遇，恐怕不行吧？史佚说过：'如果不是羁旅之人，为何要对他恭敬？'"

楚灵王即位，任命蒍罢为令尹，蒍启强为太宰。郑国的游吉到楚国为郑敖送葬，并顺便聘问新君。回国后对子产说："趁早准备行装吧。楚王奢侈无度，又自以为是，他一定会集合诸侯举行盟会，我们很快就要前往楚国。"子产说："他不经过几年的努力是办不到的。"

十二月，晋国举行冬祭后，赵武前往南阳，准备祭祀他的祖先赵衰。某日，在温地家庙中举行冬祭。七日，赵武去世。郑简公前往晋国吊唁，走到雍地就回去了。

昭公二年

经　二年春，晋侯使韩起来聘。夏，叔弓如晋。秋，郑杀其大夫公孙黑。冬，至河乃复。季孙宿如晋。

传　二年春，晋侯使韩宣子来聘，且告为政而来见，礼也。观书于大史氏，见《易》、《象》与《鲁春秋》①，曰："周礼尽在鲁矣。吾乃今知周公之德与周之所以王也。"公享之，季武子赋的《绵》之卒章②。韩子赋《角弓》③。季武子拜，曰："敢拜子之弥缝敝邑④，寡君有望矣。"武子赋《节》之卒章⑤。即享，宴于季氏，有嘉树焉，宣子誉之。武子曰："宿敢不封殖此树，以无忘《角弓》。"遂赋《甘棠》⑥。宣子曰："起不堪也，无以及召公。"

宣子遂如齐纳币。见子雅。子雅召子旗⑦，使见宣子。宣子曰："非保家之主也，不臣。"见子尾。子尾见强⑧。宣子谓之如子旗。大夫多笑之。唯晏子信之，曰："夫子，君子也⑨。君子有信，其有以知之矣。"

自齐聘于卫。卫侯享之，北宫文子赋《淇澳》⑩。宣子赋《木瓜》⑪。

夏四月，韩须如齐逆女。齐陈无宇送女，致少姜⑫。少姜有宠于晋侯，晋侯谓之少齐。谓陈无宇非卿，执诸中都⑬。少姜为之请曰："送从逆班⑭，畏大国也，犹有所易⑮，是以乱作⑯。”

叔弓聘于晋，报宣子也。晋侯使郊劳。辞曰：“寡君使弓来继旧好，固曰：‘女无敢为宾！’彻命于执事⑰，敝邑弘矣⑱。敢辱郊使？请辞。”致馆，辞曰：“寡君命下臣来继旧好，好合使成⑲，臣之禄也⑳。敢辱大馆？”叔向曰：“子叔子知礼哉！吾闻之曰：‘忠信，礼之器也㉑；卑让，礼之宗㉒也’。辞不忘国，忠信也；先国后己，卑让也。《诗》曰：‘敬慎威仪，以近有德㉓。’夫子近德矣。”

秋，郑公孙黑将作乱，欲去游氏而代其位，伤疾作而不果㉔。驷氏与诸大夫杀之㉕。子产在鄙㉖，闻之，惧弗及，乘遽而至。使吏数之，曰：“伯有之乱㉗，以大国之事㉘，而未尔讨也。尔有乱心，无厌，国不女堪㉙。专伐伯有㉚，而罪一也；昆弟争室，而罪二也；薰隧之盟，女矫君位㉛，而罪三也。有死罪三，何以堪之？不速死，大刑将至。”再拜稽首，辞曰：“死在朝夕，无助天为虐。”子产曰：“人谁不死，凶人不终，命也。作凶事，为凶人。不助天，其助凶人乎？”请以印为褚师㉜。子产曰：“印也若才，君将任之；不才，将朝夕从女。女罪之不恤，而又何请焉？不速死，司寇将至。”七月壬寅㉝，缢。尸诸周氏之衢㉞，加木焉㉟。

晋少姜卒。公如晋，及河。晋侯使士文伯来辞，曰：“非伉俪也㊱。请君无辱！”公还，季孙宿遂致服焉㊲。

叔向言陈无宇于晋侯曰：“彼何罪？君使公族逆之，齐使上大夫送之。犹曰不共，君求以贪㊳。国则不共，而执其使。君刑已颇㊴，何以为盟主？且少姜有辞。”冬十月，陈无宇归。

十一月，郑印段如晋吊。

【注释】

①《易》：即《易经》。《象》当是鲁国历代的政令。《鲁春秋》：鲁史。　②《緜》：《诗经·大雅》篇名。季武子赋其最后一章，义取文王有四臣，故能绵绵致兴盛。　③《角弓》：《诗经·小雅》篇名。义取兄弟之国宜相亲附。　④弥缝：补合。　⑤《节》：《诗经·小雅》篇名。武子赋其卒章，以喻晋国之德可以安抚万邦。　⑥《甘棠》：《诗经·召南》篇名。诗意为赞颂召公之德。武子赋此诗欲以宣子比召公。　⑦子旗：子雅之子。　⑧强：子尾之子。　⑨夫子：指韩起。　⑩《淇澳》：《诗经·卫风》篇名。诗意为赞美武公，言宣子有武公之德。　⑪《木瓜》：亦出自《卫风》，义取厚报以为好。　⑫致：送至夫家。　⑬中都：邑名。　⑭送从逆班：送亲的人与迎亲的人地位相同。　⑮易：改变。　⑯乱作：乱子发生。指陈无宇被执。　⑰彻命：达命。　⑱弘：弘光，光大。　⑲成：完成使命。　⑳禄：福。　㉑器：

中华藏书

四书五经·最新校勘精注今译本

中国书店

容器。　⑳宗：主。　㉓敬慎威仪，以近有德：句出《诗经·大雅·生民》。近有德，亲近有德的人。　㉔不果：不成。　㉕驷氏：公孙黑之族。　㉖鄙：边境。　㉗伯有之乱：见襄公三十年传。　㉘以：因。　㉙国不女堪：国家不容忍你。　㉚专伐：专权而讨伐。　㉛矫：假托。　㉜印：公孙黑之子。褚师：市官。　㉝壬寅：初一日。　㉞周氏之衢：即周氏之汪，地名。见僖公三十三年传。　㉟加木：书其罪于板，放在尸体上。　㊱伉俪：正妻。　㊲服：葬服。　㊳以贪：太过分。贪：奢。　㊴已颇：太偏颇。

【译文】

二年春季，晋平公派韩起到鲁国聘问，同时通报，韩起将执政，这是合乎礼的。韩起到鲁国太史氏家中参观图书，看到了《易》、《象》和《鲁春秋》。他说："看来周礼都保留在鲁国了，我现在才理解周公的德行以及周朝为什么能统一天下了。"昭公宴请韩起，席间季武子吟诵了《緜》诗最后一章。韩起吟诵了《角弓》一诗，季武子连忙下拜，说："感谢您来访问兄弟国家，寡君有希望了。"季武子吟诵了《节》诗最后一章。宴会结束后，季武子又在家里宴请韩起。看到季武子家有一棵很名贵的树，韩起赞美了它，武子说："今后我将精心栽培它，以使我不忘《角弓》一诗，"然后吟诵了《甘棠》一诗，韩起说："实在不敢当，我赶不上召公。"

韩起随后又到齐国送去聘礼。见到子雅。子雅把子旗叫来，让他拜见韩起。韩起说："子旗保守不住家族，他不像个臣子。"见到子尾，子尾让子强拜见韩起，韩起认为子强和子旗一样。大夫们嘲笑韩起。只有晏婴表示相信，他说："韩起是个君子，君子心诚，他是有根据的。"

韩起又从齐国到卫国聘问。卫襄公宴请他，席间北宫文子吟诵了《淇澳》一诗，韩起则吟诵了《木瓜》一诗。

夏季四月，韩起到齐国为晋平公迎娶齐女少姜。齐国的陈无宇护送少姜到晋国，少姜受到平公的宠爱，平公称她为少齐。当得知陈无宇不是卿时，就把他抓了起来押到中都。少姜为他求情说："送亲的人应和迎亲的人地位相当。齐国害怕大国，做了一些变通，所以产生了误会，陈无宇才被抓了起来。"

叔弓到晋国聘问，以答谢韩起的来访。晋平公派人在郊外慰劳他。叔弓推辞说："寡君派我前来是为继续过去的友好，一再对我说：'你切不可以宾客自居'。只要能够把命令传达给贵国，这就是我国的福气了。哪里敢接受贵国的郊劳之礼呢？请允许我辞谢。"把他安置在宾馆居住。他推辞说："寡君派我前来重修旧好，关系得到巩固，使命得以完成，这就是我的福气了。我怎么敢住这么好的宾馆呢？"叔向说："叔弓真懂得礼啊。我听说：'忠信是盛载礼的容器，卑让是礼赖以存在的根本。'言语之中始终不忘国家，这是忠信；首先想到国家，然后才想到自己，这是卑让。《诗经》说：'言行恭敬，仪表慎重，如此才能接近德行。'叔弓已经接近德行了。"

秋季，郑国的子晳准备发动叛乱，以除掉游氏，取代他的地位，因为伤口复发而被迫停止。他的家族驷氏和大夫们都想杀了他。子产正在郑国边境，听说后，深恐来不及，便乘驿车回到郑都。派了一个官吏前去历数子晳的罪状说："在伯有那次动乱中，因为当时忙于处理和大国的事情，没有顾得上讨伐你。你的祸乱之心没有满足的时候，国家已经不堪忍受了。你随便攻打伯有，这是第一条罪状；兄弟之间互相争夺一个女人，这是第二条罪状；薰隧之盟时，你假托君命竟然与六卿并列，这是第三条罪状。有了这够得上死罪的三条罪状，怎么能再容忍你呢？你不快点去死，死刑也会落到你的头上。"子晳两次下拜辞谢说："我很快就会死去，您不必再帮助上天来虐待我了。"子产说："哪一个人不会死呢？只不过恶人不得善终罢了，这也是天意。你做了恶事，成为恶人，我不帮助上天，还能帮助你这个恶人吗！"子晳请求让儿子印担任市官。子产说："如果印有才能，国君将会任命他；他无能，早晚也会随你而死。你不关心自己的罪过，还有什么资格提出请求？如不赶快去死，司寇将要来捉拿你了。"七月一日，子晳自缢而死。把他的尸首挂到周氏大街上示众，罪状写到一块木牌上。

晋国的少姜去世，昭公前去吊唁，走到黄河。晋平公派士文伯辞谢说："少姜并非正式的妻子，国君不必屈尊了。"昭公回去，由季武子送去少姜下葬的衣服。

叔向对平公说起陈无宇的事情，为他求情说："他们的国君有什么罪呢？国君派公族大夫前去迎亲，齐国却派了上大夫送亲。这样还说人家不够恭敬，国君的要求也太过分了。实际上是我国不够恭敬，却又把人家的使者抓起来。国君的刑罚已经有失公正了，还怎么能成为盟主？再说少姜生前也曾向您请求过。"冬季十月，陈无宇被释放回国。

十一月，郑国的印段到晋国吊唁。

昭公三年

经　三年春，王正月丁未，滕子原卒。夏，叔弓如滕。五月，葬滕成公。秋，小邾子来朝。八月，大雩。冬，大雨雹。北燕伯款出奔齐。

传　三月春，王正月，郑游吉如晋，送少姜之葬。梁丙与张趯见之①。梁丙曰：“甚矣哉！子之为此来也。”子大叔曰：“将得已乎②？昔文、襄之霸也③，其务不烦诸侯④。令诸侯三岁而聘，五岁而朝，有事而会，不协而盟⑤。君薨，大夫吊，卿共葬事；夫人，士吊，大夫送葬。足以昭礼命事谋阙而已⑥，无加命矣。今嬖宠之丧，不敢择位⑦，而数于守適⑧，唯惧获戾，岂敢惮烦⑨？少姜有宠而死，齐必继室。今兹吾又将来贺，不唯此行也。”张趯曰：“善哉！吾得闻此数也⑩。然自今，子其无事矣。譬如火焉⑪，火中⑫，寒暑乃退。此其极也⑬，能无退乎？晋将失诸侯，诸侯求烦不获⑭。”二大夫退。子大叔告人曰：“张趯有知，其犹在君子之后乎！”

丁未，滕子原卒。同盟，故书名。

齐侯使晏婴请继室于晋，曰：“寡君使婴曰：‘寡人愿事君，朝夕不倦，将奉质币⑮，以无失时，则国家多难，是以不获⑯。不腆先君之適，以备内官，焜燿寡人之望⑰，则又无禄，早世殒命，寡人失望。君若不忘先君之好，惠顾齐国，辱收寡人⑱，徼福于大公、丁公，照临敝邑，镇抚其社稷，则犹有先君之遍及遗姑姊妹若而人。君若不弃敝邑，而辱使董振择之⑲，以备嫔嫱，寡人之望也。’”

韩宣子使叔向对曰：“寡君之愿也。寡君不能独任其社稷之事，未有伉俪。在缞绖之中，是以未敢请，君有辱命，惠莫大焉。若惠顾敝邑，抚有晋国，赐之内主，岂唯寡君，举群臣实受其贶。其自唐叔以下，实宠嘉之⑳。”

既成昏㉑，晏子受礼。叔向从之晏，相与语。叔向曰：“齐其何如？”晏子曰：“此季世也㉒，吾弗知㉓。齐其为陈氏矣！公弃其民，而归于陈氏。齐旧四量㉔，豆、区、釜、钟。四升为豆，各自其四㉕，以登于釜㉖。釜十则钟。陈氏三量，皆登一焉㉗，钟乃大矣。以家量贷㉘，而以公量收之。山木如市，弗加于山㉙。鱼盐蜃蛤，弗加于海。民参其力㉚二人于公，而衣食其一。公聚朽蠹㉛，而三老冻馁㉜。国之诸市，屦贱踊贵㉝。民人痛疾，而或燠休之㉞，其爱之如父母，而归之如流水，欲无获民㉟，将焉辟之？箕伯、直柄、虞遂、伯戏㊱，其相胡公、大姬㊲，已在齐矣。”

叔向曰：“然。虽吾公室，今亦季世也。戎马不驾，卿无军行㊳。公乘无人㊴，卒列无长㊵。庶民罢敝㊶，而宫室滋侈㊷。道殣相望㊸，而女富溢尤㊹。民闻公命，如逃寇仇。栾、郤、胥、原、狐、续、庆、伯㊺，降在皂隶。政在家门㊻，民无所依。君日不悛，以乐慆忧㊼。公室之卑，其何日之有？谗鼎之铭曰㊽：‘昧旦丕显㊾，后世犹怠。’况日不悛㊿，其能久乎？”晏子曰：“子将若何？”叔向曰：“晋之公族尽矣。肸闻之，公室将卑，其宗族枝叶先落，则公室从之。肸之宗十一族，唯羊舌氏在而已⑤。肸又无子。公室无度㉜，幸而得死㉝，岂其获祀㉞？”

初，景公欲更晏子之宅㉟，曰：“子之宅近市，湫隘嚣尘㊱，不可以居，请更诸爽垲者㊲。”辞曰：“君之先臣容焉，臣不足以嗣之，于臣侈矣。且小人近市，朝夕得所求，小人之利也，敢烦里旅㊳？”公笑曰：“子近市，识贵贱乎？”对曰“既利之，敢不识乎？”公曰：“何贵何贱？”于是景公繁于刑㊴，有鬻踊者㊵。故对曰：“踊贵屦贱。”既已告于君，故与叔向语而称之。景公为是省于刑。

君子曰：“仁人之言，其利博哉！晏子一言而齐侯省刑。《诗》曰：‘君子如祉，乱庶遄已㊶。’其是之谓乎！”

及晏子如晋，公更其宅，反，则成矣。既拜，乃毁之，而为里室，皆如其旧。则使宅人反之，曰：“谚曰：‘非宅是卜，唯邻是卜’。二三子先卜邻矣㊷，违卜不祥，君子不犯非礼，小人不犯不祥，古之制也。吾敢违诸乎？”卒复其旧宅。公弗许，因陈桓子以请，乃许之。

夏四月，郑伯如晋，公孙段相，甚敬而卑，礼无违者。晋侯嘉焉，授之以策㊸，曰：“子丰有劳于晋国㊹，余闻而弗忘。赐女州田㊺，以胙乃旧勋㊻。”伯石再拜稽首㊼，受策以出。君子曰：“礼，其人之急也乎！㊽伯石之汏也㊾，一为礼于晋，犹荷其禄㊿，况以礼终始乎？《诗》曰○：‘人而无礼，胡不遄死。’其是之谓乎！”

初，州县，栾豹之邑也。及栾氏亡，范宣子、赵文子、韩宣子皆欲之。文子曰：“温，吾县也。”二宣子曰：“自郤称以别，三传矣○。晋之别县不唯州，谁获治之？”文子病之○，乃舍之。二子曰：“吾不可以正议而自与也○。”皆舍之。及文子为政，赵获曰○：“可以取州矣。”文子曰：“退！二子之言○，义也。违义，祸也。余不能治余县，又焉用州？其以徼祸也。君子曰：‘弗知实难。’知而弗从，祸莫大焉。有言州必死。”

丰氏故主韩氏○，伯石之获州也，韩宣子为之请之，为其复取之之故。

五月，叔弓如滕，葬滕成公，子服椒为介。及郊，遇懿伯之忌○，敬子不入○。惠伯曰○：“公事有公利，无私忌。椒请先入。”乃先受馆，敬子从之。

晋韩起如齐逆女。公孙虿为少姜之有宠也，以其子更公女而嫁公子○。人谓宣子：“子尾欺晋，晋胡受之？”宣子曰：“我欲得齐而远其宠○，宠将来乎？”

秋七月，郑罕虎如晋，贺夫人，且告曰："楚人日征敝邑⁸³，以不朝立王之故。敝邑之往，则畏执事其谓寡君而固有外心。其不往，则宋之盟云。进退罪也。寡君使虎布之⁸⁴。"宣子使叔向对曰："君若辱有寡君⁸⁵，在楚何害？修宋盟也。君苟思盟，寡君乃知免于戾矣。君若不有寡君，虽朝夕辱于敝邑，寡君猜焉⁸⁶。君实有心，何辱命焉？君其往也！苟有寡君，在楚犹在晋也。"

张趯使谓大叔曰："自子之归也，小人粪除先人之敝庐⁸⁷，曰：'子其将来！'今子皮实来，小人失望。"大叔曰："吉贱，不获来，畏大国，尊夫人也。且孟曰⁸⁸：'而将无事。'吉庶几焉。"

小邾穆公来朝。季武子欲卑之⁸⁹，穆叔曰："不可。曹、滕、二邾，实不忘我好。敬以逆之，犹惧其贰。又卑一睦，焉逆群好也？其如旧而加敬焉！《志》曰：'能敬无灾。'又曰：'敬逆来者，天所福也。'"季孙从之。

八月，大雩，旱也。

齐侯田于莒，卢蒲嫳见，泣且请曰："余发如此种种，余奚能为？"公曰："诺，吾告二子。"归而告之。子尾欲复之。子雅不可，曰："彼其发短而心甚长，其或寝处我矣。"九月，子雅放卢蒲嫳于北燕。

燕简公多嬖宠。欲去诸大夫而立其宠人。冬，燕大夫比以杀公之外嬖⁹⁰。公惧，奔齐。书曰："北燕伯款出奔齐。"罪之也。

十月，郑伯如楚，子产相。楚子享之，赋《吉日》⁹¹。既享，子产乃具田备⁹²，王以田江南之梦⁹³。

齐公孙灶卒⁹⁴。司马灶见晏子⁹⁵，曰："又丧子雅矣。"晏子曰："惜也，子旗不免，殆哉！姜族弱矣，而妫将始昌⁹⁶。二惠竞爽⁹⁷，犹可，又弱一个焉⁹⁸，姜其危哉！"

【注释】

①梁丙、张趯（tì）：二人为晋大夫。　②得已：意思为不得不如此。已，止。　③文、襄：晋文公、襄公。　④务：事务。　⑤不协：不和睦。　⑥昭礼命事谋阙：宣扬礼仪，发布命令，商议补救缺失。　⑦择位：选择适当职位的人送葬。　⑧数于守適：礼数超过正妻。守適，即国君嫡配，守内宫为长，故名守嫡。適，同"嫡"。　⑨烦：劳烦。　⑩数：礼数。　⑪火：大火，星名。　⑫火中，寒暑乃退：大火星夏末黄昏时在天空中，暑气渐消，冬末天明时在天空中，寒气渐退。　⑬极：极点。　⑭不获：不得。　⑮质币：财礼。　⑯不获：不能自来。　⑰焜燿：照明，照亮。焜（kūn），明。　⑱先君之適：谓嫡配所生。遗姑姐妹：非嫡配所生。若而人：若干人。　⑲董振：同义词连用，即慎重。　⑳宠嘉：尊崇赞许。　㉑成昏：订婚。　㉒季世：末代。　㉓弗知：不保证。　㉔四量：四种计量器。　㉕各自其四：即

四豆为区，四区为釜，升至釜，各用四倍。　㉖登：升。　㉗三量皆登一：三种量器都加大四分之一。即以五升为豆，五豆为区，五区为釜。登一，升一。　㉘以家量贷：用私家的量器借出。　㉙弗加于山：价格不高于山上。　㉚参其力：劳力收入分为三份。参同"叁"。　㉛聚：聚敛的财富。　㉜三老：年老致仕者。一说三老指上寿、中寿、下寿，皆八十以上的老人。或以为三老指工老、商老、农老。　㉝屦贱踊贵：鞋子便宜，假腿很贵。屦，麻鞋。踊，假足。一说为扶持之杖。此言受刑者很多。　㉞燠休：厚赐。　㉟获民：得民心。　㊱箕伯等：四人皆舜的后代，陈氏的先祖。　㊲胡公大姬：胡公，周始封陈氏之祖。大姬，胡公之妃。　㊳无军行：不帅兵。　㊴公乘：公室的战车。　㊵长：官长。　㊶罢：通"疲"。　㊷滋侈：更加奢侈。　㊸道殣：路上饿死者。　㊹女富溢尤：嬖宠之家的财富多得容纳不下。　㊺栾、郤、胥等：此为晋国八大家族，即栾枝、郤缺、胥臣、先轸、狐偃、续简伯、庆郑、伯宗。　㊻家门：私家之门。　㊼以乐慆忧：以娱乐度过忧患。　㊽谗鼎：鼎名。　㊾昧旦丕显：凌晨即起，可大为显赫。昧旦，欲明未明之时。　㊿日不悛：天天不改。　51羊舌：食邑名。叔向以叔为族，以羊舌为氏。　52无度：无法度。　53幸而得死：能寿老善终就是侥幸。　54获祀：受到享祀。　55更：更换。　56湫隘嚣尘：低湿狭小，喧闹多尘。　57爽垲：明亮高爽。垲（kǎi），高而干燥。　58里旅：官名，掌卿大夫之家宅。　59繁于刑：滥用刑罚。　60鬻：卖。　61君子如祉，乱庶遄已：句出《诗经·小雅·巧言》。祉，喜。遄，速。已，止。　62二三子：指邻人。　63策：策书。　64子丰：公孙段之父。　65州：地名，在今河南泌阳县东南，温县东北。　66胙：酬报。　67伯石：公孙段。　68急：急需。　69汰（tài）：俗作"汰"，骄奢。　70荷其禄：接受它的福禄。　71《诗》曰：下二句出自《诗经·鄘风·相鼠》。　72郤称以别：郤称为晋大夫。别，划分为二。即将此地划分为州与温两县。三传：州地开始属郤称采邑，后传于赵氏，又传于栾豹。故云三传。　73病：惭愧。　74正议：公正的主张。　75赵获：赵文子之子。　76二子：指二宣子。　77丰氏：即公孙段的氏族。主：住于其家。　78懿伯之忌：懿伯，子服椒之父。忌，忌日，即逝世之日。　79敬子：即叔弓。　80惠伯：即子服椒。　81其子：其女。嫁公子：即嫁公女于他人。　82远其宠：疏远他的宠臣。宠，指子尾。　83日征：每天质问。征，问。　84布：告。　85有寡君：即心有寡君。　86猜：疑。　87粪除：扫除。粪，除土。　88孟：张趯。　89卑之：以低于诸侯之礼接待。　90外嬖：宠臣。　91《吉日》：《诗经·小雅》篇名，为宣王田猎之诗。楚王赋此诗，欲与郑伯共田猎。　92具田备：准备田猎用具。　93江南之梦：长江之南的云梦泽。　94公孙灶：即子雅。　95司马灶：齐大夫。　96妫：陈氏。　97二惠竟爽：二惠，指子雅，子尾皆齐惠公子孙。竟，强。爽，明。　98弱：丧失，用作动词。

【译文】

三年春季，周历正月，郑国的游吉到晋国为少姜送葬。梁丙和张趯求见他。梁丙说："您亲自前来送葬，有点太过分了！"游吉说："我们也是不得已才这样做的。从前文公、襄公称霸诸侯时，他们都尽量不给诸侯带来更多麻烦，只是让每三年派大夫聘问一次，每五年让朝见一次，平时有事才会见，诸侯间有了冲突才举行盟会。国君去世，派大夫吊唁，卿参加葬礼；夫人去世，派士吊唁，大夫参加葬礼。只要能够昭明礼节、颁布命令、商量补救缺失就行了，并没有额外的命令。而现在是国君宠姬的丧礼，我们不敢按照惯例仅派一个相应身份的人来，而是使用了超过夫人规格的礼节，怕的是得罪贵国，怎能嫌麻烦呢？少姜得到宠爱却又死去，齐国必将还要送来一位女子。到那时，我还要再来一趟，不仅仅是这一次啊。"张趯说："好啊，从您的话中我明白了朝会吊丧的礼数！但从今以后你恐怕不会再来了。就比如大火星，当它运行到天空正中的位置时，寒气或暑气将会逐渐消退。因为这是它运行的极点，能不消退吗？晋国将会失去诸侯的拥戴，诸侯就是想再麻烦，恐怕还得不到呢？"两个大夫回去后，游吉对别人说："张趯聪明懂礼，可以进入君子的行列。"

正月二十四日，滕国国君原去世。滕是鲁国的同盟国家，所以《春秋》中才写了他的名字。

齐景公派晏婴前往晋国，请求允许再送一女子。晏婴说："寡君派我前来说：'我愿意事奉国君，早晚都不敢怠慢，并按时奉献财物。只因国家多灾多难，所以不能亲自前来。本来先君这位嫡女能够得以伺候国君，实现了我的愿望，没料到她没有福气，短命而死，使我失去了希望。国君如果还念及先君的旧好，看得起齐国，不嫌弃我的无能，托太公和丁公的洪福，使我们继续蒙受恩惠，使国家得以安定的话，先君还有嫡女以及其他姑姐妹等人。国君如不嫌弃，就请派一使者前来挑选，以作为姬妾。这是我的愿望。'"

韩起派叔向回答说："这当然是寡君的愿望。寡君不能独自承担国家重任，是因为没有正式的夫人。目前正处丧事期间，还不敢向贵国求婚。既然国君有这个命令，没有比这更大的恩惠了。如果贵国看得起我国，给我们以安抚，再赐给一位内主的话，那就不仅是寡君的荣幸，连群臣也会受到恩惠，即使晋国自唐叔以下的历代祖先也都会表示赞许。"

订婚之后，晏婴接受了享礼的待遇，叔向陪他饮宴，两人边饮边谈。叔向说："齐国的情况怎么样？"晏婴说："现在正处于末世，我不能保证齐国会不会落到陈氏手中。国君丢弃他的百姓，甘愿拱手送给陈氏。齐国从前有四种量器，就是豆、区、釜、钟。四升为一豆，四豆为一区，四区为一釜，十釜为一钟。而陈氏的量器只有三种，都比国家统一的量器加大四分之一，钟的容量就更大了。他们用自家的大量器借粮给百姓，而用公家的小量器收回。山里的木材运到市场上，价格不比山里的高。鱼、盐、蜃、蛤的价格也不比海边的贵。

百姓劳动创造的财富，有两份交给了国家，只有一份维持生活。国君积聚的东西腐朽生虫了，贫穷的老人却仍然受到寒冷和饥饿的威胁。国家的市场上，鞋子很便宜，而假肢却非常昂贵。百姓痛苦或有病，陈氏就倍加安抚，百姓爱戴他有如父母，因此归附他也像流水一般，即使不想让百姓拥护陈氏也没有办法。箕伯、直柄、虞遂、伯戏等陈氏祖先以及当初封在陈国的胡公和太姬的神灵已来到齐国要帮助陈氏了。"

叔向说："确实如此。即使是我国公室，现在也已到了末世了。战马不再驾车出征，卿不再率军攻伐，公室的车乘无人驾驭，步兵军队中没有长官。百姓贫困不堪，公室却更加奢侈，路上饿死的人举目可见，受宠的人家依然财富多得容纳不下。百姓听到国君的命令，就像遇到强盗一样避之惟恐不及。栾、郤、胥、原、狐、续、庆、伯八个家族的子孙已沦为卑贱的皂隶之官，政权落到大夫私人手里，百姓生活无依无靠。国君没有哪一天能改过自新，只知道沉溺于欢乐之中，掩饰日益增加的忧患。公室的衰落还能有几天呢？谗鼎之铭说：'即使天不亮就起来，创建了显赫的业绩，恐怕后代子孙还会懒惰懈怠。'更何况国君没有一天悔改过，他还能维持长久吗？"晏婴说："您打算怎么办呢？"叔向说："晋国的公族已经没有了。据我所知，只要公室即将衰微，其宗族就像树上的枝叶一样首先凋落，那么公室也将随之而凋落。我们这一宗共有十一族，只有羊舌氏一族存在。我又没有儿子，公室又没有法度，能得以善终就万幸了，难道还希望得到祭祀吗？"

当初，齐景公准备为晏婴调换住房，说："你的房屋靠近市场，潮湿矮小，嘈杂喧嚣，尘土飞扬，无法居住，请您搬到高处宽敞明亮的房子中。"晏婴辞谢说："国君的先臣我的父辈就曾住在这里，我没有继承父业，能住在这里，就已经很过分了。再说靠近市场，早晚能买到想要的东西，很方便，何必再麻烦为我另建住房呢？"景公笑道："您靠近市场，知道物品的贵贱吗？"晏婴说："既然很方便，怎能不知道呢？"景公问："什么东西贵？什么东西贱？"此时景公滥施刑罚，很多人被砍断了脚，因此就有专门卖假肢的人。晏婴说："假肢贵，鞋子贱。"晏婴把这一情况告诉景公后，因此又与和叔向说起此事。景公为此减轻了刑罚。

君子对此评论说："一个仁慈的人，他的话能给众多的人带来利益。晏婴的一句话，就使齐侯减轻了刑罚。《诗经》说：'君子高兴之时，就是祸乱结束之日。'说的就是这种情况吧！"

趁晏婴去了晋国，景公为他修建住房，等他回来时，新居已经建成。晏婴

中华藏书

四书五经·最新校勘精注今译本

中国书店

二五八

向景公拜谢之后，就把新宅拆毁了，并为被毁坏房屋的邻居重修了住房，一切都恢复到原来的模样，然后让邻居都搬回去居住。他说："谚语说：'住宅不需要占卜，只有邻居才需要占卜。'这些邻居都是我占卜后选择的，违背了占卜的结果是不吉利的，君子不去做不合礼的事情，小人不去做不吉利的事情，这是自古以来的制度。我敢违背它吗？"最后还是恢复了原来房子的模样。开始景公不答应。晏婴托陈桓子代为请求，景公才答应。

夏季四月，郑简公前往晋国，公孙段为相。公孙段非常恭敬而且谦卑，礼仪上也没有任何违背之处。平公对他很赞赏，授给他一份策书，说："子丰对晋国有功，我听说之后就没有忘记过。把州县的田地赐给你，作为对你们家从前功勋的酬劳。"公孙段两次叩头后接了策书出去。君子对此评论说："礼对人来说是极为重要的。公孙段为人一向骄傲，只有这一次在晋国注意了礼，就居然获得了晋君的赏赐，何况那些自始至终都讲究礼的人呢？《诗经》说：'如果为人而不知礼，何不快点死去？'说的就是这种情况吧！"

当初，州县是栾豹的封邑，等栾氏灭亡以后，士匄、赵武、韩起都想得到这块土地。赵武说："管辖州县的温地是我的封邑。"士匄和韩起说："自从郤称把州县和温县分开后，已经三易其主了。晋国把一个县一分为二的情况很多，不仅仅是州县，谁又能按照分开以前的样子去治理呢？"赵武感到不好意思，就放弃了。士匄和韩起说："我们也不能因为有道理就为自己争取。"就都不要了。等到赵武执政，赵获说："现在可以夺取州地了。"赵武说："你滚出去！那两个人的话是合乎道义的。违背了道义，就会招致灾祸，我连自己的封邑都治理不好，还要州邑做什么？岂不是自取祸害？君子说：'担心的是不知道祸患何时到来。'知道会招祸又不去改正，就没有比这更大的祸患了。谁要再提起州县一事，就将他处死！"

丰氏族人到晋国时都住到韩氏家里，公孙段能获得州县，也是韩起为他请求的。韩起为的是有朝一日丰氏把州县还给晋国，他就可以得到这块土地了。

五月，叔弓到滕国，参加滕成公的葬礼，子服椒作为副手。来到滕都郊外那天，正是子服椒的父亲懿伯的忌日，叔弓决定不进入滕都。子服椒说："为国家办事只能考虑国家利益，不要因为私人忌讳而受到影响，请允许我先进去。"便率先住进了宾馆，叔弓这才跟了进去。

晋国的韩起到齐国为平公迎娶夫人。子尾因少姜曾受到平公宠爱，便用自己的女儿代替齐景公的女儿嫁给平公，又把景公的女儿嫁给他人。有人对韩起说："子尾欺骗了晋国，晋国为什么接受呢？"韩起说："我们本来就是要得到齐国的拥护，拒绝子尾，就是疏远齐国的宠臣。这样，他还会亲近晋国吗？"

秋季七月，郑国的子皮到晋国，向平公新娶了夫人表示祝贺，同时说："楚国人每天都来质问我们为什么不去朝见他们的新君。假如我们去朝见，又害怕您会认为寡君有了二心；假如不去，就违背了当初在宋国结下的盟约。去也不是，不去也不是，所以寡君特派我前来汇报这一情况。"韩起派叔向答复说："如果贵君心向寡君，去朝见楚国又有什么害处？只不过是为了实践宋国的盟约而已。贵君能时时想到盟约，寡君就知道可以免于罪过了。如果贵君心中没有寡君，即使每天都来朝见，寡君也不相信。如果你们心中确实心向我国，又何必来告诉我们呢？贵君尽管前去朝见！只要心中有寡君，朝见楚国就像朝见晋国一样。"

张趯派人对游吉说："自从上次你回国之后，我每天都在打扫先人留下的破房子，心想：'您不久就要来了。'没有想到现在来的是子皮，实在让我失望。"游吉说："我地位低下，不合适，因为害怕大国，所以才派上卿去，以表示对夫人的尊重。再说您当初也说过：'您将闲着没事。'我希望能这样。"

小邾穆公来鲁国朝见，季武子想用低于诸侯的礼节接待他。穆叔说："不能这么做。曹、滕和大小邾国从没有忘记和我们友好相处，即使恭敬地迎接，还怕他生有二心呢，如果降低了对这个友好国家的接待规格，怎么再迎接其他友好国家呢？还是像从前那样，而且还要更加恭敬。《志》书说：'能做到恭敬就能免除灾祸。'又说：'恭敬地迎接来宾，等于天降洪福。'"季武子听从了穆叔的建议。

八月，鲁国举行雩祭，这是因为天旱而求雨。

齐景公在莒国打猎时，卢蒲嫳见到他，哭着请求说："您看我的头发都掉光了，还能作什么怪呢？"景公说："好，我回去告诉子雅和子尾。"回来告诉了两人，子尾同意让他回来，子雅认为不行，说："他的头发虽然很短了，但他的心计很长，或许他还想着要睡我的皮呢？"九月，子雅又把卢蒲嫳放逐到北燕。

燕简公有很多宠臣，他想除掉大夫们，而代之以宠臣。冬季，燕国的大夫们杀了简公的所有宠臣，简公吓得逃到了齐国。《春秋》记载为"北燕伯款出奔齐"，意思是罪过在于简公。

十月，郑简公前往楚国，子产为相礼。楚灵王宴请他们，席间吟诵了《吉日》一诗。宴会结束后，子产准备了打猎用具。楚灵王和郑简公到江南的梦地去打猎。

齐国的子雅去世。司马灶见到晏婴时说："又失去了子雅。"晏婴说："可惜呀！连子旗也不能幸免灾祸，危险啊！姜族将要衰落下去了，而陈氏将要兴盛起来。如果子雅、子尾都活着还可以，现在又失去了一个，姜氏危险了！"

昭公四年

经　四年春，王正月，大雨雹。夏，楚子、蔡侯、陈侯、郑伯、许男、徐子、滕子、顿子、胡子、沈子、小邾子、宋世子佐、淮夷会于申。楚人执徐子。秋七月，楚子、蔡侯、陈侯、许男、顿子、胡子、沈子、淮夷伐吴，执齐庆封，杀之。遂灭赖。九月，取鄫。冬十有二月乙卯，叔孙豹卒。

传　四年春，王正月，许男如楚，楚子止之，遂止郑伯，复田江南，许男与焉。

使椒举如晋求诸侯，二君待之①。椒举致命曰②："寡君使举曰：日君有惠③，赐盟于宋，曰：'晋、楚之从，交相见也。'以岁之不易④，寡人愿结欢于二三君。使举请间⑤。君若苟无四方之虞，则愿假宠以请于诸侯⑥。"晋侯欲勿许。司马侯曰："不可。楚王方侈，天或者欲逞其心，以厚其毒而降之罚⑦，未可知也。其使能终，亦未可知也。晋、楚唯天所相⑧，不可与争。君其许之，而修德以待其归⑨。若归于德，吾犹将事之，况诸侯乎？若适淫虐，楚将弃之，吾又谁与争？"公曰："晋有三不殆⑩，其何敌之有？国险而多马，齐、楚多难。有是三者，何乡而不济⑪？"对曰："恃险与马，而虞邻国之难⑫，是三殆也。四岳、三涂、阳城、大室、荆山、中南⑬，九州之险也，是不一姓。冀之北土⑭，马之所生，无兴国焉。恃险与马，不可以为固也，从古以然。是以先王务修德音以亨神人⑮，不闻其务险与马也。邻国之难，不可虞也。或多难以固其国，启其疆土；或无难以丧其国，失其守宇⑯。若何虞难？齐有仲孙之难而获桓公⑰，至今赖之。晋有里、丕之难而获文公⑱，是以为盟主。卫、邢无难，敌亦丧之⑲。故人之难，不可虞也。恃此三者，而不修政德，亡于不暇⑳，又何能济？君其许之！纣作淫虐㉑，文王惠和㉒，殷是以陨，周是以兴，夫岂争诸侯？乃许楚使。"使叔向对曰："寡君有社稷之事，是以不获春秋时见。诸侯，君实有之，何辱命焉？"椒举遂请昏㉓，晋侯许之。

楚子问于子产曰："晋其许我诸侯乎？"对曰："许君。晋君少安㉔，不在诸侯。其大夫多求。莫厌其君㉕。在宋之盟，又曰如一㉖，若不许君，将焉用之?"王曰:"诸侯其来乎?"对曰:"必来。从宋之盟,承君之欢,不畏大国⑳,何故不来?不来者,其鲁、卫、曹、邾乎?曹畏宋,邾畏鲁,鲁、卫逼于齐而亲于晋,唯是不来㉘。其余,君之所及也,谁敢不至?"王曰:"然则吾所求者,无不可乎?"对曰:"求逞于人㉙,不可。与人同欲,尽济。"

大雨雹。季武子问于申丰曰:"雹可御乎?"对曰:"圣人在上,无雹。虽有,不为灾。古者,日在北陆而藏冰㉚;西陆,朝觌而出之㉛。其藏冰也,深山穷谷,固阴沍寒㉜,于是乎取之。其出之也,朝之禄位㉝,宾食丧祭,于是乎用之。其藏之也,黑牡、秬黍㉞,以享司寒㉟。其出之也。桃弧、棘矢㊱,以除其灾。其出入也时㊲,食肉之禄㊳,冰皆与焉。大夫命妇㊴,丧浴用冰。祭寒而藏之㊵,献羔而启之㊶,公始用之。火出而毕赋㊷。自命夫、命妇、至于老疾㊸,无不受冰,山人取之㊹,县人传之㊺,舆人纳之,隶人藏之㊻。夫冰以风壮㊼,而以风出㊽。其藏之也周㊾,其用之也遍㊿,则冬无愆阳(51),夏无伏阴(52),春无凄风,秋无苦雨,雷出不震(53),无灾霜雹(54),疠疾不降,民不夭札(55)。今藏川池之冰,弃而不用。风不越而杀(56),雷不发而震。雹之为灾,谁能御之?《七月》之卒章,藏冰之道也(57)。"

夏,诸侯如楚,鲁、卫、曹、邾不会。曹、邾辞以难,公辞以时祭,卫侯辞以疾。郑伯先待于申。六月丙午(58),楚子合诸侯于申。椒举言于楚子曰:"臣闻诸侯无归(59),礼以为归。今君始得诸侯,其慎礼矣。霸之济否,在此会也。夏启有钧台之享(60),商汤有景亳之命(61),周武有孟津之誓(62),成有歧阳之蒐(63),康有酆宫之朝(64),穆有涂山之会(65),齐桓有召陵之师(66),晋文有践土之盟(67)。君其何用?宋向戌、郑公孙侨在,诸侯之良也,君其选焉。"王曰:"吾用齐桓。"王使问礼于左师与子产。左师曰:"小国习之,大国用之,敢不荐闻(68)?"献公合诸侯之礼六。子产曰:"小国共职,敢不荐守(69)?"献伯、子、男会公之礼六。君子谓合左师善守先代(70),子产善相小国。

王使椒举侍于后,以规过(71)。卒事,不规,王问其故,对曰:"礼,吾所未见者有六焉(72),又何以规?"

宋大子佐后至,王田于武城(73),久而弗见。椒举请辞焉(74)。王使往,曰:"属有宗祧之事于武城(75),寡君将堕币焉(76),敢谢后见。"

徐子(77),吴出也,以为贰焉,故执诸申。

楚子示诸侯侈(78),椒举曰:"夫六王二公之事(79),皆所以示诸侯礼也。诸侯所由用命也。夏桀为仍之会(80),有缗叛之(81)。商纣为黎之蒐(82),东夷叛之。周幽为大室之盟(83),戎狄叛之。皆所以示诸侯汰也,诸侯所由弃命也。今君以汰,无乃不济乎？”王弗听。子产见左师曰：“吾不患楚矣，汰而愎谏⁸⁴，不过十年。”左师曰：“然。不十年侈，其恶不远，远恶而后弃⁸⁵。善亦如之，德远而后兴。”

秋七月，楚子以诸侯伐吴。宋大子、郑伯先归。宋华费遂、郑大夫从。使屈申围朱方⁸⁶，八月甲申⁸⁷，克之，执齐庆封而尽灭其族。将戮庆封。椒举曰：“臣闻无瑕者可以戮人。庆封唯逆命，是以在此，其肯从于戮乎？播于诸侯⁸⁸，焉用之？”王弗听，负之斧钺，以徇于诸侯，使言曰：“无或如齐庆封，弑其君，弱其孤⁸⁹，以盟其大夫⁹⁰。”庆封曰：“无或如楚共王之庶子围，弑其君兄之子麇而代之⁹¹，以盟诸侯。”王使速杀之。

遂以诸侯灭赖⁹²。赖子面缚衔璧，士袒，舆榇从之⁹³，造于中军，王问诸椒举。对曰：“成王克许，许僖公如是，王亲释其缚，受其璧，焚其榇。”王从之。迁赖于鄢⁹⁴。

楚子欲迁许于赖，使斗韦龟与公子弃疾城之而还。

申无宇曰：“楚祸之首⁹⁵，将在此矣。召诸侯而来，伐国而克，城竟莫校⁹⁶。王心不违⁹⁷，民其居乎⁹⁸？民之不处，其谁堪之？不堪王命，乃祸乱也。”

九月，取鄫，言易也。莒乱，著丘公立而不抚鄫，鄫叛而来，故曰取。凡克邑不用师徒曰取。

郑子产作丘赋⁹⁹。国人谤之，曰：“其父死于路⑩⑩，已为蚕尾⑩¹。以令于国，国将若之何？”子宽以告⑩²。子产曰：“何害？苟利社稷，死生以之⑩³。且吾闻为善者不改其度，故能有济也。民不可逞⑩⁴，度不可改。《诗》曰⑩⁵：‘礼义不愆，何恤于人言？’吾不迁矣⑩⁶。”浑罕曰⑩⁷：“国氏其先亡乎⑩⁸！君子作法于凉⑩⁹，其敝犹贪⑩⑩，作法于贪，敝将若之何？姬在列者⑪¹，蔡及曹、滕其先亡乎！逼而无礼⑪²。郑先卫亡，逼而无法。政不率法⑪³，而制于心⑪⁴；民各有心，何上之有？”

冬，吴伐楚，入棘、栎、麻⑪⁵，以报朱方之役。楚沈尹射奔命于夏汭⑪⑥，箴尹宜咎城钟离，薳启强城巢，然丹城州来⑪⁷。东国水⑪⁸，不可以城，彭生罢赖之师⑪⁹。

初，穆子去叔孙氏⑫⑩，及庚宗⑫¹，遇妇人，使私为食而宿焉⑫²。问其行，告之故，哭而送之。适齐，娶于国氏，生孟丙、仲壬。梦天压己，弗胜⑫³。顾而见人，黑而上偻⑫⁴，深目而豭喙⑫⁵，号之曰“牛，助余”，乃胜之。旦而皆召其徒，无之⑫⑥。且曰：“志之⑫⁷。”及宣伯奔齐⑫⁸，馈之⑫⁹。宣伯曰：“鲁以先子之故⑬⑩，将存吾宗，必召女。召女，何如？”对曰：“愿之久矣。”

鲁人召之，不告而归。既立，所宿庚宗之妇人，献以雉[131]。问其姓[132]。对曰："余子长矣，能奉雉而从我矣。"召而见之，则所梦也。未问其名，号之曰"牛"，曰"唯"[133]。皆召其徒，使视之，遂使为竖[134]。有宠，长使为政[135]。公孙明知叔孙于齐[136]，归，未逆国姜[137]，子明取之。故怒，其子长而后使逆之。

田于丘蕕[138]，遂遇疾焉。竖牛欲乱其室而有之，强与孟盟[139]，不可。叔孙为孟钟[140]，曰："尔未际[141]，飨大夫以落之[142]。"既具，使竖牛请日[143]。入，弗谒[144]。出，命之日[145]。及宾至，闻钟声。牛曰："孟有北妇人之客[146]。"怒，将往。牛止之。宾出，使拘而杀诸外[147]。牛又强与仲盟[148]，不可。仲与公御莱书观于公[149]，公与之环[150]，使牛入示之[151]。入，不示。出，命佩之[152]。牛谓叔孙："见仲而何[153]？"叔孙曰："何为？"曰："不见。既自见矣，公与之环而佩之矣。"遂逐之，奔齐。疾急[154]，命召仲，牛许而不召。杜泄见[155]，告之饥渴，授之戈。对曰："求之而至[156]，又何去焉？"竖牛曰："夫子疾病，不欲见人。"使置馈于个而退[157]。牛弗进，则置虚，命彻[158]。十二月癸丑[159]，叔孙不食。乙卯[160]，卒。牛立昭子而相之。

公使杜泄葬叔孙。竖牛赂叔仲昭子与南遗[161]，使恶杜泄于季孙而去之[162]。杜泄将以路葬[163]，且尽卿礼。南遗谓季孙曰："叔孙未乘路，葬焉用之？且冢卿无路[164]，介卿以葬[165]，不亦左乎[166]？"季孙曰："然。"使杜泄舍路。不可，曰："夫子受命于朝，而聘于王。王思旧勋而赐之路，复命而致之君，君不敢逆王命而复赐之，使三官书之。吾子为司徒，实书名[167]。夫子为司马，与工正书服[168]。孟孙为司空，以书勋[169]，今死而弗以[170]，是弃君命也。书在公府而弗以[171]，是废三官也。若命服[172]，生弗敢服，死又不以，将焉用之？"乃使以葬。

季孙谋去中军。竖牛曰："夫子固欲去之[173]。"

【注释】

①二君：指郑、许二君。　②致命：传达命令。　③日：昔日。　④不易：多难。　⑤请间：请于闲暇时听从寡人的请求。间，暇。　⑥假定：假借威宠。即借光。　⑦厚其毒：加深其危害。　⑧相：助。　⑨归：归宿。　⑩殆：危险。　⑪乡：同"向"。　⑫虞：乐。　⑬四岳：指东岳泰山、西岳华山、南岳衡山、北岳恒山。三涂：即三涂山，俗名崖口，在今河南嵩县西南伊水之北。阳城：俗名城山岭，在今河南登封县东南。大室：即今河南登封县的嵩山。荆山：在今湖北南漳县西八十里。中南：即陕西西安市南终南山，又名秦山，秦岭。　⑭冀：冀州。　⑮亨：即享。　⑯守宇：疆土。　⑰仲孙之难：事见庄公八年、九年传。获：成就。　⑱里、丕之难：事见僖公九年传。里，里克。丕，丕郑。　⑲敌亦丧之：敌人灭了它。闵公二年灭卫，僖公二十五年灭邢。　⑳亡于不暇：即不暇于救亡。意为挽救危亡还来不及。

中华藏书

四书五经・最新校勘精注今译本

中国书店

二三六四

㉑淫虐：荒淫暴虐。　㉒惠和：慈惠和善。　㉓请昏：求婚。　㉔少安：安于小事。少，小。　㉕匡：匡正，扶持。　㉖如一：如同一国。　㉗大国：指晋。　㉘唯是：因此。　㉙求逞于人：在别人那里求得快意。　㉚北陆：指虚宿和危宿。地球公转至此为小寒，这时为夏正十二月，当极冷之时。　㉛西陆：指昴宿和毕宿。昴、毕诸星早晨出现，则取出藏冰，其时应是清明、谷雨，当夏正四月。朝觌：早晨出现。　㉜固阴冱寒：凝滞阴寒之气。固、冱（hù）同义，凝涸。　㉝朝之禄位：指卿、大夫、士等官员。　㉞黑牡：黑色公羊。秬（jú）黍：黑色黍子。　㉟司寒：为冬神玄冥。冬在北陆，故用黑色。　㊱桃弧棘矢：用桃木弓、荆箭挂在冰室门口以禳灾。　㊲时：按照时令。　㊳食肉之禄：禄位足以食肉者。指吃肉的官吏。　㊴命妇：大夫之妻。　㊵祭寒：即享司寒。　㊶献羔：即《诗经·豳风·七月》中"四之日其蚤，献羔祭韭"。古代每年夏历二月朔日举行祭祖仪式，献羔即指此。羔，小羊。　㊷火出而毕赋：大火星出现分配完毕，大火星于黄昏时出现，则为夏历三月，此时食肉者皆可得冰。　㊸老疾：告老退休及生病的。　㊹山人：即山虞，小官。　㊺县人：即县正，官名。　㊻舆人、隶人：皆为贱官。　㊼冰以风壮：冰因风寒而坚。　㊽而以风出：由于春风而取出。　㊾周：周密。　㊿遍：普遍。　51愆阳：温暖过度。　52伏阴：阴寒。　53不震：不击伤。　54无灾霜雹：霜雹不成灾。　55夭札：短命为夭，流行病死亡曰札。　56风不越而杀：风不散而草木凋零。　57藏冰之道：藏冰的道理。详见《诗经·豳风·七月》篇末章。　58丙午：十六日。　59礼以为归：归服于有礼者。　60钧台：古地名，在今河南禹县境内。　61景亳：地名，在今河南商丘市北。　62孟津：即盟津，在今河南孟县南。　63歧阳：在今陕西岐山县境。　64鄼宫：即丰宫，当为文庙，在今陕西户县东。　65涂山：在今安徽怀远县东南。　66召陵之师：见僖公四年。　67践土之盟：见僖公二十八年。　68荐闻：献其所闻。　69荐守：献其所奉守的礼仪。　70善守先代：善于奉守前代的礼仪。　71规过：纠正过失。　72六：指左师、子产所献六礼。　73武城：当在今河南南阳市北。　74辞：辞谢，道歉。　75属：适逢。　76堕币：即输币，以财礼祭献于宗庙。　77徐子：徐国国君，其母为吴国女。徐国在今安徽泗县西北。　78示诸侯侈：对诸侯表现骄侈。　79六王二公：六王指启、汤、武、成、康、穆。二公即齐桓、晋文。　80仍：古国名，太昊风姓后代，当在今山东金乡东北。　81有缗：即缗国，帝舜后代，姚姓。在今山东金乡县东北。　82黎：见宣公十五年传注。　83大室：即嵩山。　84愎谏：固执己见，拒谏。　85远恶：邪恶流远。远，长久，远播。　86朱方：吴邑名，在今江苏丹徒镇南，吴踢予齐庆封。　87甲申：八月无甲申，有误。　88播：传播丑恶。　89弱其孤：削弱国君的孤儿。孤，指齐景公。　90盟其大夫：见襄公二十五年传。　91麇：即郏敖，楚国君，公子围之兄，康王之子。　92赖：国名，在今湖北随县东。　93舆榇：抬着棺材。　94鄢：地名，在今湖北宜城县南。　95首：开端。　96城竟莫校：在边境筑城无人抗争。　97王心不违：国君随心所欲。　98居：义同"处"，安居。　99丘赋：丘为乡间基层组织，原隶属采邑主。丘赋即使丘中农夫按所耕田亩多少向公室交纳军赋若干。鲁于成公元年曾作丘甲，疑与此相同。　100其父死于路：子产之父子国为尉氏所杀。详见襄公十年传。　101虿（chài）：蝎类毒虫，尾有毒刺。　102子宽：郑大夫。　103以：由。　104逞：快意，满足欲望。　105《诗》曰：以下二句为逸诗。　106迁：变更。　107浑罕：即子宽。　108国氏：

即子产家族。郑国公族，其公孙一代常以父之字为氏。子产之父公子发字子国，为郑穆公之子。本人公孙侨，故以"国"为氏。其他如子游之子称游楚，子罕之子子展称罕氏等。　⑩凉：凉薄，不足道。　⑩敝：终，后果。　⑪姬在列者：姬姓列国。　⑫逼：近，即邻近大国。　⑬率：循。　⑭制于心：由自己心意来制定。　⑮棘、栎、麻：均为楚地名。　⑯沈尹射：沈，县名，县长曰尹。射，人名。下文箴尹宜答同此。夏汭：地名，在今安徽凤台县西南。　⑰然丹：郑穆公孙，于襄公十九年奔楚。　⑱东国：楚以东部地区为东国，钟离、巢、州来及赖均为东部地名　⑲彭生：楚大夫。　⑳穆子：即叔孙豹。　㉑庚宗：鲁地名，在今山东泗水县东。　㉒宿：与妇人私通。　㉓弗胜：禁不住。　㉔上偻：上身佝偻。　㉕深目而豭喙：深眼窝，口像猪。　㉖无之：无所梦之人。　㉗志之：记下来。　㉘宣伯：即叔孙侨如，穆子之兄。　㉙馈：赠食物。　㉚先子：即宣伯先人。　㉛献雉：古礼仪，此妇人献雉，示其有子。雉，野鸡。　㉜姓：子。　㉝唯：应答之辞。　㉞竖：小臣。　㉟为政：主家政。　㊱公孙明：齐大夫，字子明。与叔孙相知。　㊲国姜：即孟丙、仲壬之母。　㊳丘莸：地名。　㊴孟：指孟丙。　㊵为孟钟：为孟丙造一钟。　㊶未际：未与人交际。　㊷落：古代凡器用，如钟、鼓之类，置于宗庙先以猪、羊或鸡之血祭之，称为衅。然后飨宴，称为落，如今之落成典礼。衅不必享，落则享客。　㊸请日：请穆子确定日期。　㊹谒：告。　㊺命之日：即假传穆子确定的日期。　㊻北妇人之客：北妇人，即国姜。客，指公孙明。　㊼杀诸外：杀孟丙于外。　㊽仲：即仲壬。　㊾莱书：人名，昭公御者。观于公：在公宫游观。　㊿环：玉环。　(151)入示：入室以示穆子。　(152)命佩之：诈以穆子之命使仲壬佩带。　(153)见仲：使仲壬见昭公。　(154)疾急：病危。　(155)杜泄：叔孙氏宰。　(156)求：寻找。　(157)置馈于个：把食物放在厢房里。个，厢房。　(158)置虚，命彻：将食物倒掉，命撤去食具。　(159)癸丑：二十六日。　(160)乙卯：二十八日。　(161)叔仲昭子：即叔仲带。南遗：季氏家臣。　(162)恶：恶言，即说坏话。　(163)路：周王赐予叔孙的车子。　(164)冢卿：正卿，季孙为冢卿。　(165)介：次，副。　(166)左：不正。　(167)书名：书姓名，定位号。　(168)书服：记载车服。　(169)书勋：记录功勋。　(170)以：用。　(171)书在公府：记载藏在公府中。　(172)命服：国君命令赐予的车服。　(173)固：本来。

【译文】

四年春季，周历正月，许男到楚国朝见。楚灵王扣留他不让回去，接着又扣留了郑简公，再一次到江南打猎，许男也去了。

灵王派伍举到晋国，请求允许诸侯到楚国会盟，并让郑简公和许男就在楚国等候。伍举说："寡君派我前来说：从前承蒙贵君大力协助，使宋国结盟得以成功。盟约中说：'晋、楚的属国要互相朝见。'由于今年多灾多难，我愿意和诸侯重建友好，特派伍举前去请求。如果国君放心，希望通过您向其他诸侯请求。"晋平公本来不准备同意，但司马侯说："不应这样做。楚王目前正是气焰嚣张的时候，也许是上天要使他满足自己的愿望，以加重其罪行，然后再惩罚他。也许能使他得以善终。晋国和楚国谁能称霸诸侯，只能靠上天的帮助，不能依靠双方的争夺。国君不妨答应他们，然后修明德行以等待看他的结局。如果他能施行德政，即使我们晋国也要侍奉他，何况其他诸侯呢？如果他更加荒淫暴虐，楚国也会抛弃他，又有谁能和我们争霸呢？"平公说："晋国拥有三个有利条件，可以保证平安无事，有谁能和我们抗衡呢？一是地势险要，二是马匹众多，三是齐、楚两国多灾多难。有了这三条，就能无往而不胜。"司马侯回答说："恰恰相反，依靠地势险要，马匹众多，又对邻国的灾难幸灾乐祸，这是三个危险的条件。四岳、三涂、阳城、太室、荆山、中南，都是九州中的险要地带，并没有一直为一姓所拥有。冀州的北部盛产马匹，并没有兴起强大的国家。依靠地势险要和马匹众多，并不能保证国家得以巩固，自古以来就是这个道理。因此先王致力于修明德行以赢得神灵和百姓的欢心，没有听说过他要依靠险要地带和多产马匹使国家富强。也不要把邻国的灾难当做自己的快乐。多灾多难也许会使一个国家得到进一步的巩固，并扩大疆土；没有灾难也许反而会丧失国家，失去疆土。为什么要希望别国发生灾难呢？齐国发生了仲孙之乱，结果出现了齐桓公，至今还受益于桓公的余荫。我国发生了里克、丕郑之乱，结果出现了晋文公，使我国能称霸诸侯。卫国和邢国倒是没有发生什么灾难，却被外敌灭亡了。因此不能把别人的灾难当做自己的快乐。仅依靠这三点，而不修明政治和德行，连免于灭亡也保证不了，又怎么能够取得成功？国君还是要答应他们！纣王荒淫暴虐，文王宽厚仁慈，商朝因此灭亡，周朝因此兴盛，难道仅仅是争夺诸侯就能做到的吗？"于是答应了楚国使者，派叔向答复说："寡君要忙于处理国家大事，不能保证在春秋两季按时前往朝见。至于其他诸侯，本来就是归属贵国的，又何必征求我们的意见呢？"伍举为楚灵王求婚，平公也答应了。

楚灵王问子产："晋国能答应让诸侯归顺我吗？"子产回答说："会答应国君的。晋君追求安逸，心思不在诸侯身上。他们的大夫又大多贪图财富，没有人能辅佐国君。况且在宋国盟会上又宣布晋、楚两国平等，诸侯可以互相朝见，如果他们不答应，又哪里用得着缔结宋国之盟呢？"灵王说："诸侯会来朝见吗？"子产回答说："一定能来。服从宋国之盟，讨得国君欢心，又不用害怕晋国，为什么不来呢？即使有不来的国家，大概也就是鲁、卫、曹、邾等国吧！曹国害怕宋国，邾国害怕鲁国，鲁、卫受到齐国逼迫而不得不亲近晋国，因此他们可能不来。其余国家，是国君的威力所能制服得了的，谁敢不来呢？"灵王说："这样，我想要求什么都能如愿以偿了？"子产说："如果想强迫别人来满足自己的愿望是不行的，但如果能做到和别人的愿望保持一致，就能成功。”

鲁国下了大雨和冰雹。季武子问申丰说：“能够防止冰雹吗？”申丰说：“圣人在位，就不会下冰雹，即使下了，也不会造成灾害。古代，当太阳行至虚宿和危宿的位置时，就要将冰块收藏起来，行至昴宿和毕宿时，把冰块取出来。收藏冰块时，要到寒气凝固的深山幽谷中去凿取。取出冰块时，朝廷上有禄位的人在迎宾、用餐、丧葬、祭祀时都要使用。收藏时，要用黑色的公羊和黑色的黍子祭祀冬神。取出时，要在门上挂上桃弓和棘箭以消除灾难。收藏和取出都有规定的时间。凡是禄位足以食肉的人都具备用冰的资格。大夫和他的夫人去世后，可以用冰块擦洗身体。祭祀冬神时要把冰块收藏起来，奉献羔羊祭祖时要打开冰库，国君首先使用。大火星出现之前要把冰块分配完毕，大夫及其夫人，以及年老有病的人都可以得到。冰块由山官负责凿取，县官负责传递，舆人负责运送，隶人负责收藏。冰块因为寒风而更加坚固，也因为春风而逐渐融化。其收藏严密，使用普遍。这样冬天就没有冬温，夏天就没有夏寒，春天就没有凄风，秋天就没有苦雨，天上打雷不会伤人，下了霜雹也不会成灾，瘟疫不会流行，百姓不会夭亡。而现在却收藏着河里池中的冰块又不使用，结果不刮风就草木凋零，不打雷就人畜伤亡，以至于冰雹造成了灾害，又有谁能防止得了呢？《七月》的最后一章就说明了藏冰的方法。”

夏季，诸侯前往楚国会盟，鲁、卫、曹、邾四国没有参加。曹国、邾国借口国家不安定没去，昭公以祭祖为由没去，卫襄公以有病为由没去。郑简公先在申地等候诸侯的到来。六月十六日，灵王在申地集合了诸侯。伍举对灵王说：“据我所知，诸侯不会归服别的，只会归服于礼。现在国君刚刚开始得到诸侯的拥护，在礼上一定要谨慎。霸业能否成功就在此一举了。从前夏启有钧台之享，商汤有景亳之命。周武王有孟津之盟誓，成王有歧阳之阅兵，康王有酆宫之朝觐，穆王有涂山之会见，齐桓公有召陵之师，晋文公有践土之盟，国君准备采取哪一种方式呢？宋国的向戌和郑国的子产都在，他们是诸侯大夫中的杰出人才，可以任意挑选。”灵王说：“我采用齐桓公的方式。”灵王向向戌和子产询问有关的礼。向戌说：“小国学习礼，大国使用礼，我怎能不把听说的都献出来呢？”于是献出了公、侯会合诸侯的六种礼仪。子产说：“小国事奉大国应该忠于职守，怎敢不把所奉守的都献出来呢？”于是献出了伯、子、男会见公侯的六种礼仪。君子由此认为向戌善于保存前代礼仪，子产则善于辅佐小国。

灵王让伍举站在身后，以随时纠正他的做法。直到整个活动结束，伍举也没有做出任何纠正。灵王问伍举是什么原因，伍举说："这六种礼仪都是我没有见过的，我怎么知道是对是错呢？"

宋国的太子佐来得比较晚，当时灵王正在武城打猎，很久没接见他。伍举请求前去道歉。灵王便派伍举前去说："现在武城正在举行宗庙祭祀活动，寡君将要把宋国进献的财礼献给宗庙，因此不能及时接见您，深表歉意。"

徐子的母亲是吴国人，楚国人怀疑徐子有二心，把他抓了起来押在申地。

灵王在诸侯面前表现得非常放纵。伍举说："六王、二公举行重大活动都是用以向诸侯昭示礼的，因此诸侯都能听从命令。从前夏桀举行仍地会见时，有缗背叛了他；商纣举行黎地阅兵时，东夷背叛了他；周幽王举行大室盟会时，戎狄背叛了他。这都是由于他们在诸侯面前骄纵，诸侯才背叛了他们。现在国君也显得骄纵了，恐怕会盟难以成功！"灵王不听。子产见到向成说："我不担心楚国了。骄纵又不听规劝，维持不了十年。"向成说："对。他们骄纵不了十年，邪恶就不会远播四方。一旦邪恶远播，就会被抛弃。善也是这个道理，一旦德行远扬，就会兴盛起来。"

秋季七月，灵王率领诸侯攻打吴国，宋国太子、郑简公先行回国，宋国华费遂、郑国大夫则随同灵王征伐。灵王派屈申包围了吴国的朱方。八月某日，将朱方攻克，抓住了齐国的庆封，把他的族人全部灭绝。准备杀死庆封时，伍举说："我听说，只有毫无缺点的人才有资格处罚他人。庆封正因为违抗了国君的命令才逃到这里，他能愿意被杀死吗？如果丑事在诸侯中传播开来，怎么好呢？"灵王不听，让庆封背着一把斧钺，在诸侯中游行示众，并让他高喊："大家不要像齐国的庆封那样杀死国君，削弱幼主，并和大夫私下结盟！"庆封在游行时却喊道："大家不要像楚王的庶子围那样杀死他的国君哥哥的儿子麇而取而代之，又和诸侯结盟！"灵王立刻派人把庆封杀了。

随后灵王带领诸侯灭了赖国。赖子两手反绑，口衔玉璧，并让光着上身的士兵抬着棺材随他来到楚国中军。灵王问伍举应该怎么处置。伍举说："成王攻下许国时，许僖公就是这样来到楚军之中，成王亲自为他松绑，接受了玉璧，焚烧了抬来的棺材。"灵王听从了伍举的建议。并把赖国迁到鄢地。

灵王打算把许国迁到赖地，派斗韦龟和公子弃疾前去修筑赖城。

申无宇说："楚国的祸乱将首先在这里发生。因为他们要召集诸侯，诸侯就前来；要攻打赖国，就能攻克；要筑城，也没有人提出异议。国君想怎么干都能如愿以偿，这样百姓哪里会有一天安定下来呢？百姓不能安居乐业，又怎能忍受得了？忍受不了，就会产生祸乱。"

九月，鲁国攻取了鄆国，《春秋》记为"取鄆"，说明夺取鄆国非常容易。莒国发生了动乱，著丘公即位后没有注意安抚鄆国，鄆国便背叛他们投奔了鲁国，因此称为"取"。凡是攻下一座城邑，不使用武力就叫"取"。

　　郑国子产创制了丘赋制度，因此遭到国人的诽谤。他们说："他的父亲死在路边，他自己变成了蝎子尾巴毒害百姓，由这样的人治理国家，国家将怎么办呢？"子宽把这话转告了子产，子产说："这有什么可怕的？假如对国家有利，我不在乎个人的生死存亡。再说我曾听说，推行善政的人决不能轻易改变他的制度，因此才能取得成功。百姓不能让他们太放纵，制度不能轻易就改变。《诗经》说：'只要礼义没有过失，何必担心别人的议论呢？'我不会改变。"子宽说："国氏恐怕要首先灭亡吧！君子制定的政策过于刻薄，其结果必然流于贪婪。政策过于贪婪，其后果不堪设想。姬姓诸国中，蔡国和曹国、滕国将会首先灭亡，因为它们受到大国的逼迫而且不讲礼。郑国将在卫国之前灭亡，因为它也受到大国的逼迫而且没有法度。制定政策不遵守先王法度，而根据自己的意志决定，百姓就会各有各的想法，就不会再把上面执政的人放在眼里。"

　　冬季，吴国攻打楚国，侵入棘、栎、麻等地，以报复楚国对朱方的攻打。楚国的沈尹射逃到夏汭听候命令，箴尹宜咎修筑钟离城，蓬启强修筑巢城，然丹修筑州来城。楚国以东地区发生了水灾，因此无法筑城，楚大夫彭生下令赖地的军队停止筑城。

　　当初，叔孙豹从叔孙家逃往齐国，行至庚宗时，遇到一个女人，便让她偷偷为自己弄点吃的东西，并且和她私通起来。那女人问他到哪里去，叔孙豹告诉她原因，女人听后哭着送他上路，叔孙豹到齐国后，娶了国氏的女儿为妻，后来生了孟丙和仲壬。有一次做梦，天塌下来压住了自己，眼看就要支撑不住了，他回头一看，见一个人面容很黑，肩膀向前弯曲，眼睛深陷，长着一副猪一样的嘴巴。他向这个人喊道："牛，快来帮我！"这样才没有被天压死。第二天早晨他召集所有手下的人，也没有找到梦中那个人。他对手下人说："你们都记住这个人的相貌！"等叔孙侨如也逃到齐国，叔孙豹送给他食物吃。侨如说："鲁国因为我们的祖先有功，准备让我们家族的人做卿，一定要请您回去。如果请您，您怎么办？"叔孙豹说："这正是我长久以来的愿望。"

　　果然，不久鲁国便请叔孙豹回去，他没有告诉侨如就走了。被立为卿后，那个在庚宗曾经与他同居过的女人来献野鸡。叔孙豹问起他的儿子，女人说："我儿子已经长大了，能拿着野鸡跟我一起来了。"把她儿子叫来，叔孙豹一看，原来就是他梦中见到的那个人。他没有问他的名字就喊道："牛"，那孩子张口答应："哎"。叔孙豹便把手下人都召来让他们和牛见面，并让他做了小臣。牛从此受到宠信，长大以后，叔孙豹又把家政交给他负责。叔孙豹在齐国时和齐大夫公孙明关系很好，回到鲁国后，还没有来得及接回国姜，公孙明就占有了她。叔孙豹非常生气，直到两个儿子长大之后，才把他们接回鲁国。

　　叔孙豹在丘莸打猎时，生了病。竖牛打算破坏叔孙豹的家室后将其占有，便强行要和孟丙盟誓，孟丙不同意。叔孙豹曾经为孟丙铸了一口钟，说："你没有和人应酬交往过，我准备选择一个时间宴请大夫们，同时为钟的落成举行典礼。"孟丙准备好享礼后，让竖牛去请求父亲确定具体日期。竖牛进去后，并没有报告此事，出来后却诈称父亲已决定了宴享的日子。等宴请的宾客都已来到，叔孙豹听到有钟声响起。竖牛说："孟丙正在招待北方那女人的客人公孙明吧。"叔孙豹怒不可遏，准备出去看个究竟，被竖牛劝住了。宾客走后，叔孙豹让人把孟丙抓住并在门外将其杀死。竖牛又强行要和仲壬盟誓，仲壬也不答应。有一次仲壬和昭公御者莱书在公宫游玩，昭公赐给他一个玉环，仲壬让竖牛拿给叔孙豹看。竖牛进去后，并没有让叔孙豹看，出来后诈称叔孙豹让仲壬佩带。但又在叔孙豹跟前说："让仲壬进见国君以确定他为继承人，怎么样？"叔孙豹说："为什么要这样？"牛说："不让他去进见，实际上他自己已经进见了，国君送给他一只玉环，他都佩带上了。"叔孙豹便生气地把仲壬赶走，仲壬逃到了齐国。叔孙豹病重时，让竖牛迅速召仲壬回来，竖牛答应了却不派人去，杜泄见到叔孙豹时，叔孙豹告诉他，自己受到竖牛的虐待，又饥又渴，并给杜泄一把戈，让他去杀了竖牛。杜泄回答说："当初您到处找这个人，如今找到了，又为什么除掉他呢？"竖牛对前来探望的人说："父亲病情很重，不想见任何人。"让别人把带来的东西放到东厢房后出去。他不把这些食物送给叔孙豹，而是倒掉后让来人把盛食物的用具带走。十二月二十六日，叔孙豹一天没有吃到食物。二十八日去世。竖牛立了昭子为继承人，自己辅佐他。

　　昭公派杜泄安葬叔孙豹。竖牛暗中贿赂叔仲带和季氏家臣南遗，让他们在季孙面前散布杜泄的坏话以除掉他。杜泄准备用路车为叔孙豹送葬，并使用卿的礼仪。南遗对季孙说："叔孙豹生前并未乘过路车，为什么要用它安葬？再说正卿都不用路车，而次卿却用，这样做不够名正言顺。"季孙说："对。"便让杜泄不要使用路车。杜泄不肯这么做，他说："叔孙豹曾奉命朝见天子，天子念及他的祖先从前的功勋而赐给他这辆车，他回来后献给国君。国君不敢违背天子的命令又把这辆车赐给了他，并让司徒、司马、司空郑重记下此事。当时您作为司徒，曾经记下了爵位和姓名，叔孙豹作为司马，让工正记下了车服的情况，孟孙作为司空记下了功勋。如今他死了却不让用路车安葬，这等于是放弃国君的命令。有关此事的记录都存在公府中，如果不让使用，就等于是废除了三官。如果天子和国君赏赐的车服，生前不敢使用，死后又不让用，要它还有什么用呢？"季孙这才同意用路车送葬。

季孙计划取消中军的建制。竖牛讨好说："本来叔孙豹也打算要撤销它。"

昭公五年

经　五年春，王正月，舍中军。楚杀其大夫屈申。公如晋。夏，莒牟夷以牟娄及防、兹来奔。秋七月，公至自晋。戊辰，叔弓帅师败莒师于蚡泉。秦伯卒。冬，楚子、蔡侯、陈侯、许男、顿子、沈子、徐人、越人伐吴。

传　五年春，王正月，舍中军，卑公室也①。毁中军于施氏②，成诸臧氏③，初作中军，三分公室而各有其一。季氏尽征之④，叔孙氏臣其子弟⑤，孟氏取其半焉⑥。及其舍之也，四分公室，季氏二，二子各一。皆尽征之，而贡于公⑦。

以书使杜泄告于殡⑧，曰："子固欲毁中军，既毁之矣，故告。"杜泄曰："夫子唯不欲毁也，故盟诸僖闳⑨，诅诸五父之衢⑩。"受其书而投之，帅士而哭之。

叔仲子谓季孙曰："带受命于子叔孙曰，葬鲜者自西门⑪。"季孙命杜泄。杜泄曰："卿丧自朝⑫，鲁礼也。吾子为国政，未改礼，而又迁之。群臣惧死，不敢自也。"既葬而行⑬。

仲至自齐⑭，季孙欲立之。南遗曰："叔孙氏厚则季氏薄⑮。彼实家乱，子勿与知，不亦可乎？"南遗使国人助竖牛以攻诸大库之庭。司宫射之⑯，中目而死。竖牛取东鄙三十邑，以与南遗。

昭子即位，朝其家众，曰："竖牛祸叔孙氏，使乱大从⑰，杀适立庶，又披其邑⑱，将以赦罪，罪莫大焉。必速杀之。"竖牛惧，奔齐。孟、仲之子杀诸塞关之外⑲，投其首于宁风之棘上⑳。仲尼曰："叔孙昭子之不劳㉑，不可能也㉒。周任有言曰：'为政者不赏私劳，不罚私怨。'《诗》云：'有觉德行，四国顺之㉓。'"

初，穆子之生也，庄叔以《周易》筮之㉔，遇《明夷》䷣之《谦》䷎㉕，以示卜楚丘。楚丘曰："是将行，而归为子祀㉖。以谗人入，其名曰牛，卒以馁死㉗。《明夷》，日也㉘。日之数十㉙，故有十时㉚，亦当十位。自王已下，其二为公，其三为卿。日上其中㉛，食日为二㉜，旦日为三㉝。《明夷》之《谦》，明而未融㉞，其当旦乎。故曰为子祀，日之《谦》，当鸟㉟，故曰明夷于飞㊱。明而未融，故曰垂其翼。象日之动㊲，故曰君子于行。当三在旦㊳，故曰三日不食。《离》，火也，《艮》，山也。《离》为火，火焚山，山败。于人为言㊴，败言为谗㊵。故曰有攸往。主人有言，言必谗也。纯《离》为牛㊶，世乱谗胜，胜将适《离》㊷，故曰其名曰牛。《谦》不足㊸，飞不翔㊹，垂不峻㊺，翼不广㊻，故曰其为子后乎㊼。吾子，亚卿也，抑少不终㊽。"

楚子以屈申为贰于吴，乃杀之。以屈生为莫敖，使与令尹子荡如晋逆女。过郑，郑伯劳子荡于汜，劳屈生于菟氏㊾。晋侯送女于邢丘。子产相郑伯，会晋侯于邢丘。

公如晋，自郊劳至于赠贿，无失礼。晋侯谓女叔齐曰："鲁侯不亦善于礼乎？"对曰："鲁侯焉知礼？"公曰："何为？自郊劳至于赠贿，礼无违者，何故不知？"对曰："是仪也㊿，不可谓礼。礼所以守其国，行其政令，无失其民者也。今政令在家(51)，不能取也。有子家羁(52)，弗能用也。奸大国之盟，陵虐小国。利之之难，不知其私(53)。公室四分，民食于他(54)。思莫在公，不图其终。为国君，难将及身，不恤其所。礼之本末，将于此乎在(55)，而屑屑焉习仪以亟(56)。言善于礼，不亦远乎？"君子谓叔侯于是乎知礼。

晋韩宣子如楚送女，叔向为介。郑子皮、子大叔劳诸索氏(57)。大叔谓叔向曰："楚王汰侈已甚，子其戒之。"叔向曰："汰侈已甚，身之灾也，焉能及人？若奉吾币帛，慎吾威仪，守之以信，行之以礼，敬始而思终，终无不复。从而不失仪，敬而不失威，道之以训辞(58)，奉之以旧法(59)，考之以先王，度之以二国(60)，虽汰侈，若我何？"

及楚，楚子朝其大夫，曰："晋，吾仇敌也。苟得志焉(61)，无恤其他。今其来者，上卿、上大夫也。若吾以韩起为阍，以羊舌肸为司宫，足以辱晋，吾亦得志矣，可乎？"大夫莫对。薳启强曰："可。苟有其备，何故不可？耻匹夫不可以无备(62)，况耻国乎？是以圣王务行礼，不求耻人。朝聘有珪，享觌有璋(63)，小有述职，大有巡功(64)，设机而不倚(65)，爵盈而不饮，宴有好货，飧有陪鼎(66)，入有郊劳，出有赠贿，礼之至也。国家之败，失之道也，则祸乱兴，城濮之役，晋无楚备，以败于邲。邲之役，楚无晋备，以败于鄢。自鄢以来，晋不失备，而加之以礼，重之以睦，是以楚弗能报而求亲焉。既获姻亲，又欲耻之，以召寇仇，备之若何？谁其重此[67]？若有其人，耻之可也。若其未有，君亦图之。晋之事君，臣曰可矣。求诸侯而麋至[68]。求昏而荐女，君亲送之，上卿及上大夫致之。犹欲耻之，君其亦有备矣。不然，奈何？韩起之下，赵成、中行吴、魏舒、范鞅、知盈[69]；羊舌肸之下，祁午、张趯、籍谈、女齐、梁丙、张骼、辅跞、苗贲皇[70]，皆诸侯之选也[71]。韩襄为公族大夫，韩须受命而使矣。箕襄、邢带、叔禽、叔椒、子羽，皆大家也[72]。韩赋七邑[73]，皆成县也[74]。羊舌四族[75]，皆强家也。晋人若丧韩起、杨肸[76]，五卿八大夫辅韩须、杨石[77]，因其十家九县，长毂九百[78]，其余四十县，遗守四千[79]，奋其武怒，以报其大耻，伯华谋之，中行伯、魏舒帅之，其蔑不济矣。君将以亲易怨，实无礼以速寇，而未有其备，使群臣往遗之禽[80]，以逞君心，何不可之有？”王曰：“不谷之过也，大夫无辱。”厚为韩子礼。王欲敖叔向以其所不知[81]，而不能，亦厚其礼。

韩起反，郑伯劳诸圉[82]。辞不敢见，礼也。

郑罕虎如齐，娶于子尾氏。晏子骤见之[83]。陈桓子问其故，对曰：“能用善人，民之主也。”

夏，莒牟夷以牟娄及防、兹来奔[84]。牟夷非卿而书，尊地也。

莒人愬于晋[85]。晋侯欲止公。范献子曰：“不可。人朝而执之，诱也[86]。讨不以师，而诱以成之，惰也。为盟主而犯此二者，无乃不可乎？请归之，间而以师讨焉[87]。”乃归公。秋七月，公至自晋。

莒人来讨，不设备。戊辰[88]，叔弓败诸蚡泉[89]，莒未陈也。

冬十月，楚子以诸侯及东夷伐吴，以报棘、栎、麻之役。薳射以繁扬之师[90]会于夏汭。越大夫常寿过帅师会楚子于琐[91]。闻吴师出，薳启强帅师从之，遽不设备[92]，吴人败诸鹊岸[93]。楚子以驲至于罗汭[94]。

吴子使其弟蹶由犒师，楚人执之，将以衅鼓。王使问焉，曰：“女卜来吉乎？”对曰：“吉。寡君闻君将治兵于敝邑，卜之以守龟[95]，曰，余亟使人犒师[96]，请行以观王怒之疾徐，而为之备，尚克知之，龟兆告吉[97]，曰，克可知也。君若驩焉[98]，好逆使臣，滋敝邑休息[99]，而忘其死，亡无日矣。今君奋焉[100]，震电冯怒[101]，虐执使臣，将以衅鼓，则吴知所备矣。敝邑虽赢，若早修完，其可以息师[102]。难易有备[103]，可谓吉矣。且吴社稷是卜，岂为一人？使臣获衅军鼓，而敝邑知备，以御不虞，其为吉孰大焉？国之守龟，其何事不卜？一臧一否[104]，其谁能常之[105]？城濮之兆，其报在邲[106]。今此行也，其庸有报志[107]？”乃弗杀。

楚师济于罗汭，沈尹赤会楚子，次于莱山[108]，薳射帅繁扬之师，先入南怀，楚师从之。及汝清，吴不可入。楚子遂观兵于坻箕之山[109]。

是行也，吴早设备，楚无功而还，以蹶由归。楚子惧吴，使沈尹射待命于巢，薳启强待命于雩娄[110]，礼也。

秦后子复归于秦，景公卒故也。

【注释】

①卑：降低。 ②毁中军于施氏：在施氏家里谋划撤销中军。施氏，公子施父之族。 ③成诸臧氏：在臧氏家里达成协议。臧氏，公子子臧之族。 ④尽征：鲁国军队，无论士卒车乘，皆出于国都近郊。三家的私兵，则出自其采邑。无论采邑或近郊之民，出卒乘者季氏免其田赋；不出卒乘者，加倍征其田赋。尽征即或征卒乘，或征田赋。 ⑤臣其子弟，即将青壮的士卒作为奴隶兵，老弱者作为自由民。子弟，指青壮者。 ⑥取其半：一半为自由民，或出军赋，或出田赋；一半仍为奴隶或为奴隶兵，或为农业奴隶。 ⑦贡于公：向公室交纳贡赋。⑧书：策书。 ⑨僖闳：僖公宗庙门口。 ⑩诅诸五父之衢：见襄公十一年传。 ⑪鲜：不得寿终。 ⑫自朝：自朝门出，朝门为正门，即鲁南门。 ⑬行：出走。 ⑭仲：即仲壬。 ⑮厚：强。薄：弱。 ⑯司宫：阉臣。 ⑰大从：重大的条理，常规。 ⑱披：分。 ⑲塞关：齐、鲁边界关口。 ⑳宁风：齐地名。 ㉑不劳：不酬劳竖牛。 ㉒不可能：一般人做不到。 ㉓有觉德行，四国顺之：句出《诗经·大雅·抑》篇。觉，正直。四国，四方之国。 ㉔庄叔：穆子之父叔孙得臣。 ㉕《明夷》：《周易》卦名，卦象为离下坤上。《谦》：《周易》卦名，卦象为艮下坤上。 ㉖归为子祀：回国为您祭祀。 ㉗卒以馁死：最终因饥饿而死。 ㉘《明夷》，日也：《明夷》卦象为离下坤上。离为火为日，坤为地为土。日在地下故曰《明夷》。 ㉙日之数十：古代传说尧时天有十日。一说从甲至癸十天干。 ㉚十时：古人分一昼夜为十时，即鸡鸣、昧旦、旦（日出）、大昕、日中、日昃、夕、昏（日旰、日入）、宵、夜中等。 ㉛日上为中：日由地中升起，此为上。 ㉜食日：昧旦。 ㉝旦日：日出。 ㉞融：大明。 ㉟日之《谦》，当鸟：指《明夷》下卦离变为艮得《谦》卦。离又为日为鸟。 ㊱明夷于飞：《明夷》卦初九爻辞为“明夷于飞，垂其翼。君子于行，三日不食。有攸往，主人有言。”离为鸟，艮为山，有鸟飞于山上之象，故曰“明夷于飞”。 ㊲日之动：《明夷》下卦为离为日，初九爻由阳变阴。故曰日之动。 ㊳当三在旦：位在第三（卿位）相当旦时，尚未到食时。 ㊴于人为言：艮为言，为口。 ㊵败言：坏话。 ㊶纯：偶。 ㊷适：归于。 ㊸不足：不满。 ㊹不翔：不能远翔。 ㊺不峻：不高。 ㊻不广：不能远广。 ㊼后：继承人。 ㊽少不终：虽老寿，仍不得善终。少，小。 ㊾菟氏：郑地名，在今河南尉氏县西北。 ㊿仪：仪式。 51在家：在私家。谓鲁国政权已掌握在卿大夫手中。 52子家羁：人名，即懿伯。 53私：私难，自己的危机。 54他：指季氏等三家。 55于此乎在：“在于此乎”的倒装句。 56屑屑：区区。亟：急。 57索氏：地名，在今河南荥阳县西。 58训辞：前代先贤的言语。 59旧法：故事，旧礼。 60度：衡量。 61得志：满足愿望。 62耻：羞辱。 63

享觌（tiào）：宴享进见。觌，见。 ㉞巡功：即巡狩。 ㉟机：同"几"。 ㊱陪鼎：另外增加的菜肴。 ㊲重此：任此，即承当此责任。 ㊳麋：通"群"。 ㊴赵成等：此五人为韩起之下的五卿。 ㊵祁午等：以下八人为羊舌肸之下的贤大夫。 ㊶选：所选择的良臣。 ㊷大家：大家族。 ㊸赋：征赋。 ㊹成县：大县。 ㊺羊舌四族：指叔向及其兄弟伯华、叔鱼、叔虎。 ㊻杨肸：叔向采邑在杨，故又称杨肸。 ㊼韩须，杨石：韩须为韩起之子，杨石为叔向之子。 ㊽长毂：战车。 ㊾遗守：留守之兵车。 ㊿往遗之禽：送去做晋国的俘虏。 ⓼敖：同"傲"。 ⓽圉：地名，在今河南杞县南。 ⓾骤：屡。 ⓿牟娄及防、兹：皆为莒地。牟娄在今山东诸城县西，防在今山东安丘西南，兹在今山东诸城县北。 ㊙愬：通"诉"。 ㊚诱：引诱。 ㊛间：暇。 ㊜戊辰：十四日。 ㊝蚡泉：地名，在莒、鲁交界处。 ㊞繁扬：地名，在今河南新蔡县境。 ㊟琐：楚地，在今安徽霍邱县东。 ㊠遽：急速，匆忙。 ㊡鹊岸：地名，在今安徽无为县南到铜陵市北沿长江一带。 ㊢罗汭：即汨罗江，在今湖北汨罗县南。 ㊣守龟：职掌龟卜者。 ㊤亟：急。 ㊥龟兆：兆象。 ㊦驩：同"欢"。 ㊧休怠：懈怠。 ⓗ奋焉：勃然。 ⓘ震电冯怒：雷霆盛怒。 ⓙ息师：阻止、对抗楚军。 ⓚ难易：患难和平安。 ⓛ减否：吉凶。 ⓜ常：一定。 ⓝ城濮之兆，其报在邲：城濮晋楚之战，楚卜吉，而实败，则此吉兆应验在邲之胜。报，报应。 ⓞ其庸：反诘副词连用，岂。 ⓟ莱山：河南光山县南天台山，或云即莱山。 ⓠ坻箕之山：在今安徽巢县南，即跐蹯山。 ⓡ零娄：在安徽金寨县北。

【译文】

　　五年春季，周历正月，鲁国撤销了中军建制，这是为了进一步降低公室的地位。这一决定开始在施氏家里谋划，在臧氏家里最终形成。当初设立中军时，把公室的军队一分为三，季孙、叔孙、孟孙三家各自掌握一军。对分得的军队，季孙氏全部征收田赋或卒乘；叔孙氏则把年轻力壮者作为奴隶兵对待，年老体弱者作为自由民对待；孟孙氏则一半为自由民，一半为奴隶兵。等到这次撤销中军，则把原来属于公室的军队一分为四，季孙氏分两部分，叔孙、孟孙各取一部分，全部作为自由民对待，采取征兵或征税的方式，然后向公室交纳一定贡赋。

　　季孙用策书的形式让杜泄把此事告诉死去的叔孙豹："您本来就打算撤销中军建制，现在把它撤去了，特此向您报告。"杜泄说："叔孙豹正因为不愿意撤去中军，所以才在僖闳盟誓，又在五父之衢诅咒。"接了策书后扔到地上，率领众人大哭起来。

　　叔仲子对季孙说："叔孙命令我说：给未能善终的人送葬要从西门通过。"季孙让杜泄从西门出城。杜泄说："卿的丧礼要从朝廷的正门出去，这是鲁国一贯的礼制。您主持国政，未经正式修改却随便加以变更，群臣害怕因此招致杀身之祸，不敢服从您的决定。"安葬叔孙豹之后，杜泄去了楚国。

仲壬从齐国回来，季孙准备立他为叔孙氏继承人。南遗说："叔孙氏一旦强大，季孙氏就会被削弱。他们内部发生了家乱，您就装作不知道这回事，不也可以吗？"南遗又让人帮助竖牛在大库的庭院中攻打仲壬，司宫一箭射中仲壬的眼睛，仲壬死去。竖牛把东部边境的三十座城邑送给了南遗。

昭子成为叔孙氏的继承人，把家族的人召集起来说："竖牛祸乱叔孙氏，把一些重要问题的正常秩序搅乱了。杀了嫡子，立了庶子，又把封邑分给他人，企图逃避自己的罪责。他罪大恶极，必须尽快除掉！"竖牛非常害怕，逃到了齐国。后来孟丙和仲壬的儿子，在塞关之外把他杀了，并把他的头扔到宁风的草丛中。孔子对此评论说："昭子不但不报答竖牛，反而将其杀死，这是难能可贵的。周任曾说过：'执政的人决不能赏赐私功，也不能惩罚私怨。'"《诗经》也说："君主德行正直，四方国家归顺。"

当初，叔孙豹出生时，其父亲庄叔曾用《周易》加以占筮，结果遇到明夷卦变成谦卦，把这一结果拿给卜人楚丘看，楚丘解释说："这表明这个孩子将来要逃到国外，但最后能回来为您祭祀，回来时带着一个奸邪之人，此人叫牛。这个孩子将会因饥饿而死。明夷就是太阳，太阳的数目是十，一天被分为十个时段，因此这个孩子将来必能获得相当于十等的爵位。从王以下，第二是公，第三是卿。太阳从地下上升时相当于王，露出地面相当于公，离开地面则相当于卿。明夷卦变为谦卦，说明天虽然亮了但太阳还没有升高，大概相当于刚刚离开地面时的情况，因此说他可以为您祭祀。太阳变为谦卦时，相当于鸟，因此说明夷飞翔。天虽然亮了但太阳还没有升高，所以说垂着翅膀。又象征太阳的运行，因此说君子要出奔。太阳刚刚离开地面时相当于第三位，因此说三天不吃东西。离为火，艮为山。离是火，火烧山，山就会崩毁。艮对人来说就是言语，说别人的坏话就是谗言，所以说有人离去，主人要说话。这话一定是坏话。与离相配的是牛，社会动荡不安，谗言坏话得逞，一旦得逞就会归于离，因此说这个奸邪之人叫牛。谦就是不能满足，虽然能飞但飞不远，下垂就是飞不高，有翅膀，但飞不太远。因此说他大概能成为您的继承人。您是次卿，但您的继承人却难得善终。"

楚灵王认为屈申暗中勾结吴国，把他杀了。任命屈生为莫敖，并派他和令尹子荡到晋国迎亲。途径郑国时，郑简公在氾地慰劳子荡，在菟氏慰劳屈生。晋平公把女儿送到邢丘，子产陪同郑简公在邢丘会见平公。

昭公前往晋国，从开始时的郊劳之礼直到结束时的赠礼，都没有失礼之处。平公对女叔齐说："鲁侯不也很精通礼吗？"女叔齐说："鲁侯哪里懂得礼呢？"平公说："这是为什么？从郊劳直到赠礼，没有任何一处违礼，他怎么不懂礼呢？"女叔齐说："这仅仅是仪式，不能算是礼。礼是用以保护国家，推行政令，拥有百姓的工具。现在鲁国的政权都落在大夫之手，国君无力收回；有子家羁这样的贤人却不能被重用；违背和大国之间的盟约，欺压小国；利用别国的动乱乘机侵略，却不知自己也面临危难；公室的军队一分为四，百姓依靠三家大夫养活，臣民心中已经没有了国君的位置，国君自己也根本不再考虑后果。作为国君祸难将要降临，却丝毫也不忧虑。礼的根本和枝节都在这几个方面，而他却只急于学习一些无关紧要的仪式。说他精通礼，不与实际相距太远了吗？"君子认为女叔齐在这个问题上很懂得礼。

晋国的韩起护送晋女前往楚国，叔向为副手。郑国的子皮、游吉在索氏慰劳他们。游吉对叔向说："楚王过于骄纵奢侈，您要格外小心！"叔向说："骄纵奢侈过分了，只能是他个人的灾难，哪能连累别人呢？只要我们进献贡礼，言行举止谨慎小心，保守信用，讲究礼仪，始终恭敬且考虑周到，以后就都可以这么做。顺从而注意分寸，恭敬而有所节制，以先人遗训为行动指南，以传统法度为行动准则，参照先王的做法，衡量两个大国的力量，即使楚王奢侈过度，又能把我们怎么样？"

到达楚国后，灵王召集大夫们上朝，说："晋国是我们的仇敌。假若我们能在他们身上达到目的，其他就更没有什么可顾虑的了。现在他们派来的人是上卿和上大夫，假若我们砍掉韩起的双脚让他做看门人，再对叔向施以宫刑让他充当太监，就能够羞辱晋国，从而满足我们的愿望。这样做可以吗？"大夫们都沉默不语，蔿启强说："我看可以。只要我们有足够的准备，有什么不可以呢？羞辱一个普通人尚且要有所防备，何况羞辱一个国家呢？因此圣明的君主总是要致力于推行礼治，而不追求羞辱他人。朝见聘问时手执玉珪，宴享时进献玉璋，小国朝见大国叫述职，大国访问小国叫巡守。设置了几案而不靠，斟满了酒杯却不喝，饮宴时要赠送礼品，吃饭时要增加菜肴，进入一个国家要举行郊劳之礼，离开时又有赠礼的仪式，这都是礼的最佳表现形式。一个国家所以会失败，就是因为失去了这些礼，才导致祸乱的发生。城濮之战，晋国战胜楚国后没有提防，导致了邲之战的失败。邲地战役后楚国放松了戒备，结果鄢陵一战失败。从鄢陵之战后，晋国一直对楚国严加防备，同时又以礼相待，注意团结，因此楚国始终没有报仇雪耻的机会，只能请求两国结亲通婚。既然已经结成姻亲，却又要趁机羞辱对方，这等于自树敌人，即使做好了防备又能有什么用，谁又能完成这一重任呢？如果有人能胜此重任，可以羞辱他们，如果没有这样的人，就希望国君能慎重考虑。至于晋国事奉国君，我认为已经够可以的了：您想召集诸侯，他们立刻来；您想求婚让他们进献美女，他们的国君亲自送行，并由上卿和上大夫陪同前来。做到了这些，还要羞辱他们，恐怕国君真要有准备了。否则怎么办？晋国自韩起以下，卿还有赵成、荀吴、魏舒、范鞅、知盈，自叔向以下，大夫还有祁午、张趯、籍谈、女齐、梁丙、张骼、辅跞、苗贲皇，这都是诸侯中的名臣良将。韩襄担任公族大夫，韩须受命出使国外；箕襄、邢带、叔禽、叔椒、子羽也都是比较大的家族。韩氏征收赋税的七个城邑，都是晋国的大县。叔向四兄弟也是势力强大的家族。晋国人一旦失去了韩起和叔向，五卿、八个大夫必然会协助韩须、杨石，依靠他们十个家族九个县的力量，率领九百辆战车，让其他四十个县的四千辆战车镇守国内，同仇敌忾，奋力作战，以雪此奇耻大辱。有伯华策划，有荀吴和魏舒指挥，不会不成功。这样，国君就是以亲善换来怨恨，以无礼招致敌人，而又没有充分的准备，把群臣拱手送出去当俘虏，以满足自己的心愿，有什么不行呢？"灵王说："这是我的过错，您不要再说了。"于是送给韩起很多礼物。灵王还对叔向提出一些不知道的问题，本来要为难他，但没有难住叔向，只好也赏给很多礼物。

韩起回国途中，郑简公又在圉地慰劳。韩起辞谢了，这是合乎礼的。

郑国的子皮前往齐国迎娶子尾氏的女儿为妻，晏婴几次和他会见。陈桓子问这是为什么，晏婴说："因为他能任用好人，是百姓的主人。"

夏季，莒国的牟夷带着牟娄和防地、兹地逃亡来到鲁国。牟夷并不是莒国的卿，但《春秋》却写了他的名字，这是出于对他带来的三处土地的重视。

莒国人到晋国控告鲁国收留了牟夷，晋平公本来准备要扣留昭公不让回国。范鞅说："不能这么做。人家前来朝见，我们却把他抓了起来，这等于是引诱人家进入圈套。不用武力讨伐，却采取设置骗局的方法达到目的，是一种投机取巧的行为。作为盟主犯下这两条错误，恐怕不行吧！请让鲁侯先回去，有时间再发兵攻打。"于是让昭公回国。秋季七月，昭公从晋国回到国内。

莒国人前来讨伐，但并没有加以提防。十四日，叔弓在蚡泉打败了他们，当时莒军还没有摆开阵势。

冬季十月，楚灵王率领诸侯和东夷的军队攻打吴国，以报棘、栎、麻战役之仇。蒍射率领繁扬的军队和灵王在夏汭会合，越国大夫常寿过率军在琐地和灵王会合。听说吴国军队出动了，蒍启强领兵追击，由于急急忙忙没有设防，结果在鹊岸被吴军打败。灵王乘驿车赶到罗汭。

吴王夷末派他的弟弟蹶由前来犒劳楚军，楚国人把他抓了起来，准备杀了祭鼓。灵王派人问他："你来之前占卜的是吉卦吗？"蹶由回答说："是吉卦。寡君听说您准备攻打我国，就用国家的守龟占卜，并说：我准备迅速派人去犒劳楚军，以便观察楚王的愤怒究竟到了什么程度，从而做出相应的准备，希望能预知此行是吉是凶。结果龟甲上显示的卦象是吉利，并且告诉我们：可以预料能够取胜。国君如果高兴地迎接使臣，麻痹我国，使我们放松警惕，忘记死亡的威胁，那么我们就很快会灭亡。如今国君却大发雷霆，又把使臣抓住，还准备杀掉祭鼓，这样，吴国就知道要做好战斗准备了。我国虽然疲弱，但如果能早早地加固城郭，整治武器，或许还能够抵抗楚军。无论是患难还是平安，只要事先有充分的准备，可以说都是吉利的。再说吴国占卜的是国家的吉凶并不是一个人的吉凶。如果我得以被杀祭鼓，那么我国就会加强防备，以防不测，这不是最大的吉利吗？国家的守龟有什么事不能占卜的？是吉是凶，谁能肯定会永远固定在一件事上呢？当年城濮之战时楚国占卜的吉兆却应验在邲之战中。我这次前来难道会因为我的被杀而使吴国获胜吗？"于是灵王决定不杀蹶由。

楚军在罗汭渡过河去，沈尹赤和灵王会合，驻扎在莱山，薳射率领繁扬的军队首先进入南怀，楚军随后跟上，行至汝清。因吴国已做好准备，所以无法进入。灵王便在坻箕之山检阅了军队。

这次军事行动，因为吴国已做好了准备，所以楚军无功而返，只是把蹶由带了回来。灵王对吴国很是担心，便派沈尹射在巢地待命，派薳启强在雩娄待命，这是合乎礼的。

秦国的后子回到秦国，因为秦景公去世了。

昭公六年

经 六年春，王正月，杞伯益姑卒。葬秦景公。夏，季孙宿如晋。葬杞文公。宋华合比出奔卫。秋九月，大雩。楚薳罢帅师伐吴。冬，叔弓如楚。齐侯伐北燕。

传 六年春，王正月，杞文公卒，吊如同盟，礼也。大夫如秦，葬景公，礼也。

三月，郑人铸刑书①。叔向使治子产书②，曰：

“始吾有虞于子③，今则已矣。昔先王议事以制④，不为刑辟⑤，惧民之有争心也。犹不可禁御，是故闲之以义⑥，纠之以政⑦，行之以礼⑧，守之以信，奉之以仁⑨，制为禄位以劝其从⑩，严断刑罚以威其淫⑪。惧其未也⑫，故诲之以忠，耸之以行⑬，教之以务⑭，使之以和⑮，临之以敬⑯，莅之以强⑰，断之以刚⑱。犹求圣哲之上⑲，明察之官，忠信之长，慈惠之师，民于是乎可任使也，而不生祸乱。民知有辟，则不忌于上⑳，并有争心，以征于书㉑，而侥幸以成之，弗可为矣。夏有乱政而作《禹刑》㉒，商有乱政而作《汤刑》，周有乱政而作《九刑》，三辟之兴㉓，皆叔世也㉔。今吾子相郑国，作封洫㉕，立谤政㉖，制参辟㉗，铸刑书，将以靖民，不亦难乎？《诗》曰㉘：‘仪式刑文王之德，日靖四方。’又曰：‘仪刑文王，万邦作孚㉙。’如是，何辟之有？民知争端矣㉚，将弃礼而征于书，锥刀之末㉛，将尽争之。乱狱滋丰㉜，贿赂并行㉝，终于之世，郑其败乎！肸闻之，国将亡，必多制，其此之谓乎！”

复书曰：“若吾子之言……侨不才，不能及子孙㉞，吾以救世也。既不承命，敢忘大惠？”

士文伯曰：“火见㉟，郑其火乎㊱！火未出而作火以铸刑器，藏争辟焉㊲。火如象之㊳，不火何为？”

夏，季孙宿如晋，拜莒田也。晋侯享之，有加笾。武子退，使行人告曰：“小国之事大国也，苟免于讨，不敢求贶。得贶不过三献。今豆有加，下臣弗堪，无乃戾也。”韩宣子曰：“寡君以为骥也。”对曰：“寡君犹未敢，况下臣，君之隶也，敢闻加贶？”固请彻加而后卒事。晋人以为知礼，重其好货。

宋寺人柳有宠，大子佐恶之。华合比曰：“我杀之。”柳闻之，乃坎、用牲、埋书，而告公曰：“合比将纳亡人之族㊴，既盟于北郭矣。”公使视之，有焉，遂逐华合比。合比奔卫。于是华亥欲代右师㊵，乃与寺人柳比㊶，从为之征㊷，曰“闻之久矣。”公使代之，见于左师㊸，左师曰：“女夫也㊹，必亡！女丧而宗室㊺，于人何有？人亦于女何有？《诗》曰㊻：‘宗子维城，毋俾城坏，毋独斯畏。’女其畏哉！”

六月丙戌㊼，郑灾。

楚公子弃疾如晋，报韩子也。过郑，郑罕虎、公孙侨、游吉从郑伯以劳诸相㊽。辞不敢见。固请见之。见，如见王，以其乘马八匹私面㊾，见子皮如上卿㊿，以马六匹。见子产，以马四匹。见子大叔，以马二匹。禁刍牧采樵○，不入田，不樵树○，不采蓏○，不抽屋○，不强匄○，誓曰：“有犯命者，君子废，小人降㊌。"舍不为暴，主不恩宾㊐。往来如是。郑三卿皆知其将为王也㊳。

韩宣子之适楚也，楚人弗逆。公子弃疾及晋竟，晋侯亦将弗逆。叔向曰："楚辟我衷㊴，若何效辟。《诗》曰㊲：'尔之教矣，民胥效矣。'从我而已，焉用效人之辟？《书》曰：'圣作则㊶。'无宁以善人为则，而则人之辟乎？匹夫为善，民犹则之，况国君乎？"晋侯说，乃逆之。

秋九月，大雩，旱也。

徐仪楚聘于楚。楚子执之，逃归。惧其叛也，使薳泄伐徐。吴人救之。令尹子荡帅师伐吴，师于豫章㊗，而次于乾谿㊘。吴人败其师于房钟㊙，获宫厩尹弃疾。子荡归罪于薳泄而杀之。

冬，叔弓如楚聘，且吊败也。

十一月，齐侯如晋，请伐北燕也。士匄相士鞅，逆诸河，礼也。晋侯许之。十二月，齐侯遂伐北燕，将纳简公。晏子曰："不入。燕有君矣，民不贰。吾君贿㊺，左右谄谀，作大事不以信，未尝可也。"

【注释】

①铸刑书：将刑法铸于鼎上。　②诒：送给。　③虞：希望。　④议事以制：衡量事之轻重，据以断刑。议，度。制，断。　⑤刑辟：刑律。　⑥闲之以义：用道义来防止。闲，防备，限制。　⑦纠：纠察。　⑧行：施行。　⑨奉：奉养。　⑩劝其从：勉励顺从者。　⑪以威其淫：威胁那些放纵者。　⑫未：未能奏效。　⑬笤：奖励。　⑭务：业务，专业。　⑮使之以和：用和悦的态度使用他们。　⑯敬：严肃。　⑰强：威严。　⑱刚：刚直，坚决。　⑲上、官、长、师：四者为各级官长。上指执政的卿相；官指主事的官员；长指乡长；师为掌教化的老师。　⑳忌：敬畏。　㉑征于书：引刑律条文为证。　㉒乱政：违犯政令者。《禹刑》：与下文《汤刑》、《九刑》均为刑名。《禹刑》未必为禹所作，下文亦同。　㉓三辟：指《禹刑》、《汤刑》、《九刑》。　㉔叔世：晚期。　㉕作封洫：事见襄公三十年传。　㉖立谤政：指作丘赋郑人谤之。详见昭公四年传。　㉗参辟：或指刑律的三种，或三项内容。参同"叁"。　㉘《诗》曰：以下二句出自《周颂·我将》篇。仪、式、刑三字同义连用，义为效法。　㉙仪刑文王，万邦作孚：句出《诗经·大雅·文王》篇。孚，信。　㉚争端：指刑书，即征于书。　㉛锥刀之末：锥刀为刻字的工具，锥刀之末喻刑书的每字每句。　㉜丰：繁多。　㉝并：遍。　㉞及子孙：虑及子孙。　㉟火见：大火星出现。　㊱火：火灾。　㊲藏争辟：隐藏着刑律的争端。　㊳象：象征。　㊴亡人：指出奔于陈的华臣。　㊵华亥：华合比之弟。　㊶比：勾结。　㊷征：证。　㊸左师：晋向戌。　㊹女夫：轻视之词，亦作"而夫"。　㊺宗室：宗主，宗族。　㊻《诗》曰：以下三句出自《大雅·板》篇。毋独斯畏：勿使己孤独而畏惧。　㊼丙戌：七日。　㊽柤：郑地，位近郑都。　㊾私面：即私觌，以私人身份的聘礼。　㊿如上卿：如见楚上卿。　51刍牧：割草放牧。　52樵采：伐树为柴。　53菭：今作"艺"，即蔬

菜瓜果。 (54)抽屋：拆房屋之木。 (55)强匄：即行乞讨。匄同“丐”。 (56)君子废，小人降：君子撤职，小人降级。君子指有官职者，小人指杂役。 (57)慁（hùn）：忧，烦劳。慁宾，即不以宾为患。 (58)三卿：指罕虎、公孙侨、游吉。 (59)辟：邪。衷：正。 (60)《诗》曰：以下二句出自《小雅·角弓》篇。胥，皆。 (61)圣作则：句出逸书。作则，作出准则。 (62)豫章：地名，在今安徽霍邱、六安、霍山县一带。 (63)乾谿：在今安徽亳县东南。 (64)房钟：在今安徽蒙城县西南。 (65)贿：贪财。

【译文】

六年春季，周历正月，杞文公去世，鲁国派人前去吊唁，如同对待同盟国家一样，这是合乎礼的。鲁国的大夫到秦国为秦景公送葬，也是合乎礼的。

三月，郑国人把刑法铸到了鼎上。于是叔向便派人给子产送了一封信。信中内容是：

“开始我对您抱有很大希望，现在则失望了。从前先王根据事情的轻重临时决定给予制裁，并不预先制定专门的刑法，是因为害怕百姓会产生争夺之心。即使如此，还是不能禁止犯罪的发生，因此就又通过道义来限制，用政令来约束，用礼来推行，用信用来维持，用仁慈来奉养，并制定了俸禄和爵位制度来劝勉人们顺从，又从重处罚以威慑放纵之人。还怕这样不行，又以忠诚教导他们，对好的行为加以奖励，教他们掌握一些专业技能，使其心情愉快，同时又感到严肃而有威严，对犯罪者果断处罚。同时还经常请教圣明贤能的卿相、明察秋毫的官员、忠诚守信的乡长和仁慈和善的教师，百姓在这种情况下才能俯首听命，而不发生祸乱。一旦百姓知道国家有了刑法，就只知道依据法律，而不会对上司恭恭敬敬了，而且人人都有争夺之心，都引用刑法为自己辩解，并且也侥幸能得以成功，这样以来，整个国家就无法治理了。夏朝时有人违犯政令，因此临时制定了《禹刑》；商朝时有人违反政令，于是临时制定了《汤刑》；周朝时有人违反了政令，于是临时制定了《九刑》。这三种刑法的制定都是在一个朝代的末世。现在您辅佐郑国，划定田埂水沟，推行受人攻击的丘赋制度，制定了三种刑罚，又要把刑法铸到鼎上，企图以此来安定百姓，不也很难做到吗?《诗经》说：‘效法文王的德行，每天都能安定四方。’又说：‘效法文王，万邦信赖。’这样，又何必制定什么刑法呢?百姓知道有了争夺的根据，就会丢弃礼而只依据刑法。刑法中的每一个字每一句话，都要争个一清二楚。这样，犯法者会更多，贿赂行为也会更加普遍。等到您去世时，郑国也就要灭亡了吧？据我所知，一旦国家将要灭亡，必然要制定很多法令。说的就是这种情况吧！”

子产回信说："如果按照您所说的……我深知自己没有才能，不能顾及子孙，只是要以此挽救现在的国家不致灭亡。即使我不能接受您的命令，也决不敢忘记您的一片好心！"

士匄说："发现了大火星，恐怕郑国会发生火灾吧！火星还未出现，就用火来熔铸刑器，并把将要引起百姓争端的刑法铸到上面。大火星如果象征这一情况，还能不发生火灾吗？"

夏季，季孙宿到晋国，就鲁国接受莒国田地却没有受到攻伐而拜谢。晋平公宴请他，在正常规格之外又特别增加了笾豆。季孙宿退了出来，派外交官说："小国事奉大国，如果能被免于讨伐，就不敢再希望得到赏赐。即使得赏赐也不能超过三献的规格。现在专门又为我增加了笾豆，我实在担当不起，这是我的罪过。"韩起说："寡君是想以此使您高兴。"季孙宿说："寡君尚且不敢接受这一待遇，何况我只是国君手下一个办事人员呢！怎么敢接受这一厚遇呢？"并坚决请求撤去额外增加的笾豆，然后才举行宴享的礼仪。晋国人因此认为他知晓礼仪，便格外多送给他一些礼物。

宋国的寺人柳受到宋平公的宠信，但太子佐很讨厌他。华合比对太子佐说："我去杀了他。"柳听说后，便在城外挖了一个坑，杀了牲畜，又把盟书放到上面埋起来，随后告诉平公："华合比准备接纳逃亡的华臣，已经在北边城外结盟了。"平公派人察看，果然如此，便驱逐了华合比，合比逃到了卫国。这时华合比的弟弟华亥恰好想代替他担任右师，就和寺人柳勾结起来，从旁作证说："我早就听说此事了。"平公便让他代替了华合比。华亥拜见左师向戍，向戍说："你小子也一定会落个逃亡的下场。你毁掉了自己的宗主。你对别人怎么样，别人也将对你怎么样！《诗经》说：'宗主就是宗族的城墙，不要将它毁坏，不要使自己孤立无援心惊胆战。'你今后肯定会心有余悸吧。"

六月七日，郑国发生了火灾。

楚国的公子弃疾到晋国访问，对韩起送晋女一事表示感谢。途经郑国时，郑国的子皮、子产、游吉随同郑简公在柤地慰劳他们，但公子弃疾不敢接受。再三请求之后他才出来相见。见到郑简公就像见到楚灵王一样恭敬有礼，并把驾车的八匹马作为私人礼物送给简公；见到子皮如同见到楚国的上卿一样，送给他六四马；见到子产，送他四四马；见到游吉送给他两匹马。还下令随行人员不得随便割草放牧或采摘砍柴，不得侵入农田，不得砍伐树木，不得采摘蔬菜瓜果，不得拆毁民房，不得强行向别人讨取。并发誓说："有触犯这一命令的，君子要撤职，小人要降级！"因此楚国人在郑国期间没有任何暴行，没有给主人带来任何麻烦，来去都是如此。郑国的三个卿因此知道公子弃疾将来要成为楚王。

韩起到楚国时，楚国人没有出城迎接。公子弃疾来到晋都边境时，平公也打算不去迎接他。叔向说："楚国奸邪，我们正派，为什么要效仿奸邪呢？《诗经》说：'你的行为就是教诲，百姓将会效仿。'只根据我们自己的一贯原则去做就行了，何必去效仿奸邪之人呢？《尚书》说：'圣人制定了法则。'宁可以善人为行动准则，难道要学习奸邪吗？即使一个普通的人，做了善事，百姓也会以他为榜样，何况国君呢？"平公非常高兴，出城迎接了公子弃疾。

秋季九月，鲁国举行大雩祭，因为发生了旱灾。

徐国大夫仪楚到楚国聘问，灵王把他抓了起来，但他又逃走了。灵王担心他会发动叛乱，派蓬泄攻打徐国。吴国援救了徐国。令尹子荡又率兵攻打吴国，军队从豫章出发，驻扎在乾谿。吴国人在房钟打败了楚军，俘获了宫厩尹弃疾。子荡把失败归罪于蓬泄，把他杀了。

冬季，叔弓到楚国聘问，同时对楚军打了败仗表示慰问。

十一月，齐景公到晋国请求讨伐北燕。士匄作为相礼陪同士鞅到黄河岸边迎接，这是合乎礼的。晋平公同意了齐国请求。十二月，齐景公攻打北燕，准备把北燕伯送回去。晏婴说："不能送他回去。燕国已有国君，百姓也都忠心不二。国君为了贪图财物，身边的人都对您阿谀奉承。但做大事不依靠信用，是不行的。"

昭公七年

经　七年春，王正月，暨齐平。三月，公如楚。叔孙婼如齐莅盟。夏四月甲辰朔，日有食之。秋八月戊辰，卫侯恶卒。九月，公至自楚。冬十有一月癸未，季孙宿卒。十有二月癸亥，葬卫襄公。

传　七年春，王正月，暨齐平，齐求之也。癸巳①，齐侯次于虢②。燕人行成，曰："敝邑知罪，敢不听命？先君之敝器，请以谢罪。"公孙晳曰③："受服而退④，候衅而动⑤，可也。"二月戊午⑥，盟于濡上⑦。燕人归燕姬，赂以瑶瓮、玉椟、斝耳⑧，不克而还。

楚子之为令尹也，为王旌以田⑨。芊尹无宇断之⑩，曰："一国两君，其谁堪之？"及即位，为章华之宫⑪，纳亡人以实之。无宇之阍入焉。无宇执之，有司弗与⑫，曰："执人于王宫⑬，其罪大矣。"执而谒诸王。王将饮酒，无宇辞曰："天子经略⑭，诸侯正封⑮，古之制也。封略之内，何非君土。食土之毛⑯，谁非君臣。故《诗》曰⑰：'普天之下，莫非王土。率土之滨，莫非王臣。'天有十日，人有十等，下所以事上，上所以共神也。故王臣公⑱，公臣大夫，大夫臣士，士臣皂，皂臣舆，舆臣隶，隶臣僚，僚臣仆，仆臣台。马有圉，牛有牧⑲，以待百事。今有司曰：'女胡执人于王宫？'将焉执之？周文王之法曰，有亡，荒阅⑳，所以得天下也。吾先君文王㉑，作《仆区》之法㉒曰，盗所隐器㉓，与盗同罪。所以封汝也㉔。若从有司，是无所执逃臣也。逃而舍之，是无陪台也㉕，王事无乃阙乎？昔武王数纣之罪，以告诸侯曰：'纣为天下逋逃主㉖，萃渊薮㉗，故夫致死焉㉘。'君王始求诸侯而则纣㉙，无乃不可乎？若以二文之法取之㉚，盗有所在矣。"王曰："取而臣以往，盗有宠㉛，不可得也。"遂赦之。

楚子成章华之台，愿与诸侯落之㉜。大宰薳启强曰："臣能得鲁侯。"薳启强来召公，辞曰："昔先君成公，命我先大夫婴齐曰：'吾不忘先君之好，将使衡父照临楚国，镇抚其社稷，以辑宁尔民㉝。'婴齐受命于蜀㉞，奉承以来，弗敢失陨㉟，而致诸宗祧。日我先君共王，引领北望，日月以冀㊱。传序相授㊲，于今四王矣。嘉惠未至，唯襄公之辱临我丧。孤与其二三臣㊳，悼心失图㊴，社稷之不皇㊵，况能怀思君德！今君若步玉趾，辱见寡君，宠灵楚国㊶，以信蜀之役㊷，致君之嘉惠，是寡君既受贶矣，何蜀之敢望？其先君鬼神实嘉赖之，岂唯寡君？君若不来，使臣请问行期，寡君将承质币而见于蜀，以请先君之贶。"

公将往，梦襄公祖㊸。梓慎曰："君不果行。襄公之适楚也，梦周公祖而行。今襄公实祖，君其不行。"子服惠伯曰："行。先君未尝适楚，故周公祖以道之㊹。襄公适楚矣，而祖以道君，不行，何之？"

三月，公如楚，郑伯劳于师之梁㊺。孟僖子为介，不能相仪。及楚，不能答郊劳。

夏四月甲辰朔㊻，日有食之。晋侯问于士文伯曰："谁将当日食㊼？"对曰："鲁、卫恶之㊽。卫大，鲁小。"公曰："何故？"对曰："去卫地，如鲁地㊾。于是有灾，鲁实受之。其大咎，其卫君乎！鲁将上卿。"公曰："《诗》所谓'彼日而食，于何不臧'者㊿，何也？"对曰："不善政之谓也。国无政，不用善，则自取谪于日月之灾[51]。故政不可不慎也。务三而已[52]，一曰择人，二曰因民[53]，三曰从时[54]。"

晋人来治杞田，季孙将以成与之^⑤。谢息为孟孙守，不可。曰："人有言曰，虽有挈瓶之知^⑤，守不假器^⑤，礼也。夫子从君^⑧，而守臣丧邑^⑤，虽吾子亦有猜焉。"季孙曰："君之在楚，于晋罪也。又不听晋，鲁罪重矣。晋师必至，吾无以待之^⑥，不如与之，间晋而取诸杞。吾与子桃^⑥，成反，谁也有之，是得二成也。鲁无忧而孟孙益邑，子何病焉。"辞以无山，与之莱、柞^⑥，乃迁于桃。晋人为杞取成。

楚子享公于新台^⑥，使长鬣者相^⑥，好以大屈^⑥。既而悔之。薳启强闻之，见公。公语之，拜贺。公曰："何贺？"对曰："齐与晋、越欲此久矣，寡君无适与也^⑥，而传诸君。君其备御三邻^⑥。慎守宝矣，敢不贺乎？"公惧，乃反之。

郑子产聘于晋。晋侯有疾。韩宣子逆客，私焉，曰："寡君寝疾，于今三月矣，并走群望^⑥，有加而无瘳^⑥。今梦黄熊入于寝门，其何厉鬼也？"对曰："以君之明，子为大政^⑦，其何厉之有？昔尧殛鲧于羽山^⑦，其神化为黄熊。以入于羽渊^⑦，实为夏郊^⑦，三代祀之。晋为盟主，其或者未之祀也乎？"韩子祀夏郊^⑦。晋侯有间^⑦，赐子产莒之二方鼎。

子产为丰施归州田于韩宣子^⑦，曰："日君以夫公孙段为能任其事，而赐之州田，今无禄早世^⑦，不获久享君德。其子弗敢有，不敢以闻于君，私致诸子。"宣子辞。子产曰："古人有言曰：'其父析薪^⑦，其子弗克负荷^⑦'。施将惧不能任其先人之禄，其况能任大国之赐？纵吾子为政而可，后之人若属有疆场之言^⑧，敝邑获戾，而丰氏受其大讨。吾子取州，是免敝邑于戾，而建置丰氏也^⑧。敢以为请。"宣子受之，以告晋侯。晋侯以与宣子。宣子为初言^⑧，病有之，以易原县于乐大心^⑧。

郑人相惊以伯有^⑧，曰："伯有至矣。"则皆走，不知所往。铸刑书之岁二月，或梦伯有介而行^⑧，曰："壬子^⑧，余将杀带也^⑧。明年壬寅^⑧，余又将杀段也^⑧。"及壬子，驷带卒。国人益惧。齐、燕平之月壬寅^⑩，公孙段卒。国人愈惧。其明月^⑨，子产立公孙泄及良止以抚之^⑨，乃止。子大叔问其故，子产曰："鬼有所归，乃不为厉，吾为之归也。"大叔曰："公孙泄何为？"子产曰："说也^⑨，为身无义而图说，从政有所反之，以取媚也^⑨。不媚，不信。不信，民不从也。"

及子产适晋，赵景子问焉^⑨，曰："伯有犹能为鬼乎？"子产曰："能。人生始化曰魄^⑨，既生魄，阳曰魂。用物精多^⑨，则魂魄强，是以有精爽^⑨，至于神明。匹夫匹妇强死^⑨，其魂魄犹能冯依于人^⑩，以为淫厉。况良霄^⑩，我先君穆公之胄，子良之孙⑩，子耳之子⑩，敝邑之卿，从政三世矣。郑虽无腆，抑谚曰蕞尔国⑩，而三世执其政柄，其用物也弘矣，其取精也多矣。其族又大，所冯厚矣。而强死，能为鬼，不亦宜乎？"

子皮之族饮酒无度，故马师氏与子皮氏有恶。齐师还自燕之月，罕朔杀罕魋。罕朔奔晋。韩宣子问其位于子产。子产曰："君之羁臣⑩，苟得容以逃死，何位之敢择？卿违⑩，从大夫之位，罪人以其罪降⑩，古之制也。朔于敝邑，亚大夫也；其官，马师也。获戾而逃，唯执政所置之。得免其死，为惠大矣。又敢求位？"宣子为子产之敏也⑩，使从嬖大夫⑩。

秋八月，卫襄公卒。晋大夫言于范献子曰："卫事晋为睦⑩，晋不礼焉，庇其贼人而取其地⑪，故诸侯贰。《诗》曰：'鹡鸰在原，兄弟急难⑫。'又曰：'死丧之威，兄弟孔怀⑬。'兄弟之不睦，于是不吊⑭，况远人，谁敢归之？今又不礼于卫之嗣⑮，卫必叛我，是绝诸侯也。"献子以告韩宣子。宣子说，使献子如卫吊，且反戚田。

卫齐恶告丧于周，且请命。王使郕简公如卫吊。且追命襄公曰："叔父陟恪⑯，在我先王之左右，以佐事上帝。余敢忘高圉、亚圉⑰？"

九月，公至自楚。孟僖子病不能相礼⑱，乃讲学之⑲，苟能礼者从之⑳。及其将死也，召其大夫，曰："礼，人之干也。无礼，无以立。吾闻将有达者曰孔丘㉑，圣人之后也，而灭于宋。其祖弗父何，以有宋而授厉公㉒。及正考父佐戴、武、宣㉓，三命兹益共㉔。故其鼎铭云：'一命而偻㉕，再命而伛㉖，三命而俯㉗，循墙而走㉘，亦莫余敢侮。馆于是㉙，鬻于是㉚。以糊余口。'其共也如是。臧孙纥有言曰：'圣人有明德者，若不当世㉛，其后必有达人。'今其将在孔丘乎？我若获没，必属说与何忌于夫子㉜，使事之，而学礼焉，以定其位。"故孟懿子与南宫敬叔师事仲尼㉝。仲尼曰："能补过者，君子也。《诗》曰：'君子是则是效'㉞，孟僖子可则效已矣。"

单献公弃亲用羁。冬十月辛酉㉟，襄、顷之族杀献公而立成公。

十一月，季武子卒。晋侯谓伯瑕曰："吾所问日食，从矣㊱，可常乎㊲？"对曰："不可。六物不同，民心不一，事序不类，官职不则㊳，同始异终，胡可常也？《诗》曰㊴：'或燕燕居息，或憔悴事国。'其异终也如是。"公曰："何谓六物？"对曰："岁、时、日、月、星、辰是谓也。"公曰："多语寡人辰而莫同。何谓辰？"对曰："日月之会是谓辰，故以配日。"

卫襄公夫人姜氏无子，嬖人婤姶生孟絷。孔成子梦康叔谓己㊵："立元㊶，余使羁之孙圉与史苟相之㊷。"史朝亦梦康叔谓己："余将命而子苟与孔烝鉏之曾孙圉相元。"史朝见成子，告之梦，梦协⑭。晋韩宣子为政，聘于诸侯之岁，婤姶生子，名之曰元。孟絷之足不良，能行。孔成子以《周易》筮之，曰："元尚享卫国⑭，主其社稷。"遇《屯》䷂⑭。又曰："余尚立絷，尚克嘉之。"遇《屯》䷂之《比》䷇⑭，以示史朝。史朝曰："'元亨⑭'，又何疑焉？"成子曰："非长之谓乎⑭？"对曰："康叔名之，可谓长矣。孟非人也⑭，将不列于宗，不可谓长。且其《繇》曰：'利建侯⑮。'嗣吉⑮，何建？建非嗣也⑮。二卦皆云，子其建之。康叔命之，二卦告之。筮袭于梦⑯，武王所用也，弗从何为？弱足者居⑯，侯主社稷，临祭祀，奉民人，事鬼神，从会朝，又焉得居？各以所利⑯，不亦可乎？"故孔成子立灵公。十二月癸亥⑯，葬卫襄公。

【注释】

①癸巳：十八日。　②虢：燕地，在今河北任丘县西北。　③公孙晳：齐大夫。　④受服而退：接受归服而退兵。　⑤俟衅：伺机。俟，等待。　⑥戊午：十四日。　⑦濡上：濡，水名。濡上当在今任丘县西北。　⑧瑶瓮：玉制酒器。玉椟：用玉石装饰的柜子。斝（jiǎ）耳：两旁带耳的酒杯。　⑨王旌：楚王所用旌旗。一说为周天子所用之旌。　⑩芊尹：官名。　⑪章华：地名，不详。　⑫有司：指管理章华宫的官员。　⑬执：指执无宇。　⑭经略：经营疆界。　⑮正封：治理封土。　⑯毛：草，此指五谷。　⑰《诗》曰：以下四句出自《小雅·北山》。　⑱王臣公：天子以公为臣。以下为人之十等。士为卫士之长，皂为卫士中无爵而在员额者，隶为罪人，僚为罪人中服苦役者，仆则三代为奴隶，台则罪人为奴者。　⑲圉、牧：不在十等之列。　⑳有亡、荒阅：奴隶中有逃亡者，大搜捕。荒，大。　㉑文王：指楚文王。　㉒《仆区》之法：关于窝藏的法令。仆，隐。区，匿。　㉓盗所隐器：隐匿盗贼的赃物。　㉔封汝：开拓封疆到汝水。　㉕陪台：逃亡又抓获的奴隶，在十等之下。　㉖逋逃主：逃亡的窝主。　㉗萃渊薮：聚集的渊薮。渊为鱼所藏所，薮为兽所聚处。　㉘夫致死焉：人们拼命攻打纣。夫，人。　㉙则：效法。　㉚二文：指周文王及楚文王。取之：逮捕盗贼。　㉛盗有宠：楚王自指。　㉜落：落成典礼。　㉝辑：安。　㉞婴齐受命于蜀：事见成公二年传。　㉟失陨：失落。　㊱日月以冀：每日每月都在盼望。　㊲传序相授：世代相传。　㊳孤：指楚康王之子郏敖。　㊴悼心失图：心中摇摆，拿不定主意。　㊵皇：暇。　㊶灵：福。　㊷信：伸。　㊸祖：祭路神。　㊹道：同"导"。　㊺师之梁：郑城门。　㊻甲辰：初一日。　㊼当日食：承当日食的灾祸。古人迷信，以日食为上天的谴责。　㊽恶之：受其凶恶。　㊾去卫地如鲁地：日食开始时先在卫地分野，后在鲁地分野结束。古以天空星宿分为十二次，配属于各国用来占卜吉凶，名曰分野。娵訾为卫国分野，降娄为鲁国分野，此次日食先开始于娵訾，行至降娄开始见日。　㊿《诗》所谓：下二句出自《小雅·十月之交》篇。不臧：不善。　51谪：谴责。　52务三：致力于三条。　53因民：依靠百姓。　54从时：顺从时令。　55成：即郕，本为杞田，后为孟氏邑。　56挈瓶之知：喻小智小惠。挈瓶，即垂瓶者，汲水者。　57假：借。　58夫子从君：夫子指孟僖子。从君，从公如楚。　59守臣：谢息自指。　60待：

　㉖桃：地名，在今山东汶上县东北。　㉒莱、柞：二山名，在今山东莱芜县境。　㉓新台：章华台。　㉔长鬣：高大强壮。一说为美髯，即长胡须。　㉕大屈：弓名。　㉖适（dí）：专主。　㉗三邻：指齐、晋、越三邻国。　㉘并走群望：晋所望祀山川，皆前往祈祷。　㉙瘳（chōu）：病愈。　㊀大政：正卿。　㉑殪：诛杀。　㉒羽渊：羽山之水汇集处。　㉓郊：郊祭。　㉔祀夏郊：在郊祭时以夏鲧配亨。　㉕间：渐痊愈。　㉖丰施：郑公孙段之子。　㉗早世：早死。　㉘析薪：劈柴。比喻勤劳创业。　㉙负荷：担当。　㊀属：碰巧。　㉑建置：扶持。　㉒初言：指赵文子争州田之言。见昭公三年传。　㉓乐大心：宋大夫。　㉔伯有：郑前任执政，作乱被杀，见襄公三十年传。　㉕介：披甲。　㉖壬子：昭公六年三月二日。　㉗带：驸带，助子晳杀伯有。　㉘壬寅：昭公七年正月二十七日。　㉙段：公孙段。　㊀齐、燕平之月：即昭公七年正月。　㉑其明月：即公孙段死第二月。　㉒公孙泄、良止：公孙泄为子孔之子。子孔被杀事见襄公十九年传。良止为伯有之子。　㉓说：同"悦"。　㉔取媚：取悦。　㉕赵景子：晋中军佐赵成。　㉖化：死。　㉗用物精多：活着养生之物精美且多。　㉘精爽：精神。　㉙强死：不生病而死。　⑩冯依于人：凭借依附在他人身上。　⑪良宵：即伯有。　⑫子良：公子去疾。　⑬子耳：公孙辄。　⑭蕞尔：小小的。　⑮羁臣：羁旅之臣。　⑯违：离开本国。　⑰罪人：指于本国有罪而逃奔他国者。　⑱敏：机敏，恰当。　⑲嬖大夫：即下大夫，嬖大夫比亚大夫仅低一等。　⑪睦：亲近。　⑪贼人：指孙林父。　⑫鹡鸰在原，兄弟急难：句出《诗经·小雅·常棣》。鹡鸰，亦作脊令，鸟名，本生活水滨，令在平原。急难，互相救助。　⑬死丧之威，兄弟孔怀：句亦出《小雅·常棣》。威，畏。孔，甚。怀，怀念。　⑭不吊：不善。　⑮嗣：继君位。　⑯陟恪：升天。　⑰高圉、亚圉：指周朝先代、殷时贤诸侯。　⑱病：患。　⑲讲学：研究学习。　⑳能礼者：精通礼仪者。　㉑达：得志。　㉒有宋：据有宋国，即做国君。　㉓戴、武、宣：三人皆宋君。　㉔三命兹益共：三命即上卿。兹益，同义词连用，更加。共，同"恭"。　㉕偻：低头。　㉖伛：弓身。　㉗俯：弯腰着地。　㉘循墙而走：避开道路中央，顺墙急走。此表示恭敬。　㉙饘：稠粥。　⑩鬻：稀粥。　⑪当世：为国君。　⑫属：嘱托。夫子：指孔丘。　⑬孟懿子、南宫敬叔：孟僖子二子。孟懿子即何忌，南宫敬叔即阅。　⑭君子是则是效：句出《小雅·小雅·鹿鸣》。则，取法。效，效仿。　⑮辛酉：二十日。　⑯从：应验。　⑰常：常以此占卜。　⑱不则：不同。　⑲《诗》曰：以下二句出自《诗经·小雅·北山》。燕燕，安逸。　⑩孔成子：卫卿。康叔：卫国始封祖。　⑪元：孟絷之弟，梦时元未生。　⑫羁：孔成子之子。圉：又称叔圉，孔文子。史苟：史朝之子。　⑬协：合。　⑭尚：表希冀的副词。　⑮《屯》：卦名，卦象为震下坎上。　⑯《比》：卦名，卦象为坤下坎上。　⑰元亨：为《屯》卦卦辞。　⑱长：年长，长子。　⑲非人：非嗣位之人。　⑩利建侯：《屯》卦卦辞。　⑪嗣吉：嗣位吉利。　⑫建非嗣：言若立孟絷，这叫嗣位，不是建侯。既是建侯，就是嫡子嗣位。　⑬袭：合。　⑭弱足者居：跛足者居其家。此用《屯》卦初九爻辞"盘桓利贞居"。盘桓即蹒跚，跛行貌。　⑮各以所利：各用其便利。　⑯癸亥：二十三日。

【译文】

　　七年春季，周历正月，北燕和齐国讲和，这是出于齐国的要求。十八日，齐景公来到虢地，北燕派人求和说：“我国已经知罪了，怎么敢不听从贵国的命令呢？请允许献上先君留下来的一些陈旧器物以谢罪。”公孙皙对景公说：“我们暂且接受他们的归顺而退兵，等有机会再出兵，这样做是可以的。”二月十四日，双方在濡水上结盟。北燕人把燕姬嫁给齐景公，并送给玉瓮、玉柜、玉斝等许多玉器，结果齐国没有达到目的就撤兵了。

楚灵王担任令尹时，曾制作了一面国君才使用的旗子。打猎时，芋尹无宇把旗子的飘带斩断，并说：“一个国家有两个国君，谁能受得了？”灵王即位后，又兴建了章华之宫，专门接纳逃亡的人居住。无宇的守门人也逃到了宫里，无宇要进去把他抓回来，官员不让，并说：“在王宫里随便抓人，罪大恶极。”并把无宇抓了起来交给灵王。灵王正准备饮酒，无宇申辩说：“天子治理天下，诸侯管理封地，这是自古以来的制度。封地之内，哪里不是君主的地盘？食用五谷的人，哪一个不是君主的臣子？因此《诗经》说：‘普天之下没有任何地方不是君主的土地；边境之内没有任何人不是君主的臣子。’天上有十个太阳，人也分为十等。地位低下的人要事奉高贵的人，高贵的人要事奉神灵。因此天子以公侯为臣，公侯以大夫为臣，大夫以士为臣，士以皂以臣，皂以舆为臣，舆以隶为臣，隶以僚为臣，僚以仆为臣，仆以台为臣，马有马官，牛有牛官，各负其责。现在官员却说：‘你为何要在王宫里随便抓人呢？’那么我到哪里去抓人呢？周文王的法律规定：因为有人逃亡，所以要四处搜索。他因此而得到了天下。我们先君楚文王制定了惩罚窝藏犯罪的法律，规定：隐藏盗贼的赃物，与盗贼同罪。所以他的封地一直扩大到了汝水之滨。如果按照官员的话去做，就没有地方去抓获逃走的罪犯了。他愿意逃跑就让他逃跑，等于取消了陪台这一等人。这样，国君的政令不是出现缺失了吗？从前武王列举了纣王的罪状向诸侯说：‘纣成了天下逃犯的窝主，所以他们纷纷聚集在那里。因此人们都拼死攻打纣王。’国君现在开始争取诸侯的拥护，却又效仿纣王的做法，恐怕不行吧？如果以周文王和楚文王的法律来衡量，国君也是盗贼了。”灵王说：“把你的守门人带走吧，至于另外一个盗贼，现在正受到上天的宠爱，还不能抓他。”便赦免了无宇。

灵王又兴建了章华之台，希望能和诸侯举行落成典礼。太宰薳启强说：“我可以让鲁侯前来。”薳启强到鲁国召请昭公，对昭公说：“从前贵国先君成公曾命令我们的先大夫婴齐说：‘我决不会忘记先君建立的友好关系，准备派衡父前往楚国，帮助安定国家，安抚百姓。’婴齐在蜀地和贵国结盟后，我国就从此再没背弃过，并且把盟约祭告了祖庙。从前我们先君共王常常引颈北望，每日每月都盼望鲁国能派人前来，世代如此，现在已经是第四代了，但还是没有得到贵国的恩赐，只有襄公曾因先君康王的丧事到过楚国一次。当时楚王郏敖和群臣痛苦万分，六神无主，连国家都顾不上了，哪里还能顾得上好好地招待襄公呢？现在如果国君能屈尊前来，朝见寡君，赐给楚国洪福，以实际行动继续蜀地结下的盟誓，表明国君的恩惠，寡君就感激万分了，哪里还敢希望能象蜀地结盟时那样让贵国留下人质呢？即使是我国先君的神灵也会称赞这种做法，又哪里仅仅是寡君呢？国君如果不来，那么我想请问您准备什么时候出兵抵抗我国的攻打呢？寡君将会带着进献礼物和您在蜀地会见，以感谢贵国先君成公的恩赐。"

昭公准备前往楚国朝见，夜里梦见襄公为他出访祭祀。梓慎说："国君是去不得楚国的，以前襄公去楚国时，曾楚见周公为他祭祀路神，才去了楚国。现在只是襄公为您祭祀。还是不去为好。"子服惠伯说："要去！先君没有去过楚国，因此周公为他引路，襄公去过楚国了，所以就祭祀路神为国君引路。不去楚国，要去哪里呢？"

三月，昭公前往楚国，郑简公在师之梁城门设宴慰劳。当时孟僖子是昭公的副手，但他不懂礼仪。到楚国后，也不能对楚国的郊劳礼仪进行答谢。

夏季四月一日，鲁国发生了日食。晋平公问士匄："谁将遭受这次日食的灾祸呢？"士匄说："鲁国、卫国将遭受这次灾祸，不过卫国严重，鲁国较轻。"平公说："这是为什么？"士匄说："日食是从卫国开始，太阳刚行至鲁国就结束了。因此如果发生灾害，鲁国也要受到波及。大的灾祸要降到卫君身上，鲁国的灾祸将降到上卿身上。"平公说："《诗经》所说的'那个太阳发生了日食，是多么的不吉利啊'是什么意思？"士匄说："说的是不推行善政。国家不推行善政，不起用善人，就会遭受日食月食带来的灾祸，所以为政不能不加倍小心。只要努力做到三点就行了：一是选拔人才，二是为百姓着想，三是顺应时令。"

晋国派人来鲁国划定杞国的田界，季孙打算把成地送给他们。谢息作为孟孙任命的成宰坚决不同意这么做，他说："人们说：'即使只有小智小慧，只要守住器物不借人，也是合乎礼的。'我的主人孟孙正随国君前往楚国，我却把他的城邑丢掉了，即使是您也会怀疑我不忠的。"季孙说："国君去楚国，对晋国来说就是罪过，如果再不听晋国的话，鲁国的罪过就更重了，晋军必然前来攻打，我们无法抵抗，还不如把成地送给他们，等以后有机会再从杞国收回来。我把桃地给你，等将来收回成地时，不给你还能给谁呢？这样你等于得到了两个成地。如此则鲁国没有了忧患，孟孙又增加了城邑，你还担心什么？"谢息以桃地无山为由不答应，季孙又增加了莱山和柞山，谢息这才从成地迁到了桃地。于是晋国人为杞国收回了成地。

楚灵王在章华台宴请昭公，让一个高大健壮的人作为相礼，并送给昭公一把大屈弓，但不久他就后悔了。蓬启强得知此事后进见昭公。昭公和他说起此事，蓬启强便下拜向昭公祝贺。昭公说："为什么要祝贺呢？"蓬启强回答说："齐国与晋国、越国早就想得到这把弓，寡君不给他们却偏偏给了您。您趁早准备好抵抗三个邻国的侵略吧，小心保护这件无价之宝。这还不值得祝贺吗？"昭公害怕了，急忙把弓还给了灵王。

郑国的子产到晋国聘问，晋平公患了病。韩起迎接子产时私下对他说："寡君卧病在床已经三个月了，其间凡是应祭祀的山川都祭祀过了，但病情依旧不见减轻。今天他又梦见有一只黄熊来到门口，这是什么恶鬼呢？"子产说："凭着国君的英明，再加上有您执政，能有什么恶鬼？从前尧在羽山杀死了鲧，鲧的灵魂变成了一只大黄熊，进入了羽渊，从此鲧就成为夏朝郊祭的对象，夏、商、周三代都祭祀他。晋国作为盟主，或者是没有祭祀他才导致国君生病吧。"韩起连忙祭祀鲧，果然平公的病情有所好转。于是平公把莒国的两个方鼎赐给了子产。

子产替丰施把州田还给了韩起，说："从前国君认为公孙段能继承父亲的事业而把州田赐给他。如今他不幸早逝，不能再继续享有国君的恩德。他的儿子不敢占有这块田地，也不敢面奏国君，只能让我私下还给您。"韩起推辞不要。子产说："古人有句话：'父亲砍好了柴，儿子却不能扛。'丰施深怕不能继承他先人的禄位，哪里还谈得上接受大国的恩赐呢？在您执政期间他倒可以免于罪过，但后来的人如果遇到领土纠纷，我们国家可就要获罪了，丰氏也将会受严厉的惩罚。您把州地收回，是使我国免于罪过，也是对丰氏的扶持。因此我特地向您提出这一请求。"韩起这才接受了州地，并告诉了平公，平公把州地赐给了韩起。韩起想起当初和赵武争夺州地的话，感到心中有愧，便用州地和乐大心交换了原县。

郑国人常常以伯有的鬼魂来互相吓唬："伯有来了！"于是大家便四处逃跑，也不知道要躲到哪里去。在铸刑鼎的那一年二月，有人梦见伯有身穿皮甲走来，并说："到三月二日，我将杀死驷带。到明年正月二十七日，又要把公孙段杀死。"果然，到去年三月二日，驷带死了，国都的人越发害怕起来。齐国和北燕讲和那个月的二十七日，公孙段也死了，国人更加惊恐不安。直到公孙段死后第二个月，子产立了公孙泄和良止为大夫，伯有才停止了作怪。游吉问是什么原因，子产说："鬼魂有了归宿，才不会变成恶鬼兴妖作怪，我为他找到了安身之处。"游吉又问："为什么还要立公孙泄为大夫呢？"子产说："这是为了取得国人的欢心。伯有、子孔两人都不行道义而只有伯有一人兴妖作怪，如果仅立良止一人就违背了道义。把公孙泄也立为大夫，是为了取得国人的欢心。得不到国人的支持，就得不到他们的信任。得不到信任，百姓就不会听从。"

等子产到晋国，赵成还问起此事，他说："伯有还会兴妖作怪吗？"子产说："会的。人刚刚死去时叫魄，变成魄之后，阳气就叫魂。生前衣食精美丰富住所富丽堂皇，魂魄就强大有力，他就精神抖擞以至接近神灵。普通的人意外死亡，其魂魄尚且要依附到人的身上兴妖作怪，何况伯有是先君穆公的后代，子良的孙子，子耳的儿子，我国的卿，而且参与国家政事已有三代了呢？郑国虽是一个弱小国家，但俗话说：'再小也是一个国家。'伯有三代执掌政权，其间使用了很多东西，摄取的精华也很多，再加上他的家族又大，依靠的势力雄厚，又是被强行杀死的。这样，他兴妖作怪不也是应该的吗！"

子皮的族人一向饮酒没有节制，因此马师罕朔和子皮氏关系不好。齐军从北燕回去的那个月，罕朔杀了罕魋，然后逃到了晋国。韩起就如何安排罕朔征求子产的意见。子产说："他作为国君的一个逃亡之臣，能免于一死就求之不得了，哪里还希望能有什么官位？如果是卿离开本国，就享受大夫的待遇，如果他是罪人，就要根据罪行决定应降的等级，这是自古以来的制度。罕朔在我国是亚大夫，官职是马师。他犯罪逃到贵国，听凭您处置，能免他一死，就是莫大的恩惠了，哪里还敢要求官位呢？"韩起认为子产的回答非常恰当，使罕朔为壁大夫。

秋季八月，卫襄公去世。晋国大夫对士鞅说："卫国事奉晋国一向忠心耿耿，但晋国却不够礼貌，保护卫国的罪人孙林父，又夺取了卫国的土地，因此诸侯对晋国有了二心。《诗经》说：'鹡鸰鸟在原野上飞翔，遇到危险互相救助。'又说：'死亡是多么可怕，兄弟之间要互相关怀。'兄弟之间不和睦，彼此就不能亲近，何况是关系疏远的人呢？谁还敢顺从晋国？现在又对卫国新君无礼，卫国必定会背叛我们，这样也会断绝诸侯和我们的来往。"士鞅把这话转告韩起，韩起很高兴，派士鞅前往卫国吊唁，并把戚地还给了卫国。

卫国的齐恶到王室报告丧事，同时请求赐命卫襄公。天子派郕简公到卫国吊唁，并追命卫襄公说："但愿叔父升天之后，能陪伴在先王左右，以辅佐事奉上帝。我怎么敢忘记先祖高圉和亚圉呢？"

九月，昭公从楚国回来，孟僖子对自己不懂外交礼仪非常惭愧，就开始学习，只要是精通礼义者，他就虚心请教，直到快死时，还把他的大夫召集起来说："礼是一个人立身的根本，不懂礼便无法立身。我听说有一个将要显达的人名叫孔丘，是圣人的后代。其家族在宋国被灭亡，其祖父弗父何是宋缗公的儿子，本应被立为君，却让给了宋厉公。弗父何的曾孙正考父辅佐戴公、武公和宣公，身为上卿，他的地位越高，言行就越发恭敬。所以他庙中的鼎铭写道：'当大夫时走路低着头，当正卿时走路躬着身，当上卿时走路深深弯下腰，顺着墙根快步走，也没有人敢欺侮我。我在鼎里煮干饭煮稀粥，勉强糊口。'竟是这样的恭敬。臧孙纥有句话说：'圣人只要有光明的德行，即使不当国君，其后代也必然显贵通达。'现在这句话将要在应孔丘身上吧！假如我能得以善终，就一定要把南宫敬叔和何忌托付给他，跟他学习礼，以确定他们在国家中的地位。"因此后来孟懿子和南宫敬叔投到孔子门下当了学生。孔子说："能主动弥补过失，是个君子。《诗经》说：'君子值得人们效法和学习。'孟僖子可以作为人们学习和效法的榜样吧！"

单献公不重用自己的亲族，却重用来自国外的客卿。冬季十月二十日，襄公、顷公的族人杀了献公，立了他的弟弟成公。

十一月，季武子去世。晋平公对士匄说："我以前问起的有关日食的情况，现在都应验了，对任何事情都能做出如此准确的推断吗？"士匄说："不能。六种事物各不相同，百姓愿望也不一致，事情的顺序不完全一样，官员的贤能与否也各有不同，开始可能一样，但结局却大相径庭，怎么能都做出推断呢？《诗经》说：'有人舒舒服服在家休息，有人却奔波忙碌为国操心。'结局的不同是这样的明显。"平公问："什么是六物？"士匄说："六物就是岁、时、日、月、星、辰。"平公说："有很多人和我说起辰，但说法各不相同，究竟什么是辰呢？"士匄说："日月相会就是辰，因此它被用来纪日。"

卫襄公夫人姜氏没有儿子，襄公的宠姬婤姶生了儿子孟絷。孔成子梦见康叔对自己说："要立元为君，我让羁的孙子圉和史苟辅佐他。"史朝也梦见康叔对自己说："我将命令你的儿子史苟和孔烝鉏的曾孙圉辅佐元。"史朝见到成子，把做的梦告诉了他，结果发现两人的梦完全一样。晋国韩起开始当政遍访各国的那一年，婤姶又生了一个儿子，起名为元。孟絷的脚有病，影响走路。孔成子用《易经》为他占筮，筮辞是："元可望得到国家，执掌国政。"得到屯卦，卦辞说："我希望立絷，希望能得到帮助。"得到屯卦又变成比卦，把结果拿给史朝看，史朝解释说："元将享有国家，还怀疑什么呢？"成子说："'元'字不是指年长的人吧？"史朝说："康叔起的名字，可以说元就是年长的人了。孟絷不是这样的人，他不能名列宗主之中，不能说他年长。再说繇辞表明：'利建侯。'如果孟絷继位吉利，是嗣位，不是建侯，既然说是建侯，当然就不是嗣位。两个卦象都是这么说，您还是立他为好！既然康叔有了命令，两个卦象也告诉了我们，占筮和梦境完全吻合，这也是武王所经历过的，为什么还不听从呢？脚有毛病只适合守在家里。国君要管理国家，亲临祭祀，奉养百姓，侍奉鬼神，参加会盟朝见，怎么能闲得住？让他们两人发挥各自的特长，不也可以吗？"因此，孔成子立了元为国君，即灵公。十二月二十三日，安葬了卫襄公。

昭公八年

经　八年春，陈侯之弟招杀陈世子偃师。夏四月辛丑，陈侯溺卒。叔弓如晋。

楚人执陈行人干征师杀之。陈公子留出奔郑。秋，蒐于红。陈人杀其大夫公子过。大雩。冬十月壬午，楚师灭陈。执陈公子招，放之于越。杀陈孔奂。葬陈哀公。

传　八年春，石言于晋魏榆①。晋侯问于师旷曰："石何故言？"对曰："石不能言，或冯焉②。不然，民听滥也③。抑臣又闻之曰：'作事不时④，怨讟动于民⑤，则有非言之物而言。'今宫室崇侈，民力凋尽⑥，怨讟并作，莫保其性⑦。石言，不亦宜乎。"于是晋侯方筑虒祁之宫⑧。叔向曰："子野之言⑨，君子哉！君子之言，信而有征⑩，故怨远于其身。小人之言，僭而无征⑪，故怨咎及之。《诗》曰⑫：'哀哉不能言，匪舌是出，唯躬是瘁。哿矣能言，巧言如流，俾躬处休。'其是之谓乎。是宫也成，诸侯必叛，君必有咎，夫子知之矣⑬。"

陈哀公元妃郑姬⑭，生悼大子偃师⑮，二妃生公子留，下妃生公子胜⑯。二妃嬖，留有宠，属诸司徒招与公子过⑰。哀公子有废疾⑱。三月甲申⑲，公子招、公子过杀悼大子偃师，而立公子留。

夏四月辛亥⑳，哀公缢。干征师赴于楚㉑，且告有立君，公子胜愬之于楚，楚人执而杀之。公子留奔郑。

书曰："陈侯之弟招杀陈世子偃师"，罪在招也；"楚人执陈行人干征师杀之。”罪不在行人也。

叔弓如晋，贺虒祁也。游吉相郑伯以如晋，亦贺虒祁也。史赵见子大叔②。曰：“甚哉，其相蒙也②！可吊也②，而又贺之？”子大叔曰：“若何吊也？其非唯我贺，将天下实贺。”

秋，大蒐于红②，自根牟至于商、卫②，革车千乘。

七月甲戌②，齐子尾卒，子旗欲治其室。丁丑②，杀梁婴②。八月庚戌③，逐子成、子工、子车③，皆来奔，而立子良氏之宰②。其臣曰：“孺子长矣③，而相吾室④，欲兼我也。”授甲③，将攻之。陈桓子善于子尾，亦授甲，将助之。或告子旗，子旗不信。则数人告。将往③，又数人告于道，遂如陈氏。桓子将出矣，闻之而还，游服而逆之③，请命。对曰：“闻强氏授甲将攻子③，子闻诸？”曰：“弗闻。”“子盍亦授甲？无宇请从③。”子旗曰：“子胡然？彼孺子也，吾诲之犹惧其不济，吾又宠秩之④。其若先人何？子盍谓之？《周书》曰：‘惠不惠，茂不茂④’，康叔所以服弘大也④。”桓子稽颡曰④：“顷、灵福子④，吾犹有望④。”遂和之如初。

陈公子招归罪于公子过而杀之。九月，楚公子弃疾帅师奉孙吴围陈④，宋戴恶会之④。冬十一月壬午④，灭陈。舆嬖袁克④，杀马毁玉以葬⑤。楚人将杀之，请置之⑤。既又请私⑤，私于辒⑤，加绖于颡而逃⑤。

使穿封戌为陈公⑤，曰：“城麇之役⑤，不谄。”侍饮酒于王。王曰：“城麇之役，女知寡人之及此，女其辟寡人乎⑤？”对曰：“若知君之及此，臣必致死礼以息楚⑤。”

晋侯问于史赵曰：“陈其遂亡呼？”对曰：“未也。”公曰：“何故？”对曰：“陈，颛顼之族也⑤。岁在鹑火⑥。是以卒灭，陈将如之⑥。今在析木之津⑥，犹将复由⑥。且陈氏得政于齐，而后陈卒亡。自幕至于瞽瞍⑥，无违命。舜重之以明德⑥，置德于遂⑥，遂世守之。及胡公不淫⑥，故周赐之姓，使祀虞帝。臣闻盛德必百世祀，虞之世数未也⑥。继守将在齐，其兆既存矣⑥。”

【注释】

①魏榆：晋地名，在今山西榆次县西北。　②或冯：有所凭借。　③听滥：听错。　④不时：不合时令。　⑤动：发生。　⑥凋尽：竭尽。　⑦性：生，生存，生活。　⑧虒（sī）祁之宫：宫名，在今山西侯马市附近。　⑨子野：师旷字。　⑩信而有征：诚实而有证据。　⑪僭：虚假。　⑫《诗》曰：以下诗句出自《诗经·小雅·雨无正》。匪舌是出：出自他的舌头。匪，读为“彼”。唯躬是瘁：只是劳伤自身。瘠（gě）：嘉，善。俾躬处休：使自身安逸。　⑬夫子：指师旷。　⑭元妃：正妻，夫人。　⑮悼：偃师的谥号。　⑯下妃：三妃。　⑰司

徒招、公子过：二人皆哀公弟。　⑱废疾：久治不愈之症。　⑲甲申：十六日。　⑳辛亥：十三日。　㉑干征师：陈国行人。　㉒子大叔：即游吉。　㉓蒙：欺骗。　㉔吊：吊唁。　㉕红：地名。　㉖根牟：鲁东境地名。商、卫：指宋国和卫国边境。　㉗甲戌：初八日。　㉘丁丑：十一日。　㉙梁婴：子尾家宰。　㉚庚戌：十四日。　㉛子成等：三人均为齐大夫。　㉜子良：子尾之子高强。　㉝孺子：指子良。　㉞相吾室：帮我家管理事情。　㉟授甲：授予甲兵。　㊱往：往子良家。　㊲游服：脱去戎衣，改穿便衣。游服，燕游衣服。　㊳强氏：子良。　㊴无宇：陈桓子之名。　㊵宠秩之：宠信并为他立宰。　㊶惠不惠，茂不茂：施惠于不感激施惠之人，劝勉于不听劝勉之人。　㊷服宏大：做事宽大。服，事。　㊸稽颡：叩响头。　㊹顷、灵福子：顷、灵，齐二国君。福子，保佑您。　㊺有望：希望赐惠于己。　㊻奉孙吴：奉事太孙吴。吴，悼太子偃师之子惠公。　㊼戴恶：宋大夫。　㊽冬十一月壬午：《经》作十月壬午，未知孰是。　㊾舆嬖：嬖大夫。　㊿以葬：为陈侯殉葬。　51置：赦。　52私：小便。　53幄：帐。　54加绖于颡：将麻带系于头上。绖，丧服的一种。颡，额头。　55公：县公。　56城麇之役：指襄公二十六年穿封戌囚皇颉，公子围（灵王）与之争一事。　57辟：避让。　58致死礼以息楚：冒死用礼仪安定楚国。意为为郏敖致死杀灵王。　59族：嗣，后代。　60岁在鹑火：岁星在鹑火之次。　61如之：如过去一样。　62析木之津：箕、斗二宿的银河间。津，银河、天河。　63复由：复兴。　64幕、瞽瞍：二者为舜的先祖。　65重：增加。　66遂：舜的后代。　67胡公不淫：遂的后代。　68未：未满。　69兆：预兆。

【译文】

八年春季，在晋国的魏榆，有一块石头会说话。晋平公问师旷："石头为什么会说话？"师旷回答说："石头自然不会说话，可能是鬼神附到上面，否则，就是百姓误传。不过我又听说过：'做事违背农时，怨言在百姓之中发生，就有不会说话的东西说话。'现在国君的宫室高大豪华，百姓精疲力竭，怨声载道，连生活都得不到保障。石头说话，不也是应该的吗？"此时平公正修建虒祁之宫。叔向说："师旷的话是君子之言啊！君子之言诚实而有据，因此就不会招来怨恨。小人之言虚假而无凭，怨恨和灾祸总是要降到身上。《诗经》说：'不会讲话令人难过，话刚出口就招来灾祸；善于表达令人欣慰，巧言善辩使自己安宁。'说的就是这种情况吧！等到这座宫殿建成，诸侯也必将背叛，国君也将遇到灾祸。师旷已经预料到这一点了。"

陈哀公的第一个夫人郑姬生了悼太子偃师，第二个夫人生了公子留，第三个夫人生了公子胜。第二个夫人最受哀公宠幸，公子留也就受到宠信，哀公把他托付给司徒招和公子过。哀公患了难以治愈的疾病，三月十六日，公子招、公子过杀了悼太子偃师，立公子留为太子。

夏季四月十三日，哀公自缢身亡。干征师到楚国报丧，同时告诉又立了公子留为新君。公子胜到楚国控告，楚国人把干征师抓起来杀了，公子留逃到了郑国。

《春秋》记载"陈侯之弟招杀陈世子偃师。"意思是罪过在于公子招；"楚人执陈行人干征师杀之。"意思是外交官员并没有罪。

叔弓到晋国祝贺虒祁之宫的落成。游吉作为相礼陪郑简公到晋国，也是为了祝贺虒祁之宫的落成。史赵见到游吉说："你们自欺欺人也太过分了！本来应该吊唁的事情，却来祝贺。"游吉说："为什么要吊唁呢？不但我们前来祝贺，天下的诸侯都会来祝贺！"

秋季，鲁国在红地检阅了军队，战车从根牟一直延伸到宋、卫两国边境上，有一千多辆。

七月八日，齐国的子尾去世。子旗打算吞并子尾的家产。十一日，杀了子尾的家宰梁婴。八月十四日，又赶走了齐国大夫子成、子工、子车，三人都逃到了鲁国。子旗又为子良立了家宰。子良的家臣说："子良已经长大了，子旗还要帮助管理我们家庭，为的是要兼并我们啊。"便给家兵发了武器，准备攻打子旗。陈桓子一向和子尾要好，也给家兵发了武器，要帮助他们。有人把这一情况告诉了子旗，子旗不相信，接着又有几个人来报告。子旗要到子良家去看个究竟，又有几个人在路上告诉他，于是他就到了陈桓子家。此时陈桓子正准备领发出发，听说子旗来了，便转了回去，并马上脱掉戎装换上便服出来迎接。子旗问他要到哪里去，陈桓子回答说："听说子良已经发了武器准备攻打您，您听说没有？"子旗说："没有听说。"陈桓子说："您何不也发给家兵武器？我跟您一起去。"子旗说："您为什么要这样做呢？他是个小孩子，我教导他，还怕他不能成材，因此为他立了家宰帮助他。我如果像您说的，和他互相攻打，怎么能对得起祖先呢？您何不去劝劝他？《周书》说：'要继续对不知恩惠的人施予恩惠，对不知勤勉的人劝其勤勉。'这就是康叔为什么胸怀如此宽广的原因。"桓子连忙下跪叩头说："但愿顷公、灵公能保佑您，我也希望您能对我有所恩惠。"然后出面调解，使双方和好如初。

陈国的公子招把责任推到公子过身上，并杀了他。九月，楚国的公子弃疾率领军队护送太孙吴包围了陈国，宋国的戴恶领兵和楚军会合。冬季十一月某日，灭了陈国，陈哀公的宠臣袁克杀了马毁了玉为哀公殉葬。楚国人准备把他杀掉，袁克请求赦免自己，一会又请求出去小便。他在帐篷中小便时，在头上绑上一条麻带表示为哀公服丧，然后乘机逃走了。

楚灵王派穿封戌出任陈县县公，并说："这是因为在城麇之战中他没有谄媚我。"穿封戌陪同灵王饮酒,灵王说:"城麋之战时,如果你知道我今天会当国君,会不会躲让我呢?"穿封戌回答说:"如果那时我知道国君能到这一步,我肯定会拼死杀掉您使楚国安定下来。"

晋平公问史赵:"陈国就此灭亡了吗?"史赵回答说:"不会的。"平公说:"为什么?"史赵说:"陈国是颛顼的后代。当岁星运行到鹑火的位置时,颛顼才灭亡,陈国也将这样。现在岁星才运行到箕宿、斗宿之间的银河中,所以陈国还要复兴。而且要等到陈氏在齐国取得政权之后,陈国才灭亡。陈氏从幕直到瞽瞍从没有违背过天命。舜又为他们增加了德行,并一直保留到遂这一代,遂的后代子孙一直保守着这种德行,直到胡公不淫,因此周朝赐给他姓,让他祭祀虞帝。据我所知,拥有盛德,就一定会享有百代的祭祀,现在虞受到祭祀还不满一百代。他们还会在齐国那里继续祭祀下去,这种征兆已经出现了。"

昭公九年

经　九年春,叔弓会楚子于陈。许迁于夷。夏四月,陈灾。秋,仲孙貜如齐。冬,筑郎囿。

传　九年春,叔弓、宋华亥、郑游吉、卫赵黡会楚子于陈。

二月庚申,楚公子弃疾迁许于夷,实城父[①],取州来淮北之田以益之[②]。伍举授许男田。然丹迁城父人于陈,以夷濮西田益之。迁方城外人于许。

周甘人与晋阎嘉争阎田[③]。晋梁丙、张趯率阴戎伐颍。王使詹桓伯辞于晋[④],曰:"我自夏以后稷[⑤],魏、骀、芮、岐、毕[⑥],吾西土也。及武王克商,蒲姑、商奄,吾东土也。巴、濮、楚、邓,吾南土也。肃慎、燕、亳,吾北土也。吾何迩封之有[⑦]?文、武、成、康之建母弟[⑧],以蕃屏周,亦其废队是为[⑨],岂如弁髦而因以蔽之[⑩]。先王居梼杌于四裔[⑪],以御螭魅,故允姓之奸[⑫],居于瓜州。伯父惠公归自秦[⑬],而诱以来,使逼我诸姬,入我郊甸[⑭],则戎焉取之[⑮]。戎有中国,谁之咎也?后稷封殖天下[⑯],今戎制之[⑰],不亦难乎?伯父图之。我在伯父,犹衣服之有冠冕,木水之有本原[⑱],民人之有谋主也。伯父若裂冠毁冕,拔本塞原,专弃谋主[⑲],虽戎狄,其何有余一人[⑳]?"叔向谓宣子曰:"文之伯也[㉑],岂能改物[㉒]?翼戴天子而加之以共[㉓]。自文以来,世有衰德而暴灭宗周[㉔],以宣示其侈[㉕],诸侯之贰,不亦宜乎?且王辞直[㉖],子其图之。"宣子说。王有姻丧[㉗],使赵成如周吊,且致阎田与襚,反颍俘[㉘]。王亦使宾滑执甘大夫襄以说于晋㉙，晋人礼而归之。

　　夏四月，陈灾。郑裨灶曰："五年，陈将复封。封五十二年而遂亡。"子产问其故。对曰："陈，水属也㉚；火，水妃也㉛，而楚所相也㉜。今火出而火陈㉝，逐楚而建陈也。妃以五成㉞，故曰五年。岁五及鹑火㉟，而后陈卒亡，楚克有之，天之道也，故曰五十二年。"

　　晋荀盈如齐逆女，还，六月，卒于戏阳㊱。殡于绛，未葬。晋侯饮酒，乐㊲。膳宰屠蒯趋入，请佐公使尊㊳。许之。而遂酌以饮工㊴，曰："女为君耳，将司聪也㊵。辰在子卯㊶，谓之疾日㊷。君彻宴乐，学人舍业㊸，为疾故也。君之卿佐，是谓股肱。股肱或亏㊹，何痛如之？女弗闻而乐，是不聪也。"又饮外嬖嬖叔曰："女为君目，将司明也。服以旌礼㊺，礼以行事，事有其物㊻，物有其容㊼。今君之容，非其物也㊽，而女不见，是不明也。"亦自饮也，曰："味以行气㊾，气以实志㊿，志以定言[51]，言以出令。臣实司味，二御失官[52]，而君弗命[53]，臣之罪也。"公说，彻酒。

　　初，公欲废知氏而立其外嬖[54]，为是悛而止。秋八月，使荀跞佐下军以说焉[55]。

　　孟僖子如齐殷聘[56]，礼也。

　　冬，筑郎囿。书，时也。季平子欲其速成也，叔孙昭子曰："《诗》曰：'经始勿亟，庶民子来[57]'。焉用速成？其以剿民也[58]。无囿犹可，无民，其可乎？"

【注释】

①实城父：实为城父。城父本陈地，即夷，僖公二十三年楚伐陈而取之。　②益：增加。
③甘人：指甘大夫襄。甘在今洛阳市西南。阎嘉：晋阎县大夫。　④辞：责备。　⑤自夏以后稷：在夏代因后稷之功。　⑥魏、骀等：均为国名，以下同此，不再注明。　⑦迩封：近封。　⑧建母弟：封母弟以建国封土。　⑨废队是为：为防止废坏坠落。　⑩弁髦：黑布帽。一说弁为黑布帽；髦为儿童剪去的头发。敝：弃。　⑪梼杌：四凶之一，详见文公十八年传。四裔：四方边远之地。　⑫允姓：阴戎之祖。　⑬伯父：当时天子对同姓诸侯，无论生死，皆称伯父或叔父。　⑭郊甸：邑外为郊，郊外为甸。　⑮焉：于是。　⑯封殖：缔造，创立。
⑰制：割据。　⑱原：通"源"。　⑲专：专断。　⑳何有余一人：言心中怎能有我这天子。
㉑伯：同"霸"。　㉒改物：改旧制。　㉓翼戴：辅佐，拥戴。　㉔暴灭：损害轻视。灭亦作"蔑"。　㉕侈：骄横。　㉖直：有理。　㉗姻丧：外亲之丧。　㉘反颍俘：遣返攻颍时的俘虏。　㉙宾滑：周大夫。　㉚水属：隶属于水。　㉛水妃：水的配偶。即水火相辅相成。㉜楚所相：楚国所主治。楚祖先祝融，为高辛氏火正，主治火事。　㉝火出而火陈：大火星出现而陈有火灾。　㉞妃以五成：此以阴阳五行而论，即天以一生水，地以二生火，天以三生

木，地以四生金，天以五生土。五位以五而合，阴阳易位，故为妃以五成。㉟岁五及鹑火：岁星五年到达鹑火。㊱戏阳：其地在河南内黄县北。㊲乐：奏乐，用作动词。㊳佐公使尊：助公斟酒。㊴工：乐工。㊵司聪：主管使国君聪敏。㊶辰在子卯：日子在甲子、乙卯。甲子为商纣灭亡之日，乙卯为夏桀灭亡之日。㊷疾日：忌日。㊸学人舍业：学习音乐的人停止习乐。㊹亏：损。此指死。㊺旌礼：表示礼仪。㊻物：类。㊼容：外貌。㊽非其物：不是应有的类别。㊾味以行气：口味是用来使血气畅通。㊿实志：充实意志、精神。(51)定言：确定语言。(52)二御失官：二御，指乐工及嬖叔。失官，失职。(53)弗命：不发命治罪。(54)知氏：知盈，荀盈。(55)说：自我解说。(56)殷：盛大。(57)经始勿亟，庶民子来：句出《诗经·大雅·灵台》，意为营造开始不必急速，百姓像儿子一样踊跃而来。(58)剿：劳。

【译文】

九年春季，鲁国的叔弓、宋国的华亥、郑国的游吉、卫国的赵黡在陈地会见了楚灵王。

二月某日，楚国的公子弃疾把许国迁到夷地，实际上就是城父。并用州来、淮北的田地补偿给许国，伍举把田地授给了许男。然丹把城父的人迁到陈地，又把濮水以西的夷地补偿给城父。把方城山之外的人迁到了许国。

周王室的甘地人与晋国的阎嘉为阎地的田地争夺起来。晋国的梁丙、张趯率领阴戎攻打颍地。天子派詹桓伯责备晋国人："在夏代，因为我们祖先后稷有功，魏、骀、芮、岐、毕五国被封为王室的西部领土；武王战胜商朝之后，蒲姑、商奄又成了东部领土；巴、濮、楚、邓四国是南部领土；肃慎、燕、亳是北部领土。因此王室哪有特别近的封地呢？文王、武王、成王、康王分封同母弟为诸侯，是为了在四周护卫王室，防止衰落和败坏。对待他们怎能像帽子和剪掉的头发一样随便就扔掉呢？先王派梼杌等四凶居住在四方边远的地区，就是要让他们抵御各种妖魔鬼怪，所以让阴戎的祖先允姓中的奸邪之人住在瓜州。伯父晋惠公从秦国回来后就引诱他们来到中原，威胁我姬姓诸国，并侵入王室近郊，从此戎人占领了这些地方。戎人占据中原，是谁的过错呢？后稷缔造了周朝的天下，如今却任由戎人四处横行，不令人感到头痛吗？希望伯父考虑一下。王室对伯父来说，就像衣服上的帽子，树木的根部，流水的源头，百姓的主人。假如伯父要撕毁帽子，拔掉树根，堵塞水源，专横地丢弃主人，即使戎狄也不会再把我这个天子放在眼里。"叔向对韩起说："即使文公称霸诸侯时，也不曾改变过传统的礼制，而是辅佐和拥戴天子更加恭敬有礼。从文公以来，每一代的德行都有所衰减，损害和蔑视王室，炫耀自己的骄纵。这样，诸侯产生二心不也是应该的吗？而且天子的话也是很有道理的，您还是要考虑一下。"韩起表示赞成。此时天子的亲戚有了丧事，韩起派赵成到王室吊唁，同时献上阎地的田地和寿衣，把攻打颍地时抓获的俘虏也放了回去。天子派宾滑把甘地大夫襄抓了起来，以取得晋国的欢心，晋国人很有礼貌地把襄送回了王室。

夏季四月，陈地发生了火灾。郑国的裨灶说："再过五年陈国将会再次受封，受封以后五十二年才被灭亡。"子产问是什么原因。裨灶回答说："陈国属于水，火与水相配。楚国祖先是祝融，正好主管火事。现在大火星出现了，因此陈国发生了火灾，这表明是要赶走楚国人，重建陈国。阴阳五行都是用五相配，所以说是再过五年。岁星到达鹑火五次，陈国就会最后灭亡。楚国将其吞并，这是上天的安排，因此说是五十二年。"

晋国的荀盈到齐国迎娶齐女，返回时，六月，在戏阳去世。棺材停放在绛地，没有安葬。此时平公举行酒宴，并奏乐助兴。膳宰屠蒯快步走进去，请求为平公斟酒，平公答应了。随后他又给乐工斟了一杯酒说："您作为国君的耳朵，职责就是让国君灵敏。甲子日和乙卯日是忌日，在这两天，国君不能饮宴奏乐，连学习音乐的人也要暂时停下来，就是为了避开禁忌。大臣是国君的股肱，股肱受到损伤，应该极为痛心。现在荀盈死了，你不告诉国君却仍然奏乐。您这个耳朵是不灵敏的。"又给国君的宠臣嬖叔斟了一杯酒说："您作为国君的眼睛，职责是让他眼睛明亮。服饰用以表示礼仪，礼仪用以行事，事情的性质各不相同，其外貌形态也多种多样。现在国君的表现很不正常，您却视而不见，您这个眼睛是不明亮的。"说完自己也喝了一杯，说："味道可以使血气疏通，血气可以强化意志，意志可以表现为语言，语言可以发出命令。我负责调剂国君的口味，这两个负责耳朵和眼睛的人未能尽职尽责，国君却没有下令惩治他们，这是我的罪过。"听到这些，平公很高兴，当即下令撤除酒宴。

当初，平公准备废掉荀盈，代之以自己的宠臣，因为屠蒯的一番话而改变了主意。秋季八月，任命荀跞为下军副帅，以安抚他。

孟僖子到齐国进行了一次较为隆重的聘问，这是合乎礼的。

冬季，鲁国在郎地修建园林。《春秋》记载此事，说明这一活动不违农时。季平子想加快工程进度，叔孙昭子说："《诗经》说：'开始修建并不急于完工，百姓却像儿子一样纷纷赶来帮忙。'何必为了加快进度使百姓过分疲劳呢？一个国家可以没有园林，但能够没有百姓吗？"

经　十年春，王正月。夏，齐栾施来奔。秋七月，季孙意如、叔弓、仲孙貜帅师伐莒。戊子，晋侯彪卒。九月，叔孙婼如晋，葬晋平公。十有二月甲子，宋成公卒。

传　十年春，王正月，有星出于婺女①。郑裨灶言于子产曰："七月戊子②，晋君将死。今兹岁在颛顼之虚③，姜氏、任氏实守其地④。居其维首⑤，而有妖星焉⑥，告邑姜也⑦。邑姜，晋之妣也⑧。天以七纪⑨，戊子，逢公以登⑩，星斯于是乎出⑪。吾是以讥之⑫。"

齐惠栾、高氏皆耆酒⑬，信内多怨⑭，强于陈、鲍氏而恶之。

夏，有告陈桓子曰："子旗、子良将攻陈、鲍。"亦告鲍氏。桓子授甲而如鲍氏，遭子良醉而骋⑮，遂见文子⑯，则亦授甲矣。使视二子⑰，则皆将饮酒。桓子曰："彼虽不信⑱，闻我授甲，则必逐我。及其饮酒也，先伐诸？"陈、鲍方睦，遂伐栾、高氏。子良曰："先得公⑲，陈、鲍焉往？"遂伐虎门⑳。

晏平仲端委立于虎门之外㉑，四族召之㉒，无所往。其徒曰："助陈、鲍乎？"曰："何善焉？""助栾、高乎？"曰："庸愈乎㉓？""然则归乎？"曰："君伐焉归？"公召之而后入。公卜使王黑以灵姑钘率㉔，吉。请断三尺焉而用之㉕。五月庚辰，战于稷㉖，栾、高败，又败诸庄㉗。国人追之，又败诸鹿门㉘。栾施、高强来奔。陈、鲍分其室。

晏子谓桓子："必致诸公。让，德之主也，让之谓懿德。凡有血气，皆有争心，故利不可强㉙，思义为愈。义，利之本也，蕴利生孽㉚。姑使无蕴乎，可以滋长。"桓子尽致诸公，而请老于莒。

桓子召子山㉛，私具幄幕、器用、从者之衣屦㉜，而反棘焉㉝。子商亦如之，而反其邑。子周亦如之，而与之夫于㉞，反子城、子公、公孙捷㉟，而皆益其禄。凡公子、公孙之无禄者，私分之邑㊱。国之贫约孤寡者，私与之粟。曰："《诗》云，'陈锡载周㊲'，能施也，桓公是以霸。"公与桓子莒之旁邑，辞。穆孟姬为之请高唐㊳，陈氏始大㊴。

秋七月，平子伐莒取郠㊵，献俘，始用人于亳社㊶。臧武仲在齐，闻之，曰："周公其不飨鲁祭乎！周公飨义，鲁无义㊷，《诗》曰：'德音孔昭，视民不恌㊸。'恌之谓甚矣，而壹用之㊹，将谁福哉！"

戊子，晋平公卒。郑伯如晋。及河，晋人辞之。游吉遂如晋。九月，叔孙婼、齐国弱、宋华定、卫北宫喜、郑罕虎、许人、曹人、莒人、邾人、滕人、薛人、杞人、小邾人如晋，葬平公也。

郑子皮将以币行。子产曰："丧焉用币？用币必百两[45]，百两必千人，千人至，将不行[46]。不行，必尽用之。几千人而国不亡？"子皮固请以行。

既葬，诸侯之大夫欲因见新君。叔孙昭子曰："非礼也。"弗听。叔向辞之，曰："大夫之事毕矣。而又命孤，孤斩焉在衰绖之中[47]。其以嘉服见[48]，则丧礼未毕；其以丧服见，是重受吊也。大夫将若之何？"皆无辞以见。

子皮尽用其币，归，谓子羽曰："非知之实难，将在行之。夫子知之矣[49]，我则不足。《书》曰：'欲败度，纵败礼[50]'。我之谓矣。夫子知度与礼矣，我实纵欲而不能自克也[51]。"

昭子至自晋，大夫皆见。高强见而退。昭子语诸大夫曰："为人子，不可不慎也哉！昔庆封亡，子尾多受邑而稍致诸君，君以为忠而甚宠之。将死，疾于公宫，辇而归，君亲推之。其子不能任[52]，是以在此。忠为令德，其子弗能任，罪犹及之，难不慎也[53]？丧夫人之力[54]，弃德旷宗[55]，以及其身，不亦害乎？《诗》曰[56]：'不自我先，不自我后。'其是之谓乎。"

冬十二月，宋平公卒。初，元公恶寺人柳[57]，欲杀之。及丧，柳炽炭于位[58]，将至，则去之。比葬，又有宠。

【注释】

①婺女：即女宿。　②戊子：为七月三日。　③今兹：今年。颛顼之虚：即玄枵，在二十八宿中为女、虚、危三宿。　④姜氏、任氏实守其地：姜氏，齐国；任氏，薛国。二国的分野为玄枵。　⑤居其维首：婺女处于玄枵三宿的首位。　⑥妖星：指出于婺女之星，或客星，或新星。　⑦邑姜：齐太公女，晋始封君唐叔之母。　⑧妣：先妣。　⑨天以七纪：天用七记数。此指二十八宿分布四方，每方七宿。　⑩逄公以登：逄公升天（死）。逄公，殷代居于齐地的诸侯。　⑪星斯于是乎出：妖星在这个时候出现。　⑫讥：卜以问疑，此以星象占卜。　⑬栾、高氏：二氏皆出于惠公。栾，栾施，字子旗；高，高强，字子良。　⑭信内：宠信女人。　⑮遭：遇到。　⑯文子：鲍国。　⑰二子：子旗、子良。　⑱彼虽不信：那些话虽不一定真实。彼，指有告者。　⑲得公：意为挟持齐景公。　⑳虎门：景公路寝之门。　㉑端委：朝服。　㉒四族：指栾、高、陈、鲍。　㉓庸愈：岂能取胜。庸，岂。愈，胜。　㉔王黑：齐大夫。灵姑铚：齐桓公龙旗名。　㉕断三尺：王黑以大夫而用齐侯旗，实为奉齐侯之命，故请截断三尺以示恭敬。　㉖稷：齐都城门。　㉗庄：城内大街名。　㉘鹿门：齐都东南门。　㉙强：强取。　㉚蕴利生孽：积累利益产生妖害。　㉛子山：及子商、子周均为襄公三十一年子尾所逐群公子。　㉜私具：私下准备。　㉝棘：齐地名。　㉞夫于：邑名，在今山东长山废县

附近。　㉟子城、子公、公孙捷：三子于昭公八年为子旗所逐。　㊱私分之邑：将自己的私邑分给他们。　㊲陈锡载周：《诗经·大雅·文王》句。诗言文王陈列所得的赏赐以赐予别人故创建了周朝。　㊳穆孟姬：齐景公之母。高唐：在今山东高唐县东。　㊴大：昌大。　㊵鄭(gěng)：莒邑名。　㊶用人：用人作祭物。　㊷无义：杀人以为祭故曰无义。　㊸德音孔昭，视民不佻：诗出《诗经·小雅·鹿鸣》。德音，善言。孔，甚。昭，明。视，示。佻。苟且轻薄。　㊹壹：专一。　㊺百两：百辆车子。　㊻不行：不还。　㊼斩焉：哀痛貌。　㊽嘉服：吉服。　㊾夫子：指子产。　㊿欲败度，纵败礼：句出逸书。度，法度。纵，放纵。　51自克：自我克制。　52任：承袭。　53难：奈何的合音。　54夫人：指子尾。　55旷宗：使宗庙空而不祀。　56《诗》曰：下二句出自《小雅·正月》及《大雅·瞻卬》。　57元公：平公太子，名佐。　58炽炭：烧炭。

【译文】

十年春季，周历正月，女宿星附近出现了一颗新星。郑国的裨灶对子产说："七月戊子日，晋君将死去。因为今年岁星运行到了玄枵的位置上，姜氏、任氏守卫着玄枵分野的土地。在玄枵三宿中女宿为首，在其位置上出现了不明来历的妖星，这是向邑姜发出警告。邑姜是晋国始祖唐叔的母亲。上天用七来记数，逢公就是在戊子这一天死的，正好这一天女宿星附近出现了妖星，我因此才预知晋侯死的时间。"

齐惠公的后代子旗、子良都喜欢喝酒，他们听信女人，招来很多怨恨。其势力比陈氏、鲍氏强大，但仍然对陈、鲍怀恨在心。

夏季，有人告诉陈桓子："子旗、子良准备攻打陈氏和鲍氏。"并告诉了鲍氏。桓子给家兵发放武器，又要到鲍氏家去。路上遇到喝醉了酒的子良，桓子连忙快马加鞭，到了鲍氏家，看到鲍文子也正在给家兵发放武器。派人去察看子旗和子良，得知他们还在喝酒，陈桓子说："刚才那个人的话虽然不一定可靠，但他们一旦听说我们已经发放了武器，就必定会驱逐我们。趁他们正在喝酒，抢先攻打怎么样？"此时陈、鲍两家关系正好，于是就联合攻打子旗、子良两家。子良说："只要先保护住国君，看陈氏、鲍氏还能逃到哪里去？"随后便攻打虎门。

晏婴身穿朝服站在虎门之外，栾、高、陈、鲍四个家族都请他，他都不去。他的手下人说："我们帮助陈、鲍一方吗？"晏婴说："他们有哪一点好处呢？"手下人又说："那就帮助栾、高一方吧？"晏婴说："他们有比陈、鲍强的地方吗？""那么我们赶快回去吧！"晏婴说："现在国君正遭到攻打，能回到哪里呢？"景公召他，他才进去。景公准备派王黑举着灵姑铚旗率军反击，占卜的结果是吉利。王黑请求把龙旗砍去三尺之后再用。五月某日，景公、陈氏、鲍氏和子旗、子良在稷门交战，子旗、子良战败，陈、鲍又在庄地将其打败。国都的人追赶他们，又在鹿门将其打败。子旗、子良逃到鲁国，陈氏、鲍氏瓜分了他们的家产。

晏婴对桓子说："您一定要把得到的东西还给国君。谦让是德行的基础，谦让是一种美德。凡是有血气的人，都有争权夺利之心，因此利不能强行夺取，只有时刻不忘义才能处处胜过别人，义是利的根本，贪利就会生灾。您暂且放弃利，利反而会增多。"于是桓子把得到的栾、高两家的东西都送给了景公，并请求退休到莒邑养老。

陈桓子召请子山回去，私下为他准备了帷幕、用具和随从人员的衣物，并把棘地也还给了他。对子商也这样，把封地还给了他。对子周也这样，把夫于还给了他，还把子城、子公、公孙捷都召回来，并增加了他们的禄位。凡是公子、公孙中没有俸禄的，把自己的封邑分给他们。对国内贫穷孤寡无依无靠的人，把自己的粮食送给他们。他说："《诗经》说：'广赐恩惠，创建周朝。'这就是文王能够施舍的缘故。桓公也因此而称霸诸侯。"景公要把莒地附近的城邑赐给陈桓子，被他辞谢。景公的母亲穆孟姬请求把高唐一地封给他。从此陈氏开始强大起来。

秋季七月，季平子讨伐莒国，夺取了郠地。然后奉献俘虏，并开始用人祭祀亳社。臧武仲在齐国听到后说："周公恐怕不会接受鲁国的祭祀吧！周公只接受合乎道义的祭祀，鲁国杀人以祭丧失了道义。《诗经》说：'先王的德教非常明确，使天下的百姓自尊自重。'杀人祭祀，这种做法比杀牛羊更过分吧。把人和牛羊等同对待，神灵还能降福给鲁国吗？"

戊子这一天，晋平公果然去世。郑简公到晋国吊唁，走到黄河，晋国人谢绝了他，于是便派游吉前去。九月，鲁国的叔孙婼、齐国的国弱、宋国的华定、卫国的北宫喜、郑国的罕虎以及许国人、曹国人、莒国人、邾国人、滕国人、薛国人、杞国人、小邾国人到了晋国，为平公送葬。

郑国的子皮准备把祝贺新君即位的财礼也带去。子产说："送葬哪里还用得着财礼？把财礼运去，就要用一百辆车，一百辆车需要一千人，派去一千人，一时半时回不来。财礼就会被用尽。几千人消耗，国家不亡才怪呢？"子皮坚持把财礼带了去。

安葬平公后，诸侯的大夫们想朝见新君。叔孙婼说："这样做不合礼。"众人不听。果然叔向出来拒绝了他们，说："大夫送葬之事已经结束，又要拜见新君。新君目前正在悲痛之中，接见大家就要换上礼服，但丧礼还未结束；穿着丧服接见，等于再一次接受吊唁，大夫们准备怎么办呢？”大家便放弃了这一请求。

子皮把带去的财礼全都用完了。回国后他对子羽说：“懂得道理并不难，难的是按照道理去做。子产懂得这一道理，我却不懂。《尚书》中说：‘欲望败坏法度，骄纵败坏礼仪。’说的就是我吧。子产懂得法度和礼仪，我则只知道放纵欲望却又不能克制自己。”

叔孙婼从晋国回国，大夫们都来拜见。子良见到他后就马上走了。叔孙婼对大夫们说：“作为一个儿子不能不谨慎啊！从前庆封灭亡之后，子尾得到很多封邑，后来他把封邑送给了国君一部分，国君认为他很忠诚，便很宠信他。他临死时，在宫中得了病，坐车回去时，国君亲自推车送他。子尾的儿子子良却未能继承父业，因此才逃亡在此。忠诚是美德，子尾的儿子不能继承发扬这种美德，罪过将会落到他身上。由此看来，怎么能不谨慎呢？丧失了父亲的功劳，背弃了父亲的德行，废弃了宗庙的祭祀，罪过还要落到自己身上，这难道不是祸害吗？《诗经》·说：‘灾祸不在我前面，也不在我后面。’说的就是这种情况吧！”

冬季十二月，宋平公去世。当初，元公讨厌寺人柳，准备杀了他。平公丧事期间，柳对他极其殷勤，在他服丧的座位下烧上炭火，元公进来时，便把火撤掉。结果安葬平公后，柳又得到了元公的宠信。

昭公十一年

经　十有一年春，王二月，叔弓如宋。葬宋平公。夏四月丁巳，楚子虔诱蔡侯般杀之于申。楚公子弃疾帅师围蔡。五月甲申，夫人归氏薨。大蒐于比蒲。仲孙貜会邾子，盟于祲祥。秋，季孙意如会晋韩起、齐国弱、宋华亥、卫北宫佗、郑罕虎、曹人、杞人于厥慭。九月己亥，葬我小君齐归。冬十有一月丁酉，楚师灭蔡，执蔡世子有以归，用之。

传　十一年春，王二月，叔弓如宋，葬平公也。

景王问于苌弘曰①：“今兹诸侯，何实吉？何实凶？”对曰：“蔡凶。此蔡侯般弑其君之岁也。岁在豕韦②，弗过此矣。楚将有之③，然壅也④。岁及大梁⑤，蔡复⑥，楚凶。天之道也。”

楚子在申，召蔡灵侯。灵侯将往。蔡大夫曰：“王贪而无信，唯蔡于感⑦，今币重而言甘，诱我也，不如无往。”蔡侯不可。三月丙申⑧，楚子伏甲而飨蔡侯于申，醉而执之。夏四月丁巳⑨，杀之，刑其士七十人⑩。公子弃疾帅师围蔡。

韩宣子问于叔向曰：“楚其克乎⑪？”对曰：“克哉！蔡侯获罪于其君，而不能其民⑫，天将假手于楚以毙之，何故不克？然肸闻之，不信以幸⑬，不可再也。楚王奉孙吴以讨于陈，曰，‘将定而国。’陈人听命，而遂县之⑭。今又诱蔡而杀其君，以围其国，虽幸而克，必受其咎，弗能久矣。桀克有缗以丧其国⑮，纣克东夷而陨其身。楚小位下，而亟暴于二王⑯，能无咎乎？天之假助不善，非祚之也⑰，厚其凶恶而降之罚也。且譬之如天，其有五材而将用之⑱，力尽而敝之⑲，是以无拯，不可没振⑳。”

五月，齐归薨，大蒐于比蒲㉑，非礼也。

孟僖子会邾庄公，盟于祲祥㉒，修好，礼也。

泉丘人有女，梦以其帷幕孟氏之庙㉓，遂奔僖子，其僚从之㉔。盟于清丘之社㉕，曰：“有子，无相弃也。僖子使助薳氏之簉㉖。反自祲祥，宿于薳氏，生懿子及南宫敬叔于泉丘人。其僚无子，使字敬叔㉗。”

楚师在蔡，晋荀吴谓韩宣子曰：“不能救陈，又不能救蔡，物以无亲㉘，晋之不能，亦可知也已！为盟主而不恤亡国，将焉用之？”

秋，会于厥慭㉙，谋救蔡也。

郑子皮将行。子产曰：“行不远，不能救蔡也。蔡小而不顺，楚大而不德，天将弃蔡以壅楚。盈而罚之，蔡必亡矣，且丧君而能守者，鲜矣。三年，王其有咎乎！美恶周必复㉚，王恶周矣。”

晋人使狐父请蔡于楚㉛，弗许。

单子会韩宣子于戚，视下言徐㉜。叔向曰：“单子其将死乎！朝有著定㉝，会有表㉞，衣有襘㉟，带有结。会朝之言，必闻于表著之位，所以昭事序也㊱。视不过结、襘之中㊲，所以道容貌也㊳。言以命之，容貌以明之，失则有阙。今单子为王官伯㊴，而命事于会㊵，视不登带㊶，言不过步㊷，貌不道容㊸，而言不昭矣。不道，不共；不昭，不从。无守气矣㊹。”

九月，葬齐归，公不戚。晋士之送葬者，归以语史赵。史赵曰：“必为鲁郊㊺。”侍者曰：“何故？”曰：“归姓也㊻。不思亲，祖不归也㊼。”

叔向曰：“鲁公室其卑乎。君有大丧，国不废蒐。有三年之丧，而无一日之戚。国不恤丧，不忌君也㊽。君无戚容，不顾亲也㊾。国不忌君，君不顾亲，能无卑乎？殆其失国。”

冬十一月，楚子灭蔡，用隐大子于冈山㊿。申无宇曰：“不祥。五牲不相为用51，况用诸侯乎？王必悔之。”

十二月，单成公卒。

楚子城陈、蔡、不羹52。使弃疾为蔡公。王问于申无宇曰：“弃疾在蔡，何如？”对曰：“择子莫如父，择臣莫如君。郑庄公城栎而置子元焉，使昭公不立。齐桓公城谷而置管仲焉，至于今赖之。臣闻五大不在边53，五细不在庭54。亲不在外，羁不在内55。今弃疾在外，郑丹在内56。君其少戒。”王曰：“国有大城，何如？”对曰：“郑京、栎实杀曼伯57，宋萧、亳实杀子游58，齐渠丘实杀无知59，卫蒲、戚实出献公60，若由是观之，则害于国。末大必折61，尾大不掉62，君所知也。”

【注释】

①苌弘：周大夫。　②豕韦：即室宿。　③有之：拥有蔡国。　④壅：积恶。　⑤大梁：十二星次之一，在二十八宿为胃、昴、毕三宿。　⑥复：复国。　⑦感：通“憾”，恨。　⑧丙申：十五日。　⑨丁巳：初七日。　⑩刑：处死，杀。　⑪克：胜。　⑫能：得。　⑬不信以幸：不守信用而得利。　⑭县：用作动词，置县。　⑮桀克有缗：参见昭公四年传。　⑯亟：屡。二王：指夏桀、商纣。　⑰祚：福。　⑱五材：金木火水土。　⑲敝：弃。　⑳没振：最终振兴。没，终。　㉑比蒲：鲁地名，不详何处。　㉒褉祥：地名，或在今山东曲阜县境内。　㉓泉丘：当在今山东宁阳、泗水两县间。　㉔僚：邻女。　㉕社：土地庙。　㉖蕙氏：或为僖子正室，或以为僖子别邑名。簠：即妾。　㉗字：养。　㉘物以无亲：别人因而不来亲附。物，人。　㉙厥憖：卫地名。　㉚周必复：岁星绕一周必有报。　㉛狐父：晋大夫。　㉜视下言徐：目光向下，言语迟缓。　㉝著定：朝见时有既定的位置。　㉞表：会见时位次所立标志。　㉟袷（guài）：衣服左右衿交叉处。　㊱昭事序：表明事情有条理。　㊲视不过结、袷之中：目光不低于带结与衣襟之中。　㊳道：治，端正。　㊴王官伯：周王官员之长。　㊵命事于会：在盟会上宣告王命。　㊶视不登带：目光下垂，不高于衣带。　㊷言不过步：言语微弱，过一步即听不到。　㊸貌不道容：外貌不能端正仪容。　㊹守气：保守身体之气。　㊺为鲁郊：寄食于鲁之郊外。　㊻归姓：齐归之子。姓，子。　㊼不归：不归附，即保佑。　㊽忌：畏，敬。　㊾顾：思念。　㊿用隐大子：即杀隐太子以祭。隐太子即世子友。　51五牲：即牛、羊、豕、犬、鸡。　52不羹：二邑名，一在今河南襄城县东南，一在舞阳县北。　53五大：指太子、母弟、贵宠公子、公孙、累世正卿。　54五细：即隐公三年传所谓“贱妨贵，少陵长，远间亲，新间旧，小加大”中的贱、少、远、新、小五种人。　55羁：他国来此寄居之臣。　56郑丹：即子革，详见襄公十九年传。　57杀曼伯：详见庄公十四年传。曼伯，即子仪。　58杀子游：见庄公十二年传。　59杀无知：即庄公九年传云“雍廪杀无知”，渠丘

实为雍廪。　⑩出献公：事在襄公十四年传。　⑪末：树枝。　⑫掉：摇。

【译文】

十一年春季，周历正月，叔弓到宋国为平公送葬。

周景王问苌弘：“在目前各诸侯中，哪国有吉兆哪国有凶兆呢？”苌弘回答说：“蔡国有凶兆。因为今年正好和蔡侯般杀死他父亲那一年一样，岁星在豕韦的位置上，蔡国的凶祸不出今年。楚国将占领蔡国，但对楚国来说也只能更加重其罪恶。等岁星运行到大梁的位置时，蔡国将会复兴，楚国则会遇到灾祸。这是天意所在。”

楚灵王在申地召见蔡灵公。灵公准备前往，蔡国大夫说：“楚王贪婪而不讲信用，他只恨蔡国不肯顺服，现在却送来了这么多的财礼，说话又非常好听，这分明是在引诱我们，最好别去。”灵公不听。三月十五日，灵王在申地埋伏了甲兵，并设宴招待灵公，把他灌醉后抓了起来。夏季四月七日，将其杀害。随行的七十多人也同时被害。公子弃疾率兵包围了蔡国。

韩起问叔向：“楚国这次能取胜吗？”叔向说：“能！蔡侯杀了他的国君父亲，又没能得到百姓的拥护，这是上天在借助楚国之手将他杀掉，怎能不胜呢？但据我所知，不讲信用却侥幸得以成功，不能再有第二次了。楚王以前曾帮助太孙吴攻打陈国，并对他说：‘我将帮助你安定国家。’陈国人听了他的话，他却把陈国变成了楚国的一个县。现在又引诱蔡侯并杀了他，还包围了蔡国，即使侥幸取胜，也一定会受到惩罚，长久不了。桀王战胜了有缗，却丧失了国家；纣王战胜了东夷诸国，却因此而丧命。楚国领土小且地位低下，但其暴虐无道却一次次超过了桀、纣二王，能不遭灾吗？上天借助楚国之手攻打蔡国，是置他们于不善，并不是降福给他们，而是为加重其罪恶，以便将来严加惩罚。再比如上天有金、木、水、火、土五种材料被人们所利用，一旦用完，就会被丢弃。因此说楚国无法挽救，将来也不会再复兴了。”

五月，齐归去世。同时，鲁国在比蒲举行了盛大的阅兵活动，这是不合礼的。

孟僖子和邾庄公会见，在祲祥结盟，重修了两国的友好，这是合乎礼的。

泉丘有个女子，梦见自己的帷幕挂在了孟氏的宗庙上，就跑去嫁给了孟僖子，她邻居的一个女子也随她嫁给了僖子。二女和孟僖子在清丘的土地庙中盟誓说：“如果有了儿子，就不要抛弃我们。”僖子让她们做了妾，住到蓬氏。从祲祥回来后，僖子就住在蓬氏。后来泉丘那个女子生了懿子和南宫敬叔，邻女没生儿子，便把敬叔要过来收养。

楚国的军队还驻扎在蔡国。晋国的荀吴对韩起说："我们不能救援陈国，又不能救援蔡国，这样便不会有人再和我们亲近了，由此可知晋国已经没有任何用处了。作为盟主却不能关心灭亡的国家，还有什么用呢？"

秋季，季孙意如和晋国的韩起、齐国的国弱、宋国的华亥、卫国的北宫佗、郑国的子皮以及曹国人、杞国人在厥慭会见，谋划如何救援蔡国。

郑国的子皮准备动身，子产说："你走不了太远，蔡国已无法挽救了。蔡国小而又不顺服，楚国大却又不讲德行，上天将要抛弃蔡国以加重楚国的罪恶。等到楚国恶贯满盈时再惩罚它，所以蔡国必定要灭亡。再说蔡国已经失去了国君，丧君而能保护国家不被灭亡的，极为少见。再过三年，楚王就会遭到灾祸。无论善还是恶，岁星绕行一周后必定有报应，楚王的罪恶快要到岁星绕行一周的时候了。"

晋国人派狐父为蔡国求情，楚国不答应。

单成公在戚地会见韩起时，两眼始终瞅着下面，说话也很迟缓。叔向说："单子快死了吧！朝见时有规定的位置，会见时有一定的座次，所穿的衣服左右衽应交叉胸前，带子也要在腰间系成结。会见和朝见时说的话一定要使在座的人都能听到，以使言语条理清楚；目光不能低于衣襟交叉处或衣带系结处，以使仪态容貌保持端正。言语用以发布命令，仪容用以表明态度，做不到这一点，就会犯下过失。现在单子作为天子的百官之长，在盟会上宣布天子的命令，目光不高于衣带，声音在一步之外听不到，形貌没有应有的威仪，言语自然不能表达清楚了。不严肃端正，就不够恭敬，言语不清楚，别人就不会顺从。他已经丧失了元气。"

九月，鲁国为齐归举行葬礼，昭公显得不够悲痛。晋国前来送葬的人回去后告诉了史赵，史赵说："鲁侯终究有一天要被赶到郊外去。"侍者问："这是为什么？"史赵说："因为他是齐归的儿子，母亲去世自己却丝毫不悲痛，祖先也不会保佑他。"

叔向说："鲁国的公室要衰落下去了！国君有了大丧，国家却没有停止阅兵。鲁侯应该服丧三年，却没有一天的悲伤。国家不为丧事而悲哀，等于对国君不敬畏；国君面无悲伤，说明他没有孝心。国人不怕国君，国君不孝父母，能不衰落吗？恐怕他要失去国家。"

冬季十一月，楚灵王灭了蔡国，并杀了隐太子祭祀冈山之神。申无宇说："这样做不吉祥。就连牛、羊、猪、狗、鸡都不能互相用来祭祀，何况将诸侯杀了祭祀山神呢？楚王一定会后悔的。"

十二月，单成公去世。

楚灵王在陈、蔡和不羹等地筑城，派公子弃疾担任蔡公。灵王问申无宇："让弃疾去镇守蔡地怎么样？"申无宇说："选择儿子的人莫过于父亲，选择臣子的人莫过于国君。郑庄公在栎地筑城后让子元镇守，结果子元后来赶走了昭公成为国君；齐桓公在谷地筑城后让管仲镇守在那里，结果齐国到现在还蒙受他的恩惠。据臣所知，有五种人不适宜派驻边境，有五种人不适宜留在朝廷。亲属不能安置在外边，别国前来逃亡的人不能留在朝内。现在弃疾在外边，郑丹却在朝廷任职，国君要特别小心！"灵王说："我们国都有高大的城墙，怕什么？"申无宇回答道："郑国的京、栎两邑有高大的城墙，结果曼伯被杀死；宋国的萧、亳两邑有高大的城墙，结果子游被杀死；齐国的渠丘有高大的城墙，结果无知被杀死；卫国的蒲、戚两邑有高大的城墙，结果卫献公被赶出了国。由此看来，拥有高大城墙，反而会危害国家。就像一棵树，树枝太大就一定会被折断，又如动物的尾巴，太大了就不能摇摆自如，这个道理国君想必也知道。"

昭公十二年

经 十有二年春，齐高偃帅师纳北燕伯于阳。三月壬申，郑伯嘉卒。夏，宋公使华定来聘。公如晋，至河乃复。五月，葬郑简公。楚杀其大夫成熊。秋七月。冬十月，公子慭出奔齐。楚子伐徐。晋伐鲜虞。

传 十二年春，齐高偃纳北燕伯款于唐，因其众也。

三月，郑简公卒，将为葬除①。及游氏之庙，将毁焉。子大叔使其除徒执用以立②，而无庸毁。曰："子产过女，而问何故不毁③，乃曰，不忍庙也！诺，将毁矣！"既如是，子产乃使辟之。司墓之室④，有当道者。毁之，则朝而塴⑤；弗毁，则日中而塴⑥。子大叔请毁之，曰："无若诸侯之宾何？"子产曰："诸侯之宾，能来会吾丧，岂惮日中？无损于宾，而民不害，何故不为？"遂弗毁，日中而葬。君子谓子产于是乎知礼。礼，无毁人以自成也。

夏，宋华定来聘，通嗣君也。享之，为赋《蓼萧》⑦，弗知，又不答赋。昭子曰："必亡。宴语之不怀⑧，宠光之不宣⑨，令德之不知⑩，同福之不受⑪，将何以在？"

齐侯、卫侯、郑伯如晋，朝嗣君也。公如晋，至河乃复。取郓之役，莒人愬于晋，晋有平公之丧，未之治也，故辞公。公子慭遂如晋。

晋侯享诸侯，子产相郑伯，辞于享，请免丧而后听命⑫。晋人许之，礼也。

晋侯以齐侯宴，中行穆子相⑬。投壶⑭，晋侯先。穆子曰："有酒如淮⑮，有肉如坻⑯。寡君中此，为诸侯师⑰。"中之。齐侯举矢，曰："有酒如渑⑱，有肉如陵⑲。寡人中此，与君代兴⑳。"亦中之。伯瑕谓穆子曰㉑："子失辞㉒。吾固师诸侯矣㉓，壶何为焉？其以中俊也㉔。齐君弱吾君㉕，归弗来矣。"穆子曰："吾军帅强御㉖，卒乘竞劝，今犹古也，齐将何事？"公孙傁趋进曰㉗："日旰君勤㉘，可以出矣。"以齐侯出。

楚子谓成虎若敖之余也㉙，遂杀之。或谮成虎于楚子，成虎知之而不能行。书曰："楚杀其大夫成虎。"怀宠也。

六月，葬郑简公。

晋荀吴伪会齐师者，假道于鲜虞，遂入昔阳㉚。秋八月壬午㉛，灭肥㉜，以肥子绵皋归。

周原伯绞虐㉝，其舆臣，使曹逃㉞。冬十月壬申朔，原舆人逐绞而立公子跪寻㉟，绞奔郊㊱。

甘简公无子㊲，立其弟过。过将去成、景之族㊳。成、景之族赂刘献公㊴。丙申㊵，杀甘悼公㊶，而立成公之孙鳝。丁酉㊷，杀献大子之傅庚皮之子过。杀瑕辛于市㊸，及宫嬖绰、王孙没、刘州鸠、阴忌、老阳子。

季平子立，而不礼于南蒯㊹。南蒯谓子仲㊺："吾出季氏，而归其室于公，子更其位，我以费为公臣。"子仲许之。南蒯语叔仲穆子，且告之故。

季悼子之卒也，叔孙昭子以再命为卿。及平子伐莒，克之，更受三命。叔仲子欲构二家㊻，谓平子曰："三命逾父兄㊼，非礼也。"平子曰："然。"故使昭子㊽。昭子曰："叔孙氏有家祸，杀适立庶，故婼也及此。若因祸以毙之㊾，则闻命矣。若不废君命，则固有著矣㊿。"昭子朝，而命吏曰："婼将与季氏讼，书辞无颇[51]。"季孙惧[52]，而归罪于叔仲子[53]。故叔仲小、南蒯、公子慭谋季氏。慭告公，而遂从公如晋，南蒯惧不克，以费叛如齐。子仲还，及卫，闻乱，逃介而先[54]。及郊，闻费叛，遂奔齐。

南蒯之将叛也，其乡人或知之，过之而叹，且言曰："恤恤乎[55]，湫乎，攸乎[56]！深思而浅谋，迩身而远志[57]，家臣而君图[58]，有人矣哉[59]！"南蒯枚筮之[60]，遇《坤》䷁之《比》䷇[61]，曰："黄裳元吉[62]。"以为大吉也，示子服惠伯，曰："即欲有事[63]，何如？"惠伯曰："吾尝学此矣[64]，忠信之事则可，不然必败。外强内温，忠也^{⑥⑤}。和以率贞^{⑥⑥}，信也。故曰'黄裳元吉'。黄，中之色也^{⑥⑦}。裳，下之饰也^{⑥⑧}。元，善之长也。中不忠^{⑥⑨}，不得其色。下不共^{⑦⑩}，不得其饰。事不善，不得其极^{⑦①}。外内倡和为忠^{⑦②}，率事以信为共，供养三德为善^{⑦③}，非此三者弗当^{⑦④}。且夫《易》，不可以占险^{⑦⑤}，将何事也？且可饰乎^{⑦⑥}？中美能黄，上美为元，下美则裳，参成可筮^{⑦⑦}。犹有阙也^{⑦⑧}，筮虽吉^{⑦⑨}，未也。"

将适费，饮乡人酒。乡人或歌之曰，"我有圃，生之杞乎^{⑧⑩}！从我者子乎^{⑧①}，去我者鄙乎^{⑧②}，倍其邻者耻乎^{⑧③}！已乎已乎，非吾党之士乎！"

平子欲使昭子逐叔仲小。小闻之，不敢朝。昭子命吏谓小待政于朝，曰："吾不为怨府^{⑧④}。"

楚子狩于州来^{⑧⑤}，次于颍尾^{⑧⑥}，使荡侯、潘子、司马督、嚣尹午、陵尹喜帅师围徐以惧吴^{⑧⑦}。楚子次于乾谿，以为之援。雨雪，王皮冠，秦复陶^{⑧⑧}，翠被^{⑧⑨}，豹舄，执鞭以出，仆析父从。右尹子革夕^{⑨⑩}，王见之，去冠、被、舍鞭。与之语曰："昔我先王熊绎^{⑨①}，与吕伋、王孙牟、燮父、禽父，并事康王，四国皆有分^{⑨②}，我独无有。今吾使人于周，求鼎以为分，王其与我乎？"对曰："与君王哉！昔我先王熊绎，辟在荆山^{⑨③}，筚路蓝缕，以处草莽。跋涉山林，以事天子。唯是桃弧、棘矢，以共御王事^{⑨④}，齐，王舅也^{⑨⑤}。晋及鲁、卫，王母弟也^{⑨⑥}。楚是以无分，而彼皆有。今周与四国服事君王，将唯命是从，岂其爱鼎！"王曰："昔我皇祖伯父昆吾^{⑨⑦}，旧许是宅^{⑨⑧}。今郑人贪赖其田^{⑨⑨}，而不我与。我若求之，其与我乎？"对曰："与君王哉。周不爱鼎，郑敢爱田？"王曰："昔诸侯远我而畏晋，今我大城陈、蔡、不羹，赋皆千乘，子与有劳焉。诸侯其畏我乎？"对曰："畏君王哉。是四国者^{⑩⑩}，专足畏也，又加之以楚，敢不畏君王哉？"工尹路请曰："君王命剥圭以为鏚柲^{⑩①}，敢请命。"王入视之。析父谓子革："吾子，楚国之望也！今与王言如响^{⑩②}，国其若之何？"子革曰："摩厉以须^{⑩③}，王出，吾刃将斩矣。"王出，复语。左史倚相趋过。王曰："是良史也，子善视之。是能读《三坟》、《五典》、《八索》、《九丘》^{⑩④}。"对曰："臣尝问焉。昔穆王欲肆其心^{⑩⑤}，周行天下，将皆必有车辙马迹焉。祭公谋父作《祈招》之诗^{⑩⑥}，以止王心。王是以获没于祇宫。臣问其诗而不知也。若问远焉，其焉能知之？"王曰："子能乎？"对曰："能。其诗曰：'祈招之愔愔^{⑩⑦}，式昭德音^{⑩⑧}。思我王度，式如玉，式如金。形民之力^{⑩⑨}，而无醉饱之心。'"王揖而入，馈不食，寝不寐，数日，不能自克^{⑩⑩}，以及于难。

仲尼曰："古也有志，克己复礼，仁也。信善哉！楚灵王若能如是，岂其辱于乾谿？"

晋伐鲜虞，因肥之役也。

【注释】

①除：清道。　②除徒：清道的徒众。　③而：假设连词，若。　④司墓之室：掌公墓者的房子。　⑤朝而塴：早晨就可下葬。塴（bēn）：下葬：　⑥日中：正午。　⑦《蓼萧》：《诗经·小雅》篇名。　⑧宴语之不怀：诗有"燕笑语兮，是以有誉处兮"句。不怀，即不思念。　⑨宠光之不宣：诗有"为龙为光"句。龙即宠。宠光即宠信，光耀。宣，扬。　⑩令德之不知：诗有"宜兄宜弟，令德寿岂（恺）"句。令德，善德。　⑪同福之不受：诗有"万福攸同"句。华定不答赋，故曰不受。　⑫免丧：服丧期满。时郑定公有父丧未毕。　⑬中行穆子：即荀吴。　⑭投壶：古代主客宴饮娱乐，有投壶之礼。壶用来盛箭，口较大，颈狭长，腹大，内盛豆。箭用楛或荆棘做成，不去皮，取其坚且重。箭投中壶内，被豆弹出。多中者胜，少者负，胜者请负者饮酒。　⑮淮：淮水。　⑯坻：水中高地。　⑰师：长。　⑱渑：水名。在齐境。　⑲陵：山陵。　⑳代兴：代之而兴盛。　㉑伯瑕：士文伯。　㉒失辞：言辞不当。　㉓固：本来。　㉔其以中俊：岂能把投中看作俊异。　㉕弱吾君：以为我君软弱。　㉖强御：强梁。　㉗公孙傁：齐大夫。　㉘日旰君勤：天晚了，国君疲劳。　㉙若敖之余：若敖氏余党。若敖氏之灭在宣公四年。　㉚昔阳：鼓国都城，在今河北晋县西。　㉛壬午：十日。　㉜肥：国名。与鼓皆为鲜虞属国。　㉝原伯绞：周大夫原公。　㉞曹逃：成群逃走。　㉟跪寻：原伯绞之弟。　㊱郊：周地。　㊲甘简公：周卿士。　㊳成、景：成公、景公，皆为过的先君。　㊴刘献公：周卿士。　㊵丙申：二十五日。　㊶甘悼公：即过。　㊷丁酉：十月二十六日。　㊸瑕辛：及宫嬖绰等六人皆为周大夫。　㊹南蒯：南遗之子，季氏费邑宰。　㊺子仲：公子慭。　㊻构二家：离间二家的关系。二家指季平子与叔孙昭子。　㊼逾：越，超过。　㊽使昭子：使昭子自贬黜。　㊾因祸以毙：因祸乱被讨而倒台。　㊿著：著定，位次。　51颇：偏。　52季孙：即季平子。　53叔仲子：即叔仲小。　54逃介而先：丢下副使先逃回国。　55恤：忧。　56湫乎攸乎：忧愁。湫，借为"愁"；攸，借为"悠"。悠，忧。　57迩身：南蒯身为季氏家臣，故曰迩身。　58家臣而君图：身为家臣却为国君谋划。　59人：人才。　60枚筮：古代卜筮必先告其所问之事，若不告，则为枚卜或枚筮，即隐匿其事而占筮。　61《坤》、《比》：二卦名。　62黄裳元吉：《坤》卦六五爻辞。　63即：假设连词，若。　64此：指《易经》。　65外强内温，忠也：此以《比》卦卦象解释。《比》外卦为坎，坎有险义，故强；内卦为坤，坤有顺义，故温。对外强盛，对内温顺，这就是忠诚。　66和以率贞：以《比》卦来说，坤为土，坎为水，土水相合则和。率，行。贞，卜问。即用和顺来行卜问的事情。　67中之色：内衣的颜色。中，义有双关，此借为"衷"，即裹衣，内衣。　68下之饰：下身服饰。古代男子着裳，如今之裙。　69中：中心，内心。　70共：同"恭"。　71不得其极：不能和准则相合。极，标准，准则。　72倡和：和谐，呼应。倡，同"唱"。　73供养三德：崇高三种德行。三德指忠、信、极。　74弗当：不合卦辞所测。　75占险：占问冒险的事情。　76可饰乎：言能否在下位而恭敬。　77参成可筮：三美具备方合于卦辞的预测。参同"叁"。　78犹：假设连词，如果。　79筮：指卦辞。　80杞：杞柳。杞柳本生水旁，而生于

圄，喻所得违其所欲。　⑧子：古代男子的美称。　⑧去：违背，背离。鄙：鄙陋之人。　⑧
倍：通"背"，背叛。　⑧怨府：怨恨聚集处。　⑧狩：冬猎。　⑧颍尾：颍水入淮处，又称
颍口。　⑧荡侯等：五人皆为楚大夫。　⑧秦复陶：秦国所赠羽衣。　⑧翠被：翠羽披肩。
被，同"披"。　⑨夕：晚上朝见。　⑨熊绎：楚始封君。　⑨四国皆有分：四国指齐、晋、
鲁、卫。分，珍宝之器。　⑨辟：通"僻"。　⑨共御：进奉，贡献。　⑨王舅：周成王母邑
姜，为齐太公女。吕伋为齐太公之子，故为成王舅。　⑨王母弟：鲁姬旦，卫康叔为周武王母
弟，晋唐叔则为周成王母弟。　⑨昆吾：楚远祖之兄。　⑨旧许是宅：旧许，许国，地在今河
南许昌市，后迁于叶，又迁于夷，故其地为郑所得，称为旧许。宅，居。　⑨赖：利。　⑩四
国：四大都邑。或指陈、蔡、二不羹。　⑩剥圭以为鏚柲：破圭玉以装饰斧柄。　⑩响：回
声。　⑩摩厉以须：磨刀剑而等待。摩厉，今作"磨砺"。须，等待。　⑩《三坟》、《五典》、
《八索》、《九丘》：皆古书名，早已亡佚。　⑩穆王：周穆王。　⑩祭公谋父：周公之孙。
⑩愔愔（yīn）：和谐。　⑩式：语首助词。　⑩形：同"刑"，成。　⑩自克：克制自己。

【译文】

十二年春季，齐国的高偃把北燕伯款送回高唐，这是因为高唐的人多。

三月，郑简公去世，准备为下葬清除沿途道路上的障碍。游吉家的宗庙也
挡在道上，准备拆毁。游吉让负责清除的人手拿工具站在一边，不要动手去
拆。他说："子产路过这里，问你们为何不拆，你们就说：'我们不忍心拆毁
祖庙！您坚决要拆，就拆掉'。"这样，子产便让绕开祖庙另选一条道。有一
个掌管公墓的大夫的家挡住了送葬的道路，拆了它，早晨就能够下葬，不拆，
让丧车绕道，就要等到中午才能下葬。游吉主张拆掉，说："如果不拆，诸侯
宾客等得太久，怎么向他们交代？"子产说："诸侯的使臣能来参加我国的葬
礼，难道还在乎等到中午吗？不拆这座房子对宾客没有什么损害，百姓却能免
于拆房的骚扰，为什么不这么做呢？"就决定不拆，绕道而行，直到中午才下
葬。君子认为子产在这个问题上是懂得礼的。礼不允许损人利己啊。

夏季，宋国的华定来鲁国聘问，通报宋国新君即位。鲁国宴请华定，席
间，为他吟诵了《蓼萧》一诗，他不懂是什么意思，也不知道吟诗答谢。叔
孙婼说："华定必然要落个逃亡国外的下场。他不知道向往诗中所说的欢乐气
氛，不知道答谢鲁国对他的热情款待。别人赞美他，他浑然不知，别人祝福
他，他又不知接受，这样的人还怎么能长久存在下去呢？"

齐景公、卫灵公、郑定公到晋国朝见继位的晋昭公。鲁昭公也准备去，但
走到黄河就回来了。因为鲁国发动了夺取郓地的战役，莒国人到晋国控告，晋
国因为有平公的丧事，没有惩治鲁国，所以拒绝了昭公。鲁国只好派公子慭到

了晋国。

晋昭公宴请诸侯，子产作为郑定公的相礼，辞谢了宴请，请求满丧后再听候吩咐。晋国人答应了他们，这是合乎礼的。

晋昭公和齐景公饮宴，荀吴作陪。席间以投壶的方式助兴，昭公先投，荀吴说："酒如淮水多，肉如土丘高，国君如投中，就能成盟主。"果然投中了。齐景公举起矢，说："酒如渑水多，肉如丘陵高，如果我投中，代之为盟主。"结果也投中了。伯瑕对荀吴说："您说的话不恰当。我们本来就是诸侯盟主，投中投不中又怎么样？如果把投中壶认为是了不起的，齐君就会看不起寡君，回去就不会再来朝见了。"荀吴说："我国军队将帅有才，士兵勇敢，仍然像从前一样强大无比，齐国又能把我们怎么样？"齐大夫公孙傁快步走进来说："天色已晚，国君也很疲倦了，还是出去吧！"便和齐景公离开了宴会。

楚灵王认为成虎是若敖的余党，就杀了他。当初有人在灵王面前诬陷成虎，成虎也知道这件事，并没有逃走。《春秋》记载为"楚杀其大夫成虎。"意思是成虎怀恋国君的宠幸。

六月，郑国安葬了郑简公。

晋国的荀吴假装要会合齐军，向鲜虞借道，乘机进入昔阳。秋季八月十日，将肥国灭掉，把肥子绵皋带回晋国。

周大夫原伯绞暴虐无道，他的手下人成批地逃走。冬季十月一日，原地的人们赶走了原伯绞，立了他的弟弟公子跪寻，原伯绞逃到了郊地。

甘简公因为没有儿子，便立了他的弟弟过为国君。过准备除掉甘成公和甘景公的后代。成公、景公的后人贿赂刘献公。二十五日，杀了甘悼公，立了成公的孙子鳍。二十六日，又杀了献太子的保傅庚皮的儿子过，在市场杀了瑕辛以及宫嬖绰、王孙没、刘州鸠、阴忌、老阳子。

季平子继承家业之后，对南蒯不够尊重。南蒯对子仲说："我赶走季氏，把他的家产还给国君，让您代他为卿，我则依靠费地作一公臣。"子仲答应了。南蒯又把此事告诉了叔仲穆子，并说明了原因。

季悼子去世时，叔孙昭子接受了再命成为卿。等到季平子攻打莒国得胜，昭子又接受了三命。叔仲穆子打算挑起季平子和叔孙昭子两家的不和，对平子说："叔孙接受了三命，地位超过了父兄，这是违背礼的。"平子说："有道理。"就让昭子拒绝接受三命。但昭子说："叔孙氏发生了家祸，杀嫡立庶，因此我才到这一步。如果因为我家的祸乱而讨伐我，那么我愿意领教。但如果不废除国君的命令，这个地位是我应该得到的。"昭子上朝命令官员们说：

"我准备和季氏打官司，你们起草诉状时不要偏袒任何一方。"季平子害怕了，归罪于叔仲穆子。因此叔仲穆子、南蒯和子仲打算对付季氏。子仲告诉了昭公，又随昭公去了晋国。南蒯担心事情不能成功，就带领费地人投靠了齐国。子仲返回途中，到达卫国时，听说国内要发生动乱，便丢下副使的职务先行回国。来到鲁都郊区，听说费地叛变了，便也逃到了齐国。

南蒯准备叛乱时，他的家乡就有人知道了。那人经过他家门口时，叹口气说道："真让人担忧啊！愿望虽高但智谋短浅，身份卑贱欲望却很高，身为家臣却要为国君着想。真是有这样的人啊！"南蒯占筮吉凶，但不说明要筮什么事情，结果遇到坤卦变为比卦，卦辞说："黄裳元吉。"南蒯以为吉利，把它拿给子服惠伯看，并说："我如果要做这件事，怎么样？"惠伯说："我学过《易经》，如果是忠信之事，按照占筮的结果去做就能成功，否则，必定失败。外表强硬内里温顺，是忠诚；以温顺来占卜，是信用。所以说'黄裳元吉'。黄是内衣的颜色，裳是衣服的下半部分，元是善的第一位。内心不忠，就和颜色不相协调，位居下面却不恭敬，就和下半身衣服不相配合，如果所行不是善事，就和标准不相符合。内外和谐一致是忠，办事诚信是恭，遵循上述三种德行是善，不是这三种情况就不适用这个卦。而且《易经》不能用来占卜凶险之事，您究竟打算干什么呢？您身居下位做没做到恭敬呢？中间的美色是黄，上面的美色是元，下面的美色是裳，三者都具备了，根据占筮的结果去做才能成功。如果缺少其中一种，占筮的结果虽然吉利，也还是不能成功。"

南蒯准备到费地去，设酒宴招待乡人。乡人中有人唱道："我有块菜地，却长出了杞柳。跟我走是个男子汉，不跟我走是卑鄙小人。背弃自己的主人真是可耻啊！算了算了，你和我们不是一路人！"

平子想让昭子赶走叔仲穆子，穆子听说后，不敢再上朝。昭子让官员通知穆子上朝听命，并说："我不会给自己招来众多的怨恨。"

楚灵王在州来一带打猎，驻扎在颍尾，派荡侯、潘子、司马督、嚣尹午、陵尹喜率军围攻徐国以威胁吴国。灵王住在乾谿作为后援，当时天正在下雪，灵王戴着皮帽子，穿着秦国赠送的羽衣，披着翠羽披肩，脚穿豹皮做的鞋，手里拿着马鞭出来，仆析父跟在后面。右尹子革傍晚前来朝见。灵王接见了他。灵王摘下帽子，脱下披肩，放下鞭子，对子革说："从前先王熊绎，曾经与吕伋、王孙年、燮父、禽父一同事奉周康王，当时其他四个国家都被赐给了珍宝，唯独我国没有。如果现在我派人到周室，去要那个宝鼎，天子能给吗？"子革回答说："会给的！从前先王熊绎居住在偏僻的荆山，推着柴车，穿着破衣出入于草丛荒野之中，跋山涉水穿越森林以事奉天子，总是把桃木弓、棘木箭进献给天子。齐侯是天子的舅父，晋国和鲁国、卫国的祖先是天子的同母弟，因此楚国没有分到珍宝，而他们都有。现在周朝和四国都归顺并事奉大王，您的一切命令，他们都会绝对服从，难道还舍不得一个鼎？"灵王说："从前皇祖伯父昆吾住在旧许。现在郑国人贪图那里的田地，不肯还给我们。如果我们索回这个地方，他们会给吗？"子革回答说："会给的！周朝能舍得一个鼎，郑国还能爱惜一块田地吗？"灵王说："从前诸侯疏远我而畏惧晋国，现在我们在陈、蔡和两个不羹等地修筑了高大的城池，每个地方都有上千辆兵车，当然这里也有你的功劳。这样诸侯会怕我吗？"子革回答："会怕的！仅这四处的兵力就足以使诸侯害怕了，再加上楚国，他们还能不害怕大王吗？"工尹路进来请求说："大王命令破开圭玉装饰斧柄，请问装饰成什么样子？"灵王进去观看。仆析父对子革说："您是楚国有声望的人。现在您对大王的话随声附和。国家会怎么样呢？"子革说："我现在已经把刀刃磨利了，正在等待时机。等大王出来，我就把他的邪恶念头斩断。"灵王出来，又和子革说话。左史倚相快步走过去，灵王说："这是一个好史官，你要好好对待他！他能读《三坟》、《五典》、《八索》、《九丘》。"子革说："我曾经问过他，从前周穆王想要实现自己的野心，周游天下，打算使自己的车辙马迹遍及各地，于是祭公谋父做了一首诗叫《祈招》，用以打消穆王的念头，穆王因此才得以在祇宫善终。我问起这首诗，他居然不知道。如果问更为久远的事情，他又怎能知道呢？"灵王说："你知道那首诗吗？"子革回答说："知道。那首诗说：'《祈招》的声音安详平和，明确地表现了周王的美德。想起我们君王的风度，就像玉，就像金。要保存百姓的力量，不要放纵过度，就像饮食不要过分醉饱一样。'"灵王听到后，向子革作了个揖，便进屋了，一连几天，吃不下饭，睡不着觉，但终究没有克制住自己的野心，以至后来遭到了灾祸。

孔子说："古书上记载有这样的话：克制自己的欲望，使言行合乎礼，这就是仁。这话说得太好了！楚灵王如果能做到这样，还能在乾谿受到子革的羞辱吗？"

晋国攻打鲜虞，这是在灭掉肥国后回去时顺路把鲜虞教训一下。

昭公十三年

经　十有三年春，叔弓帅师围费。夏四月，楚公子比自晋归于楚，弒其君虔于乾谿。楚公子弃疾杀公子比。秋，公会刘子、晋侯、齐侯、宋公、卫侯、郑伯、曹伯、莒子、邾子、滕子、薛伯、杞伯、小邾子于平丘。八月甲戌，同盟于平丘。公不与盟。晋人执季孙意如以归。公至自会。蔡侯庐归于蔡。陈侯吴归于陈。冬十月，葬蔡灵公。公如晋，至河乃复。吴灭州来。

传　十三年春，叔弓围费，弗克，败焉。平子怒。令见费人执之，以为囚俘。冶区夫曰①："非也。若见费人，寒者衣之，饥者食之，为之令主②，而共其乏困。费来如归，南氏亡矣。民将叛之，谁与居邑？若惮之以威，惧之以怒，民疾而叛，为之聚也③。若诸侯皆然，费人无归，不亲南氏，将焉入矣？"平子从之，费人叛南氏。

楚子之为令尹也，杀大司马蒍掩而取其室。及即位，夺蒍居田，迁许而质许围④。蔡洧有宠于王，王之灭蔡也，其父死焉，王使与于守而行⑤。申之会⑥，越大夫戮焉⑦。王夺斗韦龟中犫⑧，又夺成然邑而使为郊尹⑨。蔓成然故事蔡公⑩。故蒍氏之族及蒍居、许围、蔡洧、蔓成然，皆王所不礼也。因群丧职之族⑪，启越大夫常寿过作乱⑫，围固城，克息舟⑬，城而居之。

观起之死也⑭，其子从在蔡，事朝吴⑮，曰："今不封蔡⑯，蔡不封矣。我请试之。"以蔡公之命召子干、子晳⑰，及郊，而告之情，强与之盟，入袭蔡。蔡公将食，见之而逃。观从使子干食，坎，用牲，加书，而速行。己徇于蔡曰⑱："蔡公召二子，将纳之，与之盟而遣之矣，将师而从之。"蔡人聚，将执之。辞曰："失贼成军⑲，而杀余，何益？"乃释之，朝吴曰："二三子若能死亡⑳，则如违之㉑，以待所济㉒。若求安定，则如与之，以济所欲。且违上㉓，何适而可？"众曰："与之。"乃奉蔡公，召二子而盟于邓㉔，依陈、蔡人以国㉕。楚公子比、公子黑肱、公子弃疾、蔓成然、蔡朝吴帅陈、蔡、不羹、许、叶之师，因四族之徒㉖，以入楚。及郊，陈、蔡欲为名，故请为武军㉗。蔡公知之曰："欲速。且役病矣㉘，请藩而已㉙。"乃藩为军。蔡公使须务牟与史猈先入㉚，因正仆人杀大子禄及公子罢敌㉛。公子比为王，公子黑肱为令尹，次于鱼陂㉜。公子弃疾为司马，先除王宫㉝。使观从从师于乾谿㉞，而遂告之，且曰："先归复所，后者劓㉟。"师及訾梁而溃㊱。

王闻群公子之死也，自投于车下，曰："人之爱其子也，亦如余乎？"侍者曰："甚焉，小人老而无子，知挤于沟壑矣。"王曰："余杀人子多矣，能无及此乎？"右尹子革曰："请待于郊，以听国人，"王曰："众怒不可犯也。"曰："若入于大都，而乞师于诸侯㊲。"王曰："皆叛矣。"曰："若亡于诸侯㊳，以听大国之图君也㉟”王曰：“大福不再，祇取辱焉㊵。”然丹乃归于楚㊶。王沿夏㊷，将欲入鄢㊸。芋尹无宇之子申亥曰：“吾父再奸王命㊹，王弗诛，惠孰大焉？君不可忍㊺，惠不可弃，吾其从王。”乃求王，遇诸棘闱以归㊻。夏五月癸亥㊼，王缢于芋尹申亥氏。申亥以其二女殉而葬之。

观从谓子干曰：“不杀弃疾，虽得国，犹受祸也。”子干曰：“余不忍也。”子玉曰㊽：“人将忍子，吾不忍俟也㊾。”乃行。国每夜骇曰㊿：“王入矣！”乙卯夜㉛，弃疾使周走而呼曰：“王至矣！”国人大惊。使蔓成然走告子干、子晳曰：“王至矣！国人杀君司马，将来矣！君若早自图也，可以无辱。众怒如水火焉，不可为谋。”又有呼而走至者曰：“众至矣！”二子皆自杀㉜。丙辰㉝，弃疾即位，名曰熊居。葬子干于訾，实訾敖。杀囚，衣之王服而流诸汉，乃取而葬之，以靖国人。使子旗为令尹㉞。

楚师还自徐，吴人败诸豫章，获其五帅。

平王封陈、蔡，复迁邑㉟，致群赂㊱，施舍宽民㊲，宥罪举职㊳。召观从，王曰：“唯尔所欲。”对曰：“臣之先，佐开卜㊴。”乃使为卜尹。使枝如子躬聘于郑，且致犫、栎之田㊵。事毕，弗致。郑人请曰：“闻诸道路，将命寡君以犫、栎，敢请命。”对曰：“臣未闻命。”既复，王问犫、栎。降服而对㊶，曰：“臣过失命㊷，未之致也。”王执其手，曰：“子毋勤㊸。姑归，不谷有事，其告子也。”

他年，芋尹申亥以王柩告，乃改葬之。

初，灵王卜，曰：“余尚得天下㊹。”不吉，投龟，诟天而呼曰㊺：“是区区者而不余畀㊻，余必自取之。”民患王之无厌也，故从乱如归。

初，共王无冢适㊼，有宠子五人，无适立焉㊽。乃大有事于群望㊾，而祈曰：“请神择于五人者，使主社稷。”乃遍以璧见于群望㊿曰：“当璧而拜者㉛，神所立也，谁敢违之？”既，乃与巴姬密埋璧于大室之庭㉜，使五人齐㉝，而长入拜㉞。康王跨之。灵王肘加焉㉟。子干、子晳皆远之。平王弱，抱而入，再拜，皆厌纽㊱。斗韦龟属成然焉㊲，且曰：“弃礼违命，楚其危哉。”

子干归，韩宣子问于叔向曰：“子干其济乎？”对曰：“难。”宣子曰：“同恶相求㊳，如市贾焉㊴，何难？”对曰：“无与同好，谁与同恶？取国有五难：有宠而无人㊵，一也；有人而无主㊶，二也；有主而无谋，三也；有谋而无民，四也；有民而无德，五也。子干在晋十三年矣，晋、楚之从，不闻达者㊷，可谓无人。族尽亲叛，可谓无主。无衅而动，可谓无谋。为羁终世㊸，可谓无民。亡无爱征㊹，可谓无德。王虐而不忌㊺，楚君子干㊻，涉五难以弑旧君㊼，谁能济之？有楚国者，其弃疾乎！君陈、蔡⁸⁸，城外属焉⁸⁹。苟慝不作⁹⁰，盗贼伏隐，私欲不违⁹¹，民无怨心。先神命之⁹²，国民信之，芈姓有乱⁹³，必季实立⁹⁴，楚之常也⁹⁵。获神，一也。有民，二也。令德，三也。宠贵，四也。居常，五也。有五利以去五难，谁能害之？子干之官，则右尹也。数其贵宠，则庶子也。以神所命，则又远之。其贵亡矣，其宠弃矣，民无怀焉，国无与焉，将何以立？"宣子曰："齐桓、晋文不亦是乎？"对曰："齐桓，卫姬之子也⁹⁶，有宠于僖。有鲍叔牙、宾须无、隰朋以为辅佐，有莒、卫以为外主⁹⁷，有国、高以为内主⁹⁸。从善如流，下善齐肃⁹⁹，不藏贿¹⁰⁰，不从欲¹⁰¹，施舍不倦，求善不厌，是以有国，不亦宜乎？我先君文公，狐季姬之子也，有宠于献¹⁰²。好学而不贰¹⁰³，生十七年，有士五人¹⁰⁴。有先大夫子馀、子犯以为腹心¹⁰⁵，有魏犨、贾佗以为股肱，有齐、宋、秦、楚以为外主¹⁰⁶，有栾、郤、狐、先以为内主¹⁰⁷。亡十九年，守志弥笃。惠、怀弃民¹⁰⁸，民从而与之。献无异亲，民无异望，天方相晋，将何以代文？此二君者，异于子干。共有宠子¹⁰⁹，国有奥主¹¹⁰。无施于民，无援于外；去晋而不送，归楚而不逆，何以冀国？"¹¹¹。

晋成虒祁，诸侯朝而归者皆有贰心。为取郠故，晋将以诸侯来讨。叔向曰："诸侯不可以不示威。"乃并征会¹¹²，告于吴。秋，晋侯会吴子于良¹¹³。水道不可¹¹⁴，吴子辞，乃还。

七月丙寅¹¹⁵，治兵于邾南¹¹⁶，甲车四千乘，羊舌鲋摄司马¹¹⁷。遂合诸侯于平丘¹¹⁸。子产、子大叔相郑伯以会。子产以幄幕九张行。子大叔以四十，既而悔之，每舍，损焉。及会，亦如之¹¹⁹。

次于卫地，叔鲋求货于卫¹²⁰，淫刍荛者¹²¹。卫人使屠伯馈叔向羹，与一箧锦¹²²，曰："诸侯事晋，未敢携贰，况卫在君之宇下¹²³，而敢有异志？刍荛者异于他日，敢请之¹²⁴。"叔向受羹反锦，曰："晋有羊舌鲋者，渎货无厌¹²⁵，亦将及矣，为此役也¹²⁶。子若以君命赐之，其已。"客从之。未退，而禁之。

晋人将寻盟，齐人不可。晋侯使叔向告刘献公曰¹²⁷："抑齐人不盟¹²⁸，若之何？"对曰："盟以厎信¹²⁹。君苟有信，诸侯不贰，何患焉？告之以文辞，董之以武师，虽齐不许，君庸多矣¹³⁰。天子之老¹³¹，请帅王赋¹³²，'元戎十乘¹³³，以先启行¹³⁴。'迟速唯君。"叔向告于齐，曰："诸侯求盟，已在此矣。今君弗利¹³⁵，寡君以为请。"对曰："诸侯讨贰，则有寻盟。若皆用命¹³⁶，何盟之寻？"叔向曰："国家之败，有事而无业¹³⁷，事则不经¹³⁸。有业而无礼，经则不序¹³⁹。有礼而无威，序则不共¹⁴⁰。有威而不昭，共则不明¹⁴¹。不明弃共，百事不终¹⁴²，所由倾覆也。是故明王之制，使诸侯岁聘以志业¹⁴³，间朝以讲礼¹⁴⁴，再朝而会以示威，再会而盟以显昭明⑮。志业于好，讲礼于等⑯，示威于众，昭明于神，自古以来，未之或失也。存亡之道，恒由是兴。晋礼主盟，惧有不治，奉承齐牺⑰，而布诸君，求终事也。君曰：'余必废之，何齐之有？'唯君图之，寡君闻命矣！"齐人惧，对曰："小国言之，大国制之，敢不听从？既闻命矣，敬共以往，迟速唯君。"叔向曰："诸侯有间矣，不可以不示众。"八月辛未⑱，治兵，建而不旆⑲。壬申，复旆之。诸侯畏之。

郑人、莒人愬于晋曰："鲁朝夕伐我，几亡矣。我之不共，鲁故之以⑮"。晋侯不见公，使叔向来辞曰："诸侯将以甲戌盟⑮，寡君知不得事君矣，请君无勤。"子服惠伯对曰："君信蛮夷之诉⑮，以绝兄弟之国，弃周公之后，亦唯君。寡君闻命矣。"叔向曰："寡君有甲车四千乘在，虽以无道行之，必可畏也。况其率道⑮，其何敌之有？牛虽瘠，偾于豚上⑮，其畏不死？南蒯、子仲之忧，其庸可弃乎？若奉晋之众，用诸侯之师，因郑、莒、杞、鄫之怒，以讨鲁罪，间其二忧，何求而弗克？"鲁人惧，听命。

甲戌，同盟于平丘，齐服也。令诸侯日中造于除⑮。癸酉⑮，退朝。子产命外仆速张于除⑮，子大叔止之，使待明日。及夕，子产闻其未张也，使速往，乃无所张矣。

及盟，子产争承⑮，曰："昔天子班贡⑯，轻重以列⑯。列尊贡重，周之制也。卑而贡重者，甸服也⑯。郑伯，男也⑯，而使从公侯之贡，惧弗给也⑯，敢以为请。诸侯靖兵⑯，好以为事。行理之命⑯，无月不至。贡之无艺⑯，小国有阙，所以得罪也。诸侯修盟，存小国也，贡献无及，亡可待也。存亡之制，将在今矣。"自日中以争，至于昏，晋人许之。既盟，子大叔咎之曰："诸侯若讨，其可渎乎⑯？"子产曰："晋政多门，贰偷之不暇⑯，何暇讨？国不竞亦陵⑯，何国之为？"

公不与盟。晋人执季孙意如，以幕蒙之⑰，使狄人守之。司铎射怀锦⑰，奉壶饮冰，以蒲伏焉⑰。守者御之⑰，乃与之锦而入。晋人以平子归⑰，子服湫从⑰。

子产归，未至，闻子皮卒，哭，且曰："吾已，无为为善矣⑯，唯夫子知我。"

仲尼谓："子产于是行也，足以为国基矣⑰。《诗》曰⑰：'乐只君子，邦家之基。'子产，君子之求乐者也。"且曰："合诸侯，艺贡事⑰，礼也。"

鲜虞人闻晋师之悉起也，而不警边，且不修备。晋荀吴自著雍以上军侵鲜虞，及中人⑱，驱冲竞⑱，大获而归。

楚之灭蔡也，灵王迁许、胡、沈、道、房、申于荆焉⑱。平王即位，既封陈、蔡，而皆复之，礼也。隐大子之子庐归于蔡，礼也。悼大子之子吴归于陈，礼也。

冬十月，葬蔡灵公，礼也。

公如晋。荀吴谓韩宣子曰："诸侯相朝，讲旧好也。执其卿而朝其君，有不好焉，不如辞之。"乃使士景伯辞公于河。

吴灭州来。令尹子期请伐吴，王弗许，曰："吾未抚民人，未事鬼神，未修守备，未定国家，而用民力，败不可悔。州来在吴，犹在楚也。子姑待之。"

季孙犹在晋，子服惠伯私于中行穆子曰："鲁事晋，何以不如夷之小国？鲁，兄弟也，土地犹大，所命能具。若为夷弃之，使事齐、楚，其何瘳于晋⑱？亲亲，与大，赏共，罚否⑱，所以为盟主也。子其图之。谚曰：'臣一主二。'吾岂无大国？"穆子告韩宣子，且曰："楚灭陈、蔡，不能救，而为夷执亲，将焉用之？"乃归季孙。惠伯曰："寡君未知其罪，合诸侯而执其老⑱。若犹有罪，死命可也。若曰无罪而惠免之，诸侯不闻，是逃命也，何免之为？请从君惠于会。"宣子患之，谓叔向曰："子能归季孙乎？"对："不能。鲋也能。"乃使叔鱼⑱。叔鱼见季孙曰："昔鲋也得罪于晋君，自归于鲁君。微武子之赐⑱，不至于今。虽获归骨于晋，犹子则肉之⑱，敢不尽情？归子而不归，鲋也闻诸吏，将为子除馆于西河⑱，其若之何？"且泣。平子惧，先归。惠伯待礼⑲。

【注释】

①冶区夫：鲁大夫。　②令主：好主人。　③为之聚：为南氏聚民。　④质许围：以许围为人质。许围，许国大夫。　⑤使与于守而行：使蔡洧守国，自己出行到乾谿。　⑥申之会：在昭公四年。　⑦戮：辱。　⑧中犫：邑名，疑在今河南南阳市一带。　⑨成然：韦龟之子。郊尹：治理郊区的大夫。　⑩蔓成然故事蔡公：蔓成然，即成然，食采于蔓。故事，即旧事，过去事奉。蔡公，即公子弃疾。　⑪因：凭借。　⑫启：启发，诱导。　⑬固城、息舟：二城名。　⑭观起之死：事在襄公二十二年。　⑮朝吴：原蔡大夫声子之子。　⑯封：恢复。　⑰子干、子皙：二子皆灵王弟。　⑱己徇于蔡：自己对蔡人宣布。　⑲贼：指子干、子皙。　⑳死亡：谓为楚王或死或亡。　㉑则如违之：就应违背蔡公。如，应当。　㉒济：成。　㉓上：指蔡公。　㉔邓：蔡国旧都，在今河南上蔡县西北。　㉕以国：复国的愿望。　㉖四族：指蔓氏、许围、蔡洧、蔓成然。　㉗请为武军：此指筑起壁垒，树立陈、蔡军旗。　㉘役病：役人疲劳。　㉙藩：树起藩篱。作动词用。　㉚须务牟、史猈：二人皆为楚大夫，蔡公之党。　㉛正仆人：仆人之长，太子近臣。　㉜鱼陂：地名，在今湖北天门县西北。　㉝除王宫：驱除楚灵王的亲信。　㉞从师：接触楚军。　㉟劓：古代一种割鼻子的刑罚。　㊱訾梁：楚地名，在

今河南信阳县。　㉟大都：大的都邑。　㊳若：或许，或者。　㊴图君：为君谋划。　㊵祇：只，仅仅。　㊶然丹：子革。　㊷沿夏：顺夏水而下。夏，汉水别名。　㊸鄢：楚别都，在今湖北宣城县西南。　㊹再奸王命：两次违犯王命。此指断王旌，执人于章台二事，详见昭公七年传。　㊺忍：狠心。　㊻棘闱：地名。　㊼癸亥：二十五日。　㊽子玉：即观从。　㊾忍俟：忍心等待。　㊿骇：惊叫。　51乙卯：十七日。　52二子：指子干、子皙。　53丙辰：十八日。　54子旗：即蔓成然。　55复迁邑：使迁走的邑人返回。　56致群赂：赏赐有功之臣。　57宽民：宽以待民。　58举职：起用废官，选贤才。　59佐开卜：卜师的助手。　60致鞶、栎之田：交还鞶、栎二地。鞶、栎本郑邑，楚取之。　61降服：脱去上服，以示请罪。　62过：故意。　63勤：辱。　64尚：庶几。表示希冀的副词。　65诟：骂詈。　66不余畀：即不畀余。畀，给予。　67冢适：嫡长子。　68无适立：不知立谁。适，专主。　69大有事于群望：遍祭名山大川。　70见：呈现。　71当璧：面璧。　72巴姬：共王妾。大室：祖庙。　73齐：同"斋"。　74长：按长幼次序。　75肘加：肘臂压在上面。　76厌纽：压纽。纽，璧鼻，有孔，可穿绳。　77属：同"嘱"。　78同恶：共恶。谓共恶灵王。　79市贾：商人求利。　80有宠而无人：有宠贵的地位而无贤人辅佐。　81无主：无内应。　82闻达：知名。　83为羁终世：终身做羁旅之臣。　84亡无爱征：逃亡在外而国人无爱戴的迹象。　85不忍：不忍刻。　86楚君子干：楚以子干为君。　87涉：关涉。　88君：统治。　89城外属焉：方城山以外归属于他。　90苛慝不作：烦琐和邪恶没有发生。　91不违：不违礼。　92先神命之：指再拜皆厌纽。　93芈姓：即楚国。　94季：小儿子。　95常：常例。　96卫姬：齐僖公妾。　97外主：外援。　98国、高：指国氏、高氏，皆为齐上卿。　99下善齐肃：下善，一般行动。齐肃，疾速。　100藏贿：贪财货。　101从：纵。　102献：晋献公，文公之父。　103不贰：不贰志，专一。　104五人：指狐偃、赵衰、颠颉、魏武子、司空季子。　105子馀、子犯：即赵衰、狐偃。　106齐、宋、秦、楚以为外主：谓齐妻以女，宋赠以马，楚王享之，秦伯纳之。　107栾、郤、狐、先：即栾枝、郤縠、狐突、先轸。　108惠、怀：指晋惠公、怀公。　109宠子：指弃疾。　110奥主：深秘不测的君主。　111何以冀国：有何希望享有国家。　112并征会：征召所有诸侯会见。并，遍。　113良：地名，在今江苏邳县新治东南。　114不可：不通。　115丙寅：二十九日。　116治兵于邾南：在邾国南境检阅军队。　117摄：代理。　118平丘：地名，在今河南封丘县东。　119如之：指子太叔所带幄幕同子产一样仅剩九张。　120叔鲋：即羊舌鲋，叔向之弟。　121淫刍荛者：放纵砍柴草的人。　122箧（qiè）：箱子。　123宇下：房檐下。　124请之：请求制止他们。　125渎货：贪财。　126此役：此事。　127刘献公：周王卿士。　128抑：语首助词，无义。　129厎：致。　130庸：功。　131老：卿士。　132王赋：王军。　133元戎：大车。　134启行：开道。　135弗利：不以此为利。即不参与。　136用命：效力。　137无业：无贡赋。　138不经：不经常。　139不序：不依高下之序。　140共：同"恭"。　141不明：不昭告神明。　142不终：无结果。　143志业：记住自己的职责。　144间朝：据杜预注，"三年而一朝，正班爵之义，率长幼之序。"　145显昭明：显示信义。　146等：等级次序。　147齐牺：斋盟的牺牲。齐，同"斋"。　148辛未：四日。　149建而不旆：建立旌旗而不加飘带。旆，即旒，旌旗飘带。　150鲁故之以：即以鲁之故。　151甲戌：初七日。　152蛮夷：指邾、莒。　153率道：

循道。　⑤贵于豚上：压在小猪身上。贵，仆。　⑤造于除：到盟会处。除，除地为坛。　⑤
癸酉：初六日。　⑤张：张挂幄幕。　⑤争承：争贡赋的次序。　⑤班贡：定贡献的次序。
班，次序。　⑥列：地位。　⑥甸服：天子畿内供职贡者。　⑥男：男服。《周礼·夏官·职
方氏》有九服，即侯服、甸服、男服、采服、卫服、蛮服、夷服、镇服、藩服。自王畿千里之
外，每五百里依次为别。　⑥给：足。　⑥靖：息。　⑥行理：行旅，使者。　⑥无艺：无
极。　⑥渎：轻易。　⑥贰偷：不一心且偷安。　⑥不竞亦陵：不竞争也被欺凌。　⑦蒙：遮
蔽。　⑦司铎射：鲁大夫。司铎，官名。　⑦蒲伏：即匍匐而入。　⑦御：阻止。　⑦平子：
即季孙意如。　⑦子服湫：即子服意伯。　⑦无为：无人帮助。　⑦基：根基，柱石。　⑦
《诗》曰：以下二句出自《小雅·南山有台》。　⑦艺贡事：制定贡赋的限度。　⑧中人：地
名，在今河北唐县西北。　⑧驱冲竞：驱使冲车以争逐。冲，陷阵的兵车。　⑧荆：即楚。
⑧瘳：疾病痊愈，即好处。　⑧共：同"供"。　⑧老：指季孙。　⑧叔鱼：即鲋。　⑧武子：
季武子，季平子的祖父。　⑧肉之：使骨生肉。即再生。　⑧除馆于西河：在西河修造馆舍。
西河，黄河之西，在今陕西大荔、华阴县一带。　⑨待礼：等待以礼相送。

【译文】

十三年春季，叔弓围攻费地，没有攻克，反而被打败。平子大为恼火，下
令见到费地的人就抓起来，作为俘虏。冶区夫说："这样做不对。如果见到费
地人，受冻的就送给他衣服，挨饿的就送给他食物，变成他们的好主人，并供
应他们所缺乏的东西。费地人就会前来投奔，南氏就要灭亡了。百姓一旦背叛
了他，谁还会和他住在一处呢？反之，如果用威力使他们害怕，用愤怒使他们
恐惧，百姓就会因担心而背叛，这实际上是把百姓推向南氏。如果诸侯都这么
做，费地人没有了依靠，他们不投奔南氏，还能投奔谁呢？"平子听从了他的
建议，费地人就都背叛了南氏。

楚灵王担任令尹时，杀了大司马蔿掩，夺取了他的全部家产。等他即位做
了国君，又夺取了蔿居的田地，还把许地的人迁到别处，并抓了许国大夫许围
作为人质。蔡洧曾受到灵王的宠信，灵王灭掉蔡国时，蔡洧的父亲也被杀死。
灵王派蔡洧镇守蔡地，然后率军继续前进。申地盟会上，越国大夫受到了灵王
的羞辱。灵王夺取了斗韦龟的封邑中犨，又夺取了成然的封邑，让他作了郊
尹。成然从前曾事奉蔡公。因此蔿氏的族人和蔿居、许围、蔡洧、成然，都是
灵王不喜欢的人。他们依靠一些被剥夺职位的人，又煽动越国大夫常寿过发动
了叛乱，包围了固城，攻陷了息舟，并重新修筑了城池，居住在那里。

观起死的时候，他的儿子观从正在蔡国事奉蔡大夫朝吴，他说："现在再
不恢复蔡国，蔡国就永远被灭亡了。请允许我尝试一下。"便以蔡公的名义召
请子干、子皙，二人来到蔡都郊区，观从才把实情告诉他们，并强行与之盟

誓，然后入城袭击蔡都。蔡公正准备吃饭，见到他们便逃走了。观从让子干坐到蔡公的位置上吃饭，又挖了一个坑，杀了牲畜，放上盟书，然后又让他们尽快走了。观从对蔡地人公开宣布说："蔡公把子干、子皙请来，准备送他们回国，已经结了盟，送他们回去了，并准备率军跟着去。"蔡地人聚集起来要把观从抓起来，观从辩解说："那两人已经走掉，蔡公的军队也已组成了，杀了我有什么用？"便把他放了。朝吴说："你们这些人如果要为楚王效忠而死，就不要听从蔡公的命令，等待局势的发展。如果想要安定下来，就不如帮助蔡公，以实现你们的愿望。再说违背了蔡公，又听从谁的呢？"众人都说："我们帮助蔡公！"于是事奉蔡公，并把子干、子皙两人请回来，在邓地结了盟。蔡公依靠陈国和蔡国人攻打楚王，并答应将来恢复他们的国家。楚国的公子比、公子黑肱、公子弃疾、蔓成然、蔡国的朝吴率领陈、蔡、不羹、许、叶等地的军队，依靠蔫氏、许围、蔡洧、蔓成然四氏的族人，进入楚国。行至楚都郊区时，陈、蔡两国为宣扬讨伐无道、复兴祖国的名声，请求筑起一座壁垒。蔡公得知后说："应该迅速攻入城内。并且军队已经疲惫不堪，暂时用篱笆围成营栅能驻军就行了。"便用篱笆围起来作为军营。蔡公派须务牟和史狷先行入城，依靠正仆人杀了太子禄和公子罢敌。然后拥立公子比为王，公子黑肱为令尹，驻扎在鱼陂。公子弃疾担任司马，首先清除了王宫中灵王的亲信。又派观从到乾谿灵王的军队中去，把消息告诉他们，并说："先回来的人一律保有禄位和家财，回来晚的则要处以割鼻之刑。"灵王的军队行至訾梁就溃散了。

灵王得知两个公子死了，故意从车上摔了下来，说："别人爱他的儿子是否和我一样呢？"侍臣说："恐怕要超过您。像我这样老而无子的人，死后自然要被推到沟壑里去的。"灵王说："我杀别人的儿子太多了，能不落到这一步吗？"右尹子革说："请大王在郊外等候听凭国人的处置。"灵王说："看来众怒是不能触犯的。"子革说："不妨逃到大的都邑中去，然后请求诸侯派兵救援。"灵王说："都背叛我了。"子革说："如果逃到其他国家，请大国为您做主，怎么样呢？"灵王说："也不会再恢复王位，只能自找羞辱而已。"子革便离开灵王回到了楚都。灵王沿着夏水前行，准备到鄢地去。芋尹无宇的儿子申亥说："我父亲曾两次触犯了王命，大王都没有诛杀他，还有比这更大的恩惠吗？对大王不能过于狠心，恩惠不能忘记，我愿意跟随大王。"就去追寻灵王，在棘闱遇到他，把他领回家中。夏季五月二十五日，灵王在申亥氏家中自缢而死。申亥把两个女儿作为殉葬品，安葬了灵王。

观从对子干说："假如不杀了弃疾，即使您能得到国家，也还会受到祸害的。"子干说："我不忍心杀他。"观从说："他会忍心杀您的，我不忍心再等下去了。"于是离开了子干。国都的人每每在夜间互相惊扰说："楚王回来了!"十七日，弃疾派人到各处散布："大王回来了!"都城的人极为惊恐。弃疾派蔓成然跑去向子干、子皙诈称："大王已经来了，国人把司马弃疾杀了，马上就要攻到这里了。您如果早做安排，可以免受耻辱。众人的愤怒犹如火水一样不可遏止，没有办法了。"又有人跑来说："他们杀过来了!"于是子干、子皙都自杀了。十八日，弃疾即位，更名为熊居。把子干安葬到訾地，就是訾敖。平王又杀死一个囚犯，给他穿上灵王的衣服，扔到汉水中，再打捞上来埋葬，以安定国人。然后任命子旗为令尹。

楚军从徐国回来，吴国人在豫章将其打败，俘获了五位将领。

平王恢复了陈、蔡二国，并让人们都返回原来的住处，又赏赐群臣许多财物，布施恩惠，放宽政策，赦免罪人，使失去职位的人官复原职。并召见观从说："你有什么要求，我都满足。"观从回答说："我的祖先曾经做过卜尹的助手。"于是平王任命他为卜尹。平王派枝如子躬到郑国聘问，并把犨、栎两地的田地送还郑国。聘问结束后，子躬并没有提起归还田地一事。郑国人请求说："听路人传言，贵国要把犨、栎两地还给寡君，请问有没有这回事?"子躬回答说："我没有接受这样的命令。"回国复命时，平王问起犨、栎两地之事，子躬脱去上衣请罪说："我犯了极大的错误，违背了您的命令，没有还给他们。"平王拉起他的手安慰道："你不必自责! 先回去休息，以后我有事，还会告诉你的。"

几年后，芊尹申亥才带着灵王的灵柩前来，于是便改葬了灵王。

当初，灵王占卜，说："我希望能得到天下!"结果却不吉利，灵王把龟甲扔到地上，诅咒上天说："连这么一个小小的天下都舍不得给我，我一定要自己取得它。"百姓担心灵王的欲望没有满足的时候，便加入了动乱的行列，就像回家一样痛快。

当初，共王没有嫡长子，宠姬所生的庶子有五个。共王不知道立哪一个为太子才合适。于是遍祭名山大川，祈祷说："请神灵在这五个人中选择一个，让他管理国家。"又把一块玉璧向神灵展示一遍说："谁要是对着这块玉璧下拜，谁就是神灵所立的太子，谁敢违背呢?"祭祀后，共王和巴姬偷偷把玉璧埋到祖庙的院子里，然后让五位公子斋戒，按长幼顺序依次入庙下拜。康王两脚各跨在玉璧的一边，灵王下拜时胳膊压住了玉璧，子干、子皙站立的位置都离玉璧很远，平王还很小，被人抱着进来，两次下拜，双手都正好压在玉璧的纽上。斗韦龟便嘱托儿子成然要事奉平王，并说："如果不顾礼而违背神灵的意愿，楚国就会陷于危险！"

　　子干回国后，韩起问叔向："子干恐怕能成功吧。"叔向说："难以成功。"韩起说："大家共同憎恨一个人并需要互相协助，就像商人都在追求获利一样，有什么难的？"叔向说："子干没有和他一条心的人，谁又能和他同仇敌忾呢？取得国家有五大障碍：出身高贵但没有贤人辅佐，这是一；有贤人辅佐但没有有实力的人做内应，这是二；有人做内应但缺少谋略，这是三；有谋略但没有百姓支持，这是四；有百姓支持但没有德行，这是五。子干在晋国已有十三年了。晋、楚两国中与他交往的人，没听说有什么知名之士，可以说他没有贤人；他的族人被灭亡，亲戚又都背叛了他，可以说没有人能做他的内应；无机可乘却轻举妄动，可以说没有谋略；长期流亡在外，可以说没有国内百姓的支持；逃亡在外，国人却没有怀念他的迹象，可以说无德。国君虽然暴虐，对贤人并不是一味地排斥，楚国如果以子干为君，面临着这五大障碍，还要冒杀害国君的风险，谁会帮助他成功呢？将来拥有楚国的恐怕就是公子弃疾吧！弃疾管理陈、蔡两地，方城之外也归他统治。在他管辖的地区，没有繁杂的政令和邪恶的行为，盗贼销声匿迹，人们虽有私欲但从不违背礼，百姓没有怨恨之心。可以说神灵已经任命了他，国内的百姓也都拥护他，而且楚国每当王族半姓发生王位之乱，必然是最小的儿子被立为国君，这是楚国的惯例。他得到神灵的认可，这是一；受到百姓的拥戴，这是二；有良好的品德，这是三；受到宠爱并有高贵的地位，这是四；年纪最小，合乎楚国立君的惯常做法，这是五。具备这五个优越条件，排除了五种障碍，还有谁能伤害他呢？子干的官位也就是右尹；论起他的身份，也不过是庶子。神灵对他又是那样的疏远。其显贵的地位丧失了，宠信丢掉了，百姓不怀念他，国内又没有亲近之人，又靠什么取得君位呢？"韩起说："齐桓公、晋文公和他的情况不是一样吗？"叔向说："齐桓公是卫姬的儿子，受到了僖公的宠爱；又有鲍叔牙、宾须无、隰朋等人辅佐，有莒、卫等国以为外援；有国氏、高氏在国内策应。另外桓公从善从流，谦恭下士，严以律己，不贪财货，不纵欲胡为，不停地施舍，不停地求善。他因此得到国家，不是应该的吗？先君文公是狐季姬的儿子，受到献公的宠爱，好学不倦，专心致志，十七岁时就结交了五位贤能之士。有先大夫赵衰和狐偃作为心腹，有魏犨、贾佗作为助手，有齐、宋、秦、楚国作为外援，有栾枝、郤谷、狐突、先轸作为内应，虽然流亡十九年，返国的决心却越来越坚定专一。惠公、怀公抛弃了百姓时，百姓就转而跟从帮助他，当时献公再没有别的亲人了，百姓只有把希望寄托到他身上了，上天也正在保佑晋国，还有谁能代替文公呢？这两位国君都和子干不同。共王有最宠爱的儿子，国家已经内定了君主。子干对百姓毫无恩德，在外面毫无援助，离开晋国时没有人送他，回到楚国时没有人欢迎，他又怎能有希望得到国家呢？"

晋国的虒祁之宫落成，诸侯朝见回来后都有了背离之心。因夺取郠地一事，晋国准备召集诸侯讨伐鲁国。叔向说："不能不向诸侯显示一下威力。"便通知诸侯参加盟会，同时告诉了吴国。秋季，晋昭公和吴王约好在良地会见，因为水路不通，吴王推辞不来，昭公也只好回去了。

七月二十九日，晋国在邾国南部举行了军事检阅。调动战车四千辆，由羊舌鲋代理司马，在平丘会合了诸侯。子产、游吉作为相礼陪同郑定公赴会。子产带了九顶帐篷动身，游吉却带了四十顶，不久游吉就后悔了，每到一处，就减少一顶。等到了平丘，就和子产一样多了。

晋军驻扎在卫国，羊舌鲋向卫国索要财物，并放纵士兵四处砍伐。卫国人派屠伯送给叔向一碗羹汤和一箱锦缎，说："诸侯事奉晋国，不敢三心二意，何况我们在贵君的保卫之下，怎敢有别的想法呢？现在贵国砍柴的人和以前大不一样，请您能加以制止。"叔向接受了羹汤，但把锦缎退了回去，说："晋国有个羊舌鲋，一向贪求财物不知满足，他马上就要遭到灾祸，至于现在这件事，只要您把这箱锦缎以贵君的名义赐给他，他就能下令制止。"屠伯听了他的话。果然，给羊舌鲋送礼的人还未退出，他就下令禁止砍伐了。

晋国人打算重申过去的盟约，齐国人反对。晋昭公便派叔向告诉刘献公说："齐国人不同意继续结盟，怎么办？"刘献公说："结盟用以表示信用，国君假如有信用，诸侯就不会生有二心，又担心什么？如果以优美的文辞警告他们，以强大的武力监督他们，即使齐国不答应，您的功劳也是很大的。作为天子的卿士，我愿意率领王师前去助阵，'十辆大车，作为开路先锋。'早晚由国君决定。"叔向告诉齐国："诸侯要求结盟，已经都聚集在这里了。现在贵君不想参加结盟，寡君请贵国再考虑一下？"齐国人回答说："只有在诸侯讨伐生有二心的国家时才重温盟约。如果诸侯都听从贵国的命令，哪里还用得着重温旧盟呢？"叔向说："一个国家之所以会衰败，就在于虽然还行朝聘之礼，却不进献贡赋，这样朝聘就不会正常；进献贡赋却不讲究礼仪，即使朝聘正常也会失去固有的秩序；讲究礼仪却没有威严，即使秩序不乱也不能做到恭敬；有威严却不能加以宣扬，即使能做到恭敬，也不能昭告神灵；不能昭告神灵便放弃了恭敬，各种事情都将难有结果，这就是国家败亡的原因。因此，圣明的君主规定，让诸侯每年聘问一次以尽到自己的职责，每三年朝见一次以温习礼仪，每六年举行一次会见以表现出应有的威严，每十二年举行一次盟会以昭明信义。如此，履行义务，温习礼仪，显示威严，昭告神灵，自古以来，都没有改变过。国家的兴衰存亡常常就因此而决定。晋国依据传统的规矩主持盟会，常常担心做不好，因此就准备好使用的牺牲，再征得各位国君的同意，目的就是要把事情办好。现在贵君却说：'我一定要废掉这一活动，还要结什么盟呢？'希望贵君能慎重考虑。寡君等待贵国的决定。"齐国人害怕了，回答说："小国虽然提出了自己的意见，但还得由大国裁断，怎么能不听从大国的决定呢？我们已经听到命令了，将会恭恭敬敬地前去参加盟会，何时动身，听凭贵国吩咐。"叔向说："因为诸侯和晋国已经有了隔阂了，所以我们不能不示一下威。"八月四日，开始演习，但只有大旗，旗子上没有飘带。五日，又在旗子上系上飘带，表示晋国将随时用兵，诸侯便都害怕了。

邾国人、莒国人到晋国控告说："鲁国频繁地攻打我国，我国快要灭亡了。我们所以不能向贵国进献贡品，就是因为鲁国。"因此晋昭公拒绝接见昭公，并派叔向说："诸侯准备在七日结盟，寡君深知不能事奉贵君，请贵君不要参加了。"子服惠伯回答说："贵君竟然听信蛮夷小国的控告，断绝和兄弟国家的关系，抛弃周公的后代，也只有听凭贵君的决定了。寡君明白您的意思了。"叔向说："寡君拥有战车四千辆，即使不讲道义四处侵略，也足以使人闻风丧胆，何况是主持正义，有谁能抵挡得住呢？即使是一头瘦牛，压在小猪身上，小猪难道不怕被压死？南蒯和子仲引起的祸患，难道已经忘记了吗？如果晋国发动大军，率领诸侯的军队，利用邾、莒、杞、鄫等国的怨恨，讨伐贵国犯下的罪过，利用南蒯和子仲造成的动乱影响，想要什么得不到呢？"鲁国人真的害怕了，表示听从命令。

七日，诸侯在平丘会盟，因为齐国顺从了晋国。晋国让诸侯在中午到达盟会地点。六日，朝见晋昭公退下来以后，子产令仆人尽快在盟会地点搭起帐篷，但游吉拦住了，让第二天再搭。当天晚上，子产得知还没有搭起帐篷，派人急忙前去察看，结果发现已经没有地方了。

开始结盟时，子产为贡赋的等次力争，说："从前天子规定贡赋的等次，是以诸侯地位的高低为根据的，地位尊贵贡赋就多，这是周朝的一贯制度。地位低下贡赋却很重，只有甸服是这样。郑伯只是男服，却要让我们缴纳和公侯一样的贡赋，恐怕无力承受，特此提请考虑。诸侯之间应当放弃战争，注重团结友好。现在催收贡赋的命令没有一个月间断过，而且所要贡赋没有一个限度，小国一旦满足不了便会得罪大国。诸侯重温旧盟，是为了保全小国，一旦对小国贡赋的要求没有限度的话，小国的灭亡就指日可待了。决定小国是存是亡，就看这次盟会了。"从中午争辩到黄昏，晋国人答应了他。盟誓之后，游吉责备子产说："如果诸侯讨伐郑国，你今天的行为不是太轻率了吗？"子产说："晋国的政权分散在各个家族手中，他们不能齐心协力，又苟且偷安，哪里顾得上讨伐我们？一个国家不能和别国竞争，就会遭到欺陵，还算什么国家？"

昭公没有参加会盟，晋国人把季平子抓起来，用帐篷布裹起来，让狄人看守。司铎射怀里揣着锦缎，用壶盛了冰水，偷偷地爬到关押季平子的地方。看守的狄人阻拦他，他把那块锦缎送给狄人，才得以进去。晋国人把季平子带回国内，同行的还有子服意伯。

子产回国，还未走到都城，听说子皮去世了，他放声大哭，说："我完了！再也没有人帮我行善了，只有你最了解我啊。"

孔子认为："子产在这次盟会上的表现，说明他足以成为郑国的坚强柱石。《诗经》说：'高尚君子多欢乐，国家靠你做根基。'子产是君子中注意追求快乐的人。"又说："会合诸侯，制定向盟主进献贡赋的限度，是合乎礼的。"

鲜虞人听说晋军全部出动参加了诸侯会盟的军事检阅，便放松了边境上的警戒，也不再修筑工事。晋国的荀吴率领上军从著雍入侵，一举攻入中人一地，使用冲车和敌人争战，大胜而归。

楚国灭掉蔡国时，灵王曾把许、胡、沈、道、房、申等地的人迁到了楚国境内。平王即位之后，重封了陈、蔡二国，又让这些地方的人都返回自己的家乡，这是合乎礼的。让隐太子的儿子庐回到蔡国，合乎礼，让悼太子的儿子吴回到陈国，也合乎礼。

冬季十月，安葬了蔡灵公，这是合乎礼的。

昭公前往晋国。荀吴对韩起说："诸侯互相朝见本是为了重温过去的友好。现在扣押了别国的卿却让其国君前来朝见，这是不友好的，不如不让他来。"就派士景伯在黄河岸边辞谢了昭公的朝见。

吴国灭掉了州来。令尹子期请求攻打吴国，平王不同意，说："我还没有安抚百姓，没有侍奉鬼神，又没有修建防御工事，国家还没有安定，却要征用民力，失败了后悔也来不及了。州来归属吴国，就像在楚国一样，你等着瞧吧。"

季平子还被押在晋国。子服惠伯私下对荀吴说："鲁国事奉晋国，哪一点比不上蛮夷小国呢？鲁国是晋国的兄弟国家，领土又很大，晋国的要求，它都能满足。如果因为蛮夷之国而抛弃它，使它去事奉齐、楚两国，对晋国有什么好处呢？亲近兄弟国家，联合强大的国家，奖赏缴纳贡赋的国家，惩罚不能供给的国家，这才是成为盟主的原因。您还是考虑一下！俗话说：'一个臣子可以去事奉两个主人。'我们难道就没有其他大国可以事奉了吗？"荀吴告诉了韩起，并且说："楚国灭掉陈、蔡两国时，我们没有去救援，如今为了蛮夷小国把兄弟国家的大臣抓了起来，有什么用呢？"于是就把季平子释放了。惠伯说："寡君不知道究竟犯了什么罪，竟然在会合诸侯时把他的卿抓了起来。如果有罪，即使被处死也可以。如果无罪，即使承蒙贵国释放，但诸侯并不知道怎么回事，还以为是逃走了呢，怎么能说是无罪释放呢？希望能在盟会上宣布季孙无罪。"韩起感到很为难，对叔向说："你能想办法让季孙回国吗？"叔向回答说："我不能。但羊舌鲋可以。"于是便让羊舌鲋去办理此事。羊舌鲋见到季平子说："从前我得罪了晋侯，投奔了贵君，假如没有您祖父季武子的恩赐，便没有我的今天。我这把老骨头虽然得以回来，也等于是您给了我第二次生命，我怎能不尽力报答您呢？现在让您回去您却不回去，据我所知，官员们准备在西河修建一座房屋，把您长期关押在那里。您打算怎么办呢？"并掉下泪来。季平子害怕了，决定先回鲁国，留下惠伯等待晋国以礼相送。

昭公十四年

经　十有四年春，意如至自晋。三月，曹伯滕卒。夏四月。秋，葬曹武公。八月，莒子去疾卒。冬，莒杀其公子意恢。

传　十四年春，意如至自晋，尊晋罪己也①。尊晋罪己，礼也。

南蒯之将叛也，盟费人。司徒老祁、虑癸伪废疾②，使请于南蒯曰："臣愿受盟而疾兴，若以君灵不死③，请待间而盟④。"许之。二子因民之欲叛也，请朝众而盟。遂劫南蒯曰："群臣不忘其君⑤，畏子以及今，三年听命矣。子若弗图，费人不忍其君⑥，将不能畏子矣。子何所不逞欲⑦？请送子。"请期五日⑧。遂奔齐。侍饮酒于景公。公曰："叛夫⑨！"对曰："臣欲张公室也⑩。"子韩皙曰⑪："家臣而欲张公室，罪莫大焉。"司徒老祁、虑癸来归费。齐侯使鲍文子致之。

夏，楚子使然丹简上国之兵于宗丘⑫，且抚其民。分贫振穷⑬，长孤幼⑭，养老疾，收介特⑮，救灾患，有孤寡⑯，赦罪戾，诘奸慝⑰，举淹滞⑱。礼新叙旧⑲，禄勋合亲⑳，任良物官㉑。使屈罢简东国之兵于召陵㉒，亦如之。好于边疆㉓，息民五年㉔，而后用师，礼也。

秋八月，莒著丘公卒，郊公不戚㉕。国人弗顺，欲立著丘公之弟庚舆。蒲馀侯恶公子意恢而善于庚舆㉖，郊公恶公子铎而善于意恢。公子铎因蒲馀侯而与之谋曰："尔杀意恢，我出君而纳庚舆。"许之。

楚令尹子旗有德于王㉗，不知度㉘，与养氏比㉙，而求无厌。王患之。九月甲午㉚，楚子杀斗成然㉛，而灭养氏之族，使斗辛居郧㉜，以无忘旧勋。

冬十二月，蒲馀侯兹夫杀莒公子意恢，郊公奔齐。公子铎逆庚舆于齐。齐隰党、公子鉏送之，有赂田。

晋邢侯与雍子争鄐田㉝，久而无成。士景伯如楚，叔鱼摄理㉞。韩宣子命断旧狱，罪在雍子。雍子纳其女于叔鱼，叔鱼蔽罪邢侯㉟。邢侯怒，杀叔鱼与雍子于朝。宣子问其罪于叔向。叔向曰："三人同罪，施生戮死可也㊱。雍子自知其罪而赂以买直㊲，鲋也鬻狱㊳，邢侯专杀㊴，其罪一也㊵。己恶而掠美为昏㊶，贪以败官为墨㊷，杀人不忌为贼㊸。《夏书》曰：'昏、墨、贼，杀。'皋陶之刑也。请从之。"乃施邢侯而尸雍子与叔鱼于市。

仲尼曰："叔向，古之遗直也㊹。治国制刑，不隐于亲㊺，三数叔鱼之恶，不为末减㊻。曰义也夫，可谓直矣。平丘之会，数其贿也㊼，以宽卫国，晋不为暴。归鲁季孙，称其诈也㊽，以宽鲁国，晋不为虐。邢侯之狱，言其贪也，以正刑书㊾，晋不为颇㊿。三言而除三恶，加三利，杀亲益荣㊼，犹义也夫？"

【注释】

①罪己：归罪于自己。　②司徒老祁、虑癸伪废疾：老祁、虑癸，二人为季氏家臣。司徒，一说为姓，一说即小司徒。伪废疾，假装生病。废，借为"发"。　③君灵：您的福气。④间：稍痊愈。　⑤君：指季氏。　⑥忍：狠心。　⑦何所：何处。　⑧请期：请求缓期。⑨叛夫：叛徒。　⑩张：加强。　⑪子韩晳：齐大夫。　⑫简：选练。上国：在国都之西。宗丘：楚地名，在今湖北秭归县境。　⑬分：分与。振：救助。　⑭长：扶养。　⑮收介特：收容单身汉。　⑯宥：宽缓其赋税。　⑰诘：禁治。　⑱淹滞：沉沦下位的人才。　⑲礼新叙旧：礼遇新人安排旧好。　⑳禄勋合亲：赏有功，睦亲族。　㉑任良物官：任用贤良，物色官吏。　㉒东国：楚东部地区。　㉓好：结好。　㉔息：休养。　㉕郊公：著丘公之子。　㉖蒲馀侯：莒大夫。　㉗德：恩德。　㉘不知度：不节制。　㉙养氏：子旗之党，养由基之后。㉚甲午：初三日。　㉛斗成然：又称蔓成然，即子旗。　㉜斗辛：子旗之子。　㉝鄐：晋邢侯邑名。　㉞摄理：代理。　㉟蔽：判断。　㊱施生戮死：生者杀而陈尸，死者暴尸。　㊲买

直：买来胜诉。 ㊳鬻狱：卖法。 ㊴专杀：擅自杀人。 ㊵一：同。 ㊶己恶而掠美为昏：己有罪恶反而掠取他人之美就是昏乱。此指雍子。 ㊷贪以败官为墨：贪婪而败坏官职就是不干净。此指叔鱼。 ㊸杀人不忌为贼：杀人而无所顾忌就是残暴。此指邢侯。 ㊹古之遗直：其刚直是古代的遗风。 ㊺隐：蔽，包庇。 ㊻不为末减：不减轻一点。末，薄。 ㊼数：责备。 ㊽称：称道。 ㊾正刑书：执行法律。 ㊿颇：偏。 ○51益荣：指名声更加显著。

【译文】

十四年春季，季平子从晋国回国。《春秋》只写他的名字，没有写其族姓，是为了尊重晋国而归罪于鲁国自己，这是合乎礼的。

南蒯准备叛变时，和费地人盟誓。司徒老祁、虑癸假装犯病，派人向南蒯请求说："我们很希望接受盟约，但不幸疾病复发不能前去，如果托您的福而不致死去，请求等病好一点了再去参加盟誓。"南蒯答应了。二人利用百姓打算背叛南蒯的心理，请求在众人朝见之后再盟誓。然后劫持了南蒯，说："大家并没有忘记主人季氏，只因害怕你的淫威，不得已忍气吞声顺服了你三年。你如果再不改变主意，费地人因为不忍心背叛主人，将要对你不客气了。你到哪里不能满足自己的欲望呢？请让我们把你送走吧。"南蒯请求给他五天时间。最后逃到了齐国。有一次他陪齐景公饮酒时，景公讽刺他："你是个叛徒！"南蒯说："我是想加强公室的力量。"子韩皙说："作为家臣却要打算加强公室，还有比这更大的罪过吗？"司徒老祁、虑癸前来把费地归还鲁国。齐景公也派鲍文子来鲁国表示把费地送还。

夏季，楚平王派然丹在宗丘选拔并训练楚国西部地区的部队，同时安抚当地的百姓。救助贫困，赈济穷人，抚养孤儿，赡养病残老人；收容单身流民，救济灾患家庭；宽免孤儿寡妇的赋税，赦免罪人；惩治奸邪之人，举拔失去职位的贤人；重用投奔前来的外臣，重新录用过去的官员；奖赏立功之人，亲近宗族亲属；任用贤良，物色称职的人才。又派屈罢在召陵选拔训练东部地区的军队，做法和然丹一样。和四方邻邦和睦相处，让百姓休养生息五年，然后才使用军队，这样做是合乎礼的。

秋季八月，莒国的著丘公去世，郊公并不悲伤，因此国人都不顺从他，打算拥立著丘公的弟弟庚舆为新君。蒲馀侯非常讨厌公子意恢，和庚舆关系很好。郊公讨厌公子铎，却和意恢要好。公子铎依靠蒲馀侯并和他商量："只要你能杀了意恢，我就把郊公赶走，接纳庚舆为君。"蒲馀侯答应了他。

楚国的令尹子旗自恃对平王有功，不知节制。和养氏勾结起来，贪得无厌。平王对他很感头痛。九月三日，平王杀了子旗，并灭了养氏的族人，把斗辛封在郳地，表示没有忘记他祖先的功勋。

　　冬季十二月，蒲馀侯兹夫杀了莒国的公子意恢，郊公逃到齐国。公子铎从齐国迎来庚舆，齐国的隰党、公子锄为他送行，莒国送给了齐国田地。

　　晋国的邢侯和雍子为鄐邑的田地争夺起来，很久也没有调解成功。士景伯正在楚国，由羊舌鲋代理他的职务，韩起命羊舌鲋审理此案。开始判决雍子有罪，但雍子把自己的女儿送给羊舌鲋后，羊舌鲋又判邢侯有罪。邢侯大怒，在朝廷上杀了羊舌鲋和雍子。韩起就如何给邢侯定罪征求叔向的意见，叔向说："三个人罪行相同，只需把活着的人杀死，再把三人陈尸街头就行了。雍子知道自己有罪，却以女儿行贿换得胜诉，羊舌鲋贪赃枉法，邢侯擅自连杀两人，三人罪行同样严重。自己邪恶却加以掩饰为昏，贪婪而渎职为墨，杀人而无所顾忌为贼。《夏书》说：'昏、墨、贼这三种罪行，格杀勿论。'这是皋陶制定的刑法，请依此照办。"于是就杀了邢侯，将三人尸体挂在市上示众。

　　孔子对此评论说："叔向的正直真是大有古人遗风啊！治理国家制定刑法，能够不包庇亲人，三次列举羊舌鲋的罪状，却没有给他减轻罪行。这是主持正义啊，他可以说是正直无私啊！在平丘会盟中，叔向批评羊舌鲋贪图财物，从而放过了卫国，使晋国没有乱施强暴。在释放鲁国的季孙时，叔向说他善于欺诈，从而宽免了鲁国，使晋国没有造成陵虐。在对待邢侯这起案件上，说他贪赃枉法，要求严惩不贷，从而使晋国执法不失公正。三次说话消除了晋国有可能犯下的三种邪恶，为晋国增添三次光彩。虽然使亲人暴尸街头，却使自己的声誉更加显著，这是主持正义的结果啊！"

昭公十五年

　　经　十有五年春，王正月，吴子夷末卒。二月癸酉，有事于武宫。籥入，叔弓卒。去乐，卒事。夏，蔡朝吴出奔郑。六月丁巳朔，日有食之。秋，晋荀吴帅师伐鲜虞。冬，公如晋。

　　传　十五年春，将禘于武公，戒百官①。梓慎曰："禘之日，其有咎乎！吾见赤黑之祲②，非祭祥也，丧氛也。其在莅事乎③？"二月癸酉④，禘。叔弓莅事，籥入而卒⑤，去乐，卒事，礼也。

　　楚费无极害朝吴之在蔡也⑥，欲去之。乃谓之曰："王唯信子，故处子于蔡。子亦长矣，而在下位，辱。必求之，吾助子请。"又谓其上之人曰："王唯信吴，故处诸蔡，二三子莫之如也，而在其上，不亦难乎？弗图，必及于难。”夏，蔡人逐朝吴，朝吴出奔郑。王怒，曰：“余唯信吴，故置诸蔡。且微吴⑦，吾不及此。女何故去之？”无极对曰：“臣岂不欲吴？然而前知其为人之异也⑧。吴在蔡，蔡必速飞。去吴，所以翦其翼也⑨。”

六月乙丑⑩，王大子寿卒⑪。

秋八月戊寅⑫，王穆后崩⑬。

晋荀吴帅师伐鲜虞，围鼓⑭。鼓人或请以城叛，穆子弗许⑮。左右曰：“师徒不勤，而可以获城。何故不为？”穆子曰：“吾闻诸叔向曰：‘好恶不愆⑯，民知所适，事无不济。’或以吾城叛。吾所甚恶也。人以城来，吾独何好焉？赏所甚恶，若所好何？若其弗赏，是失信也，何以庇民？力能则进，否则退，量力而行。吾不可以欲城而迩奸⑰，所丧滋多。”使鼓人杀叛人而缮守备。围鼓三月，鼓人或请降，使其民见，曰：“犹有食色⑱，姑修而城。”军吏曰：“获城而弗取，勤民而顿兵⑲，何以事君？”穆子曰：“吾以事君也。获一邑而教民怠，将焉用邑？邑以贾怠⑳，不如完旧㉑，贾怠无卒㉒，弃旧不祥。鼓人能事其君，我亦能事吾君，率义不爽㉓，好恶不愆，城可获而民知义所㉔，有死命而无二心，不亦可乎！”鼓人告食竭力尽，而后取之。克鼓而反，不戮一人，以鼓子鸢鞮归。

冬，公如晋，平丘之会故也。

十二月，晋荀跞如周，葬穆后，籍谈为介。既葬，除丧㉕，以文伯宴㉖，樽以鲁壶㉗。王曰：“伯氏，诸侯皆有以镇抚王室㉘，晋独无有，何也？”文伯揖籍谈㉙，对曰：“诸侯之封也，皆受明器于王室㉚，以镇抚其社稷，故能荐彝器于王㉛。晋居深山，戎狄之与邻，而远于王室。王灵不及，拜戎不暇㉜，其何以献器？”王曰：“叔氏㉝，而忘诸乎㉞？叔父唐叔㉟，成王之母弟也，其反无分乎㊱？密须之鼓㊲，与其大路㊳，文所以大蒐也。阙巩之甲㊴，武所以克商也。唐叔受之以处参虚㊵，匡有戎狄㊶。其后襄之二路㊷，鍼钺，秬鬯，彤弓，虎贲，文公受之，以有南阳之田，抚征东夏㊸，非分而何？夫有勋而不废，有绩而载㊹，奉之以土田，抚之以彝器，旌之以车服㊺，明之以文章，子孙不忘，所谓福也。福祚之不登㊻，叔父焉在？且昔而高祖孙伯黡，司晋之典籍，以为大政，故曰籍氏。及辛有之二子董之晋㊼，于是乎有董史。女，司典之后也㊽。何故忘之？”籍谈不能对。宾出，王曰：“籍父其无后乎！数典而忘其祖㊾。”

籍谈归，以告叔向。叔向曰：“王其不终乎。吾闻之，所乐必卒焉(50)。今王乐忧(51)，若卒以忧，不可谓终。王一岁而有三年之丧二焉(52)，于是乎以丧宾宴(53)，又求彝器，乐忧甚矣，且非礼也。彝器之来，嘉功之由(54)，非由丧也。三年之丧，虽贵遂服(55)，礼也。王虽弗遂，宴乐以早(56)，亦非礼也。礼，王之大经也。一动而失二礼，无大经矣。言以考典，典以志经，忘经而多言，举典，将焉用之?”

【注释】

①戒：告之以斋戒。②赤黑之祲：红黑色的妖恶之气。祲（jìn），不祥之气。③莅事：临事。指主持祭礼的人。④癸酉：十五日。⑤籥：古代祭祀备有乐舞，乐有文舞、武舞。文执羽籥，武执干戚。入庙时，先文后武。⑥害：疾恨。⑦微：无。⑧前：早。异：有异心。⑨翦：同“剪”。⑩乙丑：初九日。⑪寿：周景王子。⑫戊寅：二十二日。⑬王穆后：太子寿之母。⑭鼓：国名，姬姓，白狄的一支，时属鲜虞。国境在今河北晋县。⑮穆子：即荀吴。⑯好恶不愆：喜好、厌恶都不过分。⑰迩奸：接近奸邪。⑱食色：即从脸色上看，尚有饭吃。⑲顿兵：损坏兵器。⑳邑以贾怠：得一城邑而买来懈怠。贾（gū），买。㉑完旧：保持不怠。㉒无卒：没有好结果。㉓率义不爽：遵循道义不能有差错。㉔知义所：知义所在。㉕除丧：减轻丧服。㉖文伯：即荀跞。㉗樽以鲁壶：用鲁国所献的壶作酒杯。樽，用“尊”，酒器。㉘镇抚王室：指贡献王室的物品。㉙揖籍谈：向籍谈作揖，使答对。㉚明器：明德之器。另一义为殉葬的器物。㉛彝器：宗庙之器物。㉜拜戎：服戎，即使戎归服。㉝叔氏：指籍谈。㉞而：同“尔”，你。㉟叔父：周王对诸侯同姓者，无论行辈，俱称伯父或叔父。㊱分：所得赏赐。㊲密须：古国名，为周文王所征服，得其鼓与大路，用以田猎检阅。㊳大路：大车。㊴阙巩：古国名，为周武王所灭。㊵参虚：即实沈之次，晋国的分野。㊶匡：正，统治。㊷襄之二路：周襄王所赐晋文公大路、戎路车。参见僖公二十八年传。㊸东夏：齐、鲁、郑、宋诸国，皆在晋东，故称东夏。㊹载：记于策书。㊺旌：表彰。㊻登：记载。㊼二子：次子。㊽司典：指孙伯黡。㊾数典：举出典故。㊿所乐必卒焉：即所乐必卒于乐。焉，复合词“于之”。(51)乐忧：以忧为乐。(52)三年之丧：指太子寿卒和穆后死。《仪礼·丧服》及《墨子·节葬下》均载有王为太子、夫为妻服丧三年之礼。(53)以丧宾客：与吊丧宾客饮宴。(54)嘉功之由：为“由于嘉功”的倒装句。嘉功，嘉奖功勋。(55)遂服：丧服终结。遂，终，毕。(56)以：同“已”，太、甚。

【译文】

十五年春季，鲁国准备在武公庙举行禘祭，并告诫百官做好准备并斋戒。梓慎说：“禘祭之日，恐怕要发生灾祸！我看见了一股红黑颜色的妖气在天空盘绕，这不是祭祀的祥兆，是一种丧事的气氛。难道会应在主持者身上吗?”二月十五日，举行禘祭，由叔弓主持，演奏籥舞的人进来时，叔弓突然死去，于是撤去音乐，但仍把祭祀进行完毕，这是合乎礼的。

楚国的费无极嫉妒朝吴镇守蔡国，打算除掉他，便对他说："就因为大王只相信您，所以才把您安置在蔡国。您这么大年纪了，地位却这么低下，这是您的耻辱。您一定要请求提高地位，我帮您请求。"又转而对朝吴的上司说："大王只信任朝吴，所以让他治理蔡国，他们几个都不如他，却比他地位高，这对你们来说，不是很大的威胁吗？再不想办法，就一定受到他的迫害。"夏季，蔡国人赶走了朝吴。朝吴逃到郑国。平王大怒，对费无极说："我只信任朝吴，所以才把他安排在蔡国。如果没有朝吴，我也不会到这一步。你为什么要赶他走？"无极回答说："我难道不想让朝吴继续守卫蔡国？只是我早就知道他有野心。朝吴在蔡国，蔡国必然会迅速强大起来。除掉朝吴，是为了剪除蔡国的翅膀。"

六月九日，周景王的太子寿去世。

秋季八月二十二日，王穆后去世。

晋国的荀吴率军攻打鲜虞，围攻鼓地。鼓地人请求带领全城投降，荀吴不同意。左右侍从说："不费一兵一卒就取得一个城邑，为什么不干呢？"荀吴说："我听叔向说过：'追求善恶都不过分，百姓才知道努力的方向，做任何事情便都能成功。'假如有人率领我们的城池叛变，这是我们所憎恨的。为什么别人率城来降，我们就高兴呢？如果奖赏所厌恶的行为，对喜欢的行为又怎么样呢？如果不奖赏，便失去了信用，又拿什么来保护百姓？有能力就进攻，没有能力就撤退，量力而行。不能为了得到一个城池便亲近邪恶，否则，失去的东西会更多。"便让鼓地人杀了那个叛贼，加强防卫。包围三个月之后，鼓地人又请求允许投降。荀吴让鼓地的百姓前来见他，说："看你们的气色，知道城内还有粮食，暂且再回去修城抵抗。"军官说："能够取得城池却不要，无谓地耗损民力和武器，这样做怎么能事奉国君呢？"荀吴说："我恰恰就凭这一点来事奉国君。获得一座城却教导百姓学会怠惰，要这座城有什么用？用一座城换来怠惰，还不如不要，以保持一贯的勤奋，换取怠惰没有好结果，丢掉本来的勤奋不够吉祥，鼓地人能事奉他们的国君，我也能事奉我们的国君。坚持正义，好恶不过，既能获得城邑，又能使百姓懂得什么是道义，鼓励他们拼命执行君命而不产生二心，不是应该的吗？"直到鼓地人说城内的粮食已经吃完了，人也筋疲力尽了，这才夺取鼓城。攻克鼓地后回来，没有杀害一人，只抓了鼓君鸢鞮回国。

冬季，昭公前往晋国，是为了平丘那次会见而去的。

十二月，晋国的荀跞到王室为穆后送葬，籍谈作为副手。安葬之后，减除了丧服，天子和荀跞一起饮宴，用鲁国进献的壶为酒杯。天子说："伯氏，各国诸侯都有东西进献王室，唯独晋国没有，这是为什么呢？"荀跞作揖让籍谈回答。籍谈说："当初诸侯受天子分封时，都曾从王室接受了宝器，以镇抚他们的国家，因此他们能献给天子各种礼器。晋国居住在深山老林，与戎狄为邻，远离王室，承受不到天子的洪福，只忙于降服戎狄，哪里还有能力进献宝器呢？"天子说："叔氏，你难道忘了！叔父唐叔是成王的同母弟弟，难道没有从王室分得赏赐吗？密须的鼓和大路车，是文王在检阅军队时使用的，阙巩的皮甲，是武王战胜商朝后取得的，唐叔接受了这三件东西后，便住在参虚的分野晋地，国境上有戎狄之人。此后又把襄王的大路、戎路车、斧钺、黑黍酿造的香酒、红色的弓以及勇士等赐给了文公，并拥有了南阳的田地，安抚和征伐了东方各国，这不是王室的赏赐是什么？王室对待诸侯，有功勋就加以重赏，有业绩就记载到史册上，赐给土田使其得到奉养，赐给宝器使其安定国家，赐给车服以表彰其功勋，记载到史册上以宣扬其业绩，使其子子孙孙永不忘记，这就是所说的福。连这些福禄都忘记了，叔父的良心何在？并且，从前你的高祖孙伯黡负责掌管晋国的典籍，以主持国家大政，因此才被称为籍氏。直到辛有的第二个儿子董到了晋国，晋国才有了史官董氏。你是管理典籍的官员后代，怎么能忘了这些呢？"籍谈无言以对。两人出去后，天子说："籍谈将来恐怕要绝后吧！他在述说典籍时忘记了自己祖先的功业。"

籍谈回国后，把此事告诉了叔向。叔向说："天子恐怕难以善终了。我听说：喜欢什么事情，就必定死在什么事情上。现在天子以忧患为乐，如果因为忧患而死，就不能说是善终。天子在这一年遇到了两次应服丧三年的丧事，在这种情况下又和前去吊丧的宾客饮宴，向他人索要宝器，这种以忧患为乐的做法也太过分了，而且是违背礼的。宝器的取得，是由于嘉奖功业，并不是因为丧事。应服三年之丧，即使贵为天子，也要如期服完，这是礼规定的。天子即使不愿服丧三年，但与宾客一起饮宴奏乐也未免太早了吧，这也是违背礼的。礼是天子的根本大法，一次行动中两次违背了礼，可以说他眼中已无这一根本大法了。语言用以引证典籍，典籍用以记载礼，忘记了礼，即使口若悬河，引证典籍，又有什么用呢？"

昭公十六年

经 十有六年春，齐侯伐徐。楚子诱戎蛮子杀之。夏，公至自晋。秋八月己亥，晋侯夷卒。九月，大雩。季孙意如如晋。冬十月，葬晋昭公。

传 十六年春，王正月，公在晋，晋人止公。不书，讳之也。

齐侯伐徐。

楚子闻蛮氏之乱也与蛮子之无质也①，使然丹诱戎蛮子嘉杀之，遂取蛮氏②。既而复立其子焉，礼也。

二月丙申③，齐师至于蒲隧④，徐人行成，徐子及郯人、莒人会齐侯，盟于蒲隧，赂以甲父之鼎⑤。叔孙昭子曰："诸侯之无伯，害哉！齐君之无道也，兴师而伐远方，会之有成而还，莫之亢也⑥。无伯也夫。《诗》曰⑦：'宗周既灭，靡所止戾。正大夫离居，莫知我肄。'其是之谓乎！"

三月，晋韩起聘于郑，郑伯享之。子产戒曰："苟有位于朝，无有不共恪⑧。"孔张后至⑨。立于客间⑩，执政御之⑪，适客后。又御之，适县间⑫。客从而笑之。事毕，富子谏曰⑬："夫大国之人，不可不慎也，几为之笑而不陵我⑭？我皆有礼，夫犹鄙我。国而无礼，何以求荣？孔张失位，吾子之耻也。"子产怒曰："发命之不衷⑮，出令之不信，刑之颇类⑯，狱之放纷⑰，会朝之不敬，使命之不听，取陵于大国，罢民而无功⑱，罪及而弗知，侨之耻也。孔张，君之昆孙⑲，子孔之后也⑳，执政之嗣也㉑。为嗣大夫，承命以使，周于诸侯㉒，国人所尊，诸侯所知。立于朝而祀于家，有禄于国，有赋于军，丧祭有职，受脤归脤㉓。其祭在庙㉔，已有著位。在位数世，世守其业，而忘其所，侨焉得耻之？辟邪之人而皆及执政，是先王无刑罚也。子宁以他规我㉕。"

宣子有环㉖，其一在郑商。宣子谒诸郑伯㉗，子产弗与，曰："非官府之守器也，寡君不知。"子大叔、子羽谓子产曰："韩子亦无几求㉘，晋国亦未可以贰。晋国、韩子，不可偷也㉙。若属有谗人交斗其间㉚，鬼神而助之，以兴其凶怒，悔之何及？吾子何爱于一环，其以取憎于大国也？盍求而与之？"子产曰："吾非偷晋而有二心，将终事之，是以弗与，忠信故也。侨闻君子非无贿之难㉛，立而无令名之患㉜。侨闻为国非不能事大字小之难㉝，无礼以定其位之患。夫大国之人，令于小国，而皆获其求，将何以给之㉞？一共一否，为罪滋大。大国之求，无礼以斥之㉟，何餍之有？吾且为鄙邑㊱，则失位矣㊲。若韩子奉命以使，而求玉焉，贪淫甚矣，独非罪乎㊳？出一玉以起二罪，吾又失位，韩子成贪，将焉用之？且吾以玉贾罪，不亦锐乎㊴？"

韩子买诸贾人，既成贾矣㊵，商人曰："必告君大夫。"韩子请诸子产曰："日起请夫环，执政弗义㊶，弗敢复也。今买诸商人，商人曰：'必以闻'，敢以为请。”子产对曰：“昔我先君桓公，与商人皆出自周，庸次比耦㊷，以艾杀此地㊸，斩之蓬蒿藜藋，而共处之，世有盟誓，以相信也，曰：‘尔无我叛，我毋强贾㊹，毋或匄夺㊺。尔有利市宝贿㊻，我勿与知。’恃此质誓㊼，故能相保，以至于今。今吾子以好来辱㊽，而谓敝邑强夺商人，是教敝邑背盟誓也，毋乃不可乎！吾子得玉而失诸侯，必不为也。若大国令，而共无艺㊾，郑，鄙邑也，亦弗为也。侨若献玉，不知所成㊿，敢私布之。”韩子辞玉，曰：“起不敏，敢求玉以徼二罪？敢辞之。”

夏四月，郑六卿饯宣子于郊。宣子曰：“二三君子请皆赋，起亦以知郑志。”子䶮赋《野有蔓草》(51)。宣子曰：“孺子善哉，吾有望矣。”子产赋郑之《羔裘》(52)。宣子曰：“起不堪也。”子大叔赋《褰裳》(53)。宣子曰：“起在此，敢勤子至于他人乎(54)？”子大叔拜。宣子曰：“善哉，子之言是。不有是事，其能终乎？”子游赋《风雨》(55)，子旗赋《有女同车》(56)，子柳赋《萚兮》(57)。宣子喜曰：“郑其庶乎(58)。二三君子以君命贶起，赋不出郑志(59)，皆昵燕好也。二三君子数世之主也，可以无惧矣。”宣子皆献马焉，而赋《我将》(60)。子产拜，使五卿皆拜，曰：“吾子靖乱，敢不拜德？”

宣子私觐于子产以玉与马：曰：“子命起舍夫玉，是赐我玉而免吾死也(61)，敢不藉手以拜(62)？”

公至自晋。子服昭伯语季平子曰：“晋之公室，其将遂卑矣。君幼弱，六卿强而奢傲，将因是以习。习实为常，能无卑乎？”平子曰：“尔幼，恶识国(63)？”

秋八月，晋昭公卒。

九月，大雩，旱也。

郑大旱，使屠击、祝款、竖柎有事于桑山(64)。斩其木，不雨。子产曰：“有事于山，蓺山林也(65)，而斩其木，其罪大矣。”夺之官邑。

冬十月，季平子如晋葬昭公。平子曰：“子服回之言犹信(66)，子服氏有子哉(67)。”

【注释】

①无质：无信用。 ②蛮氏：见成六公年传。 ③丙申：十四日。 ④蒲隧：地名，在今江苏睢宁县西南。 ⑤甲父：古国名，在今山东金乡县南。 ⑥亢：抵御。 ⑦《诗》曰：以下四句出自《小雅·雨无正》。戾，安定。正大夫，执政大夫。肄，劳苦。 ⑧共恪：恭敬。 ⑨孔张：名申，字子张，公孙泄之子。 ⑩客间：客人之间。 ⑪执政御之：执政，即司正，主管典礼者。御，阻挡。 ⑫县间：县挂钟、磬等乐器的空隙间。 ⑬富子：郑大夫。

⑭几：反诘副词，岂。陵：欺。　⑮不衷：不当。　⑯颇类：偏颇不平。　⑰放纷：放纵纷乱。　⑱罢：通"疲"。　⑲昆：兄。　⑳子孔：郑襄公兄，孔张的祖父。　㉑执政：子孔曾执郑国之政。　㉒周：遍。　㉓受脤归脤：诸侯祭灶，以祭肉赐大夫，称受脤；大夫祭社，也归肉于公，叫归脤。　㉔其祭在庙：辅助国君在宗庙祭祀。　㉕规：正。　㉖宣子：晋韩起。　㉗谒：请求。　㉘无几求：所求无几。　㉙偷：薄，轻视。　㉚若属：如果正当此时。属，适，恰巧。交斗：交构，挑拨。　㉛非无贿之难：不是担忧无财物。难，患。　㉜之患：及下文"之难"等"之"字均作"是"用。　㉝字：养。　㉞给：满足供给。　㉟斥：驳斥。　㊱鄙邑：边境的一个县城。　㊲失位：失去大国的地位。　㊳独：岂。　㊴锐：细小。谓因小失大。　㊵成贾：成交。　㊶执政弗义：执政认为不合道义。　㊷庸次比耦：共同合作。　㊸艾杀：铲除，清除。　㊹强贾：强买。　㊺毋或匄夺：不气求，不掠夺。　㊻利市：好买卖。　㊼质誓：诚信誓词。　㊽以好来辱：带着友好屈尊光临。　㊾无艺：无极。　㊿成：利益。　51子羕：子皮之子婴齐。《野有蔓草》，《诗经·郑风》篇名。取其"邂逅相遇，适我愿兮"二句文义。　52《羔裘》：《诗经·郑风》篇名。其有"彼其之子，舍命不渝。彼其之子，邦之司直。彼其之子，邦之彦兮"等句，以赞美韩起。　53《褰裳》：亦出《郑风》。诗有"子惠思我，褰裳涉溱。子不我思，岂无他人"句，言宣子思己，将有褰裳之志；如我不思，亦岂无他人？　54至于他人：事奉他人。　55《风雨》：《郑风》篇名，取其"既见君子，云胡不夷"句。　56《有女同车》：《郑风》篇名，取"洵美且都"句，言宣子貌美且风度娴雅。　57《蘀兮》：《郑风》篇名，取"倡予和女"句，言宣子唱，己将附和。　58庶：庶几兴盛。　59郑志：郑诗，郑风。　60《我将》：《诗经·周颂》篇名，取其"日靖四方，我其夙夜，畏天之威"等句，言志在靖乱，保护小国。　61赐我玉：意为赐我金玉良言。　62藉手：假借手中薄礼。　63恶：疑问代词，何，哪里。　64屠击等：三人皆郑大夫。　65蓺：养育保护。　66子服回：即子服昭伯，惠伯之子。　67有子：有贤子。

【译文】

十六年春季，周历正月，昭公在晋国，晋国人扣留了他。《春秋》没有记载，是出于避讳。

齐景公讨伐徐国。

楚平王听说蛮氏内部发生动乱，和蛮子不讲信义的情况，派然丹引诱戎蛮子嘉并杀了他，随后夺取了蛮氏。不久又立了他的儿子为君，这是合乎礼的。

二月十四日，齐军进驻蒲隧，徐国人求和。徐子和郑人、莒人与齐景公会见，在蒲隧结盟，把甲父的宝鼎送给了齐国。叔孙婼说："诸侯失去盟主，就要受到危害啊！齐君无道，兴兵攻打远方，迫使小国求和后才回国，没有人能抵抗得住。这都是因为没有霸主啊！《诗经》说：'宗周已经衰落，天下动乱不安，执政大夫四散奔逃，无人关心百姓疾苦。'说的就是这种情况吧！"

三月，晋国的韩起到郑国聘问，郑定公宴请他。子产告诫大家："只要出席宴会，谁都不得有任何不恭行为！"孔张来迟了。他要站到客人中间，主持者不让，他只好站到悬挂乐器的地方，客人和随从都笑了。宴会结束后，富子劝告说："对待大国的客人，不能不谨慎小心。受到嘲笑，他们不会趁机欺侮我们吗？即使恭敬有礼，他们还看不起我们，如果失去了礼，怎么能维护国家的荣誉呢？孔张没有站到应有的位置上，实际上也是您的耻辱。"子产生气地说："发令不当，出令无信，处罚有失公正，断案放纵混乱，朝会无礼，有令不行，遭受大国的欺凌，劳民而无功，犯下了罪过却还蒙在鼓里，这才是我的耻辱。孔张是国君哥哥的孙子，是子孔的后代，其祖先曾为执政大臣。他作为嗣大夫，曾奉命出使遍访各国，深受国人尊重，诸侯也久闻其名。他在朝中有重要职位，在家中又负有祭祀祖先的责任，拥有国家的封邑，负有作战卫国的重任，在国家和丧葬祭祀活动中都有一定位置，事后也有资格分得或归还祭肉。在协助国君祭祀宗庙时，也有他固定的位置。他家位列朝廷已有几代，每一代都能深守家业。到他这一代竟然忘记自己应该站立的位置，这哪里是我的耻辱呢？奸邪之人总是把一切过错都推到执政者身上。如不严加处罚，等于先王没有制定刑罚。你还不如用其他事情来规劝我。"

　　韩起有只玉环，与它相配的另一只在郑国一个商人手里。韩起请求郑定公帮助把另一只也搞到手以配成一对。子产不愿意给他，说："这不是公室府库的东西，寡君不知道在哪里。"游吉、子羽对子产说："韩起也并没有提出过分要求，对晋国可不敢有二心，晋国和韩起都不能轻视。如果现在正好有小人挑拨离间，鬼神再帮助他们，从而挑起晋国人的愤怒，到时候后悔也来不及。您为什么对一只玉环那么爱惜，而去得罪一个大国呢？何不找来送给他呢？"子产说："我并非轻视晋国而怀有二心，正是想要长期事奉晋国，才不给他，这是为了忠诚和守信。我听说君子不担心没有人给自己送礼，而是担心没有一个美好的名声。我还听说治理国家不担心不能事奉大国以保护小国，而是担心失礼而使自己的位置难以安定。假如大国对小国提出什么要求，都能得到满足，小国哪有这么多东西送给他们呢？有时给，有时不给，罪过更大。对大国的要求，如果不依礼予以驳斥，其愿望就不会有满足的时候。这样我国就成了他们边境上的一座城邑，将丧失一个国家的独立地位。如果韩起奉命出使我国，专门来索取玉环，那么他的贪婪邪恶可就太过分了，难道就不是罪过吗？献出一只玉环却导致犯下两起罪过，我们既失去了一个国家应有的地位，韩起又成为贪婪之徒，怎么能这么做呢？再说因一只玉环而惹来这么大的祸害，不是因小失大吗？"

韩起直接向商人购买那只玉环。本来就要成交了，商人说："一定要告诉执政大臣。"韩起便向子产请求："此前我请求得到那只玉环，您认为不合道义，就不敢再提出要求。现在我直接从商人手里购买，商人说一定要告诉您，希望您能同意。"子产回答说："从前先君桓公和商人们都是从周朝迁到这里的。他们共同合作开辟了这块土地，铲除荒草杂木，一同住在这里。并且世代订有盟誓，以做到互相信任。盟誓的内容是：'你们不要背叛我，我也不强行购买你们的货物，不对你们有过分要求，不掠夺你们，你们生意兴盛，或者有宝贵的货物，我也不加干涉。'根据这一誓词，他们互相支持，直到现在。如今您为了两国的友好光临我国，却让我国强行从商人手里把那只玉环夺来，等于教唆我国违背当初的誓言，恐怕不行吧！您得到这只玉环，却失去了诸侯，您也一定不会这么干。如果大国的什么命令，我们都无条件地满足，郑国就成了贵国边境上的一座城邑，我们也不愿意这么干。假如我把这只玉环献给您，不知道究竟有什么好处。特此请您慎重考虑。"韩起把玉环退还商人，说："我太糊涂了，竟敢为了得到一只玉环而换来两种罪过。请允许我退回去。"

夏季四月，郑国的六卿在郊外为韩起饯行。韩起说："请诸位都赋诗一首，以让我了解贵国的打算。"婴齐吟诵了《野有蔓草》一诗，韩起说："你这个年轻人很好！我从你身上看到了希望。"子产吟诵了《羔裘》一诗，韩起说："我实在担当不起。"游吉吟诵了《褰裳》一诗，韩起说："有我韩起在，怎么能让您去事奉他人呢？"游吉连忙拜谢。韩起又说："很好，您说到了这个问题！如果不是这件事，两国关系恐怕很难善始善终啊。"子游吟诵了《风雨》一诗，子旗吟诵了《有女同车》一诗，子柳吟诵了《萚兮》一诗。韩起说："郑国很有希望强盛起来啊！几位大臣以国君的名义鼓励我，吟诵的又都是郑国的诗歌，表示了诚挚的友好。诸位大臣的子孙必将世世代代执掌郑国大权，可以不用担心了。"韩起送给他们每人一匹马，并吟诵了《我将》一诗。子产拜谢，让五卿也起身拜谢，说："您使我国得以安定，怎能不感恩戴德呢？"

韩起又私下会见子产，赠给他一些玉和马匹，说："您命令我放弃那只玉环，实际上是赐给了我金玉良言，使我免于一死。我怎能不以此薄礼向您表示感谢呢？"

昭公从晋国回来。子服昭伯对季平子说："晋国公室恐怕要衰弱下去。国君年幼而势弱，六卿强大而专横。这种情况将从此形成习惯，习惯成自然，其公室的地位能不日渐下降吗？"平子说："你还年轻，哪里懂得国家大事。"

秋季八月，晋昭公去世。

九月，鲁国举行大雩祭，因为发生了旱灾。

郑国也发生了大旱，派屠击、祝款、竖柎到桑山祭祀。砍掉了山上的树木，还是没有下雨。子产说："祭祀山神，本应保护山林，如今砍去了山上的树木，这就犯下了罪过。"便剥夺了他们的官职和封邑。

冬季十月，季平子到晋国为昭公送葬。平子说："子服昭伯的话果然不错，看来子服氏有一个好后代啊！"

昭公十七年

经 十有七年春，小邾子来朝。夏六月，甲戌朔，日有食之。秋，郯子来朝。八月，晋荀吴帅师灭陆浑之戎。冬，有星孛于大辰。楚人及吴战于长岸。

传 十七年春，小邾穆公来朝，公与之燕。季平子赋《采叔》[①]，穆公赋《菁菁者莪》[②]。昭子曰："不有以国[③]，其能久乎？"

夏六月甲戌朔，日有食之。祝史请所用币[④]。昭子曰："日有食之，天子不举，伐鼓于社；诸侯用币于社，伐鼓于朝。礼也。"平子御之[⑤]，曰："止也。唯正月朔[⑥]，慝未作[⑦]，日有食之，于是乎有伐鼓用币，礼也。其余则否。"大史曰："在此月也[⑧]。日过分而未至[⑨]，三辰有灾[⑩]。于是乎百官降物[⑪]，君不举，辟移时[⑫]，乐奏鼓，祝用币，史用辞[⑬]。故《夏书》曰：'辰不集于房[⑭]，瞀奏鼓，啬夫驰[⑮]，庶人走。'此月朔之谓也。当夏四月，是谓孟夏。"平子弗从。昭子退曰："夫子将有异志，不君君矣[⑯]。"

秋，郯子来朝，公与之宴。昭子问焉，曰："少皞氏鸟名官[⑰]，何故也？"郯子曰："吾祖也，我知之。昔者黄帝氏以云纪[⑱]，故为云师而云名[⑲]。炎帝氏以火纪[⑳]，故为火师而火名。共工氏以水纪[㉑]，故为水师而水名。大皞氏以龙纪[㉒]，故为龙师而龙名。我高祖少皞挚之立也，凤鸟适至，故纪于鸟，为鸟师而鸟名。凤鸟氏，历正也[㉓]。玄鸟氏[㉔]，司分者也[㉕]。伯赵氏[㉖]，司至者也[㉗]。青鸟氏[㉘]，司启者也[㉙]。丹鸟氏[㉚]，司闭者也[㉛]。祝鸠氏[㉜]，司徒也。鸤鸠氏[㉝]，司马也。鹖鸠氏[㉞]，司空也。爽鸠氏[㉟]，司寇也。鹘鸠氏[㊱]，司事也。五鸠，鸠民者也[㊲]。五雉[㊳]，为五工正[㊴]，利器用，正度量，夷民者也[㊵]。九扈[㊶]，为九农正，扈民无淫者也[㊷]。由颛顼以来，不能纪远，乃纪于近，为民师而命以民事，则不能故也[㊸]。"

仲尼闻之，见于郯子而学之。既而告人曰："吾闻之，天子失官[㊹]，学在四夷㊺，犹信。”

晋侯使屠蒯如周，请有事于洛与三涂㊻。苌弘谓刘子曰：“客容猛，非祭也，其伐戎乎？陆浑氏甚睦于楚，必是故也。君其备之㊼！”乃警戎备。九月丁卯㊽，晋荀吴帅师涉自棘津，使祭史先用牲于洛，陆浑人弗知，师从之。庚午㊾，遂灭陆浑，数之以其贰于楚也。陆浑子奔楚，其众奔甘鹿㊿。周大获㉛。宣子梦文公携荀吴而授之陆浑，故使穆子帅师，献俘于文宫㉜。

冬，有星孛于大辰㉝，西及汉㉞。申须曰㉟：“彗所以除旧布新也。天事恒象㊱，今除于火，火出必布焉㊲。诸侯其有火灾乎？”梓慎曰：“往年吾见之，是其征也，火出而见。今兹火出而章㊳，必火入而伏㊴。其居火也久矣，其与不然乎㊵？火出，于夏为三月，于商为四月，于周为五月。夏数得天㊶，若火作，其四国当之，在宋、卫、陈、郑乎？宋，大辰之虚也㊷；陈，大皞之虚也；郑，祝融之虚也㊸，皆火房也㊹。星孛及汉，汉，水祥也。卫，颛顼之虚也，故为帝丘。其星为大火㊺，水，火之牡也㊻。其以丙子若壬午作乎㊼？水火所以合也。若火入而伏，必以壬午，不过其见之月。”

郑裨灶言于子产曰：“宋、卫、陈、郑将同日火，若我用瓘斝玉瓒㊽，郑必不火。”子产弗与。

吴伐楚。阳匄为令尹，卜战，不吉，司马子鱼曰：“我得上流㊾，何故不吉，且楚故㊿，司马令龟㉛，我请改卜。”令曰：“鲂也㉜，以其属死之㉝，楚师继之，尚大克之㉞。”吉。战于长岸㉟。子鱼先死，楚师继之，大败吴师，获其乘舟馀皇㊱。使随人与后至者守之，环而堑之㊲，及泉，盈其隧炭㊳，陈以待命。吴公子光请于其众，曰：“丧先王之乘舟，岂唯光之罪，众亦有焉。请藉取之㊴，以救死。”众许之。使长鬣者三人㊵，潜伏于舟侧，曰：“我呼馀皇，则对。”师夜从之。三呼，皆迭对㊶。楚人从而杀之，楚师乱，吴人大败之，取馀皇以归。

【注释】

①《采叔》：今作《采菽》，《诗经·小雅》篇名。取其“君子来朝，何锡与之”句，以穆公喻君子。　②《菁菁者莪》：《诗经·小雅》篇名。取其“既见君子，乐且有仪”，以答《采叔》。　③不有以国：若无治国的人才。不有，假设连词。以，为。　④所用币：所用祭品。　⑤御：禁止。　⑥正月朔：周历六月初一。　⑦慝：阴气。　⑧在此月：此月即正月。正月，称建巳正阳之月，于周历为六月，于夏历为四月。　⑨日过分而未至：太阳过了春分而未到夏至。　⑩三辰：指日、月、星。　⑪降物：素服。　⑫辟移时：避开正寝，等到过了日食。　⑬用辞：使用辞令祈祷。　⑭辰不集于房：句出逸《书》。意为日、月与地球成一直线，

不在正常的轨道。　⑮啬夫：乡邑官名。　⑯不君君：不以国君为君。　⑰鸟名官：以鸟名作为官名。　⑱以云纪：以云纪事。　⑲故为云师而云名：传说黄帝受命有云瑞，故以云记事。春官为青云，夏官为缙云，秋官为白云，冬官为黑云，中官为黄云。　⑳炎帝氏：即神农氏，姜姓之祖，以火名官，春官为大火，夏官为鹑火，秋官为西火，冬官为北火，中官为中火。　㉑共工氏：作为诸侯而称霸九州，在神农之前，太皞之后，以水名官，春官为东水，夏官为南水，秋官为西水，冬官为北水，中官为中水。　㉒太皞氏：即伏牺氏，风姓之祖，以龙名官，春官为青龙氏，夏官为赤龙氏，秋官为白龙氏，冬官为黑龙氏，中官为黄龙氏。　㉓历正：主历法的官员。　㉔玄鸟：即燕子。　㉕分：指春分、秋分。燕子春分来，秋分去。　㉖伯赵：即伯劳。　㉗至：夏至、冬至。伯劳夏至鸣，冬至止。　㉘青鸟：鸧鹐。一说即仓庚，俗称黄莺。不详何鸟。　㉙启：指立春、立夏。青鸟立春鸣，立夏止。　㉚丹鸟：今名锦鸡，亦名天鸡。　㉛闭：指立秋、立冬。丹鸟立秋来，立冬去。　㉜祝鸠：鷦鸠，即鹁鸪，性孝，故为司徒，掌教民。　㉝鴡鸠：王鴡，雕类，又名鹗，性凶猛，故为司马，主法律。　㉞鸤鸠：鹊鶋，今名布谷，每年谷雨后始鸣，夏至后乃止，性均平，故司空主，平水土。　㉟爽鸠：鹰，性鸷，故为司寇，主盗贼。　㊱鹘鸠：又名鹠鸠，春来冬去，故为司事，主四季农事。　㊲鸠民：聚民。　㊳五雉：指西方鷷雉，东方鶅雉，南方翟雉，北方鵗雉，伊、洛之南翬雉五种。　㊴五工正：五种工匠之长。　㊵夷民：使民平均。夷，平。　㊶九扈：九种农官。异说颇多，据蔡邕《独断》篇所记，指春扈趋民耕种，夏扈趋民芸除，秋扈趋民收敛，冬扈趋民盖藏，棘扈掌人百果，行扈昼为民驱鸟，宵扈夜为民驱兽，桑扈趋民养蚕，老扈趋民收麦。　㊷扈民：止民。　㊸故：旧。　㊹失官：古代学在官府，失官即失学。　㊺四夷：四方边远小国。　㊻有事：即祭祀。洛、三涂：洛指洛水，三涂在今河南嵩县西南。　㊼君：指刘子。　㊽丁卯：二十四日。　㊾庚午：二十七日。　㊿甘鹿：地名，在今河南宜阳县东南。　51大获：大批俘获陆浑人。　52文宫：晋文公庙。　53孛：即彗星，俗称扫帚星。大辰：大火，即心宿。　54汉：银河。　55申须：鲁大夫。　56恒象：常象征吉凶。　57火出必布：大火星再出现，必散布为灾。　58章：同"彰"，明。　59火入而伏：秋季大火始入，火灾即消失。　60其与：其同"岂"。与，句中助词，无义。　61夏数得天：夏代历数与天道相合。　62大辰之虚：大火星的分野。　63祝融：高辛氏的火正，居郑。　64房：舍。　65大水：营室。　66水，火之牡：言水火相配，水为雄，火为雌。牡，雄。　67丙子、壬午：此指丙子日、壬午日。古人以五行配入干支，则丙为火，子为水；壬为水，午为火。故丙子、壬午为水火相合之日。　68瓘斝玉瓒：礼器名。瓘（guàn），玉圭。斝（jiǎ），玉爵。瓒（zàn），盛灌鬯酒之勺，以圭玉为柄。　69上流：上游。　70故：旧例。　71令龟：命龟，即卜前告以所卜之事。　72鲂：公子鲂，即子鱼。　73其属：子鱼的私卒。　74尚：表示希冀的副词。　75长岸：又称天门山，在今安徽当涂县西南。　76馀皇：舟名。　77环而堑之：环绕该舟挖掘深沟。　78盈其隧炭：沟堑中填满木炭。　79藉取：借众人力而取舟。　80长鬣者：长壮之人。　81迭对：交替回答。

【译文】

十七年春季，小邾穆公前来朝见，昭公和他饮宴。席间季平子吟诵了《采夏季六月一日，鲁国发生了日食，祝史请示用什么物品祭祀。叔孙婼说："发生了日食，天子吃饭时减少菜肴的数量，并在土地庙中击鼓驱邪；诸侯则在土地庙中祭祀，向土地神献上供品，同时也击鼓驱邪，这是合乎礼的。"季平子禁止这样做，他说："不能这么做，只有在正月一日，阴气没有发作时，发生了日食，才击鼓并祭献供品，这才是合乎礼的。其他时间发生日食都不这么做。"太史说："您说的不对，恰恰就是在这个月才能这么做。太阳过了春分还没有到夏至，日、月、星互相侵犯，因此发生了日食。在这种情况下文武百官都要脱下朝服穿上便服，君主减损菜肴，搬出正寝躲过这段时间，并令人击鼓，在土地庙中献上祭品，由史官宣读祭文以自我谴责。因此《夏书》说：'一旦日月失去了正常的位置，就由乐师击鼓，由掌管祭品的官员驱车献上祭品，百姓奔走喊叫以驱邪'。指的就是这个月的一日。这个月也就是夏历四月，被称为孟夏"。平子不听。叔孙婼退下来之后说："季孙已有了二心，他已不把国君当国君看待了。"

秋季，郯子前来朝见，昭公和他饮宴。叔孙婼问郯子："少皞氏时代都以鸟名作为官职名称，这是为什么呢？"郯子回答说："少皞是我们的高祖，我知道为什么。从前黄帝以云记事，因此他的百官都以云命名；炎帝氏以火记事，他的百官都以火命名；共工氏以水记事，他的百官都以水命名；太皞氏以龙记事，他的百官都以龙命名。我的高祖少皞挚即位时，恰遇凤鸟飞来，因此便以鸟记事，其百官也以鸟命名。如凤鸟氏掌管历法，玄鸟氏掌管春分、秋分，伯赵氏掌管夏至、冬至，青鸟氏掌管立春、立夏，丹鸟氏掌管立秋、立冬。祝鸠氏就是司徒，鵙鸠氏就是司马，鸤鸠氏就是司空，爽鸠氏就是司寇，鹘鸠氏就是司事，这五鸠负责管理百姓。此外还有五雉，是五种工匠之长，其职责是发明和改进各种器具，统一尺度容量，使百姓得到公平分配。另外还有九扈，是九种农官，其职责是防止百姓避免懒惰放纵。从颛顼之后，因为无法记录远古时代的事情，就从近古时代开始记录。作为管理百姓的官职，就只能以百姓的事情来命名，而不像从前那样以龙、鸟等命名了。"

孔子听说了郯子这番话后，前去拜见郯子，向他学习。不久就告诉别人说："我听说：'天子失去了古代官制，却在边远小国保存着。'这话很对。"

晋顷公派屠蒯到王室请求祭祀洛水和三涂山。苌弘对刘子说："来客面容凶猛异常，不是为了祭祀，恐怕是要攻打陆浑之戎吧！陆浑氏和楚国一向友好，肯定是这个原因。您要有所准备。"王室就加强了戒备。九月二十四日，晋国的荀吴率军从棘津渡河，先让祭史杀掉牲畜祭祀洛水。陆浑人没有发觉，晋军继续前进。二十七日，灭亡了陆浑，列举了他们勾结楚国的罪状。陆浑子逃到了楚国，他的臣民则逃到了甘鹿。王室因此俘获了许多陆浑戎人。韩起曾梦见文公拉着荀吴的手把陆浑交给他，所以就派荀吴率军前去，回来后在文公庙中奉献了俘虏。

冬季，彗星在大火星附近出现，向西一直延伸到银河。申须说："彗星是用以除旧布新的。上天常常显现某种征兆预示吉凶，现有大火星被扫除，等到它再次出现，必然会播散灾祸，诸侯中恐怕有的要遭受火灾！"梓慎说："去年我就看到了彗星，已经有了征兆。去年大火星出现时我看到了彗星，现在大火星出现时，它更加明亮，大火星消失时它也必定潜伏起来，它和大火星在一起已经有两年之久了，难道一定要发生这种灾难吗？大火星出现的时间，在夏历是三月，商历是四月，周历是五月。夏历正与天象适应，假如发生火灾，有四个国家要首当其冲，难道是宋、卫、陈、郑四国吗？宋国是大火星的分野，陈国是太皥氏的分野，郑国是火神祝融的分野，这些地方都是大火星停留的地方。彗星延伸到银河，银河象征水。卫国是颛顼的分野，因此有帝丘，与之相配的星是大水，水为雄，火为雌，二者相配。大概火灾要在丙子日或壬午日发生吧！因为在这两天，水火要相合。如果大火星消失，彗星也隐藏起来，就一定会在壬午日发生，不会超过它出现的那个月。"

郑国的裨灶对子产说："宋、卫、陈、郑四国将要在同一天发生火灾，如果我们能使用瓘尊玉瓒祭祀神灵，郑国就必然能禳除火灾。"子产不给他。

吴国讨伐楚国。当时阳匄是令尹，他就迎战吴国而占卜，结果不吉利。司马子鱼说："我军地处长江上游，为什么说不吉利？再说楚国的传统做法是，由司马在占卜之前先报告所要占卜的事情。我请求重新占卜一次。"他对卜龟祈祷说："我准备率领部下决一死战。大军随后跟上，希望能大胜敌军！"结果是吉利。于是楚、吴两军在长岸交战。子鱼首先战死，楚军紧跟着赶了上去，大败吴军，缴获吴国一条名叫馀皇的战船。然后让随国人和后来赶到的人看守，又围着这条船挖了一道深沟，直到看见泉水，并在深沟的出入口填满木炭，摆开阵势等待命令。吴国的公子光号召他的军队说："失去了先王的战船，不仅是我的罪过，你们大家也有责任。希望大家齐心协力把它夺回来，以免除一死。"大家都同意。于是派了三个身高体壮的士兵偷偷潜伏到战船旁边，并说："我一喊馀皇，你们就回答。"军队趁夜里跟上去，喊了三次，潜伏的士兵交替答应。楚国人追上去把他们杀了，结果造成楚军大乱。吴国人趁机大败楚军，夺回了馀皇号战船后就回国了。

昭公十八年

经　十有八年春，王三月，曹伯须卒。夏五月壬午，宋、卫、陈、郑灾。六月，邾人入鄅。秋，葬曹平公。冬，许迁于白羽。

传　十八年春。王二月乙卯[①]，周毛得杀毛伯过而代之。苌弘曰："毛得必亡，是昆吾稔之日也[②]，侈故之以[③]。而毛得以济侈于王都[④]，不亡何待！"

三月，曹平公卒。

夏五月，火始昏见。丙子[⑤]，风。梓慎曰："是谓融风[⑥]，火之始也。七日，其火作乎！"戊寅[⑦]，风甚。壬午[⑧]，大甚。宋、卫、陈、郑皆火。梓慎登大庭氏之库以望之[⑨]，曰："宋、卫、陈、郑也。"数日，皆来告火。

裨灶曰："不用吾言，郑又将火。"郑人请用之，子产不可。子大叔曰："宝，以保民也。若有火，国几亡。可以救亡，子何爱焉？"子产曰："天道远，人道迩，非所及也[⑩]，何以知之，灶焉知天道？是亦多言矣[⑪]，岂不或信[⑫]？"遂不与，亦不复火。

郑之未灾也，里析告子产曰[⑬]："将有大祥[⑭]，民震动，国几亡。吾身泯焉，弗良及也[⑮]。国迁其可乎？"子产曰："虽可，吾不足以定迁矣。"及火，里析死矣，未葬，子产使舆三十人，迁其柩。

火作，子产辞晋公子、公孙于东门。使司寇出新客[⑯]，禁旧客勿出于宫。使子宽、子上巡群屏摄[⑰]，至于大宫。使公孙登徙大龟。使祝史徙主祏于周庙[⑱]，告于先君。使府人、库人各儆其事。商成公儆司宫[⑲]，出旧宫人[⑳]，置诸火所不及。司马、司寇列居火道，行火所焮[㉑]。城下之人，伍列登城[㉒]。明日，使野司寇各保其征[㉓]。郊人助祝史除于国北[㉔]，禳火于玄冥、回禄[㉕]，祈于四鄘[㉖]。书焚室而宽其征[㉗]，与之材[㉘]。三日哭，国不市[㉙]。使行人告于诸侯。宋、卫皆如是。陈不救火，许不吊灾，君子是以知陈、许之先亡也。

六月，鄅人藉稻[㉚]。邾人袭鄅，鄅人将闭门，邾人羊罗摄其首焉[㉛]，遂入之，尽俘以归。鄅子曰："余无归矣。"从帑于邾[㉜]，邾庄公反鄅夫人，而舍其女[㉝]。

秋，葬曹平公。往者见周原伯鲁焉[㉞]，与之语，不说学[㉟]，归以语闵子马㊱。闵子马曰："周其乱乎？夫必多有是说，而后及其大人㊲。大人患失而惑㊳，又曰，可以无学，无学不害，不害而不学，则苟而可㊴。于是乎下陵上替㊵，能无乱乎？夫学，殖也㊶，不学将落㊷，原氏其亡乎？"

七月，郑子产为火故，大为社㊸，祓禳于四方㊹，振除火灾㊺，礼也。乃简兵大蒐，将为蒐除㊻。子大叔之庙在道南，其寝在道北㊼，其庭小㊽。过期三日，使除徒陈于道南庙北，曰："子产过女而命速除，乃毁于而乡㊾。"子产朝，过而怒之，除者南毁㊿。子产及冲(51)，使从者止之曰："毁于北方(52)。"

火之作也，子产授兵登陴。子大叔曰："晋无乃讨乎。"子产曰："吾闻之，小国忘守则危，况有灾乎？国之不可小(53)，有备故也。"既，晋之边吏让郑曰(54)："郑国有灾，晋君、大夫不敢宁居，卜筮走望(55)，不爱牲玉。郑之有灾。寡君之忧也。今执事撊然授兵登陴(56)，将以谁罪？边人恐惧，不敢不告。"子产对曰："若吾子之言，敝邑之灾，君之忧也。敝邑失政，天降之灾，又惧谗慝之间谋之，以启贪人，荐为敝邑不利(57)，以重君之忧。幸而不亡，犹可说也(58)。不幸而亡，君虽忧之，亦无及也。郑有他竟(59)，望走在晋(60)。既事晋矣，其敢有二心？"

楚左尹王子胜言于楚子曰："许于郑，仇敌也，而居楚地，以不礼于郑。晋、郑方睦，郑若伐许，而晋助之，楚丧地矣。君盍迁许？许不专于楚(61)。郑方有令政。许曰'余旧国也'(62)，郑曰'余俘邑也'(63)，叶在楚国，方城外之蔽也(64)。土不可易(65)，国不可小，许不可俘，仇不可启。君其图之。"楚子说。冬，楚子使王子胜迁许于析，实白羽(66)。

【注释】

①乙卯：十五日。　②昆吾稔之日：昆吾恶贯满盈的日子。昆吾，祝融之后，陆终次子，封于帝丘，与夏桀同日亡。　③侈故之以：即"以侈之故"的倒装。侈，骄横。　④济侈：以侈成事。　⑤丙子：初七日。　⑥融风：东北风。一说为立春木风，火之母，火始生。　⑦戊寅：初九日。　⑧壬午：十四日。　⑨大庭氏：古国名，在鲁城内，鲁于其处建库。　⑩非所及：二者不相关。　⑪是：此人。　⑫或信：偶尔（有时）言中。　⑬里析：郑大夫。　⑭祥：变异之气。　⑮弗良及：意为先于火灾而死。良，能。　⑯新客：新来聘者。　⑰屏摄：祭祀的处所。　⑱主祏（shí）：安放神主的石函。　⑲商成公：郑大夫。司宫：巷伯、寺人之官。　⑳出旧宫人：迁出先公的宫女。　㉑行火所焮：巡行救火。焮（xīn），火所燃烧的地方。　㉒伍列：列成部伍。　㉓野司寇：县士。征：征发的役卒。　㉔除：除地为坛以祭祀。　㉕玄冥、回禄：玄冥，水神；回禄，火神。　㉖鄘：城。　㉗书：登记。征：赋税。　㉘材：建筑材料。　㉙市：买卖。　㉚郳人藉稻：郳，妘姓国，在今山东临沂县北。郳人，郳国

君。藉稻，巡行踏勘藉田，以劝农耕种。　㉛摄其首：斩守门人之首而持之。　㉜从孥：跟随妻子儿女。　㉝舍：留止。　㉞原伯鲁：周大夫。　㉟说：同"悦"。　㊱闵子马：又名闵马父，鲁臣。　㊲大人：在位者。　㊳患失而惑：担心失位因而不明整理。　㊴苟：苟且。　㊵下陵上替：下面欺陵上面，上面废弛怠惰。　㊶殖：种植。　㊷落：坠落。　㊸大为社：大筑社庙。　㊹被禳于四方：祭四方之神以祈求消灾除患。　㊺振除：救治。　㊻将为蒐除：将要为检阅清除场地。　㊼寝：住房。　㊽其庭小：指子太叔庙、寝之庭狭小，故必须拆毁其庙或寝。　㊾乡：同"向"。除徒所向，为子太叔之庙。　㊿南毁：即向南拆庙。　51冲：十字路口。　52北方：北方为子太叔之寝。　53小：轻视。　54让：责备。　55走望：四出祭祀名山大川。　56恫然：凶猛貌。　57荐：重，再次。　58说：解释。　59郑有他竟：郑若有他国之忧。竟，通"境"。　60望走在晋：希望投奔晋国。　61不专于楚：不为楚所专有。　62旧国：旧都。　63俘邑：战胜所得城邑。　64蔽：屏障。　65易：轻视。　66白羽：地名，后改为析，在今河南西峡县。

【译文】

十八年春季，周历二月十五日，周大夫毛得杀了毛伯过并取而代之。苌弘说："毛得必定要落个逃亡的下场。因为十五日正是昆吾恶贯满盈而死的日子，他是骄横过度才招致死亡的。毛得居然在天子的都城任意胡为，不逃亡还能怎么样呢？"

三月，曹平公去世。

夏季五月，大火星在黄昏时开始出现。七日，刮起了大风。梓慎说："这就是融风，是火灾发生的前兆，再过七天就要发生大火了"。九日，风越刮越大。十四日，风更大。宋、卫、陈、郑四国都发生了火灾。梓慎登上大庭氏的库房向远处眺望，说："起火的地方是宋、卫、陈、郑四国。"几天后，四国都来报告火灾的消息。

裨灶说："不听我的话，郑国还会发生火灾。"郑国人请求按他的话去做，子产不同意。游吉说："宝物是用来保护百姓的。如果发生了火灾，国家就要濒于灭亡。现在可以挽救灭亡，您为什么还舍不得那些宝物呢？"子产说："自然界的规律远不可测，人世间的道理则近在眼前，两者互不相关，怎么知道还要发生火灾呢？裨灶哪里懂得自然规律，他的话说多了，难道就没有偶尔说中的时候？"还是不同意，结果郑国也没有再发生火灾。

郑国没有发生火灾时，里析告诉子产说："郑国将有大的灾难，百姓都要为之而惊动，国家也几乎要灭亡。不过到那时我已经死了，等不到了。如果迁都可不可以？"子产说："即使可以，我一个人也决定不下来。"等到火灾发生，里析已经死了，但还没有安葬，子产派了三十个人把他的灵柩转移到安全地带。

火灾发生后，子产在东门辞谢了晋国的公子和公孙进入都城，派司寇把新来聘问的客人送出国都，禁止旅居郑国的外国大夫走出住所。让子宽、子上巡视祭祀场所以及郑国的宗庙。让公孙登把大龟搬走。让祝史把宗庙中安放神位的石匣迁到周王庙中，以向先君报告发生的事件。让管理府库的官员各自坚守岗位，不得擅离职守。让商成公告诫司宫官员，把先公的宫女们都安置到大火烧不到的地方。司马、司寇紧随火道，巡行救火。城下的人都排队入城。次日，又派野司寇分别管理好征召的徒役以免逃散。郊人帮助祝史在国都北部挖土堆成祭坛，祈求水神火神禳除火灾，又在各个城门祈祷。登记了烧毁的房屋以减免房主的赋税，并发放木材让他们重建。让国人大哭三天，市场也停止开放。让外交官员向诸侯通报情况。宋国、卫国和郑国一样。陈国没有救火，许国没有派人到四国慰问，君子们因此知道陈国、许国必将率先灭亡。

六月，鄅国国君巡视稻谷的耕种情况。邾国人趁机偷袭鄅国。鄅国人正准备关闭城门，邾国人羊罗砍下了关门人的脑袋，于是邾军攻进鄅都，把鄅都里的人都俘虏回去了。鄅君说："我无家可归了。"就跟着被邾人俘虏的妻子儿女到了邾国。邾庄公把妻子还给他，却留下了他的女儿。

秋季，安葬了曹平公。去参加葬礼的鲁国使者见到了周大夫原伯鲁，和他谈话时，发现他是一个不爱学习的人。回来告诉了闵子马。闵子马说："王室恐怕要大乱了！只有在很多人都不爱学习时，才会影响到当权的人。当权的人担心失去官位又不明事理，又说，可以不学习，不学习没有害处。认为不学习没有害处，就更加不学习，得过且过。于是地位低的企图凌驾于上司之上，地位高的人则荒废公务，能不发生动乱吗？学习如同种植，不学习就会衰落下去，原氏恐怕要灭亡了吧！"

七月，郑国的子产因为这场火灾，大兴土木修建土地神庙，祭祀四方神灵，以求禳除灾患，救治火灾所造成的损失，这是合乎礼的。然后又精选军队准备进行检阅，并开始为检阅修整场地。游吉的家庙在路南，住房在路北，庭院很小，都必须拆除。限定的期限已超过了三天，还没有拆除。游吉让清除场地的徒卒分别站在路南庙北，说："如果子产经过这里，命令你们尽快清除，你们就赶紧拆庙。"子产上朝路过这里，大为恼火，于是徒卒便向南拆庙。子产走到十字大街时，又让随从去制止，说："拆毁北面的住房。"

火灾发生时，子产把武器发放下去，让边境上的士兵登上城墙做好警戒。

游吉说："晋国会不会讨伐我们呢？"子产说："据我所知，小国忘记防守就很危险，何况是发生了火灾呢？一个国家要想不被人轻视，就必须常备不懈。"不久，晋国的边防官员指责郑国说："郑国发生了灾患，寡君和大夫不敢贪图安逸，四处祭祀名山大川，不吝惜牺畜为贵国祈祷。郑国有灾，就是寡君的忧患。如今您突然给边境的百姓发放了武器，让他们登上城墙严阵以待，这是要拿谁问罪？我国边境上的百姓恐惧万分，特此向您报告。"子产回答说："正如您说的那样，我国的灾患也就是贵君的忧患。由于我国政策失误，上天降下了灾祸，我们又担心奸邪之人乘人之危，也怕那些贪婪之辈趁火打劫，以加重我国的损失，给贵君带来更大的忧患。如果我国侥幸没有灭亡，还有机会进行辩解。如果不幸灭亡了，即使贵君再担心，也无济于事了。和郑国相邻的还有其他国家的国境，一旦受到攻击，我们可望投奔的就只有晋国。我们既然已经事奉晋国了，怎么还敢有二心呢？"

楚国的左尹王子胜对楚平王说："许国是郑国的仇敌，它在楚国境内，又对郑国很不礼貌。晋国和郑国正处于友好时期，郑国如果讨伐许国，再有晋国帮助，楚国就会丧失这块土地。大王何不考虑把许国迁走呢？许国并不为楚国所专有。郑国正在推行好的政策。许国说：'那里是我们的旧都。'郑国说：'那里是我们停虏的城邑。'对楚国来说，叶地是方城山之外的屏障。土地不可以轻视，小国也不可以轻视，不能把许国作为停虏看待，更不能四处树敌，希望大王能认真考虑。"平王很高兴。冬季，派王子胜把许国迁到析地，也就是原来的白羽。

昭公十九年

经 十有九年春，宋公伐邾。夏五月戊辰，许世子止弑其君买。己卯，地震。秋，齐高发帅师伐莒。冬，葬许悼公。

传 十九年春，楚工尹赤迁阴于下阴①，令尹子瑕城郏②。叔孙昭子曰："楚不在诸侯矣！其仅自完也③，以持其世而已④。"

楚子之在蔡也，郹阳封人之女奔之⑤，生大子建。及即位，使伍奢为之师⑥，费无极为少师，无宠焉，欲谮诸王，曰："建可室矣⑦。"王为之聘于秦，无极与逆，劝王取之。正月，楚夫人嬴氏至自秦。

郹夫人，宋向戌之女也，故向宁请师⑧。二月，宋公伐邾，围虫⑨。三月，取之。乃尽归郧俘。

夏，许悼公疟⑩。五月戊辰⑪，饮大子止之药，卒。大子奔晋。书曰："弑其君。"君子曰："尽心力以事君，舍药物可也。"

邾人、郳人、徐人会宋公。乙亥⑫，同盟于虫。

楚子为舟师以伐濮⑬。费无极言于楚子曰："晋之伯也，迩于诸夏，而楚辟陋，故弗能与争。若大城城父而置大子焉⑭，以通北方，王收南方，是得天下也。"王说，从之。故大子建居于城父。

令尹子瑕聘于秦，拜夫人也。

秋，齐高发帅师伐莒。莒子奔纪鄣⑮。使孙书伐之⑯。初，莒有妇人，莒子杀其夫，已为嫠妇。及老，托于纪鄣⑰，纺焉以度而去之⑱。及师至，则投诸外⑲。或献诸子占。子占使师夜缒而登。登者六十人，缒绝。师鼓噪⑳，城上之人亦噪。莒共公惧，启西门而出。七月丙子㉑，齐师入纪㉒。

是岁也，郑驷偃卒。子游娶于晋大夫㉓，生丝，弱。其父兄立子瑕㉔。子产憎其为人也，且以为不顺㉕，弗许，亦弗止。驷氏耸㉖。他日，丝以告其舅。冬，晋人使以币如郑，问驷乞之立故。驷氏惧，驷乞欲逃。子产弗遣。请龟以卜，亦弗予。大夫谋对。子产不待而对客曰："郑国不天㉗，寡君之二三臣，札瘥天昏㉘。今又丧我先大夫偃，其子幼弱，其一二父兄，惧队宗主，私族于谋而立长亲。寡君与其二三老曰㉙：'抑天实剥乱是㉚，吾何知焉？'谚曰：'无过乱门。'民有兵乱，犹惮过之，而况敢知天之所乱？今大夫将问其故，抑寡君实不敢知，其谁实知之。平丘之会，君寻旧盟曰：'无或失职。'若寡君之二三臣，其即世者㉛，晋大夫而专制其位，是晋之县鄙也，何国之为？"辞客币而报其使㉜。晋人舍之。

楚人城州来。沈尹戌曰："楚人必败。昔吴灭州来，子旗请伐之。王曰：'吾未抚吾民。'今亦如之，而城州来以挑吴，能无败乎？"侍者曰："王施舍不倦，息民五年，可谓抚之矣。"戌曰："吾闻抚民者，节用于内，而树德于外，民乐其性㉝，而无寇仇。今宫室无量，民人日骇，劳罢死转㉞，忘寝与食，非抚之也。"

郑大水，龙斗于时门之外洧渊㉟。国人请为禜焉㊱，子产弗许，曰："我斗，龙不我觌也㊲。龙斗，我独何觌焉？禳之，则彼其室也㊳。吾无求于龙，龙亦无求于我。"乃止也。

令尹子瑕言蹶由于楚子曰㊴："彼何罪？谚所谓'室于怒，市于色者'㊵，楚之谓矣。舍前之忿可也。"乃归蹶由。

①阴：阴地戎人。下阴：在今湖北光化县西。　②郏：本为郑邑，后属楚。　③自完：自守。　④持其世：保守其世代。　⑤郹（jú）阳：蔡邑名，在今河南新蔡县。奔：私奔。取女不依礼曰奔。　⑥伍奢：伍举之子，伍员之父。　⑦室：成家，娶妻。用作动词。　⑧向宁：向戌之子。　⑨虫：邾邑名。　⑩疟：患疟疾。　⑪戊辰：初五日。　⑫乙亥：五月十二日。　⑬濮：百濮。　⑭城父：楚邑，在今河南宝丰县东。　⑮纪鄣：莒邑，在今江苏赣榆县北。　⑯孙书：陈无于之子，又名子占。　⑰托：寄居。　⑱纺焉以度而去之：纺线搓成绳子，量了城墙高度就收藏起来。　⑲投诸外：将绳子投到城外。　⑳鼓噪：击鼓呐喊。　㉑丙子：十四日。　㉒纪：即纪都。　㉓子游：即驷偃。　㉔子瑕：即驷乞，子游之弟。　㉕不顺：不合常规。　㉖耸：惧。　㉗不天：不获天福。　㉘札瘥夭昏：因疫疠而死曰札，病死曰瘥，短命而死曰夭，无名而死曰昏。　㉙二三老：郑国卿大夫。　㉚剥乱：同义词连用。　㉛即世：去世。　㉜辞客币而报其使：拒绝客人的财礼，回报其使者。　㉝性：生。　㉞死转：尸体抛弃在外。　㉟时门：郑南门。洧渊：水潭名。　㊱茔（yíng）：祭名。　㊲觌：看。　㊳彼其室：龙的居处。　㊴蹶由：吴王之弟，昭公五年为楚王所执。　㊵室于怒市于色：即"怒于室色于市"的倒装句。意为在家里发怒，在外面给人看脸色。

【译文】

　　十九年春季，楚国的工尹赤把阴地人迁到了下阴，令尹子瑕在郏地筑城。叔孙婼说："楚国已无心称霸诸侯，只满足于保守自己的利益，维持其世代而已。"

　　楚平王在蔡国时，郹阳封人的女儿私奔到他那里，生了太子建。平王即位后，让伍奢做太子建的老师。费无极为少师，不受宠信，便想诬陷太子，对平王说："太子建可以娶妻了。"平王从秦国为太子建聘定了妻子，费无极前往迎娶，他劝平王娶了秦女。正月，楚平王的夫人嬴氏从秦国来到楚国。

　　郮君的夫人是宋国向戌的女儿，因此向宁请求宋国出兵。二月，宋元公讨伐邾国，围攻虫地。三月，将虫地攻克，又把郮国被俘的人全都送了回去。

　　夏季，许悼公患了疟疾。五月五日，喝了太子止送的药后就死了，太子逃到了晋国。《春秋》记载为"弑其君。"君子认为："只要尽心尽力事奉国君就行了，不一定要奉献药物。"

　　邾国人、郳国人、徐国人会见宋元公。五月十二日，在虫地结盟。

　　楚平王组建水军以攻打濮地。费无极对平王说："晋国是诸侯盟主，和中原各国接近；楚国地处偏远，不能与之争雄。如果在城父修建高大的城墙，把太子建安置到那里镇守，让他联合北方，大王负责收取南方，这样便能得到整个天下了。”平王非常高兴，采纳了他的建议。因此太子建被安置到城父。

令尹子瑕到秦国聘问，拜谢秦国把嬴氏嫁给平王。

秋季，齐国的高发领兵讨伐莒国。莒子逃到纪鄣。齐国又派孙书继续追击。当初，莒国有一个女人，莒子杀了她的丈夫，这个女人就成了寡妇，年老时寄居在纪鄣。她纺线搓成很多绳子，丈量了纪鄣城墙的高度后就把绳子藏了起来。等这次齐军攻到城下，她把绳子从城里扔到城外。有人把绳子献给孙书。孙书让军队在夜间攀着绳子登城，登上六十个人后，绳子断了。军队击鼓呐喊，登上城的人也大声喊叫。莒子害怕了，便打开西城门逃了出去。七月十四日，齐军攻入纪鄣。

这一年，郑国的子游死了。子游娶了晋大夫的女儿为妻，生了儿子丝，还很年幼。他的父兄们便立了子瑕为继承人。子产讨厌子瑕的为人，而且认为立子瑕也违背了常规，便不答应，也不制止。驷氏的族人很担心。几天后，丝把这件事告诉了他的舅舅。冬季，晋国人带着财礼到郑国，质问为什么要立子瑕。驷氏的族人非常害怕，子瑕打算逃跑。子产不让他走。子瑕请求用龟甲占卜，子产也不让，大夫们商量怎样向晋国解释。子产没等商量好就回答晋国客人说：“郑国不能得到上天的保佑，因此寡君的几个大臣都先后死去。现在又失去了我们的大夫子游。他的儿子尚且年幼，几个父辈兄弟害怕一时断绝宗主，就和族人商量立了年长的亲子。寡君和几个老臣说：‘这是上天要破坏继承的规矩，我哪里知道这件事呢？’俗话说：‘不要经过犯上作乱人家的门口’。百姓中有打架斗殴的现象发生，人们往往还避之唯恐不及，何况也许是上天要让发生动乱的家庭呢？现在您问为什么要立子瑕，寡君都不知道，还有谁能知道呢？平丘那次盟会上，贵君重申过去的盟约说：‘不要放弃自己的职责！’如果寡君的几个臣子中，凡是有人去世，晋国大夫都要来专横地干涉继承人问题，就等于把我国当做了贵国边境上的一个县，我们还是一个独立国家吗？”辞谢了客人的礼物，并回报了他们，晋国人这才放弃过问。

楚国人在州来筑城。沈尹戌说：“楚国人一定会失败。从前吴国人灭了州来，子旗请求讨伐他们。楚王说：‘我还没有安抚我的百姓。’现在和过去一样，却开始在州来筑城，挑逗吴国，能不灭亡吗？”侍从说：“国君从来没有停止过施舍，让百姓休养生息了五年，可以说百姓已经得到安抚了。”沈尹戌说：“我听说，所谓安抚百姓，就是对内节约开支，对外树立德行，使百姓安居乐业，内外没有忧患。现在修建宫室无休无止，百姓每天惊恐不安，过度劳累以至弃尸沟壑，流离失所饱受饥寒，他们没有得到安抚。”

郑国发生了大水灾，在都城南门外的洧渊中有两条龙在争斗。国人请求举行攘灾的祭祀。子产不答应，他说：“我们人与人争斗，龙看不见。龙与龙争斗，我们怎么就看得见呢？如要祭祀，可那里本来就是它们居住的地方啊。我们对龙没有什么要求，龙对我们也没有什么要求。”便没有祭祀。

　　楚国令尹子瑕对楚平王说起蹶由之事：“他有什么罪呢？俗话说：‘在家里生气吵架，就到大街上迁怒于人。’说的就是楚国这种情况。现在应该放弃从前的怨恨了。”于是便把蹶由释放回国了。

昭公二十年

　　经　二十年春，王正月。夏，曹公孙会自鄸出奔宋。秋，盗杀卫侯之兄絷。冬十月，宋华亥、向宁、华定出奔陈。十有一月辛卯，蔡侯庐卒。

　　传　二十年春，王二月己丑①，日南至②。梓慎望氛曰③：“今兹宋有乱，国几亡，三年而后弭④。蔡有大丧。”叔孙昭子曰：“然则戴、桓也⑤！汏侈无礼已甚，乱所在也。”

　　费无极言于楚子曰：“建与伍奢将以方城之外叛，自以为犹宋、郑也⑥，齐、晋又交辅之，将以害楚。其事集矣⑦。”王信之，问伍奢。伍奢对曰：“君一过多矣⑧，何信于谗？”王执伍奢。使城父司马奋扬杀大子。未至，而使遣之⑨。三月，大子建奔宋。王召奋扬。奋扬使城父人执己以至。王曰：“言出于余口，入于尔耳，谁告建也？”对曰：“臣告之。君王命臣曰：‘事建如事余。’臣不佞，不能苟贰。奉初以还⑩，不忍后命⑪，故遣之。既而悔之，亦无及已。”王曰：“而敢来，何也？”对曰：“使而失命⑫，召而不来，是再奸也⑬。逃无所入。”王曰：“归。”从政如他日。

　　无极曰：“奢之子材⑭，若在吴，必忧楚国，盍以免其父召之。彼仁，必来。不然，将为患。”王使召之，曰：“来，吾免而父。”棠君尚谓其弟员曰⑮：“尔适吴，我将归死。吾知不逮⑯，我能死，尔能报⑰。闻免父之命，不可以莫之奔也。亲戚为戮，不可以莫之报也。奔死免父，孝也。度功而行，仁也。择任而往，知也。知死不辟，勇也。父不可弃，名不可废，尔其勉之，相从为愈⑱。”伍尚归。奢闻员不来，曰：“楚君、大夫其旰食乎⑲！”楚人皆杀之。

　　员如吴，言伐楚之利于州于⑳。公子光曰：“是宗为戮而欲反其仇㉑，不可从也。”员曰：“彼将有他志㉒。余姑为之求士，而鄙以待之㉓。”乃见设诸焉㉔，而耕于鄙。

宋元公无信多私，而恶华、向。华定、华亥与向宁谋曰："亡愈于死，先诸？"华亥伪有疾，以诱群公子。公子问之㉕，则执之。夏六月丙申㉖，杀公子寅、公子御戎、公子朱、公子固、公孙援、公孙丁，拘向胜、向行于其廪。公如华氏请焉，弗许，遂劫之。癸卯㉗，取大子栾与母弟辰、公子地以为质。公亦取华亥之子无戚、向宁之子罗、华定之子启，与华氏盟，以为质。

卫公孟絷狎齐豹㉘，夺之司寇与鄄㉙，有役则反之，无则取之。公孟恶北宫喜、褚师圃，欲去之。公子朝通于襄夫人宣姜㉚，惧而欲以作乱。故齐豹、北宫喜、褚师圃、公子朝作乱。

初，齐豹见宗鲁于公孟㉛，为骖乘焉。将作乱，而谓之曰："公孟之不善，子所知也，勿与乘，吾将杀之。"对曰："吾由子事公孟，子假吾名焉㉜，故不吾远也。虽其不善，吾亦知之。抑以利故㉝，不能去，是吾过也。今闻难而逃，是僭子也㉞。子行事乎，吾将死之，以周事子㉟，而归死于公孟，其可也。"

丙辰㊱，卫侯在平寿㊲，公孟有事于盖获之门外㊳，齐子氏帷于门外而伏甲焉。使祝蛙置戈于车薪以当门，使一乘从公孟以出。使华齐御公孟，宗鲁骖乘。及闳中㊴，齐氏用戈击公孟，宗鲁以背蔽之，断肱，以中公孟之肩，皆杀之。

公闻乱，乘，驱自阅门入。庆比御公，公南楚骖乘，使华寅乘贰车㊵。及公宫，鸿骃魋驷乘于公㊶，公载宝以出。褚师子申遇公于马路之衢，遂从。过齐氏，使华寅肉袒执盖，以当其阙㊷。齐氏射公，中南楚之背，公遂出。寅闭郭门，逾而从公㊸。公如死鸟㊹，析朱鉏宵从窦出，徒行从公。

齐侯使公孙青聘于卫。既出，闻卫乱，使请所聘。公曰："犹在竟内，则卫君也。"乃将事焉㊺。遂从诸死鸟，请将事。辞曰："亡人不佞，失守社稷，越在草莽。吾子无所辱君命。"宾曰："寡君命下臣于朝，曰：阿下执事㊻。臣不敢贰。"主人曰："君若惠顾先君之好，照临敝邑，镇抚其社稷，则有宗祧在。"乃止。卫侯固请见之，不获命，以其良马见，为未致使故也㊼。卫侯以为乘马㊽。宾将掫㊾，主人辞曰："亡人之忧，不可以及吾子。草莽之中，不足以辱从者㊿。敢辞。"宾曰："寡君之下臣，君之牧圉也。若不获扞外役[51]，是不有寡君也。臣惧不免于戾，请以除死[52]。"亲执铎[53]，终夕与于燎[54]。

齐氏之宰渠子召北宫子。北宫氏之宰不与闻谋，杀渠子，遂伐齐氏，灭之。丁巳晦[55]，公入。与北宫喜盟于彭水之上[56]。秋七月戊午朔，遂盟国人。

八月辛亥⑤，公子朝、褚师圃、子玉霄、子高魴出奔晋。闰月戊辰⑧，杀宣姜。卫侯赐北宫喜谥曰贞子，赐析朱鉏谥曰成子，而以齐氏之墓予之。

卫侯告宁于齐，且言子石⑤。齐侯将饮酒，遍赐大夫曰："二三子之教也。"苑何忌辞⑥。曰："与于青之赏，必及于其罚。在《康诰》曰⑥，'父子兄弟，罪不相及。'况在群臣？臣敢贪君赐以干先王⑥？"

琴张闻宗鲁死，将往吊之。仲尼曰："齐豹之盗，而孟絷之贼，女何吊焉？君子不食奸⑥，不受乱，不为利疚于回⑥，不以回待人，不盖不义⑥，不犯非礼。"

宋华、向之乱，公子城、公孙忌、乐舍、司马强、向宜、向郑、楚建、郳甲出奔郑⑥。其徒与华氏战于鬼阎⑥，败子城，子城适晋。

华亥与其妻必盟而食所质公子者而后食。公与夫人每日必适华氏，食公子而后归。华亥患之，欲归公子。向宁曰："唯不信，故质其子。若又归之，死无日矣。"公请于华费遂⑥，将攻华氏。对曰："臣不敢爱死，无乃求去忧而滋长乎⑥？臣是以惧，敢不听命？"公曰："子死亡有命，余不忍其詢⑩。"冬十月，公杀华、向之质而攻之。戊辰⑦，华、向奔陈，华登奔吴。向宁欲杀大子。华亥曰："干君而出⑦，又杀其子，其谁纳我，且归之有庸⑦。"使少司寇轻以归⑦，曰："子之齿长矣，不能事人，以三公子为质⑦，必免。"公子既入，华轻将自门行。公遽见之，执其手曰："余知而无罪也，入，复而所⑦。"

齐侯疥，遂痁⑦。期而不瘳⑦，诸侯之宾问疾者多在。梁丘据与裔款言于公曰⑦："吾事鬼神丰，于先君有加矣。今君疾病，为诸侯忧，是祝史之罪也。诸侯不知，其谓我不敬。君盍诛于祝固、史嚚以辞宾？"公说，告晏子。晏子曰："日宋之盟⑧，屈建问范会之德于赵武⑧。赵武曰：'夫子之家事治，言于晋国，竭情无私。其祝史祭祀，陈信不愧⑧，其家事无猜，其祝史不祈。'建以语康王⑧。康王曰：'神人无怨，宜夫子之光辅五君⑧，以为诸侯主也。'"公曰："据与款谓寡人能事鬼神，故欲诛于祝史。子称是语，何故？"对曰；"若有德之君，外内不废⑧，上下无怨，动无违事⑧，其祝史荐信⑧，无愧心矣。是以鬼神用飨，国受其福，祝史与焉。其所以蕃祉老寿者⑧，为信君使也⑧，其言忠信于鬼神。其适遇淫君⑩，外内颇邪⑨，上下怨疾⑨，动作辟违⑨，从欲厌私⑨。高台深池，撞钟舞女⑨，斩刈民力，输掠其聚⑨，以成其违⑨，不恤后人。暴虐淫从，肆行非度⑨。无所还忌⑨，不思谤讟，不惮鬼神，神怒民痛，无悛于心⑩。其祝史荐信，是言罪也。其盖失数美⑩，是矫诬也⑩。进退无辞，则虚以求媚。是以鬼神不飨其国以祸之，祝史与焉。所以天昏孤疾者，为暴君使也，其言僭嫚于鬼神(103)。”公曰：“然则若之何？”对曰：“不可为也。山林之木，衡鹿守之(104)。泽之萑蒲(105)，舟鲛守之(106)。薮之薪蒸(107)，虞候守之(108)。海之盐蜃(109)，祈望守之(110)。县鄙之人(111)，人从其政。逼介之关(112)，暴征其私。承嗣大夫(113)，强易其贿(114)。布常无艺，征敛无度。宫室日更，淫乐不违(115)。内宠之妾，肆夺于市(116)。外宠之臣，僭令于鄙(117)。私欲养求，不给则应(118)。民人苦病(119)，夫妇皆诅。祝有益也，诅亦有损。聊、摄以东(120)，姑、尤以西(121)，其为人也多矣！虽其善祝，岂能胜亿兆人之诅？君若欲诛于祝史，修德而后可。”公说，使有司宽政，毁关(122)，去禁(123)，薄敛，已责(124)。

十二月，齐侯田于沛(125)，招虞人以弓(126)，不进(127)。公使执之。辞曰：“昔我先君之田也，旃以招大夫，弓以招士，皮冠以招虞人。臣不见皮冠，故不敢进。”乃舍之。仲尼曰：“守道不如守官(128)，君子韪之(129)。”

齐侯至自田，晏子侍于遄台(130)。子犹驰而造焉(131)。公曰：“唯据与我和夫。”晏子对曰：“据亦同也，焉得为和？”公曰：“和与同异乎？”对曰：“异。和如羹焉，水火醯醢盐梅以烹鱼肉(132)，燀之以薪(133)。宰夫和之(134)，齐之以味(135)，济其不及(136)，以泄其过(137)。君子食之，以平其心。君臣亦然，君所谓可而有否焉(138)。臣献其否以成其可。君所谓否而有可焉，臣献其可以去其否。是以政平而不干(139)，民无争心。故《诗》曰(140)，‘亦有和羹，既戒既平。鬷嘏无言，时靡有争。’先王之济五味、和五声也，以平其心，成其政也。声亦如味，一气，二体，三类，四物，五声，六律，七音，八风，九歌(141)，以相成也。清浊，小大，短长，疾徐，哀乐，刚柔，迟速，高下，出入，周疏，以相济也。君子听之，以平其心。心平，德和。故《诗》曰：‘德音不瑕(142)。’今据不然。君所谓可，据亦曰可。君所谓否，据亦曰否。若以水济水，谁能食之？若琴瑟之专一，谁能听之？同之不可也如是。”

饮酒乐。公曰：“古而无死，其乐若何？”晏子对曰：“古而无死，则古之乐也，君何得焉？昔爽鸠氏始居此地(143)，季萴因之(144)，有逢伯陵因之(145)，蒲姑氏因之(146)，而后大公因之(147)。古若无死，爽鸠氏之乐，非君所愿也。”

郑子产有疾，谓子大叔曰：“我死，子必为政。唯有德者能以宽服民，其次莫如猛。夫火烈，民望而畏之，故鲜死焉。水懦弱，民狎而玩之(148)，则多死焉，故宽难。”疾数月而卒。

大叔为政，不忍猛而宽。郑国多盗，取人于萑苻之泽(149)。大叔悔之，曰：“吾早从夫子，不及此。”兴徒兵以攻萑苻之盗，尽杀之。盗少止(150)。

仲尼曰：“善哉，政宽则民慢，慢则纠之以猛。猛则民残(151)，残则施之以宽。宽以济猛，猛以济宽，政是以和。《诗》曰[152]：'民亦劳止[153]，汔可小康[154]。惠此中国，以绥四方。'施之以宽也。'毋从诡随[155]，以谨无良[156]。式遏寇虐，惨不畏明[157]。'纠之以猛也。'柔远能迩[158]，以定我王。'平之以和也[159]。又曰[160]：'不竞不绿[161]，不刚不柔。布政优优[162]，百禄是遒[163]。'和之至也。"

及子产卒，仲尼闻之，出涕曰："古之遗爱也[164]。"

【注释】

①己丑：初一日。 ②南至：冬至。 ③氛：气。 ④弭：安定。 ⑤戴、桓：指戴族华氏，桓族向氏。 ⑥犹宋、郑：如宋国、郑国一样。即自成一国。 ⑦集：成。 ⑧一过多矣：一次过错就很严重了。多，重。 ⑨遣之：令其逃走。 ⑩奉初以还：奉初命以周旋。 ⑪后命：即杀太子。 ⑫失命：未完成使命。 ⑬再奸：二次违命。 ⑭材：有才能。 ⑮棠：地名。当在今河南遂平县西北。 ⑯吾知不逮：我的才智赶不上你。 ⑰报：报父仇。 ⑱相从为愈：比之相从俱死为好。 ⑲旰食：即晚食。言楚国从此多难，君臣连吃饭也要晚了。 ⑳州于：吴子僚。 ㉑反其仇：报仇。 ㉒彼：指公子光。 ㉓鄙以待之：退处于野以待之。 ㉔鱄设诸：一作专诸，人名。 ㉕问：探视。 ㉖丙申：初九日。 ㉗癸卯：十六日。 ㉘狎：轻慢。 ㉙鄄：齐豹之邑，在今山东鄄城县西北。 ㉚宣姜：灵公嫡母。 ㉛见：推荐。 ㉜假吾名：为我宣扬。 ㉝抑：但。 ㉞譖：不信。 ㉟周：终。 ㊱丙辰：六月二十九日。 ㊲平寿：卫下邑。 ㊳盖获：卫郭门。 ㊴闳：曲门。 ㊵贰车：副车。 ㊶驷乘：一车四人。 ㊷当其阙：掩挡空缺处。 ㊸逾：跳过城墙。 ㊹死鸟：地名。 ㊺将事：将行聘礼。 ㊻阿下执事：屈附执事。执事指卫侯。 ㊼未致使：即未行聘礼。 ㊽乘马：驾车之马。 ㊾掫：夜间警戒。 ㊿从者：指公孙青。 51扦外役：担任外面的警卫差役。 52除死：免死。 53铎：大铃。 54燎：设火燎以备守。一说通"僚"，即巡夜者。 55丁巳晦：六月三十日。 56彭水：水名，当近卫都，今无存。 57辛亥：二十五日。 58戊辰：十二日。 59子石：公孙青。 60苑何忌：齐大夫。 61《康诰》：《尚书》篇名。下文所引非原文。 62干：犯。 63不食奸：不食奸人之禄。 64不为利疚于回：不因为利益而为邪恶所病。疚，病。回，邪恶。 65不盖不义：不掩盖不道义的事情。 66公子城等：八人均为宋大夫，避难出奔。 67鬼阎：宋地名，在今河南西华县东北。 68华费遂：宋大司马，华氏之族。 69求去忧而滋长：求得除去忧愁反更滋长忧愁。 70詬（gòu）：同"诟"，耻辱。 71戊辰：十三日。 72干：犯。 73有庸：有功。 74轻：华亥庶兄。 75质：信。 76所：所居官。 77痁（diàn）：疟疾。 78期：一年。 79梁丘据、裔款：皆齐景公所宠幸的大夫。 80日：往日。 81范会：士会。 82陈信不愧：陈述真实情况不愧心。 83康王：楚康王。 84光辅五君：辅佐五位国君。五君，指晋文、襄、灵、成、景五君。 85外内不废：外内不荒废。外指国事，内指宫中。 86违事：违礼之事。 87荐信：陈述实情。荐，进言。 88蕃祉老寿：蕃，繁衍；祉，福；老寿，健康长寿。 89为信君使：因为是诚实君主的使者。 90适：恰巧。 91颇邪：偏颇邪恶。 92怨疾：怨恨嫉妒。 93辟违：邪僻违礼。 94

从欲厌私：放纵欲望满足私心。 ⑨撞钟：奏乐。 ⑩输掠其聚：掠取百姓财物。 ⑰成其违：铸成其过。 ⑱非度：不守法度。 ⑲还忌：顾忌。 ⑳悛：改。 ⑩盖失数美：掩盖过失，列举美善。 ⑩矫诬：虚诈欺骗。 ⑩僭嫚：欺诈轻侮。 ⑩衡鹿：管理山林的官吏。 ⑩萑蒲：芦苇。 ⑩舟鲛：管理川泽的官吏。 ⑩薪蒸：柴木。 ⑩虞候：管理柴木的官吏。 ⑩蜃：大蛤。 ⑪祈望：管理水产的官吏。 ⑪县鄙：乡野。 ⑫逼介之关：迫近国都的关卡。 ⑬承嗣：世袭。 ⑭强易其贿：强买财物。易，交易。 ⑮违：离。 ⑯肆夺：肆意掠夺。 ⑰僭令于鄙：在边境上假传命令。 ⑱不给则应：不满足就治罪。应，应之以罪。 ⑲苦病：痛苦困顿。 ⑳聊、摄：齐西境。聊，在今山东聊城县西北。摄，即聂，也在聊城境内。 ⑪姑、尤：齐东界。姑，即大姑河，源出山东招远县会仙山，南流经莱阳县西南。尤，即小姑河，源出掖县北马鞍山，南流入大姑。 ⑫毁关：拆除关卡。 ⑬去禁：废除禁令。 ⑭已责：免除旧债。 ⑮沛：地名，在今山东博兴县南。 ⑯虞人：掌山泽之官。 ⑰进：进见。 ⑱守道不如守官：守道义不如守官位。 ⑲趉：是，对。 ⑳遄台：在山东临淄县东，今名歇马亭。 ⑪子犹：梁丘据。 ⑫醯（xí）：醋。 ⑬燀（chǎn）：烧火。 ⑭和：调和。 ⑮齐：通"剂"。 ⑯济：增加。 ⑰泄：减。 ⑱否：不可。 ⑲不干：不违背礼义。 ⑭⑩《诗》曰：以下四句出自《商颂·烈祖》篇。和羹：调和之羹。既戒既平：已经告诫宰夫使味道适中。鬷（zōng）嘏：今诗作"鬷假"，进献。 ⑭⑪一气：声音需由气发动。二体：乐舞二种，即文舞、武舞。一说为阳刚、阴柔。三类：指《风》、《雅》、《颂》。四物：杂用四方之物以成器。五声：宫、商、角、徵、羽。六律：指黄钟、大簇、姑洗、蕤宾、夷则、无射。七音：五声再加上变音、变徵，共七种音阶。八风：八方之风。九歌：歌九功之德。九功，即六府三事，详见文公七年传。 ⑭⑫德音不瑕：句出《邶风·狼跋》。意为有德之音无缺点。 ⑭⑬爽鸠氏：少皞氏之司寇。 ⑭⑭季荝：虞、夏时代的诸侯。 ⑭⑮逢伯陵：殷代诸侯，姜姓。 ⑭⑯蒲姑氏：殷、周之际诸侯。 ⑭⑰大公：姜太公吕尚。 ⑭⑱狎而玩：轻视而玩弄。 ⑭⑲取人：即群盗相聚。取读为"聚"。萑符之泽：泽名，即萑蒲。 ⑮⑩少：稍。 ⑮⑪残：伤害。 ⑮⑫《诗》曰：以下所引诗句皆出自《大雅·民劳》篇，不再一一注明。 ⑮⑬止：语末助词。 ⑮⑭汔：庶几。 ⑮⑮毋从诡随：不要放纵违法者及其追随者。 ⑮⑯谨：约束，警戒。 ⑮⑰式遏寇虐，惨不畏明：应遏止那些侵掠残暴不惧怕明法者。式，助动词，应。惨，曾。 ⑮⑱柔道能迩：怀柔远方，安抚近地。 ⑮⑲平之以和：用和睦友好使国家安定太平。 ⑯⑩又曰：以下四句出自《诗经·商颂·长发》篇。 ⑯⑪不竞不绿：不急不缓。竞，强。绿，缓。 ⑯⑫布政优优：施政从容。优，通"悠"。 ⑯⑬遒：聚。 ⑯⑭古之遗爱：其仁爱有古人的遗风。爱，仁。

【译文】

二十年春季，周历二月一日，冬至，梓慎观察了云气后说："今年宋国要发生动乱，国家也几乎要灭亡，三年后才能安定下来。蔡国也将遇到大丧。"叔孙婼说："即使这样，也一定是戴、桓两大家族引起的。因为他们骄纵无度，极其无礼，是动乱的根源。"

费无极对楚平王说："太子建和伍奢准备率领方城之外的地区叛乱。他们将和郑国、宋国一样割据独立，齐国、晋国又共同辅佐他们，必将危害楚国。他们已经准备好了。"平王相信了，就责问伍奢。伍奢说："大王有一次过错已经够严重的了，为什么还要听信谗言？"平王把伍奢抓了起来，派城父司马奋扬去杀害太子。奋扬没有走到城父，就派人通知太子赶快逃亡。三月，太子建逃到宋国。平王召回奋扬。奋扬让城父的人把自己绑起来押回郢都。平王说："这一命令是我说的，只有你听到，是谁告诉了太子建？"奋扬回答说："是我告诉他的。大王曾命令我说：'你侍奉太子建要像侍奉我一样。'我虽然无能，但不敢苟且有二心。既然奉了当初的命令去侍奉他，便不忍心再执行后来的命令去杀害他，因此才放他逃跑。尽管不久我就后悔了，但已经来不及了。"平王说："你为什么又敢来见我？"奋扬说："奉命而去却没有完成使命，就已经有罪了，如果大王召我再不回来，就是第二次违命了。再说我也无处可逃啊。"于是平王说："你回去吧。"奋扬做官还和以前一样。

无极说："伍奢的儿子很有才能，如果让他留在吴国，一定给楚国带来忧患，何不赦免他父亲的罪过而召他回来，他是个孝子，一定能回来。否则，日后必将成为一大祸害。"平王便召他们回来，并说："如果回来，我就赦免你们的父亲。"棠君伍尚对弟弟伍员说："你到吴国去，我准备回去一死。我的才能不如你，我可以为父而死，但你能为父报仇。听到赦免父亲的命令，不能不回去。亲人被杀戮，又不能不报仇雪恨。回去使父亲免于一死，是孝；估计能取得成功然后采取行动，是仁；根据不同的能力选择相应的任务，是智；明知回去必死无疑却不逃避，是勇。父亲不能丢弃不管，名誉也不能受到毁损，你要努力去干！这比我们都去死要好。"于是伍尚回到楚国。伍奢得知伍员没回来，说："楚国的国君、大夫们今后将寝食难安了。"楚国人将他们两人杀害。

伍员直接到了吴国，向吴王州于说明讨伐楚国的种种好处。公子光说："这是因为他的父兄被杀害而要报仇，不能听他的话。"伍员说："公子光已有了野心。我姑且为他寻找一个勇士，在乡下等待时机。"便把鲟设诸推荐给了公子光，自己则住到乡下耕田种地。

宋元公不讲信用且私心极重，又讨厌华氏、向氏两族。华定、华亥和向宁密谋说："逃亡总要比死强，先下手吧？"于是华亥诈称有病，引诱公子们前来，凡有公子来探病的，就抓起来。夏季六月九日，杀了公子寅、公子御戎、公子朱、公子固、公孙援、公孙丁，并把向胜、向行关押在谷仓中。宋元公到华氏家为公子们说情，华氏不答应，并劫持了元公。十六日，又抓了太子栾和他的同母弟弟公子辰、公子地为人质。宋元公也抓了华亥的儿子无戚、向宁的儿子罗、华定的儿子启，与华氏结盟后，把他们作为人质。

卫国的公孙絷看不起齐豹，剥夺了他的司寇官职与封邑鄄地，一有战事就还给他，战事一结束，就又夺回来。公孟还讨厌北宫喜、褚师圃，打算除掉他们。公子朝因为和襄夫人宣姜私通而非常害怕，也打算发动叛乱。因此齐豹、北宫喜、褚师圃、公子朝联合发动了叛乱。

当初，齐豹把宗鲁推荐给公孟，让他做了车右。齐豹准备发动叛乱时对宗鲁说："公孟一向为人恶毒，你也知道。你不要和他一起乘车，我准备杀了他。"宗鲁回答说："我是您推荐去事奉公孟的，因为您对我的美言，公孟才亲近我。他为人不善，我也知道。但考虑到利害关系，我不能离开他，这是我的过错。现在听说他要遇到灾难了，就独自逃跑，这证明您当初欺骗了他。您尽管干您的，我准备为他而死，但我会为您保守秘密。我为公孟而死，难道不应该吗？"

二十九日，卫灵公正在平寿，公孟在盖获之门的外面祭祀，齐豹在门外搭起帷帐，暗中设下伏兵。又让祝蛙在装满柴草的车里藏上武器，挡住城门，又派一辆车紧跟着公孟来到城外。让华齐为公孟驾车，宗鲁为车右。车子到了曲门中，齐豹用戈猛击公孟，宗鲁用自己的后背掩护他，被砍断一条胳臂，公孟的肩膀被砍中，最后齐豹把他们都杀了。

卫灵公听说发生了动乱，乘车从阅门进入国都，庆比为他驾车，公南楚为车右，华寅坐在副车上。来到公宫时，鸿駵魋也坐到灵公的车上，灵公装载了宝物就逃了出来。褚师子申在马路的十字路口遇到了灵公，就跟随他一起出奔。经过齐氏家门口时，灵公让华寅脱去上身衣服，手拿车盖抵抗齐氏的攻击。齐氏的人用箭射灵公，射中了公南楚的背部。灵公逃出了卫都。华寅从里面关上城门，又跳出城墙跟上灵公。灵公来到死鸟，析朱锄趁夜里从城墙的排水洞中爬出城，步行追随灵公。

齐景公派公孙青到卫国聘问。动身后，听说卫国发生了动乱，便派人回去请示到卫国应该聘问谁。齐景公说："只要卫君还在国内，就去聘问卫君。"公孙青跟着卫灵公到了死鸟，准备举行聘礼，灵公辞谢说："我这个逃亡的人没有能耐，失去了国家，流落在乡间野地。没有合适的地方让您履行贵君的使命。"公孙青说："寡君在朝廷上命令我说：要谦恭地去拜见卫君。我不敢违抗君命。"灵公说："贵君如果为了先君的友好，关照我国，帮助我们安定国家，一定要举行聘问礼仪的话，也一定要在宗庙中举行。"便取消了聘问的礼仪。灵公坚持要接见公孙青，公孙青因为没有获准举行聘礼，只好用一匹好马作为进见之礼，这是因为没有完成使命的缘故。灵公让公孙青送的那匹马驾取自己的车子。公孙青准备夜间为灵公担任警戒，灵公辞谢说："这是我这个逃亡之人的忧患，不能连累您；荒郊野地之中，不能劳您大驾，请不要这么做。"公孙青说："我是寡君的臣子，也就是国君您的仆人。如果不允许我为您担任警戒，您就是看不起寡君。这样，我担心自己会犯下罪过，希望国君让我以此免于一死。"于是亲自拿着铃铛，整夜和卫君的警卫站在一起。

齐豹的家宰渠子召请北宫喜。北宫喜的家宰不让主人知道，杀了渠子，并攻打齐豹，消灭了齐氏家族。六月三十日，卫灵公返回国都，和北宫喜在彭水岸边结盟。秋季七月一日，又和国人结盟。八月二十五日，公子朝、褚师圃、子玉霄、子高鲂逃往晋国。闰八月十二日，杀了宣姜。卫灵公赐给北宫喜的谥号是贞子，赐给析朱鉏的谥号是成子，并让他们葬在齐氏的墓地中。

卫灵公向齐国报告，国内已经安定下来，同时称赞公孙青非常有礼。齐景公正准备饮酒，于是他一一给大夫们赐酒，说："这是诸位大夫教导的结果。"苑何忌却辞谢不喝，说："和公孙青同受赏赐，将来也必然同受惩罚。《康诰》中规定：'父子兄弟之间，犯罪互不牵连。'更何况同朝为臣的人呢？我哪里敢因为贪图国君的赏赐而违背先王的要求呢？"

琴张得知宗鲁已死，准备前往吊唁。孔子说："齐豹所以成为盗贼，孟絷所以被害，都由宗鲁引起，你为什么还要去吊唁呢？作为一个君子，不应该食用恶人的俸禄，不接受暴乱，不为私利而助纣为虐，不以邪恶待人，不掩盖不义的行为，不做违礼之事。"

宋国的华氏、向氏发动叛乱时，公子城、公孙忌、乐舍、司马强、向宜、向郑、楚建、郳甲都逃到了郑国。其党羽在鬼阎和华氏交战，子城被打败，逃到了晋国。

华亥和他的妻子，每次吃饭之前，必定把器具洗刷干净，先让作为人质的公子们吃饭，然后自己才吃。宋元公和夫人每天必定到华氏家，让公子们吃完饭以后才回去。华亥很害怕，打算让公子们回去。向宁说："正因为国君无信，才以他的儿子为人质。如果放回去，我们很快就会被处死。"宋元公求助于华费遂，准备攻打华氏，华费遂说："我并不是怕死，只是这样做不但不能消除忧患，反而会滋生新的忧患。因此我很害怕，哪里是不听从国君的命令呢？"元公说："太子们的生死自有天命，我不忍心看他们受到这种污辱。"冬季十月，元公杀了华氏、向氏的人质，并攻打他们。十三日，华氏、向氏逃往陈国，华登逃往吴国。向宁打算杀了太子。华亥说："冒犯了国君，逃亡国外，又要杀死他的儿子，还有谁敢收留我们？不如放他们回去立功赎罪。"便让少司寇华轻带着公子们回到宋国，并说："您年事已高，不宜再事奉他人，您把这几位公子送回去，必能免于惩罚。"公子们回去后，华轻正准备离开宫门，元公急忙接见了他，并拉着他的手说："我知道你没有罪，你回来吧，我让你官复原职。"

齐景公患了疥疮，又得了疟疾。一年都没有治好，诸侯派来问候病情的客人有很多滞留在齐国。梁丘据和裔款对景公说："我们侍奉鬼神的祭品比先君都要丰盛。如今国君的病情成为诸侯的一大忧虑，这都是祝、史的罪过。诸侯们不了解情况的，还以为我们对鬼神不敬呢。国君何不杀了祝固、史嚚以答谢诸侯的使者呢？"景公很高兴，告诉了晏婴。晏婴说："从前在宋国举行的盟会上，屈建曾向赵武问起士会的德行。赵武说：'他治家很有条理，对晋国来说，尽心尽力，坦荡无私。他的祝史向鬼神祷告时从来没有任何谎言，他家中没有发生过任何猜忌之事，因此祝史也不用向鬼神祷告。'屈建把这话告诉了楚康王，康王说：'神和人对他都没有怨恨，难怪他一连辅佐五代国君并使其成为诸侯盟主啊。'"景公说："梁丘据和裔款说我善于侍奉鬼神，因此才想杀了祝、史，您却说了这番话，是什么意思？"晏婴回答说："假如是有德的国君，国事和家事都不会荒废，全国上下毫无怨言，一举一动都没有违礼之处，其祝史对鬼神以实相告，就不会感到惭愧。因此鬼神享用祭品，国家也受到鬼神的保佑，当然祝史也不例外。国家和百姓所以繁衍有福，健康长寿，就是因为诚实的国君派出了使者，向鬼神表示了忠诚和有信。假如遇到放纵无度的国君，对外有失公正，对内容忍邪恶，朝野上下民怨沸腾，言行举止邪僻无礼，放纵私欲，满足野心。亭台楼阁，水池苑林，终日沉溺于歌舞音乐之中，耗尽民力，掠夺百姓，犯下种种罪孽，一点也不为后代子孙着想。暴虐放纵，横行无度，无所顾忌，既不担心百姓的诽谤，也不害怕鬼神的惩罚，结果神怒民怨，仍然不知悔改。其祝史如果以实相告，就等于陈述国君的罪过；如果掩饰过失反而歌功颂德，就是对神灵的欺骗。在进退两难的情况下，就只好用一些无关痛痒的事情搪塞，以求得神灵的欢心。因此鬼神不但不享用祭品，还会降祸给他的国家，祝史也难于逃脱。国君所以会灭亡和患病，就是由于暴君所任命的祝史欺骗侮辱了鬼神。"景公说："怎么办才好呢？"晏婴说："已经无法挽救了。山林中的木材由衡鹿看守，沼泽中的芦苇由舟鲛看守，荒野中的柴草由虞候看守，海水中的鱼盐由祈望看守，百姓都无法得到。偏僻乡野之人也参与朝政。国都附近的关卡也横征暴敛，世袭大夫强买货物，发布政令没有任何标准，征收赋税没有丝毫节制，新的宫室每天都在兴建，寻欢作乐不知疲倦。宫内的宠妾在市场上任意掠夺，宫外的宠臣在边境上假传圣旨，声色犬马欲望无穷，一旦不能满足便严加惩办。百姓苦不堪言，夫妻人人诅咒，祈祷有好处，诅咒却只会带来害处。聊地、摄地以东，姑水、尤水以西，人口多得很。不论祝史怎样善于祈祷，难道能胜过亿万百姓的诅咒吗？国君如要杀掉祝史，必须首先修养自己的德行。"景公很高兴，下令各级官员放宽政策，撤去关卡，解除禁令，减轻赋税，免除百姓所欠公家的债务。

十二月，齐景公在沛地打猎时，用弓召唤管理山林的虞人，虞人没有前去进见。景公派人把他抓了起来。虞人为自己辩解说："从前先君打猎时，总是以旗子召唤大夫，以弓召唤士，以皮帽子召唤虞人。我没有看到皮帽子，所以不敢前来。"景公便把虞人放了。孔子对此评论说："恪守君臣之道，不如恪守为官之礼，君子认为这是对的。"

齐景公从打猎的地方回来，晏婴在遄台随侍。梁丘据驱车急驰而来。景公说："只有梁丘据与我比较和谐啊！"晏婴回答说："梁丘据只是和您保持一致而已，怎么谈得上和谐呢？"景公说："和谐与保持一致还有区别吗？"晏婴说："有区别。和谐就像做羹汤一样，用水、火、醋、肉酱、盐、梅来烹调鱼肉，先用火烧煮。再由厨师搅拌把它们糅合到一起，使味道适中，太淡了就再增加调料，太浓了就加水冲淡。君子食用了羹汤心里才感到平静。君臣的关系也是这样。国君认为可行而其中有不可行的，臣子则指出并加以纠正，从而使可行的更为完善；国君认为不可行而其中有可行的，臣子则指出并加以肯定，从而使不可行的得以避免。因此才能做到政策平和不违礼，百姓也无争夺之心。所以《诗经》说：'也有那调和的羹汤，已经厨师做得味道适中，神灵享有无所指责，朝野上下没有争端。'先王调和五味，谐调五声，以稳定其内心，完成政事。声音也和味道一样，是由一种气韵、两种舞蹈形式、三种诗歌类别、四方材料、五种声音、六种律吕、七种音阶及八风、九歌互相配合而成的，是由清浊、大小、长短、缓急、哀乐、刚柔、快慢、高低、出入、疏密互相配合谐调而成的。君子听后，内心平和。内心平静，德行便显得和谐。因此《诗经》说：'德行没有过失。'现在梁丘据却不是这样。国君认为可以的，他也认为可以，国君认为不行的，他也认为不行。如同用水调水，淡而无味，谁会吃它呢？又如琴瑟只弹一个声音，谁还听它呢？不能一味地逢迎和保持一致，就是这个意思。"

景公饮酒，喝得很高兴。他说："假如自古以来就没有死亡，人将是多么地快乐啊！"晏婴回答说："假如自古以来就没有死亡，这种快乐也是古人的快乐，国君怎能得到呢？从前爽鸠氏最早住在这里，接着是季荝，然后是有逢伯陵，再后是蒲姑氏，最后是太公。如果自古以来人就不会死，爽鸠氏就会一直快乐到现在，这当然就不是国君所希望的了。"

郑国的子产有了病，他对游吉说："我死了，您一定要主持朝政。只有具备高尚德行的人才能推行宽松的政策使百姓顺服，其次就是实行严厉的政策。就像大火，假如火势很猛，百姓望而生畏，远远逃避，就很少有人被烧死。再比如水性懦弱，百姓就放心地到水里玩耍，结果很多人被淹死。所以政策宽了也难以治理。"子产病了几个月之后终于去世。

游吉执掌政权，不忍心太严厉，政策比较宽松。结果郑国盗贼多了起来，聚集在芦苇丛中。游吉后悔地说："假如我一开始就听从子产的话，也不会到这一步。"就发兵攻打芦苇丛中的盗贼，把他们都杀了。这样盗贼才有所收敛。

孔子对此评论说："好啊！政策宽松百姓就滋扰生事，百姓滋扰生事就实行严厉的政策。政策严厉百姓就会受到伤害，百姓受到伤害就改而实行宽松的政策。以宽松调剂严厉，以严厉补救宽松，政权因此而和平稳定。《诗经》说：'百姓已很辛劳，让他们稍事休息。只要在中原施以恩赐，四方也就得以安定。'说的就是要施行宽松政策。'不要放纵逢迎拍马之人，要约束缺少良知的人。要坚决制止掠夺残暴，因为他们从来不怕王法。'说的是要以严厉的政策纠正不良现象。'安抚远方就能怀柔附近，从而使王室得以安定。'说的是以和睦来安定天下。又说：'不急不缓，不刚不柔，政策宽松，福禄降临。'说的是和谐的最佳表现。"

孔子听说子产去世，流着泪说："这个人具有古人仁爱的遗风啊。"

昭公二十一年

经　二十有一年春，王三月，葬蔡平公。夏，晋侯使士鞅来聘。宋华亥、向宁、华定自陈入于宋南里以叛。秋七月壬午朔，日有食之。八月乙亥，叔辄卒。冬，蔡侯朱出奔楚。公如晋，至河乃复。

传　二十一年春，天王将铸无射①。泠州鸠曰②："王其以心疾死乎？夫乐，天子之职也。夫音，乐之舆也③。而钟，音之器也。天子省风以作乐④，器以钟之⑤，舆以行之⑥，小者不窕⑦，大者不摦⑧，则和于物⑨。物和则嘉成⑩。故和声入于耳而藏于心，心亿则乐⑪。窕则不咸⑫，摦则不容⑬，心是以感⑭。感实生疾，今钟摦矣，王心弗堪，其能久乎？"

三月，葬蔡平公。蔡大子朱失位⑮，位在卑⑯。大夫送葬者归，见昭子⑰。昭子问蔡故⑱，以告。昭子叹曰："蔡其亡乎！若不亡，是君也必不终⑲。《诗》曰：'不解于位，民之攸墍⑳。'今蔡侯始即位，而适卑㉑，身将从之。"

夏，晋士鞅来聘，叔孙为政㉒。季孙欲恶诸晋，使有司以齐鲍国归费之礼为士鞅。士鞅怒，曰："鲍国之位下，其国小，而使鞅从其牢礼，是卑敝邑也。将复诸寡君。"鲁人恐，加四牢焉，为十一牢。

宋华费遂生华貙、华多僚、华登。貙为少司马，多僚为御士，与貙相恶，乃谮诸公曰："貙将纳亡人㉓。"亟言之㉔。公曰："司马以吾故亡其良子㉕。死亡有命，吾不可以再亡之。"对曰："君若爱司马则如亡。死如可逃，何远之有？"公惧，使侍人召司马之侍人宜僚，饮之酒而使告司马。司马叹曰："必多僚也。吾有谗子而弗能杀，吾又不死，抑君有命，可若何？"乃与公谋逐华貙，将使田孟诸而遣之。公饮之酒，厚酬之，赐及从者。司马亦如之。张匄尤之㉖，曰："必有故。"使子皮承宜僚以剑而讯之㉗。宜僚尽以告。张匄欲杀多僚。子皮曰："司马老矣，登之谓甚㉘，吾又重之，不如亡也。"五月丙申㉙，子皮将见司马而行，则遇多僚御司马而朝。张匄不胜其怒，遂与子皮、臼任、郑翩杀多僚，劫司马以叛，而召亡人。壬寅㉚，华、向入。乐大心、丰愆、华轻御诸横㉛。华氏居卢门㉜，以南里叛。六月庚午㉝，宋城旧鄘及桑林之门而守之㉞。

秋七月壬午朔㉟，日有食之。公问梓慎曰："是何物也㊱，祸福何为？"对曰："二至、二分㊲，日有食之，不为灾，日月之行也，分，同道也㊳；至，相过也㊴。其他月则为灾。阳不克也，故常为水。㊵"

于是叔辄哭日食。昭子曰："子叔将死，非所哭也。"八月，叔辄卒。

冬十月，华登以吴师救华氏。齐乌枝鸣戍宋㊶。厨人濮曰㊷："《军志》有之，先人有夺人之心，后人有待其衰。盍及其劳且未定也伐诸！若入而固，则华氏众矣，悔无及也。"从之。丙寅㊸，齐师、宋师败吴师于鸿口㊹，获其二帅公子苦雂、偃州员。华登帅其余以败宋师。公欲出㊺，厨人濮曰："吾小人，可藉死而不能送亡㊻，君请待之。"乃徇曰："扬徽者㊼，公徒也。"众从之。公自扬门见之㊽，下而巡之，曰："国亡君死，二三子之耻也，岂专孤之罪也？"

齐乌枝鸣曰："用少，莫如齐致死。齐致死⑭，莫如去备⑯。彼兵多矣，请皆用剑。"从之。华氏北，复即之⑰。厨人濮以裳裹首而荷以走，曰："得华登矣！"遂败华氏于新里⑱。翟偻新居于新里，既战，说甲于公而归⑲。华娃居于公里，亦如之。

十一月癸未⑭，公子城以晋师至。曹翰胡会晋荀吴、齐苑何忌、卫公子朝救宋。丙戌⑮，与华氏战与赭丘⑯。郑翩愿为鹳，其御愿为鹅⑰。子禄御公子城，庄堇为右。干犨御吕封人华豹，张匄为右。相遇，城还，华豹曰："城也！"城怒而返之。将注⑱，豹则关矣⑲。曰："平公之灵尚辅相余⑳。"豹射，出其间。将注，则又关矣。曰："不狃，鄙㉑。"抽矢。城射之，殪。张匄抽殳而下㉒，射之，折股。扶伏而击之㉓，折轸。又射之，死。干犨请一矢㉔。城曰："余言汝于君。"对曰："不死伍乘㉕，军之大刑也。干刑而从子，君焉用之？子速诸。"乃射之，殪。大败华氏，围诸南里。华亥搏膺而呼㉖，见华䝙，曰："吾为栾氏矣㉗"。䝙曰："子无我迂㉘，不幸而后亡。"使华登如楚乞师华有㉚。以车十五乘、徒七十人，犯师而出㉙。食于睢上㉚，哭而送之，乃复入。

楚蒍越帅师将逆华氏。大宰犯谏曰："诸侯唯宋事其君，今又争国，释君而臣是助，无乃不可乎？"王曰："而告我也后，既许之矣。"

蔡侯朱出奔楚。费无极取货于东国㉛，而谓蔡人曰："朱不用命于楚，君王将立东国。若不先从王欲，楚必围蔡。"蔡人惧，出朱而立东国。朱愬于楚，楚子将讨蔡。无极曰："平侯与楚有盟，故封。其子有二心，故废之。灵王杀隐大子，其子与君同恶㉜，德君必甚㉝。又使立之，不亦可乎？且废置在君，蔡无他矣。"

公如晋，及河，鼓叛晋。晋将伐鲜虞，故辞公。

【注释】

①无射：大钟名。　②泠州鸠：乐官名。泠或作"伶"。　③乐之舆：音乐的车厢。此以车作比喻。　④省风以作乐：视察风俗来制作乐曲。省，观。风，风土民俗。　⑤器以钟之：以器聚音。钟，聚。　⑥舆以行之：用声音来表现。　⑦小者不窕：小乐器发音不细弱。　⑧不摦（huà）：不粗大。　⑨和于物：使事物和谐。　⑩嘉成：美好的音乐而形成。　⑪心亿：心安。　⑫窕则不咸：音细则闻者不周遍。咸，遍。　⑬不容：难容于心。　⑭感：借为"憾"，不安。　⑮失位：指在葬礼中没站在嫡子的位置上。　⑯卑：下面。　⑰昭子：鲁大夫叔孙舍。　⑱故：事。　⑲不终：不善终。　⑳不解于位，民之攸墍：句出《诗经·大雅·假乐》篇。意为居其位而不懈怠，百姓得以休息。解，同"懈"。墍（xì），息，归。　㉑适卑：站在下位。　㉒为政：此为主持接待宾客。　㉓亡人：指华亥等。　㉔亟：屡。　㉕良子：指

华登。 ㉖张匄尤之：张匄，华貙臣。尤，奇怪。 ㉗子皮：即华貙。承宜僚以剑：把剑架在宜僚的脖子上。 ㉘登之谓甚：华登逃亡使司马伤透了心。 ㉙丙申：十四日。 ㉚壬寅：二十日。 ㉛横：地名，在今河南商丘县西南。 ㉜卢门：宋郊之城门。 ㉝庚午：十九日。 ㉞旧鄜：故城。 ㉟壬午朔：初一日。 ㊱物：事。 ㊲二至二分：二至，指夏至、冬至；二分，指春分、秋分。 ㊳分，同道也：太阳行黄道中线，到二分而黄道与赤道相交，称为同道。 ㊴至，相过也：二至时太阳过赤道内外各二十三度，称为相过。 ㊵阳不克也，故常为水：古人知日食是日光为月所遮蔽，又认为日为火为阳，月为水为阴，故认为日食是阳不胜阴，而常为水灾。 ㊶乌枝鸣：齐大夫。 ㊷厨人濮：宋厨邑大夫。 ㊸丙寅：十七日。 ㊹鸿口：地名，在今河南虞城县西北。 ㊺出：出奔。 ㊻藉死：为君死难。 ㊼徽：旌旗名。 ㊽杨门：宋都正东门。 ㊾齐致死：一起效死拼命。 ㊿去备：撤除守备。 51即：追。 52新里：地名，华氏所取，在今开封市东。 53说：同"脱"。归：归附。 54癸未：初四日。 55丙戌：初七日。 56赭丘：宋地名。 57鹳、鹅：军阵名。 58注：搭箭。 59关：引满弓。 60平公：公子城之父。此句为临战祈祷。 61不狃，鄙：不让还手，卑鄙。狃，更替。 62殳（shū）：兵器名。 63扶伏：同"匍匐"。 64请一矢：即受一箭求死。 65伍乘：同乘共伍。不死伍乘，即不与伍乘同死。 66搏膺：拍胸。 67栾氏：指晋栾盈作乱而死，事在襄公二十三年。 68迋（guāng）：恐赫。 69犯师：突围冲锋。 70睢上：水名，今已堙，在今河南商丘县境。 71东国：隐太子之子，蔡平侯之弟，蔡侯朱的叔父。 72其子与君同恶：其子，指东国。与君同恶谓灵王杀东国之父，楚平王又杀灵王，故同恶灵王。 73德：感恩戴德。

【译文】

二十一年春季，周天子准备铸造一座名叫无射的大钟。乐师泠州鸠说："天子恐怕要死于心病吧！音乐应该由天子执掌。音就像音乐的车厢，钟就是发音的器具。天子在观察各地风俗后创作音乐，通过乐器来表现，各种音调通过不同的乐器发出。小的乐器并不纤细微弱，大的乐器并不粗大震耳，这样万物就会趋于和谐。万物和谐，美好的音乐就能产生出来。和谐的声音进入人的耳朵深入人的内心，内心就感到平静和快乐。声音纤细微弱便不能保证人人都能听到，声音粗大震耳人们便难以忍受，内心就会产生不安，不安就要引起疾病。现在钟的声音如此粗大震耳，天子的内心便忍受不了，还能长寿吗？"

三月，为蔡平公举行葬礼。蔡国的太子朱站错了位置，站在了身份较低的位置上。前去送葬的鲁国大夫回来拜见叔孙婼。叔孙婼问起蔡国的情况，鲁大夫说起了这件事。叔孙婼叹息了一声说："蔡国快要亡国了！即使不亡，这位新君也难以终守其位。《诗经》说：'国君在自己的职位上不懈怠，百姓就能安居乐业。'蔡侯刚刚即位，就站到了低下的位置上，今后其身份地位也必然

中华藏书

四书五经·最新校勘精注今译本

中国书店

随之而下降。”

　　夏季，晋国的士鞅前来聘问，由叔孙婼主持接待。季孙想让晋国讨厌叔孙婼，让负责礼仪的官员以齐国鲍国归还费地时的礼节招待士鞅。果然士鞅非常生气，说：“鲍国的地位低下，他的国家弱小，现在让我接受招待他所用的七牢之礼，分明是看不起我国，我要向寡君汇报此事。”鲁国人害怕了，急忙增加了四牢，变成了十一牢的规格。

　　宋国司马华费遂生了华貙、华多僚、华登。华貙担任少司马，多僚担任宋元公的御士。多僚讨厌华貙，就在元公面前诬陷他说：“华貙准备接纳逃亡的华亥等人回来。”并且说了多次。元公说：“司马为我而使他的一个儿子逃亡在外，生死由命，我不能再让华貙也落个逃亡下场。”多僚回答说：“国君如果关心司马，就不如逃往国外。如果能逃避死亡，还能怕远吗？”元公害怕了，便让侍从召来司马的侍从宜僚，请他喝酒，并让他告诉司马。司马得知后叹了口气说：“这肯定是多僚要诬陷华貙。我有这么一个诬陷他人的儿子，却因为受到国君的宠信而不能将他杀死，我又不死，现在国君有了命令，我该怎么办？”便和元公商量驱逐华貙，打算让华貙到孟诸去打猎，然后让他逃走。元公请华貙喝酒，送给他很多礼物，同时赏给他的随从一些礼物。司马也和元公一样送给他们很多礼物。张匄很奇怪，说：“这里一定有原因。”便让华貙用剑顶住宜僚的脖子审问他。宜僚便全说了出来。张匄要杀死多僚。华貙说：“父亲已经年老了，华登逃亡就已经使他伤心了，我与其杀了宜僚再次伤害他，不如主动逃跑算了。”五月十四日，华貙准备去见司马然后便出发，路上碰到多僚正给司马驾着车上朝。张匄按捺不住满腔愤怒，和华貙、臼任、郑翩一起上前杀了多僚，并劫持了司马，宣布叛乱，同时召请逃亡的人回国。二十日，华氏、向氏回到国内。乐大心、丰愆、华牼在横地抵抗他们。华氏住在卢门，率领南里的人叛乱。六月十九日，宋国修建旧城和桑林之门，并派兵把守。

　　秋季七月一日，鲁国发生日食。昭公问梓慎说“这是怎么回事？预示着什么祸福呢？”梓慎回答说：“冬至、夏至、春分、秋分发生日食，不会造成灾害。因为日月在运行过程中，春分秋分时黄道和赤道相交，冬至夏至时则相距最远。假如其他月份发生日食，则会造成灾害。这是由于阳不能胜阴，所以常常发生水灾。”

　　这时叔辄为日食哭了起来。叔孙婼说：“叔辄将要死了，哭的不是时候。”八月，叔辄去世。

　　冬季十月，华登率领吴国军队救援华氏。齐国的乌枝鸣帮助戍守宋国。厨邑大夫濮说："《军志》中有这样的话：先发制人可以夺去敌人斗志，后发制人就要等待敌人士气衰竭。何不乘吴军长途跋涉还没有安定下来就首先攻打呢？等他们进入南里，巩固了阵地，华氏的力量可就强大了，到那时后悔都来不及了。"乌枝鸣采纳了他的建议。十七日，齐军和宋军在鸿口打败了吴军，俘获了他们的两个将帅公子苦雏、偃州员，华登则率领其余部队打败了宋军。宋元公打算逃亡，濮说："我们这些小人宁可为保卫国君而死，也不能送国君逃亡国外，请国君等一下。"便通报全军说："请把你们的旗帜举起来，以表明是国君的士兵。"全体将士都举起了军旗。元公从扬门上看到后，走下城检阅军队，说："国家灭亡国君死去，也是你们的耻辱，哪里仅仅是我一人的罪过？"乌枝鸣说："用少数兵力不如集中兵力拼死一战，集中兵力拼死一战不如不列阵麻痹他们。他们的人很多，请都使用短剑。"元公同意。结果华氏被打败，宋军齐军又追了上去。濮用衣服裹着一个人头，背在背上奔跑着喊道："华登已经被杀掉了。"随后在新里打败了华氏。翟偻新住在新里，战斗开始后，他脱下盔甲投奔了元公。华姓住在新里，也投向了元公。

十一月四日，公子城率领晋国军队赶到。曹国的翰胡会合晋国的荀吴、齐国的苑何忌、卫国的公子朝也前来救宋。七日，联军与华氏在赭丘交战。华氏党羽郑翩请求摆成鹳阵，他的御者却请求摆成鹅阵。子禄为公子城驾车，庄堇为车右。干犨为吕地封人华豹驾车，张匄为车右。双方相遇，公子城要回去。华豹说："这就是公子城！"公子城恼火了，掉转车头。正准备搭箭时，华豹已经拉弓了。公子城说："希望平公的神灵保佑我！"华豹射了一箭，箭头从子城、子禄中间穿过。子城准备第二次搭箭时，华豹又拉开了弓。公子城说："你不让我有还手机会，真是卑鄙。"华豹便取下箭来，公子城一箭射去，把华豹射死。张匄抽出殳从车上下来，公子城一箭射去，折断了张匄的大腿，张匄爬起来举起殳猛击，击断了车后横木。公子城又射一箭，才把张匄射死。干犨请求射一箭让他死去，公子城说："我去请示一下国君。"干犨说："不和同一辆战车上的人去死，就是犯了军中的大法。犯了法再追随您，国君怎么会再重用我呢？您快点给我一箭吧！"于是公子城射他一箭，干犨死去。宋军、齐军大败华氏，包围了南里。华亥捶胸高喊，见到华貙说："我们已经成了晋国的栾盈！"华貙说："你不要吓唬我，如果不幸战败，就逃亡国外。"便派华登到楚国请求救兵，华貙率十五辆战车、七十个步兵护送华登冲出包围。在睢水岸边吃了饭，哭着送走华登，然后又转身冲入南里。

楚国的蓬越率军准备前去接应华氏。太宰犯劝阻说："当前诸侯各国中只有宋国的臣民还在事奉其国君。现在他们又在争夺国家政权，如果放下国君帮助臣子，恐怕不行吧！"平王说："你说得太晚了，我已经答应他们了。"

蔡侯朱逃到了楚国。费无极从东国那里得到了财物，就对蔡国人说："朱不听从楚国的命令，楚王准备立东国为君。如果你们不顺从楚王的意愿，楚军一定要围攻蔡国。"蔡国人害怕了，便赶走朱立了东国。朱到楚国控告，楚王准备讨伐蔡国。无极说："蔡平侯曾和楚国有约在先，因此才重新封立了蔡国。现在他的儿子有了二心，所以才废黜了他。灵王杀了隐太子，隐太子的儿子和国君有了共同的仇人，他必然非常地感激您，立他为君，不也可以吗？再说如果废立蔡君的大权操在国君您手里，蔡国人就不敢有其他念头了。"

昭公到晋国访问，走到黄河岸边，恰遇鼓地背叛了晋国。晋国准备讨伐鲜虞，便谢绝了昭公。

昭公二十二年

经　二十有二年春，齐侯伐莒。宋华亥、向宁、华定自宋南里出奔楚。大蒐于昌间，夏四月乙丑，天王崩。六月，叔鞅如京师，葬景王。王室乱。刘子、单子以王猛居于皇。秋，刘子、单子以王猛入于王城。冬十月，王子猛卒。十有二月癸酉朔，日有食之。

传　二十二年春，王二月甲子①，齐北郭启帅师伐莒②，莒子将战，苑羊牧之谏曰③："齐帅贱④，其求不多，不如下之。大国不可怒也。"弗听。败齐师于寿馀⑤。齐侯伐莒，莒子行成，司马灶如莒莅盟⑥。莒子如齐莅盟，盟于稷门之外⑦。莒于是乎大恶其君。

楚薳越使告于宋曰："寡君闻君有不令之臣为君忧，无宁以为宗羞⑧，寡君请受而戮之。"对曰："孤不佞，不能媚于父兄⑨，以为君忧，拜命之辱。抑君臣日战，君曰余必臣是助，亦唯命。人有言曰，'唯乱门之无过'。君若惠保敝邑，无亡不衷⑩，以奖乱人，孤之望也。唯君图之！"楚人患之。诸侯之戍谋曰⑪："若华氏知困而致死，楚耻无功而疾战⑫，非吾利也。不如出之以为楚功⑬，其亦无能为也已。救宋而除其害，又何求？"乃固请出之。宋人从之。己巳⑭，宋华亥、向宁、华定、华䝙、华登、皇奄伤、省臧、士平出奔楚。宋公使公孙忌为大司马，边卬为大司徒，乐祁为司城，仲几为左师，乐大心为右师，乐茷为大司寇，以靖国人。

王子朝、宾起有宠于景王。王与宾孟说之⑮，欲立之。刘献公之庶子伯蚠事单穆公，恶宾孟之为人也，愿杀之。又恶王子朝之言，以为乱⑯，愿去之。宾孟适郊，见雄鸡自断其尾。问之，侍者曰："自惮其牺也⑰。"遽归告王，且曰："鸡其惮为人用乎⑱，人异于是。牺者，实用人⑲，人牺实难⑳，己牺何害。"王弗应。夏四月，王田北山㉑，使公卿皆从，将杀单子、刘子。王有心疾。乙丑㉒，崩于荣锜氏㉓。戊辰，刘子挚卒，无子㉔，单子立刘蚠。五月庚辰㉕，见王㉖，遂攻宾起，杀之。盟群王子于单氏。

晋之取鼓也，既献，而反鼓子焉。又叛于鲜虞。

六月，荀吴略东阳㉗，使师伪籴者负甲以息于昔阳之门外㉘，遂袭鼓，灭之。以鼓子鸢鞮归，使涉佗守之㉙。

丁巳㉚，葬景王。王子朝因旧官、百工之丧职秩者，与灵、景之族以作乱㉛，帅郊、要、饯之甲㉜，以逐刘子。壬戌㉝，刘子奔扬。单子逆悼王于庄宫以归。王子还夜取王以如庄宫㉞。癸亥㉟，单子出。王子还与召庄公谋㊱，曰："不杀单旗㊲，不捷。与之重盟，必来。背盟而克者多矣。"从之。樊顷子曰㊳："非言也㊴，必不克。"遂奉王以追单子。及领㊵，大盟而复，杀挚荒以说。刘子如刘。单子亡。乙丑㊶，奔于平畤㊷。群王子追之。单子杀还、姑、发、弱、鬷、延、定、稠㊸，子朝奔京㊹。丙寅㊺，伐之。京人奔山，刘子入于王城。辛未㊻，巩简公败绩于京㊼。乙亥㊽，甘平公亦败焉㊾。

叔鞅至自京师，言王室之乱也。闵马父曰㊿："子朝必不克，其所与者，天所废(51)也。"

单子欲告急于晋，秋七月戊寅(52)，以王如平畤，遂如圃车(53)，次于皇(54)。刘子如刘。单子使王子处守于王城，盟百工于平宫(55)。辛卯(56)。鄩肸代皇(57)，大败，获鄩肸。壬辰(58)，焚诸王城之市。八月辛酉(59)，司徒丑以王师败绩于前城(60)，百工叛。己巳(61)，伐单氏之宫，败焉。庚午(62)，反伐之。辛未(63)，伐东圉(64)。冬十月丁巳(65)，晋籍谈、荀跞帅九州之戎及焦、瑕、温、原之师，以纳王于王城。庚申(66)，单子、刘蚠以王师败绩于郊，前城人败陆浑于社(67)。十一月乙酉(68)，王子猛卒，不成丧也(69)。己丑(70)，敬王即位(71)，馆于子旅氏(72)。十二月庚戌(73)，晋籍谈、荀跞、贾辛、司马督帅师军于阴(74)，于侯氏(75)，于溪泉(76)，次于社。王师军于氾(77)，于解，次于任人。闰月，晋箕遗、乐征、右行诡济师(78)，取前城，军其东南。王师军于京楚。辛丑(79)，伐京，毁其西南。

【注释】

①甲子：十六日。 ②北郭启：人名，齐大夫。 ③苑羊牧之：人名，莒大夫。

④贱：地位低。　⑤寿馀：在今山东安丘县境。　⑥司马灶：齐大夫。　⑦稷门：齐都城门。　⑧宗羞：宗庙的耻辱。　⑨媚于父兄：取悦于父兄。因华、向为公族，故称父兄。　⑩无亢不衷：不要保护不善之人。亢，保护。　⑪诸侯之戍：诸侯派往宋国之戍守者。　⑫楚耻无功：谓楚索华、向而不得，故以无功而耻。　⑬出之：放出华氏等。　⑭己巳：二十一日。　⑮宾孟：即宾起。　⑯乱：违。指王子朝有自立的欲望。　⑰自惮其牺：自己害怕充当牺牲。　⑱用：用作祭品。　⑲实用人：即实用于人。省略介词"于"。　⑳人牺：充当他人的牺牲。　㉑北山：北芒。　㉒乙丑：十八日。　㉓荣锜：周大夫名。　㉔无子：无嫡子。刘盆为刘子挚的庶子。　㉕庚辰：初四日。　㉖王：周天子猛。景王崩，猛承嗣，未及称元年即死。　㉗略东阳：巡行东阳。东阳，当时指太行山以东广大地区。　㉘伪籴者：伪装成买米的人。昔阳：地名，在今河北晋县西。　㉙涉佗：晋大夫。　㉚丁巳：六月十一日。　㉛灵、景之族：周灵王、景王子孙。　㉜郊、要、饯：周地三邑名。　㉝壬戌：十六日。　㉞王子还：王子朝之党。　㉟癸亥：十七日。　㊱召庄公：召伯奂，王子朝之党。　㊲单旗：即单子。　㊳樊顷子：即樊齐，单、刘之党。　㊴非言：非善言。　㊵领：即轘辕山，一名嶕岭。　㊶乙丑：十九日。　㊷平畤：地名，当离洛阳不远。　㊸还、姑等：此八人皆为王子，灵、景之族。　㊹京：地名，非郑之京邑，当在洛阳西南。　㊺丙寅：二十日。　㊻辛未：二十五日。　㊼巩简公：周卿士。　㊽乙亥：二十九日。　㊾甘平公：周卿士。　㊿闵马父：即闵子马，鲁大夫。　51所废：所丧失官职的。　52戊寅：初三日。　53圃车：周地名，距巩义不远。　54皇：地名，在今河南巩义西南。　55平宫：周平王庙。　56辛卯：十六日。　57郤胖：王子朝之党。　58壬辰：十七日。　59辛酉：十六日。　60前城：在今洛阳市东南，伊水东岸。　61己巳：二十四日。　62庚午：二十五日。　63辛未：二十六日。　64东圉：地名，在成周东，今偃师县西南。　65丁巳：十三日。　66庚申：十六日。　67社：周地，在今巩义东北。　68乙酉：十二日。　69不成丧：未举行天子丧葬之礼，故不书"崩"。　70己丑：十六日。　71敬王：王子猛母弟王子匄。　72子旅：周大夫。　73庚戌：初七日。　74阴：地名，即平阴，在今河南孟津县北，黄河南岸。　75侯氏：即今巩义缑氏镇。　76溪泉：地名，在今洛阳市东南。　77氾、解、任人：地名，均距洛阳不远。　78济师：晋军渡过洛水、伊水。　79辛丑：二十九日。

【译文】

二十二年春季，周历二月十六日，齐国的北郭启率军讨伐莒国，莒子准备迎战，苑羊牧之劝阻说："齐军将帅出身卑贱，其要求也不多，不如向他屈服，大国不可轻易被激怒啊！"莒子不听，在寿馀打败齐军。齐景公攻打莒国，莒子被迫求和。司马灶到莒国参加结盟，莒子到齐国参加结盟，双方在稷门之外订立了盟约。莒国人因此而非常怨恨他们的国君。

楚国的蓬越派人告诉宋元公说："寡君听说国君有几个逆臣成为心腹大患，这会给贵国宗庙带来耻辱，寡君请求让他们到我国加以惩罚。"宋元公回答说：

"我无德无能，不能和公族父兄和睦相处，以致惊扰贵君，有劳关心。不过我们君臣有了矛盾，贵君却说我一定要帮助你的臣子，我也只能悉听尊便。人们常说：'不要经过犯上作乱人家的门口。'贵君如果要保护我国，就不要庇护不忠之人，以鼓励作乱的人，这才是我的最大愿望。望贵君认真考虑！"楚国人对此非常担忧。诸侯帮助戍守宋国的将领商量说："如果华氏感到绝望而拼死一战，楚国因为调解无功而出兵，对我们就很不利了。不如让华氏逃走以成全楚国，华氏也不会再有所作为了。挽救了宋国又帮助他们除掉了祸害，还能有什么要求呢？"于是坚持请求放华氏出逃，宋国人同意了。二十一日，宋国的华亥、向宁、华定、华登、华登、皇奄伤、省藏、士平逃到了楚国。宋元公任命公孙忌为大司马，边卬为大司徒，乐祁为司城，仲几为左师，乐大心为右师，乐輓为大司寇，以安定国人。

王子朝、宾起受到周景王的宠信。天子和宾起都喜爱王子朝，打算立他为太子。刘献公的庶子伯蚠正事奉单穆公，他很讨厌宾起的为人，想杀了他。同时对王子朝说的想做太子的话也极为反感，认为他有叛乱的企图，也想把他杀了。有一次宾起到郊外，见到一只公鸡自己把尾巴上的羽毛啄掉，便问侍从这是为什么。侍从说："这是担心成为祭品而自我摧残。"宾起急忙回去告诉天子，并说："鸡也害怕被人当做牺牲杀掉啊！人和鸡就不一样了。牺牲实际上是被人使用的，作别人的牺牲确实很难，但作自己的牺牲又有什么害怕的呢？"天子没有回答。夏季四月，天子在北山打猎，让所有公卿都随同前往，准备杀掉单穆公和伯蚠。但天子突然患了心脏病。十八日，死在周大夫荣锜氏家里。二十二日，刘献公去世，他没有嫡子，单穆公便立了刘蚠为继承人。五月四日，拜见新即位的天子，随后攻打宾起，把他杀了。并在单氏家里和王子们结了盟。

晋国夺取了鼓地，举行了献俘的仪式后，便让鼓子回国了，但鼓子又背叛晋国归服了鲜虞。

六月，荀吴巡视东阳时，派部队伪装成买粮的人，内着皮甲在昔阳城门外休息，乘机偷袭鼓国，将其灭亡，俘获了鼓子鸢鞮回国，留下涉佗镇守鼓地。

十一日，安葬了周景王。王子朝依靠前朝官员以及百工中失去职位的人，联合灵王、景王的子孙发动了叛乱。王子朝率领郊地、要地、饯地甲兵，追赶刘蚠。十六日，刘蚠逃到扬地。单穆公把周悼王从庄宫迎回家里。王子还又在夜里把周悼王送回庄宫。十七日，单穆公逃出周都。王子还和召庄公商量说："不杀了单旗，就不能算是取得了胜利。我们要求重新结盟，他肯定要来。反正背叛盟约又取得胜利的人多的是。”召庄公同意。但樊顷子说："真不像话，一定不能得逞。"王子还事奉悼王追赶单穆公。追到领地，和单穆公结盟后回来，并杀了絷荒以取信于单穆公。刘蚠也从扬地回到封邑刘地。单穆公逃亡。十九日，逃到平畤。王子们追赶。他将还、姑、发、弱、鬷、延、定、稠八位王子杀了，子朝逃往京地。二十日，单穆公攻打京地，京地人都逃到北山，刘蚠进入王城。二十五日，巩简公在京地被王子朝打得大败。二十九日，甘平公也被打败。

叔鞅从京师回来，说王室发生了动乱。闵马父说："子朝肯定不会取胜，因为他所依靠的那些人，都是上天要废弃的。"

单穆公想向晋国告急。秋季七月三日，带着周悼王到了平畤，随后又到了圉车，驻扎在皇地。刘蚠回到刘地，单穆公派王子处驻守王城，和百工在平宫结盟。十六日，郊肸攻打皇地，被打得大败，郊肸被俘。十七日，在王城的市场上将其烧死。八月十六日，司徒丑率领天子的军队在前城被打得大败，百工也都叛变了。二十四日，百工攻打单穆公的宫殿，被打败。二十五日，单穆公发动反击。二十六日，攻打东圉。冬季十月十三日，晋国的籍谈、荀跞率领九州的戎人和焦、瑕、温、原等地的军队把周悼送、达到王城。十六日，单穆公和刘蚠率领天子的军队在郊外被打败，前城人在社地打败了陆浑人。十一月十二日，周悼王去世。《春秋》称"卒"而不称"崩"，是因为没有举行天子的葬礼。十六日，周敬王即位，住在周大夫子旅氏家里。十二月七日，晋国的籍谈、荀跞、贾辛、司马督率军分别驻扎在阴地、侯氏、豁泉和社地。天子的军队驻扎在氾地、解地和任人。闰十二月，晋国的箕遗、乐征、右行诡率军渡过伊水、洛水，攻占了前城，驻扎在前城的东南处。天子的军队驻扎在京楚。二十九日，讨伐京地，摧毁了它的西南部城池。

昭公二十三年

经　二十有三年春，王正月。叔孙婼如晋。癸丑，叔鞅卒。晋人执我行人叔孙婼。晋人围郊。夏六月，蔡侯东国卒于楚。秋七月，莒子庚舆来奔。戊辰，吴败顿、胡、沈、蔡、陈、许之师于鸡父。胡子髡、沈子逞灭，获陈夏啮。天王居于狄泉。尹氏立王子朝。八月乙未，地震。冬，公如晋，至河，有疾，乃复。

传　二十三年春，王正月壬寅朔，二师围郊①。癸卯②，郊、鄩溃。丁未③，晋师在平阴，王师在泽邑。王使告间④，庚戌⑤，还。

邾人城翼⑥，还，将自离姑⑦。公孙锄曰⑧："鲁将御我。"欲自武城还，循山而南。徐锄、丘弱、茅地曰⑨："道下遇雨，将不出，是不归也。"遂自离姑。武城人塞其前，断其后之木而弗殊⑩。邾师过之，乃推而蹶之⑪。遂取邾师，获锄、弱、地。

邾人愬于晋，晋人来讨。叔孙婼如晋，晋人执之。书曰："晋人执我行人叔孙婼。"言使人也。晋人使与邾大夫坐⑫。叔孙曰："列国之卿，当小国之君，固周制也。邾又夷也。寡君之命介子服回在⑬，请使当之，不敢废周制故也。"乃不果坐⑭。

韩宣子使邾人聚其众，将以叔孙与之。叔孙闻之，去众与兵而朝。士弥牟谓韩宣子曰⑮："子弗良图⑯，而以叔孙与其仇，叔孙必死之。鲁亡叔孙，必亡邾。邾君亡国，将焉归？子虽悔之，何及？所谓盟主，讨违命也。若皆相执⑰，焉用盟主？"乃弗与。使各居一馆⑱。士伯听其辞而愬诸宣子，乃皆执之。士伯御叔孙，从者四人，过邾馆以如吏⑲。先归邾子。士伯曰："以匄菆之难⑳，从者之病㉑，将馆子于都㉒。"叔孙旦而立，期焉㉓，乃馆诸箕。舍子服昭伯于他邑。

范献子求货于叔孙，使请冠焉。取其冠法㉔，而与之两冠，曰："尽矣。"为叔孙故，申丰以货如晋。叔孙曰："见我，吾告女所行货。"见，而不出。吏人之与叔孙居于箕者，请其吠狗㉕，弗与。及将归，杀而与之食之。叔孙所馆者，虽一日，必葺其墙屋，去之如始至。

夏四月乙酉㉖，单子取訾㉗，刘子取墙人、直人㉘。六月壬午㉙，王子朝入于尹㉚。癸未㉛，尹圉诱刘佗杀之。丙戌㉜，单子从阪道㉝，刘子从尹道伐尹㉞。单子先至而败，刘子还。己丑㉟，召伯奂、南宫极以成周人戍尹㊱。庚寅㊲，单子、刘子、樊齐以王如刘㊳。甲午㊴，王子朝入于王城，次于左巷。秋七月戊申㊵，鄩罗纳诸庄宫㊶。尹辛败刘师于唐㊷。丙辰㊸，又败诸鄩。甲子㊹，尹辛取西闱㊺。丙寅㊻，攻蒯㊼，蒯溃。

莒子庚舆虐而好剑，苟铸剑，必试诸人。国人患之。又将叛齐。乌存帅国人以逐之㊽。庚舆将出，闻乌存执殳而立于道左，惧将止死。苑羊牧之曰㊾："君过之，乌存以力闻可矣，何必以弑君成名？"遂来奔。齐人纳郊公㊿。

吴人伐州来，楚薳越帅师及诸侯之师奔命救州来[51]。吴人御诸钟离。子瑕卒[52]，楚师熸[53]。吴公子光曰："诸侯从于楚者众，而皆小国也。畏楚而不获已，是以来。吾闻之曰，作事威克其爱㉞，虽小必济。胡、沈之君幼而狂㉟，陈大夫啮壮而顽㊱，顿与许、蔡疾楚政。楚令尹死，其师熸。帅贱多宠，政令不一。七国同役而不同心，帅贱而不能整，无大威命㊲，楚可败也。若分师先以犯胡、沈与陈，必先奔。三国败，诸侯之师乃摇心矣。诸侯乖乱㊳，楚必大奔。请先者去备薄威㊴，后者敦陈整旅㊵。"吴子从之。戊辰晦㊶，战于鸡父㊷。吴子以罪人三千，先犯胡、沈与陈。三国争之㊸。吴为三军以系于后㊹：中军从王，光帅右，掩馀帅左。吴之罪人或奔或止，三国乱。吴师击之，三国败，获胡、沈之君及陈大夫。舍胡、沈之囚，使奔许与蔡、顿，曰："吾君死矣！"师噪而从之，三国奔，楚师大奔。

书曰："胡子髡、沈子逞灭，获陈夏啮。"君臣之辞也。不言战，楚未陈也。

八月丁酉㊽，南宫极震㊾，苌弘谓刘文公曰："君其勉之，先君之力可济也。周之亡也，其三川震㊿。今西王之大臣亦震㉛，天弃之矣，东王必大克㉜。"

楚大子建之母在郹，召吴人而启之。冬十月甲申㉝，吴大子诸樊入郹，取楚夫人与其宝器以归。楚司马薳越追之，不及。将死㉞，众曰："请遂伐吴以徼之㉟。"薳越曰："再败君师，死且有罪。亡君夫人，不可以莫之死也。"乃缢于薳澨㊱。

公为叔孙故如晋，及河，有疾而复。

楚囊瓦为令尹㊲，城郢。沈尹戌曰："子常必亡郢。苟不能卫，城无益也。古者天子守在四夷㊳。天子卑，守在诸侯。诸侯守在四邻。诸侯卑，守在四竟。慎其四竟㊴，结其四援㊵，民狎其野㊶，三务成功，民无内忧，而又无外惧，国焉用城？今吴是惧而城于郢，守已小矣㊷。卑之不获㊸，能为亡乎？昔梁伯沟其公宫而民溃㊹。民弃其上，不亡何待？夫正其疆场，修其土田，险其走集㊺，亲其民人，明其伍候㊻，信其邻国，慎其官守，守其交礼㊼，不僭不贪㊽，不懦不耆㊾，完其守备，以待不虞，又何畏矣？《诗》曰：'无念尔祖，聿修厥德㊿。'无亦监乎若敖、蚡冒至于武、文㈤，土不过同㈥，慎其四竟，犹不城郢。今土数圻㈦，而郢是城，不亦难乎？"

【注释】

①二师：指王师、晋师。　②癸卯：初二日。　③丁未：六日。　④间：本意为病情好转，此为乱势稍平。　⑤庚戌：初九日。　⑥翼：邾邑名。　⑦离姑：邾邑。从离姑，则途经鲁国的武城，过邻国必假道。　⑧公孙鉏：邾大夫。　⑨徐鉏、丘弱、茅地：三人名，皆邾大夫。　⑩弗殊：树木伐倒而不使断绝。殊，绝。　⑪蹶之：推倒树木。蹶，仆倒。　⑫坐：古

代诉讼双方互争曲直称"坐"。　⑬子服回：鲁大夫，叔孙的副手。　⑭不果坐：始终不去争论。　⑮子弗良图：即子图弗良。　⑯士弥牟：即士景伯。　⑰相执：互相抓人。　⑱使各居一馆：指叔孙、子服回各居一馆。　⑲如吏：去见官吏。　⑳刍荛之难：柴薪难以供给。　㉑从者之病：侍从辛苦。　㉒都：邑。　㉓期：期待，待命。　㉔冠法：帽子尺寸的大小。法，模，型。　㉕吠狗：其狗善吠，故称吠狗。　㉖乙酉：十四日。　㉗訾：周地，有东、西二訾，此为西訾，在今河南巩义西南。　㉘墙人、直人：二地名，在今河南新安县境。　㉙壬午：十二日。　㉚尹：地名，疑在今河南洛宁县境。　㉛癸未：十三日。　㉜丙丑：十六日。　㉝阪道：偏僻山路。　㉞尹道：正道。　㉟己丑：十九日。　㊱召伯奂、南宫极：二人皆周卿士。　㊲庚寅：二十日。　㊳刘：刘子之邑。　㊴甲午：二十四日。　㊵戊申：初九日。　㊶郭罗：周大夫郭胗之子。　㊷唐：周地，在今洛阳市东。　㊸丙辰：十七日。　㊹甲子：二十五日。　㊺西闸：在洛阳西南。　㊻丙寅：二十七日。　㊼蒯：在今洛阳市西北。　㊽乌存：莒大夫。　㊾苑羊牧之：莒大夫。　㊿郊公：著丘公之子。　51奔命：奔赴。　52子瑕：楚令尹。　53熸：士气低落。　54威克其爱：威严胜过爱心。　55幼而狂：年轻而狂躁。　56顽：愚顿。　57威命：威望。　58乖乱：混乱。乖，背，不顺。　59去备薄威：放松警备，减少军威。　60敦陈整旅：加强军阵，整顿师旅。　61戊辰晦：七月二十九日。　62鸡父：楚地，在今河南固始县东南。　63争之：争获俘虏。　64系：紧随。　65丁酉：二十七日。　66南宫极震：南宫极因地震房屋坍塌而死。　67三川：即泾、渭、洛水。　68西王：子朝在王城，故称西王。　69东王：敬王居狄泉，在王城之东，故称东王。　70甲申：十六日。　71将死：准备自杀。　72徼之：侥幸取胜。　73薳澨：疑为地名，在水边。　74囊瓦：子囊之孙子常，代阳句。　75守在四夷：意为和柔四夷以为中原各国的守卫。　76慎其四竟：警戒四周边境。　77四援：四方邻国为援助。　78狃：安居乐业。　79三务：春、夏、秋三季的农务。　80守已小：守卫的范围太小。　81卑不获：卑则守在四境，今仅城国都，故曰不获。　82梁伯沟公宫：事见僖公十九年传。　83险其走集：巩固边垒。走集，边境上的壁垒。　84伍候：伍，部队，军队基层组织。候，候望，侦察。　85交礼：交往的礼仪。　86僭：差失。　87耆：强暴。　88无念尔祖，聿修厥德：句出《诗经·大雅·文王》篇。意为念尔祖，修其德。无、聿，句首助词，无义。厥，代词，那。　89监：视，通"鉴"。若敖、蚡冒、武、文：四君皆楚前代贤君。　90同：土地方圆百里为一同。　91圻（qī）：方圆千里为圻。

【译文】

二十三年春季，周历正月一日，天子和晋国的军队联合围攻郊地。二日，郊地和郚地的人溃散。六日，晋军驻在平阴，天子的军队驻在泽邑。天子派人通知晋军子朝之乱已基本平息。九日，晋军回国。

邾国人在翼地筑城，回去时准备绕道离姑。邾大夫公孙鉏说："鲁国人肯定要抵抗我们。"打算到武城后再折回去，不过武城而顺着山向南走。徐鉏、丘弱、茅地说："山路低洼，一旦遇到下雨，就无法出去，到那时就回不了国了。"决定仍经武城取道离姑。到达武城时，武城人出兵从前面堵住道路，又把后面的树木锯断，但并不让它倒下。等邾军过去，才把大树推倒以堵塞退路，结果邾军被消灭，徐鉏、丘弱、茅地被俘。

邾国人向晋国告状，晋国人前来讨伐。叔孙婼到晋国，晋国人把他抓了起来。《春秋》记载"晋人执我行人叔孙婼"，是说晋国扣押了使者。晋国人让叔孙婼和邾国的大夫辩论。叔孙婼说："各国的卿，相当于小国的国君，这是周朝一贯的制度。邾国是蛮夷之邦，寡君任命的副手子服回也在晋国，请让他出庭，我不去，是不敢破坏周朝的制度啊。"晋国人同意叔孙婼不出庭。

韩起让邾国人把力量集中起来，准备把叔孙婼交给他们。叔孙婼听说后，不带随从，也不带武器，前去朝见晋顷公。士景伯对韩起说："你不想一个妥善的办法，却要把叔孙婼交给他的仇人，他肯定会因此而死去。鲁国失去叔孙婼，就一定要灭掉邾国。邾君失去了国家，还能到哪里去呢？到时候你就是后悔也来不及了。所谓盟主，就是要讨伐违背命令的人。如果他们之间互相抓人，盟主还有什么用呢？"于是晋国决定不再把叔孙婼交给邾国人。让叔孙婼和子服回各住一个宾馆。士景伯听了双方的辩解后，告诉了韩起，把他们都抓了起来。士景伯为叔孙婼驾车，车后跟着四个人，经过邾人下塌的宾馆到官吏家去。晋国让邾子先回国。士景伯说："因为这里难以保证供给柴禾，伺候的人又非常辛劳，所以准备把您转移到别的城邑。"叔孙婼一大早就站着听候命令，于是到箕地居住，晋国人又让子服回住在其他城邑。

士鞅向叔孙婼索取财物。派人索要他的帽子。叔孙婼根据自己帽子的尺寸做了两顶送去，并说："我只有这些东西。"为了赎取叔孙婼，申丰带着财物到晋国。叔孙婼说："你来见我，我告诉你把财物送给谁。"申丰来到后，叔孙婼便不让他出去了。在箕地负责看守叔孙婼的人想要他的那只很会叫的狗，叔孙婼也不给。等离开晋国回去时，又把狗杀了，把狗肉送给看守吃。叔孙婼在旅馆，即使只住一夜，也要打扫得干干净净，离开时如同刚到时一样整洁。

夏季四月十四日，单穆公夺取了訾地，刘蚠攻取了墙人和直人。六月十二日，王子朝进入尹地。十三日，尹圉引诱刘佗并杀了他。十六日，单穆公从阪道，刘蚠从尹道攻打尹地。单穆公先到尹地，被打败，刘蚠只好撤兵。十九日，召伯奂、南宫极率领成周的军队戍守尹地。二十日，单穆公、刘蚠、樊齐率领天子的军队到达刘地。二十四日，王子朝进入王城，驻扎在左巷。秋季七月九日，郭罗护送王子朝来到庄宫。尹辛在唐地打败了刘蚠的军队。十七日，又在鄩地将其打败。二十五日，尹辛夺取了西闱。二十七日，进攻蒯地，蒯地人溃散。

　　莒子庚舆暴虐而又喜欢玩剑，每当铸成一口剑，必定要用活人试验，国人对他恨之入骨。他又打算背叛齐国。于是莒大夫乌存率领国人要赶走他。庚舆准备出逃，听说乌存手持长殳正在路边等候，害怕把他拦住杀死。范羊牧之说："国君尽管过去！乌存以勇敢就可以闻名，又何必靠杀死国君成名呢？"庚舆来到鲁国。齐国人把郊公送回莒国。

　　吴国人攻打州来，楚国的蒍越率军和诸侯的军队前去救援。吴国人在钟离抵抗。令尹子瑕去世，楚军士气低落。吴国的公子光说："诸侯跟随楚国前来的人很多，但都是小国。他们是害怕楚国，不得已才来的。我听说：做任何事情，只要威严胜过仁慈，即使弱小，也定能成功。胡国、沈国的国君年轻而浮躁，陈国大夫啮虽然年轻力壮但顽固不化，顿国和许国、蔡国憎恨楚国的政令。楚国令尹刚死，楚军士气低落。其将领出身低贱，虽然受到宠信，但政令不统一。七国虽然并肩作战并不同心协力，将领出身低贱，无力统帅全军，没有多大威信，因此可以把楚国打败。如果先分兵攻打胡国、沈国和陈国，他们必先溃散奔逃。这三个国家一旦失败，就会动摇诸侯联军的军心。联军混乱起来，楚军必然大败。请求让先头部队佯做军容不整以麻痹对方，后续部队则加强力量整装待发。"吴王采纳了这一建议。七月二十九日，双方在鸡父交锋。吴王先派三千囚犯攻击胡、沈、陈三国军队，三国争着抓获俘虏。吴国三军紧随在后，中军跟随吴王，公子光率领右军，公子掩馀率领左军，吴国囚犯有的奔跑，有的停下来，使三国军阵大乱。吴军大举进攻，三国军队大败。胡、沈两国国君和陈国大夫都被俘虏。吴军放走胡、沈两国俘虏，让他们逃到许、蔡、顿三军中说："我们的国君死了！"吴军又击鼓呐喊着追了上去，许、蔡、顿三军四散奔逃，楚军大败。

　　《春秋》中记载"胡子髡、沈子逞灭，获陈夏啮。"表明对君臣的记述是有区别的。不说"战"，是因为楚军还未摆开战阵就被击败了。

　　八月二十七日，南宫极因地震而被倒塌的房屋压死。苌弘对刘文公说："您要努力啊！先君的遗愿能够实现了。西周灭亡时，泾、渭、洛三河都发生了地震。现在子朝的大臣死于地震，表明是上天要抛弃西王。东王必定大胜。"

　　楚国太子建的母亲住在郹地，她召来吴国人，并打开城门。冬季十月十六日，吴国的太子诸樊进入郹地，把太子建的母亲和郹地的宝器带回吴国。楚国司马蒍越追赶，没有追上。蒍越准备自杀，他的部下说："请求乘机攻打吴国，或许能侥幸取胜。"蒍越说："如果再次使国君的军队打败，即使被处死也不足以抵罪。现在失去了君夫人，我不能不为此而死。"就在蓬滋自缢身亡。

昭公为了叔孙婼前往晋国，走到黄河，因为生病折了回去。

楚国的囊瓦出任令尹，在郢都筑城。沈尹戌说："囊瓦肯定会失去郢都，假如保卫不了，即使修筑也无用。古代，天子以四方夷狄作为守卫。天子的地位降低了，便以诸侯作为守卫。诸侯以四方邻国为守卫。诸侯的地位下降了，便以四方边境作为守卫。小心地治理四方边境，和周围邻国互相救援，百姓在自己的土地上安居乐业，春、夏、秋三季的农活都能及时完成，百姓既无内忧，又无外患，国家又何必筑城呢？现在害怕吴国，在郢都筑城，说明守卫的范围已经变小了。连以四方边境作为守卫都做不到，还能不灭亡吗？从前梁伯在他的宫殿周围挖沟防守，因此百姓溃散奔逃。一旦百姓抛弃他们的国君，还能不灭亡吗？如果认真治理边疆，修整土地，加固边防堡垒，关心爱护百姓，加强戒备，提高警惕，对邻国讲究信用，各级官员尽职尽责，不失外交礼节，不过分不贪婪，不懦弱不强横，加强边境防备，以防意外，有什么可害怕的呢？《诗经》说：'怀念你的祖先，发扬他们的美德。'你看从先王若敖、蚡冒到武王、文王，他们拥有的土地，方圆不过百里，但能重视四方边境的防备，所以用不着在郢都筑城。现在楚国的领土增加了若干倍，却要修筑郢都，不是很难吗？"

昭公二十四年

经　二十有四年春，王二月丙戌，仲孙貜卒。婼至自晋。夏五月乙未朔，日有食之。秋八月，大雩。丁酉，杞伯郁釐卒。冬，吴灭巢。葬杞平公。

传　二十四年春，王正月辛丑①，召简公、南宫嚚以甘桓公见王子朝。刘子谓苌弘曰："甘氏又往矣。"对曰："何害？同德度义②。《大誓》曰③：'纣有亿兆夷人，亦有离德；余有乱臣十人④，同心同德。'此周所以兴也。君其务德，无患无人。"戊午⑤，王子朝入于邬⑥。

晋士弥牟逆叔孙于箕。叔孙使梁其踁待于门内⑦，曰："余左顾而欬⑧，乃杀之。右顾而笑，乃止。"叔孙见士伯，士伯曰："寡君以为盟主之故，是以久子⑨。不腆敝邑之礼，将致诸从者。使弥牟逆吾子。"叔孙受礼而归。二月，婼至自晋，尊晋也。

三月庚戌⑩，晋侯使士景伯莅问周故，士伯立于乾祭而问于介众⑪。晋人乃辞王子朝，不纳其使。

夏五月乙未朔[12]，日有食之。梓慎曰："将水。"昭子曰："旱也。日过分而阳犹不克[13]，克必甚[14]，能无旱乎？阳不克莫[15]，将积聚也。"

六月壬申[16]，王子朝之师攻瑕及杏[17]，皆溃。

郑伯如晋，子大叔相，见范献子。献子曰："若王室何？"对曰："老夫其国家不能恤，敢及王室？抑人亦有言曰：'嫠不恤其纬，而忧宗周之陨，为将及焉。'今王室实蠢蠢焉[18]，吾小国惧矣。然大国之忧也，吾侪何知焉？吾子其早图之！《诗》曰：'缾之罄矣，惟罍之耻[19]。'王室之不宁，晋之耻也。"献子惧，而与宣子图之。乃征会于诸侯，期以明年。

秋八月，大雩，旱也。

冬十月癸酉[20]，王子朝用成周之宝珪沉于河[21]。甲戌[22]，津人得诸河上[23]。阴不佞以温人南侵[24]，拘得玉者，取其玉，将卖之，则为石。王定而献之，与之东訾[25]。

楚子为舟师以略吴疆[26]。沈尹戌曰："此行也，楚必亡邑。不抚民而劳之，吴不动而速之，吴踵楚[27]，而疆埸无备，邑能无亡乎？"

越大夫胥犴劳王于豫章之汭[28]，越公子仓归王乘舟[29]，仓及寿梦帅师从王[30]，王及圉阳而还[31]。吴人踵楚，而边人不备，遂灭巢及钟离而还。

沈尹戌曰："亡郢之始，于此在矣。王一动而亡二姓之帅[32]，几如是而不及郢[33]？《诗》曰：'谁生厉阶，至今为梗[34]。'其王之谓乎？"

【注释】

①辛丑：初五日。　②同德度义：同心同德在于合乎正义。度，居，在。　③《大誓》：《尚书》篇名。今《大誓》无此文。　④乱：治。反义相训。　⑤戊午：二十二日。　⑥邬：地名，在今河南偃师县南。　⑦梁其踁：叔孙家臣。　⑧欬：同"咳"。　⑨久子：久留您。　⑩庚戌：十五日。　⑪乾祭：王城北门。介众：大众。　⑫乙未朔：初一日。　⑬日过分而阳犹不克：太阳过了春分而阳气仍不胜阴气。　⑭克必甚：阳气胜过阴气必定过分。　⑮莫：同"暮"，不克莫，即不克阴。　⑯壬申：八日。　⑰瑕、杏：周敬王邑名，不详何处。　⑱蠢蠢焉：动扰的样子。　⑲缾之罄矣，惟罍之耻：句出《小雅·蓼莪》。缾、罍皆为古代盛酒器，缾，亦作瓶，器小；罍，器大。罄，空。句意为瓶中无酒，罍中必空。此以瓶喻王室，以罍喻晋，晋虽为诸侯，实强大。　⑳癸酉：十一日。　㉑用宝珪沉于河：此为王子朝献珪于河神以求福。　㉒甲戌：十二日。　㉓津人：摆渡的船工。　㉔阴不佞：周敬王大夫。　㉕东訾：周地，在今河南巩义东。　㉖略：巡行。　㉗踵，紧跟。　㉘豫章：见昭公六年传注。　㉙归：馈送。　㉚寿梦：越大夫。　㉛圉阳：楚地名，在今安徽巢县南。　㉜二姓之帅：指守钟离、巢二邑的大夫。　㉝几如是：如此几次。　㉞谁生厉阶，至今为梗：句出《大雅·桑

《柔》篇。厉阶，罪恶阶梯。梗，病患。

【译文】

二十四年春季，周历正月五日，召简公、南宫嚚带甘桓公进见子朝。刘耋对苌弘说："甘氏又到王子朝那里去了。"苌弘说："这有什么妨碍？同心同德关键在于合乎道义。《大誓》说：'纣王虽然有亿兆人，但个个离心离德；我有治世之臣十个，却人人同心同德。'这就是周朝兴盛的原因。君王应该致力于修养德行，不要担心没有人跟随。"二十二日，王子朝进入邬地。

晋国的士景伯到箕地迎接叔孙婼。叔孙婼派梁其跻隐藏在大门里面，说："如果我向左看并且咳嗽，你就把他杀死。如果我向右看并且微笑，就不要动手。"叔孙婼见到士景伯时，士景伯说："寡君身为盟主，所以才挽留您这么久。我们将送上微薄礼物，送您回国。我这次来就是迎接您回去的。"叔孙婼接受了礼物便回国了。二月，"婼至自晋，"《春秋》这样记载，表示尊重晋国。

三月十五日，晋顷公派士景伯去调查王室发生的事故，士景伯站在乾祭门上，向大家询问了解情况。结果晋国人决定拒绝王子朝，不接纳他派往晋国的使者。

夏季五月一日，鲁国发生了日食。梓慎说："将要发生水灾。"叔孙婼说："这是预示着要闹旱灾。太阳已经过了春分，阳气还没有胜过阴气，一旦胜过阴气，就一定很厉害，能不发生旱灾吗？阳气超过了时间却没有胜过阴气，是正在进一步蓄积以等待爆发的时间。"

六月八日，王子朝的军队攻打瑕地和杏地，瑕、杏两地的军队溃败。

郑定公前往晋国，游吉作为相礼，会见了士鞅。士鞅说："准备怎么处理王室的争端呢？"游吉说："我这个老头子连自己国家和家族都治不好，怎么敢介入王室的事情呢？不过有人说过：'寡妇不担心纬线不够，却忧虑宗周的衰落，因为宗周一旦灭亡，祸患也将降到她的头上。'现在王室确实动荡不安，我们小国也非常担心。然而大国的担心，我们怎能知道呢？您还是早做安排！《诗经》说：'酒瓶空空，也是酒缸的耻辱。'王室动乱不宁，也是贵国的耻辱。"士鞅害怕了，便和韩起商量。决定会合诸侯，时间定在明年。

秋季八月，鲁国举行了盛大的雩祭，因为发生了旱灾。

冬季十月十一日，王子朝把成周的宝珪沉到黄河中，以求河神保佑。十二日，黄河渡口的船夫在河里捞到了这决玉。阴不佞率领温地人向南追击王子朝，抓住了那个捞到玉的船夫，夺了过来。准备把玉卖掉，却发现它已变成了一块石头。等周敬王王位安定后，阴不佞才把玉献了出来，敬王把东訾赐给了他。

楚平王训练水军准备入侵吴国疆界。沈尹戍说："这次行动，楚国一定会损失城邑。不安抚百姓却让他们疲劳，吴国本不想用兵，却挑逗他们迅速出击，吴军必然紧追不舍，我们的边疆又没有设防，能不损失城邑吗？"

越国大夫胥犴在豫章的江边慰劳平王，楚国公子仓送给平王一艘船。公子仓和寿梦领兵跟随平王，平王到达围阳就回去了。吴军尾随而至，楚国边境的守军又没防备。吴国人乘机灭掉了巢和钟离后才回去。

沈尹戍说："郢都的灭亡将从此开始。国君一次行动便失去了两个将帅，用不了几次，敌军便会逼至郢都。《诗经》说：'是谁挑起了事端？至今还深受其害。'说的就是国君吧！"

昭公二十五年

经 二十有五年春，叔孙婼如宋。夏，叔诣会晋赵鞅、宋乐大心、卫北宫喜、郑游吉、曹人、邾人、滕人、薛人、小邾人于黄父。有鸜鹆来巢。秋七月上辛，大雩；季辛，又雩。九月己亥，公孙于齐，次于阳州。齐侯唁公于野井。冬十月戊辰，叔孙婼卒，十有一月己亥，宋公佐卒于曲棘。十有二月，齐侯取郓。

传 二十五年春，叔孙婼聘于宋。桐门右师见之①，语，卑宋大夫，而贱司城氏②。昭子告其人曰③："右师其亡乎！君子贵其身而后能及人，是以有礼。今夫子卑其大夫而贱其宗，是贱其身也。能有礼乎？无礼必亡。"

宋公享昭子，赋《新宫》④。昭子赋《车辖》⑤。明日宴，饮酒，乐。宋公使昭子右坐⑥，语相泣也⑦。乐祁佐⑧，退而告人曰："今兹君与叔孙，其皆死乎？吾闻之，哀乐而乐哀⑨，皆丧心也。心之精爽⑩，是谓魂魄。魂魄去之，何以能久？"

季公若之姊为小邾夫人，生宋元夫人，生子，以妻季平子。昭子如宋聘，且逆之。公若从，谓曹氏勿与⑪，鲁将逐之。曹氏告公，公告乐祁。乐祁曰："与之。如是，鲁君必出。政在季氏三世矣⑫，鲁君丧政四公矣⑬。无民而能逞其志者，未之有也。国君是以镇抚其民。《诗》曰⑭：'人之云亡，心之忧矣。'

鲁君失民矣，焉得逞其志？靖以待命犹可⑮，动必忧。"

夏，会于黄父⑯，谋王室也。赵简子令诸侯之大夫⑰，输王粟，具戍人，曰："明年将纳王。"

子大叔见赵简子，简子问揖让周旋之礼焉。对曰："是仪也，非礼也。"简子曰："敢问何谓礼？"对曰："吉也闻诸先大夫子产曰：'夫礼，天之经也，地之义也，民之行也。'天地之经，而民实则之。则天之明⑱，因地之性，生其六气⑲，用其五行。气为五味，发为五色，章为五声。淫则昏乱，民失其性。是故为礼以奉之⑳。为六畜、五牲㉑、三牺㉒，以奉五味。为九文㉓、六采㉔、五章㉕，以奉五色。为九歌、八风、七音、六律㉖，以奉五声。为君臣、上下，以则地义。为夫妇、外内㉗，以经二物㉘。为父子、兄弟、姑姊、甥舅、昏媾㉙、姻亚㉚，以象天明。为政事、庸力㉛、行务㉜，以从四时。为刑罚、威狱，使民畏忌，以类其震曜杀戮㉝。为温兹、惠和，以效天之生殖长育。民有好、恶、喜、怒、哀、乐，生于六气。是故审则宜类㉞，以制六志㉟。哀有哭泣，乐有歌舞，喜有施舍，怒有战斗。喜生于好，怒生于恶。是故审行信令，祸福赏罚，以制死生。生，好物也㊱。死，恶物也。好物，乐也。恶物，哀也。哀乐不失㊲，乃能协于天地之性，是以长久。"简子曰："甚哉，礼之大也。"对曰："礼，上下之纪㊳，天地之经纬也㊴，民之所生也，是以先王尚之㊵。故人之能自曲直以赴礼者㊶，谓之成人。大，不亦宜乎？"简子曰："鞅也请终身守此言也。"

宋乐大心曰："我不输粟，我于周为客，若之何使客㊷？"晋士伯曰："自践土以来㊸，宋何役之不会，而何盟之不同？曰同恤王室㊹，子焉得辟之？子奉君命，以会大事，而宋背盟，无乃不可乎？"右师不敢对，受牒而退㊺。士伯告简子曰："宋右师必亡。奉君命以使，而欲背盟以干盟主，无不祥大焉㊻。"

"有鸜鹆来巢㊼。"书所无也。师己曰㊽："异哉，吾闻文、成之世，童谣有之，曰：'鸜之鹆之，公出辱之。鸜鹆之羽，公在外野，往馈之马。鸜鹆跦跦㊾，公在乾侯㊿，征褰与襦[51]。鸜鹆之巢，远哉遥遥。稠父丧劳[52]，宋父以骄[53]。鸜鹆鸜鹆，往歌来哭。'童谣有是。今鸜鹆来巢，其将及乎？"

秋，书再雩，旱甚也。

初，季公鸟娶妻于齐鲍文子[54]，生甲。公鸟死，季公亥与公思展与公鸟之臣申夜姑相其室。及季姒与饔人檀通[55]，而惧，乃使其妾扶己[56]，以示秦遄之妻[57]，曰："公若欲使余[58]，余不可而扶余。"又诉于公甫[59]，曰："展与夜姑将要余⑥。"秦姬以告公之⑥，公之与公甫告平子，平子拘展于卞而执夜姑⑥，将杀之。公若泣而哀之，曰："杀是，是杀余也。"将为之请，平子使竖勿内⑥，日中不得请。有司逆命，公之使速杀之。故公若怨平子。

季、郈之鸡斗。季氏介其鸡⑥，郈氏为之金距⑥。平子怒，益宫于郈氏⑥，且让之，故郈昭伯亦怨平子。

臧昭伯之从弟会，为谗于臧氏，而逃于季氏，臧氏执旆⑥。平子怒，拘臧氏老⑥。将禘于襄公，万者二人⑥，其众万于季氏⑥。臧孙曰："此之谓不能庸先君之庙⑥。"大夫遂怨平子。

公若献弓于公为⑥，且与之出射于外，而谋去季氏。公为告公果、公贲。公果、公贲使侍人僚柤告公⑥。公寝，将以戈击之，乃走。公曰："执之。"亦无命也。惧而不出，数月不见，公不怒。又使言，公执戈以惧之，乃走。又使言，公曰："非小人之所及也。"公果自言，公以告臧孙，臧孙以难。告郈孙，郈孙以可，劝。告子家懿伯，懿伯曰："谗人以君侥幸⑥，事若不克，君受其名，不可为也。舍民数世⑥，以求克事，不可必也⑥。且政在焉，其难图也。"公退之。辞曰："臣与闻命矣，言若泄，臣不获死⑥。"乃馆于公宫。

叔孙昭子如阚⑥，公居于长府⑥。九月戊戌⑥，伐季氏，杀公之于门，遂入之。平子登台而请曰："君不察臣之罪，使有司讨臣以干戈，臣请待于沂上以察罪⑥。"弗许。请囚于费⑥，弗许。请以五乘亡，弗许。子家子曰⑥："君其许之！政自之出久矣，隐民多取食焉⑥。为之徒者众矣，日入慝作⑥，弗可知也。众怒不可蓄也。蓄而弗治，将蕰。蕰蓄，民将生心⑥；生心，同求将合⑥。君必悔之。"弗听。郈孙曰："必杀之。"

公使郈孙逆孟懿子⑥。叔孙氏之司马鬷戾盲于其众曰："若之何？"莫对。又曰："我家臣也，不敢知国⑥。凡有季氏与无，于我孰利？"皆曰："无季氏，是无叔孙氏也。"鬷戾曰："然则救诸！"帅徒以往，陷西北隅以入。公徒释甲，执冰而踞⑥。遂逐之。孟氏使登西北隅，以望季氏。见叔孙氏之旌，以告。孟氏执郈昭伯，杀之于南门之西，遂伐公徒。子家子曰："诸臣伪劫君者，而负罪以出，君止。意如之事君也⑥，不敢不改。"公曰："余不忍也。"与臧孙如墓谋⑥，遂行。

己亥⑥，公孙于齐⑥，次于阳州⑥。齐侯将唁公于平阴⑥，公先至于野井⑥。齐侯曰："寡人之罪也。使有司待于平阴，为近故也。"书曰："公孙于齐，次于阳州，齐侯唁公于野井。"礼也。将求于人，则先下之，礼之善物也⑥。齐侯曰："自莒疆以西，请致千社⑥，以待君命。寡人将帅敝赋以从执事⑩，唯命是听。君之忧，寡人之忧也。"公喜。子家子曰："天禄不再^⑩，天若胙君^⑩，不过周公^⑩，以鲁足矣。失鲁，而以千社为臣，谁与之立^⑩？且齐君无信，不如早之晋。"弗从。

臧昭伯率从者将盟，载书曰^⑩："戮力壹心，好恶同之。信罪之有无^⑩，缱绻从公^⑩，无通外内。"以公命示子家子。子家子曰："如此，吾不可以盟。羁也不佞，不能与二三子同心，而以为皆有罪。或欲通外内，且欲去君。二三子好亡而恶定，焉可同也？陷君于难，罪孰大焉？通外内而去君^⑩，君将速入，弗通何为？而何守焉？"乃不与盟。

昭子自阚归，见平子。平子稽颡，曰："子若我何？"昭子曰："人谁不死？子以逐君成名，子孙不忘，不亦伤乎！将若子何？"平子曰："苟使意如得改事君，所谓生死而肉骨也。"昭子从公于齐，与公言。子家子命适公馆者执之。公与昭子言于幄内，曰："将安众而纳公。"公徒将杀昭子，伏诸道。左师展告公^⑩，公使昭子自铸归^⑩。平子有异志。冬十月辛酉^⑪，昭子齐于其寝^⑪，使祝宗祈死，戊辰^⑬，卒。左师展将以公乘马而归，公徒执之。

壬申^⑭，尹文公涉于巩^⑮，焚东訾，弗克。

十一月，宋元公将为公故如晋。梦大子栾即位于庙，己与平公服而相之^⑯。且，召六卿。公曰："寡人不佞，不能事父兄，以为二三子忧，寡人之罪也。若以群子之灵，获保首领以没，唯是楄柎所以藉干者^⑰，请无及先君。"仲几对曰："君若以社稷之故，私降昵宴^⑱，群臣弗敢知。若夫宋国之法，死生之度，先君有命矣。群臣以死守之，弗敢失队^⑲。臣之失职，常刑不赦。臣不忍其死^⑳，君命祗辱^㉑。"宋公遂行。己亥^㉒，卒于曲棘^㉓。

十二月庚辰^㉔，齐侯围郓。

初，臧昭伯如晋，臧会窃其宝龟偻句^㉕，以卜为信与僭^㉖，僭吉。臧氏老将如晋问^㉗，会请往。昭伯问家故^㉘，尽对。及内子与母弟叔孙^㉙，则不对。再三问，不对。归，及郊，会逆。问，又如初。至，次于外而察之，皆无之。执而戮之，逸，奔郈。郈鲂假使为贾正焉^㉚。计于季氏^㉛，臧氏使五人以戈楯伏诸桐汝之间^㉜。会出，逐之，反奔，执诸季氏中门之外。平子怒，曰："何故以兵入吾门？"拘臧氏老。季、臧有恶。及昭伯从公，平子立臧会。会曰："偻句不余欺也。"

楚子使薳射城州屈^㉝，复茄人焉^㉞。城丘皇^㉟，迁訾人焉。使熊相禖郭巢，季然郭卷^㊱。子大叔闻之，曰："楚王将死矣，使民不安其土，民必忧，忧将及王，弗能久矣。"

【注释】

①桐门右师：乐大心为右师，居桐门。　②司城氏：乐祁此时为司城，为乐氏大宗。　③昭子：即叔孙婼。　④《新宫》：逸诗。　⑤《车辖》：《诗经·小雅》篇名。诗义为周人思得贤女以配君子。昭子为季孙将迎宋公女而赋之。　⑥右坐：坐在右边近处，便于交谈。　⑦语相泣：谈话中都流了眼泪。　⑧佐：帮助主持宴礼。　⑨哀乐而乐哀：当哀而乐，当乐而哀。　⑩精爽：精神。　⑪曹氏：即宋元夫人。小邾君为曹姓。　⑫三世：指文子、武子、平子。　⑬四公：指宣、成、襄、昭四公。　⑭《诗》曰：下二句出自《诗经·大雅·瞻卬》。　⑮待命：等待天命安排。　⑯黄父：地名，在今山西沁水县西北。　⑰赵简子：赵鞅。　⑱天之明：指日、月、星辰。　⑲六气：指阴阳、风雨、晦明。　⑳奉：奉行。　㉑五牲：牛、羊、豕、犬、鸡。　㉒三牺：即以牛、羊、豕用于祭天、地、宗庙，称为三牺。　㉓九文：九种文采，即龙、山、花虫、火、宗彝五种画于衣上，藻、粉米、黼、黻四者绣于裳上。　㉔六采：六种色彩，即青、白、赤、黑、玄、黄六色。　㉕五章：青与赤谓之文，赤与白谓之章，白与黑谓之黼，黑与青谓之黻，五色备谓之绣。　㉖九歌、八风、七音、六律：见昭公二十年传注。　㉗外内：即夫妇，古以夫治外，妇治内。　㉘二物：谓阴阳，即刚柔。　㉙昏媾：即婚姻关系。　㉚姻亚：姻，婿；亚，连襟。　㉛庸力：民功劳力。　㉜行务：日常工作和临时措施。　㉝震曜：雷电。　㉞审则宜类：慎重效法，适当仿效。　㉟六志：六种欲望，即好恶、喜怒、哀乐。　㊱好物：喜好的事情。　㊲不失：不失礼。　㊳纪：纲纪。　㊴天地之经纬：天经地义。　㊵尚：通"上"，崇尚，至上。　㊶自曲直以赴礼：意为从不同方面，或委屈其本性，或顺从其性情以遵循礼。　㊷使客：指使宾客。　㊸践土：指僖公二十八年践土之盟。　㊹同恤王室：此为当时的盟辞。　㊺牒：简礼。　㊻无不祥大焉：即"不祥莫大焉"的变句。无，莫。　㊼鸜鹆：即八哥。　㊽师己：鲁大夫。　㊾趻踔：跳行貌。　㊿乾侯：晋邑名，在今河北成安县东南。　51征褰与襦：征，求。褰，裤。襦，短衣。　52稠父丧劳：稠父，昭公名。丧劳，死于外。　53宋父：定公名。　54季公鸟：季公亥之兄。　55季姒：公鸟之妻。饔人檀：季氏家臣中掌饮食者，名檀。　56抶：扑打。　57秦遄之妻：秦遄，鲁大夫。其妻为公鸟之妹。　58公若欲使余：公若，即公亥。使余，要我陪宿。　59公甫：即公甫靖，季孙纥之子。　60要：要挟。　61秦姬：秦遄之妻。公之：名鞅。　62卞：地名，在今山东泗水县东。　63内：同"纳"。　64介其鸡：为鸡戴上甲，即制作小铠甲著于鸡头。一说介作芥，即将芥子捣成粉末，撒在鸡翼上，可以迷敌方的眼睛。　65为之金距：将金属套在鸡爪上。　66益宫于郈氏：在郈氏家里扩大自己的住宅。　67旃："之焉"的合音字。　68老：家臣头子。　69万：舞名。　70万于季氏：到季氏那里跳万舞。　71庸：酬功。　72公为：昭公之子务人。　73公果、公贲：皆公之弟。　74谗人：指公若、郈孙等。　75舍民数世：丢掉百姓已经数代。意为自文公以来，政权不在公室。　76不可必：即无把握。　77不获死：不得好死。　78阚：鲁邑名，在今山东南旺湖。　79长府：府库名。　80戊戌：十一日。　81沂上：沂水岸边。　82费：季氏采邑。　83子家子：子家羁，子家懿伯。　84隐民多取食焉：贫民有很多人靠他吃饭。隐，约，穷困。　85日入慝作：太阳落山后，邪恶将会发生。　86生心：生

叛乱之心。　⑧同求将合：与季氏同心者将纠合一起。　⑧孟懿子：即仲孙何忌。　⑧知国：考虑国事。　⑨冰：箭筒盖。　⑨意如：季平子名。　⑨如墓谋：到祖坟上商量，辞别祖宗。　⑨己亥：九月十二日。　⑨孙：同"逊"，逃奔。　⑨阳州：齐邑，在今山东东平县北。　⑨唁：慰问。　⑨野井：地名，在今山东齐河县东南。　⑨善物：善事。　⑨千社：二万五千家。二十五家为一社。　⑩敝赋：敝邑的军队。　⑩天禄不再：上天的福禄不会二次降给君王。　⑩胙：通"祚"，赐福。　⑩不过周公：不会超过周公。周公，即指鲁国。　⑩立：即复位。　⑩载书：盟书。　⑩信罪之有无：明确有罪无罪。信，明。　⑩缱绻：坚决。　⑩去君：离开国君奔走。　⑩展：鲁大夫。　⑩铸：地名，在今山东肥城南。　⑪辛酉：初四日。　⑫齐：同"斋"。　⑬戊辰：十一日。　⑭壬申：十五日。　⑮尹文公：子朝之党。　⑯平公：元公父。服：著朝服。　⑰唯是楄柎所以藉干者：愿那些装载我尸骨的棺木。楄柎，古人棺木中垫尸体的木板。干，骸骨。藉，垫。　⑱昵宴：指亲近、声乐、饮食等事。　⑲失队：失坠。　⑳不忍其死：不能因失职而死。　㉑祗辱：不执行。　㉒己亥：十一月十三日。　㉓曲棘：地名，在今河南兰考县东南。　㉔庚辰：二十四日。　㉕偻句：龟名。　㉖僭：不信。　㉗问：问候昭伯起居。　㉘家故：家事。　㉙内子：妻。　㉚郈鲂假：郈邑大夫。贾正：掌货物价格的官吏。　㉛计：账簿。此用作动词，即送账本。　㉜桐汝：里名。　㉝州屈：楚地名，在今安徽凤阳县西。　㉞茄：临近淮水的小邑。　㉟丘皇：在今河南信阳县境。　㊱郭：用作动词，筑外城。

【译文】

　　二十五年春季，叔孙婼到宋国聘问。住在桐门的右师乐大心接待他，谈话中，乐大心鄙视宋国大夫，也瞧不起司城氏。叔孙婼对手下人说："右师恐怕要灭亡了吧！君子首先要尊重自己，然后才能尊重别人，这样就不会违背礼。现在这个人鄙视本国的大夫，瞧不起自己的宗族，实际上是轻视他自己。能说他懂得礼吗？不懂礼，就一定要灭亡。"

　　宋元公宴请叔孙婼，席间元公吟诵了《新宫》一诗。叔孙婼吟诵了《车辖》一诗。第二天又饮宴，喝酒，很开心。元公让叔孙婼靠近自己坐在右边，两人说着说着竟止不住流下了眼泪。乐祁帮助主持宴会，他退出来对别人说："国君和叔孙婼难道今年就要死去吗？我听说：应该高兴却悲哀，应该悲哀却高兴，都是心态失常的表现。心的精华是魂魄。一旦失去魂魄，还靠什么长寿？"

　　季公若的姐姐是小邾夫人，她生了宋元公夫人，元公夫人生了一个女儿，准备嫁给季平子为妻。叔孙婼到宋国聘问，顺便为季平子迎亲。季公若也跟着去了，他劝元公夫人不要将女儿嫁给季平子，因为鲁国正准备驱逐他。元公夫人告诉了元公，元公又告诉了乐祁。乐祁说："还是嫁给他。如果真是这样，被赶出去的也一定是鲁君自己。鲁国政权落在季氏手里已经三代了，鲁君丧失政权已经是第四代了。没有百姓却能实现自己愿望的，至今还不曾有过。作为一个国君应该注重安抚他的百姓。《诗经》说：'丧失了百姓，是心中的忧患。'鲁君已经失去了百姓，哪里还能满足他的愿望？只要安心等待命运的安排就行了，轻举妄动必然招致忧患。"

夏季，鲁国的叔诣和晋国的赵鞅、宋国的乐大心、卫国的北宫喜、郑国的游吉以及曹国人、邾国人、滕国人、薛国人、小邾国人在黄父会见，谋划如何安定王室。赵鞅让诸侯的大夫给天子输送粮食，准备帮助戍守王室的将士，他说："明年准备护送天子回到王城。"

游吉见到赵鞅，赵鞅向他请求有关揖让和交际之礼。游吉回答说："这只是仪式，并非礼。"赵鞅问："请问什么是礼呢？"游吉回答说："我从先大夫子产那里听说：'礼是上天的规范，大地的准则，百姓的行动依据。'天地的规范，就是百姓效法的对象。效法上天的英明，依靠大地的本性，生出了上天的六种气象，使用了大地的五行。气有五种味道，表现为五种颜色，显示为五种声音。过分沉溺就会导致昏乱，百姓就会丧失本性。因此要制定礼以奉养保持这种本性。规定了六畜、五牲、三牺，使五味有所遵循；规定了九文、六采、五章，使五色有所遵循；规定了九歌、八风、七音、六律，使五声有所遵循；规定了君臣上下之间的关系，以效法大地的准则；规定了夫妻内外之间的关系，以规范阴阳刚柔两种事物；规定了父子、兄弟、姑姐、甥舅、翁婿、连襟之间的关系，以象征上天的英明；规定了政治事务、调用劳力、工作措施，以适应四时；规定了刑罚牢狱，使百姓受到威慑，以模仿雷电杀伤万物的威力；规定了温和仁慈的政策，以效仿上天的养育万物。百姓的好恶、喜怒、哀乐六种情绪，是从上天的六气中派生出来的。因此要谨慎地效法、恰当地模仿，以制约这六种情绪不致过分，悲哀时可以哭泣，欢乐时可以歌舞，高兴时可以施舍，愤怒时可以征战；高兴产生于喜好，愤怒产生于厌恶。因此要谨慎地行动，制定政令要取信于人，以祸福赏罚制约生死。生是人们所喜好的，死是人们所厌恶的。喜好给人以欢乐，厌恶令人悲哀。哀乐不失于礼，就能和天地所赋予的本性相协调，因此万物才能长久不衰。"赵鞅说："礼的作用真是太大了！"游吉回答说："礼是上下的纲常，天地的准则，是百姓赖以生存的基础，因此先王把礼作为第一要事对待。所以只要从不同角度做到符合礼，就可以称之为完人。礼有如此重要的作用，不是很自然的吗！"赵鞅说："我赵鞅将永远牢记这番道理。"

宋国的乐大心说："我国不送给天子粮食，对王室来说，我们是客人，怎么能让客人奉送粮食呢？"晋国的士景伯说："自从践土结盟以来，宋国哪一次战争没有介入？哪一次结盟没有参加？盟约中说一同为王室分忧。您怎么能逃避责任？您奉君命来参加会盟商讨勤王大事，却要让宋国背弃盟约，恐怕不行吧！"乐大心不敢再答对，只好接受了写明送粮发兵任务的简札退下去了。士景伯对赵鞅说："宋国的右师定将落个逃亡的下场。奉君命出使，却要背弃盟约以冒犯盟主，再没有比这更大的不祥了。"

"有鸜鹆来巢。"这是过去从来没有过的事情，所以《春秋》特别加以记载。师己说："奇怪！我听说在文公、成公时代，曾有一段童谣说：'鸜鹆啊鸜鹆，国君出去必遭羞辱。鸜鹆的羽毛，国君在野外，送他一匹马。鸜鹆在跳跃，国君住乾侯，缺裤少短袄。鸜鹆的窝巢，遥远路迢迢，稠父辛劳死，宋父却骄傲。鸜鹆啊鸜鹆，出去唱着走，来时却哭叫？'童谣这么说，现在鸜鹆又来做窝，难道预示着灾祸要降临吗？"

秋季，《春秋》两次记载举行雩祭的情况，说明旱灾非常严重。

当初，季公鸟娶齐国鲍文子的女儿为妻，生了儿子甲。公鸟死后，季公亥和公思展及公鸟的家臣申夜姑一同照管他的家庭。公鸟的妻子季姒和厨师檀私通，因为怕季公亥惩罚自己，便让侍女把自己打伤，然后让秦遄的妻子秦姬看，并说："季公亥想跟我睡觉，我不干，他就打了我。"又向公甫控告说："公思展和申夜姑逼我与公亥私通。"秦姬把此事告诉了公之，公之和公甫告诉了季平子，平子便把公思展抓了起来关押在下地，又抓了申夜姑，准备杀了他。季公亥哭着哀求道："杀了他，就等于杀了我。"要进去为夜姑求情，平子让手下人阻拦他不让进来，直到中午也没有接见。行刑的官员前来领受处决的命令，公之让他尽快杀了夜姑。所以季公亥非常怨恨平子。

季后和郈氏两家的鸡经常在一起争斗。季氏在鸡的头上套上皮甲，郈氏则给鸡装上金属爪子。季平子很恼火，便侵占郈氏的宅基扩大自己的住宅，并责骂郈氏。因此郈昭伯也很恼恨平子。

臧昭伯的堂弟臧会曾因诬陷别人而逃到了季氏家，昭伯到季氏家抓他。平子很生气，把臧氏的家臣头子抓了起来。在襄公庙中举行祭祀，只有两个人跳《万舞》，多数人则到季氏家里跳《万舞》去了。臧孙说："这就是所谓的不能酬功于先君的宗庙吧。"于是大夫们也怨恨平子。

季公亥献给昭公的儿子公为一把弓，并和他一起到外面射箭，借机商量怎样除掉季氏。公为告诉了公果、公贲。公果、公贲派昭公的侍从僚祖去报告昭公。昭公正在睡觉，拿起戈要打他，僚柤仓皇逃走，昭公下令："把他抓住！"但没有正式下命令。僚柤吓得不敢出门，一连几个月不敢进见昭公。等到昭公气消了，公果又让他报告此事，昭公又拿起戈吓唬他，僚柤又逃走。第三次又让他去说，昭公才说："这不是你这个小人应该管的事。"于是公果亲自去报告此事，昭公告诉了臧孙，臧孙认为难以成功。又告诉了郈孙，郈孙认为可以成功，劝昭公支持。告诉了子家懿伯，懿伯说："这些奸邪之人企图依靠国君侥幸成功，如果行动失败，国君就要蒙受恶名，不能干。失去民心已经有好几代了，现在却要企求成功，恐怕没有把握。再说政权握在这个人手里，恐怕难以成功。"昭公让他退下。懿伯说："我明白国君的意思，如果我泄漏出去，不得好死。"就住在公宫中不出来。

叔孙婼前往阚地时，昭公住在长府。九月十一日，讨伐季氏，在门口杀了公之，随后冲进季氏家里。季平子登上高台向昭公请求说："国君没有搞清楚我是否有罪，便派人发兵攻打，我请求在沂水之上等候调查结果。"昭公不答应。平子又请求把他囚禁在费地，昭公不同意。又请求只带五辆车子逃亡，昭公还不答应。懿伯说："国君答应他吧！很久以来政令都是出自他的手中，很多穷人都曾受到过他的恩惠。愿意跟随他的人有很多，到了晚上会不会有奸人帮助他，也很难说。您看这些人怒气冲冲，不能再激他们了。如果不加以平息，就会越积越多，积聚多了，百姓就会产生背叛之心。产生了背叛之心，就会和叛乱的人勾结起来。到那时，国君一定会后悔！"昭公不听。郈孙说："一定要把季孙杀了。"

昭公派郈孙去迎接孟懿子。叔孙氏的司马鬷戾问他的手下人："怎么办？"无人回答。鬷戾又说："我只是一个家臣，不敢过问国家大事。但有没有季氏，哪一种情况对我们有利？"大家都说："没有了季氏，就等于没有了叔孙氏。"鬷戾说："那么就去救援季氏吧！"便率领众人前去营救，攻克季氏的西北角，冲了进去。昭公的军队都脱下皮甲手执箭筒蹲在地上。鬷戾把他们赶走。孟氏让人登上房屋的西北角眺望季氏家的情况。看到了叔孙氏的旗子，告诉了孟氏。孟氏抓住郈昭伯，在南门西侧把他杀了，接着又攻打昭公的军队。懿伯说："要让群臣伪装成劫持国君攻打季氏，并畏罪潜逃，国君则要留下来。将来季孙事奉国君的态度，就不敢不有所改变。"昭公说："我忍不下这口气啊！"就和臧孙到祖坟上辞别祖先，商量逃亡之事，随后动身离开了国都。

十一月十三日，昭公逃到齐国，住在阳州。齐景公准备到平阴慰问昭公，昭公先到野井等候景公。景公说："这是我的罪过。"派官员在平阴等候，是

中華藏書

四书五经·最新校勘精注今译本

中国书店

考虑到距阳州比较近的缘故。《春秋》记载为："公孙于齐，次于阳州，齐侯唁公于野井。"表明这样做是合乎礼的。准备求助他人，就要先虚心谦恭屈居人下，这是礼中的好事。景公说："请允许把莒国以西的两万五千户奉送给您，并随时等待您的命令。我将率领我国军队随您前往，并听从您的命令。您的忧患，就是我的忧患。"昭公大喜。懿伯说："上天的福禄不会降给国君两次。上天即使保佑国君，也不会超过周公，至多拥有一个鲁国罢了。如果失去鲁国，得到两万五千户而成为齐国一个臣子，谁还帮助您恢复君位呢？再说齐君一向不讲信用，不如早点到晋国去。"昭公不听。

臧昭伯率领跟随昭公逃亡的人准备结盟，盟书上写道："同心协力，好恶一致，查清罪人，坚决跟随国君，不和内外的敌人私通。"以昭公的名义拿给懿伯看。懿伯说："这样写，我就不参加结盟。我虽然愚蠢无能，但不能和你们同心协力，而是认为都有罪。也许我将要与国内国外的人沟通，并且要离开国君。你们几个人喜欢逃亡而讨厌安定君位，咱们怎么能好恶一致呢？陷国君于危难之中，还有比这更大的罪过吗？和国内的人联络沟通而暂时离开国君，是为了让国君尽快复位，为什么不干呢？又能死守在哪里呢？"于是拒绝和他们结盟。

叔孙婼从阚地回到国都，见到季平子。平子叩头请罪说："您打算将我怎么办？"叔孙婼说："将来谁能幸免一死？您因为驱逐了国君而成名，子子孙孙将不会忘记，您不感到可悲吗？我对您能怎么样呢？"平子说："假如能让我重新事奉国君，您的恩德就如同让死者复生，让白骨长肉了。"叔孙婼到齐国向昭公报告了此事。懿伯下令对凡进入昭公宾馆的人，一律扣押起来。昭公和叔孙婼在帐幕内商议，叔孙婼说："为了安定百姓，准备接纳国君回国。"昭公的亲兵准备杀了叔孙婼，并已埋伏在他回去的路边。左师展告诉了昭公，昭公让叔孙婼改道从铸地回国。季平子又有了二心。冬季十月四日，叔孙婼在家里斋戒沐浴，让祝宗为他求死，十一日，死去。左师展准备带着昭公乘一辆车回国，但被昭公的亲兵抓住了。

十五日，尹文公在巩县渡过洛水，焚烧了东訾，并没有攻克。

十一月，宋元公准备为昭公之事到晋国去。梦见太子栾在宗庙中即位，自己和宋平公身穿朝服辅佐他。早晨，元公召见六卿，说："我愚蠢无能，不能事奉父兄，以致使诸位忧虑不安，这是我的罪过。如果托诸位的福，使我能得以善终的话，请求给我使用的棺材不要和先君一样。"仲几回答说："国君如果为了国家而自动降低饮宴喜丧的规格，我们不敢苟同。宋国的法度和生死的礼制，先君早就有了规定。我们作为臣子要誓死维护它，不敢擅自违背。如果我们失职，法律是不能赦免的。我们不忍心因失职而被处死，所以只能不执行国君的命令。”随后宋元公动身出发。十三日，行至曲棘时去世。

十二月二十四日，齐景公包围了郓地。

当初，臧昭伯到晋国时，臧会偷了他的名叫偻句的宝龟。占卜为人诚实好还是虚伪好，结果是虚伪吉利。臧氏的家臣头子准备到晋国探望昭伯，臧会请求让自己去。昭伯问起家中的情况，他都回答了。问到昭伯的妻子和同母弟弟的情况时，臧会则闭口不语。再三问他，还是不回答。昭伯回国时到达郊外，臧会出城迎接，又问起上次提出的问题，减会还是像以前一样不回答。到了都城，昭伯先住到城外观察一下情况，结果什么情况也没有。便把臧会抓起来准备杀了他，臧会逃到郈地。郈鲂假让他做了贾正。一次臧会到季氏家里送账簿，臧氏派了五个人手执武器隐藏在桐汝的里门。臧会出来，他们就追赶他，臧会转身又跑了回去，在季氏中门之外被抓住。季平子大为恼怒，说：“为什么带着武器闯入我家?”就把臧氏的家臣头子扣押了。季、臧两家从此结下了仇恨。等昭伯跟随昭公出逃后，平子便立了臧会为臧氏继承人。臧会说：“偻句宝龟真是不骗我啊。”

楚平王派薳射在州屈筑城，让茹地人重新回去居住。又在丘皇筑城，把訾地人也迁了过去。派熊相禖修筑巢地的外城，派季然修筑卷地的外城。游吉听说后说：“楚王快要死了，不让百姓安居在原来的土地上，百姓必然忧愁。那么忧愁也将要降到楚王身上，他不能长久下去了。”

昭公二十六年

经　二十有六年春，王正月，葬宋元公。三月，公至自齐，居于郓。夏，公围成。秋，公会齐侯、莒子、邾子、杞伯，盟于鄟陵。公至自会，居于郓。九月庚申，楚子居卒。冬十月，天王入于成周。尹氏、召伯、毛伯以王子朝奔楚。

传　二十六年春，王正月庚申[①]，齐侯取郓。

葬宋元公，如先君，礼也。

三月，公至自齐，处于郓，言鲁地也。

夏，齐侯将纳公，命无受鲁货。申丰从女贾[②]，以币锦二两[③]，缚一如瑱④，适齐师。谓子犹之人高齮⑤："能货子犹⑥，为高氏后，粟五千庾⑦。"高齮以锦示子犹，子犹欲之。齮曰："鲁人买之，百两一布⑧，以道之不通，先入币财。"子犹受之，言于齐侯曰："君臣不尽力于鲁君者，非不能事君也。然据有异焉⑨。宋元公为鲁君如晋，卒于曲棘。叔孙昭子求纳其君，无疾而死。不知天之弃鲁耶，抑鲁君有罪于鬼神，故及此也？君若待于曲棘，使群臣从鲁君以卜焉⑩。若可，师有济也⑪。君而继之⑫，兹无敌矣⑬。若其无成，君无辱焉⑭。"齐侯从之，使公子鉏帅师从公。

成大夫公孙朝谓平子曰⑮："有都以卫国也，请我受师⑯。"许之。请纳质⑰，弗许，曰："信女足矣。"告于齐师曰："孟氏，鲁之敝室也⑱。用成已甚⑲，弗能忍也，请息肩于齐⑳。"齐师围成。成人伐齐师之饮马于淄者㉑，曰："将以厌众㉒。"鲁成备而后告曰："不胜众。"

师及齐师战于炊鼻㉓。齐子渊捷从泄声子㉔，射之，中楯瓦㉕。繇胸汏辀㉖，匕入者三寸㉗。声子射其马，斩鞅㉘，殪。改驾，人以为鬷戾也而助之㉙。子车曰㉚："齐人也。"将击子车。子车射之，殪。其御曰："又之。"子车曰："众可惧也，而不可怒也。"子囊带从野泄㉛，叱之㉜。泄曰："军无私怒，报乃私也，将亢子㉝。"又叱之。亦叱之。冉竖射陈武子㉞，中手，失弓而骂。以告平子，曰："有君子白皙，鬒须眉㉟，甚口㊱。"平子曰："必子强也，无乃亢诸？"对曰："谓之君子，何敢亢之？"林雍羞为颜鸣右㊲，下。苑何忌取其耳㊳。颜鸣去之。苑子之御曰："视下顾㊴。"苑子剌林雍㊵，断其足。鋻而乘于他车以归㊶。颜鸣三入齐师，呼曰："林雍乘。"

四月，单子如晋告急。五月戊午㊷，刘人败王城之师于尸氏㊸。戊辰㊹，王城人、刘人战于施谷㊺，刘师败绩。

秋，盟于邬陵㊻，谋纳公也。

七月己巳㊼，刘子以王出。庚午㊽，次于渠㊾。王城人焚刘㊿，丙子[51]，王宿于褚氏[52]。丁丑[53]，王次于萑谷[54]。庚辰[55]，王入于胥靡[56]。辛巳[57]，王次于滑[58]。晋知跞、赵鞅帅师纳王，使女宽守阙塞[59]。

九月，楚平王卒，令尹子常欲立子西，曰："大子壬弱[60]，其母非适也，王子建实聘之。子西长而好善，立长则顺，建善则治。王顺国治，可不务乎？"子西怒曰："是乱国而恶君王也。国有外援[61]，不可渎也[62]。王有适嗣，不可乱也。败亲速仇[63]，乱嗣不祥，我受其名[64]。赂吾以天下，吾滋不从也[65]。楚国何为？必杀令尹！"令尹惧，乃立昭王。

冬十月丙申[66]，王起师于滑。辛丑[67]，在郊，遂次于尸。十一月辛酉[68]，晋师克巩。召伯盈逐王子朝⑥。王子朝及召氏之族、毛伯得、尹氏固、南宫嚚奉周之典籍以奔楚。阴忌奔莒以叛⑦。召伯逆王于尸，及刘子、单子盟。遂军圉泽⑦，次于堤上。癸酉⑦，王入于成周。甲戌⑦，盟于襄宫⑦。晋师使成公般成周而还⑦。十二月癸未⑦，王入于庄宫。

王子朝使告于诸侯曰：

"昔武王克殷，成王靖四方，康王息民。并建母弟⑦，以蕃屏周。亦曰，吾无专享文、武之功，且为后人之迷败倾覆⑦，而溺入于难，则拯救之。至于夷王⑦，王愆于厥身⑧。诸侯莫不并走其望⑧，以祈王身。至于厉王，王心戾虐，万民弗忍，居王于彘⑧。诸侯释位⑧，以间王政⑧。宣王有志⑧，而后效官⑧。至于幽王，天不吊周⑧，王昏不若⑧，用愆厥位⑧。携王奸命⑨，诸侯替之⑨，而建王嗣⑨，用迁郏鄏⑨。则是兄弟之能用力于王室也。至于惠王，天不靖周，生颓祸心⑨，施于叔带⑨，惠、襄辟难，越去王都⑨。则有晋、郑，咸黜不端⑨，以绥定王家。则是兄弟之能率先王之命也⑨。在定王六年，秦人降妖⑨，曰：'周其有頿王⑩，亦克能修其职。诸侯服享⑩，二世共职。王室其有间王位⑩，诸侯不图，而受其乱灾。'至于灵王，生而有頿。王甚神圣，无恶于诸侯。灵王、景王，克终其世。"

"今王室乱，单旗、刘狄，剥乱天下。壹行不若⑩。谓先王何常之有？唯余心所命，其谁敢讨之？帅群不吊之人，以行乱于王室。侵欲无厌，规求无度⑩，贯渎鬼神，慢弃刑法，倍奸齐盟⑩，傲很威仪⑩，矫诬先王。晋为不道，是摄是赞⑩，思肆其罔极⑩。兹不谷震荡播越⑩，窜在荆蛮，未有攸底⑩。若我一二兄弟甥舅⑪，奖顺天法⑫，无助狡猾，以从先王之命。毋速天罚⑬，赦图不谷⑭，则所愿也。敢尽布其腹心，及先王之经⑮，而诸侯实深图之！"

"昔先王之命曰：'王后无適⑯，则择立长。年钧以德⑰，德钧以卜。'王不立爱，公卿无私，古之制也。穆后及大子寿早夭即世，单、刘赞私立少，以间先王⑱，亦唯伯仲叔季图之⑲。"

闵马父闻子朝之辞，曰："文辞以行礼也。子朝干景之命⑳，远晋之大㉑，以专其志㉒，无礼甚矣。文辞何为？"

齐有彗星，齐侯使禳之。晏子曰："无益也，只取诬焉㉓。天道不谄㉔，不贰其命㉕，若之何禳之？且天之有彗也，以除秽也。君无秽德，又何禳焉？若德之秽，禳之何损？《诗》曰㉖：'惟此文王，小心翼翼。昭事上帝，聿怀多福。厥德不回，以受方国。'君无违德，方国将至，何患于彗？《诗》曰：'我无所监㉗，夏后及商。用乱之故，民卒流亡。'若德回乱，民将流亡，祝史之为，无能补也。”公说，乃止。

齐侯与晏子坐于路寝，公叹曰：“美哉室，其谁有此乎？”晏子曰：“敢问何谓也？”公曰：“吾以为在德。”对曰：“如君之言，其陈氏乎！陈氏虽无大德，而有施于民。豆区釜钟之数，其取之公也薄⑫，其施之民也厚⑫。公厚敛焉，陈氏厚施焉，民归之矣。《诗》曰：‘虽无德与女⑬，式歌且舞。’陈氏之施，民歌舞之矣。后世若少惰，陈氏而不亡⑬，则国其国也已⑬。”公曰：“善哉，是可若何？”对曰：“唯礼可以已之⑬。在礼，家施不及国，民不迁，农不移，工贾不变。士不滥⑬，官不滔⑬，大夫不收公利。”公曰：“善哉，我不能矣。吾今而后知礼之可以为国也。”对曰：“礼之可以为国也久矣，与天地并。君令臣共，父慈子孝，兄爱弟敬，夫和妻柔，姑慈妇听⑬，礼也。君令而不违，臣共而不贰，父慈而教，子孝而箴⑬，兄爱而友，弟敬而顺，夫和而义，妻柔而正，姑慈而从，妇听而婉⑬，礼之善物也。”公曰：“善哉，寡人今而后闻此礼之上也⑬。”对曰：“先王所禀于天地⑭，以为其民也⑭，是以先王上之。”

【注释】

①庚申：初五日。　②申丰、女贾：二人皆季氏家臣。　③二两：二匹。　④缚一如瑱：将二匹绵束在一起，像一块瑱玉。　⑤子犹：齐景公宠臣，即梁丘据。高齮：梁丘据之臣。　⑥货：收买。　⑦庾：古代容量单位。其容量当时为二斗四升。　⑧一布：一堆。　⑨有异：感到奇怪。　⑩卜：试探战争情况以测能否取胜。　⑪济：成功。　⑫而：乃。　⑬兹：则。　⑭无辱：不必亲自出征。　⑮成：本孟氏邑，在今山东宁阳县北。　⑯受师：抵御齐军。　⑰纳质：交上人质。　⑱敝室：破落家族。　⑲用成已甚：役使成邑的民力财力太过分。　⑳息肩：御下负担。此言请降。　㉑淄：水名。　㉒厌众：使众心服。　㉓炊鼻：在今宁阳县境。　㉔泄声子：鲁大夫。　㉕楯瓦：盾脊。　㉖繇胸汏辀：由曲木穿过车辕。繇，同“由”。胸同“韵”。汏，过。辀，车辕。　㉗匕：箭头。　㉘斩鞅：射断马颈皮带。　㉙鬷戾：叔孙氏司马。　㉚子车：即子渊捷。　㉛子囊带：齐大夫。野泄：即泄声子。　㉜叱：叱骂。　㉝亢：同“抗”，抵挡。　㉞冉竖：季氏臣。陈武子：陈无宇之子，名开，字子强。　㉟鬓须眉：胡须眉毛黑且密。鬓，黑，稠发。　㊱甚口：善骂人。　㊲林雍、颜鸣：皆鲁人。　㊳苑何忌：齐大夫。　㊴视下顾：眼睛向下看。　㊵刜（fú）：砍。　㊶鏊（qīng）：一足行。　㊷戊午：初五日。　㊸尸氏：地名，在今河南偃师县西。　㊹戊辰：十五日。　㊺施谷：地名，在今洛阳市东。　㊻邬陵：不详何处。　㊼己巳：十七日。　㊽庚午：十八日。　㊾渠：阳渠。在今洛阳县。　㊿焚刘：烧刘氏邑。　51丙子：二十四日。　52褚氏：在今洛阳市东。　53丁丑：二十五日。　54萑谷：与施谷相接。　55庚辰：二十八日。　56胥靡：在今偃师县东。　57辛巳：二十九日。　58滑：即今偃师县南缑氏镇。　59阙塞：即伊阙，今洛阳市南之龙门。

中华藏书

春秋左传

中国书店

二四〇三

⑥大子壬：即楚昭王，后改名轸。　⑥外援：指秦援。壬之母为秦女。　⑥渎：轻慢。　⑥速仇：招致仇敌。　⑥受其名：言受恶名。　⑥滋：益，更加。　⑥丙申：十六日。　⑥辛丑：二十一日。　⑥辛酉：十一日。　⑥召伯盈：即召简公，本王子朝之党，此又叛王子朝。　⑦阴忌奔莒：阴忌，子朝之党。莒，周邑名，其地不详。　⑦圃泽：在今洛阳市东。　⑦癸酉：二十三日。　⑦甲戌：二十四日。　⑦襄宫：周襄王之庙。　⑦成公般：晋大夫。　⑦癸未：四日。　⑦建：分封。　⑦迷败倾覆：沉迷败坏而亡国。　⑦夷王：周厉王之父。　⑧愆：恶疾。　⑧并走其望：一起祭祀其境内的名山大川。　⑧彘：地名，在今山西霍县。　⑧释位：离开其位。　⑧间：参与。　⑧有志：有识。　⑧效官：致王位于宣王。　⑧吊：保佑。　⑧不若：不顺。　⑧用愆厥位：因而失掉王位。用，因。愆，失。厥，其。　⑨携王奸命：携王违犯天命。携王，即王子余臣，幽王死，为虢公翰拥立于携，至平王二十一年，被晋文侯杀死。　⑨替：废。　⑨王嗣：指周平王。　⑨郑鄏：即洛阳。　⑨生颓祸心：使颓生出祸心。颓，王子颓，因争位作乱，使惠王出奔。详见庄公十九年。　⑨施：延及。叔带：襄王弟，争位作乱，襄王出奔。详见僖公二十四年。　⑨越去：逃离。　⑨咸黜不端：晋文公杀叔带，郑厉公杀王子颓，为王室剪灭不端之人。　⑨率：遵循。　⑨降妖：出现妖言。　⑩有颓王：有长胡颓的天子。颓同"髭"，口上须。　⑩诸侯服享：使诸侯顺服享有国家。　⑩间王位：乘隙干求王位。　⑩壹行不若：专行悖谬之事。　⑩规求：贪求。　⑩倍奸：违背触犯。倍通"背"。　⑩傲很：无视。　⑩摄、赞：二词同义，佐助。　⑩肆其罔极：放纵其无厌的欲望。　⑩不谷：子朝自称。震荡播越：动荡流离。　⑪厎：止。　⑪兄弟甥舅：兄弟指同姓诸侯，甥舅指异姓诸侯。　⑫奖顺天法：成全顺从上天的法度。　⑬速：招致。　⑭赦图：免除忧虑，谋去灾难。　⑮经：命。　⑯适：同"嫡"。　⑰钧：同"均"。　⑱间：违犯。　⑲伯仲叔季：泛指众诸侯。　⑳干景之命：违犯景王的遗命。　⑫远晋之大：疏远晋这样的大国。　⑫专其志：专欲为王。　⑫取诬：自取欺骗。　⑫谣（tāo）：同"慆"，疑。　⑫不贰其命：即其命不贰。贰即"忒"，差失。　⑫《诗》曰：下列诗句出自《诗经·大雅·大明》篇。回：违背。以受方国：接受四方之国的拥戴。　⑫我无所监：及以下三句为逸诗。监通"鉴"，借鉴。　⑫取之公：指收赋税。　⑫施之民：指借贷。　⑬虽无德：二句出自《小雅·车牵》篇。式，当。　⑬而：若。　⑬国其国：使其封地成为国家。　⑬已：止，阻止。　⑬不滥：不失职。　⑬不滔：不怠慢。　⑬姑：夫之母，即婆婆。妇听：儿媳妇顺从。　⑬箴：规劝。　⑬婉：委婉陈辞。　⑬上：通"尚"，崇尚。　⑭禀：受，承。　⑭为：治理。

【译文】

二十六年春季，周历正月五日。齐景公夺取了郓地。

宋国安葬了宋元公，规格和宋国的先君一样，这是合乎礼的。

三月，昭公从齐国回国，住在郓地。《春秋》记载为"居于郓"，表明郓地是鲁国的领土。

夏季，齐景公准备把昭公送回鲁都，并下令不得接受鲁国赠送的任何财物。申丰跟着女贾，携带两匹锦，把它捆紧就像一块填圭，来到齐国军中。对梁丘据的家臣高齮说："你如果能买通梁丘据，就让你成为高氏的继承人，并送给你五千庾粮食。"高齮把锦送给梁丘据看，梁丘据很想要。高齮说："鲁国人买了这种东西，每百匹堆了一堆，因为道路不通，先奉上这一点。"梁丘据收下后，对齐景公说："群臣不尽力帮助鲁君复位，并不是不愿听从君命。我感觉有点奇怪。宋元公为鲁君之事到晋国去，结果死在曲棘；叔孙婼谋求国君复位，结果无病身亡。不知是上天要丢弃鲁君，还是鲁君得罪了鬼神，所以才连连发生这种怪事？请国君在棘地等候，派群臣跟随鲁君前去试探一下。如果可以，军队就能取得胜利，国君随后赶来，这样就不会遭到抵抗了。如果军队不能成功，也不必劳驾国君前去了。"齐景公同意派公子锄领兵随昭公前去。

成地大夫公孙朝对季平子说："都邑是用以保护国家的，请允许我抗击齐军。"平子答应了。公孙朝请求留下人质，平子不同意，说："我相信您，就足够了。"公孙朝对齐军说："孟氏是鲁国的破落家族，季氏征用成地的民力与财力太过分了，实在忍受不下去了。请求归顺齐军以得到休息。"于是齐军包围了成地。成地的军队攻打在淄水饮马的齐军，说："我们这是故意做样子给他们看的。"等鲁国人做好了准备后又告诉齐国人说："我们无法左右众人的意见。"

鲁军和齐军在炊鼻交战。齐国的子渊捷追击鲁国的泄声子，一箭射中了泄声子的盾脊，箭头越过横木，掠过车辕，射进盾脊有三寸之深。声子射子渊捷的战马，射断了马颈上的皮带，把马射死。子渊捷改乘其他战车，有个鲁国人误以为他是鬷戾，要帮助他。子渊捷告诉他："我是齐国人。"那个人便要击打子渊捷，子渊捷一箭把他射死。他的御者说："再射其他人。"子渊捷说："对众多的敌人，只能让他们害怕，不能把他们激怒。"子囊带追赶声子，并且大声骂他。声子说："战场上没有私人怨恨，如果我也骂你，就是报复私怨了。不过我还是要抵抗你。"子囊带又骂他，他也开始回骂。冉竖射中了陈武子的手，陈武子弓落到地上，他便破口大骂。冉竖告诉平子："有个人皮肤很白，胡子和眉毛很黑很密，很会骂人。"平子说："一定是子强，你怎么不抵抗他？"冉竖回答说："说他是个君子，又怎么敢抵抗他呢？"林雍羞于做颜鸣的车右，下车和齐军作战。苑何忌割掉了林雍的耳朵。颜鸣离开了他。苑何忌的御者说："往下看！"苑何忌砍林雍，砍断了他的一只脚。林雍用一只脚跳到其他车上逃了回去。颜鸣三次冲入齐军，并且大呼："林雍上车来吧！"

四月，单穆公到晋国告急。五月五日，刘鰠的军队在尸氏打败了王城的军队。十五日，王城的军队和刘蚠的军队又在施谷大战，结果刘军大败。

秋季，昭公和齐景公、莒子、邾子、杞伯在郓陵结盟，商议怎样护送昭公回国复位。

七月十七日，刘蚠挟持了天子逃走。十八日，驻扎在渠地，王城的军队焚烧了刘地。二十四日，天子住在褚氏。二十五日，天子住在萑谷。二十八日，天子进入胥靡。二十九日，天子住在滑地。晋国的知跞、赵鞅率军护送天子，派女宽驻守阙塞。

九月，楚平王去世。令尹子常打算立子西为王，说："太子壬还很小，他的母亲又不是嫡夫人，最初是王子建聘定的。子西年长且为人善良。立长为君合情合理，建立善行国家才能得到大治。国君名正言顺，国家得到治理，还能不尽量这么做吗？"子西生气地说："这是要搞乱国家、张扬国君的恶名。国家需要有强大的外援，不能忽视这个问题。先王已有嫡子，不能乱了王位继承的制度，败坏亲人的名声，招致仇人的入侵，扰乱王位继承的制度，这都是不吉祥的。即使把整个天下送给我，我也不干，要把楚国引向何处？一定要杀了令尹！"令尹害怕了，便立了昭王。

冬季十月十六日，天子从滑地发兵。二十一日，到达郊邑，随后住在尸地。十一月十一日，晋军攻克巩地，召伯盈驱逐了王子朝。王子朝和召氏的族人、毛伯得、尹氏固、南宫嚚保护着周朝的典籍逃到了楚国。阴忌逃到莒地背叛了王子朝。召伯盈到尸地迎接天子，并和刘蚠、单穆公结盟。随后军队列阵于圉泽，驻扎在隄上。二十三日，天子进入成周。二十四日，在襄王庙中结盟。晋军留下成公般帮助戍守王室，军队回国。十二月四日，天子进入庄宫。

王子朝派人通报诸侯说：

"从前武王战胜殷朝，成王平定四方，康王休养百姓。他们分封同母兄弟为诸侯，以作为周朝的屏障。还说：我不能独自享受文王、武王的功德，同时也是为了使后代子孙迷途败亡而陷于危难时能得到拯救。到夷王时，因为他恶病缠身，诸侯便遍祭山川为他祈求免除疾病。到厉王时，因为他残忍暴虐，百姓不堪忍受，便把他流放到彘地。然后诸侯便离开他们的国家参与王室的政事。由于宣王志向远大，年长之后便把王位送给了他。到幽王时，上天不再怜悯周朝，天子昏庸无道，因此失去了王位。幽王的儿子携王违背天命，诸侯又废掉了他，另立了天子，并迁都到郏鄏。这说明诸侯兄弟都能效忠于王室。到惠王时，上天不让周朝安定，使王子颓滋生祸心，并影响到叔带也背叛了王室，惠王、襄王躲避祸乱，离开了王都。幸亏晋国、郑国发兵勤王，除掉所有奸人，使王室得以安定。这说明诸侯兄弟都能遵奉先王的命令。定王六年，秦国出现了一位妖人预言：'周王室将出现一位长着胡子的天子，他能胜任王位。诸侯顺服听命，他能两代享有国家。王室有人企图篡夺王位，诸侯如不及早动手，必将受其祸乱。'到灵王时，他生下来就有满脸胡须。灵王非常神奇圣明。从未对诸侯做下什么恶事。灵王、景王都能安然终其一生。"

"现在王室动乱不安，单旗、刘狄祸乱天下，专横不顺。扬言先王没有规定什么制度，只要我们愿意，想立谁就立谁，有谁敢来讨伐。领着一些奸邪之人，在王室中制造混乱。贪得无厌，追求无度，一贯亵渎神灵，藐视王法，背弃盟约，骄横无礼，无视先王法令。晋国不但不主持正义，反而帮助他们，使其更为放纵不知满足。现在我因动乱而流离失所，躲走荆蛮之地，没有栖身之所。如果能有我一两个兄弟或甥舅顺应天命，不再帮助乱臣贼子，听从先王的命令，从而避免上天的惩罚，解除我的忧患，这将是我最大的愿望。特此把我的真实想法和先王的命令告诉大家，希望诸侯能认真考虑。"

"从前先王的命令说：'王后没有嫡子，就立年长者为王。如果年龄相同，就以德行来选择。如果德行相同，就通过占卜来决定。'天子不立自己所偏爱的人，公卿也都毫无私心，这是自古以来的制度。穆后和太子寿过早夭亡，单氏、刘氏出于私心立了年幼的王子，这无疑违犯了先王的命令，也希望各位诸侯考虑一下。"

闵马父听了王子朝的辞令，说："优美的辞令是用来贯彻施行礼的。子朝无视景王遗命，又疏远强大的晋国，一意孤行地要做天子，其言行无礼已到了极点。即使文辞优美又有什么用呢？"

齐国发现了彗星，齐景公派人祭祀以消灾。晏婴说："没有用，自欺欺人而已。上天不会虚伪，命令也不会有错，怎么能消除得了呢？再说天上出现了彗星，是用来扫除污秽的。如果国君没有污秽的德行，又何必要消除呢？如果德行有污秽，仅靠祭祀就能消除得了吗？《诗经》说：'只有这个文王，才小心翼翼。恭敬地事奉天帝，因此才得到各种福禄。因为他的德行不违天命，所以拥有四方各国。'国君只要没有不好的德行，四方的国家就会纷纷顺服，还用害怕彗星的出现吗？《诗经》说：'我没有什么作为前车之鉴，要有就是夏、商两朝。由于动乱频仍，百姓纷纷逃亡。'如果德行违背了天命而导致动乱，百姓必将流离失所，即使让祝史祭祀，也没有丝毫的用处。"景公听了很高兴，决定取消祭祀。

齐景公在路寝中和晏婴相坐，景公叹了口气道："多么漂亮的房屋啊！不知将来要要归谁所有啊！"晏婴回答说："请问国君是什么意思呢？"景公说："我认为将来这里要归于有德之人。"晏婴说："如果真像国君所说，可能要归于陈氏吧！陈氏虽然没有大德，但对百姓肯于施舍。他们使用豆、区、釜、钟这几种容器，收取赋税时用小的，借粮给百姓时用大的。国君征税多，陈氏施舍多，百姓都渐渐归向他了。《诗经》说：'虽然对你没有恩德，也应当载歌载舞。'对陈氏的慷慨好施，百姓们都欢欣鼓舞。您的后代稍稍懈怠，陈氏又没有灭亡的话，齐国就会归陈氏所有。"景公说："你说的好啊，怎么办呢？"晏婴回答说："只有依靠礼才能防止这种情况的发生。根据礼，家族的施舍不能遍及国家，百姓不让迁移，农夫不离土地，工商业者不让改行，士不失职，官不懈怠，大夫不贪取公家财富。"景公说："说得好！可是我做不到了。我现在才知道礼可以治国。"晏婴回答说："依礼治国由来已久，可以说和天地一样久远。国君下令，臣子恭敬，父亲慈爱，子女孝顺，兄长仁爱，弟弟尊敬，丈夫和气，妻子温柔，婆婆慈祥，媳妇顺从，这都是礼。国君发令没有失误，臣子恭敬忠心不二，父亲慈爱精心教育，子女孝顺又能规劝，兄长仁爱而又友善，弟弟尊敬而又顺从，丈夫和气讲究道义，妻子温柔端庄正派；婆婆慈祥听从规劝，媳妇顺从委婉陈辞。这都是礼的最佳表现。"景公说："说得好，我从现在才知道应该尊崇礼了。"晏子回答说："先王从天地中接受了礼，用来治理百姓，所以先王崇尚它。"

昭公二十七年

经　二十有七年春，公如齐。公至自齐，居于郓。夏四月，吴弑其君僚。楚杀其大夫郤宛。秋，晋士鞅、宋乐祁犁、卫北宫喜、曹人、邾人、滕人会于扈。冬十月，曹伯午卒。邾快来奔。公如齐。公至自齐，居于郓。

传　二十七年春，公如齐。公至自齐，处于郓，言在外也。

吴子欲因楚丧而伐之。使公子掩馀、公子烛庸帅师围潜[1]。使延州来季子聘于上国[2]，遂聘于晋，以观诸侯。楚莠尹然、王尹麇帅师救潜。左司马沈尹戌帅都君子与王马之属以济师[3]，与吴师遇于穷[4]。令尹子常以舟师及沙汭而还[5]。左尹郤宛、工尹寿帅师至于潜，吴师不能退。

吴公子光曰："此时也，弗可失也。"告鱄设诸曰："上国有言曰，不索何获[6]？我，王嗣也，吾欲求之。事若克，季子虽至，不吾废也。"鱄设诸曰：

"王可弑也。母老子弱，是无若我何⑦。"光曰："我，尔身也。"

夏四月，光伏甲于堀室而享王⑧。王使甲坐于道，及其门。门阶户席，皆王亲也⑨。夹之以铍⑩。羞者献体改服于门外⑪。执羞者坐行而入⑫，执铍者夹承之，及体以相授也⑬。光伪足疾，入于堀室。鱄设诸置剑于鱼中以进。抽剑刺王，铍交于胸⑭，遂弑王。阖庐以其子为卿⑮。

季子至，曰："苟先君无废祀，民人无废主，社稷有奉，国家无倾，乃吾君也。吾谁敢怨？哀死事生，以待天命。非我生乱，立者从之⑯，先人之道也。"复命哭墓，复位而待。吴公子掩馀奔徐，公子烛庸奔钟吾⑰。楚师闻吴乱而还。

郤宛直而和，国人说之。鄢将师为右领⑱，与费无极比而恶之。令尹子常贿而信谗。无极谮郤宛焉，谓子常曰："子恶欲饮子酒⑲。"又谓子恶："令尹欲饮酒于子氏。"子恶曰："我，贱人也，不足以辱令尹。令尹将必来辱⑳，为惠已甚。吾无以酬之㉑，若何？"无极曰："令尹好甲兵，子出之，吾择焉。"取五甲五兵㉒。曰："置诸门，令尹至，必观之，而从以酬之。"及飨日，帷诸门左㉓。无极谓令尹曰："吾几祸子。子恶将为子不利，甲在门矣，子必无往。且此役也㉔，吴可以得志㉕，子恶取赂焉而还，又误群帅，使退其师，曰：'乘乱不祥。'吴乘我丧，我乘其乱，不亦可乎？"令尹使视郤氏，则有甲焉。不往，召鄢将师而告之。将师退，遂令攻郤氏，且燕之㉖。子恶闻之，遂自杀也。国人弗燕。令曰："不燕郤氏，与之同罪。"或取一编菅焉㉗，或取一秉秆焉㉘，国人投之，遂弗燕也。令尹炮之㉙。尽灭郤氏之族党，杀阳令终与其弟完及佗与晋陈及其子弟㉚。晋陈之族呼于国曰㉛："鄢氏、费氏自以为王，专祸楚国，弱寡王室，蒙王与令尹以自利也㉜。令尹尽信之矣，国将如何？"令尹病之。

秋，会于扈㉝，令戍周，且谋纳公也。宋、卫皆利纳公，固请之，范献子取货于季孙，谓司城子梁与北宫贞子曰㉞："季孙未知其罪，而君伐之，请囚，请亡，于是乎不获。君又弗克，而自出也。夫岂无备而能出君乎？季氏之复，天救之也。休公徒之怒㉟，而启叔孙氏之心。不然，岂其伐人而说甲执冰以游㊱？叔孙氏惧祸之滥，而自同于季氏，天之道也。鲁君守齐㊲。三年而无成。季氏甚得其民，淮夷与之，有十年之备，有齐、楚之援，有天之赞，有民之助，有坚守之心，有列国之权，而弗敢宣也㊳，事君如在国。故鞅以为难。二子皆图国者也，而欲纳鲁君，鞅之愿也。请从二子以围鲁，无成，死之。"二子惧，皆辞。乃辞小国，而以难复。

孟懿子、阳虎伐郓。郓人将战。子家子曰："天命不慆久矣㊴。使君亡者，必此众也。天既祸之，而自福也，不亦难乎？犹有鬼神④，此必败也。乌呼！为无望也夫，其死于此乎！"公使子家子如晋，公徒败于且知④。

楚郤宛之难，国言未已④，进胙者莫不谤令尹④。沈尹戌言于子常曰："夫左尹与中厩尹莫知其罪④，而子杀之，以兴谤讟，至于今不已。戌也惑之。仁者杀人以掩谤，犹弗为也。今吾子杀人以兴谤，而弗图，不亦异乎？夫无极，楚之谗人也，民莫不知。去朝吴④，出蔡侯朱④，丧大子建，杀连尹奢④，屏王之耳目④，使不聪明，不然，平王之温惠共俭，有过成、庄，无不及焉。所以不获诸侯，迄无极也④。今又杀三不辜，以兴大谤，几及子矣。子而不图，将焉用之？夫鄢将师矫子之命，以灭三族。三族，国之良也，而不愆位④。吴新有君，疆场日骇④，楚国若有大事，子其危哉！知者除谗以自安也④，今子爱谗以自危也，其矣，其惑也！"子常曰："是瓦之罪④，敢不良图。"九月己未④，子常杀费无极与鄢将师，尽灭其族，以说于国④。谤言乃止。

冬，公如齐，齐侯请飨之。子家子曰："朝夕立于其朝，又何飨焉？其饮酒也。"乃饮酒，使宰献，而请安④。子仲之子曰重④，为齐侯夫人，曰："请使重见。"子家子乃以君出。

十二月，晋籍秦致诸侯之戍于周，鲁人辞以难。

【注释】

①潜：楚地，在今安徽霍山县东北。　②延州来：季子本封于延陵，后复封州来，故称延州来。上国：指中原诸国。　③都君子：都邑亲兵。王马：公马。济师：增援部队。　④穷：地名，在今安徽霍邱县西南。　⑤沙汭：在今安徽怀远县东北。　⑥索：求。　⑦是无若我何：此"为我无若是何"的变句，意为我没有办法安置老母、弱子。　⑧堀（kū）室：地下室。　⑨亲：亲兵。　⑩夹之以铍：佩带刀剑夹护吴王。铍，兵器名，形似刀而两面有刃。⑪羞者献体：进食的人赤身露体。羞，食品。此用作动词。　⑫坐行：膝行，即跪着行走。⑬及体以相授：刀剑顶着身体，相传递呈。　⑭交于胸：交叉刺入胸部。　⑮阖庐：即公子光。其子：鲔设诸之子。　⑯立者从之：立为国君的人就服从他。　⑰钟吾：小国，为吴所灭，在今江苏宿迁县东北。　⑱右领：官名。　⑲子恶：即郤宛。　⑳必来辱：一定屈尊前来。　㉑酬：酬礼。　㉒五甲五兵：五领皮甲，五种兵器。　㉓帷：置于帷中。用作动词。㉔此役：指救潜之役。㉕吴可以得志："可以得志于吴"的倒装句。㉖爇：烧。　㉗编菅：草编，草席。　㉘一秉秆：一把禾秆。秉，把。　㉙炮：烧。㉚阳令终：阳匄之子。㉛晋陈：楚大夫，郤氏之党。㉜蒙：欺骗。㉝訾：郑地，在今河南原阳县西。　㉞子梁：宋乐祁。北宫贞子：卫北宫喜。㉟休：息，止。㊱伐人：攻打别人的人。㊲守齐：请求齐国援助。㊳宣：宣传，公开。㊴惛：疑。㊵犹：如果。㊶且知：在郓地附近。㊷国言：国内怨言。㊸进胙者：分赐胙肉的人。㊹左尹：指郤宛。中厩尹：指阳令终。㊺去

朝吴：事见昭公十五年传。 ㊻出蔡侯朱：见昭公二十一年传。 ㊼丧太子建，杀连尹奢：事见昭公二十年传。 ㊽屏：遮蔽。 ㊾迩：接近。 ㊿不愆位：在位无过错。 (51)日骇：一天天紧张。 (52)知：同"智"。 (53)瓦：子常名。 (54)己未：十四日。 (55)说：同"悦"。 (56)请安：此为齐侯请自安，离席而去。 (57)子仲：即鲁公子慭，于昭公十二年谋逐季氏，未遂而奔齐。

【译文】

二十七年春季，昭公到齐国。从齐国回来，又住在郓地。《春秋》记载"居于郓"，说明不在鲁国都城。

吴王打算趁平王去世攻打楚国。派公子掩馀、公子烛庸率军围攻潜地。派延州来季子到中原各国访问，季子便到晋国聘问，以观察了解诸侯的态度。楚国的莠尹然、王尹麇率军救援潜地，左司马沈尹戌率领都邑的亲兵和王马的部属前往增援，在穷地和吴军相遇。令尹子常率领水军行至沙汭便回去了。左尹郤宛、工尹寿率军到达潜地，吴军前后被夹，进退不得。

吴国的公子光说："这是个机会，不能错过。"告诉鱄设诸说："中原的国家曾说过：自己不主动追求，便什么也得不到。我是王位继承人，我想得到王位。假如事情成功，即使季子回来，也不能把我再废掉。"鱄设诸说："可以把国君杀掉。但我母亲年老，子女年幼，怎么安置他们呢？"公子光说："我就等于你。"

夏季四月，公子光在地下室设下伏兵，然后宴请吴王。吴王让甲兵坐在道路两旁，一直到门口。大门、台阶、小门、坐席旁边，都有吴王亲兵。他们手持利剑护卫在左右。运菜的人要在门外脱光衣服换装后才能入内。端菜的人跪着走到吴王跟前，持剑的甲兵用剑抵住他的身体，让他把菜递给其他人。公子光假装脚上有病，去地下室躲了起来。鱄设诸把一支短剑藏到鱼肚子里端了上去。突然抽出短剑刺向吴王，这时，两旁的甲兵也迅速将利剑刺入鱄设诸的胸膛，吴王当场被杀。公子光即位后让鱄设诸的儿子做了卿。

季子回来后说："假如不废弃先君的祭祀，百姓仍有主人，土地和五谷神灵受到事奉，国家和家族不致颠覆灭亡，这个人就是我的国君，我还能怨恨谁呢？只能悲痛死者，事奉生者，以等待天命的安排。叛乱并不是我发动的，谁被立为国君，我就服从谁，这是先人的传统。"便哭着到吴王僚的墓前复命，然后回到自己的位子上等候王命。吴国的公子掩馀逃到徐国，公子烛庸逃到钟吾。楚军听说吴国发生了叛乱，便撤退回国了。

左尹郤宛为人正直而温和，国人都很喜欢他。但右领鄢将师和费无极互相勾结起来，非常厌恶郤宛。令尹子常贪图财物而又轻信谗言，费无极便乘机在他面前诬陷郤宛：“郤宛想请您喝酒。”又对郤宛说：“令尹想到你家里喝酒。”郤宛说：“我地位卑贱，不敢让令尹屈尊。令尹真要屈尊前来，那是我的福气。我没有好东西招待他，怎么办？”无极说：“令尹喜欢武器，您拿出来，我挑选一下。”于是挑选了五副皮甲和五种兵器。又对郤宛说：“把这些东西放到门口，令尹来到，一定要观看，您就趁机献给他。”等到宴请那一天，郤宛在大门里边拉起了一道帐幔遮住那些兵器。费无极又对子常说：“我差一点将您害死。郤宛准备杀您，已经把武器藏在门后了，您千万不要去！再说这次救援潜地的战役，楚国本来可以大获全胜，就是因为郤宛接受了吴国的贿赂才收兵回国的；而且他还欺骗其他将领说：‘乘人之危不够吉祥。’吴国曾经乘我国有了丧事而进攻，难道我们就不能乘他们发生了动乱而进攻吗？”令尹派人到郤宛家里察看，果然有皮甲武器放在门里。于是令尹便不去了，召见鄢将师，把此事告诉了他。将师下去后命令攻打郤氏，并准备放火焚烧郤氏的家。郤宛听说此事后，便自杀了。国都的人们不愿意焚烧郤氏的家，鄢将师便下令：“不烧郤氏，与之同罪。”人们只好取来一领席子或找来一把草，扔到郤氏家里，但并没有燃着。不久令尹又派人烧了郤氏，把郤氏的族人和党羽全部杀死，还杀了阳令终和他的弟弟完、佗，以及晋陈及其子弟。晋陈的族人在都城内到处喊道：“鄢氏、费氏以国君自居，专权祸害楚国，削弱王室，欺蒙国君和令尹，为自己牟取私利，令尹却全都相信他们了，国家将要怎么办呢？”令尹子常得知后焦虑万分。

秋季，晋国的士鞅、宋国的乐祁犁、卫国的北宫喜以及曹国人、邾国人、滕国人在扈地会见，决定派兵戍守王室，同时商量如何帮助昭公恢复君位。宋、卫两国都认为送昭公回国复位对自己有利，所以力主这么做。士鞅因为从季孙那里接受了贿赂，便对司城乐祁犁和北宫喜说：“季孙还不知道自己的罪过时，国君就攻打他。季孙请求被囚禁或逃亡，没有被允许，国君又不能战胜他。便自己出国逃亡了，并不是季孙赶走了他。难道在毫无准备的情况下能将国君赶走吗？季氏能继续保持原来的地位，是上天在帮助他。上天平息了鲁侯亲兵的愤怒，并为叔孙氏的人出谋划策。如果不是这种情况，那些前去攻打季氏的鲁侯亲兵为什么脱下皮甲手拿箭筒蹲在那里玩呢？叔孙氏害怕祸乱惹到自己身上，便自动和季氏站在一起，这也是上天的意愿。鲁君请求齐国帮助，三年也没有任何结果。季氏深得百姓拥护，连淮夷都很亲近他，又有十年的充分准备，有齐国楚国的支援，有上天的保佑，有百姓的帮助，有坚守的决心，有

中华藏书

四书五经·最新校勘精注今译本

中国书店

诸侯一样的权势，却没有任何不忠行为。即使国君出逃在外，也仍像他在鲁国一样事奉。因此我认为这件事很难办，你们二位都是为国家谋划的重臣，想护送鲁侯恢复君位，这也是我的愿望，我请求跟随您围攻鲁国，如果不能成功，就为此而死。"乐祁犁和北宫喜这才感到胆怯了，都拒绝这样做，士鞅又拒绝了其他小国，并以难以帮助鲁侯回国为由向晋侯复命。

孟懿子、阳虎发兵攻打郓地，郓地的军队准备迎战。懿伯说："上天要帮助季氏已经很久了。导致国君逃亡的，一定就是这些主张迎战的人。上天既然要降下灾祸，自己却还去求取福气，不是很难吗！如果鬼神有知，这一战注定要失败。呜呼！没有希望了，难道要死在这里吗！"昭公派懿伯到晋国去后，昭公的亲兵在且知被打败。

楚国发生了郤宛之难后，人们的怨言还没有平息，给卿大夫分发祭肉的人都纷纷指责令尹。沈尹戌对子常说："郤宛和阳令终究竟犯了什么罪，人们并不知道，您却杀了他们，结果招致众多的怨恨，至今还没有停止。我也感到迷惑不解：一个仁爱的人，即使让他为了掩饰诽谤而去杀人，他也不会干。现在您杀了人招来诽谤，却不知道主动采取补救措施，不是很令人不可思议吗！那个费无极，是楚国有名的奸佞小人，百姓谁都知道。他清除了朝吴，赶走了蔡侯朱，使楚国失去了太子建，又杀了连尹奢，遮掩大王的耳目，使他不辨是非。如果不是这样，以平王的温和仁慈、恭敬勤俭，超过了成王、庄王，没有赶不上他们的地方，却为什么还不能得到诸侯的拥护呢？就是因为接近了费无极。现在又杀了三个无辜的人，招致举国上下的怨恨，灾祸几乎就要降到您身上了。在这种情况下，如果再不及早采取弥补措施，您这个令尹还有什么用？鄢将师假传您的命令，灭亡了三个家族。这三个家族可是楚国最优秀的家族啊，他们在位期间从来没有犯过错误。吴国刚刚立了一位新君，边境的情况越来越紧张。一旦楚国遇到战争，您的地位就很危险！是聪明人就要铲除奸邪小人以求得自身安全，现在您却要爱护他以危害自己，您也太糊涂了！"子常说："这是我的罪过，我怎么能不想个好办法呢？"九月十四日，子常杀了费无极和鄢将师，并把他们的族人也全部消灭，以安抚国人的怨气。这样，怨气才逐渐平息。

冬季，昭公到齐国，齐景公请求设宴招待他，子家懿伯说："早晚都在人家的朝廷上，还设什么正规的享礼呢！不过就是在一起喝酒罢了。"于是就在一起喝酒。景公派宰臣向昭公饮酒，自己却请求离席而去。鲁国子仲的女儿叫重，是齐景公的夫人，景公说："让重出来和您见面。"于是懿伯便陪同昭公赶快出去了。

十二月，晋国的籍秦把诸侯帮助王室戍守的军队送去，但鲁国以国内发生了祸乱为由没有派兵。

昭公二十八年

经　二十有八年春，王三月，葬曹悼公。公如晋，次于乾侯。夏四月丙戌，郑伯宁卒。六月，葬郑定公。秋七月癸巳，滕子宁卒。冬，葬滕悼公。

传　二十八年春，公如晋，将如乾侯。子家子曰：“有求于人，而即其安①，人孰矜之②？其造于竟。”弗听。使请逆于晋。晋人曰：“天祸鲁国，君淹恤在外③。君亦不使一个辱在寡人④，而即安于甥舅⑤，其亦使逆君？”使公复于竟而后逆之。

晋祁胜与邬臧通室⑥。祁盈将执之，访于司马叔游。叔游曰：“《郑书》有之⑦，‘恶直丑正⑧，实蕃有徒⑨。’无道立矣⑩，子惧不免。《诗》曰：‘民之多辟，无自立辟⑪。’姑已⑫，若何？”盈曰：“祁氏私有讨⑬，国何有焉⑭。”遂执之。祁胜赂荀跞，荀跞为之言于晋侯。晋侯执祁盈。祁盈之臣曰：“钧将皆死⑮，愁使吾君闻胜与臧之死也以为快⑯。”乃杀之。夏六月，晋杀祁盈及杨食我⑰。食我，祁盈之党也，而助乱，故杀之。遂灭祁氏、羊舌氏。

初，叔向欲娶于申公巫臣氏，其母欲娶其党⑱。叔向曰：“吾母多而庶鲜⑲，吾惩舅氏矣⑳。”其母曰：“子灵之妻杀三夫㉑、一君、一子，而亡一国、两卿矣。可无惩乎？吾闻之，甚美必有甚恶，是郑穆少妃姚子之子，子貉之妹也㉒。子貉早死，无后，而天钟美于是㉓，将必以是大有败也。昔有仍氏生女，黰黑而甚美㉔，光可以鉴，名曰玄妻。乐正后夔取之，生伯封，实有豕心，贪惏无餍，忿纇无期㉕，谓之封豕㉖。有穷后羿灭之，夔是以不祀。且三代之亡㉗，共子之废㉘，皆是物也㉙。女何以为哉？夫有尤物㉚，足以移人㉛。苟非德义，则必有祸。”叔向惧，不敢取。平公强使取之，生伯石。伯石始生，子容之母走谒诸姑㉜，曰：“长叔姒生男㉝。”姑视之，及堂，闻其声而还，曰：“是豺狼之声也，狼子野心，非是，莫丧羊舌氏矣。”遂弗视。

秋，晋韩宣子卒，魏献子为政㉞。分祁氏之田以为七县，分羊舌氏之田以为三县。司马弥牟为邬大夫，贾辛为祁大夫，司马乌为平陵大夫，魏戊为梗阳大夫，知徐吾为涂水大夫，韩固为马首大夫，孟丙为盂大夫，乐霄为铜鞮大夫，赵朝为平阳大夫，僚安为杨氏大夫。谓贾辛、司马乌为有力于王室，故举之。谓知徐吾、赵朝、韩固、魏戊，余子之不失职㉟，能守业者也。其四人者，皆受县而后见于魏子，以贤举也㊱。

魏子谓成鱄㊲："吾与戊也县，人其以我为党乎㊳？"对曰："何也？戊之为人也，远不忘君，近不逼同㊴，居利思义㊵，在约思纯㊶，有守心而无淫行。虽与之县，不亦可乎？昔武王克商，光有天下㊷。其兄弟之国者十有五人，姬姓之国者四十人，皆举亲也。夫举无他，唯善所在，亲疏一也。《诗》曰㊸：'唯此文王，帝度其心。莫其德音，其德克明。克明克类，克长克君。王此大国，克顺克比。比于文王，其德靡悔。既受帝祉，施于孙子。'心能制义曰度㊹，德正应和曰莫㊺，照临四方曰明，勤施无私曰类，教诲不倦曰长，赏庆刑威曰君㊻，慈和遍服曰顺，择善而从之曰比，经纬天地曰文。九德不愆㊼，做事无悔，故袭天禄㊽，子孙赖之。主之举也㊾，近文德矣，所及其远哉。"

贾辛将适其县，见于魏子。魏子曰："辛来，昔叔向适郑，鬷蔑恶(50)，欲观叔向，从使之收器者，而往，立于堂下。一言而善。叔向将饮酒，闻之，曰：'必鬷明也(51)。'下，执其手以上，曰：'昔贾大夫恶(52)，取妻而美，三年不言不笑，御以如皋(53)，射雉，获之，其妻始笑而言。贾大夫曰："才之不可以已，我不能射，女遂不言不笑夫。"今子少不飏(54)，子若无言，吾几失子矣。言之不可以已也如是。'遂如故知，今女有力于王室(55)，吾是以举女。行乎，敬之哉，毋堕乃力。"

仲尼闻魏子之举也，以为义，曰："近不失亲，远不失举，可谓义矣。"又闻其命贾辛也，以为忠，《诗》曰："永言配命，自求多福(56)，"忠也。魏子之举也义，其命也忠，其长有后于晋国乎。

冬，梗阳人有狱(57)，魏戊不能断，以狱上(58)。其大宗赂以女乐。魏子将受之。魏戊谓阎没、女宽曰(59)："主以不贿闻于诸侯，若受梗阳人，贿莫甚焉。吾子必谏。"皆许诺。退朝，待于庭。馈入(60)，召之。比置(61)，三叹。既食，使坐。魏子曰："吾闻诸伯叔，谚曰，'唯食忘忧。'吾子置食之间三叹，何也？"同辞而对曰："或赐二小人酒，不夕食(62)。馈之始至，恐其不足，是以叹。中置(63)，自咎曰，岂将军食之(64)，而有不足，是以再叹。及馈之毕，愿以小人之腹为君子之心，属厌而已(65)。"献子辞梗阳人。

【注释】

①即其安：在其地安居。②矜：怜悯。③淹恤：滞留。④一个：一位使者。在：存

问。⑤甥舅：指齐国。⑥通室：互与其妻通奸。⑦《郑书》：郑国先代之书。⑧恶直丑正：嫉害正直者。恶、丑同义。⑨蕃：多。⑩立：在位。⑪民之多辟，无自立辟：句出《大雅·板》篇。立辟，陷入邪恶。⑫姑已：姑且停下来。⑬私有讨：即讨其家臣。⑭国何有焉：与国有何关系。⑮钧：同。⑯憖（yìn）：情愿，甘愿。吾君：指祁盈。⑰杨食我：叔向之子伯石。杨，叔向邑名。⑱娶其党：娶其娘家亲族。⑲庶鲜：庶兄弟少。⑳惩：鉴戒。㉑子灵：即巫臣。杀三夫：事见成公二年传。㉒子貉：即郑灵公，于鲁宣公四年即位，为公子归生所杀。㉓钟美于是：把美丽集聚在她身上。㉔黰：即鬒，发密而黑。㉕忿纇无期：暴戾无极。纇，亦作“类”，戾。㉖封豕：大猪。㉗三代之亡：指夏桀宠末喜，殷纣宠妲己，周幽宠褒姒，皆因之被灭亡。㉘共子之废：指太子申生，因晋献公宠骊姬而废。㉙是物：这样的美色。㉚尤物：特美之女。㉛移人：改变人的地位处境。㉜子容之母：伯华之妻，叔向之嫂。走谒诸姑：跑去告诉婆婆。㉝长叔姒：大弟媳。㉞魏献子：魏舒。㉟余子：卿之庶子。㊱以贤举：因有贤能而举报。㊲成鱄：晋大夫。㊳党：偏袒。㊴逼同：威迫同列。㊵居利思义：有了利益想到道义。㊶在约思纯：处在贫困之中而无滥心。㊷光：借为“广”。㊸《诗》曰：以下诗句出自《大雅·皇矣》，其意为颂扬文王之德。㊹制义：为道义所制约。㊺应和：反应和谐。㊻赏庆刑威：即赏善刑恶。㊼九德不愆：九种德行而无过失。㊽袭：承受。㊾主：指魏子。㊿恶：貌丑。51鬷明：即鬷蔑，又称然明，参看襄公二十五年传。52贾大夫：贾国之大夫。53皋：沼泽。54少不飏：稍不显扬。即外貌不太好看。55力：功。56永言配命，自求多福：句出《大雅·文王》篇。言，语中助词，无义。配命，合于天命。57狱：诉讼。58上：上报。59阎没、女宽：二人皆晋大夫。60馈：食品。61比置：待到摆上食品。62夕食：晚饭。63中置：上菜一半。64将军：魏子此时为中军帅，故称将军。65属厌：刚刚满足。属，适。喻不宜贪贿。

【译文】

二十八年春季，昭公前往晋国，准备先到乾侯。懿伯说："有求于人，却又安于无所作为，还有谁同情您？还是在我国边境上等候晋国来人吧。"昭公不听，派人请求晋国人迎接他到晋都。晋国人说："天要降祸给贵国，使贵君长期流亡在外，贵君也不派一个人通知我们，就在甥舅的国家安心住了下来。既然如此，还用得着让我们去迎接吗？"让昭公又回到鲁国边境，然后才把他迎到乾侯。

晋国的祁胜与邬臧交换妻子淫乐。祁盈准备把他们抓起来，去征求司马叔游的意见。叔游说："《郑书》中有句话：'陷害正直，这样的人实在很多。'目前无道的人得势，您还担心难免灾祸。《诗经》说：'百姓邪恶已多，自己不要再陷于邪恶。'暂时不抓他们怎么样？"祁盈说："这是我们家族的事务，和国家有什么关系？"便把他们抓了起来。祁胜贿赂荀跞，荀跞把此事告诉了晋顷公。顷公以擅自抓人为由把祁盈逮了起来。祁盈的家臣说："反正他们都是要死，不如先让主人知道祁胜、邬臧已死的消息，这样心里也许会更痛快一些。"就把祁胜和邬臧杀了。夏季六月，晋国杀了祁盈和杨食我。食我是祁盈的党羽，因为他帮助祁盈作乱，所以才杀了他，随后又灭亡了祁氏、羊舌氏的族人。

当初，叔向打算娶申公巫臣的女儿为妻，但其母亲却要让他娶自己的娘家人。叔向说："我的母亲多但庶兄弟却很少，就是因为母亲娘家的女人不能生育。我要以此为戒。"他母亲说："巫臣的妻子夏姬曾杀了三个丈夫、一个国君、一个儿子，亡掉了一个国家和两个卿。难道就不是教训吗？据我所知：最美的人也必然最恶毒。夏姬是郑穆公的少妃姚子的女儿，子貉的妹妹。子貉死得早，没有留下后代，上天便把美丽集中到她身上，必定是要用这种美丽滋生祸害。从前有仍氏生了一个女儿，长了一头稠密的黑发，非常漂亮，光可照人，起名为玄妻。乐正后夔娶了她，生了伯封。伯封性情和猪一样，贪婪不知满足，凶暴异常，人们都称他为大猪。后来有穷后羿灭了他，后夔因此绝了后代。再说夏、商、西周的灭亡，晋太子申生的被废黜，都是由美色所造成的。你为什么要娶她呢？有了绝色的女人，足以使人发生变化。假如不是有德有义之人，娶了她必然会招致灾祸。"叔向害怕了，便不敢娶了。但晋平公却强迫叔向娶了她，后来生了伯石即杨食我。伯石生下来时，叔向的嫂子跑去告诉婆婆："大弟弟的媳妇生了个男孩。"叔向的母亲前去看望。走到堂前，听到伯石的哭声就回去了，说："这是豺狼一样的声音，狼一样的孩子必然有野心。如果不是这个人，没有人能使羊舌氏灭亡。"便决心不去看他。

秋季，晋国的韩起去世，魏舒执政。他把祁氏的田地分为七个县，把羊舌氏的田地分为三个县。任命司马弥牟为邬邑大夫，贾辛为祁地大夫，司马乌为平陵大夫，魏戊为梗阳大夫，知徐吾为涂水大夫，韩固为马首大夫，孟丙为盂地大夫，乐霄为铜鞮大夫，赵朝为平阳大夫，僚安为杨氏大夫。魏舒认为贾辛、司马乌援助王室有功，便提拔了他们；认为知徐吾、赵朝、韩固、魏戊是卿的庶子中能够尽职尽责、守护家业的人。这四个人，都是被任命为县大夫之后才进见魏舒的，说明他们是因为贤能才被重用的。

魏舒对大夫成鱄说："我任命魏戊为县大夫，别人会不会认为他是我的党羽呢？"成鱄回答说："怎么会呢？魏戊的为人，从远处说不忘国君，从近处说不威胁同僚；见到利首先想到义，再贫困也能保持廉洁，一向是遵守礼而无任何过分行为。交给他一个县，有什么不可以呢？从前武王战胜商朝，拥有了整个天下，他的兄弟得以被封国的有十五人，姬姓被封国的有四十人，这都是选拔重用自己的亲属。选拔人才不考虑别的，就看他是不是贤能，远近亲疏都一视同仁。《诗经》说：'只有这个文王，天赐明理之心。其品德高尚，美名传遍四方，光明磊落毫无私心，堪称领袖和君王。统帅这样一个大国，能使四方一致归顺。直到文王继位，德行才完美无损。承受了上天的福禄，并延续到他的子孙。'内心能制约于道义叫度，德行端正反应和谐叫莫，德行远及四方叫明，乐于施舍没有私心叫类，诲人不倦叫长，赏罚分明叫君，慈祥和蔼令天下顺服叫顺，选择好的去做叫比，以天地为准则叫文。这九种德行没有缺憾，做任何事情都没有悔恨，因此才能承受上天的福禄，并造福子孙。现在您对这些人的举拔重用，说明已接近文王的德行了，影响将非常的深远。"

贾辛准备到他的县去上任，行前去拜见魏舒。魏舒说："贾辛你过来！从前叔向到郑国去时，有一个人长得很丑，叫鬷蔑，他想拜见叔向，便随着收拾器具的人一同进去了。他站在堂下，说了一句精彩的话。叔向正要饮酒，听到这句话后说：'这一定是鬷蔑！'便走下堂来，拉着他的手上去，说：'从前贾大夫长得很丑，但娶了个很漂亮的妻子。这个妻子过门后三年不说不笑。贾大夫驾车带她到沼泽地打野鸡，一箭射中之后，她才开始有说有笑。贾大夫说：一个人不能没有本事。大概你以为我不能射箭，才不说不笑吧！现在你其貌不扬，如果不是说了那句话，我差一点会失去你。说话竟是这样的重要！'两人便一见如故。如今你对王室有功，所以我才举拔你。你去吧！要恭敬行事，不要前功尽弃！"

孔子听说了魏舒举拔人才的事情，认为他的做法合于道义，就说："举拔人才近不忽略亲属，远不错过贤人，可以说是合乎道义了。"又听说了对贾辛说的一番话，认为魏舒很忠诚："《诗经》说：'永远顺应天命，必然得到各种福禄。'这就是忠诚。魏舒举拔人才的行动体现了道义，对贾辛的命令体现了忠诚，他的子孙必然要长期享有晋国的福禄！"

冬季，梗阳有人打官司，魏戊无法判断是非曲直，便移送上司魏舒决断。诉讼的其中一方送给魏舒一个女乐人，魏舒准备接受。魏戊对阎没、女宽两人说："恩主以不受贿赂闻名于诸侯各国，如果接受了那个梗阳人送的女乐人，就没有比这更大的贿赂了。你们一定要劝阻他！"两人都答应了。退朝之后，他们站在院子里等候魏舒出来。饭菜送了进来，魏舒让二人进来一起吃。摆上饭菜后，两人一连叹了三口气。吃完饭后，魏舒让他们坐下，并说："我听伯叔说过：'只有在吃饭的时候才能忘掉忧愁。'你们在上菜时叹息三次，是为什么呢？"两人便一同回答："昨天晚上有人请我们喝酒，没有吃晚饭，所以刚才感到很饿。刚上饭菜时，我们担心不够吃，就叹了一口气；饭菜上了一半时，我们想：'将军既然让我们吃饭，难道会不让吃饱？'因此就再次叹了口气。等到饭菜上完，我们便决定以小人的肚子来衡量君子的内心，正好吃饱就行了。"魏舒听了这话，拒绝了梗阳人的贿赂。

昭公二十九年

经　二十有九年春，公至自乾侯，居于郓。齐侯使高张来唁公。公如晋，次于乾侯。夏四月庚子，叔诣卒。秋七月。冬十月，郓溃。

传　二十九年春，公至自乾侯，处于郓。齐侯使高张来唁公，称主君①。子家子曰："齐卑君矣，君祗辱焉②。"公如乾侯。

三月己卯③，京师杀召伯盈、尹氏固及原伯鲁之子。尹固之复也④，有妇人遇之周郊，尤之⑤，曰："处则劝人为祸，行则数日而反，是夫也。其过三岁乎⑥？"

夏五月庚寅⑦，王子赵车入于鄻以叛⑧，阴不佞败之。

平子每岁贾马，具从者之衣屦而归之于乾侯⑨。公执归马者卖之，乃不归马⑩。

卫侯来献其乘马曰启服⑪，堑而死⑫，公将为之椟⑬。子家子曰："从者病矣，请以食之。"乃以帷裹之。

公赐公衍羔裘，使献龙辅于齐侯⑭，遂入羔裘⑮。齐侯喜，与之阳谷⑯。公衍、公为之生也，其母偕出⑰。公衍先生。公为之母曰："相与偕出，请相与偕告。"三日，公为生，其母先以告，公为为兄。公私喜于阳谷而思于鲁，曰："务人为此祸也⑱。且后生而为兄。其诬也久矣。"乃黜之，而以公衍为大子。

秋，龙见于绛郊。魏献子问于蔡墨曰⑲："吾闻之，虫莫知于龙⑳，以其不生得也㉑。谓之知，信乎？"对曰："人实不知，非龙实知。古者畜龙，故国有豢龙氏，有御龙氏㉒。"献子曰："是二氏者，吾亦闻之，而不知其故，是何谓也？"对曰："昔有飂叔安㉓，有裔子曰董父㉔，实甚好龙，能求其耆欲以饮食之㉕，龙多归之。乃扰畜龙㉖，以服事帝舜。帝赐之姓曰董，氏曰豢龙。封诸鬷川㉗，鬷夷氏其后也。故帝舜氏世有畜龙。及有夏孔甲，扰于有帝㉘。帝赐之乘龙㉙，河、汉各二㉚，各有雌雄，孔甲不能食㉛，而未获豢龙氏。有陶唐氏既衰，其后有刘累，学扰龙于豢龙氏，以事孔甲，能饮食之。夏后嘉之，赐氏曰御龙，以更豕韦之后③②。龙一雌死，潜醢以食夏后③③。夏后飨之，既而使求之。惧而迁于鲁县③④，范氏其后也。"献子曰："今何故无之"对曰："夫物，物有其官，官修其方③⑤，朝夕思之。一日失职，则死及之。失官不食③⑥，官宿其业③⑦，其物乃至。若泯弃之，物乃坻伏③⑧，郁湮不育③⑨。故有五行之官④⓪，是为五官。实列受氏姓④①，封为上公④②，祀为贵神，社稷五祀④③，是尊是奉。木正曰句芒④④，火正曰祝融，金正曰蓐收，水正曰玄冥，土正曰后土。龙，水物也。水官弃矣④⑤，故龙不生得。不然，《周易》有之，在《乾》☰之《姤》☴④⑥，曰：'潜龙勿用④⑦。'其《同人》☲曰④⑧：'见龙在田④⑨。'其《大有》☲曰⑤⓪：'飞龙在天⑤①。'其《夬》☱曰⑤②：'亢龙有悔⑤③。'其《坤》☷曰⑤④：'见群龙无首，吉⑤⑤。'《坤》之《剥》☶曰⑤⑥：'龙战于野⑤⑦。'若不朝夕见，谁能物之⑤⑧？"献子曰："社稷五祀，谁氏之五官也⑤⑨？"对曰："少暤氏有四叔，曰重，曰该，曰修，曰熙，实能金木及水。使重为句芒，该为蓐收，修及熙为玄冥，世不失职，遂济穷桑⑥⓪，此其三祀也。颛顼氏有子曰犁，为祝融，共工氏有子曰句龙，为后土，此其二祀也。后土为社；稷，田正也。有烈山氏之子曰柱为稷，自夏以上祀之。周弃亦为稷，自商以来祀之。"

冬，晋赵鞅、荀寅帅师城汝滨⑥①，遂赋晋国一鼓铁⑥②，以铸刑鼎⑥③，著范宣子所为刑书焉。

仲尼曰："晋其亡乎，失其度矣。夫晋国将守唐叔之所受法度，以经纬其民⑥④，卿大夫以序守之⑥⑤。民是以能尊其贵，贵是以能守其业。贵贱不愆⑥⑥，所谓度也。文公是以作执秩之官⑥⑦，为被庐之法⑥⑧，以为盟主。今弃是度也，而为刑鼎，民在鼎矣，何以尊贵⑥⑨？贵何业之守？贵贱无序，何以为国？且夫宣子之刑，夷之蒐也⑦⓪，晋国之乱制也，若之何以为法？"蔡史墨曰："范氏、中行氏其亡乎。中行寅为下卿，而干上令⑦①，擅作刑器，以为国法，是法奸也⑦②。又加范氏焉，易之⑦③，亡也。其及赵氏，赵孟与焉⑦④；然不得已，若德，可以免。"

【注释】

①主君：春秋时卿大夫的家臣称卿大夫为主君。　②祇辱：仅自取辱。　③己卯：十三日。　④复：返周。　⑤尤：指责。　⑥其：周"岂"。　⑦庚寅：二十五日。　⑧赵车：子朝的余党。郫（niǎn）：周邑。　⑨具：准备。　⑩归：通"馈"，送。　⑪启服：马名。　⑫堙而死：堕于坑而死。　⑬椟：棺材。　⑭龙辅：龙纹美玉。　⑮入：献上。　⑯阳谷：齐邑。　⑰其母偕出：他们的母亲一同出去。据《礼记·内则》载，古代贵族妇人将生子，出

中华藏书

四书五经·最新校勘精注今译本

中国书店

居于侧室，又称为产舍。出，即出居产舍。　⑱务人：即公为。　⑲蔡墨：晋大夫。　⑳知：同"智"。　㉑生得：活捉。　㉒豢、御：养。二词同义。　㉓飂叔安：飂，国名，亦作蓼。叔安，国君名。　㉔裔子：后代。　㉕耆：同"嗜"。　㉖扰畜：驯养。　㉗鬷川：封地名，传说在今山东定陶县北。　㉘有帝：天帝。有，名词词头。　㉙乘龙：驾车之龙。　㉚河汉：黄河、汉水。　㉛食：饲养。　㉜以更豕韦：以代替豕韦。豕韦，祝融氏之后。　㉝潜醢：偷偷剁成肉酱。　㉞鲁县：在今河南鲁山县东北。　㉟方：法术。　㊱不食：不食俸禄。　㊲宿：长久。　㊳坻伏：隐伏。　㊴郁湮不育：抑郁不能生长。　㊵五行：即金、木、水、火、土。　㊶列受氏姓：代代相传继承姓氏。　㊷封：爵位。　㊸社稷五祀：社为地神，稷为谷神。五祀，即五官之神。　㊹正：官长。　㊺弃：废。　㊻在《乾》之《姤》：指《乾》卦变为《姤》卦。《乾》卦卦象为乾下乾上，其初九爻由阳变阴而成为巽下乾上，即《姤》卦。　㊼潜龙勿用：此为《乾》卦初九爻辞。意为潜伏在水中的龙不能发挥作用。　㊽《同人》：卦名，卦象为离下乾上。　㊾见龙在田：此为《乾》卦九二爻辞。意为龙出现在田野里。　㊿《大有》：卦名，卦象为乾下离上。此卦是《乾》卦九五阳爻变为阴爻而来。　51飞龙在天：此为《乾》卦九五爻辞。意为龙飞上云天。　52《夬》：卦名，卦象为乾下兑上。该卦为《乾》卦上九爻由阳变阴而来。　53亢龙有悔：此为《乾》卦上九爻辞。意为龙升至极点必有忧悔。　54《坤》：卦名，卦象为坤下坤上。《乾》卦六阳爻皆变为阴爻即《坤》卦。　55见群龙无首，吉：此为《乾》卦用九爻辞。意为见到群龙没有首领，吉利。　56《坤》之《剥》：《坤》卦变为《剥》卦。《剥》：卦名，卦象为坤下艮上。此卦为《坤》卦上六爻由阴变阳而来。　57龙战于野：此为《坤》卦上六爻辞。意为龙在野外战斗。　58物之：描述它们。　59谁氏之五官：哪一代帝王的五官。上古帝王称作"氏"。　60济穷桑：使穷桑成功。穷桑：即少昊金天氏。　61汝滨：汝水之滨，本陆浑地，为晋所取。　62鼓：重量单位，合当时四百八十斤。　63铸刑鼎：将刑法条文铸于鼎上。　64经纬：纳入常法。　65序：位次。　66不愆：不错乱。　67执秩之官：掌百官级别的官吏。　68为被庐之法：鲁僖公二十七年，晋文公蒐被庐，修唐叔之法。　69民在鼎矣，何以尊贵：百姓依据刑鼎所载成文法典做事，贵族便无权任意处罚人民，故百姓不像先前那样尊重贵族了。　70夷之蒐：在文公六年，赵盾执政，始制定成文法典，为晋国常法。　71干：违犯。　72法奸：效法奸邪。　73易：改变。　74赵孟：赵鞅。

【译文】

二十九年春季，昭公从乾侯回到鲁国，住在郓地。齐景公派高张前来慰问，称昭公为主君。子家懿伯说："齐侯已经瞧不起国君了，国君真是自招羞辱。"

三月十三日，京城里的军队杀了子朝的党羽召伯盈、尹氏固和原伯鲁的儿子。尹氏固从楚国回来时，曾在周都郊外遇到一个妇人，那妇人指责他说："住到哪里都煽动别人作乱，逃走几天就又回来，这样的人能活三年吗？"

夏季五月二十五日，子朝余党王子赵车到邹地发动了叛乱，阴不佞领兵将其打败。

季平子每年都买一些马匹，并为昭公的随从人员准备了衣服和鞋子，送到乾侯。昭公却把前去送马的人抓了起来，并把马卖掉。从此季平子便不再送马了。

卫灵公献给昭公一匹驾车的马，名叫启服，后来这匹马掉进坑里死了。昭公准备为马做一口棺材。懿伯说："随从人员都饿得有病了，还是把马让他们吃了吧。"昭公这才同意用破旧的帷帐把马裹起来埋了。

昭公赐给公衍一件羔羊皮衣，让他去献给齐景公一块雕有龙纹的美玉。公衍则连同羔羊皮衣一起献给了景公。景公很高兴，把阳谷一地封给了他。当初，公衍、公为出生时，两人的母亲一同进入产房。结果公衍生的早。公为的母亲说："我们一同进来，希望能一同去向国君报喜。"三天之后，公为才出生。但公为的母亲先去报告了国君，所以公为就成了哥哥。昭公内心很喜欢阳谷这个地方，又想起当初在鲁国的这段往事，说："这次弃位出逃完全是公为引起的祸端。再说他出生在后却做了哥哥，把我欺骗了这么多年。"于是就废黜了公为，立公衍为太子。

秋季，在晋都绛城的郊外发现了一条龙。魏舒向蔡墨问道："我听说在虫类动物中，没有比龙更有智慧的了。正因为人们活捉不到龙，所以才认为它最有智慧，真是这样吗？"蔡墨回答说："实在是人没有智慧，而不是龙有智慧。古代曾有人养龙，所以国内才有豢龙氏，有御龙氏。"魏舒说："这两个家族，我也听说过，但不知他们的具体情况，说的是怎么一回事呢？"蔡墨说："从前有飂国的国君叔安有一个后代叫董父，非常喜欢龙。他能根据龙的饮食习性喂养，因此很多龙都去他那里。他就专门驯养龙，来服侍帝舜。帝舜赐他姓为董，氏为豢龙，并把他封在鬷川，鬷夷氏就是他的后代。因此帝舜氏世世代代都有养龙的。到了夏代孔甲时，因为孔甲能顺服天帝，天帝赐给他四条驾车的龙，两条黄河的龙，两条汉水的龙，各有一雌一雄。孔甲不会喂养，又没有找到豢龙氏的后人。在陶唐氏衰落后，他的后代中有一个人叫刘累，他曾向豢龙氏学过驯养龙的方法，于是便事奉孔甲，从而使这几条龙得到了喂养。孔甲为了嘉奖他，赐给他氏为御龙，以代替豕韦氏的后代。后来其中一条雌龙死了，刘累便偷偷把龙肉做成肉酱给孔甲吃。孔甲吃了以后，不久又向刘累要这东西吃。刘累因为害怕便迁到了鲁县，范氏就是他的后代。"魏舒说："那么现在为什么没有龙这种东西了？"蔡墨说："任何一种东西都有相应的官员负责管理，官员要不断地学习管理方法，每天从早到晚都在考虑这件事，一旦失职，就会搭上性命，失去官位的人便享受不到俸禄。只有官员长期从事某一职业，这种东西才能来到。如果放弃，它便隐伏起来，抑郁而得不到繁殖。因此有管理五行的官员，这就是五官。他们的姓氏世代承袭，生前封爵为上公，死后又成为尊贵的神灵。作为国家最重要的五种祭祀对象，受到了极高的尊奉。木官之长叫句芒，火官之长叫祝融，金官之长叫蓐收，水官之长叫玄冥，土官之长叫后土。龙是水中的动物。由于水官被废黜了，所以龙也就无法被人活捉了。如果不是这样，《周易》中怎么有多处记载：乾卦说：'潜藏水中的龙，暂时不宜施展才能'。同人卦说：'巨龙出现在田野。'大有卦说：'巨龙在天空飞舞。'夬卦说：'巨龙伸直身子非常懊悔。'坤卦说：'群龙出现但没有龙王，吉利。'坤卦变成剥卦时，说：'龙在荒野搏斗。'如果龙不是每天早晚都出现，古人怎能描写得如此活灵活现呢？"魏舒说："国家这五种祭祀对象，是哪一代帝王的五官呢？"蔡墨回答说："少皞氏有四个弟弟，分别叫重、该、修、熙，他们很善于管理金、木和水。于是便任命重为句芒，该为蓐收，修和熙为玄冥。他们世世代代都能恪尽职守，因此能辅佐穷桑帝取得成功，这是五种祭祀中的三祀。颛顼氏有个儿子叫犁，担任祝融；共工氏有个儿子叫句龙，提任后土，这是另外二祀。后土就是土地神；五谷神是田官之长。有烈山氏的儿子叫柱，是五谷神，夏朝以前受到祭祀。周朝的始祖弃也做过谷神，从商朝以后便祭祀他。"

冬季，晋国的赵鞅、荀寅率军在汝水之滨筑城，并在晋国征收了四百八十斤铁，用以铸造刑鼎，铸刻范宣子所著的刑书。

孔子对此评论说："看来晋国快要灭亡了吧！它已失去了法度。晋国应该遵循唐叔传下来的法度，管理百姓，卿大夫们各自维护他们的位次，百姓才能尊重高贵的人，高贵的人也才能保守自己的职业。贵贱等级没有差错，这就是法度。晋文公因此专门设置了掌管官职位次的官员，并在被庐修订了唐叔的法律，因此他才能领导晋国成为盟主。现在废弃这一法度，而铸造刑鼎，百姓能在鼎上看到刑法的内容，还怎么能保证高贵的人受到尊敬呢？高贵的人还有什么职业值得保守呢？没有贵贱高下的区别，还靠什么来治理国家呢？再说范宣子的刑法，是在夷地检阅军队时制定的，那是晋国的乱法啊，怎么能把它作为国家的法律呢？"蔡墨说："范氏、中行氏恐怕要灭亡了吧！荀寅身为下卿，却违犯上司的命令，擅自铸造刑器作为国家的法律，这分明是在破坏法律啊。还有范氏，企图改变国家已有的法律，也必然要灭亡。还要牵涉到赵氏，因为赵孟也参与了此事。但赵孟是不得已才跟着这么干的，如果他能注重修养德行，就可以免于祸患。"

昭公三十年

经　三十年春，王正月，公在乾侯。夏六月庚辰，晋侯去疾卒。秋八月，葬晋顷公。冬十有二月，吴灭徐，徐子章羽奔楚。

传　三十年春，王正月，公在乾侯，不先书郓与乾侯，非公，且征过也①。
夏六月，晋顷公卒。秋八月，葬。郑游吉吊，且送葬。魏献子使士景伯诘之，曰："悼公之丧，子西吊，子蟜送葬。今吾子无贰②，何故？"对曰："诸侯所以归晋君，礼也。礼也者，小事大，大字小之谓③。事大在共其时命④，字小在恤其所无。以敝邑居大国之间，共其职贡，与其备御不虞之患⑤，岂忘共命？先王之制，诸侯之丧，士吊，大夫送葬。唯嘉好⑥、聘享、三军之事，于是乎使卿。晋之丧事，敝邑之间⑦，先君有所助执绋矣⑧。若其不间，虽士大夫有所不获数矣⑨。大国之惠，亦庆其加⑩，而不讨其乏⑪，明厎其情⑫，取备而已⑬，以为礼也。灵王之丧，我先君简公在楚，我先大夫印段实往——敝邑之少卿也。王吏不讨⑭，恤所无也。今大夫曰，女盍从旧⑮。旧有丰有省，不知所从。从其丰，则寡君幼弱，是以不共；从其省，则吉在此矣，唯大夫图之。"晋人不能诘。

吴子使徐人执掩馀，使钟吾人执烛庸。二公子奔楚，楚子大封⑯，而定其徒⑰。使监马尹大心逆吴公子，使居养⑱。莠尹然、左司马沈尹戌城之，取于城父与胡田以与之⑲。将以害吴也。子西谏曰："吴光新得国，而亲其民。视民如子，辛苦同之，将用之也。若好吴边疆⑳，使柔服焉，犹惧其至。吾又强其仇以重怒之㉑，无乃不可乎。吴，周之胄裔也㉒，而弃在海滨，不与姬通㉓。今而始大，比于诸华㉔，光又甚文㉕，将自同于先王。不知天将以为虐乎，使翦丧吴国而封大异姓乎㉖？其抑亦将卒以祚吴乎㉗？其终不远矣㉘。我盍姑亿吾鬼神㉙，而宁吾族姓，以待其归㉚。将焉用自播扬焉㉛。"王弗听。

吴子怒，冬十二月，吴子执钟吾子，遂伐徐，防山以水之㉜。己卯㉝，灭徐。徐子章禹断其发㉞，携其夫人，以逆吴子。吴子唁而送之，使其迩臣从之㉟，遂奔楚。楚沈尹戌帅师救徐，弗及，遂城夷㊱，使徐子处之。

吴子问于伍员曰："初而言伐楚，余知其可也，而恐其使余往也，又恶人之有余之功也㊲。今余将自有之矣，伐楚何如?"对曰:"楚执政众而乖㊳，莫适任患㊴。若为三师以肄焉㊵，一师至，彼必皆出。彼出则归，彼归则出，楚必道敝㊶。亟肄以罢之㊷，多方以误之㊸，既罢而后以三军继之㊹，必大克之。"阖闾从之。楚于是乎始病㊺。

【注释】

①征:表明。　②无贰:即无二人，仅游吉一人。　③字:抚爱。　④共其时命:恭敬地按时执行命令。共同"恭"。　⑤与:参与。　⑥嘉好:即朝会。　⑦间:通"闲"。闲暇。　⑧执绋:挽枢车的大绳，意为送葬。、⑨不获数:不能参加，难于派遣。　⑩庆其加:以其于常礼有所增加为善。庆，善。　⑪乏:礼数不备。　⑫明厎其情:明白致其诚心。厎，致。　⑬取备:要求大体具备。　⑭不讨:不责备。　⑮女盍从旧:你们何不按照旧例。　⑯大封:厚封土地。　⑰定其徙:确定其徙居之处。　⑱养:即所封邑名，在今河南沈丘县南。⑲城父、胡:二邑名，城父即夷;胡，今安徽阜阳市。　⑳好:修好。　㉑强其仇:使吴国的仇人强大。强，使动用法。　㉒胄裔:后代。　㉓不与姬通:不与姬姓诸国往来。　㉔诸华:中原诸国。　㉕文:有知识。　㉖封大异姓:使异姓国疆域扩大。　㉗祚:赐福，保佑。　㉘终:结果。　㉙亿:安。　㉚待其归:等待其结果。　㉛播扬:劳动。　㉜防山以水之:堵防山上的水灌进徐国。　㉝己卯:二十三日。　㉞断其发:剪断头发，示从吴俗为吴民。　㉟迩臣:近臣。　㊱夷:即城父。　㊲人:指吴王僚。　㊳乖:违背，即不和。　㊴莫适任患:无人去承担责任。　㊵肄:读为"肆"，即突然袭击。　㊶道敝:疲敝于道路。　㊷亟:屡次。　㊸多方以误之:用多种方法使楚军失误。　㊹罢:通"疲"。继:跟上。　㊺病:困顿。

【译文】

　　三十年春季，周历正月，昭公住在乾侯。《春秋》在此之前不写"公在郓"、"公在乾侯"，意在责备昭公，并且明确他的过错。

　　夏季六月，晋顷公于世。秋季八月，举行葬礼。郑国的游吉前往吊唁，并顺便送葬。魏舒派士景伯前去质问游吉:"悼公去世时，贵国的子西前来吊唁，子蟜送葬。现在只有您一个人来，是什么意思?"游吉回答说:"诸侯之所以归服晋君，是因为贵国讲究礼。礼就是指小国事奉大国，大国爱护小国。事奉大国要恭敬地执行大国的命令，爱护小国要体恤小国所缺少的。我国处在大国之间，要进献各种贡品，还要参与预防被攻伐的各种准备，怎么敢忘记丧葬之礼呢?先王规定的制度是:诸侯的丧礼，由士吊唁，大夫送葬;只有朝会、聘问宴享、战争之事，才派卿亲自前往。从前贵国遇到丧事时，只要我国安定无事，先君也曾亲自前来送葬;如果没有时间抽出身来，即使是士、大夫有时也难以保证。大国对小国的恩惠就体现在，小国能有机会派出地位高于常礼的人事奉大国，而大国又对小国在礼上的偶尔不周能够宽谅，明察它的忠诚，只要求大体合礼，不苛求具体的礼数，就认为是合乎礼。周灵王去世时，先君简公正在楚国，我们派先大夫印段前去——他只是一个少卿。但王室的官员并没有责备我们，因为他们理解我们没有比较合适的人选。但现在大夫却说：'你为什么不按从前的规矩办？'从前有高于常礼的时候，也有低于常礼的时候，我不知道应该比照哪一种情况。如果高于常礼吧，寡君现在年纪还小，不能亲自前来。低于常礼吧，那么就有我游吉代表了。希望您再慎重考虑一下！"晋国人便不再质问了。

吴王派徐国人捉拿掩馀，派钟吾人捉拿烛庸，两个公子便逃到了楚国。楚昭王封给他们大片土地，让其安居下来。楚王曾让监马尹大心到边境上迎接吴国的公子，把他们送到养地，同时又派莠尹然、左司马沈尹戌为养地筑城，并把城父和胡地的田地也划归养地，目的是借助他们危害吴国。子西劝谏说："吴国的公子光刚刚即位，非常亲近百姓，视百姓如子女，与百姓同甘苦，这是准备有朝一日要使用他们。即使在边境上和吴人修好，通过怀柔使之归服，还担心他们会发兵入侵呢。现在又帮助其仇人强大起来，必然会进一步增加其愤怒，恐怕不能这么做吧！吴国也是周朝的后代。他们被丢弃在海滨，不能和中原姬姓诸国来往。现在才开始强盛起来，堪与中原各国相比。公子光又很有学识，他打算使自己创建先王一样的功业。不知道究竟是上天将要使他变为暴虐，导致吴国灭亡而使异姓国家扩大疆土呢，还是要最终保佑吴国使之强大起来呢？这一结果很快就能看到了。何不暂且敬奉我们的鬼神，安定我们的百姓，以等待其发展呢？又何必自己浪费人力物力呢？"昭王不听规劝。

吴王果然发怒了。冬季十二月，吴王抓住了钟吾子，随后攻打徐国，并蓄积山上的水来淹徐国。二十三日，灭掉了徐国。徐子章禹剪下头发，表示效忠吴王，并带着妻子出城迎接。吴王安慰了他之后，派近臣送他走，随后他便逃到了楚国。楚国的沈尹戌领兵救援徐国，但没有来得及。然后便在夷地筑城，让徐子住在这里。

吴王问伍员说："当初你要求攻打楚国时，我就表示同意，但既担心会派我去，又担心别人会抢了我的功。现在我将独自夺取这一功劳了。攻打楚国，怎么样？"伍员回答说："楚国掌权的人很多而且互相之间又貌合神离，没有人敢于为国家分忧解难。如果派出三支部队对楚国发动突然袭击，然后便迅速撤离。一支部队攻进楚国，楚军必然全军出动。楚军一出动，我们就撤回，楚军一回去，我们就再进攻。这样楚军必然疲于奔命。多次突然袭击，又多次迅速撤退，用多种战术造成楚军的失误。等他们疲惫不堪时，我们便派出三军发动总攻，必能大获全胜。"吴王阖闾采纳了这一建议。楚国从此便有了心腹大患。

昭公三十一年

经　三十有一年春，王正月，公在乾侯。季孙意如会晋荀跞于适历。夏四月丁巳，薛伯谷卒。晋侯使荀跞唁公于乾侯。秋，葬薛献公。冬，黑肱以滥来奔。十有二月辛亥朔，日有食之。

传　三十一年春，王正月，公在乾侯，言不能外内也①。

晋侯将以师纳公。范献子曰："若召季孙而不来，则信不臣矣②。然后伐之，若何？"晋人召季孙，献子使私焉，曰："子必来，我受其无咎③。"季孙意如会晋荀跞于适历④。荀跞曰："寡君使跞谓吾子，何故出君？有君不事，周有常刑，子其图之！"季孙练冠麻衣跣行⑤，伏而对曰："事君，臣之所不得也。敢逃刑命？君若以臣为有罪，请囚于费，以待君之察也，亦唯君⑥。若以先臣之故，不绝季氏，而赐之死。若弗杀弗亡，君之惠也，死且不朽。若得从君而归，则固臣之愿也。敢有异心？"

夏四月，季孙从知伯如乾侯⑦。子家子曰："君与之归，一惭之不忍，而终身惭乎⑧？"公曰："诺。"众曰："在一言矣，君必逐之。"荀跞以晋侯之命唁公，且曰："寡君使跞以君命讨于意如，意如不敢逃死，君其入也！"公曰："君惠顾先君之好，施及亡人，将使归粪除宗祧以事君⑨，则不能见夫人⑩。已所能见夫人者，有如河！"荀跞掩耳而走，曰："寡君其罪之恐⑪，敢与知鲁国之难？臣请复于寡君。"退而谓季孙："君怒未怠⑫，子姑归祭⑬。"子家子曰："君以一乘入于鲁师，季孙必与君归。"公欲从之，众从者胁公⑭，不得归。

薛伯谷卒，同盟，故书。

秋，吴人侵楚。伐夷，侵潜、六。楚沈尹戌帅师救潜，吴师还。楚师迁潜于南冈而还⑮。吴师围弦⑯。左司马戌、右司马稽帅师救弦，及豫章，吴师还。——始用子胥之谋也。

冬，邾黑肱以滥来奔⑰，贱而书名，重地故也。

君子曰："名之不可不慎也如是。夫有所有名，而不如其已⑱。以地叛，虽贱，必书地，以名其人。终为不义，弗可灭已。是故君子动则思礼，行则思义，不为利回⑲，不为义疚⑳。或求名而不得，或欲盖而名章㉑，惩不义也。齐豹为卫司寇，守嗣大夫㉒，作而不义，其书为'盗'。邾庶其、莒牟夷、邾黑肱以土地出，求食而已，不求其名，贱而必书。此二物者㉓，所以惩肆而去贪也㉔。若艰难其身，以险危大人㉕，而有名章彻㉖，攻难之士㉗，将奔走之。若窃邑叛君，以缴大利而无名，贪冒之民㉘，将置力焉㉙。是以《春秋》书齐豹曰'盗'，三叛人名，以惩不义，数恶无礼㉚，其善志也㉛。故曰，《春秋》之称㉜：微而显㉝，婉而辨㉞。上之人能使昭明㉟，善人劝焉，淫人惧焉，是以君子贵之㊱。"

十二月辛亥朔㊲，日有食之。是夜也，赵简子梦童子赢而转以歌㊳。旦占诸史墨，曰："吾梦如是，今而日食，何也？"对曰："六年及此月也㊴，吴其入郢乎！终亦弗克。入郢，必以庚辰㊵。日月在辰尾㊶，庚午之日，日始有谪㊷。火胜金，故弗克。"

【注释】

①不能外内：不能去国外，又不能回国内。　②不臣：不合臣道。　③受其无咎：保其无灾祸。　④适历：晋地名。　⑤练冠麻衣跣行：练冠、麻衣，皆为丧服。跣行，赤足行走。《礼记·问丧》篇有"亲始死徒跣。"　⑥唯君：即"唯君命是听"的省略。　⑦知伯：即荀跞。　⑧惭：愧，羞。　⑨粪除：扫除。　⑩夫人：那个人，指季孙意如。　⑪其罪之恐：恐其获罪。　⑫怠：松弛。　⑬归祭：回去主持祭祀。即代理国君事宜。　⑭胁：胁迫。　⑮南冈：在潜地之北。　⑯弦：在今河南息县南。　⑰滥：邾邑，在今山东滕县东南。　⑱不如其已：不如无名。　⑲不为利回：不因利而违礼。　⑳不为义疚：在道义上不做内疚的事。　㉑章：同"彰"，明。　㉒守嗣：世袭。　㉓二物：二事。　㉔肆：放肆。　㉕险危大人：使上位的人处于危险。　㉖章彻：显明。章、彻二词同义。　㉗攻难：作难。　㉘贪冒：贪婪。　㉙置力：致力。　㉚数：责备。　㉛志：记述。　㉜称：叙述史实。　㉝微而显：文字隐微而意义明显。　㉞婉而辨：言辞委婉而意思分明有别。　㉟上之人能使昭明：作传者能使《春秋》之义明显。　㊱贵：重视。　㊲辛亥朔：初一日。　㊳赢而转以歌：光着身子按着歌拍跳舞。赢今作"裸"。　㊴六年：即过六年。　㊵庚辰：庚辰日。　㊶辰尾：龙尾，即东方苍龙七宿之尾。　㊷谪：灾。

【译文】

三十一年春季，周历正月，"昭公住在乾侯。"《春秋》所以记载，表明昭公既不能到国外，又不能回国内。

晋定公准备领兵护送昭公回国。范献子说："不妨先召请季孙来，如果他不来，说明他确实失去了为臣之道，然后才攻打他，怎么样？"于是便召季平子前去。范献子私下派人告诉平子："你一定要来，我确保你的安全。"于是季平子到适历会见了晋国的荀跞。荀跞说："寡君派我对您说：为什么要赶走国君？如果有国君却不能事奉，对此周朝制定了处罚的刑律。您要认真考虑一下！"季平子头戴练冠，身着麻衣，赤脚走到荀跞跟前跪下说："事奉国君是我求之不得的，怎么敢逃避刑罚呢？国君如果认为我有罪，就请把我囚禁在费地，以等待调查结果，一切听凭国君发落。如果看在先臣的面子上，只要不断绝季氏的香火与祭祀，即使赐我一死，我也死而无怨。如果国君不杀我也不放逐我，这是对我的大恩大德。如果能够得以跟随国君回去，这本来就是我的愿望，哪里还敢有其他念头呢？"

　　夏季四月，平子跟随荀跞到了乾侯。子家懿伯对昭公说："国君跟他一起回去吧。不过一次羞辱都不能忍受，还能忍受终身的羞辱吗？"昭公说："对啊。"群臣说："国君一句话就可以赶走季氏。"荀跞以晋定公的名义慰问昭公，并说："寡君派我以他的名义责备季孙，季孙不敢逃避死亡，国君还是随他一同回去吧！"昭公说："承蒙贵君顾念先君友谊，对我表示关心。但如果准备让我回去祭扫宗庙继续事奉贵君，那么我就不能再见到那个人。我决不再见那个人，向河神发誓！"听到这话，荀跞连忙捂着耳朵跑了。他说："寡君深怕犯下罪过，怎么敢听到鲁国发生动乱的情况呢！请允许我回去报告国君。"下去后对平子说："贵君的怒气还没有消除，你暂且回去继续主持国政。"子家懿伯说："国君如果乘一辆车进入鲁军，季孙肯定会和您一块回去。"昭公准备这么做，但随从的人们胁迫昭公，使他无法脱身。

　　薛伯谷去世。因为薛国是鲁国的同盟国，所以《春秋》记载了此事。

　　秋季，吴国人入侵楚国，攻打夷地，并入侵潜、六二地。楚国的沈尹戌率军救援潜地，吴军撤退。楚军把潜地人迁到南冈之后，就回去了。不久吴军又围攻弦地，左司马戌、右司马稽率军救援，行至豫章，吴军就撤退了。——这是吴国开始使用伍子胥的计谋了。

　　冬季，邾国的黑肱带着滥地投奔鲁国。这个人本来地位很低，但《春秋》仍然记载了他的名字，表示对滥地的重视。

　　君子认为："一个人对名声不能不重视，因为有时出了名反而不如不出名好。占据某地发动叛乱，即使他地位低下，史书也要记载这一地名，为的是记载发动叛乱的人名。这个人终将成为不义之人，且永远无法洗刷这一罪名。因此君子采取任何行动都要想到礼，做任何事情都要想到义，不因为牟取私利而违背礼，不因为不合道义而使自己内疚。有的人追求名声却未能如愿以偿，有的人想掩盖反而更加臭名昭著，这都是对不义之人的惩罚。齐豹是卫国的司寇，而且是世袭大夫，做了不义之事，《春秋》中记为'盗'。邾国的庶其、莒国的牟夷、邾国的黑肱带着土地逃亡他国，只是为了追求俸禄，并不想求得名载史册，即使他们地位低下，也一定要被记载下来。上述两种情况，就是要惩罚放肆无礼并消除贪婪行为的。假如经过艰苦的努力，使上司陷入险境，自己却名声远扬，那么制造祸乱的人就会趋之若鹜。如果窃取国家城池背叛国君追求暴利，却不将其恶名记载下来，贪婪之徒就更加致力此事。因此《春秋》称齐豹为'盗'，把三个叛乱者的名字也记载下来，以惩罚不义行为，斥责无礼之举，这是一种非常巧妙的记述方法。所以说《春秋》记述史实隐晦但又显著，婉转而有褒贬。身居上位的人若能进一步发扬《春秋》大义，就能使善人得到勉励，恶人感到恐惧，因此君子都特别重视这部《春秋》。"

十二月一日，鲁国上空发生了日食。当天晚上，赵鞅梦见一个小孩光着身子随着舞蹈的节拍唱歌。第二天早晨，请史墨占卜，并说："我做了这样一个梦，又遇到今天发生了日食，这是什么意思呢？"史墨回答说："六年以后的这个月，吴国人恐怕要攻进楚国郢都，但吴军终究还是要战败。进入郢都一定是在庚辰这一天，此时的日月正在苍龙之尾，庚午那一天，太阳开始发生变化，所以楚国要有灾。但因为火终于战胜了金，所以吴军终究还是不能取胜。"

昭公三十二年

经 三十有二年春，王正月，公在乾侯。取阚。夏，吴伐越。秋七月。冬，仲孙何忌会晋韩不信、齐高张、宋仲几、卫世叔申、郑国参、曹人、莒人、薛人、杞人、小邾人城成周。十有二月己未，公薨于乾侯。

传 三十二年春，王正月，公在乾侯。言不能外内，又不能用其人也①。
夏，吴伐越，始用师于越也。史墨曰："不及四十年，越其有吴乎。越得岁而吴伐之②，必受其凶。"
秋八月，王使富辛与石张如晋，请城成周。天子曰："天降祸于周，俾我兄弟并有乱心③，以为伯父忧④。我一二亲昵甥舅，不皇启处⑤，于今十年，勤戍五年⑥。余一人无日忘之，闵闵焉如农夫之望岁⑦，惧以待时。伯父若肆大惠⑧，复二文之业⑨，弛周室之忧⑩，徼文、武之福，以固盟主，宣昭令名，则余一人有大愿矣。昔成王合诸侯，城成周，以为东都，崇文德焉⑪。今我欲缴福假灵于成王⑫，修成周之城，俾戍人无勤，诸侯用宁，蟊贼远屏⑬，晋之力也。其委诸伯父，使伯父实重图之。俾我一人无征怨于百姓[14]，而伯父有荣施[15]，先王庸之[16]。”

范献子谓魏献子曰：“与其成周，不如城之，天子实云。虽有后事，晋勿与知可也。从王命以纾诸侯，晋国无忧，是之不务，而又焉从事？”魏献子曰：“善。”使伯音对曰[17]：“天子有命，敢不奉承，以奔告于诸侯。迟速衰序[18]，于是焉在。”

冬十一月，晋魏舒、韩不信如京师，合诸侯之大夫于狄泉，寻盟，且令城成周。魏子南面[19]。卫彪傒曰[20]：“魏子必有大咎，干位以令大事[21]，非其任也。《诗》曰[22]：‘敬天之怒，不敢戏豫。敬天之渝，不敢驰驱。’况敢干位以作大事乎[23]？”

己丑[24]，士弥牟营成周[25]，计丈数[26]，揣高卑，度厚薄，仞沟洫[27]，物土方[28]，议远迩，量事期[29]，计徒庸[30]，虑材用[31]，书餱粮[32]，以令役于诸侯。属役赋丈[33]，书以授帅[34]，而效诸刘子[35]。韩简子临之[36]，以为成命[37]。

十二月，公疾，遍赐大夫，大夫不受。赐子家子双琥[38]、一环、一璧、轻服[39]，受之。大夫皆受其赐。己未[40]，公薨。子家子反赐予府人[41]，曰：“吾不敢逆君命也。”大夫皆反其赐。书曰：“公薨于乾侯。”言失其所也。

赵简子问于史墨曰：“季氏出其君，而民服焉，诸侯与之，君死于外，而莫之或罪，何也[42]？”对曰：“物生有两，有三，有五，有陪贰[43]。故天有三辰[44]，地有五行，体有左右，各有妃耦[45]。王有公，诸侯有卿，皆有贰也。天生季氏，以贰鲁侯，为日久矣。民之服焉，不亦宜乎？鲁君世从其失[46]，季氏世修其勤[47]，民忘君矣。虽死于外，其谁矜之？社稷无常奉[48]，君臣无常位，自古以然。故《诗》曰：‘高岸为谷，深谷为陵[49]。’三后之姓[50]，于今为庶[51]，主所知也。在《易》卦，雷乘《乾》曰《大壮》䷡[52]，天之道也。昔成季友，桓之季也[53]，文姜之爱子也，始震而卜[54]，卜人谒之[55]，曰：‘生有嘉闻[56]，其名曰友，为公室辅。’及生，如卜人之言，有文在其手曰‘友’[57]，遂以名之，既而有大功于鲁[58]，受费以为上卿。至于文子、武子，世增其业，不废旧绩。鲁文公薨，而东门遂杀嫡立庶，鲁君于是乎失国，政在季氏，于此君也四公矣。民不知君，何以得国？是以为君，慎器与名[59]，不可以假人[60]。”

【注释】

①其人：指子家羁等人。　②岁：岁星，即木星。越得岁，指当时岁星在斗宿，斗为越分野。　③兄弟：指王子朝之党。　④伯父：指晋侯。　⑤不遑启处：无暇安居。　⑥勤戍：派兵戍守。　⑦闵闵焉：忧愁貌。岁：收割。　⑧肆：展放。　⑨二文：指晋文侯、晋文公。⑩弛：解，缓。　⑪文德：文教德化。　⑫假灵：与“徼福”义近，即求福。　⑬蠆贼远屏：将坏人放逐远方。屏，放逐。　⑭征：召。　⑮荣施：荣功。　⑯庸：酬功。　⑰伯音：即韩不信。　⑱迟速衰序：指工程的进度与工作量的分配。衰，差。　⑲南面：面向南，居君位。

⑳彪傒：卫大夫。 ㉑干位：越位。 ㉒《诗》曰：以下四句出自《大雅·板》篇。戏豫：游戏，轻慢。渝：改变常态，意为愤怒。驰驱：放纵任意。 ㉓作大事：指兴土功。 ㉔己丑：十四日。 ㉕营：经营，即制订方案。 ㉖丈数：长度。 ㉗仞：计算深度。 ㉘物：考察。 ㉙量事期：预测完工日期。 ㉚徒庸：人力工时。 ㉛材用：材料器具。 ㉜书餱粮：记载所需粮食。 ㉝属役赋丈：分嘱各国出劳役多少，完成工程若干。 ㉞帅：诸侯国的大夫。 ㉟效：致。 ㊱临：监督。 ㊲成命：既定方案。 ㊳琥（hǔ）：虎形玉器。 ㊴轻服：细好之服。 ㊵己未：十四日。 ㊶府人：掌管鲁昭公府库的官吏。 ㊷莫之或罪：即“莫或罪之”的倒装。言无人归罪于他。 ㊸陪贰：辅助。 ㊹三辰：日、月、星。 ㊺妃耦：配偶。 ㊻世从其失：世代放纵安逸。失，通“佚”，逸。 ㊼修其勤：勤恳辛劳。 ㊽无常奉：无固定不变的祭祀者。 ㊾高岸为谷，深谷为陵：句出《小雅·十月之交》篇。意为大地也有巨大的变化。 ㊿三后之姓：三王的子孙。三后，指虞、夏、商三王。姓，子，此指子孙。 (51)庶：庶民。 (52)《大壮》：卦名，卦象为乾下震上。震为雷，为臣；乾为天，为君。君臣易位，大臣犹强壮，像天上有雷。因震在乾之上，故称为“雷乘乾”。 (53)桓之季：鲁桓公的小儿子。 (54)震：娠，怀孕。 (55)谒：告。 (56)嘉闻：好名声。 (57)有文在其手：手掌上有字或图案。 (58)有大功：指立僖公。 (59)慎器与名：谨慎对待礼器与名位。 (60)假：借。

【译文】

三十二年春季，周历正月，“昭公住在乾侯。”《春秋》仍然这样记载，说明昭公既到不了国外，也回不到国内，又不善于使用身边的人才。

夏季，吴国攻打越国，这是吴国首次对越国用兵。史墨说：“用不了四十年，越国恐怕就要拥有吴国吧！因为现在岁星正运行在越国上空，而吴国偏偏在此时攻打越国，所以吴国一定会受到岁星的惩罚。”

秋季八月，周天子派富辛和石张到晋国，请求为成周筑城。天子说：“上天降祸给周朝，使我的兄弟们都产生了祸乱之心，给伯父带来了忧患。我几个亲近的甥舅之国得不到安宁，已经有十年了，诸侯派兵保护周都也已经有五年了。我没有一天敢忘记这个，整日提心吊胆，就像农夫盼望丰收年成一样，等待着收获季节的到来。如果伯父肯施以大恩，重建晋文侯、晋文公的大业，缓解王室的忧患，以求得文王、武王的保佑，巩固盟主的地位，进一步宣扬晋国的美名，这就是我最大的愿望了。从前成王曾召集诸侯在成周筑城，以作为周都的东都，表明了尊崇文治而不是依靠武功。现在我准备祈求成王保佑，修筑成周的城池，使诸侯的守兵得以撤回，各国得以安宁，乱臣贼子被放逐远方，这都要依靠晋国的力量。现把这一任务交给伯父，请伯父认真考虑。这样就不会使我受到百姓的怨恨，伯父也就有了荣耀和功绩，先王的神灵也会酬谢您的。”

范献子对魏舒说：“与其派兵戍守成周，倒不如增修它的城墙，这也是天子的要求。即使将来发生了什么意外，晋国也不会承担责任。听从天子的命令，缓解诸侯的压力，晋国也没有了忧患，不尽量这么做，还能怎么样呢？”

魏舒说："好。"便派伯音答复天子的使者："既然天子有了命令，我们怎敢不听从呢？我们将尽快告诉各诸侯。至于筑城的进度和任务量的分配，都由我们负责。"

　　冬季十一月，晋国的魏舒、韩不信到了京师，召请诸侯的大夫们在狄泉重温了平丘的盟约，并且下令要在成周筑城。当时魏舒面南而坐。卫国的彪侯说："魏舒一定会遭到大灾。身为卿却坐在国君的位置上向诸侯颁布命令，这不是他能承受得了的。《诗经》说：'畏惧上天发怒，所以不敢儿戏；害怕上天变脸，所以不敢放纵。'更何况竟敢越位为天子大兴土木呢？"

　　十四日，士弥牟设计为成周筑城的施工方案，计算长度，估计高度，度量厚度，测算深度，确定挖掘土石的方向和远近，并预算工程所需时间、人数、材料、粮食，以便为各诸侯分配任务。根据各国的大小确定劳工和工程的数量，还写成书面材料交给诸侯的大夫，并把总的规划送给刘文公。由韩简子负责监督。以此作为既定方案。

　　十二月，昭公生了病。他要普遍赏赐跟随他的大夫，但大夫们不接受。赐给子家懿伯一对玉琥、一只玉环、一块玉璧以及一身又轻又好的衣服，懿伯接受了。于是大夫们才都分别接受了赏赐。十二月十四日，昭公去世。懿伯把昭公赏赐给他的东西交给管理财物的人，并说："我当初所以接受，是因为不敢违背国君的命令。"大夫也都归还了赏赐。《春秋》记载："公薨于乾侯。"意思是说昭公没有死在应死的地方。

　　赵简子问史墨："季孙赶走了他的国君，百姓却很顺服他，诸侯又都帮助他，国君死在外地也没有人怪罪他，这是为什么呢？"史墨回答说："事物的存在方式各有不同，有的成双，有的成三，有的成五，有的有正有辅。因此天上有日、月、星三辰，地上有金、木、水、火、土五行，身体有左右两侧，人都有配偶，天子有公，诸侯有卿，都有辅佐之人。上天生了季氏，让他辅佐鲁侯，历时已经很久了。百姓顺服季氏，不也是理所应当的吗！鲁国的国君代代放纵安逸，季氏却世世修德勤政，以至于百姓忘掉了国君的存在。即使国君客死他乡，又有谁会怜悯他呢？奉祀社稷、管理国家的人不会固定不变，君臣的位置也不会永恒不变，自古以来就是这样。因此，《诗经》说：'高山可以变成深谷，深谷可以变成山陵。'虞、夏、商三王的子孙如今都已变成了平民，这是您知道的。《易经》的卦象上，代表雷的震卦在乾卦之上就叫大壮，这是上天的规律。从前的成季友是桓公的小儿子，文姜的爱子，在刚刚怀他的时候，曾做了占卜，卜人告诉桓公说：'生下后便享有一个好名声，名字叫友，能辅佐公室。'生下来之后，果然和卜人说的一样，手上有一个酷似'友'字的图案，因此便为其取名叫'友'。不久他立了僖公，从而为鲁国立下大功，因此被封在费地，并官拜上卿。直到季文子、季武子，每一代都能增加他们的家业，从不废弃祖先的功绩。鲁文公去世时，东门遂杀了嫡子，立庶子为新君，从此鲁国国君开始失去了国家的政权，政权落在季氏手中，到现在这一代国君已经四代了。百姓的心目中没有了他们的国君，国君还怎么能得到国家政权呢？因此作为一个国君必须慎重地对待礼器和名声，不能随便把它们交给别人。"

定　公

定公元年

经　元年春，王。三月，晋人执宋仲几于京师。夏六月癸亥，公之丧至自乾侯。戊辰，公即位。秋七月癸巳，葬我君昭公。九月，大雩。立炀宫。冬十月，陨霜杀菽。

传　元年春，王正月辛巳①，晋魏舒合诸侯之大夫于狄泉，将以城成周。魏子莅政。卫彪傒曰："将建天子②，而易位以令，非义也。大事奸义③，必有大咎④。晋不失诸侯，魏子其不免乎。"是行也，魏献子属役于韩简子及原寿过⑤，而田于大陆⑥，焚焉⑦。还，卒于宁⑧。范献子去其柏椁⑨，以其未复命而田也。

孟懿子会城成周。庚寅⑩，栽⑪。宋仲几不受功⑫。曰："滕、薛、郳，吾役也⑬。"薛宰曰："宋为无道，绝我小国于周，以我适楚。故我常从宋。晋文公为践土之盟⑭，曰：'凡我同盟，各复旧职。'若从践土，若从宋，亦唯命。"仲几曰："践土固然⑮。"薛宰曰："薛之皇祖奚仲，居薛以为夏车正⑯。奚仲迁于邳⑰，仲虺居薛⑱，以为汤左相。若复旧职，将承王官⑲，何故以役诸侯。"仲几曰："三代各异物⑳，薛焉得有旧㉑？为宋役，亦其职也。"士弥牟曰："晋之从政者新㉒，子姑受功。归，吾视诸故府㉓。"仲几曰："纵子忘之，山川鬼神其忘诸乎？"士伯怒，谓韩简子曰："薛征于人㉔，宋征于鬼，宋罪大矣。且已无辞而抑我以神㉕，诬我也。'启宠纳侮㉖'，其此之谓矣。必以仲几为戮㉗。"乃执仲几以归。三月，归诸京师。

城三旬而毕，乃归诸侯之戍。齐高张后，不从诸侯。晋女叔宽曰："周苌弘、齐高张皆将不免。苌叔违天，高子违人。天之所坏，不可支也。众之所为，不可奸也。"

夏，叔孙成子逆公之丧于乾侯㉘。季孙曰："子家子亟言于我，未尝不中吾志也。吾欲与之从政，子必止之㉙，且听命焉。"子家子不见叔孙，易几而哭㉚。叔孙请见子家子，子家子辞。曰："羁未得见，而从君以出。君不命而薨，羁不敢见。"叔孙使告之曰："公衍、公为实使群臣不得事君。若公子宋主社稷㉛，则群臣之愿也。凡从君出而可以入者，将唯子是听。子家氏未有后，季孙愿与子从政，此皆季孙之愿也，使不敢以告㉜。"对曰："若立君，则有卿士、大夫与守龟在，羁弗敢知。若从君者，则貌而出者㉝，入可也。寇而出者㉞，行可也。若羁也㉟，则君知其出也，而未知其入也。羁将逃也。"丧及坏隤，公子宋先入，从公者皆自坏隤反㊱。

六月癸亥㊲，公之丧至自乾侯。戊辰㊳，公即位。季孙使役如阚公氏㊴，将沟焉㊵。荣驾鹅曰㊶："生不能事，死又离之㊷，以自旌也㊸。纵子忍之㊹，后必或耻之。"乃止。季孙问于荣驾鹅曰："吾欲为君谥㊺，使子孙知之。"对曰："生弗能事，死又恶之，以自信也㊻。将焉用之？"乃止。

秋七月癸巳㊼，葬昭公于墓道南。孔子之为司寇也，沟而合诸墓㊽。

昭公出故，季平子祷于炀公㊾。九月，立炀宫㊿。

周巩简公弃其子弟(51)，而好用远人(52)。

【注释】

①辛巳：初七日。 ②建天子：为天子筑城。 ③奸义：违义。 ④大咎：大祸。 ⑤韩简子：即韩不信。原寿过：周大夫。 ⑥大陆：旧名吴泽陂。在今河南获嘉县西北。 ⑦焚：烧薮泽的草木便于田猎。 ⑧宁：地名，邻近吴泽。 ⑨柏椁：柏木外棺。 ⑩庚寅：十六日。 ⑪栽：夯土。 ⑫不受功：不接受工程任务。 ⑬吾役：为我服役。 ⑭践土之盟：在僖公二十八年。 ⑮固然：本来就是如此。 ⑯车正：官名。 ⑰邳：地名，在今江苏邳县东北。 ⑱仲虺：奚仲后代。 ⑲王官：天子的官位。 ⑳异物：事情各不相同。 ㉑旧：旧时的章程。 ㉒新：刚上任。 ㉓故府：犹今之档案。 ㉔征：取证。 ㉕抑：施加压力。 ㉖启宠纳侮：给予宠爱反招来欺侮。 ㉗戮：辱，惩戒。 ㉘叔孙成子：叔孙婼之子。 ㉙止：留。 ㉚易几而哭：改变哭丧的时间。几，期。 ㉛公子宋：即昭公弟定公。 ㉜不敢：叔孙成子名。 ㉝貌：表面。 ㉞寇：寇仇，指与季氏结仇者。 ㉟若：至于。 ㊱坏隤：地名，在今山东曲阜县境内。 ㊲癸亥：二十一日。 ㊳戊辰：二十六日。 ㊴阚公氏：阚为鲁群公墓地名，又因为公墓所在，故称阚公氏。 ㊵沟：挖沟。用作动词。 ㊶荣驾鹅：即鲁大夫荣成伯。 ㊷离之：指将昭公墓和祖茔隔离。 ㊸自旌：自彰其恶。旌，表明。 ㊹忍：狠心。 ㊺谥：指恶谥。 ㊻自信：自我申明。信，同"申"。 ㊼癸巳：二十二日。 ㊽沟而合诸墓：即在昭公墓以外，挖沟，扩大墓域，表示昭公墓与鲁先君之墓属同一兆域。 ㊾炀公：鲁先君考公酉之弟，名熙。考公卒，炀公继承兄位。季氏欲废公衍而立昭公之弟，效炀公嗣位故事，故祈祷于炀公。 ㊿立炀宫：建炀公庙。季氏另建炀宫以表示兄终弟及，鲁有先例，并非自己私意。 (51)巩简公：周卿士。 (52)远人：异族。

元年春季，周历正月七日，晋国的魏舒在狄泉会合了诸侯的大夫，准备为成周筑城。这项工程由魏舒全面负责。卫国的彪傒说："为天子修建都城，却越位发号施令，不合道义。在如此重大的问题上违背了道义，必然会招致大祸。即使晋国勉强不失去诸侯，魏子恐怕也难免灾祸吧。"这次出来，魏舒把筑城的事情全权交给了韩不信和原寿过，自己则跑到大陆打猎去了，还放火烧了荒。回来时，行至宁地去世。范献子在办理魏舒的丧事时，撤去了柏木外棺，这是因为魏舒还没有回国复命就去打猎。

孟懿子前去参加成周筑城工程。十六日，开始夯土。宋国的仲几拒绝接受分配的施工任务，并说："滕、薛、郳三国都应该替我们服役。"薛国的宰臣说："从前宋国无道，使我们这个小国断绝了和王室的来往，带着我们去事奉楚国，因此我们才常常顺从宋国。晋文公主持践土盟会时说：'凡我同盟国家，都恢复原来的地位。'是服从践土的盟约，还是服从宋国的命令，听凭晋国吩咐。"仲几说："根据践土盟约，薛国仍然应为宋国服役。"宰臣说："当初薛国的始祖奚仲住在薛地，担任夏朝的车正。后来奚仲迁移到邳地，仲虺住在薛地，担任汤的左相。如果要恢复原来的地位，薛国应该接受天子任命的官职，为什么要为诸侯服役呢？"仲几说："夏、商、朝三代的情况各不相同，现在是周朝，薛国怎能比照前两朝的情况呢？为宋国服役，也是你们应尽的职责。"士弥牟说："现在晋国换了新人主持这项工作，阁下暂且接受了任务，等我回去，再查阅一下档案中的有关记载。"仲几说："即使您忘了，山川鬼神也不会忘记啊！"士弥牟发火了，对韩简子说："薛国以典籍旧事中的人为证，宋国则以山川鬼神为证，宋国真是罪大恶极。而且自己无理可讲，便用鬼神压我，这是对我国的欺骗。'开始宠信他，到头来反而受到他的侮辱。'大概说的就是这个道理。我一定要惩罚仲几。"把仲几抓了起来带回晋国。三月，又把他送到京城。

筑城的工程历时三十天完成，诸侯的劳工各自回国。齐国的高张领人来得晚，进度没有赶上其他国家。晋国的女叔宽说："周朝的苌弘和齐国的高张都将难免灾祸。苌弘违背了天意，高张推迟工期，违背了众人的意愿。上天要惩罚谁，无法挽救，众人想怎么做，谁也反对不了。"

夏季，叔孙成子前往乾侯迎接昭公的灵柩。季孙说："子家子几次和我谈话，都很合我的心思。我打算让他和我一起执政，你一定要挽留他，并要听候他的安排。"子家懿伯不想见到叔孙成子，故意改变自己哭丧的时间。叔孙成子请求见他，他推辞说："当初我跟随国君出逃时，不曾见到您，现在没有接到国君的命令，他就去世了，所以我也不敢见您。"叔孙成子派人告诉他："实际上是公衍、公为让群臣不能事奉国君。让公子宋主掌国家，是群臣的愿望。跟随国君外出的人中谁可以回国，都由您决定。子家氏还没有立下继承人，季孙希望与您共同主持国政。以上这些都是季孙的愿望，特地派我来向您报告。"懿伯说："如果要立新君，必须和卿士及大夫们商议，并用守龟占卜，我不敢擅自发表意见。至于跟随国君出来的人，表面上随君出亡内心并不忠君的人可以回去，与季氏为敌的人可以离开鲁国。至于我，国君只知道我跟他出奔，并不知道我还会回国，所以我准备逃往他国。"灵柩运至坏隤时，昭公的弟弟公子宋已在此之前回国了，当初跟随昭公逃亡的人就从坏隤逃往国外了。

六月二十一日，昭公的灵柩从乾侯运至国都。二十六日，鲁定公即位。季平子派役卒到公室墓地阚公氏那里挖沟，使昭公的墓地和祖坟隔开。荣驾鹅说："生前得不到事奉，死后又让他的坟地和祖坟隔开，这不是自落恶名吗？即使您忍心这么做，日后也必定有人以此为耻辱。"平子这才改变了主意。他对荣驾鹅说："我准备为先君取一个不好的谥号，以让子孙都知道他的过错。"荣驾鹅回答说："生前不能事奉他，死后又给他取一个恶谥，这不是故意表明自己厌恶他吗？有什么必要呢？"平子只好作罢。

秋季七月二十二日，把昭公安葬在墓道南侧。后来孔子出任鲁国司寇时，在昭公的坟墓之外挖了一条沟，使昭公墓和鲁国先君的坟墓连在了一起。

由于昭公出奔国外，季平子曾向炀公祈祷，并准备效仿他，立昭公的弟弟为君。于是，九月，建立了炀公庙。

周朝的卿士巩简公在用人上，排斥自己的亲属子弟，喜欢任用关系疏远的异族客卿。

定公二年

经　二年春，王正月。夏五月壬辰，雉门及两观灾。秋，楚人伐吴。冬十月，新作雉门及两观。

传　二年夏四月辛酉[1]，巩氏之群子弟贼简公[2]。

桐叛楚[3]，吴子使舒鸠氏诱楚人，曰："以师临我，我伐桐，为我使之无忌④。"

秋，楚囊瓦伐吴，师于豫章。吴人见舟于豫章⑤，而潜师于巢。冬十月，吴军楚师于豫章⑥，败之。遂围巢，克之，获楚公子繁⑦。

邾庄公与夷射姑饮酒⑧，私出⑨。阍乞肉焉⑩，夺之杖以敲之。

【注释】

①辛酉：二十四日。　②贼：杀害。　③桐：古国名，世属于楚。在今安徽桐城县北。④忌：疑忌。　⑤见：同"现"。　⑥军：击。用作动词。　⑦公子繁：守巢之大夫。　⑧夷射姑：邾大夫。　⑨私出：出去小便。　⑩阍：守门人。

【译文】

二年夏季，四月二十四日，巩氏的子弟们联合起来杀了巩简公。

桐地人背叛了楚国。吴王派舒鸠氏前去诱骗楚国人，他对舒鸠人说："你们让楚军逼近我国，我们去攻打桐地。这样就会消除楚国人对我们的戒心。"

秋季，楚国的囊瓦攻打吴国，军队在豫章集结待命。吴国人让战船在豫章露面，暗中则派兵围攻巢地。冬季十月，吴军在豫章攻击楚军，将其击败。随后又围攻巢地，将其攻陷，俘获了楚国的公子繁。

邾庄公和大夫夷射姑一起喝酒时，夷射姑出去小便。守门人向他要肉吃，他夺过棍子打了守门人一顿。

定公三年

经　三年春，王正月，公如晋，至河，乃复。二月辛卯，邾子穿卒。夏四月。秋，葬邾庄公。冬，仲孙何忌及邾子盟于拔。

传　三年春二月辛卯①，邾子在门台②，临廷③。阍以瓶水沃廷④。邾子望见之，怒。阍曰："夷射姑旋焉⑤。"命执之。弗得，滋怒，自投于床，废于炉炭⑥，烂⑦，遂卒。先葬以车五乘，殉五人。庄公卞急而好洁⑧，故及是。

秋九月。鲜虞人败晋师于平中⑨。获晋观虎，恃其勇也。

冬，盟于郊⑩，修邾好也。

蔡昭侯为两佩与两裘⑪，以如楚，献一佩一裘于昭王。昭王服之，以享蔡侯。蔡侯亦服其一。子常欲之⑫，弗与。三年止之⑬。唐成公如楚，有两肃爽马⑭，子常欲之，弗与，亦三年止之。唐人或相与谋，请代先从者，许之。饮先从者酒，醉之，窃马而献之子常。子常归唐侯。自拘于司败⑮，曰："君以弄马之故⑯，隐君身⑰，弃国家，群臣请相夫人以偿马⑱，必如之。"唐侯曰："寡人之过也，二三子无辱。"皆赏之。蔡人闻之，固请而献佩于子常。子常朝，见蔡侯之徒，命有司曰："蔡君之久也，官不共也⑲。明日，礼不毕⑳，将死。"蔡侯归，及汉，执玉而沉，曰，"余所有济汉而南者㉑，有若大川。"蔡侯如晋，以其子元与其大夫之子为质焉，而请伐楚。

【注释】

①辛卯：二十九日。　②门台：即门楼。　③临廷：面对庭院。　④沃：洒。　⑤旋：小便。　⑥废：堕。　⑦烂：因烧伤而感染。　⑧卞急：躁急。　⑨平中：地名，在今河北唐县西北。　⑩郯：即拔，在今山东郯城县西南。　⑪佩：玉佩。　⑫子常：即令尹囊瓦。　⑬三年止之：扣留了三年。　⑭肃爽：骏马名。　⑮自拘于司败：指窃马人自己到司法官那里拘禁起来。司败，即司寇。　⑯弄：玩。　⑰隐：被拘禁。隐有隐蔽之义，此为婉曲的说法。　⑱夫人：养马人。　⑲官不共：有司不供给馈赠饯别的礼品。　⑳礼不毕：礼品不完备。　㉑济汉而南：渡过汉水往南去。此言誓不再朝楚。

【译文】

　　三年春季，二月二十九日，郯庄公站在城门楼上，往庭院中瞭望。守门人正在院子里洒水。郯庄公看到后，非常生气。守门人说："夷射姑在这里小便了。"庄公下令把夷射姑抓起来。没有抓住。庄公更加愤怒，从床上跳了下来，不小心掉在燃烧的火炉上，烧烂了皮肉，不久就死了。在庄公下葬之前，先以五辆车和五个人殉葬。庄公因为急躁和喜欢干净，才导致这种后果。

　　秋季九月，鲜虞人在平中打败晋军，俘获了晋国的观虎。观虎的被俘完全是他恃勇轻敌造成的。

　　冬季，仲孙何忌和郯子在郯地结盟，重修和郯国的友好。

　　蔡昭侯制作了两块佩玉和两件皮衣到楚国。献给楚昭王一块佩玉、一件皮衣。昭王设宴招待昭侯，昭侯也穿一件皮衣，带一块佩玉。子常想向他要过来，但昭侯不给。于是子常把他扣押了三年。唐成公到楚国，去时带了两匹名为肃爽的骏马，子常也要，成公不给，也把他扣押了三年。唐人经过商议，请求派人到楚国替代随成公先去的侍从，楚国人同意了。于是他们来到楚国，和先来的侍从一起喝酒，把他们灌醉后，偷出马献给了子常，子常这才释放成公回国。偷马的人把自己捆起来，到唐国的司法官员那里请罪说："国君因为玩弄马匹，使自己身陷囹圄，抛弃了国家。群臣请求帮助那个养马人来赔马，一定要找来两匹同样的好马。"成公说："这是我的过错。你们几个不要再羞辱我了！"分别赏赐了他们。蔡国人听说此事后，也坚持请求昭侯，把佩玉献给了子常。子常上朝时，见到昭侯的侍从，便让官员告诉他们："蔡君所以长期被扣留在楚国，就是因为你们不能进献礼品。如果明天再不准备好，就把你们处死。"蔡昭侯回国途中，到达汉水，把一块玉扔到水中发誓说："我决不再南渡汉水朝见楚国，愿向河神发誓！"昭侯立即到晋国，用自己的儿子和大夫的儿子做人质，请求攻打楚国为其报仇。

定公四年

经　四年春，王二月癸巳，陈侯吴卒。三月。公会刘子、晋侯、宋公、蔡侯、卫侯、陈子、郑伯、许男、曹伯、莒子、邾子、顿子、胡子、滕子、薛伯、杞伯、小邾子、齐国夏于召陵，侵楚。夏四月庚辰，蔡公孙姓帅师灭沈，以沈子嘉归，杀之。五月，公及诸侯盟于皋鼬。杞伯成卒于会。六月葬陈惠公。许迁于容城。秋七月，公至自会。刘卷卒。葬杞悼公。楚人围蔡。晋士鞅、卫孔圉帅师伐鲜虞。葬刘文公。冬十有一月庚午，蔡侯以吴子及楚人战于柏举，楚师败绩。楚囊瓦出奔郑。庚辰，吴入郢。

传　四年春三月，刘文公合诸侯于召陵，谋伐楚也。晋荀寅求货于蔡侯，弗得，言于范献子曰："国家方危，诸侯方贰，将以袭敌，不亦难乎。水潦方降，疾疟方起，中山不服①，弃盟取怨，无损于楚，而失中山，不如辞蔡侯。吾自方城以来②，楚未可以得志，只取勤焉③。"乃辞蔡侯。

晋人假羽旄于郑④，郑人与之。明日，或旆以会⑤。晋于是乎失诸侯。

将会，卫子行敬子言于灵公曰⑥："会同难⑦，啧有烦言⑧，莫之治也。其使祝佗从⑨。"公曰："善。"乃使子鱼。子鱼辞，曰："臣展四体⑩，以率旧职⑪，犹惧不给而烦刑书⑫，若又共二⑬，徼大罪也。且夫祝，社稷之常隶也⑭。社稷不动⑮，祝不出竟，官之制也。君以军行，被社衅鼓，祝奉以从，于是乎出竟。若嘉好之事，君行师从，卿行旅从⑯，臣无事焉。"公曰："行也。"

及皋鼬⑰，将长蔡于卫⑱。卫侯使祝佗私于苌弘曰："闻诸道路，不知信否？若闻蔡将先卫，信乎？"苌弘曰："信。蔡叔，康叔之兄也⑲，先卫，不亦可乎?"子鱼曰:"以先王观之,则尚德也。昔武王克商,成王定之,选建明德,以藩屏周。故周公相王室,以尹天下[20],于周为睦[21]。分鲁公以大路、大旂,夏后氏之璜[22],封父之繁弱[23],殷民六族,条氏、徐氏、萧氏、索氏、长勺氏、尾勺氏,使帅其宗氏[24],辑其分族[25],将其丑类[26],以法则周公,用即命于周。是使之职事于鲁,以昭周公之明德。分之土田陪敦[27],祝、宗、卜、史、备物[28]、典策,官司、彝器。因商奄之民[29],命以《伯禽》,而封于少皞之虚[30]。分康叔以大路、少帛[31]、綪茷[32]、旃旌、大吕[33],殷民七族,陶氏、施氏、繁氏、锜氏、樊氏、饥氏、终葵氏,封畛土略,自武父以南,及圃田之北竟,取于有阎之土[34],以共王职。取于相土之东都[35],以会王之东蒐[36]。聘季授土[37],陶叔授民[38],命以《康诰》[39],而封于殷虚[40],皆启以商政[41],疆以周索[42]。分唐叔以大路、密须之鼓[43]、阙巩[44]、沽洗[45],怀姓九宗[46],职官五正。命以《唐诰》[47],而封于夏虚[48],启以夏政,疆以戎索。三者皆叔也[49]。而有令德,故昭之以分物[50]。不然,文、武、成、康之伯犹多[51],而不获是分也,唯不尚年也[52]。管蔡启商[53],惎间王室[54]。王于是乎杀管叔而蔡蔡叔[55],以车七乘,徒七十人。其子蔡仲,改行帅德[56],周公举之,以为己卿士。见诸王而命之以蔡[57],其命书云:'王曰,胡[58],无若尔考之违王命也[59]。'若之何其使蔡先卫也?武王之母弟八人,周公为大宰,康叔为司寇,聃季为司空,五叔无官[60],岂尚年哉!曹,文之昭也[61];晋,武之穆也[62]。曹为伯甸[63],非尚年也[64]。今将尚之,是反先王也。晋文公为践土之盟。卫成公不在,夷叔,其母弟也,犹先蔡。其载书云:'王若曰:晋重、鲁申、卫武、蔡甲午、郑捷、齐潘、宋王臣、莒期[65]。'藏在周府,可覆视也。吾子欲复文、武之略[66],而不正其德,将如之何?"苌弘说,告刘子,与范献子谋之,乃长卫侯于盟[67]。

反自召陵,郑子大叔未至而卒。晋赵简子为之临[68],甚哀,曰:"黄父之会[69],夫子语我九言,曰:'无始乱,无怙富,无恃宠,无违同[70],无敖礼[71],无骄能[72],无复怒[73],无谋非德,无犯非义'。"

沈人不会于召陵,晋人使蔡伐之。夏,蔡灭沈。

秋,楚为沈故,围蔡。伍员为吴行人以谋楚。

楚之杀郤宛也,伯氏之族出。伯州犁之孙嚭,为吴大宰以谋楚。楚自昭王即位,无岁不有吴师。蔡侯因之,以其子乾与其大夫之子为质于吴。

冬,蔡侯、吴子、唐侯伐楚。舍舟于淮汭,自豫章与楚夹汉。左司马戌谓子常曰:"子沿汉而与之上下[74]。我悉方城外以毁其舟,还塞大隧、直辕、冥阸[75],子济汉而伐之,我自后击之,必大败之。"即谋而行。武城黑谓子常曰⑦⑥：“吴用木也，我用革也⑦⑦，不可久也。不如速战。”史皇谓子常⑦⑧：“楚人恶子而好司马⑦⑨，若司马毁吴舟于淮，塞城口而入⑧⑩，是独克吴也。子必速战，不然不免。”乃济汉而陈，自小别至于大别⑧①。三战，子常知不可，欲奔。史皇曰：“安求其事⑧②，难而逃之，将何所入？子必死之，初罪必尽说⑧③。”

十一月庚午⑧④，二师陈于柏举⑧⑤。阖闾之弟夫概王，晨请于阖闾曰：“楚瓦不仁⑧⑥，其臣莫有死志，先伐之，其卒必奔。而后大师继之，必克。”弗许，夫概王曰：“所谓‘臣义而行，不待命者’，其此之谓也。今日我死，楚可入也。”以其属五千，先击子常之卒。子常之卒奔，楚师乱，吴师大败之。子常奔郑。史皇以其乘广死⑧⑦。

吴从楚师，及清发⑧⑧，将击之。夫概王曰：“困兽犹斗，况人乎？若知不免而致死，必败我。若使先济者知免，后者慕之，蔑有斗心矣，半济而后可击也⑧⑨。”从之。又败之。楚人为食，吴人及之，奔，食而从之⑨⑩。败诸雍澨⑨①，五战及郢。

己卯⑨②，楚子取其妹季芈畀我以出，涉睢⑨③。鍼尹固与王同舟，王使执燧象以奔吴师⑨④。

庚辰⑨⑤，吴入郢，以班处宫⑨⑥。子山处令尹之宫⑨⑦，夫概王欲攻之，惧而去之，夫概王入之。

左司马戌及息而还⑨⑧，败吴师于雍澨，伤。初，司马臣阖闾，故耻为禽焉⑨⑨。谓其臣曰：“谁能免吾首⑩⑩？”吴句卑曰：“臣贱，可乎？”司马曰：“我实失子⑩①，可哉。”三战皆伤，曰：“吾不可用也已。”句卑布裳⑩②，刭而裹之⑩③，藏其身而以其首免。

楚子涉睢，济江，入于云中⑩④。王寝，盗攻之，以戈击王。王孙由于以背受之，中肩。王奔郧⑩⑤。钟建负季芈以从⑩⑥。由于徐苏而从⑩⑦。郧公辛之弟怀将弑王⑩⑧，曰：“平王杀吾父，我杀其子，不亦可乎！”辛曰：“君讨臣，谁敢仇之？君命，天也，若死天命，将谁仇？《诗》曰⑩⑨：‘柔亦不茹，刚亦不吐。不侮矜寡，不畏强御。’唯仁者能之。违强陵弱⑩⑩，非勇也。乘人之约⑩①①，非仁也。灭宗废祀⑩①②，非孝也。动无令名，非知也。必犯是，余将杀女。”斗辛与其弟巢以王奔随。吴人从之，谓随人曰：“周之子孙在汉川者，楚实尽之。天诱其衷，致罚于楚，而君又窜之⑩①③，周室何罪？君若顾报周室，施及寡人，以奖天衷⑩①④，君之惠也。汉阳之田，君实有之。”楚子在公宫之北，吴人在其南。子期似王⑩①⑤，逃王⑩①⑥，而己为王⑩①⑦，曰：“以我与之，王必免。”随人卜与之，不吉。乃辞吴曰：“以随之辟小而密迩于楚⑩①⑧，楚实存之，世有盟誓，至于今未改。若难而弃之，何以事君？执事之患，不唯一人。若鸠楚竟⑪，敢不听命。"吴人乃退。镱金初宦于子期氏⑫，实与随人要言⑫。王使见，辞，曰："不敢以约为利。"王割子期之心⑫，以与随人盟。

初，伍员与申包胥友。其亡也，谓申包胥曰："我必复楚国⑫。"申包胥曰："勉之。子能复之，我必能兴之。"及昭王在随，申包胥如秦乞师，曰："吴为封豕、长蛇，以荐食上国⑫。虐始于楚，寡君失守社稷，越在草莽。使下臣告急，曰，夷德无厌⑫。若邻于君，疆埸之患也。逮吴之未定，君其取分焉⑫。若楚之遂亡，君之土也。若以君灵抚之⑫，世以事君。"秦伯使辞焉，曰："寡人闻命矣，子姑就馆，将图而告。"对曰："寡君越在草莽，未获所伏⑫。下臣何敢即安？"立，依于庭墙而哭，日夜不绝声，勺饮不入口七日⑫。秦哀公为之赋《无衣》⑬，九顿首而坐，秦师乃出。

【注释】

①中山：即鲜虞，战国时为中山国。 ②方城：晋楚方城之战在襄公十六年。 ③只取勤：仅劳师费财。 ④假羽旄：借羽毛。羽旄，参看襄公十四年传注。 ⑤旆：将羽毛装饰在旗杆上。 ⑥子行敬子：卫大夫。 ⑦会同难：朝会难于协同。 ⑧啧有烦言：意为互相怨争而言论不一致。 ⑨祝佗：太祝子鱼。 ⑩展四体：从事工作，即动手跑腿。 ⑪率旧职：承袭先人的职责。 ⑫不给：不能尽职。烦刑书：触犯刑律。 ⑬共二：供奉第二种职务。 ⑭隶：贱臣。 ⑮社稷：土地神和谷神。 ⑯师、旅：二千五百人为师，五百人为旅。 ⑰皋鼬：地名，在今河南临颖县南。 ⑱长蔡于卫：使蔡先于卫歃血。 ⑲蔡叔、康叔：蔡叔为蔡国始封君，康叔为卫国始封君。 ⑳尹：治。 ㉑睦：亲厚。 ㉒璜：半圆形玉璧。 ㉓封父之繁弱：封父，国名，其地在今河南封丘县。繁弱，古时良弓名。 ㉔宗氏：大宗，即嫡长房之族。 ㉕分族：其余小宗之族。 ㉖丑类：附属此六族的奴隶。 ㉗陪敦：附庸。 ㉘备物：服用之物。 ㉙商奄：国名，在今曲阜县境。 ㉚少皞之虚：即曲阜，虚同"墟"。 ㉛少帛：即小白，旗名。 ㉜绋茷、旐旌：均为旗名。 ㉝大吕：钟名。 ㉞有阎：卫所受朝宿邑，在京畿附近。 ㉟相土之东都：即今河南商丘县，一说为今河南濮阳县。相土，殷商之祖。 ㊱东蒐：往东巡狩。 ㊲聃季：周公弟，司空。 ㊳陶叔：疑即曹叔振铎，司徒。 ㊴《康诰》：周书。 ㊵殷虚：朝歌，今河南淇县。 ㊶皆启以商政：鲁、卫都沿袭商代的政事。 ㊷疆以周索：按照周朝的制度划疆理土。 ㊸密须：国名，在今甘肃灵台县西。 ㊹阙巩：指代铠甲，详见昭公十五年传。 ㊺沽洗：亦作姑洗，钟名。 ㊻怀姓：即隗国，指晋西北诸族。 ㊼《唐诰》：诰命篇名。 ㊽夏虚：在今山西太原市一带。 ㊾三者皆叔：三者指周公、康叔、唐叔。或为武王之弟，或为成王之弟。 ㊿昭之以分物：用分赐东西显扬他们的德行。 51伯：兄。 52不尚年：不崇尚年龄。 53启商：引诱商人。 54綦间：谋犯。 55蔡：放逐。 56改行帅德：改变行为遵循善德。帅同"率"，循。 57命之以蔡：任命做蔡侯。 58

胡：蔡仲名。 (59)尔考：你的父亲。 (60)五叔：指管叔、蔡叔、成叔、曹叔、霍叔。 (61)曹，文之昭：曹国是文王的后代。曹叔为文王之子，周公异母弟。 (62)晋，武之穆：晋国是武王的后代。晋始封君唐叔为周武王之子。 (63)伯甸：以伯爵居甸服。 (64)非尚年：曹叔长于唐叔虞，而封地远，故云不崇尚年龄。 (65)晋重：晋国重耳。以下皆为各国君主名，省略一字，为避讳之故。 (66)略：规章。 (67)长：先。 (68)临：吊丧。 (69)黄父之会：在昭公二十五年。 (70)违同：违背共同的意愿。 (71)敖礼：傲视有礼之人。敖同“傲”。 (72)骄能：因有能而骄。 (73)复怒：二次发怒。 (74)与之上下：与吴军周旋，勿使渡过汉水。 (75)大隧、直辕、冥阨：汉东三隘道，即今豫鄂交界三关。东为九里关，即大隧；中为武胜关，即直辕；西为平靖关，即冥阨。 (76)武城黑：楚武城大夫。武城，今河南信阳市东北。 (77)用木、用革：指战车。吴战车纯以木制成。楚战车蒙以皮革，用胶粘结，故不耐雨湿。 (78)史皇：楚大夫。 (79)司马：沈尹戌。 (80)城口：三隘道的总称。 (81)小别、大别：二山名。 (82)安，求其事：平安时，争着执掌政事。 (83)尽说：全部解除。说，通“脱”。 (84)庚午：十八日。 (85)柏举：地名，在今湖北麻城东北。 (86)瓦：子常名。 (87)乘广：楚王或主帅所乘的兵车。 (88)清发：水名，为涢水支流，在今湖北安陆县境。 (89)半济：渡过一半。 (90)食而从之：吃了楚军做的饭又追赶。 (91)雍澨：地名，在今湖北京山县境。 (92)己卯：十一月二十七日。 (93)睢：水名，即今沮水，当在今枝江县东北。 (94)执燧象：烧火燧系于象尾。 (95)庚辰：二十八日。 (96)以班处宫：按尊卑班次居于宫室。 (97)子山：吴王之子。 (98)息：楚地，在今河南息县西南。 (99)禽：通“擒”。 (100)免吾首：谓不使吴人得我尸首。 (101)失子：即不知你贤能。 (102)布裳：展开下衣。 (103)刭：割其首。 (104)云中：即云梦泽。 (105)郧：今湖北京山县、安陆县一带。 (106)钟建：楚大夫。 (107)徐苏：慢慢苏醒过来。 (108)郧公辛：蔓成然之子斗辛。 (109)《诗》曰：以下四句出自《大雅·烝民》篇。意为不欺弱者，不畏强者。茹，食，吞。矜，同“鳏”。 (110)违强：避强。 (111)约：危难。 (112)灭宗废祀：弑君之罪应灭宗。 (113)窜：藏匿。 (114)以奖天衷：以助成天意。 (115)子期：楚昭王之兄公子结。 (116)逃王：让楚王逃走。 (117)为王：着楚王衣饰。 (118)辟：同“僻”。 (119)鸠：安。 (120)鑢金：子期家臣。 (121)要言：约言。 (122)割子期之心：割破子期胸部取血。 (123)复：借为“覆”，倾覆。 (124)荐食上国：一再吞食中原诸国。荐，数。 (125)夷德：夷人的心性。 (126)取分：与吴共分楚地。 (127)抚：存恤。 (128)伏：居处。 (129)勺饮：一勺水。 (130)《无衣》：《诗经·秦风》篇名，义取“王于兴师，修我戈矛，与子同仇”句，表示将出师救楚。

【译文】

四年春季三月，刘文公在召陵会合诸侯，谋划攻打楚国。晋国的荀寅向蔡侯索取财物，没能得到，便对范献子说：“目前国家正处于危急时刻，诸侯对我们也都有了二心，这时攻打和我们势均力敌的楚国，不很难成功吗！现在阴雨连绵，疟疾流行，鲜虞人又不顺从，破坏盟约招致怨恨，对楚国不会造成损害，却会失去鲜虞，不如拒绝蔡侯的请求。自从方城一战，我们一直没有能够在楚国身上满足过心愿，现在这么做也只能是白白地劳民伤财。"于是晋国拒绝了蔡侯。

晋国人向郑国人借用羽毛装饰旌旗，郑国人给了他们。第二天，晋国就打着这面旗子去参加盟会。从此晋国失去了诸侯的拥护。

盟会开始前，卫国的子行敬子对卫灵公说："这次会盟难以取得一致意见。必然是互相争论各有分歧，谁也说服不了谁。希望能派祝佗和我一同前往。"灵公说："好吧。"便让祝佗前去参加盟会，祝佗推辞说："我使尽全力来办理分内的事情，尚且担心做不好而犯下罪过。如果再委派我一项工作，恐怕更会招致大罪了。再说祝史是国家一刻也离不了的官员，社稷的神灵不出动，祝史就不能走出国境，这是传统的官制。假如国君领兵出发，祭祀社神，杀牲衅鼓，祝史奉社神而行。这时才能走出国境。至于朝会之事，国君出动有两千五百人随从，卿出动有五百人随从。还用得着我去吗？"灵公说："你还是去吧。"

他们行至皋鼬时，听说会盟时准备让蔡国在卫国之前歃血。卫灵公派祝佗私下对苌弘说："我们在来的路上听说这个消息，不知是真是假？"苌弘说："是真的。蔡国始祖蔡叔是卫国始祖康叔的哥哥，把蔡国安排在卫国前面，难道不可以吗？"祝佗说："从先王的用人标准来看，是崇尚德行。从前武王战胜了商朝，成王安定了天下，然后便选拔分封有德行的贤人，作为周朝的屏障。因此周公得以辅佐王室，治理天下，诸侯和周朝也都和睦相处。赐给鲁公金车、龙旗、夏后氏的璜玉、封父的繁弱弓，以及殷朝的六个家族条氏、徐氏、萧氏、索氏、长勺氏、尾勺氏，并让这六族率领大宗，集合小宗，带着所属的奴隶，放弃殷商的法令，顺从周公的法制，归服周朝听从命令。这是为了让他们到鲁国做事效力，以宣扬周公的德行。还分给鲁国土田和附庸国，以及太祝、宗人、太卜、太史，还有各种器物、典籍简册、百官、祭器，以商奄之地的百姓为基础，颁布了《伯禽》这篇诰命，把他封在少皞的故城。赐给康叔金车、白旗、红旗、杂色旗、大吕钟，以及殷朝的七个家族陶氏、施氏、繁氏、锜氏、樊氏、饥氏、终葵氏。分封的土地从武父以南直到圃田的北境，并把有阎的土地也送给他以让其在王室供职，还把相土的东都送给他以让其协助天子在东方的巡视。聃季也送给他土地，陶叔送给他百姓，颁布了《康诰》，把他封在殷朝的故城。鲁公和康叔开始都是沿用殷朝的政治制度，但治理土地边疆都采用周朝的制度。赐给唐叔金车、密须国的鼓、阙巩国的甲、沽洗钟，以及怀姓的九个宗族、五正的职官，颁布了《唐诰》，把他封在夏朝的故城。

唐叔开始沿用夏朝的政治制度，治理疆土则是依照戎人的制度。这三个人都是武王的弟弟，都有美好的德行，所以分赐他们很多东西，以宣扬其德行。如果不是出于这一原因，文王、武王、成王、康王的儿子中年长的还有很多，为什么得不到赏赐和分封呢，就是因为天子崇尚德行而不看重年龄。管叔、蔡叔煽动商朝遗民发动叛乱，企图谋犯王室。天子因此杀了管叔放逐了蔡叔，只给了蔡叔七辆车子，七十个随从。蔡叔的儿子蔡仲改恶从善，周公提拔他为自己的卿士，并让他晋见天子，天子命他为蔡侯。任命书上说：'天子说：胡，不要像你父亲那样违抗天子的命令！为什么要把蔡国安排在前面呢？武王的同母弟弟有八个，周公做了太宰，康叔做了司寇，聃季做了司空，其他五叔都没有任何官职，难道是崇尚年龄吗？曹国的先祖是文王的儿子，晋国的先祖是武王的儿子，而曹国身为伯爵只是做了甸服，这也不是看重年龄。现在要改变传统做法，崇尚年龄，就是违反了先王的制度。当初晋文公召集践土盟会时，卫成公没有参加，代表他参加的是他的同母弟弟夷叔，尚且排在蔡国之前。当时盟书上说：'晋国重耳、鲁国申、卫国叔武、蔡国甲午、郑国捷、齐国潘、宋国王臣、莒国期。'这一盟书保存在王室的府库中可以查阅。阁下想恢复发扬文王、武王的法度，却不修正自己的德行，怎么行呢？"苌弘很高兴，又告诉了刘子，和范献子一同商量之后，决定让卫灵公在前面歃血盟誓。

从召陵盟会上回来，郑国的游吉还没有回国就去世了。晋国的赵鞅前往吊唁，非常悲哀地说："黄父那次会盟时，您曾对我说过九句话：'不可发动祸乱，不可仗恃富有，不可仗恃宠信，不可违背众人意愿，不可傲视礼，不可自负有才能，不可多次发怒，不可谋划不合道德之事，不可去做不义之事'。"

因为沈国没有派人参加召陵会盟，晋国人便让蔡国前去攻打。夏季，蔡国灭亡了沈国。

秋季，楚国因为沈国被灭而发兵围攻蔡国。伍子胥作为吴国的外交官员谋划对付楚国。

楚国杀死郤宛时，郤宛的党羽伯氏的族人都逃出了楚国。伯州犁的孙子伯嚭担任吴国的太宰也策划对付楚国。自楚昭王即位后，楚国没有一年不遭到吴军进攻。蔡侯利用这个机会，把儿子乾和大夫们的儿子送到吴国做人质，以求吴国攻打楚国。

冬季，蔡侯、吴王、唐侯一同出兵攻打楚国。吴军把战船停在淮河口，从豫章与楚军隔汉水相对。楚国左司马戌对令尹子常说："您沿着汉水的上下游和他们周旋，我率领方城以外的全部军队去毁掉他们的战船，用以堵塞大隧、直辕、冥阨三处险要通道。然后您便渡过汉水发起攻击，我领兵从后面夹击，一定能把他们打败。"商议妥当后便分头行动。武城黑对子常说："吴国是木制战车，我们在战车上蒙上了一层皮革，作战不宜太久，不如速战速决。"史皇对子常说："楚国人讨厌您而喜欢司马戍。如果他在淮水上毁掉了吴国战船，并封锁了那三处要道而回，就等于他一个人战胜了吴国。所以您必须速战速决，不然的话，难免灾祸。"子常渡过汉水摆开阵势，一直从小别山绵延到大别山。一连交战三次，子常知道无法打败吴军，便打算逃走。史皇劝他说："和平时期，您想着执掌大权，发生了战争，却要溜之大吉，能逃到哪里去呢？您一定要拼死一战，这样当初的一切罪过都可以全部免除。"

十一月十八日，吴、楚两军在柏举摆开阵势。阖庐的弟弟夫概王早晨向阖庐请示："楚国的子常不讲仁爱，其臣子没有人会拼死作战。如果先攻打他，他的士兵必然奔逃。然后派大军跟上，就一定能战胜他们。"吴王不同意这么做。夫概王说："人们所说的'只要所作所为合于道义，为臣不必等待命令'，大概就是这种情况。现在我决心拼死一战，完全可以攻进楚国的郢都。"就率领他的部属五千人首先进攻子常的士兵。子常的士兵顿时四散奔逃，楚军开始大乱，结果吴军大败楚军。子常逃到郑国，史皇在子常的车上战死。

吴军追击楚军，来到清发，准备再次发动攻击。夫概王说："被围困的野兽尚且要垂死挣扎，更何况是人呢？假如让他们知道怎样都难免一死，必然会把我们打败。假如让先渡过河去的人得以逃生，后面的人必然争相渡河逃命，这样就没有斗志了。等他们一半人渡过河时就可以发动攻击了。"吴王听从了这一建议，果然又一次大败楚军。楚国人渡过河之后正挖灶做饭，不料吴军赶到，楚军顾不上吃饭急忙奔逃。吴军吃了楚军做的饭之后又继续追赶，在雍澨将其打败。经过五次激烈地战斗，吴军深入到楚国郢都。

十一月二十七日，楚昭王带了他的妹妹季芈畀我逃出郢都，渡过睢水。针尹固和昭王同乘一条船。昭王让他把点燃的火把系在大象的尾巴上，让大象冲向吴军。

二十八日，吴军开进郢都，按照职位高低分别住在相应的宫室里。子山住进令尹的宫室，夫概王准备攻打将其赶走，子山害怕了，连忙让了出来，夫概王便住了进去。

楚国的司马戍行至息地，就折了回来，在雍澨将吴军打败，自己也身负重伤。当初，司马戍曾在吴国做过阖庐的臣子，因此对成为吴军俘虏感到很耻辱，便对部下说："我死后，你们谁保证我的脑袋不落入吴军之手呢？"吴句卑说："我地位低下，能不能胜任呢？"司马说："可惜我以前竟然没有重用你，你当然可以。"三次战斗，司马都负了伤。他说："我已经不行了。"不久就死了，句卑把自己的衣服铺在地上，把司马的脑袋割下来包好，并把他的身子隐藏起来，然后便带着司马的脑袋逃走了。

楚昭王渡过睢水，过了长江，进入云梦泽。有一天昭王正在睡觉，遇到一伙土匪袭击。土匪用戈刺杀昭王，王孙由于连忙用背挡了上去，结果被砍在肩上。昭王逃到郧地，钟建背着季芈跟在后面，由于苏醒之后也赶了上去。郧公辛的弟弟准备杀了昭王，他说："当初平王杀了我的父亲，现在我杀他的儿子，难道不可以吗？"郧公辛说："国君讨伐臣子，谁敢怀恨在心呢？国君的命令就是天意。如果死于上天的命令，你能仇恨谁？《诗经》说：'不侮辱软弱，不躲避刚强，不欺鳏寡，不畏强暴。'只有仁慈的人才能做到这一点。逃避强暴欺凌弱者，不能算是勇敢；乘人之危，不能算是仁慈；杀害国君招致灭族之祸，不能算是孝道；一举一动不能落得美名，不能算是聪明。你如果一定要杀害国君，我就杀了你。"郧公辛和他的弟弟巢护送昭王逃到了随地。吴国人追了上去，对随国人说："周朝子孙住在汉水一带的，都被楚国灭亡了。现在上天帮助王室，要惩罚楚国，而贵国国君却把楚王隐藏了起来，王室哪里得罪了你们？贵君如果要报答周朝，就希望能帮助我以执行上天的意志，如果这样，就是贵君的恩惠了。汉水以北土地，都可以归贵国所有。"当时昭王在随君宫室的北边，吴军在南边。昭王的哥哥子期长得酷似昭王，他让昭王逃跑，自己穿上昭王的衣服，说："把我交给吴军，国君就一定能免于被俘。"随国人占卜，结果这样做并不吉利。于是随国人对吴军说："我们随国地处偏僻又很弱小，距楚国很近，只能依靠楚国存在。而且两国世代都订有盟约，至今也不曾改变过。如果楚国遇到祸难，我们就抛弃他们，又怎么能事奉贵君？贵君的忧患并不只是楚王一人。如果你们征服并安定了整个楚国，那么我们就听从你们的命令。"吴国人便撤退了。镳金这个人当初曾做过子期的家臣，实际上这次是他与随国人商议不要把昭王交给吴国人。事后昭王打算接见他，但他辞谢了，说："我不敢趁国君处于困境而谋求个人私利。"昭王把子期胸部的皮肤割破，取出血和随国人结了盟。

当初，伍子胥和申包胥关系很好。他逃亡时对申包胥说："我一定要使楚国灭亡。"申包胥说："那你就尽力去做吧！你能灭亡它，我就一定要使它复兴。"等到昭王逃到随国，申包胥便到秦国请求援兵。他说："吴国就像野猪和毒蛇，多次侵伐中原诸国，最先危害楚国。现在寡君失去了家，流落在乡间荒野，特派下臣前来告急说：夷狄之人的贪心没有满足的时候，如果他们占有了楚国，成为贵国的邻邦，就势必成为贵国边境上的一大祸患。国君何不趁吴国人还未站稳脚跟，就发兵入楚，与吴国人平分楚国呢？如果让楚国灭亡，甘愿成为贵国领土。如果仰赖国君的洪福，拯救楚国不致灭亡的话，楚国将世世代代事奉国君。"秦哀公派人拒绝了申包胥的请求，对他说："我知道了您的意思。您暂且住在旅馆里，等我们商议之后再告诉您。"申包胥回答说："寡君流亡在乡间荒野，没有安身之处，我怎么敢贪图安逸呢？"于是就站在院墙底下大哭起来，哭声日夜不停，一连七天一滴水都不喝。哀公非常感动，为他吟诵了《无衣》这首诗。申包胥听到之后，一连叩了九次头才坐下，随后秦军便出动了。

定公五年

经　五年春，三月辛亥朔，日有食之。夏，归粟于蔡。於越入吴。六月丙申，季孙意如卒。秋七月壬子，叔孙不敢卒。冬，晋士鞅帅师围鲜虞。

传　五年春，王人杀子朝于楚。
夏，归粟于蔡①，以周亟②，矜无资③。
越入吴，吴在楚也。
六月，季平子行东野④，还，未至，丙申⑤，卒于房。阳虎将以玙璠敛⑥，仲梁怀弗与⑦，曰："改步改玉⑧。"阳虎欲逐之，告公山不狃⑨。不狃曰："彼为君也，子何怨焉？"既葬，桓子行东野⑩，及费。子泄为费宰，逆劳于郊，桓子敬之。劳仲梁怀，仲梁怀弗敬。子泄怒，谓阳虎："子行之乎⑪？"
申包胥以秦师至，秦子蒲、子虎帅车五百乘以救楚。子蒲曰："吾未知吴道⑫。"使楚人先与吴人战，而自稷会之⑬，大败夫概王于沂⑭。吴人获薳射于柏举。其子帅奔徒以从子西⑮，败吴师于军祥⑯。
秋七月，子期、子蒲灭唐⑰。
九月，夫概王归，自立也，以与王战而败，奔楚，为棠谿氏⑱。
吴师败楚师于雍澨，秦师又败吴师。吴师居麇⑲，子期将焚之，子西曰："父兄亲暴骨焉，不能收，又焚之，不可⑳。"子期曰："国亡矣！死者若有知也，可以歆旧祀㉑，岂惮焚之？"焚之，而又战，吴师败。又战于公壻之谿㉒，吴师大败，吴子乃归。囚闉舆罢㉓。闉舆罢请先，遂逃归。叶公诸梁之弟后臧从其母于吴，不待而归㉔。叶公终不正视。

乙亥㉕，阳虎囚季桓子及公父文伯㉖，而逐仲梁怀。冬十月丁亥㉗，杀公何貌㉘。己丑㉙，盟桓子于稷门之内。庚寅㉚，大诅㉛，逐公父歜及秦遄，皆奔齐。

楚子入于郢。初，斗辛闻吴人之争宫也，曰："吾闻之，不让则不和，不和不可以远征。吴争于楚，必有乱。有乱则必归，焉能定楚？"

王之奔随也，将涉于成臼㉜，蓝尹亹涉其帑㉝，不与王舟。及宁㉞，王欲杀之。子西曰："子常唯思旧怨以败，君何效焉？"王曰："善。使复其所，吾以志前恶㉟。"

王赏斗辛、王孙由于、王孙圉、钟建、斗巢、申包管、王孙贾、宋木、斗怀㊱。子西曰："请舍怀也。"王曰："大德灭小怨，道也。"申包管曰："吾为君也，非为身也。君既定矣，又何求？且吾尤子旗㊲，其又为诸？"遂逃赏。王将嫁季芈，季芈辞曰："所以为女子，远丈夫也㊳。钟建负我矣。"以妻钟建，以为乐尹㊴。

王之在随也，子西为王舆服以保路㊵，国于脾泄㊶。闻王所在，而后从王。王使由于城麇，复命。子西问高厚焉，弗知，子西曰："不能，如辞。城不知高厚，小大何知？"对曰："固辞不能，子使余也。人各有能有不能。王遇盗于云中，余受其戈，其所犹在㊷。"袒而视之背，曰："此余所能也，脾泄之事，余亦弗能也。"

晋士鞅围鲜虞，报观虎之役也。

【注释】

①归：通"馈"。　②周亟：救济急难。周即"赒"。　③矜无资：怜悯无粮食。资，粮。　④行东野：巡行视察东野。东野，季氏邑。　⑤丙申：十七日。　⑥玙璠：鲁国的宝玉。⑦仲梁怀：与阳虎同为季氏家臣。　⑧改步改玉：古礼，越是尊贵之人，其步行慢而短，卑贱之人步履则长而快。步履不同，则佩玉也不同。昭公出，季氏代行君事，佩玙璠，祭宗庙。今定公立，季孙复臣位，步履及佩玉亦当改变。　⑨公山不狃：季氏家臣子泄。　⑩桓子：季孙意如之子季孙斯。　⑪行：逐仲梁怀。　⑫道：战法战术。⑬稷：地名，当在今河南桐柏县境。　⑭沂：在今河南信阳县境。⑮奔徒：溃散的士卒。　⑯军祥：在今湖北随县西南。⑰唐：即今湖北枣阳县东南唐城镇。　⑱棠谿：谿谷名，在今河南遂平县西北。　⑲麇：地名，在雍澨附近。　⑳可：借为"何"。㉑歆旧祀：享旧祭。　㉒公壻之谿：在今湖北襄樊市东。　㉓闻舆罢：楚大夫。　㉔不待而归：丢下其母而返楚。㉕乙亥：九月二十八日。㉖公父文伯：季桓子从父昆弟。　㉗丁亥：十日。㉘公何貌：季氏族人。　㉙己丑：十二日。㉚庚寅：十三日。㉛诅：诅咒。即祭神使嫁祸于他人。㉜成臼：即白水，又名白成河。㉝蓝尹亹：楚大夫。帑：妻子。㉞宁：安定。㉟志前恶：记住先王的过失。㊱斗辛等：九人皆从王有大功。㊲尤子旗：怨恨子旗。子旗，即万成然，因有德于平王，求欲无

厌，为平王所杀。详见昭公十四年。 ㉟丈夫：男子。 ㊴乐尹：司乐大夫。 ㊵保路：收留保护道路流亡的人。 ㊶国于脾泄：立国于脾泄。脾泄，楚邑名。 ㊷其所：其受伤处。

【译文】

五年春季，天子的人在楚国杀了子朝。

夏季，鲁国送给蔡国一些粮食，以救济急难，这是怜悯他们没有粮食。

越国乘机攻打吴国，此时吴军还在楚国。

六月，季平子到东野巡视。回来时，没有走到鲁都，于十七日在房地去世。季氏家臣阳虎准备用鲁国的一块宝玉为他随葬，另一家臣仲梁怀不给，说："当初先君外出，主公代行君事，才佩戴此玉，如今新君即位，主公就不能再用此玉了。"阳虎准备把仲梁怀赶走，将此事告诉了公山不狃。不狃说："他也是为主公着想，您为什么要怨他呢？"安葬之后，季桓子到东野巡视，到达费地。公山不狃是费地宰邑，到郊外慰劳桓子，桓子对他非常恭敬。慰劳仲梁怀时，仲梁怀有点不礼貌。不狃很生气，对阳虎说："您还赶不赶他走呢？"

申包胥领着秦军来到楚国。秦国的子蒲、子虎率领五百辆战车救援楚国。子蒲说："我还不了解吴国人的战术。"让楚军先与吴军交战，然后领兵从稷地和楚军会合，在沂地大败夫概王。吴国人在柏举俘获了薳射。薳射的儿子率领逃散的士兵跟随子西，在军祥打败了吴军。

秋季七月，子期、子蒲灭亡了唐国。

九月，夫概王领兵回国，自立为王，并和吴王交战，被打败，逃到楚国，被封为棠谿氏。

吴军在雍澨打败了楚军，秦军则又一次打败了吴军。吴军驻扎在麇地，子期准备放火焚烧，子西说："我们父兄的尸骨暴于荒野，不能收敛，又放火焚烧，不能这样做。"子期说："国家就要灭亡了！如果死者九泉之下知道了，也会同意这么做。只有这样，他们才能继续受到祭祀。难道还怕被烧掉吗？"于是放火焚烧了麇城，又发动进攻，结果吴军大败。又在公壻之谿展开了战斗，吴军大败，吴王才领兵回国。本来抓获了楚大夫闉舆罢，但他请求先到吴国去，途中乘机逃回楚国。叶公诸梁的弟弟后臧和他母亲一起被抓到了吴国，他不顾母亲，自己逃了回来。叶公认为他不义，从此不再正眼看他。

九月二十八日，阳虎囚禁了季桓子和公父文伯，赶走了仲梁怀。冬季十月十日，杀了公何藐。十二日，在稷门之内和桓子结盟。十三日，祭神诅咒，又驱逐了公父文伯和秦遄，这两人都逃到了齐国。

楚昭王回到郢都。当初，斗辛曾听说吴国人争夺令尹的宫室，便说："我听说：不谦让，就不会和睦；不和睦，就不能远征。吴国人争夺楚国的宫室，一定会发生祸乱；有了祸乱，就一定要撤兵回国，怎么能平定楚国呢？"

昭王逃亡随国时，准备渡过白水，楚大夫蓝尹亹要用船先运送自己的妻子儿女过河，不让昭王坐船。国家安定下来后，昭王准备把他杀了，子西说："子常这个人就常常记恨旧怨，因此才遭到失败，大王为什么要效仿他呢？"昭王说："好！让他官复原职，以此使我牢记从前的教训。"

昭王重赏斗辛、王孙由于、王孙围、钟建、斗巢、申包胥、王孙贾、宋木、斗怀。子西说："请不要赏赐斗怀。"昭王说："用大德消除小怨，是符合道义的。"申包胥说："我只是为国君着想，并不是为了自身利益。国君已经安定下来了，我还追求什么呢？再说我曾瞧不起子旗的贪得无厌，又怎么能做他那样的人呢？"便逃避接受赏赐。昭王准备把季芈嫁给他，季芈拒绝说："作为一个女人，应该和男人保持距离。钟建已经背过我了。"便把她嫁给了钟建，并让钟建做了乐尹。

昭王在随国时，子西曾仿制了他的车子和服装，以保护和收留逃散的军民，并宣布把国都临时迁到脾泄。听说了昭王的下落后，便过去跟随他。昭王派由于在麇地筑城，由于完成任务复命时，子西问起所筑城墙的高度与厚度，由于居然不知道。子西说："你如果干不了，就不如当初推辞不接受任务，城墙的高低、厚薄都不知道，又怎能知道大小呢？"由于回答说："我当初曾坚决推辞说干不了，是您让我去的。人各有所能，也有所不能。国君在云梦泽遇到土匪，我挺身而出，挡住了戈，留下的伤痕至今还在。"于是脱下上衣让子西看他的后背，又说："这是我能做到的，至于假冒国君诈称迁都脾泄一事，我却干不了。"

晋国的士鞅围攻鲜虞，以报鲜虞人抓获观虎之仇。

定公六年

经　六年春，王正月癸亥，郑游速帅师灭许，以许男斯归。二月，公侵郑。公至自侵郑。夏，季孙斯、仲孙何忌如晋。秋，晋人执宋行人乐祁犁。冬，城中城。季孙斯、仲孙忌帅师围郓。

传　六年春，郑灭许，因楚败也。

二月，公侵郑，取匡[①]，为晋讨郑之伐胥靡也[②]。往不假道于卫；及还，阳虎使季、孟自南门入[③]，出自东门，舍于豚泽[④]。卫侯怒，使弥子瑕追之[⑤]。公叔文子老矣[⑥]，辇而如公，曰："尤人而效之，非礼也。昭公之难，君将以文之舒鼎[⑦]，成之昭兆[⑧]，定之鬯鉴[⑨]，苟可以纳之，择用一焉[⑩]。公子与二三臣之子，诸侯苟忧之，将以为之质。此群臣之所闻也。今将以小忿蒙旧德[⑪]，无乃不可乎。大姒之子[⑫]，唯周公、康叔为相睦也[⑬]。而效小人以弃之[⑭]，不亦诬乎[⑮]！天将多阳虎之罪以毙之[⑯]，君姑待之，若何？"乃止。

夏，季桓子如晋，献郑俘也。阳虎强使孟懿子往报夫人之币。晋人兼享之[⑰]。孟孙立于房外，谓范献子曰："阳虎若不能居鲁，而息肩于晋，所不以为中军司马者，有如先君。"献子曰："寡君有官，将使其人。鞅何知焉？"献子谓简子曰："鲁人患阳虎矣，孟孙知其衈[⑱]，以为必适晋，故强为之请，以取入焉[⑲]。"

四月己丑[⑳]，吴大子终累败楚舟师，获潘子臣、小惟子及大夫七人[㉑]。楚国大惕[㉒]，惧亡。子期又以陵师败于繁扬[㉓]。令尹子西喜曰："乃今可为矣[㉔]。"于是乎迁郢于鄀[㉕]，而改纪其政[㉖]，以定楚国。

周儋翩率王子朝之徒[㉗]，因郑人将以作乱于周。郑于是乎伐冯、滑、胥靡、负黍、狐人、阙外[㉘]。六月，晋阎没戍周，且城胥靡。

秋八月，宋乐祁言于景公曰："诸侯唯我事晋，今使不往，晋其憾矣。"乐祁告其宰陈寅。陈寅曰："必使子往。"他日，公谓乐祁曰："唯寡人说子之言，子必往。"陈寅曰："子立后而行，吾室亦不亡。唯君亦以我为知难而行也。"见溷而行[㉙]。赵简子逆，而饮之酒于绵上[㉚]，献杨楯六十于简子[㉛]。陈寅曰："昔吾主范氏[㉜]，今子主赵氏，又有纳焉。以杨楯贾祸[㉝]，弗可为也已。然子死晋国，子孙必得志于宋。"范献子言于晋侯曰："以君命越疆而使[㉞]，未致使而私饮酒[㉟]，不敬二君[㊱]，不可不讨也。"乃执乐祁。

阳虎又盟公及三桓于周社[㊲]，盟国人于亳社，诅于五父之衢。

冬，十二月，天王处于姑莸[㊳]，辟儋翩之乱也。

【注释】

①匡：郑邑，即今河南长垣县的匡城。　②郑伐胥靡：见后传。　③季、孟：指季桓子、孟献子。　④豚泽：卫东门外地名。　⑤弥子瑕：卫灵公宠臣。　⑥老：告老退休。　⑦文之舒鼎：卫文公的舒鼎。　⑧成之昭兆：成，卫成公，文公子。昭兆，宝龟。　⑨定之鬯鉴：定，卫定公，文公曾孙。鬯鉴，详见庄公二十一年传注。　⑩择用一：三宝择用其一。　⑪

蒙：掩盖。　⑫太姒：文王妃。　⑬周公、康叔：鲁、卫的始祖。　⑭小人：指阳虎。　⑮诬：骗。　⑯多：增加。　⑰兼享之：用时宴享季桓子与孟懿子。　⑱雊：预兆。　⑲取人：求得入他国的禄位，故云取人。　⑳己丑：十五日。　㉑潘子臣、小惟子：楚水军之帅。　㉒惕：担心，恐惧。　㉓陵师：陆军。繁扬：即繁阳，在今河南新蔡县北。　㉔可为：可治。　㉕郢：在今湖北宜城东南。　㉖纪：治理。　㉗儋翩：王子朝余党。　㉘冯等：为周六邑名。　㉙见溷：让溷拜见景公。溷，乐祁之子。　㉚縣上：即山西翼城县西小縣山。　㉛杨楯：杨木盾牌。　㉜主：事奉。　㉝贾祸：买来祸灾。　㉞越疆：从宋至晋，必经郑国，故称越疆。　㉟致使：报告使命。　㊱二君：指晋定公与宋景公。　㊲三桓：指季孙、孟孙、叔孙三族。　㊳姑莸：周地。

【译文】

六年春季，郑国灭亡了许国，这是利用楚国战败的机会将其灭亡的。

二月，定公发兵攻打郑国，占领了匡地，这是为晋国而对郑国攻打胥靡的惩罚。去时没有向卫国借道，回来时，阳虎让季桓子、孟献子从卫都南门进去，从东门出来，住在豚泽。卫灵公得知后大为恼怒，派弥子瑕追赶他们。此时公叔文子已经年老退休了，他坐车去见灵公说："责怨别人却又去效法他，不合礼。当初鲁昭公流亡国外时，国君曾以文公的舒鼎、成公的宝龟、定公的鞶鉴作为悬赏，假如有谁能帮助他回国，可从中任选其一。如果各诸侯还不放心，国君还答应将公子和几个大臣的儿子作为人质以求得昭公回国。这都是群臣所知道的事。现在却要因为小小的怨恨而掩盖过去的恩德，恐怕不行吧？在太姒的许多儿子中，只有鲁、卫两国的始祖周公和康叔关系最好。现在要效法阳虎这样的小人而放弃和睦，不也太容易受人愚弄了吗？上天将会增加阳虎的罪过，并最终使其灭亡，国君姑且忍耐一下，怎么样？"灵公这才消了怒气。

夏季，季桓子到晋国，是为了进献俘获的郑国人和战利品。阳虎又强行派孟懿子专门前去向晋定公夫人献上礼品。晋国人同时宴请季桓子和孟懿子。孟懿子站在房外对范献子说："阳虎如果在鲁国呆不下去而逃到晋国，希望看在先君的面子上，任命他为中军司马。"献子说："寡君任命官员，是要选择合适的人，我怎么敢保证呢？"范献子对赵鞅说："鲁国人已经以阳虎为患了。孟孙看到了这一征兆，认为阳虎肯定会逃到晋国，所以极力为他请求，以便使他在晋国求得禄位。"

四月十五日，吴国的太子终累打败了楚国的水军，俘获了楚将潘子臣、小惟子和七个大夫。楚国上下为之震动，深恐亡国。子期又率领陆军在繁阳战败。令尹子西高兴地说："这样国家才可以治理好。"于是就把国都从郢地迁往郢地，并改革了治国策略，以安定楚国。

周室儋翩率领王子朝的余党依靠郑国人准备在王室境内发动叛乱。于是郑国发兵攻打冯、滑、胥靡、负黍、狐人、阙外等地。六月，晋国的阎没领兵到成周戍守，并在胥靡筑城。

秋季八月，宋国的乐祁对宋景公说："现在诸侯中只有我国仍然真心地事奉晋国。如果不派使者到晋国，晋国恐怕要对我们不满意了。"乐祁把这话又告诉了他的家宰陈寅。陈寅说："一定会派您前去。"某日，景公对乐祁说："只有我欣赏你的建议，所以也一定要让你去！"陈寅对乐祁说："您要立了继承人才去，这样乐氏家族也不至于灭亡。也可以使国君知道您这是冒险而去。"乐祁带儿子溷去见景公，然后便动身了。赵鞅出来迎接乐祁，在绵上为他设宴接风，乐祁把六十副杨木盾牌献给赵鞅。陈寅说："从前乐氏事奉范氏，如今您却事奉赵氏，又送给他礼物。这些杨木盾牌只能招致灾祸，实在不应该这么做。但如果您死在晋国，您的子孙在宋国必然能得到重用。"果然范献子对晋定公说："奉君命越过别国出使到晋国，还没有履行使者的责任就私下和人饮酒，这是对两国国君的不尊不敬，对这种行为不能不讨伐。"便把乐祁抓了起来。

阳虎又在周社和鲁定公及孟孙、季孙、叔孙三家盟誓，又在亳社和国都的人们盟誓，并在五父之衢诅咒。

冬季十二月，周天子住到姑莸，是为了躲避儋翩发动的叛乱。

定公七年

经 七年春，王正月。夏四月。秋，齐侯、郑伯盟于咸。齐人执卫行人北宫结以侵卫。齐侯、卫侯盟于沙。大雩。齐国夏帅师伐我西鄙。九月，大雩。冬十月。

传 七年春二月，周儋翩入于仪栗以叛①。

齐人归郓、阳关，阳虎居之以为政。

夏四月，单武公、刘桓公败尹氏于穷谷。

秋，齐侯、郑伯盟于咸②，征会于卫。卫侯欲叛晋，诸大夫不可。使北宫结如齐，而私于齐侯曰："执结以侵我。"齐侯从之，乃盟于琐③。

齐国夏伐我。阳虎御季桓子，公敛处父御孟懿子④，将宵军齐师。齐师闻之，堕⑤，伏而待之。处父曰："虎不图祸，而必死⑥。"苦夷曰："虎陷二子于难。不待有司⑦，余必杀女。"虎惧，乃还，不败。

冬十一月戊午⑧，单子、刘子逆王于庆氏⑨。晋籍秦送王。己巳⑩，王入于王城，馆于公族党氏⑪，而后朝于庄宫⑫。

【注释】

①仪栗：周邑名，其地不详。　②咸：地名，在今河南濮阳县东南。　③琐：即沙，在今河北大名县东。　④公敛处父：孟氏家臣。　⑤堕：佯为懈怠无备以诱敌军。　⑥而：汝，你。　⑦有司：执掌军法者。　⑧戊午：二十三日。　⑨庆氏：守姑莸之大夫。　⑩己巳：十二月五日。　⑪党氏：周大夫。　⑫庄宫：庄王庙。

【译文】

七年春季二月，周室的儋翩进入仪栗继续发动叛乱。

齐国人把郓地、阳关归还了鲁国，阳虎住在那里发号施令。

夏季四月，单武公、刘桓公在穷谷打败了尹氏。

秋季，齐景公、郑献公在咸地结盟，并要求卫国也前来参加。卫灵公准备背叛晋国，大夫们都不同意这么做。灵公派北宫结到齐国，私下对齐景公说："你们把我抓起来，并攻打我国。"景公采纳了这一建议，并在琐地结了盟。

齐国的国夏攻打我国。阳虎为季桓子驾车，公敛处父为孟懿子驾车，准备在傍晚攻击齐军。齐军听说后，故意使军容不整，暗中则设下伏兵等候。公敛处父说："不考虑这样做而招致的祸害。你必定难免一死。"苦夷也说："阳虎把季孙和孟孙拖入危险的境地。到那时，不必刑官出面，我也一定要杀了你。"阳虎害怕了，便收兵撤退，鲁军才没有遭到失败。

冬季十一月二十三日，单武公和刘桓公到庆氏家里迎接天子。晋国的籍秦护送天子。十二月五日，天子进入王城，住在公族党氏家里，然后又到庄王庙中祭拜。

定公八年

经　八年春，王正月，公侵齐。公至自侵齐。二月，公侵齐。三月，公至自侵齐。曹伯露卒。夏，齐国夏帅师伐我西鄙。公会师于瓦。公至自瓦。秋七月戊辰，陈侯柳卒。晋士鞅帅师侵郑，遂侵卫。葬曹靖公。九月，葬陈怀公。季孙斯、仲孙何忌帅师侵卫。冬，卫侯、郑伯盟于曲濮。从祀先公。盗窃宝玉、大弓。

传 八年春，王正月，公侵齐，门于阳州①。士皆坐列②，曰："颜高之弓六钧③。"皆取而传观之。阳州人出，颜高夺人弱弓④，籍丘子钼击之⑤，与一人俱毙⑥。偃⑦，且射子钼，中颊，殪。颜息射人中眉⑧，退曰："我无勇⑨，吾志其目也⑩。"师退，冉猛伪伤足而先。其兄会乃呼曰："猛也殿⑪。"

二月己丑⑫，单子伐谷城⑬，刘子伐仪栗。辛卯⑭，单子伐简城⑮，刘子伐盂⑯，以定王室。

赵鞅言于晋侯曰："诸侯唯宋事晋，好逆其使，犹惧不至。今又执之，是绝诸侯也。"将归乐祁。士鞅曰："三年止之，无故而归之，宋必叛晋。"献子私谓子梁曰⑰："寡君惧不得事宋君，是以止子，子姑使溷代子。"子梁以告陈寅。陈寅曰："宋将叛晋，是弃溷也，不如待之。"乐祁归，卒于大行。士鞅曰："宋必叛，不如止其尸以求成焉。"乃止诸州。

公侵齐，攻廪丘之郛⑲。主人焚冲⑳，或濡马褐以救之㉑，遂毁之。主人出，师奔。阳虎伪不见冉猛者，曰："猛在此，必败。"猛逐之，顾而无继，伪颠。虎曰："尽客气也㉒。"

苦越生子，将待事而名之。阳州之役获焉，名之曰阳州。

夏，齐国夏、高张伐我西鄙。晋士鞅、赵鞅、荀寅救我。公会晋师于瓦㉓。范献子执羔，赵简子、中行文子皆执雁。鲁于是始尚羔㉔。

晋师将盟卫侯于鄟泽㉕。赵简子曰："群臣谁敢盟卫君者？"涉佗、成何曰㉖："我能盟之。"卫人请执牛耳㉗。成何曰："卫，吾温、原也，焉得视诸侯㉘？"将歃，涉佗捘卫侯之手㉙，及捥㉚，卫侯怒。王孙贾趋进㉛，曰："盟以信礼也。有如卫君，其敢不唯礼是事，而受此盟也。"卫侯欲叛晋，而患诸大夫。王孙贾使次于郊，大夫问故。公以晋诟语之㉜，且曰："寡人辱社稷，其改卜嗣，寡人从焉。"大夫曰："是卫之祸，岂君之过也？"公曰："又有患焉，谓寡人必以而子与大夫之子为质。"大夫曰："苟有益也，公子则往。群臣之子，敢不皆负羁绁以从？"将行，王孙贾曰："苟卫国有难，工商未尝不为患，使皆行而后可。"公以告大夫，乃皆将行之。行有日㉝，公朝国人，使贾问焉，曰："若卫叛晋，晋五伐我，病何如矣㉞？"皆曰："五伐我，犹可以能战。"贾曰："然则如叛之㉟，病而后质焉，何迟之有？"乃叛晋。晋人请改盟，弗许。

秋，晋士鞅会成桓公，侵郑，围虫牢，报伊阙也。遂侵卫。

九月，师侵卫，晋故也。

季寤、公鉏极、公山不狃皆不得志于季氏，叔孙辄无宠于叔孙氏，叔仲志不得志于鲁。故五人因阳虎[36]。阳虎欲去三桓，以季寤更季氏，以叔孙辄更叔孙氏，己更孟氏。冬十月，顺祀先公而祈焉[37]。辛卯[38]，禘于僖公。壬辰[39]，将享季氏于蒲圃而杀之，戒都车曰[40]："癸巳至[41]。"

　　成宰公敛处父告孟孙，曰："季氏戒都车，何故？"孟孙曰："吾弗闻。"处父曰："然则乱也，必及于子，先备诸。"与孟孙以壬辰为期。

　　阳虎前驱，林楚御桓子，虞人以铍盾夹之[42]，阳越殿，将如蒲圃。桓子咋谓林楚曰[43]："而先皆季氏之良也[44]，尔以是继之。"对曰："臣闻命后。阳虎为政，鲁国服焉。违之，征死[45]。死无益于主。"桓子曰："何后之有？而能以我适孟氏乎？"对曰："不敢爱死，惧不免主。"桓子曰："往也。"孟氏选圉人之壮者三百人[46]，以为公期筑室于门外[47]。林楚怒马及衢而骋[48]，阳越射之，不中，筑者阖门。有自门间射阳越，杀之。阳虎劫公与武叔[49]，以伐孟氏。公敛处父帅成人，自上东门入[50]，与阳氏战于南门之内，弗胜。又战于棘下[51]，阳氏败。阳虎说甲如公宫，取宝玉、大弓以出，舍于五父之衢，寝而为食。其徒曰："追其将至。"虎曰："鲁人闻余出，喜于征死[52]，何暇追余？"从者曰："嘻！速驾，公敛阳在。"公敛阳请追之[53]，孟孙弗许。阳欲杀桓子，孟孙惧而归之。子言辨舍爵于季氏之庙而出[54]。阳虎入于讙、阳关以叛[55]。

　　郑驷歂嗣子大叔为政。[56]

【注释】

　　①阳州：在今山东东平县北境。　②坐列：坐于陈列中。　③六钧：当时三十斤为钧，六钧则一百八十斤，约合今六十斤。　④弱弓：软弓。　⑤籍丘子鉏：齐人。　⑥毙：仆倒。　⑦偃：仰卧。　⑧颜息：鲁人。　⑨无勇：不善射。　⑩志：本意。　⑪殿：殿后。　⑫己丑：三月二十六日。　⑬谷城：在今河南洛阳市西北。　⑭辛卯：三月二十八日。　⑮简城：其地离王城不远。　⑯盂：即邘，在今河南沁阳县西北。　⑰子梁：即乐祁。　⑱州：地名，在今河南沁阳县东南。　⑲郛：外城。　⑳主人焚冲：廪丘守将烧毁攻城的战车。　㉑濡马褐：把粗麻布短衣浸湿。　㉒客气：虚心假意，非出自衷心。　㉓瓦：地名，在今河南滑县瓦岗集。　㉔尚羔：以执羔羊为尊。　㉕邻泽：卫地名，不详所在。　㉖涉佗、成何：二人为晋大夫。　㉗请执牛耳：请晋臣执牛耳。根据盟法，卑者执之，尊者莅之。　㉘视诸侯：同诸侯一样看待。　㉙挼：推。　㉚捥：今作"腕"。及捥，即血流至腕。　㉛王孙贾：卫大夫。　㉜诟：耻辱。　㉝行有日：已定启程日期。　㉞病何如：危及国家将如何。　㉟如：应当。　㊱因：依靠。　㊲顺祀：按即位先后次序祭祀。　㊳辛卯：初二日。　㊴壬辰：初三日。　㊵戒都车：戒令都邑的兵车。　㊶癸巳：初四日。　㊷虞人：警卫军士。　㊸咋：同"乍"，突然。　㊹而先：你的先辈。　㊺征死：招死。　㊻圉人：奴隶。　㊼公期：孟氏支子。　㊽怒

【译文】

八年春季，周历正月，定公发兵入侵齐国，攻打阳州的城门，士卒都无斗志，成排地坐在城外，说："颜高的大弓有一百八十斤重。"于是就拿来一一传看。这时，阳城人出城应战，颜高只好把别人的弱弓夺过来射击。齐人籍丘子钼射击颜高，颜高和另外一人都被射中倒地。颜高躺在地上，仍然向子钼射箭，终于射中了子钼的面部，把他射死。鲁人颜息射中了齐人的眉毛，他退下来后说："我太笨了，本来是要射他的眼睛，却射中了眉毛。"军队撤退后，鲁人冉猛假装脚受伤想跑到前头，他哥哥冉会向他喊道："冉猛，你应该到后面去压阵！"

二月二十六日，单武公攻打谷城，刘桓公攻打仪栗。三月二十八日，单武公又攻打简城，刘桓公攻打盂地，为的是安定王室。

赵鞅对晋定公说："诸侯各国中只有宋国还在事奉晋国，好好地对待他们的使者，尚且怕他们不来，现在又把乐祁抓了起来，这样做是要使诸侯都和我们断绝来往。"于是准备把乐祁释放回国。范献子说："扣押了三年，又无缘无故地放回去，宋国肯定要背叛晋国。"献子私下对乐祁说："寡君是因为担心不能事奉贵君，才挽留您这么久。您姑且让您的儿子溷来替换您。"乐祁告诉了陈寅。陈寅说："宋国正准备背叛晋国，这样做等于置溷于死地，不如再等一下。"乐祁回国，途中死在太行。范献子说："宋国一定会背叛，不如把他的尸首扣下来，作为求和的条件。"便在州地把乐祁的尸首拦截了下来。

定公入侵齐国，攻打廪丘的外城，廪丘守将纵火焚烧攻城的鲁国战车，鲁军有人把粗布麻衣弄湿穿上去灭火，随后便摧毁了外城。守城将领率军出战，鲁军四散奔逃。阳虎假装没有看到冉猛说："假如冉猛在这里，就一定能打败他们。"冉猛便去追赶廪丘人，追了很远，回头看看没有人跟上来，便假装从车上摔了下来。阳虎说："全都是假惺惺的。"

苫越生了一个儿子，他想等到发生了某件大事之后，才给儿子起名。正好阳州一战俘获了一些人和战利品，便起名叫阳州。

夏季，齐国的国夏、高张攻打我国西部边境。晋国的士鞅、赵鞅、荀寅前来救援，定公和晋军在瓦地会师。当时士鞅手持羔羊，赵鞅和荀寅则手持大雁。从此鲁国也开始以羔羊为尊贵，只有上卿参加会见时才拿着它。

晋军准备在邸泽和卫灵公结盟。赵鞅说："群臣中谁敢去和卫君结盟呢？"涉佗、成何说："我们敢去！"结盟时，卫国人请晋国的两个大夫手持牛耳，成何说："卫国不过有我国的温地、原地那么大，怎么能把自己当做诸侯国看待呢？"准备歃血时，涉佗推了一下卫灵公的手，血顺着胳膊一直流到手腕上，灵公大怒。正待发作，王孙贾上前说："结盟就是为了进一步申明礼，像国君这样才行，如果不讲礼，谁还敢接受这一盟约呢？"灵公准备背叛晋国，又怕大夫们不同意。王孙贾把他安排在郊外住下，大夫们问为什么国君不入城，灵公便告诉他们自己蒙受了晋国的耻辱，并说："寡人给国家带来了耻辱，请改卜其他公子继承先君的大业，我听从各位的选择。"大夫们都说："这是卫国的祸患，哪里是国君一人的过错呢？"灵公说："还有更大的忧患呢，他们对寡人说：'一定要让你的儿子和大夫们的儿子作为人质'。"大夫们说："假如有好处，公子就应该去。我们的儿子还敢不跟随而去吗？"公子正要动身，王孙贾说："假如卫国遇到祸难，工匠商人也未尝不会成为祸患，让他们也都跟去才行。"灵公告诉了大夫，大夫们同意让这些人也去。已经定下了动身的日期，有一天灵公接见国都的人，让王孙贾征求大家的意见："如果卫国背叛了晋国，晋国连续五次攻打我们，国家将会危急到哪一步？"众人都说："即使晋国攻打五次，我们也能够继续抗击。"王孙贾说："既然这样，就应该先背叛晋国，等坚持不住了再送去人质，也不算晚。"于是宣布背叛晋国。晋国人请求重新结盟，卫国人不同意。

秋季，晋国的士鞅会合成桓公攻打郑国。他们围攻虫牢，报了伊阙一战之仇。然后入侵卫国。

九月，鲁军也入侵卫国，这完全是为了晋国。

季寤、公鉏极、公山不狃都没有得到季氏的宠信。叔孙辄也得不到叔孙氏的宠信，叔仲志在鲁国也没有受到重用。因此五人投靠了阳虎。阳虎准备除掉季孙、叔孙、孟孙三家当权者，让季寤代替季桓子，让叔孙辄代替叔孙州仇，自己则代替孟懿子。冬季十月，依照顺序祭祀历代先君并祈祷。二日，在僖公庙中举行了禘祭。三日，准备在蒲圃设宴招待季桓子，乘机杀了他，并下令都城的兵车"四日集合起来。"

成地的宰臣公敛处父告诉孟懿子说："季氏下令战车处于戒备状态，是什么原因呢？"孟懿子说："我没有听说。"处父说："肯定是要发动叛乱了，一定会祸及到您，您要早做准备。"两人约定三日发兵救援孟氏。

到了这一天，阳虎驱车在前，林楚为季桓子驾车，警卫人员手持铍、盾前后护卫着桓子，阳越走在最后。桓子突然对林楚说："你的祖先世代都是季氏的忠臣，你也继承了这一点。"林楚说："您这话说得晚了。阳虎独揽大权之后，整个鲁国都服从他。谁要违抗他只能找死。即使死了也对主公没有什么好处。"桓子说："怎么会晚呢？你能带着我到孟孙那里去吗？"林楚回答说："我并不怕死，怕的是主公不能免于祸难。"桓子说：'咱们走吧！'"孟孙在奴仆中挑选了三百个身强体壮的人，假装在门外为儿子公期建造房子。林楚突然用鞭子猛打驾车的马，马到了大街上，便狂奔起来。阳越向桓子射箭，没有射中，建造房子的人关上大门。有人从门缝里向阳越射箭，把阳越杀死。阳虎劫持了定公和叔孙州仇，以攻打孟氏。公敛处父率领成地的军队从上东门赶来，与阳虎在南门之内交锋，没有战胜，又在棘下交战，终于把阳虎打败。阳虎脱下皮甲逃进公宫，取了宝玉、大弓逃了出来，住在五父之衢，已经睡下了又让人为他做饭。他的随从说："追兵马上就到了。"阳虎说："鲁国人听说我逃走了，正庆幸自己终于可以晚一点死呢，哪有时间来追赶我？"随从说："哈！快点套上马吧，因为有公敛处父这个人在。"公敛处父请求追赶阳虎，孟孙不让。处父要杀死桓子，孟孙害怕了，便把桓子送到季氏家里去了。季寤在季氏的祖庙里向列祖列宗一一献酒祭告后便逃跑了。阳虎逃到谨地、阳关，又在那里发动了叛变。

郑国的驷歂接替游吉执掌了郑国大权。

定公九年

经　九年春，王正月。夏四月戊申，郑伯虿卒。得宝玉、大弓。六月，葬郑献公。秋，齐侯、卫侯次于五氏。秦伯卒。冬，葬秦哀公。

传　九年春，宋公使乐大心盟于晋，且逆乐祁之尸。辞，伪有疾，乃使向巢如晋盟，且逆子梁之尸。子明谓桐门右师出①，曰："吾犹衰绖，而子击钟，何也？"右师曰②："丧不在此故也。"既而告人曰："已衰绖而生子，余何故舍钟？"子明闻之，怒，言于公曰："右师将不利戴氏③，不肯适晋，将作乱也。不然无疾④。"乃逐桐门右师。

郑驷歂杀邓析，而用其《竹刑》⑤。君子谓："子然于是不忠。苟有可以加于国家者⑥，弃其邪可也⑦。《静女》之三章⑧，取彤管焉⑨。《竿旄》'何以告之'⑩，取其忠也。故用其道，不弃其人。《诗》云⑪：'蔽芾甘棠，勿翦勿伐，召伯所茇。'思其人犹爱其树，况用其道而不恤其人乎？子然无以劝能矣⑫。"

夏，阳虎归宝玉大弓。书曰"得"，器用也。凡获器用曰得，得用焉曰获。

六月，伐阳关。阳虎使焚莱门⑬。师惊，犯之而出⑭，奔齐，请师以伐鲁，曰："三加必取之⑮。"齐侯将许之。鲍文子谏曰⑯："臣尝为隶于施氏矣⑰，鲁未可取也。上下犹和，众庶犹睦，能事大国，而无天灾。若之何取之？阳虎欲勤齐师也，齐师罢，大臣必多死亡，己于是乎奋其诈谋⑱。夫阳虎有宠于季氏，而将杀季孙，以不利鲁国，而求容焉⑲。亲富不亲仁，君焉用之？君富于季氏，而大于鲁国，兹阳虎所欲倾覆也。鲁免其疾，而君又收之，无乃害乎？"齐侯执阳虎，将东之⑳。阳虎愿东，乃囚诸西鄙。尽借邑人之车，锲其轴㉑，麻约而归之㉒。载葱灵㉓，寝于其中而逃。追而得之，囚于齐。又以葱灵逃，奔宋，遂奔晋，适赵氏。仲尼曰："赵氏其世有乱乎。"

秋，齐侯伐晋夷仪。敝无存之父将室之㉔，辞，以与其弟，曰："此役也不死，反，必娶于高、国㉕。"先登，求自门出，死于霤下㉖。东郭书让登㉗，犁弥从之，曰："子让而左，我让而右，使登者绝而后下㉘。"书左，弥先下。书与王猛息㉙。猛曰："我先登。"书敛甲㉚，曰："曩者之难㉛，今又难焉。"猛笑曰："吾从子，如骖之有靳㉜。"

晋车千乘在中牟㉝。卫侯将如五氏㉞，卜过之㉟。龟焦。卫侯曰："可也。卫车当其半，寡人当其半，敌矣㊱。"乃过中牟。中牟人欲伐之，卫褚师圃亡在中牟，曰："卫虽小，其君在焉，未可胜也。齐师克城而骄，其帅又贱，遇，必败之，不如从齐。"乃伐齐师，败之。齐侯致禚、媚、杏于卫㊲。

齐侯赏犁弥，犁弥辞，曰："有先登者，臣从之。晳帻而衣狸制㊳。"公使视东郭书，曰："乃夫子也，吾贶子㊴。"公赏东郭书，辞，曰："彼，宾旅也㊵。"乃赏犁弥。

齐师之在夷仪也，齐侯谓夷仪人曰："得敝无存者，以五家免。"乃得其尸。公三禭之㊶；与之犀轩与直盖㊷，而先归之；坐引者㊸，以师哭之㊹，亲推之三㊺。

【注释】

①子明：乐祁之子乐溷。　②右师：即乐大心。　③戴乐：指宋国。　④无疾：意为无病装病。　⑤《竹刑》：邓析作刑律，书于竹简，故名曰《竹刑》。　⑥加：益。　⑦弃其邪：不责其邪恶。　⑧《静女》：《诗经·邶风》篇名。　⑨彤管：《静女》诗写男女私约，互相赠物定情。其二章有"静女其娈，贻我彤管"句。彤管，赤管笔，一说为赤色茅草。　⑩《竿

旄》：《诗经·鄘风》篇名。其中有"彼姝者子，何以告之"句，时人以为表达了做诗者的忠心。　⑪《诗》云：以下三句出自《召南·甘棠》。甘棠，一名杜梨。蔽芾，高大茂密。茇（bá），草舍。　⑫劝能：勉励贤能的人。　⑬莱门：阳关邑门。　⑭犯：突围。　⑮三加：三次加兵于鲁。　⑯鲍文子：鲍国。　⑰为隶于施氏：在施氏那里做家臣。施氏，鲁大夫。　⑱己：指阳虎。　⑲求容：取悦，讨好。　⑳东之：置齐国东方。　㉑锲：刀刻。　㉒麻约：以麻捆束车轴。　㉓载葱灵：在车上装载衣物。葱灵，载衣物的车子。　㉔室之：为之取妻。　㉕高、国：二氏为齐贵族。　㉖霤：门檐。　㉗让登：抢先登城。　㉘绝：尽，完。　㉙王猛：即犁弥。　㉚敛甲：收拾皮甲欲斗。　㉛囊者：以前。　㉜如骖之有靳：如同骖马跟着服马一样，古代战车驾四马，中间两马曰服，两旁之马曰骖。服马胸背有皮带曰靳，靳用以使骖马随从服马，不致旁出或前行。　㉝中牟：地名。　㉞五氏：地名，在今河北邯郸市西。　㉟卜过之：为经过中牟而占卜。　㊱敌：匹敌，相等。　㊲襦、媚、杏：三邑名，在齐西界。　㊳皙帻而衣狸制：白色头巾，狸皮斗篷。皙，白色。狸制，狸皮制作而成。　㊴吾觊子：吾把它赏赐送给您。此乃对东郭书言之。　㊵宾旅：羁族之臣，客臣。　㊶三襚：从迁尸、小敛至大敛三次为死者穿衣。　㊷犀轩、直盖：犀杆，犀牛皮装饰的车子，为高贵者所乘坐。直盖，即高盖，长柄伞。用此二物殉葬。　㊸坐引者：使拉灵车的人跪着。　㊹以师哭之：全军哭吊。　㊺亲推之三：亲自推丧车三次。

【译文】

九年春季，宋景公派乐大心到晋国结盟，同时把乐祁的尸首接回来。乐大心假装有病推辞了，景公又派向巢到晋国结盟，并接回乐祁的尸首。子明让乐大心出国迎尸，他说："我还在服丧期间，您却敲钟奏乐，这是什么意思？"乐大心说："因为丧事是发生在晋国，并不在这里。"不久乐大心又对别人说："既然是在服丧，却在这期间生了儿子。我为什么不能奏乐呢？"子明听说后非常生气，对景公说："乐大心将要危害宋国，他不肯到晋国去，是准备作乱啊。否则，为什么没病装病推辞不去呢？"景公便驱逐了乐大心。

郑国的驷歂把邓析杀了，又采用了邓析所著的《竹刑》。君子们认为："驷歂从这件事上表明他不忠。因为只要一个人对国家有贡献，就可以原谅他的一些邪恶。《静女》一诗共有三章，但可取的也就是'彤管'一章。《竿旄》一诗中的'何以告之'，可取的就是诗中表现出来的忠心。只要采纳了他的主张，就不要再遗弃这个人。《诗经》说：'甘棠高大茂盛，不要剪其枝叶，也不要砍其树干，因为召伯曾在这里听政。'怀念一个人，连他旁边的树都要倍加爱护，何况采用了邓析的《竹刑》却又将他杀死呢？驷歂将无法劝勉贤能之士。"

夏季，阳虎把带走的宝玉和大弓又还给了鲁国。《春秋》记为"得"，表明宝玉和大弓是器物用具。凡是获得器物用具称"得"，得到人或动物称"获"。

六月，鲁军攻打阳关。阳虎派人焚烧了阳关的莱门。鲁军受到惊扰，阳虎趁机逃到了齐国，请示齐国出兵攻打鲁国，并说："只要攻打三次，就一定能占领鲁国。"景公准备答应他。鲍国劝谏说："臣曾经做过鲁大夫施氏的家臣，深知鲁国是征服不了的。鲁国上下还算团结，百姓也很和睦，能够事奉大国，又没有遇到天灾，凭什么去占领它呢？阳虎要利用齐军，齐军一旦疲惫不堪，臣民必然死伤很多，阳虎的阴谋便会得逞。阳虎曾经深受季氏的宠信，他准备杀了季孙，危害鲁国，以此博得其他国家的喜欢，以求接纳他。阳虎为富不仁，国君怎么能听这种人的话呢？国君比季氏富有，又比鲁国强大，这恰恰是阳虎所要颠覆的对象。鲁国好不容易铲除了这一祸害，国君却要收留他，不是在自招祸害吗？"齐景公便把阳虎抓了起来，准备囚禁在齐国东部。阳虎装出很愿意的样子，景公又决定把他囚禁在西部边境。阳虎到了齐国西部后，把当地的车子都借来，用刀把车轴刻得很细，然后用麻绳缠上还给车主。有一次阳虎在车上装了很多衣物，藏到里面企图逃跑，结果被追上抓住，押在齐都。后来阳虎又一次藏在装载衣物的车中逃跑，到了宋国，然后又到了晋国，投奔了赵氏。孔子说："赵氏将永世不得安宁了。"

秋季，齐景公发兵攻打晋国的夷仪。齐国人敝无存的父亲准备为他娶妻，他拒绝了，让弟弟先结婚，说："这次战役中，如果侥幸不死，回来后一定娶高氏、国氏家的女子。"作战时，他率先登上城墙，又准备从城门冲出来，结果在城门的檐下战死。东郭书也抢先登城，犁弥随后跟了上去，他喊道："你从左边上去，我从右边上去，等大家都上去，我们再跳下来。"东郭书从左边登上去，犁弥却先跳了下来。战斗结束后，两人在一起休息时，犁弥说："是我先登上了城墙。"东郭书拿起皮甲准备和犁弥争一高低，他说："刚才你跟我过不去，现在又要跟我过不去。"犁弥笑着说："我跟着您，就像骖马要始终跟着服马一样，哪能抢在您前面呢？"

这时晋国有一千辆战车集中在中牟。卫灵公准备前往五氏，占卜一下吉凶，结果龟甲都烧焦了。灵公说："可以通过。卫国的战车能抵挡他们的一半，另一半由寡人抵挡，这样就能势均力敌了。"于是率军通过中牟。中牟的晋军准备攻打，正好卫国的褚师圃逃亡在此，他说："卫国虽然小，但有他们的国君跟着，因此战胜不了他们。齐军刚刚攻克夷仪城，非常骄傲，其将帅地位又很低贱，如果遇到他们，一定能将其打败，不如去追赶齐军。"于是便攻打齐军，果然将其打败。齐景公把禚、媚、杏三地送给了卫国。

齐景公准备赏赐犁弥，犁弥拒绝了，他说："有人率先登城，我只是跟在他后面上去的。那个人扎着白头巾，披着狸皮斗篷。"景公让他看东郭书是不是那个人，他说："就是这个人。"又转而对东郭书说："我要把赏赐让给你。"景公赏赐东郭书，东郭书推辞说："他是外国来的客人。"于是就赏赐了犁弥。

齐军在夷仪作战时，景公曾对夷仪人说："谁要能找回敝无存的尸首，赏赐五家，并且免除劳役。"有人找回了敝无存的尸首后，景公三次为他穿上衣服，并用犀牛皮装饰的车子和长柄伞为他殉葬，又先把尸首送回国。敝无存的灵柩回去时，全军大哭，拉车人跪着，景公三次亲自推动丧车上路。

定公十年

经　十年春，王三月，及齐平。夏，公会齐侯于夹谷。公至自夹谷。晋赵鞅帅师围卫。齐人来归郓、讙、龟阴田。叔孙州仇、仲孙何忌帅师围郈。秋，叔孙州仇、仲孙何忌帅师围郈。宋乐大心出奔曹。宋公子地出奔陈。冬，齐侯、卫侯、郑游速会于安甫。叔孙州仇如齐。宋公之弟辰暨仲佗、石�驱出奔陈。

传　十年春，及齐平。

夏，公会齐侯于祝其，实夹谷①。孔丘相。犁弥言于齐侯曰："孔丘知礼而无勇，若使莱人以兵劫鲁侯，必得志焉。"齐侯从之。孔丘以公退，曰："士兵之②！两君合好，而裔夷之俘③，以兵乱之，非齐君所以命诸侯也，裔不谋夏，夷不乱华，俘不干盟，兵不逼好④，于神为不祥，于德为愆义⑤，于人为失礼，君必不然。"齐侯闻之，遽辟之⑥。

将盟，齐人加于载书曰："齐师出竟，而不以甲车三百乘从我者，有如此盟。"孔丘使兹无还揖对⑦，曰："而不反我汶阳之田，吾以共命者⑧，亦如之。"

齐侯将享公，孔丘谓梁丘据曰："齐、鲁之故⑨，吾子何不闻焉？事既成矣，而又享之，是勤执事也。且牺象不出门⑩，嘉乐不野合⑪。飨而既具⑫，是弃礼也。若其不具，用秕稗也⑬。用秕稗，君辱；弃礼，名恶。子盍图之？夫享，所以昭德也。不昭，不如其已也。"乃不果享。

齐人来归郓、讙、龟阴之田。

晋赵鞅围卫，报夷仪也。

初，卫侯伐邯郸午于寒氏⑭，城其西北而守之⑮，宵熸⑯。及晋围卫，午以徒七十人门于卫西门，杀人于门中，曰：“请报寒氏之役⑰。”涉佗曰：“夫子则勇矣，然我往，必不敢启门，”亦以徒七十人，且门焉⑱，步左右⑲，皆至而立，如植⑳。日中不启门，乃退。

反役，晋人讨卫之叛故㉑，曰：“由涉佗、成何。”于是执涉佗以求成于卫。卫人不许，晋人遂杀涉佗。成何奔燕。君子曰：“此之谓弃礼，必不钧㉒。《诗》曰：‘人而无礼，胡不遄死㉓。’涉佗亦遄矣哉。”

初，叔孙成子欲立武叔，公若藐固谏曰：“不可。”成子立之而卒。公南使贼射之㉔，不能杀。公南为马正，使公若为郈宰。武叔既定，使郈马正侯犯杀公若㉕。弗能，其圉人曰：“吾以剑过朝㉖，公若必曰，谁之剑也？吾称子以告，必观之。吾伪固，而授之末㉗，则可杀也。”使如之。公若曰：“尔欲吴王我乎㉘？”遂杀公若。侯犯以郈叛。武叔、懿子围郈，弗克。

秋，二子及齐师复围郈㉙，弗克。叔孙谓郈工师驷赤曰㉚：“郈非唯叔孙氏之忧，社稷之患也。将若之何？”对曰：“臣之业，在《扬水》卒章之四言矣㉛。”叔孙稽首。驷赤谓侯犯曰：“居齐、鲁之际，而无事㉜，必不可矣。子盍求事于齐以临民㉝？不然，将叛。”侯犯从之。齐使至，驷赤与郈人为之宣言于郈中曰㉞：“侯犯将以郈易于齐，齐人将迁郈民。”众凶惧㉟。驷赤谓侯犯曰：“众言异矣，子不如易于齐。与其死也，犹是郈也㊱，而得纾焉㊲，何必此？齐人欲以此逼鲁，必倍与子地。且盍多舍甲于子之门，以备不虞？”侯犯曰：“诺。”乃多舍甲焉㊳。侯犯请易于齐，齐有司观郈，将至。驷赤使周走呼曰㊴：“齐师至矣！”郈人大骇，介侯犯之门甲㊵，以围侯犯。驷赤将射之，侯犯止之，曰：“谋免我。”侯犯请行，许之。驷赤先如宿㊶，侯犯殿。每出一门，郈人闭之。及郭门，止之，曰：“子以叔孙氏之甲出，有司若诛之㊷，群臣惧死。”驷赤曰：“叔孙氏之甲有物㊸，吾未敢以出。”犯谓驷赤曰：“子止而与之数㊹。”驷赤止而纳鲁人。侯犯奔齐，齐人乃致郈。

宋公子地嬖蘧富猎，十一分其室㊺，而以其五与之。公子地有白马四。公嬖向魋㊻。魋欲之。公取而朱其尾鬣以与之㊼。地怒，使其徒抶魋而夺之㊽。魋惧，将走。公闭门而泣之，目尽肿。母弟辰曰㊾：“子分室以与猎也，而独卑魋，亦有颇焉㊿。子为君礼○51，不过出竟，君必止子。”公子地出奔陈，公弗止。辰为之请，弗听。辰曰：“是我迋吾兄也○52。吾以国人出，君谁与处？”冬，母弟辰暨仲佗、石䃤出奔陈○53。

武叔聘于齐。齐侯享之，曰："子叔孙！若使郈在君之他竟，寡人何知焉？属与敝邑际(54)，故敢助君忧之。"对曰："非寡君之望也。所以事君，封疆社稷是以(55)。敢以家隶勤君之执事(56)？夫不令之臣，天下之所恶也。君岂以为寡君赐？"

【注释】

①夹谷：即祝其。 ②兵之：执兵攻之。 ③裔夷之俘：偏远的东夷俘虏。裔，指中原以外的地域；夷，指华以外的人。 ④逼好：威逼友好。 ⑤愆义：丧失道义。 ⑥遽辟之：马上让莱人避开。 ⑦兹无还：鲁大夫。 ⑧共命：供给齐国所需。 ⑨故：旧典。 ⑩牺、象：酒器名，即牺尊、象尊。 ⑪野合：野外合奏。 ⑫飨而既具：享礼的器具全部具备。 ⑬用秕稗也：若秕稗一样轻薄。秕，未成熟的谷物；稗，似谷物的草。 ⑭邯郸午：邯郸本卫邑，后属晋。午，邑宰名。寒氏：即五氏，在今邯郸市西。 ⑮城其西北：攻破寒氏城西北隅。 ⑯宵熸：寒氏守军夜间溃散。 ⑰报：报复。 ⑱旦门：早晨攻门。 ⑲步左右：行步至城门左右两边。 ⑳如植：像树木一样。 ㉑讨：责问。 ㉒不钧：不等同。 ㉓人而无礼，胡不遄死：句见《鄘风·相鼠》。遄，速。 ㉔公南：叔孙家臣，武叔之党。 ㉕郈：叔孙氏邑名。 ㉖过朝：经过郈宰的朝堂。 ㉗伪固而授之末：假装固陋不懂礼而以剑锋递给公若。末，尖。 ㉘尔欲吴王我乎：你想把我当做吴王吗？吴王，即吴王僚，为鱄设诸所杀，见昭公二十七年传。 ㉙二子：指武叔、公南。 ㉚工师：掌工匠之官。 ㉛《扬水》：即《诗经·唐风·扬之水》。其末章四字为"我闻有命"，意为我听从你的命令。 ㉜无事：无所事奉。 ㉝临民：统治百姓。 ㉞宣言：制造流言。 ㉟凶惧：轰动不安。 ㊱犹是郈也：意为以郈换取齐国另一个邑，所得无异于郈地。 ㊲得纾：能够缓和祸害。 ㊳舍甲：存放皮甲。 ㊴周走：跑遍全邑。 ㊵介：穿戴。 ㊶宿：齐邑，在今山东东平县东南。 ㊷诛：治罪。 ㊸有物：有标志。 ㊹数：查点。 ㊺十一分其室：将家产分为十一份。 ㊻向魋：即司马桓魋。 ㊼朱：涂上红色。 ㊽抶：打。 ㊾母弟辰：宋景公同母弟辰。 ㊿颇：偏，不公平。 (51)为君礼：有礼于君。 (52)迂：一作诳，欺骗。 (53)仲佗、石彄：二人均为宋卿。 (54)际：交界。 (55)封疆社稷是以：是因为国家疆土的安全。 (56)隶：家臣，指侯犯。

【译文】

十年春季，鲁国和齐国讲和。

夏季，定公在祝其会见了齐景公，祝其也就是夹谷。当时孔子是相礼。犁弥对齐景公说："孔丘这个人虽然懂得礼，但不够勇武。如果让莱地人用武力劫持鲁侯，我们一定能够如愿以偿。"齐景公采纳了这一建议。孔子一看不妙，便带着定公退下去，并喊道："士卒们快拿起武器！两君本来是要建立友好关系，却让夷狄俘虏拿着武器为所欲为，这肯定不是齐君征服天下诸侯的办法。

边远之国不得图谋中原大国，夷狄之人不得扰乱华夏民族，身为俘虏不得冒犯诸侯盟会，武力不能逼迫友好的国家。否则，将亵渎神灵，丧失道义，背弃礼义，国君肯定不会这么做。"听了这番话，景公连忙下令莱兵退下去。

两国正要准备盟誓，齐国又在盟书上增加了这样的内容："如果齐军走出国境而鲁国不派出三百辆战车随同出战，要受到惩罚！"孔丘派兹无还上前作揖回答说："如果齐国不把汶阳的田地归还鲁国，而要让鲁国派兵跟从的话，也要受到处罚。"

齐景公准备宴请定公。孔丘对齐国大夫梁丘据说："齐、鲁两国过去的礼节，难道阁下没有听说过吗？盟约既然已经达成，而又要设宴款待，这是给贵国增加不必要的麻烦。再说牺、象形状的酒器不能拿出宫门，钟磬这样的乐器不能在野外演奏。如果宴会上这些东西一应俱全，就等于背弃了礼义；如果不用这些东西，宴会就像稊子秕子一样地不庄重。宴会简陋，这是贵君的耻辱，背弃礼义，则会损害贵国的名誉，阁下要慎重考虑。设享礼，目的是宣扬德行，如果不能宣扬德行，就不如不举办。"于是齐国取消了宴会。

齐国人前来归还郓、讙、龟阴等地的田地。

晋国的赵鞅发兵围攻郑国，以报复齐国对夷仪的攻打。

当初，卫灵公在寒氏攻打邯郸午，攻陷了寒氏城的西北部，并派兵把守，到了夜间，邯郸午的士兵全部逃散。等晋国围攻卫国时，邯郸午率领七十个士卒攻打卫国的西门，在城门中杀了人，并喊道："以此来报你们攻打寒氏之仇。"晋国的涉佗说："这个人确实很勇敢，但如果我去，他们一定不敢开启城门。"便也带了七十个人，于第二天早晨来到城门跟前，分左右两排，全部站定，像树木一样纹丝不动。直到中午，卫国人也不敢开放城门，涉佗这才退下。

晋国退兵后，派人责问卫国为什么要背叛晋国。卫国人说："因为涉佗、成何二人无礼。"于是晋国人把涉佗抓了起来，准备以此来和卫国讲和。卫国人还是不同意。晋国人便把涉佗杀了。成何逃到了北燕。君子对此评论说："这就是说同是违背了礼，但罪行的轻重有所不同。《诗经》说：'假如一个人不懂礼，为什么不早点去死？'涉佗可以说是死得很快了。"

当初，叔孙成子准备立武叔为继承人，公若藐坚决劝阻，并说："不能这么做。"成子立了他之后便去世了。公南派人暗杀公藐，没有成功。后来让公南为马正，让公若担任郈地的宰臣。武叔在巩固了地位后，派郈地的马正侯犯暗杀公若，也没有成功。侯犯的管马人说："我带着一把剑经过郈宰的大堂，公若一定会问我：'这是谁的剑呢？'我就说是您的剑，他一定要观看。我假装不懂得规矩而把剑尖递给他，这样就可以把他杀掉了。"侯犯让他这样去做。公若见管马人拿着剑走来，说："你是不是要像对待吴王那样杀死我呢？"管马人一剑把公若杀死。侯犯带领郈地人宣布叛变。武叔、孟懿子围攻郈地，没有攻下。

秋季，武叔和公南二人又发兵围攻郈地，仍未攻下。武叔对郈地工匠官员驷赤说："郈地并不只是我叔孙氏的忧患，而是整个国家的忧患啊。你打算怎么办？"驷赤说："我的态度都在《扬水》最后一章的四个字中了。"武叔叩头表示感谢。驷赤对侯犯说："处在齐、鲁两国之间，如果谁也不事奉，肯定不行。阁下何不请求事奉齐国以继续管理这个地区呢？否则，郈地人就会背叛您。"侯犯听了他的话。当齐国使者来到时，驷赤又和郈地人在街上散布："侯犯准备用郈地和齐国人交换土地，齐国人准备把我们迁走。"众人都很惊慌。驷赤又对侯犯说："大家的想法和您不一样。与其死去，还不如用郈地和齐国交换土地。这样，又能使祸乱得得缓解。何必死守这块地方呢？齐国人打算以这块土地威逼鲁国，肯定会用加倍的土地和您交换。再说您也可以在门口准备一些皮甲以防意外啊。"侯犯说："对。"于是在门口放了很多皮甲。侯犯请求和齐国交换土地，齐国的官员前来察看郈地。快到郈城时，驷赤派人在全城喊道："齐军来了！"郈城人惊慌失措，纷纷把侯犯放在门口的皮甲穿上，围攻侯犯。驷赤假装要抵抗。侯犯拦住了他，说："你设法让我免于祸患。"侯犯提出逃亡，大家同意了，于是驷赤先去宿地，侯犯走在后面。每当他走出一道门，郈地人便急忙把门关上。走到外城门时，郈城人拦住了他说："您带着叔孙家的皮甲出去，假如官员们要追究，我们怕受到惩罚。"驷赤说："叔孙氏的皮甲上都有标记，我们不敢带出去。"侯犯对驷赤说："你留下来负责向他们交清。"于是驷赤留下来，随后把鲁国人请来。侯犯逃到齐国之后，齐国人又把郈地还给了鲁国。

宋国的公子地宠信蘧富猎，把自己的家产分成十一份，分给蘧富猎五份。公子地有四匹白马。宋景公宠信向魋。向魋很想得到这几匹马，景公便把马强行要来，又把马尾、马颈染红送给了向魋。公子地大怒，派手下人殴打向魋，并把马夺了回来。向魋害怕了，准备逃走。景公关上门哭着挽留他，眼睛都哭肿了。景公的同母弟弟辰对公子地说："你能把家产分给蘧富猎，却这么看不起向魋，不也太不公平了吗？为了对国君表示尊重，您要出国。不等您走出国境，国君就会派人挽留您。"于是公子地要逃往陈国，但景公并不阻拦。辰为公子地请求，景公也不听。辰说："我这是欺骗了我哥哥。假如我带着国人逃出国去，还有谁能和国君在一起呢？"冬季，景公的同母弟弟辰和仲佗、石弨等人逃到了陈国。

武叔到齐国聘问。齐景公设宴款待他，说："武叔！如果不是我，郈地恐怕已经被其他国家夺走了，因为我们两国是邻居，所以我才为您分忧啊。"武叔回答说："寡君并不希望贵国能这样。敝国所以事奉国君，是为了国家疆土的安全。哪里敢因为家臣的捣乱而麻烦国君呢？不忠之臣，应该被天下人所厌恶，国君只是讨伐恶人而已，哪里是对寡君的恩赐呢？"

定公十一年

经　十有一年春，宋公之弟辰及仲佗、石弨、公子地自陈入于萧以叛。夏四月。秋，宋乐大心自曹入于萧。冬，及郑平。叔还如郑莅盟。

传　十一年春，宋公母弟辰暨仲佗、石弨、公子地入于萧以叛①。秋，乐大心从之，大为宋患，宠向魋故也。

冬，及郑平，始叛晋也。

【注释】

①萧：宋邑，在今安徽萧县西北。

【译文】

十一年春季，宋景公的同母弟弟辰和仲佗、石弨、公子地进入萧地发动了叛乱。秋季，乐大心也投奔了他们，成为宋国的一大祸患，这都是景公宠信向魋的结果。

冬季，鲁国和郑国讲和，从此鲁国开始背叛晋国。

定公十二年

经　十有二年春，薛伯定卒。夏，葬薛襄公。叔孙州仇帅师堕郈。卫公孟弨帅师伐曹。季孙斯、仲孙何忌帅师堕费。秋，大雪。冬十月癸亥，公会齐侯盟于黄。十有一月丙寅朔，日有食之。公至自黄。十有二月，公围成。公至自围成。

传　十二年夏，卫公孟彄伐曹，克郊①。还，滑罗殿②。未出③，不退于列。其御曰：“殿而在列，其为无勇乎？”罗曰：“与其素厉④，宁为无勇。”

仲由为季氏宰⑤，将堕三都⑥。于是叔孙氏堕郈。季氏将堕费，公山不狃、叔孙辄帅费人以袭鲁。公与三子入于季氏之宫⑦，登武子之台。费人攻之，弗克。入及公侧。仲尼命申句须、乐颀下⑧，伐之，费人北⑨。国人追之，败诸姑蔑⑩。二子奔齐⑪，遂堕费。

将堕成⑫，公敛处父谓孟孙⑬：“堕成，齐人必至于北门。且成，孟氏之保障也。无成，是无孟氏也。子伪不知，我将不堕。”

冬十二月，公围成，弗克。

【注释】

①郊：曹邑名，在今山东菏泽县界。　②滑罗：卫大夫。　③未出：未出曹国边境。殿后部队应退出行列，行在其他部队之后。　④素厉：空有勇猛之名。素，空。厉，猛。　⑤仲由：字子路，孔子弟子。　⑥堕三都：毁掉三邑城墙。三都指季孙氏之费、叔孙氏之郈、孟孙氏之成三家采邑。　⑦三子：季孙、叔孙、孟孙。　⑧申句须、乐颀：二人为鲁大夫。　⑨北：败。　⑩姑蔑：地名，在今山东泗水县东。　⑪二子：即公山不狃、叔孙辄。　⑫成：在今山东宁阳县东北。　⑬公敛处父：成邑宰。

【译文】

十二年夏季，卫国的公孟彄领兵攻打曹国，攻克郊地。回来时，由大夫滑罗殿后。还没有退出曹国，滑罗并不走在最后。他的御者说：“作为殿后的部队却走在队伍中间，难道要让人说我们没有勇气吗？”滑罗说：“与其空有勇敢的名声，还不如让人说没有勇气。”

子路担任季氏的家宰，建议毁弃季孙、叔孙、孟孙三家的采邑。于是叔孙氏毁弃了郈邑。季孙氏准备毁弃费邑，公山不狃、叔孙辄率领费地人攻打鲁都。定公和季孙、叔孙、孟孙三人躲到季氏的宫室中，登上武子之台。费地人攻打他们，未能攻克。攻到了武子之台附近。孔子派申句须、乐颀冲下台反击他们，费地人败逃。国人追赶他们，在姑蔑将其打败。公山不狃和叔孙辄逃到了齐国。随后便把费邑毁弃了。

正要准备毁弃成邑，公敛处父对孟孙说：“毁弃了成邑，齐国人一定会直接攻打鲁国的北部边境。再说成地也是孟氏的屏障啊，没有了成地，也就等于没有了孟氏。您假装不知道，我准备不毁成邑。"

冬季十二月，定公领兵攻打成邑，没有攻克。

定公十三年

经　十有三年春，齐侯、卫侯次于垂葭。夏，筑蛇渊囿。大蒐于比蒲。卫公孟彄帅师伐曹。秋，晋赵鞅入于晋阳以叛。冬，晋荀寅、士吉射入于朝歌以叛。晋赵鞅归于晋。薛弑其君比。

传　十三年春，齐侯、卫侯次于垂葭①，实郹氏。使师伐晋，将济河。诸大夫皆曰："不可。"邴意兹曰："可。锐师伐河内②，传必数日而后及绛③。绛不三月，不能出河，则我既济水矣。"乃伐河内。

齐侯皆敛诸大夫之轩④，唯邴意兹乘轩。

齐侯欲与卫侯乘，与之宴，而驾乘广⑤，载甲焉。使告曰："晋师至矣。"齐侯曰："比君之驾也⑥，寡人请摄⑦。"乃介而与之乘⑧，驱之。或告曰："无晋师。"乃止。

晋赵鞅谓邯郸午曰："归我卫贡五百家、吾舍诸晋阳。"午许诺。归，告其父兄。父兄皆曰："不可。卫是以为邯郸⑨，而置诸晋阳，绝卫之道也⑩。不如侵齐而谋之⑪。"乃如之，而归之于晋阳。赵孟怒，召午，而囚诸晋阳。使其从者说剑而入⑫，涉宾不可⑬。乃使告邯郸人曰："吾私有讨于午也，二三子唯所欲立。"遂杀午。赵稷、涉宾以邯郸叛。夏六月，上军司马籍秦围邯郸。邯郸午，荀寅之甥也；荀寅，范吉射之姻也⑭。而相与睦，故不与围邯郸，将作乱。董安于闻之，告赵孟，曰："先备诸？"赵孟曰："晋国有命，始祸者死，为后可也。"安于曰："与其害于民，宁我独死，请以我说⑮。"赵孟不可。秋七月，范氏、中行氏伐赵氏之宫⑯，赵鞅奔晋阳，晋人围之。

范皋夷无宠于范吉射⑰，而欲为乱于范氏。梁婴父嬖于知文子⑱，文子欲以为卿。韩简子与中行文子相恶⑲，魏襄子亦与范昭子相恶⑳。故五子谋，将逐荀寅而以梁婴父代之，逐范吉射而以范皋夷代之。荀跞言于晋侯曰："君命大臣，始祸者死，载书在河。今三臣始祸，而独逐鞅，刑已不钧矣。请皆逐之。"冬十一月，荀跞、韩不信、魏曼多奉公以伐范氏、中行氏，弗克。

二子将伐公。齐高强曰㉑："三折肱知为良医，唯伐君为不可，民弗与也，我以伐君在此矣。三家未睦㉒，可尽克也。克之，君将谁与？若先伐君，是使睦也。"弗听，遂伐公。国人助公，二子败，从而伐之。丁未㉓，荀寅、士吉射奔朝歌。

韩、魏以赵氏为请。十二月辛未㉔，赵鞅入于绛，盟于公宫。

初，卫公叔文子朝而请享灵公，退见史鳅而告之㉕。史鳅曰："子必祸矣，子富而君贪，其及子乎。"文子曰："然。吾不先告子，是吾罪也。君既许我矣，其若之何？"史鳅曰："无害。子臣㉖，可以免。富而能臣，必免于难，上下同之。戌也骄㉗，其亡乎。富而不骄者鲜，吾唯子之见㉘。骄而不亡者，未之有也。戌必与焉。"及文子卒，卫侯始恶于公叔戌，以其富也。公叔戌又将去夫人之党㉙，夫人愬之曰㉚："戌将为乱。"

【注释】

①垂葭：即郹氏，在今山东菏泽西北。　②河内：本属卫国，卫迁都后属晋。在今河南汲县。　③传：传车，即驿车。　④敛：收回。　⑤驾乘广：套好战车。　⑥比：等得。　⑦摄：代御者驾车。　⑧介：披上甲。　⑨卫是以为邯郸：卫国用这五百家帮助邯郸。　⑩绝卫之道：断绝和卫国的友好之路。　⑪侵齐而谋：用侵袭齐国的办法去谋划使五百家迁于晋阳。侵齐，则齐必报复，以惧齐而徙。　⑫说剑：脱掉佩剑。　⑬涉宾：邯郸家臣。　⑭姻：姻亲。　⑮说：解释。　⑯范氏、中行氏：范氏即士吉射，中行氏即荀寅。　⑰范皋夷：范氏侧室子。　⑱梁婴父：晋大夫。知文子：荀跞。　⑲韩简子：韩起之孙韩不信。中行文子：即荀寅。　⑳魏襄子：魏舒之孙曼多。范昭子：即士吉射。　㉑齐高强：齐子尾之子，昭公十年奔晋。　㉒三家：指知、韩、魏三氏。　㉓丁未：七月十八日。　㉔辛未：十二日。　㉕史鳅：史鱼。　㉖子臣：你谨守臣道。　㉗戌：公叔文子之子。　㉘唯子之见：只见您一个富而不骄。　㉙夫人之党：卫灵公夫人的党羽。　㉚愬：同"诉"，控告。

【译文】

十三年春季，齐景公、卫灵公驻扎在垂葭，也就是郹氏。领兵攻打晋国，正要下令渡过黄河。大夫们都说："不能这么做。"齐国大夫郹意兹说："可以。派精锐部队攻打河内，他们即使派驿车报信，也需要几天才能到达晋都绛地。绛地闻讯后出兵，没有三个月的时间也到不了黄河。那时，我们已经又渡河回去了。"于是开始攻打河内。

齐景公把大夫们的车子都收了起来，只让郹意兹坐车。

齐景公打算和卫灵公同乘一辆战车，就和他一同饮酒，战车已经套好，并载上了皮甲。景公让人虚张声势地报告："晋军来了。"然后对卫灵公说："在国君的车子套好之前，请让我为您驾车。"于是就一同穿上皮甲坐到车上，向前急驰。有人又报告："没有晋军。"这才停下车。

晋国的赵鞅对邯郸午说："请您把卫国进贡的五百家给我，我把他们迁到晋阳去。"邯郸午答应了，他回去把此事告诉了家乡的父老兄弟。他们都说："不行。卫国是用这五百家帮助邯郸的，把他们迁到晋阳，等于要和卫国断绝友好。不如我们先侵犯齐国，齐国攻打我们时，再把这五百家迁走。"然后就按这个计划把五百家迁到了晋阳。赵鞅大怒，把邯郸午召去，关押到晋阳。并让他的随从也解下佩剑后再进来，邯郸午的家臣涉宾不愿这么做。赵鞅便派人告诉邯郸人说："我以私人的名义惩罚邯郸午，你们可以随便立他的继承人。"随后杀了邯郸午。赵稷、涉宾带着邯郸宣布叛变。夏季六月，晋国上军司马籍秦率军围攻邯郸。邯郸午本是荀寅的外甥，荀寅和范吉射是亲家，彼此关系很好。因此不愿参加围攻邯郸，并准备发动叛乱。董安于闻知此事后，告诉了赵鞅，并说："事先做些准备吧？"赵鞅说："晋国的法律规定，首先制造祸乱者都要处死，我们后发制人就行了。"安于说："与其使百姓遭殃，不如让我一个人先死。请把我处死以避免发生战斗。"赵鞅不同意。秋季七月，范吉射、荀寅联合攻打赵氏的宫室，赵鞅逃到晋阳。晋国人又包围了晋阳。

范皋夷不受范吉射的重用，因而准备在范氏家族中发动叛乱。梁婴父深受荀跞的宠信，荀跞打算让他做卿。韩不信和荀寅关系不好。魏襄子也和范吉射有仇。因此范皋夷、梁婴父、荀跞、韩不信、魏襄子五人商议，准备驱逐荀寅，以梁婴父代替他，驱逐范吉射，以范皋夷代替他。荀跞对晋定公说："国君曾命令大臣，谁首先发动祸乱，就要将谁处死，并把盟书沉到黄河中去。现在有三个大臣制造祸端，却只驱逐赵鞅一人，处罚太不公平了。请把另外两个人也赶走。"冬季十一月，荀跞、韩不信、魏襄子跟随定公攻打范吉射和荀寅，没有攻克。

范吉射和荀寅准备攻打定公，齐国的高强说："久病成良医。以我自身的体会，只有攻打国君是不行的，百姓不会帮助您。我就是因为攻打国君才逃亡在此啊。现在荀跞、韩不信和魏氏三家还不太团结，可以把他们都打败。如果战胜他们，国君还能依靠谁呢？如果先攻打国君，都会使他们三家团结起来。"荀寅和范吉射不听，随后攻打国君。国人都纷纷帮助国君，两人终于战败，三家又追赶他们。十八日，荀寅和范吉射逃往朝歌。

韩不信、魏襄子请求国君同意让赵鞅回国。十二月十二日，赵鞅回到绛都，在公宫盟誓。

当初，卫国的公叔文子上朝请求在家里宴请卫灵公。退朝后，见到史鳅，把这件事告诉了他。史鳅说："您一定会招致灾祸，因为您富有而国君贪婪，祸难将要降到您的头上了！"文子说："是这样的。我没有事先征求您的意见，这是我的罪过。但如今国君已经答应了，怎么办呢？"史鳅说："没关系。您只要谨守为臣之礼，就可以免除灾祸。富有但只要善尽为臣之道，就一定能免于灾祸，不论职位高低贵贱，都是这个道理。您的儿子戍很骄纵，恐怕要落个逃亡的下场。富有而不骄纵的人很少，我只见到您是这样的人。骄纵而最终不逃亡的，还没有过。您的儿子难免这种下场。"等到文子去世，卫灵公开始讨厌公叔戍，就是因为他很富有。公叔戍又准备铲除卫灵公夫人的党羽，夫人便向灵公控告说："公叔戍要发动叛乱了。"

定公十四年

经 十有四年春，卫公叔戍来奔。卫赵阳出奔宋。二月辛巳，楚公子结、陈公孙佗人帅师灭顿，以顿子牂归。夏，卫北宫结来奔。五月，於越败吴于携李。吴子光卒。公会齐侯、卫侯于牵。公至自会。秋，齐侯、宋公会于洮。天王使石尚来归脤。卫世子蒯聩出奔宋。卫公孟驱出奔郑。宋公之弟辰自萧来奔。大蒐于比蒲。邾子来会公。城莒父及霄。

传 十四年春，卫侯逐公叔戍与其党，故赵阳奔宋，戍来奔。

梁婴父恶董安于，谓知文子曰："不杀安于，使终为政于赵氏，赵氏必得晋国。盍以其先发难也，讨于赵氏？"文子使告于赵孟曰："范、中行氏虽信为乱，安于则发之，是安于与谋乱也。晋国有命，始祸者死。二子既伏其罪矣，敢以告。"赵孟患之。安于曰；"我死而晋国宁，赵氏定，将焉用生？人谁不死，吾死莫矣①。"乃缢而死。赵孟尸诸市，而告于知氏曰："主命戮罪人，安于既伏其罪矣，敢以告。"知伯从赵孟盟，而后赵氏定，祀安于于庙。

顿子牂欲事晋，背楚而绝陈好。二月，楚灭顿。

夏，卫北宫结来奔，公叔戍之故也。

吴伐越。越子句践御之，陈于携李②。句践患吴之整也，使死士再禽焉③，不动。使罪人三行④，属剑于颈，而辞曰："二君有治⑤，臣奸旗鼓⑥，不敏于君之行前⑦，不敢逃刑，敢归死⑧。"遂自刭也，师属之目⑨，越子因而伐之，大败之。灵姑浮以戈击阖庐⑩，阖庐伤将指⑪，取其一屦。还，卒于陉，去携李七里。

夫差使人立于庭⑫，苟出入，必谓己曰："夫差，而忘越王之杀而父乎⑬？"则对曰："唯⑭，不敢忘！"三年，乃报越。

晋人围朝歌，公会齐侯、卫侯于脾、上梁之间⑮，谋救范、中行氏。析成鲋、小王桃甲率狄师以袭晋⑯，战于绛中，不克而还。士鲋奔周，小王桃甲入于朝歌。

秋，齐侯、宋公会于洮⑰，范氏故也。

卫侯为夫人南子召宋朝⑱，会于洮。大子蒯聩献盂于齐⑲，过宋野⑳。野人歌之曰："既定尔娄猪㉑，盍归吾艾豭㉒。"大子羞之，谓戏阳速曰㉓："从我而朝少君㉔，少君见我，我顾㉕，乃杀之。"速曰："诺。"乃朝夫人。夫人见大子，大子三顾，速不进。夫人见其色，啼而走，曰："蒯聩将杀余。"公执其手以登台。大子奔宋，尽逐其党。故公孟驱出奔郑，自郑奔齐。

大子告人曰："戏阳速祸余。"戏阳速告人曰："大子则祸余。大子无道，使余杀其母。余不许，将戕于余㉖。若杀夫人，将以余说㉗。余是故许而弗为，以纾余死。谚曰：'民保于信㉘。'吾以信义也㉙。"

冬十二月，晋人败范、中行氏之师于潞㉚，获籍秦、高强。又败郑师及范氏之师于百泉㉛。

【注释】

①莫：同"暮"。　②檇李：越地名，在今浙江嘉兴县南。　③使死士再禽焉：派敢死队再次冲锋吴阵以擒获吴军士，搅乱敌阵。　④三行：排成三队。　⑤有治：出兵作战。　⑥奸旗鼓：违犯军令。　⑦不敏于君之行前：在君王的队伍前面表现出无能。不敏，不才。　⑧归死：自首而死。　⑨师属之目：吴军注目而视。　⑩灵姑浮：越大夫。　⑪将指：大脚趾。　⑫夫差：阖闾之子。　⑬而：同"尔"，你。　⑭唯：应答辞。　⑮脾、上梁之间：即牵地，在今河南浚县北。　⑯析成鲋、小王桃甲：二人皆晋大夫，范、中行氏之党。　⑰洮：曹地，在今山东鄄城西南。　⑱宋朝：宋国公子，貌美，旧通于南子。　⑲盂：卫邑名。　⑳宋野：宋国野外。　㉑娄猪：发情之母猪，喻南子。　㉒艾豭：漂亮的公猪。艾，美，喻宋朝。　㉓戏阳速：太子家臣。　㉔少君：即小君，指南子。　㉕顾：使眼色示意。　㉖戕：残杀。　㉗将以余说：将归罪于我以解脱自己。说，通"脱"。　㉘民保于信：百姓以信用保全自己。　㉙信义：以道义为信用。　㉚潞：在今山西潞城县东北。　㉛百泉：地名，在今河南辉县市西北。

【译文】

十四年春季，卫灵公驱逐了公叔戍及其党羽，因此赵阳逃到了宋国，公叔戍则来到鲁国。

梁婴父很讨厌董安于，对荀跞说："假如不杀了董安于，一直让他执掌赵氏大权，那么赵氏必然会拥有整个晋国。何不以赵氏过去曾首先发动了祸乱为借口去讨伐他呢？"荀跞便告诉赵鞅说："苟寅和范吉射虽然也确实发动了叛乱，但都是董安于挑起的，是安于参与他们共同作乱的。晋国法律规定，率先制造祸端者处死。那两个人已经受到处罚了，请对董安于也处以相应的惩罚。"赵鞅害怕了。安于说："假如我死了，能使晋国安宁，赵氏家族稳定，又何必活着呢？人谁没有一死？我死得已经太晚了。"于是自缢而死。赵鞅把他的尸首抬到市上示众，然后通知荀跞说："阁下命令我处罚罪人，现在他已伏罪，特此禀告。"荀跞便和赵鞅结了盟。从此赵氏家族安定下来了，赵氏把安于的灵位也放到祖庙中供奉。

顿国的国君牂打算事奉晋国，于是背叛了楚国，并和陈国断绝了友好。二月，楚国灭亡了顿国。

夏季，卫国的北宫结逃亡来到鲁国，这是受到公叔戍牵连的缘故。

吴国攻打越国。越王句践率军抵抗，在樵李摆开阵势。句践对吴军严整的军容极为担心，两次派出敢死队员冲击吴军，抓获吴军士兵，吴军阵脚始终丝毫不乱。句践又派出一些犯人，让他们排成三行，并手持一把剑放到脖子上，走到吴军阵前说："两国国君兵戎相见，我们违犯了军令，在国君面前显得极为无能，不敢逃避刑罚，愿以自杀谢罪。"说完便一齐自刎而死。吴军将士正在聚精会神地观看，越王乘机下令进攻，大败吴军。越国大夫灵姑浮用戈猛击吴王阖庐，阖庐的脚趾被砍掉一个，灵姑浮拾到他的一只鞋。阖庐撤退途中，行至陉地而死，陉地距樵李才七里远。

后来阖庐的儿子夫差派人站在院子里，只要看到他出入，便提醒他："夫差，你忘了越王杀父之仇吗？"此时夫差连忙回答："是的。我不敢忘记！"三年后，夫差向越国报了此仇。

晋国人包围了朝歌，定公在脾地和上梁之间会合齐景公、卫灵公，商议救援荀寅和范吉射。析成鲋、小王桃甲率领狄军攻打晋国，在绛城展开了战斗，没有战胜便撤兵了。析成鲋逃到了成周，小王桃甲则到了朝歌。

秋季，齐景公、宋景公在洮地会见，商议救援荀寅。

卫灵公为了夫人南子而召见宋国的公子朝。双方在洮地会见。卫国的太子蒯聩去把盂地献给齐国，途经宋国野外。田野上有人唱道："既然满足了你们的母猪，为什么还不送回我们的公猪？"太子听了羞辱万分，便对家臣戏阳速说："你跟我去朝见夫人南子，他接见我时，只要我一回头，你就把她杀了。"

戏阳速说："好。"于是去朝见夫人。夫人见到太子，太子回头三次，戏阳速也不上前动手。夫人看到太子的脸色不对，吓得哭着逃走了，并喊道："蒯聩要杀我。"灵公赶快出来拉住她的手登上高台躲避。太子逃到了宋国，其党羽被全部驱逐。因此公孟彄逃到了郑国，又从郑国到了齐国。

太子蒯聩对别人说："是戏阳速害了我。"戏阳速却说："太子想嫁祸于我。他大逆不道，让我杀死他的母亲。我不答应，他会杀了我；杀了夫人，他将归罪于我。因此我虽然答应他但并不真的去干。俗话说：'百姓以信用保护自己。'我以道义作为信用。"

冬季十二月，晋国人在潞地打败了范吉射和荀寅的军队，抓获了籍秦和高强。又在百泉打败了郑国军队和范吉射的军队。

定公十五年

经　十有五年春，王正月，邾子来朝。鼷鼠食郊牛，牛死，改卜牛。二月辛丑，楚子灭胡，以胡子豹归。夏五月辛亥，郊。壬申，公薨于高寝。郑罕达帅师伐宋。齐侯、卫侯次于渠蒢。邾子来奔丧。秋七月壬申。姒氏卒。八月庚辰朔，日有食之。九月，滕子来会葬。丁巳，葬我君定公，雨，不克葬。戊午，日下昃，乃克葬。辛巳，葬定姒。冬，城漆。

传　十五年春，邾隐公来朝。子贡观焉①。邾子执玉高，其容仰②。公受玉卑，其容俯。子贡曰："以礼观之，二君者，皆有死亡焉。夫礼，死生存亡之体也③。将左右周旋，进退俯仰，于是乎取之。朝祀丧戎，于是乎观之。今正月相朝，而皆不度④，心已亡矣⑤。嘉事不体⑥，何以能久？高仰，骄也；卑俯，替也⑦。骄近乱，替近疾。君为主，其先亡乎⑧。"

吴之入楚也，胡子尽俘楚邑之近胡者。楚既定，胡子豹又不事楚，曰："存亡有命，事楚何为？多取费焉⑨。"二月，楚灭胡。

夏五月壬申⑩，公薨。仲尼曰："赐不幸言而中⑪，是使赐多方者也。"

郑罕达败宋师于老丘⑫。

齐侯、卫侯次于蘧挐⑬，谋救宋也。

秋七月壬申⑭，姒氏卒。不称夫人，不赴⑮，且不祔也⑯。

葬定公。雨，不克襄事⑰，礼也。

葬定姒⑱。不称小君，不成丧也⑲。

冬，城漆⑳。书，不时告也㉑。

【注释】

①子贡：即端木赐，卫人，孔丘弟子。　②容：面。　③体：主体。　④不度：不合法度。
⑤亡：无。　⑥嘉事不体：朝会不合于礼。嘉事指朝会。体，通礼。　⑦替：废惰。　⑧亡：
死亡。　⑨多取费：只是过多花费财物。多，只是。　⑩壬申：二十二日。　⑪不幸：鲁公死，
为不幸事。　⑫老丘：在今开封市东南。　⑬蘧挐：即渠蒢。其地不详。　⑭壬申：二十三日。
⑮不赴：不发讣告。　⑯不祔：没有陪祀于祖庙。　⑰不克襄事：未能办完丧事。襄，成。
⑱定姒：姒氏，定公夫人。　⑲不成丧：未按夫人葬礼安葬。　⑳漆：地名，在今山东邹县北。
㉑不时告：未按时祭告祖庙。此次城漆实为秋季，不合时令，故迟至冬闲时祭告祖庙。

【译文】

　　十五年春季，邾隐公前来朝见，子贡前去观礼。邾隐公手拿着玉举得太
高，仰着脸，定公接玉的姿势又太低，脸朝下。子贡说："从礼的角度看，这
两个国君都有死亡的迹象。礼是生死存亡的主体，因为人的左右行动、扭转、
进退、俯仰等都要从礼中寻找依据。朝见、祭祀、丧葬、作战，从中都能看到
礼的表现。现在是正月，两君互相朝见，就不合法度了，说明他们的心中已经
没有法度了。朝会不合乎礼，还怎能长久呢？姿势过高，脸往上看，表明高
傲；姿势过低，脸朝下看，说明已经衰微。高傲接近祸乱。衰微接近疾病。国
君作为主人，恐怕要比客人先死吧！"

　　当初吴军侵入楚国时，胡国国君把靠近胡国的楚国人都抓了过去。等楚国
安定下来，胡子豹又不事奉楚国，说："生死存亡自有天命，事奉楚国又能怎
么样？不过多损失一些贡礼而已。"二月，楚国灭亡了胡国。

　　夏季五月二十二日，定公去世。孔子说："子贡不幸而言中，这证明子贡
是个多嘴的人。"

　　郑国的罕达在老丘打败了宋军。

　　齐景公、卫灵公领兵驻扎在蘧挐，以谋求救援宋国。

　　秋季七月二十三日，定公夫人姒氏也去世了。《春秋》不称她为夫人，是
因为在她死后没有发讣告，而且没有把他的灵位放在婆婆的灵位一旁。

　　鲁国安葬了定公。当时由于下雨，葬礼被迫停顿下来，这是合乎礼的。

　　接着又安葬了定姒。《春秋》不称她为"小君"，是因为没有按夫人葬礼
的规格安葬她。

　　冬季，鲁国在漆地筑城。《春秋》记载此事，是因为没有按时祭告祖庙。

哀 公

哀公元年

经　元年春，王正月，公即位。楚子、陈侯、随侯、许男围蔡。鼹鼠食郊牛，改卜牛。夏四月辛巳，郊。秋，齐侯、卫侯伐晋。冬，仲孙何忌帅师伐邾。

传　元年春，楚子围蔡，报柏举也。里而栽①，广丈，高倍。夫屯昼夜九日②，如子西之素③。蔡人男女以辨④，使疆于江、汝之间而还⑤。蔡于是乎请迁于吴。

吴王夫差败越于夫椒⑥，报槜李也。遂入越。越子以甲楯五千，保于会稽⑦。使大夫种因吴大宰嚭以行成⑧，吴子将许之。伍员曰："不可。臣闻之树德莫如滋，去疾莫如尽。昔有过浇杀斟灌以伐斟鄩⑨，灭夏后相⑩。后缗方娠⑪，逃出自窦⑫，归于有仍，生少康焉⑬，为仍牧正⑭。惎浇⑮，能戒之。浇使椒求之⑯，逃奔有虞⑰，为之疱正⑱，以除其害⑲。虞思于是妻之以二姚⑳，而邑诸纶㉑。有田一成㉒，有众一旅㉓，能布其德，而兆其谋㉔，以收夏众，抚其官职。使女艾谍浇㉕，使季杼诱豷㉖，遂灭过、戈㉗，复禹之绩。祀夏配天，不失旧物㉘。今吴不如过，而越大于少康，或将丰之㉙，不亦难乎？句践能亲而务施㉚。施不失人，亲不弃劳，与我同壤而世为仇雠，于是乎克而弗取，将又存之，违天而长寇仇㉛，后虽悔之，不可食已㉜。姬之衰也㉝，日可俟也㉞。介在蛮夷，而长寇仇，以是求伯㉟，必不行矣。"弗听。退而告人曰："越十年生聚㊱，而十年教训㊲，二十年之外，吴其为沼乎㊳！"三月，越及吴平。吴人越，不书，吴不告庆㊴，越不告败也。

夏四月，齐侯、卫侯救邯郸，围五鹿㊵。

吴之入楚也，使召陈怀公。怀公朝国人而问焉，曰："欲与楚者右，欲与吴者左。陈人从田㊶，无田从党㊷。"逢滑当公而进㊸，曰："臣闻国之兴也以福，其亡也以祸。今吴未有福，楚未有祸。楚未可弃，吴未可从。而晋，盟主也，若以晋辞吴，若何？”公曰：“国胜君亡，非祸而何？”对曰：“国之有是多矣，何必不复。小国犹复，况大国乎？臣闻国之兴也，视民如伤，是其福也。其亡也，以民为土芥⁴⁴，是其祸也。楚虽无德，亦不艾杀其民⁴⁵。吴日敝于兵⁴⁶，暴骨如莽⁴⁷，而未见德焉。天其或者正训楚也！祸之适吴，其何日之有⁴⁸？”陈侯从之。及夫差克越，及修先君之怨。秋八月，吴侵陈，修旧怨也。

齐侯、卫侯会于乾侯，救范氏也。师及齐师、卫孔圉、鲜虞人伐晋，取棘蒲⁴⁹。

吴师在陈，楚大夫皆惧，曰：“阖闾惟能用其民，以败我于柏举。今闻其嗣又甚焉。将若之何？”子西曰：“二三子恤不相睦，无患吴矣。昔阖闾食不二味⁵⁰，居不重席⁵¹，室不崇坛⁵²，器不彤镂⁵³，宫室不观⁵⁴，舟车不饰，衣服财用，择不取费⁵⁵。在国，天有灾疠⁵⁶，亲巡孤寡，而共其乏困。在军，熟食者分⁵⁷，而后敢食。其所尝者，卒乘与焉⁵⁸。勤恤其民而与之劳逸，是以民不罢劳，死知不旷⁵⁹。吾先大夫子常易之⁶⁰，所以败我也。今闻夫差次有台榭陂池焉⁶¹，宿有妃墙嫔御焉⁶²。一日之行，所欲必成，玩好必从。珍异是聚，观乐是务⁶³，视民如仇，而用之日新⁶⁴。夫先自败也已，安能败我？”

冬十一月，晋赵鞅伐朝歌。

【注释】

①里而栽：离蔡都城一里构筑堡垒。　②夫屯昼夜九日：役夫屯驻九昼夜。　③素：预定计划。　④男女以辨：男女分别排列捆缚而出降。　⑤江、汝之间：长江之北，汝水之南。⑥夫椒：越地，在今浙江绍兴县北。　⑦保于会稽：守住会稽。会稽，即会稽山，在今浙江绍兴县东南。　⑧种：文种，字禽，楚国南郢人。　⑨有过浇：据襄公四年传，寒浞杀羿，因其室而生浇，处浇于过。故此谓有过浇，详见襄公四年传。斟灌、斟郭：皆部落名。　⑩夏后相：夏代国君，夏启之孙，名相。后相失国，依于二斟，复为浇所灭。　⑪后缗：后相妻，有仍氏女。　⑫窦：城墙洞。　⑬少康：后缗遗腹子，夏代中兴帝王。　⑭牧正：牧官之长。⑮惎：心怀仇恨。　⑯椒：浇臣。　⑰有虞：部落名，虞舜之后。　⑱庖正：掌饮食之官。⑲以除其害：以免除浇的危害。　⑳虞思：有虞酋长名，姚姓，以二女妻少康。　㉑纶：地名，在今河南虞城县东南。　㉒成：方十里为成。　㉓旅：五百人为旅。　㉔兆其谋：开始谋划复国计划。兆，始。　㉕使女艾谍浇：让女艾打入浇处做间谍。女艾，少康臣。　㉖季杼：少康之子。豷：浇弟。　㉗过、戈：过，浇之国名；戈，豷之国名。　㉘旧物：原来的天下。㉙丰：壮大。　㉚句践：越君。　㉛长寇仇：使仇敌增强壮大。　㉜不可食：吃不消。　㉝姬：吴姓，此指吴国。　㉞日可俟：计日可待。　㉟伯：霸主。　㊱生聚：生息积聚。　㊲教训：教育训练。　㊳沼：池沼。谓吴国将荡然无存。　㊴庆：胜利。　㊵五鹿：晋邑，详见僖公二十三年传注。　㊶从田：根据田地的方位而分立左右，即田在东者居左，为吴；田在西者

中华藏书

四书五经·最新校勘精注今译本

中国书店

居右，为楚。　㊷从党：附亲族而立。　㊸当公：不左不右。　㊹土芥：粪土草芥。　㊺艾：同"刈"。　㊻日敝于兵：每日都疲敝于战事。　㊼莽：草。　㊽何日之有：言日子不多。　㊾棘蒲：晋地，在今河北赵县境。　㊿食不二味：吃饭不备二样菜。　51居不重席：坐下不铺二层席。　52室不崇坛：房屋不建在高坛上。　53器不彤镂：器物不加雕饰。　54不观：不筑楼台亭阁。　55择不取费：选其实用，不尚华美。　56灾疠：水旱之灾，流行病疫。　57熟食者分：煮熟的饭菜使军士都能分到。　58其所尝者，卒乘与焉：其所吃的甘珍异味，士兵也能得到。　59不旷：不为徒死。旷，空。　60易之：反之而行。　61次：住处。　62妃嫱嫔御：皆宫中内官，妃嫱为贵者，嫔御为贱者。　63观乐：玩乐。　64用之日新：役使百姓天天变化，无有止境。

【译文】

　　元年春季，楚昭王发兵围攻蔡国国都，以报复柏举一战。楚军在距蔡都一里处修筑了堡垒，宽一丈，高两丈。并驻扎了九天九夜，和从前令尹子西的预定计划一样。结果蔡国人男女分成两排出城投降。楚昭王命令他们迁到长江和汝水之间，然后便回去了。但蔡国人随后向吴国人请求迁到吴国去。

　　吴王夫差在夫椒打败了越军，报了檇李一战之仇。随后攻进了越国。越王句践率领披甲执盾的五千名士卒退守会稽山。并派大夫文种通过吴国太宰伯嚭求和。吴王夫差准备答应，伍子胥说："不能同意。据臣听说树立德行最好是不断培植，铲除病毒最好是干净彻底。从前有过国的国君浇杀了斟灌，攻打斟鄩，灭亡了夏后相。当时后相的妻子后缗正有孕在身，她从城墙的排水道里逃了出来，回到娘家有仍氏，后来生了少康。少康长大之后，担任了有仍氏的牧正，他对浇充满了仇恨，但又能处处提防他。浇派椒去搜寻他，他只好逃到了有虞国，并做了一名庖正，从而避免了祸害。有虞的酋长虞思把两个女儿嫁给他为妻，并把他封在纶邑。有土地方圆十里，还有五百人。从此少康能广泛地施行德政，开始实施复兴夏朝的计划。收集了夏朝的大批遗民，安抚他的各级官员；又派臣子女艾打入浇的内部为间谍，派儿子季杼去引诱浇的弟弟豷。不久就灭了浇的过国和豷的戈国，终于复兴了禹王的大业，恢复了对夏朝祖先和天帝的祭祀，使夏朝的典章制度得以流传下来。现在的吴国还没有过国强大，而越国的力量却超过了少康，或许上天还要让越国进一步强盛起来，如果讲和，将来越国不更难以对付吗？越王句践喜欢接近百姓而乐于施舍，乐于施舍就不会失去民心，亲近百姓则不会埋没有功之人。越国和我们土地相连，但世代都是仇敌。在这种情况下将其攻克又不去占领，并准备让他们继续生存下去，无疑是违背天命而使仇敌益发强大，日后即使后悔了，也吃不消了。作为姬姓的吴国，衰落指日可待。我们处在两个蛮夷之国的夹缝之中，又使仇敌得以壮大，却还指望以此谋求成为霸主，绝对行不通。"吴王不听。伍子胥出来告诉别人说："从今以后越国用十年繁衍人口积聚财富，用十年教育百姓训练兵马。二十年之后，吴国的宫室恐怕就要变成池沼了啊。"三月，越国和吴国讲和，对吴国侵入越国一事，《春秋》没有加以记载，是因为吴国没有前来报告胜利，越国也没有报告失败。

　　夏季四月，齐景公、卫灵公领兵前去救援邯郸，包围了五鹿。

　　当初吴国侵入楚国时，曾派人召请陈怀公。怀公便在朝廷上征求国人的意见，说："愿意亲近楚国的请站在右边，愿意亲近吴国的请站在左边。陈国人中有田地的根据田地所在的方向决定左右，没有田地的人则和他们的党族站在一起。"逢滑正面对着怀公走上前去说："臣听说：国家的兴盛是因为福，而其灭亡则是因为祸。现在吴国没有福，楚国也没有祸，因此对楚国不能随便丢弃，对吴国也不能盲目听从。晋国是诸侯盟主，如果以晋国为借口而拒绝吴国，怎么样？"怀公说："吴国胜利楚君逃亡，对楚国来说不是灾祸是什么？"逢滑回答说："国家遇到这种情况的时候有很多，为什么就能肯定他们不能再次复兴？一个弱小国家尚且能得以复兴，更何况是一个大国呢？据臣所知，国家兴盛时，就会关心百姓如同对待伤员一样，这反而是一个国家的福气；反之当国家灭亡时，就会视百姓生命如草芥粪土，这样就会成为祸害。楚国虽然缺少德行，但它并没有滥杀百姓。吴国每日在战争中衰败下去，将士的尸骨暴露荒野不计其数，却从未听说过有什么德行。或许是上天正在给楚国一个血的教训，吴国大祸临头，也不会很久了。"怀公听了他的话。等到夫差战胜越国，便准备报复陈国。秋季八月，吴军入侵陈国，就是对陈国不听阖闾召唤的报复。

　　齐景公、卫灵公在乾侯会见，商议如何救援范氏。随后鲁军会同齐军、卫国的孔围、鲜虞人攻打晋国，夺取了棘蒲。

　　吴军驻扎在陈国，楚国的大夫们都很担心。他们说："吴王阖闾就是因为善于使用他的百姓，所以才在柏举把我们打败。现在听说他的继承人更厉害，这可如何是好？"子西说："你们几个只应该尽力团结一致，不必担心吴国。从前阖闾吃饭时只上一道菜，座位下面铺一层席子，盖房不起高坛，器物不雕花纹，宫室内不建亭台楼阁，车船不加装饰，衣物和用品只求实用不尚奢靡。在国内，只要发生了天灾和疾病，必定亲自去探视安抚孤儿鳏寡并救助他们。在军中，食物做好之后，必定分给士卒之后，自己才敢吃。每当他吃山珍海味的时候，也必定分给士卒一份。经常关心百姓，和他们同劳动同享受，因此百姓不感到疲劳，累死战死也值得。我们的先大夫子常的所作所为却恰恰与此相反，所以才使我国导致失败。现在我听说夫差每到一处必然兴建楼台池沼，睡觉也必定有嫔妃宫女陪伴。即使外出一天，也要把想要的东西都要回去，把喜欢的东西都随身带去。一心积聚珍奇宝物，终日沉溺声色犬马，视百姓如仇敌，而用起他们来却无休无止。这无疑是要自己把自己打败，又怎么能打败我们呢？"

冬季十一月，晋国的赵鞅领兵攻打朝歌，讨伐范氏和中行氏。

哀公二年

经　二年春，王二月，季孙斯、叔孙州仇、仲孙何忌帅师伐邾，取漷东田及沂西田。癸巳，叔孙州仇、仲孙何忌及邾子盟于句绎。夏四月丙子，卫侯元卒。滕子来朝。晋赵鞅帅师纳卫世子蒯聩于戚。秋八月甲戌，晋赵鞅帅师及郑罕达帅师战于铁。郑师败绩。冬十月。葬卫灵公。十有一月，蔡迁于州来。蔡杀其大夫公子驷。

传　二年春，伐邾，将伐绞①。邾人爱其土，故赂以漷、沂之田而受盟②。

初，卫侯游于郊，子南仆③。公曰："余无子④，将立女。"不对。他日，又谓之，对曰："郢不足以辱社稷，君其改图。君夫人在堂，三揖在下⑤。君命祗辱⑥。"

夏，卫灵公卒。夫人曰："命公子郢为大子，君命也。"对曰："郢异于他子。且君没于吾手⑦，若有之，郢必闻之。且亡人之子辄在⑧。"乃立辄。

六月乙酉⑨，晋赵鞅纳卫大子于戚。宵迷⑩，阳虎曰："右河而南⑪，必至焉。"使大子绵⑫，八人衰绖，伪自卫逆者。告于门，哭而入，遂居之。

秋八月，齐人输范氏粟，郑子姚、子般送之⑬。士吉射逆之，赵鞅御之，遇于戚。阳虎曰："吾车少，以兵车之斾⑭，与罕、驷兵车先陈。罕、驷自后随而从之，彼见吾貌，必有惧心。于是乎会之⑮，必大败之。"从之。卜战，龟焦。乐丁曰⑯："《诗》曰：'爰始爰谋，爰契我龟⑰。'谋协以故，兆询可也。"简子誓曰："范氏、中行氏，反易天明⑱，斩艾百姓，欲擅晋国而灭其君。寡君恃郑而保焉。今郑为不道，弃君助臣，二三子顺天明，从君命，经德义，除诟耻，在此行也。克敌者，上大夫受县，下大夫受郡，士田十万，庶人工商遂^⑲，人臣隶圉免^⑳。志父无罪^㉑，君实图之。若其有罪，绞缢以戮，桐棺三寸^㉒，不设属辟^㉓，素车朴马^㉔，无入于兆^㉕，下卿之罚也。"

甲戌^㉖，将战，邮无恤御简子^㉗，卫大子为右。登铁上^㉘，望见郑师众，大子惧，自投于车下。子良授大子绥而乘之^㉙，曰："妇人也。"简子巡列^㉚，曰："毕万^㉛，匹夫也。七战皆获，有马百乘，死于牖下^㉜。群子勉之，死不在寇^㉝。"繁羽御赵罗，宋勇为右^㉞，罗无勇，麇之^㉟。吏诘之，御对曰："痁作而伏^㊱。"卫大子祷曰："曾孙蒯聩敢昭告皇祖文王、烈祖康叔、文祖襄公：郑胜乱从^㊲，晋午在难^㊳，不能治乱，使鞅讨之。蒯聩不敢自佚^㊴，备持矛焉。敢告无绝筋，无折骨，无面伤，以集大事^㊵，无作三祖羞^㊶。大命不敢请^㊷，佩玉不敢爱。"

郑人击简子中肩，毙于车中^㊸，获其蜂旗^㊹。大子救之以戈。郑师北，获温大夫赵罗^㊺。大子复伐之，郑师大败，获齐粟千车。赵孟喜曰："可矣。"傅傁曰^㊻："虽克郑，犹有知在，忧未艾也^㊼。"

初，周人与范氏田，公孙厖税焉^㊽。赵氏得而献之，吏请杀之。赵孟曰："为其主也，何罪？"止而与之田。及铁之战，以徒五百人宵攻郑师，取蜂旗于子姚之幕下，献曰："请报主德。"追郑师。姚、般、公孙林殿而射，前列多死。赵孟曰："国无小。"既战，简子曰："吾伏弢呕血^㊾，鼓音不衰，今日我上也^㊿。"大子曰："吾救主于车，退敌于下，我，右之上也。"邮良曰："我两靷将绝⁽⁵¹⁾，吾能止之，我，御之上也。"驾而乘材，两靷皆绝。

吴泄庸如蔡纳聘，而稍纳师⁽⁵²⁾。师毕入，众知之。蔡侯告大夫，杀公子驷以说，哭而迁墓。冬，蔡迁于州来。

【注释】

①绞：邾邑，在今山东滕县北。　②漷、沂：二水名，皆流经邾境。　③子南：卫灵公之子，名郢。　④无子：即无嫡子。　⑤三揖：指卿、大夫、士。　⑥君命祇辱：有辱君命。　⑦君没于吾手：意为侍候国君至死。　⑧亡人：指太子蒯聩。　⑨乙酉：十七日。　⑩宵迷：夜间迷路。　⑪右河而南：右行渡河往南。　⑫绖（wèn）：古代一种丧服，脱帽，以布括发。　⑬子姚、子般：即罕达、驷弘。　⑭斾：大将之旗。　⑮会之：与他们会战。　⑯乐丁：晋大夫。　⑰爰始爰谋，爰契我龟：句出《大雅·绵》篇。意为开始谋划，于是占卜。前二"爰"字为语首助词，无义。后一"爰"字义为乃。契龟，占卜。　⑱反易天明：违背天命。明，通"命"。　⑲遂：做官。古代庶人工商世承其业，不得仕进。　⑳人臣隶圉免：做人奴隶的使为自由民。　㉑志父：即赵鞅。　㉒桐棺三寸：使用三寸厚的桐木棺材。桐棺三寸为刑余罪人的丧具。　㉓属辟：外棺。　㉔素车朴马：装运棺材的车马不加装饰。　㉕兆：兆域，

即同族人的墓地。　㉖甲戌：八月七日。　㉗邮无恤：即王良。　㉘铁：丘名。在今河南濮阳县西北。　㉙子良：即邮无恤。绥：绳索。　㉚巡列：巡视队伍。　㉛毕万：晋臣，详见闵公元年传。　㉜死于牖下：意为得以善终。牖，窗户。　㉝死不在寇：言勇战者未必死于敌人之手。　㉞繁羽、赵罗、宋勇：三人皆晋大夫。　㉟縻之：绑在车上。縻，束。　㊱痁：疟疾。　㊲郑胜乱从：郑胜扰乱常道。郑胜，郑声公名。　㊳午：晋定公名。　㊴佚：同"逸"，安逸。　㊵集大事：成就大事。　㊶三祖：即皇祖、烈祖、文祖。　㊷大命：死生之命。　㊸毙：跌倒。　㊹蜂旗：旗名。　㊺赵罗：与上文赵罗非一人。　㊻傅傁：赵简子的下属。　㊼艾：止。　㊽公孙龙税焉：公孙龙为范氏收税。龙为范氏家臣。　㊾伏弢：伏在弓袋上。　㊿上：上等功。　(51)靮：即靳，控制骖马的皮绳。　(52)稍纳师：逐渐将军队引入蔡国。

【译文】

二年春季，鲁国发兵攻打邾国，准备先攻打绞邑。邾国人珍惜他们的土地，因此便把漷、沂两处的土地送给鲁国，并接受了盟约。

当初，卫灵公曾到郊外游玩，由他的儿子公子郢驾车。灵公说："我没有嫡子，准备立你为太子。"公子郢没有回答。过了几天灵公又对他说起此事，他说："我不堪此重任，国君还是改变这一决定。有君夫人在上，有卿、大夫、士在下，您不和他们商量就决定，我只能辜负您的好心了。"

夏季，卫灵公去世。夫人说："立公子郢为太子，这是国君生前的命令。"公子郢回答说："我的志向和其他兄弟不同。况且我一直陪伴国君到死，如果国君有这遗命，我一定能听到。再说还有逃亡在外的蒯聩的儿子在这里，应该立他。"于是便立了辄为新君。

六月十七日，晋国的赵鞅把卫国的太子蒯聩送到戚地。夜间迷了方向，阳虎说："向右走到黄河，渡河后再向南走，就一定能走到。"他们让太子摘下帽子，八个人身穿丧服，伪装成从卫都迎接太子的人，告诉守门人之后，哭着进去了，随后就住在这里。

秋季八月，齐国人给范氏送去粮食，由郑国的子姚和子般负责押送。范吉射迎接他们，赵鞅则抵抗，双方在戚地相遇。阳虎对赵鞅说："我们的车辆少，应该把大将的旗帜插到车上，并在子姚、子般的战车到来之前摆好阵势。等子姚、子般从后面赶到，他们看到我，一定会害怕。这时候交战，就一定能打败他们。"赵鞅同意。占卜作战的吉凶，结果龟甲烧焦了。晋大夫乐丁说："《诗经》说：'先行谋划，再行占卜。'既然人的意见已经统一了，按照过去占卜的吉兆去做就行了。"赵鞅发誓说："范氏、中行氏违背天意，残害百姓，企图独揽晋国大权而灭亡国君。寡君本来指望依靠郑国得以保护。没想到现在郑国倒行逆施，背弃国君而去帮助乱臣贼子。我们几个人顺应天命，服从君令，主持正义，消除耻辱，就在此一举了。谁要战胜敌人，是上大夫的，封给县邑，是下大夫的，受封郡邑，士兵则可以受封田地十万亩，平民和工匠、商人可以做官，奴隶可以恢复自由。如果我战胜敌人从而得以免于罪过，也请国君考虑。如果我战败获罪，请求把我处以绞刑，死后只用三寸厚的桐棺，既不使用外棺，不用彩饰的车马运送灵柩，也不要葬在本族的墓地上，这是对下卿所作的惩罚。"

八月七日，准备开始作战，邮无恤为赵鞅驾车，卫国的太子为车右。登上铁丘，远远看到郑军人马很多，卫国太子吓得从车上跌落下来。邮无恤赶紧递给他一条带子，让他拉着登上车，说："你简直像个女人。"赵鞅视察队伍时说："从前先君献公的车右毕万是一个普通的人。他在七次战斗中都俘虏了敌人，结果战后被赐给四百匹马，得以善终。希望大家也能努力作战，英勇作战并不一定就会战死。"繁羽为赵罗驾车，宋勇为车右，赵罗胆子很小，让人把他绑在车上。旁边的军官问他怎么回事时，他回答说："疟疾发作了，所以才趴下。"卫国的太子祷告说："曾孙蒯聩诚惶诚恐地向皇祖文王、烈祖康叔、文祖襄公报告：郑胜倒行逆施，晋君身陷危难，不能亲自领兵平叛，特派赵鞅讨伐。蒯聩不敢贪图安逸，也拿起武器参加。祈求祖先保佑我不伤筋骨不伤面容，以成大事，不致给三位祖先带来耻辱。这不是为我个人的生死而请求，也不敢爱惜自己的封邑与爵位。"

郑国人猛击赵鞅的肩膀，赵鞅倒在车中，郑国人乘机把大旗拔走。太子蒯聩持戈前去救援，把郑军打退，温大夫赵罗却被抓走。蒯聩又去攻打郑军，郑军又一次被打败。缴获了齐国的上千车粮食。赵鞅大喜，说："现在好了。"傅傻说："虽然战胜了郑军，但还有知氏在那里，晋国的忧患还没有完全消除。"

当初，周王室给了范氏一些田地，公孙尨为范氏去收税。赵氏的人把他抓起来献给了赵鞅，并请求将其杀掉。赵鞅说："他也是为他的主人尽忠，有什么罪呢？"不但不杀，还送给他一些田地。在这次铁丘之战中，公孙尨率领五百士卒在夜里攻打郑军，冲到子姚的帐幕下把那面被夺走的大旗又夺了回来，献给赵鞅，并说："以此报答将军对我的不杀之恩。"接着继续追赶郑军。子姚、子般、公孙林走在队伍后面边退边射，晋军前锋死伤很多。赵鞅说："看来对小国也不能轻视啊。"战斗结束后，赵鞅说："我趴在弓箭袋上吐血不止，但仍然不停地击鼓，今天我的功劳最大。"太子说："我冲到车前去营救您，又把敌人击退，在车右中我功劳最大。"邮无恤说："我那辆战车上骖马的肚带都快要断了，我还能控制住它们，我在御者中功劳最大。"怕人不相信，又在车上装上一点木材，骖马一拉，果然肚带断了。

吴国的泄庸利用到蔡国送聘礼的机会，把军队偷偷带进了蔡国。等吴军全部进入蔡都后，蔡国人才知道。蔡昭公告诉了大夫们，并杀了公子驷以威慑那些不愿迁到吴国的人。随后，便哭着把先君的坟墓迁出。冬季，蔡国人迁到州来。

哀公三年

经　三年春，齐国夏、卫石曼姑帅师围戚。夏四月甲午，地震。五月辛卯，桓宫、僖宫灾。季孙斯、叔孙州仇帅师城启阳。宋乐髡帅师伐曹。秋七月丙子，季孙斯卒。蔡人放其大夫公孙猎于吴。冬十月癸卯，秦伯卒。叔孙州仇、仲孙何忌帅师围邾。

传　三年春，齐、卫围戚，求援于中山。

夏五月辛卯①，司铎火②。火逾公宫，桓、僖灾③。救火者皆曰："顾府④。"南宫敬叔至，命周人出御书⑤，俟于宫，曰："庀女而不在⑥，死。"子服景伯至，命宰人出礼书⑦，以待命，命不共⑧，有常刑。校人乘马⑨，巾车脂辖⑩。百官官备⑪，府库慎守，官人肃给⑫。济濡帷幕⑬，郁攸从之⑭，蒙茸公屋⑮。自大庙始，外内以悛⑯，助所不给⑰。有不用命，则有常刑，无赦。公父文伯至，命校人驾乘车。季桓子至，御公立于象魏之外⑱。命救火者伤人则止⑲，财可为也。命藏《象魏》，曰："旧章不可亡也⑳。"富父槐至，曰："无备而官办者㉑，犹拾渖也㉒。"于是乎去表之槁㉓，道还公宫㉔。

孔子在陈，闻火，曰："其桓、僖乎！"

刘氏、范氏世为婚姻，苌弘事刘文公，故周与范氏。赵鞅以为讨。六月癸卯㉕。周人杀苌弘。

秋，季孙有疾，命正常曰㉖："无死。南孺子之子㉗，男也，则以告而立之。女也，则肥也可㉘。"季孙卒，康子即位。既葬，康子在朝。南氏生男，正常载以如朝，告曰："夫子有遗言，命其圉臣曰㉙：'南氏生男，则以告于君与大夫而立之。'今生矣，男也，敢告。"遂奔卫。康子请退㉚。公使共刘视之㉛，则或杀之矣，乃讨之。召正常，正常不反。

冬十月，晋赵鞅围朝歌，师于其南。荀寅伐其郛，使其徒自北门入，已犯帅而出㉜。癸丑㉝，奔邯郸。

十一月，赵鞅杀士皋夷㉞，恶范氏也。

【注释】

①辛卯：二十八日。　②司铎：官署名。　③桓、僖灾：桓公、僖公庙被火烧毁。　④顾府：保护府库。　⑤命周人出御书：命令周人拿出国君所阅之书。周人，掌管周书典籍之官。　⑥庀女：即庀于女，意为托你保护好。庀，借为"庇"。　⑦宰人：即宰夫，掌管法令礼数的官员。　⑧命不共：奉命不尽职。　⑨校人乘马：校人驾上马。校人，掌国君马匹的官员。　⑩巾车脂辖：巾车给车轴涂上油。巾车，车官之长。　⑪官备：坚守岗位。　⑫官人肃给：主管馆舍的官员严格供应。　⑬济濡帷幕：将帷幕浸湿。　⑭郁攸：灭火器具。　⑮蒙葺：以湿物覆盖。　⑯外内以俊：先内后外，依次扑救。俊，次。　⑰不给：人力物力不足者。　⑱象魏：古代诸侯宫室有三门，库门、雉门、路门。雉门即宫室南门。雉门两旁，积土为台，台上筑重屋叫楼，楼可以观望，故称为观。国家的法令常悬于观上，故又叫做象魏。　⑲伤人：受伤之人。　⑳旧章：即象魏，指文献律令。　㉑官办：百官各尽职守。　㉒拾沈：从地上捡起汤汁。沈，汁。　㉓去表之槁：清除火道上的干枯易燃物。　㉔道还公宫：环绕公宫开辟火巷。还，同"环"。　㉕癸卯：十一日。　㉖正常：季孙的宠臣。　㉗南孺子：季桓子之妻。　㉘肥：季康子。　㉙圉臣：贱臣，正常自谦之称。　㉚退：避位。　㉛共刘：鲁大夫。　㉜犯师：突围。　㉝癸丑：二十三日。　㉞士皋夷：即定公十三年传之范皋夷。

【译文】

三年春季，齐国、卫国围攻戚地，戚地向鲜虞求救。

夏季五月二十八日，鲁国的司铎宫发生了火灾。大火越过公宫，蔓延到桓公和僖公庙。救火的人们都喊道："保护府库。"孔子的弟子南宫敬叔跑来，命令负责管理周朝典籍的官员把国君所读的书搬出来，在公宫门口等候，说："你负责保护这些书，如有损失，把你处死！"子服景伯来到，让宰夫把礼书搬出来等候命令，并警告他如果失职，将依法惩处。又下令管理马匹的人准备好马，管理车辆的人给车轴上好油，以备使用。每个官员都坚守岗位，府库加强管理，负责管理馆舍的官员保证各种供应，又用水浇湿帷幕，准备好灭火器具，用浇湿的帷幕把公室的房子遮盖起来。从太庙开始，从外到内依次蒙上，对力量不足者加以帮助。凡有不听从指挥的，依法惩办，不予赦免。公父文伯来到，命令马官为国君的车子套上马。季桓子来到，手执马鞭站在象魏门之外。他下令救火的人一旦受伤就赶快下来，因为财物烧毁了还可以再创造。又命令把法令典章都收藏起来，说："典章文献不能丢失。"富父槐来到，说：

"平时不做准备，这时候才让百官各负其责，就像汤汁洒在地上一样无法收拾。"于是组织人清除火道上的易燃物品，并在公宫四周开辟了火巷，使大火不致蔓延公宫。

当时孔子正在陈国，听说发生了火灾，说："这恐怕是上天要毁掉桓、僖二庙吧。"

刘氏和范氏世代结为婚姻，苌弘事奉刘文公，因此周王室偏向范氏，为此遭到赵鞅的强烈谴责。六月十一日，周朝人杀了苌弘。

秋季，季桓子患了病，他对宠臣正常说："你不可为我而死。我夫人南孺子如果生下男孩，就报告国君，立此子为继承人；如果是女孩，就立肥为继承人。"季桓子死后，康子摄位。安葬季桓子后，康子在朝廷上听命。南孺子生了一个男孩，正常抱着他来到朝廷上报告说："主公生前曾留下遗言，命令我说：'南氏生男，则报告国君和大夫们，并立他为继承人。'现在生了这个男孩，特此报告。"随后就逃到了卫国。康子请求退位。哀公派大夫共刘前去察看，发现男孩已被人杀死，便下令捉拿凶手。又召请正常回国，正常没有回来。

冬季十月，晋国的赵鞅围攻朝歌，大军驻扎在朝歌之南。荀寅从里边攻打朝歌外城，城外的部队则从北门冲了进来，荀寅、范吉射从北门突围而出。二十三日，两人又逃到邯郸。

十一月，赵鞅杀了士夷皋，这是因为厌恶范氏而迁怒于他。

哀公四年

经　四年春，王二月庚戌，盗杀蔡侯申。蔡公孙辰出奔吴。葬秦惠公。宋人执小邾子。夏，蔡杀其大夫公孙姓、公孙霍。晋人执戎蛮子赤归于楚。城西郛。六月辛丑，亳社灾。秋八月甲寅，滕子结卒。冬十有二月，葬蔡昭公。葬滕顷公。

传　四年春，蔡昭公将如吴，诸大夫恐其又迁也，承①。公孙翩逐而射之，入于家人而卒②。以两矢门之③，众莫敢进。文之锴后至④，曰："如墙而进，多而杀二人。"锴执弓而先，翩射之，中肘。锴遂杀之，故逐公孙辰，而杀公孙姓、公孙盱⑤。

夏，楚人既克夷虎⑥，乃谋北方。左司马眅、申公寿馀、叶公诸梁致蔡于负函⑦，致方城之外于缯关⑧，曰："吴将泝江入郢⑨，将奔命焉⑩。"为一昔之期⑪，袭梁及霍⑫。单浮馀围蛮氏⑬，蛮氏溃。蛮子赤奔晋阴地⑭。司马起丰、析与狄戎⑮，以临上洛⑯。左师军于菟和⑰，右师军于仓野⑱，使谓阴地之命大夫士蔑曰⑲："晋、楚有盟，好恶同之。若将不废，寡君之愿也。不然，将通于少习以听命⑳。"士蔑请诸赵孟。赵孟曰："晋国未宁，安能恶于楚，必速与之。"士蔑乃致九州之戎㉑，将裂田以与蛮子而城之㉒，且将为之卜。蛮子听卜，遂执之，与其五大夫㉓，以畀楚师于三户㉔。司马致邑，立宗焉，以诱其遗民㉕，而尽俘以归。

秋七月，齐陈乞、弦施、卫宁跪救范氏。庚午㉖，围五鹿。九月，赵鞅围邯郸。冬十一月，邯郸降。荀寅奔鲜虞，赵稷奔临㉗。十二月，弦施逆之，遂堕临。国夏伐晋，取邢、任、栾、鄗、逆畤、阴人、盂、壶口㉘。会鲜虞，纳荀寅于柏人㉙。

【注释】

①承：紧跟。　②家人：百姓之家。　③门之：守住门口。　④文之锴：蔡昭侯之臣。⑤公孙盱：即公孙霍。　⑥夷虎：叛楚的蛮夷人。　⑦致蔡于负函：在负函召集蔡人。负函，地名，在今河南信阳县境。　⑧缯关：在今河南方城县。　⑨泝：逆流而上。　⑩奔命：奔走听命。　⑪昔：夕。　⑫梁、霍：二地名，梁在今河南临汝县西，霍在梁西南。　⑬蛮氏：详见成公六年传注。　⑭阴地：在今河南卢氏县东北。　⑮起：征召。　⑯上洛：即今陕西商县。　⑰菟和：山名，在今陕西商县东。　⑱仓野：在商县东南。　⑲命大夫：周王或晋侯所亲自任命的大夫。　⑳通于少习：打通少习山。意为与秦军联合以攻晋。㉑九州之戎：见昭公二十二年传注。　㉒裂：分。　㉓五大夫：蛮子之大夫五人。　㉔三户：邑名，在今河南淅川县西南。　㉕遗民：逃散的百姓。　㉖庚午：十四日。　㉗临：故城在今河北临县西南。　㉘邢、任等：八邑名，均为晋地。　㉙柏人：邑名，在今河北隆尧县西南。

【译文】

　　四年春季，蔡昭公准备到吴国去，大夫们担心他又要迁移，便紧紧跟着他。公孙翩保护着昭公逃跑，大夫们紧追并用箭射他们，昭公逃到一个百姓家里就死了。公孙翩拿着两枝箭守在门口，没有人敢再向前。大夫文之锴赶来，他说："大家排成一道人墙前进，他顶多能杀死两个人。"文之锴手执弓走在前面，公孙翩射他，射中了肘部。他反手一箭，将公孙翩杀死，并因此赶走了公孙辰，杀了公孙姓、公孙盱。

　　夏季，楚国人战胜了夷虎之后，准备进攻北方。左司马眅、申公寿馀、叶公诸梁在负函集合了蔡国人，又在缯关集合了方城之外的人，说："吴国军队准备溯长江而上攻打郢都，我们要赶去援救。"并限定一晚上就准备好，第二天便袭击梁地和霍地。单浮馀围攻蛮氏，蛮氏溃散。蛮子赤逃到了晋国的阴地。司马动员丰地、析地和狄戎一起攻打上洛。左翼部队从菟和出发，右翼部队从仓野出发，并派人告诉阴地的大夫士蔑说："晋、楚两国曾有盟约，好恶一致。如果双方能履行这一盟约，将是寡君最大的愿望。不然，我们打通少习山之后再来听候贵国的命令。"士蔑向赵鞅请示。赵鞅说："晋国还没有安定下来，怎么能和楚国结仇？你赶快把蛮子交给他们。"士蔑集合九州之戎，诈称要封地给蛮子并为他筑城，且准备为此而占卜。蛮子前来接受占卜结果时，士蔑把他和五个大夫抓了起来，在三户把他们交给了楚军。楚国的司马又诈称要封邑给蛮子并为他策立继承人，以引诱蛮氏的百姓，然后把他们都抓了起来带回楚国。

秋季七月，齐国的陈乞、弦施、卫国的宁跪发兵救援范氏。十四日，包围了五鹿。九月，赵鞅围攻邯郸。冬季十一月，邯郸宣布投降。荀寅逃到了鲜虞，赵稷逃到了临邑。十二月，弦施前去迎接赵稷，拆毁了临邑的城墙。齐国的国夏攻打晋国，夺取了邢地、任地、栾地、鄗地、逆畤、阴人、盂地、壶口等。又会合鲜虞人，把荀寅送到了柏人。

哀公五年

经 五年春，城毗。夏，齐侯伐宋。晋赵鞅帅师伐卫。秋九月癸酉，齐侯杵臼卒。冬，叔还如齐。闰月，葬齐景公。

传 五年春，晋围柏人，荀寅、士吉射奔齐。
初，范氏之臣王生恶张柳朔，言诸昭子①，使为柏人②。昭子曰："夫非而仇乎？"对曰："私仇不及公，好不废过③，恶不去善④，义之经也。臣敢违之？"及范氏出⑤，张柳朔谓其子："尔从主，勉之。我将止死，王生授我矣⑥。吾不可以僭之⑦。"遂死于柏人。
夏，赵鞅伐卫，范氏之故也，遂围中牟。
齐燕姬生子⑧，不成而死⑨，诸子鬻姒之子荼，嬖。诸大夫恐其为大子也，言于公曰："君之齿长矣，未有大子，若之何？"公曰："二三子间于忧虞⑩，则有疾疢⑪。亦姑谋乐，何忧于无君？"公疾，使国惠子、高昭子立荼⑫，置群公子于莱⑬。秋，齐景公卒。冬十月。公子嘉、公子驹、公子黔奔卫，公子钼、公子阳生来奔。莱人歌之曰："景公死乎不与埋，三军之事乎不与谋。师乎师乎⑭，何党之乎⑮？"

郑驷秦富而侈，嬖大夫也⑯，而常陈卿之车服于其庭。郑人恶而杀之。子思曰⑰："《诗》曰：'不解于位，民之攸墍⑱。'不守其位，而能久者鲜矣。《商颂》曰：'不僭不滥⑲，不敢怠皇⑳，命以多福。'"

【注释】

①昭子：即范吉射。　②为柏人：作柏人之宰。　③好不废过：喜好不掩弃过错。　④恶不去善：厌恶不排除善良。　⑤出：逃出柏人，奔齐。　⑥授我：使我死于节操。　⑦僭：不守信用。　⑧燕姬：齐景公嫡夫人。　⑨不成：未成年。　⑩间于忧虞：参与忧虑。　⑪疾疢：疾病。　⑫国惠子、高昭子：即国夏、高张。　⑬莱：齐东部边境邑。　⑭师：众。　⑮何党之：到哪里有所投靠。　⑯嬖大夫：下大夫。　⑰子思：子产之子国参。　⑱不解于位，民之攸墍：句出《诗经·大雅·假乐》。解，同"懈"。攸，所。墍，安宁。　⑲不僭不滥：不出差错不自满。　⑳怠皇：懈怠偷闲。皇同"遑"。

【译文】

五年春季，晋军围攻柏人，荀寅和范吉射又逃到齐国。

当初，范氏的家臣王生讨厌张柳朔，建议范吉射让张柳朔出任柏人的宰邑。吉射说："他不是你的仇人吗？"王生回答说："私人之间的怨仇不能影响到公事，喜欢一个人不能忽视他的过错，厌恶一个人也不能抹杀他的优点，这是道义的根本，我哪里敢违背呢？"等范吉射逃出柏人，张柳朔对他儿子说："你随主公走吧，一定要尽心尽力！我准备留下来与柏人共存亡，因为王生教给了我死节的大义，我不能辜负他的信任。"不久在柏人死去。

夏季，赵鞅攻打卫国，这是卫国帮助范氏的缘故，晋军包围了中牟。

齐景公的夫人燕姬生了一个儿子，未到成年便死了，在景公姬妾中鬻姒的儿子荼受到宠爱。大夫们深恐荼被立为太子，便对景公说："国君年纪已大，还没有立下太子，该怎么办呢？"景公说："你们几位不要忧愁，忧愁多了就会生病。尽管去纵情享乐，何必为没有国君而发愁呢？"景公有了病，他让国惠和高昭子立荼为太子，并把群公子安置到莱地。秋季，齐景公去世。冬季十月。公子嘉、公子驹、公子黔逃到了卫国，公子钼、公子阳生逃到鲁国。莱地人为此唱道："景公死了不参加埋葬，三军大事不参与商量，你们这些人啊，准备逃到何方？"

郑国的驷秦富有而骄奢，其实他只是一个下大夫，却常常在院中陈列卿的车马和服装。郑国人厌恶他，把他杀了。子产的儿子子思说："《诗经》说：'为官勤政不怠，百姓安居乐业。'不安于职位，便很少能保持长久。《商颂》说：'不出差错，不敢自满，不敢懈怠，不敢偷闲，才能得到上天的福禄。'"

哀公六年

经　六年春，城邾瑕。晋赵鞅帅师伐鲜虞。吴伐陈。夏，齐国夏及高张来奔。叔还会吴于柤。秋七月庚寅，楚子轸卒。齐阳生入于齐。齐陈乞弑其君荼。冬，仲孙何忌帅师伐邾。宋向巢帅师伐曹。

传　六年春，晋伐鲜虞，治范氏之乱也。

吴伐陈，复修旧怨也。楚子曰："吾先君与陈有盟，不可以不救。"乃救陈，师于城父①。

齐陈乞伪事高、国者，每朝必骖乘焉②，所从必言诸大夫，曰："彼皆偃蹇③，将弃子之命。皆曰：'高、国得君④，必逼我，盍去诸？'固将谋子，子早图之。图之，莫如尽灭之。需，事之下也⑤。"及朝，则曰："彼虎狼也，见我在子之侧，杀我无日矣。请就之位⑥。"又谓诸大夫曰："二子者祸矣！恃得君而欲谋二三子，曰，国之多难，贵宠之由，尽去之而后君定。既成谋矣，盍及其未作也，先诸？作而后悔，亦无及也。"大夫从之。

夏六月戊辰⑦，陈乞、鲍牧及诸大夫，以甲入于公宫。昭子闻之，与惠子乘如公，战于庄⑧，败。国人追之。国夏奔莒，遂及高张、晏圉、弦施来奔。

秋七月，楚子在城父，将救陈，卜战不吉，卜退不吉。王曰："然则死也！再败楚师，不如死。弃盟逃仇，亦不如死。死一也，其死仇乎⑨！"命公子申为王⑩，不可；则命公子结⑪，亦不可；则命公子启⑫，五辞而后许。将战，王有疾。庚寅⑬，昭王攻大冥⑭，卒于城父。子闾退，曰："君王舍其子而让，群臣敢忘君乎？从君之命，顺也。立君之子，亦顺也。二顺不可失也。"与子西、子期谋，潜师闭涂⑮，逆越女之子章⑯，立之而后还。

是岁也，有云如众赤鸟，夹日以飞，三日。楚子使问诸周大史。周大史曰："其当王身乎。若禜之⑰，可移于令尹、司马。"王曰："除腹心之疾⑱，而置诸股肱，何益？不穀不有大过，天其夭诸？有罪受罚，又焉移之？"遂弗禜。

初，昭王有疾。卜曰："河为祟。"王弗祭。大夫请祭诸郊。王曰："三代命祀⑲，祭不越望⑳。江、汉、睢、漳，楚之望也。祸福之至，不是过也。不谷虽不德，河非所获罪也㉑。"遂弗祭。

孔子曰："楚昭王知大道矣！其不失国也，宜哉！《夏书》曰：'惟彼陶唐，帅彼天常㉒。有此冀方㉓，今失其行㉔。乱其纪纲，乃灭而亡。'又曰：'允出兹在兹㉕'。由己率常可矣㉖。"

八月，齐邴意兹来奔。

陈僖子使召公子阳生。阳生驾而见南郭且于㉗，曰："尝献马于季孙，不入于上乘，故又献此，请与子乘之。"出莱门而告之故。阚止知之㉘，先待诸外。公子曰："事未可知，反，与壬也处㉙。"戒之，遂行。逮夜，至于齐，国人知之，僖子使子士之母养之㉚。与馈者皆入㉛。

冬十月丁卯㉜，立之。将盟，鲍子醉而往。其臣差车鲍点曰㉝："此谁之命也？"陈子曰："受命于鲍子。"遂诬鲍子曰；"子之命也。"鲍子曰："女忘君之为孺子牛而折其齿乎㉞？而背之也！"悼公稽首㉟，曰："吾子奉义而行者也，若我可，不必亡一大夫。若我不可，不必亡一公子。义则进，否则退，敢不唯子是从？废兴无以乱，则所愿也。"鲍子曰："谁非君之子？"乃受盟。使胡姬以安孺子如赖㊱。去鬺姒㊲，杀王甲，拘江说，囚王豹于句渎之丘㊳。

公使朱毛告于陈子㊴，曰："微子则不及此。然君异于器，不可以二。器二不匮㊵，君二多难，敢布诸大夫。"僖子不对而泣，曰："君举不信群臣乎㊶？以齐国之困，困又有忧。少君不可以访㊷，是以求长君，庶亦能容群臣乎㊸！不然，夫孺子何罪？"毛复命，公悔之。毛曰："君大访于陈子㊹，而图其小可也。"使毛迁孺子于骀㊺，不至，杀诸野幕之下㊻，葬诸殳冒淳㊼。

【注释】

①城父：此为北城父，在今河南宝丰县东。　②骖乘：同乘一车。　③偃蹇：骄傲。指诸大夫。　④得君：得国君宠信。　⑤需，事之下也：疑虑是下策。　⑥请就之位：请让我投靠到他们那一边。　⑦戊辰：二十三日。　⑧庄：临淄城内大街。　⑨死仇：死于仇敌。　⑩公子申：子西。　⑪公子结：子期。　⑫公子启：子闾。　⑬庚寅：十六日。　⑭大冥：在今河南项城县境。　⑮潜师闭涂：秘密转移部队，封锁有关通路。　⑯越女：越王句践之女。　⑰禜：禳祭。　⑱腹心、股肱：楚王以腹心自比，以股肱比令尹、司马。　⑲命祀：所规定的祭祀制度。　⑳不越望：不超越本国境内山川。　㉑河非所获罪："非所获罪于河"的倒装。　㉒帅彼天常：遵循那上天的常道。　㉓冀方：即中国。　㉔失其行：失去常道。　㉕允出兹在兹：言行善则应之以福，行恶则报之以祸。允，语助词。　㉖由己率常：由自己遵循常道。　㉗南郭且于：即齐公子铟。　㉘阚止：阳生家臣子我。　㉙壬：阳生之子。　㉚子士之母：陈

僖子妾。　㉛人：人处公宫。　㉜丁卯：二十四日。　㉝差车：主车之官。　㉞为孺子牛而折其齿：孺子指已立之齐君荼，因年龄幼小，故曰孺子。齐景公爱荼，将自己扮作牛，令荼牵之，跌倒，景公牙齿折断。　㉟悼公：即阳生。　㊱使胡姬以安孺子如赖：胡姬，胡国女，景公妾。安孺子，即荼。赖，在今山东章丘县西北。　㊲鬻姒：荼之母。　㊳王甲、江说、王豹：三人皆景公宠臣，荼之党。　㊴朱毛：齐大夫。　㊵器二不匮：器物有二件不为缺乏。　㊶举：全，皆。　㊷少君：年幼的国君。访：询问。　㊸庶：庶几。　㊹大：大事，国政。　㊺驷：在今山东临朐县界。　㊻野幕：野外帐篷。　㊼殳冒淳：地名。

【译文】

六年春季，晋军攻打鲜虞，为的是进一步平定范氏引起的动乱。

吴国攻打陈国，这是对以前两国的积怨进行报复。楚昭王说："寡人先君和陈国有过盟约，不能不去救援。"于是发兵救援陈国，军队驻扎在城父。

齐国的陈乞假装事奉高张、国夏的样子，每次上朝，一定和他们同坐一辆车子。而且每次跟他们上朝时，也一定会攻击其他大夫："他们都是一些狂妄之徒，正准备违背您二位的命令。他们说：'高、国二人一旦得到国君宠信，一定会迫害我们，何不把他们两个除掉呢。'可见这些人早就打算要对付你们，你们一定要早点想办法！对付他们，最好是将其全部杀掉。犹豫等待是下策。"到了朝廷上，又说："他们都像虎狼一样凶狠。看我紧跟在你们身边，很快就会把我杀死。请允许我到他们那边去。"走到大夫们那里，又对他们说："这两个人准备发动叛乱。他们仗着得到国君的宠信而打算对付你们这些人，并且说：国家多灾多难，就是因为有一些受宠的大夫所造成的，必须把他们都铲除，国君的地位才能得以稳定。他们已经策划好了。你们为什么不趁他俩还没有动手，先下手为强呢？一旦他们动手了，你们后悔也来不及了。"大夫们听从了陈乞的话。

夏季六月二十三日，陈乞、鲍牧和大夫们率领甲兵冲入公宫。高张得知后，急忙和国夏到齐侯那里，双方在庄地交战，高张和国夏战败。齐国人穷追不舍，国夏逃到了莒国，不久又和高张、晏圉、弦施逃到鲁国。

秋季七月，楚昭王住在城父，准备救援陈国，占卜作战，不吉利，占卜退兵，也不吉利。昭王说："既然如此，只有死路一条了，再让楚军蒙受战败之辱，不如死去的好；背弃盟国逃避仇敌也不如死去的好。同样是死，倒不如和敌人作战而死！"然后就命公子申继承王位，公子申不肯接受。又命公子结继位，公子结也不愿接受。又命公子启继位，公子启推辞了五次之后才勉强接受。正要准备作战，昭王有了病。十六日，昭王领兵攻打大冥，死在城父。公子启准备退位，他说："国君舍弃了他的儿子而把君位让给别人，群臣怎能忘记国君呢？我暂时听从国君的命令，符合忠顺之道；拥立国君的儿子为新君，也符合忠顺之道。两种忠顺都不能丢失啊。"于是和子西、子期商量，秘密转移军队，封锁消息，把昭王宠姬越女所生的公子章迎来立为国君，随后便收兵回国了。

就在这一年，天空有一片云彩，像一群红色的鸟，围着太阳飘动了三天。昭王派人去请教周王室的太史。周太史说："这一征兆恐怕要应在大王身上吧。如果您举行祭祀消灾，灾难可能转移到令尹或司马身上。"昭王说："消除了腹部和心脏的疾病，却把它转移到四肢上，能有什么用呢？假如不是寡人犯下了过错，上天会让我短命而死吗？自己有了罪，甘愿受到处罚，又何必嫁祸于他人呢？"便没有举行祭祀。

当初，昭王有了病。占卜的人说："这是黄河神在作怪。"昭王仍然不祭。大夫们请求在郊野祭祀黄河之神。昭王说："从前三代规定的祭祀制度，是祭祀不能超出本国山河的范围。长江、汉水、睢水、漳水才是楚国祭祀的对象。祸福的到来，不会超出这个范围。寡人虽然缺少德行，也不至于得罪黄河之神。"便决定不祭祀黄河。

孔子对此评论说："楚昭王可谓是深明大义。他没有失去王位也是理所当然的。《夏书》说：'只有那位陶唐，才能遵循上天的纲常，因此拥有中原这个地方。如今废弃了他的做法，扰乱了他的纲纪，就是自取灭亡。'又说：'一个人树立德行关键在于自己。'能够从自己做起，遵守天道，就可以了。"

八月，齐国的郳意兹逃亡来到鲁国。

陈乞派人召请正在鲁国的公子阳生回去。阳生套上车马去见公子锢说："我曾献给季孙几匹马，但都不是好马，因此打算把这几匹马再献给他，请求和您一起坐车去看这些马。"车子出了莱门，阳生才把实情告诉他。此时阳生的家臣阚止也知道了此事，就等在门外。阳生对他说："事情究竟怎么样还很难预料，你先回去，和壬一起等着我的消息。"反复叮嘱后就动身了。夜里到达齐国都城时，国人才知道。陈乞先把他安置在儿子子士的母亲那里。不久又让他随同送饭的人一起进入公宫。

冬季十月二十四日，立阳生为国君。正准备结盟，鲍牧醉醺醺地来到。他的管理车子的家臣鲍点问陈乞说："这是谁的命令呢？"陈乞说："这是遵照鲍子的命令办的。"便转身诬陷鲍牧说："这分明是您的命令啊！"鲍牧说："您难道忘记了先君特别喜爱他的儿子荼，曾经让他当牛牵着而折断了一颗牙吗？

怎么敢背叛先君呢？"听到这话，悼公连忙叩头对鲍牧说："您是奉行道义的人。如果我被立为国君，也一定不会杀掉您这样一个大夫，如果我做不了国君，相信您也必定不会杀掉我这个公子。合乎道义就做，不合道义就罢，一切听从您的安排。无论废谁立谁，只要不致发生动乱，就是我的最大愿望。"鲍牧说："您和荼谁不是国君的儿子呢"就接受了盟约。让胡姬带着荼到了赖地，把荼的母亲鬻姒遣送到了其他地方，并杀了王甲，关押了江说，又把王豹囚禁在句渎之丘。

悼公派大夫朱毛告诉陈乞说："没有您，我就不会到这一步。但国君和器具不一样，不能同时有两个存在。有两个器具，就不会感到缺少了，但有了两个国君，就会有很多祸乱，希望您把这个意思转告各位大夫。"陈乞没有回答，而是哭着说："国君难道对群臣都不相信吗？由于齐国极端贫困，而且内遇饥荒，外有忧患，年幼的国君不能堪此重任，所以才另外寻求年长的国君。我想国君大概能够容忍群臣的这一选择吧！如果不这样，荼又有什么罪要被废掉呢？"朱毛把这些话告诉了悼公，悼公便后悔失言了。朱毛说："国君遇到大事才去征求陈子的意见，像这样的小事自己决定就行了。"悼公又让朱毛把荼迁到骀地，还没有到达骀地，就在野外的帐篷中把荼杀了，埋葬在殳昌淳。

哀公七年

经 七年春，宋皇瑗帅师侵郑。晋魏曼多帅师侵卫。夏，公会吴于鄫。秋，公伐邾。八月己酉，入邾，以邾子益来。宋人围曹。冬，郑驷弘帅师救曹。

传 七年春，宋师侵郑，郑叛晋故也。
晋师侵卫，卫不服也。
夏，公会吴于鄫。吴来征百牢①，子服景伯对曰："先王未之有也。"吴人曰："宋百牢我，鲁不可以后宋②。且鲁牢晋大夫过十③，吴王百牢，不亦可乎？"景伯曰："晋范鞅贪而弃礼，以大国惧敝邑④，故敝邑十一牢之。君若以礼命于诸侯，则有数矣⑤。若亦弃礼，则有淫者矣⑥。周之王也，制礼，上物不过十二⑦，以为天之大数也⑧。今弃周礼，而曰必百牢，亦唯执事。"吴人弗听。景伯曰："吴将亡矣，弃天而背本。不与，必弃疾于我⑨。"乃与之。
大宰嚭召季康子，康子使子贡辞。大宰嚭曰："国君道长⑩，而大夫不出门，此何礼也？"对曰："岂以为礼，畏大国也。大国不以礼命于诸侯，苟不以礼，岂可量也⑪？寡君既共命焉，其老岂敢弃其国⑫？大伯端委以治周礼⑬，仲雍嗣之⑭，断发文身⑮，赢以为饰⑯，岂礼也哉？有由然也⑰。"反自郧，以吴为无能为也。

季康子欲伐邾，乃飨大夫以谋之。子服景伯曰："小所以事大，信也。大所以保小，仁也。背大国，不信；伐小国，不仁。民保于城⑱，城保于德，失二德者，危，将焉保？"孟孙曰；"二三子以为何如？恶贤而逆之⑲？"对曰："禹合诸侯于涂山⑳，执玉帛者万国㉑。今其存者，无数十焉。唯大不字小㉒，小不事大也。知必危，何故不言？鲁德如邾，而以众加之㉓，可乎？"不乐而出㉔。

秋，伐邾，及范门㉕，犹闻钟声。大夫谏，不听。茅成子请告于吴㉖，不许，曰："鲁击柝闻于邾㉗，吴二千里，不三月不至，何及于我？且国内岂不足？"成子以茅叛。师遂入邾，处其公宫，众师昼掠㉘。邾众保于绎㉙。师宵掠，以邾子益来，献于亳社，囚诸负瑕㉚。负瑕故有绎㉛。

邾茅夷鸿以束帛乘韦㉜，自请救于吴，曰："鲁弱晋而远吴㉝，冯恃其众，而背君之盟，辟君之执事㉞，以陵我小国。邾非敢自爱也，惧君威之不立。君威之不立，小国之忧也。若夏盟于鄫衍㉟，秋而背之，成求而不违㊱，四方诸侯，其何以事君？且鲁赋八百乘㊲，君之贰也㊳。邾赋六百乘，君之私也㊴。以私奉贰㊵，唯君图之。"吴子从之。

宋人围曹。郑桓子思曰："宋人有曹，郑之患也。不可以不救。"冬，郑师救曹，侵宋。

初，曹人或梦众君子立于社宫㊶，而谋亡曹，曹叔振铎请待公孙强㊷，许之。旦而求之曹，无之。戒其子曰："我死，尔闻公孙强为政，必去之。"及曹伯阳即位，好田弋㊸。曹鄙人公孙强好弋，获白雁，献之。且言田弋之说㊹，说之㊺。因访政事，大说之。有宠，使为司城以听政。梦者之子乃行。

强言霸说于曹伯㊻，曹伯从之，乃背晋而奸宋㊼。宋人伐之，晋人不救，筑五邑于其郊，曰黍丘、揖丘、大城、钟、邪。

【注释】

①百牢：牢为祭祀所用的牛、羊、猪，百牢即牛、羊、猪各百头。此为享礼。　②后宋：薄于宋。　③鲁牢晋大夫过十：鲁礼士鞅用十一牢，见昭公二十一年传。　④惧：恐惧，使动用法。　⑤有数：有常数。据《周礼·秋官·大行人》载，上公九牢，侯伯七牢，子男五牢。　⑥淫：过分。　⑦上物：上等物品。　⑧天之大数：古代以天空为十二次，故制礼以十二为

极数。　⑨弃疾：加害。　⑩国君道长：吴王自吴至鄫，路途千里，故曰道长。　⑪量：度量，估量。　⑫老：老臣，指季氏。　⑬端委：端，玄端之衣；委，委貌之冠。二者皆为周统一前礼服。　⑭仲雍：吴太伯之弟。　⑮断发文身：剪断头发，在身上刺成花纹。　⑯羸以为饰：作为赤身裸体的装饰。羸或作裸。　⑰由：原因。　⑱民保于城：百姓由城来保护。　⑲恶贤而逆：何贤而迎。即哪一种意见贤明我即接受。　⑳涂山：疑为三涂山，在今河南嵩县西南。　㉑执玉帛者万国：前来参加朝会的有一万个国家。国即当时部落，与会也未必执玉执帛。　㉒字：养，安抚。　㉓以众加之：用大军压迫。　㉔不乐而出：不欢而散。　㉕范门：邾郭门。　㉖茅成子：邾大夫茅夷鸿。　㉗击柝：敲梆子。古以击柝为巡夜警戒。　㉘昼掠：白天劫掠。　㉙保于绎：守卫在绎。绎，今山东邹县东南峄山。　㉚负瑕：在今山东兖州市西。　㉛有绎：即有绎地人。　㉜束帛乘韦：帛十端，熟牛皮四张。　㉝弱晋而远吴：认为晋国衰弱，吴国偏远。弱、远均为动词意动用法。　㉞辟：陋，看不起。　㉟鄫衍：即鄫。　㊱成求而不违：得到欲望而没有障碍。违，抗。　㊲赋：军赋。　㊳贰：陪贰。副贰，即副手。　㊴私：下属。　㊵以私奉贰：把下属交给副手。意为加强了副手的力量。　㊶社宫：国社围墙。　㊷曹叔振铎：周武王弟，封于曹。　㊸田弋：打猎射鸟。　㊹田弋之说：田弋的技巧。　㊺说：同"悦"。　㊻言霸说：谈论称霸的策略、方法。　㊼奸宋：侵犯宋国。

【译文】

七年春季，宋军入侵郑国，这是因为郑国背叛了晋国。

晋军入侵卫国，是因为卫国不顺服晋国。

夏季，哀公在鄫地和吴国人会见。吴国人要求以百牢的规格宴享自己，子服景伯回答说："历代先王没有这样做过。"吴国人说："宋国就曾以百牢的享礼招待我们，鲁国不能比宋国差。再说鲁国曾以十牢以上的规格宴享晋国大夫，那么，以百牢宴享吴王，不也可以吗？"景伯说："晋国的范鞅一向贪婪而违礼，他企图以大国的势力使我国慑服，因此我国才不得不以十一牢之礼宴享他。贵君如果以礼号令诸侯，那么宴享的规格是有一定数量的。如果也背弃礼，那么就有过之无不及了。周朝统一天下后，制定的礼中，最高的规格也不超过十二，因为十二就是上天的大数了。现在贵国背弃周礼，一定要我国以百牢之礼相待的话，我们也将照办。"吴国人不听劝告。景伯说："吴国将要灭亡了，他们抛弃了上天，背离了根本。如果不满足他们，肯定会加害于我国。"只好设百牢之礼款待。

吴国太宰伯嚭召见季康子，康子派子贡前去推辞。太宰伯嚭说："我们国君远道而来，大夫却闭门不出，这是什么礼呢？"子贡回答说："这哪里是什么礼，不过是畏惧大国才不敢出来。大国不依礼号令诸侯，假如不依礼行事，后果还能设想吗？寡君既然已经奉命前来，大臣怎么敢也丢下国家不管呢？当年太伯初到吴国，仍然身着玄端之衣，头戴委貌之冠施行周礼，仲雍继承他的君位之后，剪断头发并在身上刺了花纹，以作为裸体的装饰，这难道也合乎礼吗？只是出于不得已罢了。”从郧地回来后，季康子认为吴国不会有什么大的作为。

季康子准备讨伐邾国，便宴请大夫们一起商量此事。子服景伯说：“小国事奉大国，靠的是信用；大国保护小国，靠的是仁爱。背弃大国，是不信；攻打小国，是不仁。百姓依靠城池受到保护，城池则依靠德行加以保护，失去了信用和仁爱，处境就危险了，还靠什么受到保护呢？”孟孙说：“几位大夫是什么意思呢？谁的意见好我就听谁的。”大夫们回答说：“当年禹王在涂山会合诸侯时，携带玉帛前去朝见的国家有一万多个，现在剩存的不过几十个。这就是因为大国不能养育小国，小国不能事奉大国啊。既然知道这么做必定陷入险境，为什么不说呢？鲁国的德行和邾国一样，却要以武力征服他们，能成功吗？”结果不欢而散。

秋季，鲁国攻打邾国，到达邾都的范门时，尚能听到都城内传出的悠扬钟声。邾国的大夫们劝邾君抵抗，邾君不听。茅成子请求去吴国求救，邾君也不同意，并且说：“鲁、邾相距咫尺，夜里巡更的梆子声都能听到；吴国却距我们有两千里之遥，没有三个月的时间来不到这里，怎么能救我们呢？再说依靠国内的力量难道就不够吗？”茅成子率领茅地背叛了邾君。鲁军随后开进邾国，住到公宫中。鲁军白天抢掠财物，邾国人则退守绎山。鲁军夜袭绎山，俘获了邾子益，把他献给亳社，并囚禁在负瑕。因此负瑕至今还有绎山人居住。

邾国的茅成子带着十端帛四张熟牛皮以私人的名义前往吴国求救，说：“鲁国以为晋国衰弱无力救助，吴国遥远鞭长莫及，便凭借其强大的兵力背叛了和国君在郧地订立的盟约，愚弄国君，欺凌我弱小国家。我们邾国并不完全为自己的命运而担心，担心的是国君的威严不能得以保持。国君的威严保持不住，这才是小国的忧患啊。如果夏季才在郧地结了盟，秋季就背叛，而且有什么要求必能如愿以偿，没有任何障碍，四方的诸侯还靠什么来事奉国君呢？再说鲁国只有八百辆战车，只配做您的副手；邾国有六百辆战车，是属于您的部队。把自己的部队拱手送给副手，希望您考虑。”吴王听从了他的建议。

宋军围攻曹国。郑国的子思说：“一旦宋国占有了曹国，就成为郑国的一大祸患。不能不去援救。”冬季，郑军救援曹国，并攻打宋国。

当初，曹国有人做梦见到一群君子模样的人站在国社的围墙上，商量着怎样灭亡曹国。曹国的始祖叔振铎请求等找到公孙强这样一个人再说，君子们答应了。第二天早晨便开始在曹国寻找这个人，没有找到。做梦的人告诫他的儿子说："等我死后，你只要听说公孙强这个人执政了，就一定要逃离这个地方。"等到曹伯阳即位，他喜欢打猎射鸟。正巧曹国边境上有一个叫公孙强的人也喜欢射鸟，他抓住了一只大白雁，献给了曹伯。并和他探讨起打猎射鸟的技巧，曹伯非常高兴。又向他询问有关国家政事，结果更加欣赏他。公孙强因此受到宠信，被任命为司城，执掌国政。做梦人的儿子得知后便急忙离开了曹国。

公孙强向曹伯灌输有关称霸天下的言论；曹伯听了他的话，便背叛晋国侵犯宋国。宋国人攻打曹国，晋国人不来救援。公孙强后来在都城外建造了五座城邑，这就是黍丘、揖丘、大城、钟、邘。

哀公八年

经　八年春，王正月，宋公入曹，以曹伯阳归。吴伐我。夏，齐人取讙及阐。归邾子益于邾。秋七月。冬十有二月癸亥，杞伯过卒。齐人归讙及阐。

传　八年春，宋公伐曹，将还，褚师子肥殿①。曹人诟之，不行。师待之。公闻之，怒，命反之，遂灭曹。执曹伯阳及司城强以归，杀之。

吴为邾故，将伐鲁，问于叔孙辄②。叔孙辄对曰："鲁有名而无情③，伐之，必得志焉。"退而告公山不狃。公山不狃曰："非礼也。君子违④，不适仇国，未臣而有伐之⑤，奔命焉⑥，死之可也。所托也则隐⑦。且夫人之行也⑧，不以所恶废乡⑨。今子以小恶而欲覆宗国⑩，不亦难乎？若使子率⑪，子必辞，王将使我。"子张疾之⑫。王问于子泄⑬，对曰："鲁虽无与立⑭，必有与毙⑮。诸侯将救之，未可以得志焉。晋与齐、楚辅之，是四仇也。夫鲁，齐、晋之唇，唇亡齿寒，君所知也。不救何为？"

三月，吴伐我，子泄率，故道险⑯，从武城⑰。初，武城人或有因于吴竟田焉，拘鄫人之沤菅者⑱，曰："何故使吾水滋⑲？"及吴师至，拘者道之⑳，以伐武城，克之。王犯尝为之宰㉑，澹台子羽之父好焉㉒。国人惧。懿子谓景伯㉓："若之何？"对曰："吴师来，斯与之战㉔，何患焉？且召之而至，又何求焉？"吴师克东阳而进㉕，舍于五梧㉖。明日，舍于蚕室㉗。公宾庚、公甲叔子与战于夷㉘，获叔子与析朱鉏，献于王。王曰："此同车，必使能㉙，国未可望也㉚。"明日，舍于庚宗㉛，遂次于泗上㉜。微虎欲宵攻王舍㉝，私属徒七百人[34]，三踊于幕庭[35]。卒三百人[36]，有若与焉[37]，及稷门之内。或谓季孙曰："不足以害吴，而多杀国士[38]，不如已也。"乃止之。吴子闻之，一夕三迁。

吴人行成，将盟。景伯曰："楚人围宋，易子而食，析骸而爨，犹无城下之盟。我未及亏，而有城下之盟，是弃国也。吴轻而远[39]，不能久，将归矣，请少待之。"弗从。景伯负载[40]，造于莱门[41]，乃请释子服何于吴[42]，吴人许之。以王子姑曹当之[43]，而后止[44]。吴人盟而还。

齐悼公之来也，季康子以其妹妻之，即位而逆之，季鲂侯通焉[45]。女言其情，弗敢与也。齐侯怒。夏五月，齐鲍牧帅师伐我，取讙及阐。

或谮胡姬于齐侯，曰："安孺子之党也。"六月，齐侯杀胡姬。

齐侯使如吴请师，将以伐我，乃归邾子。邾子又无道，吴子使大宰子馀讨之[46]，囚诸楼台，栫之以棘[47]。使诸大夫奉大子革以为政。

秋，及齐平。九月，臧宾如如齐莅盟。齐闾丘明来莅盟，且逆季姬以归[48]，嬖。

鲍牧又谓群公子曰："使女有马千乘乎？"公子愬之。公谓鲍子："或谮子，子姑居于潞以察之[49]。若有之，则分室以行[50]。若无之，则反子之所。"出门，使以三分之一行。半道，使以二乘。及潞，麇之以入[51]，遂杀之。

冬十二月，齐人归讙及阐，季姬嬖故也。

【注释】

①猪师子肥：宋大夫。 ②叔孙辄：叔孙辄与公山不狃于定公十二年帅费人袭鲁，兵败奔齐，后至吴。 ③无情：无实。 ④违：离开国家。 ⑤未臣：于国未尽为臣之道。 ⑥奔命焉：指为仇国奔走效命。 ⑦所托也则隐：敌国所委托的事应回避。 ⑧行：离国。 ⑨废乡：祸害乡土。 ⑩宗国：祖国。 ⑪率：率先。 ⑫子张疾之：子张，公孙辄。疾之，悔恨前言失误。 ⑬子泄：公山不狃。 ⑭与立：亲近盟国。 ⑮与毙：愿与共同抗暴同死的国家。 ⑯故道险：故意从险道行军。 ⑰武城：此为南武城，其地多山，在今山东费县西南。 ⑱沤菅：浸泡菅草，剥之以为绳索。 ⑲滋：染污。滋，读为滓。 ⑳拘者：指被拘之鄫人。 ㉑王犯：吴大夫，曾奔鲁为武城宰。 ㉒澹台子羽：武城人，孔子弟子，其父与王犯相好。 ㉓懿子：即孟孙。 ㉔斯：则，乃。 ㉕东阳：地名，不详。 ㉖五梧：当在东阳西北，今山东平邑县西。 ㉗蚕室：在今平邑县境。 ㉘夷：鲁地名。 ㉙使能：任用贤能。 ㉚望：觊觎。 ㉛庚宗：在今山东泗水县东。 ㉜泗上：今泗水县。 ㉝微虎：鲁大夫。 ㉞属：嘱。 ㉟三踊：跳跃三次。 ㊱卒三百人：最终挑选三百人。 ㊲有若：孔子弟子。 ㊳国士：国内有才能的人。 ㊴轻而远：轻率而远离本国。 ㊵载：盟书。 ㊶莱门：鲁郭门。 ㊷释子服何于吴：使子服何为质于吴。释，舍。 ㊸王子姑曹：吴王之子。 ㊹止：停止交换人质。 ㊺季鲂侯：康子叔父。 ㊻子馀：即太宰嚭。 ㊼栫（jiàn）：围。 ㊽季姬：季

康子之妹。　⑭潞：疑在齐都郊外。　⑤分室：家产的一半。　⑤麋：束缚。

【译文】

　　八年春季，宋景公攻打曹国，撤退时，由宋大夫褚师子肥走在最后。曹国人在后面辱骂他，他气得停下不走了，结果整个军队只好停下来等他。景公得知后，大为恼火，下令全军折回，一举消灭了曹国，把曹伯阳和公孙强抓了回去，又把两人杀了。

　　吴国为了邾国，准备攻打鲁国，征求流亡吴国的叔孙辄的意见。叔孙辄说："鲁国空有其名并无实力，攻打它，一定能成功。"退出来后告诉了公山不狃。公山不狃说："你这样做是不合礼的。本来君子离开自己的国家是不应该到敌国去的。在本国没有尽到为臣之礼，出来却又劝告敌国攻打它，为敌国奔走效力，这样还不如死去的好。遇到敌国有求于自己就应该躲避起来。再说一个人离开了国家，不能因为怨恨国内的某些人便怂恿敌国祸害自己的乡土。现在你因为一点小小的怨恨而准备颠覆祖国，不是以祖国为敌吗？假如吴国让你带路先行，你一定要拒绝。这样吴王就会让我去。"公孙辄很后悔。吴王又征求公山不狃的意见，公山不狃回答说："鲁国虽然没有比较亲近的国家，但危急时一定有愿意同仇敌忾共同抗敌的国家。如果诸侯都去救援它，吴国便不能达到预期的目的了。晋国和齐国、楚国会帮助它，这样吴国就有了四个敌国。而且鲁国就像是齐国、晋国的嘴唇，一旦失去嘴唇，牙齿便会寒冷。这一点国君也知道。他们不去救援还能怎么样呢？"

　　三月，吴国攻打鲁国，由公山不狃作向导，公山不狃故意引着吴军从险道上走，通过武城。当初，武城中有人在吴国边界内种田，曾把浸沤菅草的鄫地人抓了起来，质问他："你为什么把我们田里的水弄脏？"等这次吴军到达，曾经被抓的那个人领着吴军攻打武城，把武城攻陷。吴国大夫王犯曾经做过武城的邑宰，澹台子羽的父亲和他关系很好，因此鲁国都城的人都很担心。孟懿子对景伯说："这可怎么办？"景伯回答说："只要吴军来到，就和他们作战，又有什么可担心的呢？而且这是我们侵略邾国才把他们引来的，还能求什么呢？"不久吴军攻克东阳，继续向前推进，驻扎在五梧。第二天，又驻扎在蚕室。公宾庚、公甲叔子和他们在夷地交战，结果吴军俘虏了公甲叔子和析朱鉏。把二人献给吴王。吴王说："这是乘坐在一辆战车上的人，他们能共赴死难，表明鲁国善于用人，看来这个国家还不能轻易得手呢！"第二天，又驻扎在庚宗，随后又驻扎泗水上游。鲁大夫微虎打算趁夜里攻打吴王下榻的地方，让他的七百个士卒在帐幕外边的庭院里每人跳跃三次，最终选出三百人，孔子的弟子有若也在其中。这三百人来到稷门之内，有人对季孙说："三百人并不足以危害吴军，反而使这些国家的精英白白送死，不如不去。"于是取消了这次行动。吴王得知后，吓得一夜之间换了三个住处。

吴国人提出讲和，双方准备结盟。景伯说："楚国人围攻宋国时，曾使宋国人交换儿子充饥，敲碎人的骨头来烧饭，最终也没有订立城下之盟。现在我们还没有遭到多大损害，却订立了城下之盟，这是丢弃整个国家啊。吴国轻举妄动，千里远征，不能在此久留，很快就会回去的。请再稍稍等候一下。"季孙等人不听他的话。景伯带着拟定的盟书到了莱门。鲁国请求让景伯到吴国做人质，吴国人答应了，鲁国又提出让吴国的王子姑曹留在鲁国做人质，吴国人决定双方都不派人质。两国结盟后，吴军便回国了。

当初齐悼公来鲁国时，季康子曾把自己的妹妹许配他为妻，悼公即位后，便派人来接她回去。季康子的叔叔季鲂侯和她私通。这个女人把实情告诉了季康子，康子便不敢把她送到齐国了。齐悼公非常恼火，夏季五月，齐国的鲍牧率兵攻打鲁国，夺取了谨地和阐地。

有人在齐悼公面前诬陷胡姬，说："她也是荼的党羽。"六月，齐悼公杀了胡姬。

齐悼公派人到吴国请求救兵，准备攻打鲁国，并把邾子放了回去。邾子回国后仍然暴虐无道，吴王派太宰伯嚭攻打，把他囚禁在楼台上，四周又围上了荆棘。然后让邾国的大夫们事奉太子革主持国政。

秋季，鲁国和齐国讲和。九月，臧宾如到齐国结盟。齐国的闾丘明来鲁国结盟，同时把季康子的妹妹季姬接回去，季姬受到了齐悼公的宠爱。

鲍牧又对群公子说："你们愿意拥有千辆战车成为国君吗？"公子们把这话告诉了齐悼公。悼公便对鲍牧说："有人说你的坏话，你暂且住到潞地等我调查清楚。如果有这回事，你就带着自己的一半家产到国外去；如果没有这回事，就官复原职。"鲍牧动身时，悼公只让他带走家产的三分之一，走到半路上，又让他只带两车东西走，到了潞地，就派人把他捆了起来，然后杀了他。

冬季十二月，齐国人把谨地和阐地还给了鲁国，这是因为季姬受到了宠爱。

哀公九年

经　九年春，王二月，葬杞僖公。宋皇瑗帅师取郑师于雍丘。夏，楚人伐陈。秋，宋公伐郑。冬十月。

传　九年春，齐侯使公孟绰辞师于吴。吴子曰："昔岁寡人闻命，今又革之①，不知所从，将进受命于君。"

郑武子剩之嬖许瑕求邑②，无以与之。请外取③，许之。故围宋雍丘④。宋皇瑗围郑师，每日迁舍，垒合⑤，郑师哭。子姚救之，大败。二月甲戌⑥，宋取郑师于雍丘，使有能者无死，以郑张与郑罗归⑦。

夏，楚人伐陈，陈即吴故也⑧。

宋公伐郑。

秋，吴城邗⑨，沟通江、淮。

晋赵鞅卜救郑，遇水适火⑩，占诸史赵、史墨、史龟⑪。史龟曰："是谓沈阳⑫，可以兴兵。利以伐姜⑬，不利子商⑭。伐齐则可，敌宋不吉。"史墨曰："盈，水名也。子，水位也。名位敌，不可干也。炎帝为火师，姜姓其后也。水胜火，伐姜即可。"史赵曰："是谓如川之满，不可游也。郑方有罪，不可救也。救郑则不吉，不知其他。"阳虎以《周易》筮之，遇《泰》☰之《需》☰⑮，曰："宋方吉，不可与也⑯。微子启，帝乙之元子也⑰。宋、郑，甥舅也。祉，禄也。若帝乙之元子归妹，而有吉禄，我安得吉焉？"乃止。

冬，吴子使来儆师伐齐⑱。

【注释】

①革：更改。　②武子剩：又称子姚，即罕达。武，谥号。　③外取：取于他国。　④雍丘：在今河南杞县境。　⑤垒合：堡垒连成一体。　⑥甲戌：十四日。　⑦郑张、郑罗：郑国有才能的人。　⑧即：靠近。　⑨邗（hán）：在今扬州市北。　⑩遇水适火：水流向火。此为古代龟卜术语，卜法无传，故难解。　⑪史赵、史墨、史龟：三人皆晋太史。　⑫沈阳：阳气下沉。　⑬姜：齐姓。　⑭子商：指宋国，宋为子姓，商代之后。　⑮遇《泰》之《需》：得到《泰》卦，变为《需》卦。《泰》，卦名，卦象为乾下坤上，其六五爻由阴变阳，而得《需》卦。《泰》卦六五爻辞为"帝乙归妹，以祉，元吉"。　⑯宋方吉，不可与也：宋正处于吉利，不能与之为敌。据《泰》卦六五爻辞占断，帝乙为商纣之父名，五爻是天子之位。由阴变阳，即转为兴盛时期。归妹，即嫁女，象王者嫁女，得如其愿，受福禄而大吉。　⑰元子：长子。　⑱儆师：告诫出兵。

【译文】

九年春季，齐悼公派公孟绰到吴国，谢绝吴国不必出兵。吴王说："去年寡人刚听到贵君的命令，现在又改变了，真让我不知应该怎么才好，我准备亲自去聆听贵君的命令。”

郑国罕达的宠臣许瑕请求得到一处封邑，但没有地方可以给他。许瑕又请求从外国夺取，罕达答应了，所以郑国包围了宋国的雍丘。宋国的皇瑗则率军包围了郑军，每天换一个地方建造堡垒，不久周围都布满了堡垒。郑军见此情景，都大哭起来。罕达前去救援，被打得大败。二月十四日，宋军在雍丘把郑军全部俘虏，对有才干的人都不予杀害，最后带了郑张和郑罗回去。

夏季，楚国人攻打陈国，因为陈国亲近了吴国。

宋景公发兵攻打郑国。

秋季，吴国在邗地筑城，并挖沟连通了长江和淮水。

晋国的赵鞅为救援郑国进行占卜，得到的卦象是水流向火，请史赵、史墨、史龟解释吉凶。史龟说：“这表明阳气下沉，可以发兵，有利于攻打姜姓之国，不利于攻打子商。因此攻打齐国可以，但与宋国为敌就不吉利。”史墨说：“盈是水的名字，子是水的位置。名字和位置相当，便不能互相侵犯。炎帝是火师，姜姓是他的后代。水战胜火，攻打姜姓便能成功。”史赵说：“这叫做江河涨满，就不能游过去。郑国目前正是有罪的时候，不能救它。假如救郑就不吉利，其他我就不知道了。”阳虎又用《周易》加以占筮，得到泰卦变成需卦，他说：“宋国目前正是吉星高照的时候，不能与它为敌。微子启是帝乙的长子，宋国、郑国是甥舅之国。祉是福禄。如果帝乙的长子把他的女儿嫁给了郑国而吉利有福的话，我们哪里能得到吉利呢？”便决定停止救郑。

冬季，吴王派人来鲁国，告知准备出兵攻打齐国。

哀公十年

经　十年春，王二月，邾子益来奔。公会吴伐齐。三月戊戌，齐侯阳生卒。夏，宋人伐郑。晋赵鞅帅师侵齐。五月，公至自伐齐。葬齐悼公。卫公孟彄自齐归于卫。薛伯夷卒。秋，葬薛惠公。冬，楚公子结帅师伐陈。吴救陈。

传　十年春，邾隐公来奔，齐甥也，故遂奔齐。
公会吴子、邾子、郯子伐齐南鄙，师于鄎[1]。
齐人弑悼公，赴于师。吴子三日哭于军门之外。徐承帅舟师[2]，将自海入齐，齐人败之，吴师乃还。

夏，赵鞅帅师伐齐，大夫请卜之。赵孟曰：“吾卜于此起兵③，事不再令④，卜不袭吉⑤，行也。”于是乎取犁及辕⑥，毁高唐之郭，侵及赖而还⑦。

秋，吴子使来复傲师。

冬，楚子期伐陈。吴延州来季子救陈，谓子期曰：“二君不务德⑧，而力争诸侯⑨，民何罪焉？我请退，以为子名，务德而安民。”乃还。

【注释】

①鄎：齐南部边境邑名。　②徐承：吴大夫。　③卜于此起兵：指对齐发兵曾占卜过。④事不再令：一事不能再次占卜。令，命龟。　⑤卜不袭吉：占卜不会重复得吉兆。　⑥犁、辕：齐二邑名。犁即犁丘，在今山东临邑县西。辕，在今山东禹城县西北。　⑦赖：在今山东章丘县西北。　⑧二君：楚、吴二国君。　⑨力争：用武力争夺。

【译文】

十年春季，邾隐公逃亡来到鲁国。因为他是齐国的外甥，不久又逃往齐国。

哀公领兵和吴王、邾子、郯子一同攻打齐国的南部边境，军队驻扎在鄎城。

齐国人杀了齐悼公，来军中报告。吴王在军门之外哭了三天。吴大夫徐承准备率水军从海上入侵齐国，被齐军打败，吴军收兵回国。

夏季，赵鞅率军攻打齐国，大夫请求占卜。赵鞅说：“我是根据去年占卜的结果发兵的，一次行动不能占卜两次，再占卜一次也未必能得吉卦，干脆就出兵吧！”于是占领了犁地及辕地，摧毁了高唐的外城，一直攻至赖地才收兵。

秋季，吴王又派人来鲁国通知准备出兵再次攻打齐国。

冬季，楚国的子期攻打陈国。吴国的延州来季子救援陈国，对子期说：“吴、楚两君不致力于修养德行，而竞相使用武力，争夺诸侯，百姓有什么罪过呢？我请求退兵，从而使阁下得到一个取得胜利的好名声，以便使您致力于德行的修养从而安定百姓。”然后便撤退回国了。

哀公十一年

经　十有一年春，齐国书帅师伐我。夏，陈辕颇出奔郑。五月，公会吴伐齐。甲戌，齐国书帅师及吴战于艾陵，齐师败绩，获齐国书。秋七月辛酉，滕子虞毋卒。冬十有一月，葬滕隐公。卫世叔齐出奔宋。

传　十一年春，齐为鄎故，国书、高无丕帅师伐我，及清①。季孙谓其宰冉求曰②："齐师在清，必鲁故也。若之何？"求曰："一子守，二子从公御诸竟③。"季孙曰："不能。"求曰："居封疆之间④。"季孙告二子，二子不可。求曰："若不可，则君无出。一子帅师，背城而战。不属者⑤，非鲁人也。鲁之群室⑥，众于齐之兵车。一室敌车⑦，优矣。子何患焉？二子之不欲战也宜，政在季氏。当子之身⑧，齐人伐鲁而不能战，子之耻也。大不列于诸侯矣⑨。"季孙使从于朝，俟于党氏之沟。武叔呼而问战焉⑩。对曰："君子有远虑，小人何知？"懿子强问之⑪，对曰："小人虑材而言⑫，量力而共者也⑬。"武叔曰："是谓我不成丈夫也。"退而蒐乘，孟孺子泄帅右师⑭，颜羽御，邴泄为右⑮。冉求帅左师，管周父御，樊迟为右⑯。季孙曰："须也弱。"有子曰⑰："就用命焉⑱。"季氏之甲七千，冉有以武城人三百为己徒卒。老幼守宫，次于雩门之外⑲。五日，右师从之。公叔务人见保者而泣⑳，曰："事充政重㉑，上不能谋，士不能死，何以治民？吾既言之矣，敢不勉乎！"

师及齐师战于郊。齐师自稷曲㉒。师不逾沟。樊迟曰："非不能也。不信子也。请三刻而逾之㉓。"如之㉔，众从之。师入齐军。

右师奔㉕，齐人从之，陈瓘、陈庄涉泗㉖。孟之侧后入以为殿㉗，抽矢策其马，曰："马不进也。"林不狃之伍曰㉘："走乎！"不狃曰："谁不如㉙？"曰："然则止乎㉚？"不狃曰："恶贤㉛？"徐步而死。

师获甲首八十，齐人不能师㉜。宵，谍曰："齐人遁。"冉有请从之三，季孙弗许。

孟孺子语人曰："我不如颜羽，而贤于邴泄。子羽锐敏，我不欲战而能默。泄曰：'驱之㉝'。"公为与其嬖僮汪锜乘，皆死，皆殡。孔子曰："能执干戈以卫社稷，可无殇也㉞。"冉有用矛于齐师，故能入其军。孔子曰："义也。"

夏，陈猿颇出奔郑。初，辕颇为司徒，赋封田以嫁公女㉟。有余，以为己大器㊱。国人逐之，故出。道渴，其族辕咺进稻醴㊲、粱糗㊳、腶脯焉㊴。喜曰："何其给也㊵？"对曰："器成而具。"曰："何不吾谏？"对曰："惧先行㊶。"

为郊战故，公会吴子伐齐。五月克博㊷。壬申㊸，至于嬴㊹。中军从王㊺。胥门巢将上军，王子姑曹将下军，展如将右军。齐国书将中军，高无丕将上军，宗楼将下军。陈僖子谓其弟书："尔死，我必得志。"宗子阳与闾丘明相厉也㊻。桑掩胥御国子。公孙夏曰："二子必死。"将战，公孙夏命其徒歌《虞殡》㊼。陈子行命其徒具含玉㊽。公孙挥命其徒曰："人寻约㊾，吴发短㊿。"东郭书曰："三战必死，于此三矣。"使问弦多以琴(51)，曰："吾不复见子矣。"陈书曰："此行也，吾闻鼓而已，不闻金矣(52)。"

甲戌(53)，战于艾陵(54)。展如败高子，国子败胥门巢。王卒助之，大败齐师。获国书、公孙夏、闾丘明、陈书、东郭书，革车八百乘，甲首三千，以献于公。

将战，吴子呼叔孙，曰："而事何也？(55)"对曰："从司马(56)。"王赐之甲、剑铍(57)，曰："奉尔君事，敬无废命。"叔孙未能对，卫赐进，曰："州仇奉甲从君而拜。"

公使大史固归国子之元(58)，置之新箧，褽之以玄纁(59)，加组带焉(60)。置书于其上，曰："天若不识不衷(61)，何以使下国(62)？"

吴将伐齐。越子率其众以朝焉，王及列士，皆有馈赂。吴人皆喜，惟子胥惧，曰："是豢吴也夫(63)"！谏曰："越在我，心腹之疾也。壤地同(64)，而有欲于我，夫其柔服，求济其欲也，不如早从事焉(65)。得志于齐，犹获石田也(66)，无所用之。越不为沼(67)，吴其泯矣。使医除疾，而曰'必遗类焉'者(68)，未之有也。《盘庚》之诰曰：'其有颠越不共(69)，则劓殄无遗育(70)，无俾易种于兹邑(71)。'是商所以兴也。今君易之，将以求大，不亦难乎？"弗听。使于齐，属其子于鲍氏，为王孙氏。反役，王闻之，使赐之属镂以死(72)。将死，曰："树吾墓槚(73)，槚可材也，吴其亡乎？三年，其始弱矣。盈必毁，天之道也。"

秋，季孙命修守备，曰："小胜大，祸也。齐至无日矣。"

冬，卫大叔疾出奔宋(74)。初，疾娶于宋子朝，其娣嬖。子朝出。孔文子使疾出其妻而妻之(75)。疾使侍人诱其初妻之娣(76)，置于犁，而为之一宫，如二妻(77)，文子怒，欲攻之。仲尼止之。遂夺其妻。或淫于外州(78)，外州人夺之轩以献。耻是二者(79)，故出。卫人立遗(80)，使室孔姞(81)。疾臣向魋纳美珠焉，与之城鉏(82)。宋公求珠，魋不与，由是得罪。及桓氏出(83)，城鉏人攻大叔疾，卫庄公复之。使处巢(84)，死焉。殡于郧，葬于少禘(85)。

初，晋悼公子慭亡在卫，使其女仆而田(86)。大叔懿子止而饮之酒(87)，遂聘之，生悼子(88)。悼子即位，故夏戊为大夫(89)。悼子亡，卫人翦夏戊。

孔文子之将攻大叔也，访于仲尼。仲尼曰："胡簋之事(90)，则尝学之矣。甲兵之事，未之闻也。"退，命驾而行，曰："鸟则择木，木岂能择鸟？"文子遽止之，曰："圉岂敢度其私(91)，访卫国之难也(92)。"将止，鲁人以币召之，乃归。

季孙欲以田赋(93)，使冉有访诸仲尼。仲尼曰："丘不识也。"三发(94)，卒曰：

"子为国老，待子而行，若之何子之不言也？"仲尼不对㊹，而私于冉有曰："君子之行也，度于礼，施取其厚，事举其中，敛从其薄，如是则以丘亦足矣㊺。若不度于礼，而贪得无厌，则虽以田赋，将又不足。且子季孙若欲行而法㊻，则周公之典在。若欲苟而行㊼，又何访焉？"弗听。

【注释】

①清：地名，在今山东东阿县境。 ②冉求：鲁人，孔子弟子。 ③一子、二子：指季、叔、孟三孙。 ④封疆之间：境内近郊。 ⑤不属者：不参加战斗者。属，臣属。 ⑥群室：卿大夫家。 ⑦一室：季氏一家。 ⑧当子之身：在您在世的时候。 ⑨列于诸侯：和诸侯并列。 ⑩武叔：叔孙州仇。 ⑪懿子：孟孙何忌。 ⑫虑材而言：考虑才能而说话。 ⑬量力而共：衡量力量而出力。 ⑭孺子泄：孟懿子之子。 ⑮颜羽、邴泄：二人为孟氏家臣。 ⑯樊迟：又名樊须，孔子弟子。 ⑰有子：即冉求。 ⑱就用命：能够服从命令。 ⑲雩门：鲁南城门。 ⑳公叔务人：即公为，昭公之子。 ㉑事允政重：徭役繁，赋税多。政，征。 ㉒稷曲：近郊地名。 ㉓三刻：申明号令三次。 ㉔如之：冉求照樊迟的话办。 ㉕右师：孟孺子泄所率军队。 ㉖陈瓘、陈庄：二陈均为齐大夫。 ㉗孟之侧：孟氏之族人。 ㉘伍：战友。 ㉙谁不如：谁不愿逃跑。 ㉚止：留而抗敌。 ㉛恶贤：有何高尚。恶，疑问代词，哪里。 ㉜不能师：不能整顿军队。 ㉝驱：驱马逃奔。 ㉞无殇：丧葬之礼不能视为夭折。殇，未成人而死。 ㉟赋封田：对封邑内的田地征收赋税。 ㊱大器：钟鼎类器物。 ㊲稻醴：稻米酿制的甜酒。 ㊳粱糗：小米干饭。 ㊴腶脯：腌制的干肉。 ㊵给：足，厚。 ㊶先行：先逐我。 ㊷博：地名，在今山东泰安县东南。 ㊸壬申：二十五日。 ㊹嬴：地名，在今山东莱芜县西北。 ㊺中军：指吴中军。以下三将均为吴大夫。 ㊻相厉：互相勉励。 ㊼《虞殡》：送葬的挽歌。 ㊽含玉：葬礼有死者含玉，此表示必死的决心。 ㊾人寻约：每人准备八尺长的绳子。 ㊿吴发短：古代战场斩首数级，常以发连结。吴人剪发，则用绳子。此言激励将士，多获战功。 51问弦多以琴：问候弦多并赠送一把琴。 52闻鼓不闻金：只听到鼓声听不到钟声。鼓为进军的号令，金为退兵的号令，言将战死。 53甲戌：五月二十七日。 54艾陵：在今山东莱芜县东境。 55事何：何职。 56从司马：即任司马之职。 57卫赐：子贡，孔子弟子。 58元：首级。 59裂之以玄缥：用红色和黑色的丝帛作垫子。 60组带：丝带。 61不识不衷：不了解其行不正。 62使下国：让下国得胜。下国：弱小之国，鲁自指。 63豢：养。如人养牺牲，非爱之，将杀之。 64壤地同：同居于一块土块。 65早从事：早点下手。 66石田：石头田地，不能耕种。 67越不为沼：意为不把越除掉。沼，泽。 68遗类：留下病根。 69颠越不共：狂乱不听命。 70无遗育：不留后裔。 71易种：蔓延种苗。 72属镂：剑名。 73槚：即楸树。 74大叔疾：即世叔齐。 75孔文子：卫卿孔圉。妻之：以女嫁之。 76娣：妻妹。 77如二妻：像有两个妻子。 78或淫于外州：又在外州与一女人通奸。外州，卫地名。 79耻是二者：妻被夺，轩又被夺，故为二事感到羞耻。 80遗：太叔疾之弟。 81使室孔姞：让他娶了孔姞。孔姞，即孔文子女，疾之妻。 82城鉏：

宋邑，在今河南滑县东。 (83)桓氏：即向魋。 (84)巢：卫地名。 (85)郧、少禘：卫二地名。 (86)仆而田：驾车打猎。 (87)大叔懿子：即世叔申。 (88)悼子：即太叔疾。 (89)夏戊：悼子之甥。 (90)胡簋之事：祭祀宴享的事情。胡簋，即簠簋，古代祭祀宴享时盛稻粱的器皿。 (91)度：谋。 (92)访：防。 (93)田赋：按田亩征税。 (94)三发：三次发问。 (95)不对：不正式回答。 (96)以丘：按丘征税。 (97)行而法：办事合于法度。 (98)苟而行：苟且行事。

【译文】

十一年春季，齐国为了报复吴、鲁两国攻占郕地之仇，由国书、高无丕领兵攻打鲁国，军队到达清地。季孙对他的家宰冉求说：“齐军在清地集结，一定是为了攻打鲁国，怎么办？”冉求说：“你们三位大臣，由一人留守国内，两人陪同国君前往边境抵抗。”季孙说：“这样做不到。”冉求说：“那就在国内近郊抵抗。”季孙告诉了叔孙和孟孙，两个人都不同意。冉求说：“如果这样还不行，国君就不必出来了。由您一人率军背城而战。如果谁不跟随，谁就不是鲁国人。鲁国卿大夫家族的数目要比齐国的兵车还多。以您一家的兵车去抵御齐军还绰绰有余，您又有什么可担心的呢？那两位不愿意作战也是可以理解的，因为政权在您季氏手里。在您有生之年，齐国人攻打鲁国而不能奋起抵抗，这就是您的奇耻大辱了，您就没有一点资格位居诸侯之列了。”季孙让冉求随自己上朝，并让他先在党氏之沟那里等着自己。叔孙路过这里，把冉求招呼过去，问起作战的情况。冉求回答说：“对这个问题，君子们自然深谋远虑，我一个小人知道什么呢？”孟孙也过来，并坚持要他回答，冉求回答说：“小人只能根据一个人的才干，估量一个人的力量说话。”叔孙说：“你这是说我不是一个大丈夫。”于是二人在退朝之后回去检阅军队准备作战，由孟孺子率领右军，颜羽为他驾车，邴泄为车右。冉求率领左军，管周父为他驾车，樊迟为车右。季孙说：“樊迟太年轻了。”冉求说：“他能坚决服从命令。”季氏出动甲兵七千，冉求率领武城的三百人作为自己的亲兵。年老或年幼的士兵守护宫室，其余军队都驻扎在雩门之外待命。过了五天，右军才跟了上来。公为看到守城的人便流下了眼泪，说：“劳役又多，赋税又重，在位者不能谋划，士兵不愿献身，靠什么来治理百姓呢？我既然这样谴责别人了，自己还能不努力吗！”

鲁军和齐军在郊外交战。齐军从稷曲发起攻击，鲁军不肯越过城沟出战。樊迟说：“并非军队不能越过城沟，而是大家对您不信任。请把号令申明三次，并率先越过城沟。”冉求照他的话做了，部队也就跟着冲了过去。鲁军冲入齐军。

鲁国的右军逃跑，齐军追了上去。齐大夫陈瓘、陈庄渡过泗水。鲁军的孟之侧走在最后，他抽出一枝箭鞭打他的马，说："并不是我愿意走在最后，而是马不肯跑快。"林不狃军队中的士兵说："快点跑吧？"林不狃说："我们不比别人差，为什么要逃跑呢？"士兵又说："那么就停下来抵抗吧？"林不狃说："停下来抵抗就显得你好吗？"于是从容不迫地后撤，结果被齐军杀死了。

鲁军砍下了齐军士卒的八十个脑袋，以致使齐军无法整顿军容。晚上，探子报告："齐军逃跑了。"冉求三次请求追击，季孙都不同意。

孟孺子在战后对人说："我不如颜羽勇敢，但比邴泄强。颜弱精干敏锐，勇武善战，我虽然不想作战，但能沉住气，从来不说要逃跑，邴泄却喊道：'快点驱车逃跑吧。'"公为和他宠爱的小僮汪锜同乘一辆战车，一起战死，把他们一起安葬。孔子对此评论说："汪锜能和成年人一样拿起武器保护国家，可以不用未成年人的丧礼安葬。"冉求手持长矛，带头冲入齐军，因此整个军队才能攻进敌阵。孔子也感叹道："这样做是合乎道义的。"

夏季，陈国的辕颇逃到郑国。当初，辕颇担任陈国司徒时，曾征收自己封邑内田地的赋税用以作为出嫁哀公女儿的费用。多余的就用来为自己铸造了钟鼎等器具。为此，国人起来驱逐他，所以他才逃往郑国。路上口渴难耐，其族人辕咺献给他稻米甜酒、小米干饭、腌肉干。辕颇高兴地说："怎么这么丰盛啊！"辕咺回答说："在您的钟鼎等器物铸成时我就准备好了这些食物。"辕颇说："那你为什么不劝阻我？"辕咺回答说："怕你不听劝阻，先把我赶走。"

由于郊外一战，哀公决定会合吴王攻打齐国。五月，攻克博地。二十五日，军队攻至嬴地。吴国的中军跟随吴王，胥门巢率领上军，王子姑曹率领下军，展如率领右军。齐国由国书率领中军，高无丕率领上军，宗楼率领下军。陈乞对他弟弟陈书说："假如你能战死，我就能达到自己的目的。"宗子阳和闾丘明互相勉励。桑掩胥为国书驾车。公孙夏说："这两个人一定会战死疆场。"激战之前，公孙夏让他的士卒高唱《虞殡》这首送葬挽歌，以示必死的决心。陈逆让他的士卒准备好含玉，以示决一死战。公孙挥命令他的士卒："每人都准备一条八尺长的绳子，因为吴军头发很短。"东郭书说："作战三次必定难免一死，这次是第三次了。"于是派人把一把琴送给弦多，并且说："我恐怕再也见不到您了。"陈书说："此次作战，恐怕我只能听到进军的鼓声，听不到收兵的鸣金之声了。"

五月二十七日，双方在艾陵开战。展如击败了高无丕，国书打败了胥门巢。吴王的中军援助胥门巢，大败齐军，俘虏了国书、公孙夏、闾丘明、陈书、东郭书，缴获了战车八百辆，齐军的脑袋三千个，然后献给了鲁哀公。

准备作战时，吴王在军中向叔孙喊道："你担任什么职务呢？"叔孙回答说："司马。"吴王赐给他一副皮甲和一把利剑，说："努力完成国君赋予你的使命，不要辜负国君的希望。"叔孙不知如何回答，子贡上前一步说："州仇愿意接受国君的皮甲并随您作战。"

哀公派太史固把国书的脑袋送回齐国，把它放在一个新做的小箱子中，里面垫上红黑色与浅红色的帛，并在箱子上缠了一条绸带。还在箱子上放了一封书信，内容是："假如上天不能明察他们的邪恶，为什么会让我国得胜。"

吴国准备攻打齐国。越王勾践率领他的群臣到吴国朝见，对吴王和大臣都馈送了礼物。因此吴国人都非常高兴，唯独伍子胥忧心忡忡，说："这是在养肥吴国啊，总有一天会像杀猪一样将吴国灭亡。"于是劝告吴国："越国对吴国来说，是一心腹大患。两国土地相邻，越国对我国一直抱有野心。他们表面上顺服，实际上是为了满足更大的愿望做准备，不如早点下手。即使战胜了齐国，也像是得到了一块布满石头的土地，根本无法耕种。假如吴国不把越国变为池沼，吴国终有一天将被越国灭掉。就像求医治病，也决不会有医生这样说：'一定要留一些病毒在身上。'《盘庚》告诫说：'如有猖狂作乱拒不听命的，一律消灭，并斩草除根，以免使其后代在这里繁衍生存。'这就是商朝所以兴盛的原因。现在国君却反其道而行之，并以此谋求霸业，不是很难做到吗？"吴王不听。又派伍子胥出使齐国。伍子胥把儿子托付给齐国的鲍氏，这就是后来的王孙氏。艾陵之战结束后，吴王听说了这件事，派人赐给子胥一把属镂宝剑让他自杀。子胥自杀前说："请在我的墓前种上一棵槚树，等槚树长大成材时，吴国就要灭亡了！三年之后，吴国开始走向衰落。骄狂自满就一定走向毁灭，这是自然规律。"

秋季，季康子下令修筑防御工事，并说："小国战胜大国，只能招来祸害。齐军不久就会大兵压境。"

冬季，卫国的太叔疾逃到宋国。当初太叔疾娶了宋国子朝的女儿为妻，从嫁的妻妹受到了宠爱。子朝出逃之后，卫国的卿孔文子让太叔疾把妻子及妻妹休弃掉，把自己的女儿嫁给了他。太叔疾派人劝诱前妻的妹妹，把她安置到犁地，并建造了一座宫室，这样就如同有了两个妻子。孔文子得知后大怒，打算攻打太叔疾，被孔子劝阻。孔文子把女儿从太叔疾手里夺了回来。后来太叔疾又在外州和一个女人通奸，外州人把他的车子夺过去献给了国君。太叔疾为这两件事而羞愧难当，所以决定出逃。卫国人立了他的弟弟太叔遗为继承人，并把孔姞嫁与他为妻。太叔疾到宋国为向魋做家臣，献给向魋一些珍珠，向魋便送给他城鉏一地。宋景公向向魋索取那些珍珠，向魋不愿给，由此得罪了景公。等后来向氏逃亡国外，城鉏人乘机攻打太叔疾，卫庄公召他回国，把他安置在巢地，不久死在那里。棺材停放在郫地，后来安葬在少禘。

当初，晋悼公的儿子憖流亡卫国，曾经让他的女儿为他驾车去打猎。太叔懿子挽留他们喝酒，随后便娶了憖的女儿，生了太叔疾。太叔疾做了卿之后，他的外甥夏戊也因此做了大夫。太叔疾逃亡之后，卫国人削去了夏戊的官爵和封邑。

孔文子准备攻打太叔疾时，曾去访问孔子。孔子说："祭祀宴享之事，我略知一二；但兴兵动武，我一无所知。"孔子退下之后，让人驾车要走，说："鸟可以选择树木而栖，树木怎能选择鸟呢？"孔文子急忙挽留孔子，说："我哪是为自己着想啊，是为了使卫国免遭祸难啊。"孔子准备留下，鲁国人以厚礼召请孔子，孔子又回到鲁国。

季康子准备根据田亩的多少征收赋税，特派冉求去征求孔子的意见。孔子说："我不懂这个。"一连去问三次，最后一次问："您是鲁国著名的贤人，我要根据您的意见行事，为什么您不表态呢？"孔子不回答。但私下对冉求说："君子处理政事，要以礼为根据：施舍尽量丰厚，办事力求适当，赋税越少越好。如果这样，按丘征税就可以了。若不依礼行事，贪婪不知满足，即使根据田亩征税，也会感到不满足。再说你季孙如果想办事而又合于法度，自有周公的典章可供参照。假如想任意胡为，又何必征求别人的意见呢？"季康子不听孔子的劝告。

哀公十二年

经　十有二年春，用田赋。夏五月甲辰，孟子卒。公会吴于橐皋。秋，公会卫侯、宋皇瑗于郧。宋向巢帅师伐郑。冬十有二月，螽。

传　十二年春，王正月，用田赋。

夏五月，昭夫人孟子卒。昭公娶于吴，故不书姓。死不赴，故不称夫人。不反哭，故不言葬小君。孔子与吊，适季氏。季氏不绖①，放绖而拜②。

公会吴于橐皋③。吴子使大宰嚭请寻盟。公不欲，使子贡对曰："盟所以周信也④，故心以制之，玉帛以奉之，言以结之，明神以要之。寡君以为苟有盟焉，弗可改也已。若犹可改，日盟何益？今吾子曰，必寻盟。若可寻也，亦可寒也⑤。”乃不寻盟。

吴征会于卫。初，卫人杀吴行人且姚而惧，谋于行人子羽⑥。子羽曰："吴方无道，无乃辱吾君，不如止也。"子木曰⑦："吴方无道，国无道，必弃疾于人⑧。吴虽无道，犹足以患卫。往也，长木之毙⑨，无不摽也⑩。国狗之瘈⑪，无不噬也。而况大国乎！"

秋，卫侯会吴于郧。公及卫侯、宋皇瑗盟，而卒辞吴盟。吴人藩卫侯之舍⑫。子服景伯谓子贡曰："夫诸侯之会，事既毕矣，侯伯致礼⑬，地主归饩⑭，以相辞也⑮。今吴不行礼于卫，而藩其君舍以难之，子盍见大宰？"乃请束锦以行。语及卫故，大宰嚭曰："寡君愿事卫君，卫君之来也缓，寡君惧，故将止之。"子贡曰："卫君之来，必谋于其众。其众或欲或否，是以缓来。其欲来者，子之党也。其不欲来者，子之仇也。若执卫君，是堕党而崇仇也⑯。夫堕子者得其志矣！且合诸侯而执卫君，谁敢不惧？堕党崇仇，而惧诸侯，或者难以霸乎！"大宰嚭说，乃舍卫侯。卫侯归，效夷言⑰。子之尚幼⑱，曰："君必不免，其死于夷乎！执焉，而又说其言⑲，从之固矣⑳。"

冬十二月，螽㉑。季孙问诸仲尼，仲尼曰："丘闻之，火伏而后蛰者毕㉒。今火犹西流，司历过也。"

宋、郑之间有隙地焉㉓，曰弥作、顷丘、玉畅、嵒、戈、锡。子产与宋人为成，曰："勿有是。"及宋平、元之族自萧奔郑，郑人为之城嵒、戈、畅。九月，宋向巢伐郑，取锡，杀元公之孙，遂围嵒。十二月，郑罕达救嵒。丙申㉔，围宋师。

【注释】

①绖：发丧之礼，即免冠括发。　②放绖：去除丧服。　③橐皋：吴地，在今安徽巢县西北。　④周信：巩固信用。　⑤寒：寒凉。寻与寒为反义，寻即温。　⑥子羽：卫大夫。　⑦子木：卫大夫。　⑧弃疾：加害。　⑨长木之毙：大树倒下。　⑩摽：击。　⑪国狗之瘈：名狗发疯。　⑫藩：围。　⑬侯伯致礼：盟主礼宾。　⑭地主归饩：盟会所在地主人馈送食物。　⑮相辞：互相告别。　⑯堕党而崇仇：毁坏了亲近而抬高了仇敌。　⑰效夷言：仿效吴人说话。　⑱子之：即公孙弥牟。　⑲说：同"悦"。　⑳固：必定。　㉑螽：蝗灾。　㉒火伏：大火星在天空消失。蛰者：昆虫蛰伏。　㉓隙地：闲田。　㉔丙申：二十八日。

【译文】

十二年春季，周历正月，鲁国实行田亩征税制度。

夏季五月，鲁昭公夫人孟子去世。因为孟子是昭公从吴国娶的，所以《春秋》不记载她的姓。又因为孟子死后没有发讣告，所以也不称她为夫人。安葬后没有返回祖庙哭泣，所以不称葬小君。当时孔子前去吊唁，到了季氏那里。季康子不脱帽，孔子则脱下丧服答拜。

哀公在橐皋会见吴国人，吴王派太宰伯嚭请求重温鄫地的盟约。哀公不同意，派子贡答复说："盟誓用以巩固信用，所以要在内心制约它，把玉帛献给它，用言语体现它，并以神灵加以约束。寡君认为既然已经有了盟约，就不要轻易修改。如果可以修改，即使每日结盟又有什么用处呢？现在阁下说：一定要重温旧盟。如果盟约可以重温，也可以冷下去。"结果没有重温盟约。

吴国召集卫国参加会见。当初，卫国人曾经杀了吴国的外交官员且姚，因此卫国人非常害怕，就和外交官员子羽商量。子羽说："吴国正处于暴虐无道之时，恐怕会借机侮辱我们国君，不如不去参加。"子木说："吴国确实暴虐无道。一个国家暴虐无道，就必定会嫁祸于人。吴国虽然无道，仍然足以构成对卫国的威胁。还是去参加吧！大树倒下的时候，还要压倒一些东西。国家的名狗发疯之后，遇到谁都会咬。更何况是一个大国呢？"

秋季，卫出公在郧地会见吴国人。哀公和卫出公、宋国的皇瑗私下结盟，最终拒绝了和吴国结盟。吴国人包围了卫出公下榻的住所。子服景伯对子贡说："诸侯会盟时，各项事情办完了，盟主要向大家致礼，东道主国家要赠送大家食物，表示告别。现在吴国不但不向卫国致礼，反而围住卫君的旅馆向他发难，您何不去见吴国的太宰呢？"子贡请求带五匹锦去。和伯嚭说到卫国的问题，伯嚭说："寡君本来愿意事奉卫君，只因卫君迟倒了，寡君有点担心，所以才准备挽留他。"子贡说："卫国前来参加盟会，必然要和他的群臣商议。群臣中有的主张来，有的主张不来，因此才来晚了。那些主张参加的，都是您的朋友，主张不参加的，都是您的仇人。假如抓起卫君，就等于是害了您的朋友而成全了仇人，那些企图损害贵国的人就会越发得意。再说会合诸侯却把卫君抓了起来，谁不害怕呢？损害朋友，成全仇人，使诸侯感到恐惧，也许很难称霸天下！"太宰伯嚭非常高兴，便放了卫出公。卫出公回国后，常常学说吴国话。当时公孙弥牟虽很年幼，却说："国君必定难免灾祸，恐怕终究要死在夷地吧！因为他曾被吴人抓起来过，却又喜欢说他们的话，肯定要跟他们去了。"

冬季十二月，鲁国发生了蝗灾。季康子请教孔子，孔子说："据我所知，一旦火星消失，昆虫也就应该全部蛰伏起来。现在火星仍然高悬在西方天空上，这是司历官应该闰月而没有闰的过错。”

宋国和郑国之间有几块尚未开垦的田地，是弥作、顷丘、玉畅、嵒、戈、锡。当初子产曾和宋国人达成协议，说：“谁也不要占有这些地方。”等宋平公、宋元公的族人从萧地逃到郑国时，郑国人为他们在嵒、戈、锡三地建造了城池。九月，宋国的向巢攻打郑国，占领了锡地，杀了宋元公的孙子，随后又包围了嵒地。十二月，郑国的罕达领兵救援嵒地。二十八日，包围了宋国军队。

哀公十三年

经　十有三年春，郑罕达帅师取宋师于嵒。夏，许男成卒。公会晋侯及吴子于黄池。楚公子甲帅师伐陈。於越入吴。秋，公至自会。晋魏曼多帅师侵卫。葬许元公。九月，螽。冬十有一月，有星孛于东方。盗杀陈夏区夫。十有二月，螽。

传　十三年春，宋向魋救其师。郑子剩使徇曰：“得桓魋者有赏。”魋也逃归，遂取宋师于嵒，获成讙、郜延①，以六邑为虚②。

夏，公会单平公③、晋定公、吴夫差于黄池④。

六月丙子⑤，越子伐吴，为二隧⑥。畴无馀、讴阳自南方⑦，先及郊。吴子大友、王子地、王孙弥庸、寿於姚自泓上观之⑧。弥庸见姑蔑之旗⑨，曰：“吾父之旗也。不可以见仇而弗杀也。”大子曰：“战而不克，将亡国。请待之。”弥庸不可，属徒五千⑩，王子地助之。乙酉⑪，战，弥庸获畴无馀，地获讴阳。越子至，王子地守。丙戌⑫，复战，大败吴师。获大子友、王孙弥庸、寿於姚。丁亥⑬，入吴。吴人告败于王，王恶其闻也⑭，自刭七人于幕下。

秋七月辛丑⑮，盟，吴、晋争先。吴人曰：“于周室，我为长。”晋人曰：“于姬姓，我为伯⑯。”赵鞅呼司马寅曰：“日旰矣⑰，大事未成，二臣之罪也⑱。建鼓整列，二臣死之，长幼必可知也⑲。”对曰：“请姑视之。”反，曰：“肉食者无墨⑳。今吴王有墨，国胜乎㉑？大子死乎？且夷德轻㉒，不忍久㉓，请少待之。”乃先晋人。

吴人将以公见晋侯，子服景伯对使者曰㉔：“王合诸侯，则伯帅侯牧以见于王。伯合诸侯，则侯帅子、男以见于伯。自王以下，朝聘玉帛不同。故敝邑之职贡于吴，有丰于晋，无不及焉，以为伯也。今诸侯会，而君将以寡君见晋君，则晋成为伯矣，敝邑将改职贡。鲁赋于吴八百乘。若为子、男，则将半邾以属于吴㉕，而如邾以事晋㉖。且执事以伯召诸侯，而以侯终之，何利之有焉㉗？”吴人乃止，既而悔之，将囚景伯。景伯曰："何也立后于鲁矣㉘。将以二乘与六人从，迟速唯命。"遂囚以还，及户牖㉙，谓大宰曰："鲁将以十月上辛㉚，有事于上帝先王，季辛而毕㉛。何世有职焉㉜，自襄以来，未之改也。若不会，祝宗将曰：'吴实然。'且谓鲁不共，而执其贱者七人，何损焉？"大宰嚭言于王曰："无损于鲁，而只为名㉝，不如归之。"乃归景伯。

吴申叔仪乞粮于公孙有山氏㉞，曰："佩玉繠兮㉟，余无所系之。旨酒一盛兮㊱，余与褐之父睨之㊲。"对曰："粱则无矣㊳，粗则有之㊴。若登首山以呼曰：'庚癸乎㊵'。则诺。"

王欲伐宋，杀其丈夫而囚其妇人㊶。大宰嚭曰："可胜也，而弗能居也。"乃归。

冬，吴及越平。

【注释】

①成讙、郜延：二人为宋大夫。　②虚：使为空邑，双方都不占有。　③单平公：周卿士。　④黄池：地名，在今河南封丘县境。　⑤丙子：十一日。　⑥为二隧：兵分两路。　⑦畴无馀、讴阳：二人皆越大夫。　⑧泓：水名。　⑨姑蔑：越地名。　⑩属徒：集命部下。　⑪乙酉：二十日。　⑫丙戌：二十一日。　⑬丁亥：二十二日。　⑭恶其闻：讨厌诸侯听到。　⑮辛丑：初六日。　⑯伯：霸。　⑰旰：晚。　⑱二臣：指赵鞅、司马寅。　⑲长幼：即先后。　⑳肉食者：即食肉者，指大夫以上官员。　㉑国胜：国为敌所胜。　㉒夷德轻佻不稳重。　㉓不忍久：即不能久忍。　㉔伯：诸侯之长，霸主。　㉕半邾以属于吴：按邾国战车的半数贡赋给吴国。　㉖如邾：按邾战车数。　㉗何：景伯名。　㉘立后：确定了继承人。　㉙户牖：今河南兰考县东北。　㉚上辛：第一个辛日。　㉛季辛：最后一个辛日。　㉜世有职：世代担任祭祀的职务。　㉝只为名：仅留恶名。　㉞申叔仪：吴大夫。公孙有山：鲁大夫。　㉟繠（ruǐ）：下垂貌。　㊱一盛：一杯。　㊲余与褐之父睨之：我与下贱的老翁斜视着。褐，卑贱者的服装。　㊳粱：细粮。　㊴粗：粗粮。　㊵庚癸：下等货。若分货为十等，甲乙为上等，庚则为下等，癸再下。　㊶丈夫：男人。

【译文】

十三年春季，宋国的向魋前往喦地解救被围困的宋军。郑国的罕达通令全军说："抓获向魋者有赏。"向魋吓得逃回去了，郑军全歼了喦地的宋军，俘获了成讙、郜延两位大夫，把上述六邑掳掠一空，使这些地区再次成为两不管地区。

夏季，哀公在黄池会见了单平公、晋定公、吴王夫差。

六月十一日，越王发兵攻打吴国，兵分两路。由畴无馀、讴阳从南部进攻，先逼至吴都郊外。吴国的太子友、王子地、王孙弥庸、寿於姚从泓水上观察越军情况。弥庸看到越地姑蔑的军旗，说："这是我父亲的战旗。我不能见到仇敌而不杀。"太子说："如果作战而不能取胜，就要亡国，请暂且等待一下。"弥庸不听，集合了五千士卒，由王子地协助。二十日，双方交战，弥庸俘获了畴无馀，王子地俘获了讴阳。越王赶到，王子地坚守阵地。二十一日，再次交战，吴军大败，太子友、王孙弥庸、寿於姚被俘。二十二日，越军攻入吴都。吴国人急忙向吴王报告战败的消息，吴王怕参加盟会的诸侯知道，便亲自在帐幕里把知道这一情况的七个人杀死。

秋季七月六日，诸侯结盟，吴国和晋国为歃血的先后顺序争执起来。吴国人说："在周王室的兄弟中，我们祖先太伯是长子。"晋国人说："在姬姓各国中，我们晋国历代都是盟主。"赵鞅对司马寅喊道："现在天色已晚，结盟的大事还没有完成，这是我们两个人的罪过。请大张旗鼓，整顿队伍，我们二人决一死战，这样才能决出先后顺序。"司马寅回答说："姑且让我到吴军观察一下情况。"回来后说："身居高位的人不应该面色灰暗。现在吴王面色灰暗，难道他的国家被别人打败了吗？或者是太子死了吗？夷狄之人缺乏德行修养，不能长期忍耐下去，请稍稍等候。"于是晋国让吴国人先行歃血。

吴国人准备带领哀公一同去见晋定公，子服景伯对吴国的使者说："天子会合诸侯时，由盟主率领诸侯朝见天子；盟主会合诸侯时，由侯爵率领子爵、男爵进见盟主。自天子以下，朝聘时进献的玉帛有所不同。因此敝国献给吴国的贡品只会比晋国丰厚，而不会少，这是因为我们把吴国作为盟主对待。现在诸侯会集此地，而国君竟要带着寡君进见晋君，实际上等于把晋国作为盟主对待了，那么敝国就要改变进贡的数量了。原来鲁国是以八百辆战车的标准向吴国进贡的，如果鲁国被作为子爵、男爵国家对待，就要以半数于邾国战车的标准向吴国进贡，以邾国一样的标准事奉晋国了。再说贵国开始以诸侯盟主的身份召集诸侯，结果却以侯爵的身份来结束，这有什么好处呢？"吴国人便改变了主意，不久又后悔了，准备把景伯关押起来。景伯说："我来此之前已经在鲁国立了继承人，现在就准备带着两辆车六个人跟你们去，何时动身悉听尊便。"随后吴国人便押着他回去了。行至户牖，景伯对太宰说："鲁国将要在十月的第一个辛日祭祀上帝和历代先王，直到最后一个辛日才结束。我家世世代代都在祭祀中担任重要职务，自襄公以来，从没有改变过。如果这次我不能参加，祝宗将告诉神灵；'是吴国不让他回来。'说鲁国对吴国不够恭敬，却只抓了六个身份低下的人，对鲁国又能有什么损害呢？"于是太宰伯嚭对吴王说："对鲁国不会造成任何损害，却要落一个恶名，还不如把他们放回去呢！"于是就放了景伯等人。

吴国的申叔仪向公孙有山氏讨饭，说："虽然有佩玉，却没有地方可系；虽有一杯甜酒，我和身着破衣的老翁只能干看。"公孙有山氏回答说："美味佳肴已经没有了，不过粗茶淡饭还有。你只要登上首山高喊：'我是下等人。'就会有人给你送去。"

吴王准备攻打宋国，杀了他们的男人，抓获他们的女人。太宰伯嚭说："可以取胜，但不能久留。"于是吴军就回国了。

冬季，吴国和越国讲和。

哀公十四年

经　十有四年春，西狩获麟。小邾射以句绎来奔。夏四月，齐陈恒执其君，置于舒州。庚戌，叔还卒。五月庚申朔，日有食之。陈宗竖出奔楚。宋向魋入于曹以叛。莒子廷卒。六月，宋向魋自曹出奔卫。宋向巢来奔。齐人弑其君壬于舒州。秋，晋赵鞅帅师伐卫。八月辛丑，仲孙何忌卒。冬，陈宗竖自楚复入于陈，陈人杀之。陈辕买出奔楚。有星孛。饥。

传　十四年春，西狩于大野①，叔孙氏之车子鉏商获麟②，以为不祥，以赐虞人③。仲尼观之，曰："麟也。"然后取之。

小邾射以句绎来奔④，曰："使季路要我⑤，吾无盟矣。"使子路，子路辞。季康子使冉有谓之曰："千乘之国，不信其盟，而信子之言，子何辱焉？"对曰："鲁有事于小邾，不敢问故，死其城下可也。彼不臣而济其言⑥，是义之也⑦。由弗能⑧。"

齐简公之在鲁也⑨，阚止有宠焉。及即位，使为政。陈成子惮之⑩，骤顾诸朝⑪。诸御鞅言于公曰⑫："陈、阚不可并也⑬，君其择焉。"弗听。

子我夕⑭，陈逆杀人⑮，逢之，遂执以入。陈氏方睦，使疾⑯，而遗之潘沐⑰，备酒肉焉，飨守囚者，醉而杀之，而逃。子我盟诸陈于陈宗⑱。

初，陈豹欲为子我臣⑲，使公孙言己⑳，已有丧而止㉑。既而言之，曰："有陈豹者，长而上偻㉒，望视㉓，事君子必得志㉔。欲为子臣，吾惮其为人也，故缓以告。"子我曰:"何害?是其在我也。"使为臣。他日,与之言政,说,遂有宠。谓之曰:"我尽逐陈氏,而立女,若何?"对曰:"我远于陈氏矣㉕。且其违者㉖,不过数人,何尽逐焉?"遂告陈氏。子行曰:"彼得君,弗先,必祸子。"子行舍于公宫。

夏五月壬申㉗,成子兄弟四乘如公。子我在幄,出,逆之。遂入,闭门。侍人御之,子行杀侍人。公与妇人饮酒于檀台,成子迁诸寝㉘。公执戈,将击之。大史子馀曰㉙:"非不利也,将除害也。"成子出舍于库,闻公犹怒,将出,曰:"何所无君?"子行抽剑,曰:"需㉚,事之贼也。谁非陈宗?所不杀子者,有如陈宗!"乃止。

子我归,属徒㉛,攻闱与大门㉜,皆不胜,乃出。陈氏追之,失道于弇中㉝,适丰丘。丰丘人执之㉞,以告,杀诸郭关㉟。成子将杀大陆子方㊱,陈逆请而免之,以公命取车于道。及耏㊲,众知而东之。出雍门㊳,陈豹与之车,弗受,曰:"逆为余请,豹与余车,余有私焉㊴。事子我而有私于其仇,何以见鲁、卫之士?"东郭贾奔卫。

庚辰㊵,陈恒执公于舒州㊶。公曰:"吾早从鞅之言,不及此。"

宋桓魋之宠害于公。公使夫人骤请享焉,而将讨之。未及,魋先谋公,请以鞌易薄㊷,公曰:"不可。薄,宗邑也㊸。"乃益鞌七邑,而请享公焉。以日中为期,家备尽往㊹。公知之,告皇野曰㊺:"余长魋也㊻。今将祸余,请即救。"司马子仲曰:"有臣不顺,神之所恶也,而况人乎?敢不承命。不得左师不可㊼。请以君命召之。"左师每食击钟。闻钟声,公曰:"夫子将食。"既食,又奏。公曰:"可矣。"以乘车往,曰:"迹人来告曰㊽:'逢泽有介麋焉㊾,'公曰:'虽魋未来。得左师,吾与之田,若何?'君惮告子㊿。野曰:'尝私焉[51]。'君欲速,故以乘车逆子。"与之乘,至,公告之故,拜,不能起。司马曰:"君与之言[52]。"公曰:"所难子者[53],上有天,下有先君。"对曰:"魋之不共,宋之祸也。敢不唯命是听。"司马请瑞焉[54],以命其徒攻桓氏[55]。其父兄故臣曰:"不可。"其新臣曰:"从吾君之命。"遂攻之。子颀聘而告桓司马[56],司马欲入,子车止之[57],曰:"不能事君,而又伐国,民不与也,只取死焉。"向魋遂入于曹以叛。六月,使左师巢伐之,欲质大夫以入焉。不能。亦入于曹,取质。魋曰:"不可。既不能事君,又得罪于民,将若之何?"乃舍之。民遂叛之。向魋奔卫。向巢来奔,宋公使止之,曰:"寡人与子有言矣,不可以绝向氏之祀。"辞曰:"臣之罪大,尽灭桓氏可也。若以先臣之故,而使有后,君之惠也。若臣则不可以入矣。"

司马牛致其邑与珪焉⁵⁸，而适齐。向魋出于卫地，公文氏攻之，求夏后氏之璜焉。与之他玉，而奔齐。陈成子使为次卿，司马牛又致其邑焉，而适吴。吴人恶之，而反。赵简子召之，陈成子亦召之。卒于鲁郭门之外，阬氏葬诸丘舆⁵⁹。

甲午⁶⁰，齐陈恒弑其君壬于舒州，孔丘三日齐⁶¹，而请伐齐三。公曰："鲁为齐弱久矣⁶²，子之伐之，将若之何？"对曰："陈恒弑其君，民之不与者半。以鲁之众，加齐之半，可克也。"公曰："子告季孙。"孔子辞。退而告人曰："吾以从大夫之后也⁶³，故不敢不言。"

初，孟孺子泄将围马于成⁶⁴。成宰公孙宿不受，曰："孟孙为成之病⁶⁵，不围马焉。"孺子怒，袭成。从者不得入，乃反。成有司使，孺子鞭之。秋八月辛丑⁶⁶，孟懿子卒。成人奔丧⁶⁷，弗内⁶⁸。祖免哭于衢⁶⁹。听共⁷⁰，弗许。惧，不归。

【注释】

①大野：地名，在今山东巨野县北。　②车：御者。麟：麒麟。　③虞人：掌山泽之官。　④射：小邾大夫。　⑤要：约。　⑥彼不臣而济其言：他不尽臣道反而使他的话得以实现。　⑦义之：以其不臣为义。　⑧由：子路名。　⑨齐简公：悼公阳生之子，名壬。　⑩陈成子：陈常。　⑪骤：屡次。　⑫鞅：齐大夫。鞅为一般仆御之官，故称诸御。　⑬并：并列。　⑭子我夕：子我晚上朝见齐侯。子我，即阚止。　⑮陈逆：字子行，齐臣。　⑯使疾：使陈逆装病。　⑰潘沐：洗头的淘米水。潘，米汁。　⑱陈宗：陈氏宗主家。　⑲陈豹：字子皮，陈氏族人。　⑳公孙：齐大夫。　㉑已：已而，不久。　㉒长而上偻：高个子而驼背。　㉓望视：仰视。　㉔得志：满意。　㉕远于陈氏：在陈氏家族中为远支。　㉖违者：与子我为敌者。　㉗壬申：十三日。　㉘迁诸寝：欲迁齐侯于寝宫。　㉙子馀：陈氏之党。　㉚需，事之贼：犹豫不定，是事情的大害。　㉛属徒：集合私卒。　㉜闱：宫中小门。　㉝失道于弇中：在弇中迷了路。弇中，即临淄西南的弇中峪。　㉞丰丘：陈氏邑。　㉟郭关：齐都郭门。　㊱大陆子方：即东郭贾，子我之臣。　㊲酄：地名，在齐、鲁交界处。　㊳雍门：齐城门。　㊴私：私交。　㊵庚辰：二十一日。　㊶舒州：在今河北大城县境。　㊷窜、薄：窜为向氏邑，薄为公邑。　㊸宗邑：祖庙所在地。　㊹家备：私家的甲兵。　㊺皇野：司马子仲。　㊻长：抚育长大。　㊼左师：向魋之兄向巢。　㊽迹人：掌田猎足迹、知禽兽之处的人。　㊾逢泽有介麇：逢泽有一只麇鹿。逢泽，在今河南商丘县南。　㊿惮告子：不便告诉您。　51尝私焉：试以私人身份来告。　52言：盟誓。　53难子：使您遭祸难。　54瑞：符节。　55桓氏：即向魋。　56子颀：向魋之弟。桓司马：即向魋。　57子车：向魋之弟。　58司马牛：桓魋之弟。珪：守邑的符信。　59阬氏：鲁人。丘舆：在今山东费县西。　60甲午：六月五日。　61齐：同"斋"。　62弱：削弱。　63从大夫之后：位列大夫之末。　64围马：养马。　65病：

贫困。　⑥辛丑：十三日。　⑥成人：即成宰。　⑱内：通"纳"。　⑲祖免：脱去上衣和帽子。　⑦听共：听从驱使。

【译文】

十四年春季，哀公到鲁国西部的大野去打猎，叔孙氏的御者子钼商捕获了一只麒麟，认为这是个不祥之物，把它赐给了主管山泽的官员。孔子看到之后说："这是麒麟。"便要了过去。

小邾国的大夫射带着句绎一地投奔鲁国，说："假如派子路和我口头约定，我们就不必结盟。"鲁国派子路去，子路拒绝了。季康子派冉求对子路说："不相信一个拥有上千辆战车的国家的盟约，却相信你的话，这对你来说，并不是一种屈辱啊。"子路回答说："假如鲁国和邾国发生了战争，我不必询问原因就可以战死城下。现在他不尽为臣之道，如果满足他的愿望，就等于承认其行为是合乎道义的了，我不能这么做。"

齐简公当初在鲁国时，很宠信阚止。回国即位后，就让阚止执掌齐国政权。陈常很不安，多次在朝廷上回头看他。齐大夫鞅对简公说："陈常和阚止两个人不能都用，国君必须做出选择。"简公不听。

一日傍晚，阚止前去朝见简公，正好遇到陈逆杀了人，便派人把他抓起来带到公宫。当时陈氏族人都很团结，就让陈逆假装有病，并送去洗头的淘米水，里面藏有酒肉。陈逆把酒肉送给看守吃，看守喝醉之后，陈逆把他杀了就跳跑了。阚止在陈氏宗主家里和陈氏族人结盟。

当初，陈豹打算做阚止的家臣，让公孙向阚止推荐自己，不久，因为陈豹家里有了丧事，公孙便把此事搁起来了。丧事过后，公孙对阚止说："有一个人叫陈豹，身材很高，有点驼背，两眼上视，如果事奉君子一定能令人满意。他想做您的家臣，我因为担心其品行不好，所以才迟迟没有告诉您。"阚止说："这有什么了不起，品行好坏在于我如何使用。"便让他做了家臣。有一天，阚止和陈豹谈起为政之道，阚止很高兴，随后陈豹便受到宠信。阚止对陈豹说："我把陈氏族人全部赶走，立你为继承人，怎么样？"陈豹说："我只不过是陈氏一族的远支，再说与您为敌的也就是几个人，为什么要把他们都赶走呢？"随后告诉了陈氏。陈逆说："他已经得到了国君的宠信，如果不先下手，祸患一定落到您头上。"于是陈逆先住到公宫中去。

夏季五月十三日，陈常兄弟八人乘坐四辆车前往国君住处。阚止当时正在朝廷，他出来迎接。陈氏兄弟进去之后便把门关上了。齐简公的侍从抵抗，陈递把他们杀了。这时简公正和女人在檀台上饮酒取乐，陈常让简公转移到寝宫中去。简公拿起戈要打陈常。太史子馀说："他们不是要为难国君，而是要为君除害。"陈常搬到府库中去住，听说国君还在发怒，便准备出奔，他说："哪里没有国君呢？"陈逆抽出宝剑说："犹疑不决，必定贻误大事。你要走了，谁不能做陈氏的宗主呢？如果您要走，我就杀了您，我对祖宗发誓。"于是陈常决定不走。

阚止回到家里，集合了家兵，攻打宫墙的小门和大门，都没有攻克，便逃了出去。陈氏族人追赶他，他在弇中迷失了方向，结果逃到了陈氏的封邑丰丘。丰丘人把他抓了起来，然后报告了陈常，陈氏把阚止杀死在外城的门外。陈常准备杀了阚止的家臣大陆子方，陈逆请求赦免了他。子方以简公的名义在路上夺了一辆车，逃到轵地后，被人们发现了，于是他又向东逃去，出了雍门，陈豹送给他一辆车，他拒绝接受，说："陈逆为我请求免死，陈豹赠我车子让我逃命，说明我和他们有私交。事奉阚止却又私下和他的仇人有交情，有何脸面去见鲁国、卫国人呢？"后来子方还是逃到了卫国。

二十一日，陈常在舒州把简公抓了起来。简公说："假如我从前听了鞅的忠告，也不会落到这一步。"

宋国的向魋依仗国君的宠信迅速发展自己的势力，以至于对国君构成了威胁。宋景公让母亲突然邀请他饮宴，企图乘机将其除掉。还没有来得及请，向魋就首先策划对付景公了。他请求用自己的封邑鞌地和景公的薄地交换，景公说："不行。薄地是公室宗庙所在地。"同意把周围的七座城邑划归鞌地。向魋装作要宴请景公以表示感谢，并约定在中午。向魋把自己的甲兵全都埋伏在宴请场所。景公知道后，对司马皇野说："向魋是我养大的。如今他要加害于我，请派兵去救援。"皇野说："臣子不听从君命，就连神灵也会厌恶，更何况人呢？我怎敢不接受命令呢？但必须得到左师向巢的支持，否则难以成功，请以国君的名义召见他。"左师向巢每次吃饭时都要击钟。此时正好从他家有钟声传来，景公说："他正在吃饭。"向巢吃完饭之后，又奏乐。景公说："现在可以去了。"于是皇野乘车到向巢家里，对他说："据掌管田猎足迹的官员报告说：'逢泽有一只麋。'国君说：'现在向魋还没有回来，如果能和左师一起去打猎，怎么样？'国君不好意思劳您一块去。我说：'让我以私人身份去试探一下。'国君想快点去，所以让我乘车来接您。"向巢便和他一同坐上车来到公宫。景公把原因告诉他，向巢吓得扑倒在地不敢起身。皇野对景公说："国君要和他盟誓。"景公说："我决不让您遭到祸难，我对天发誓，对先君发誓。"向巢回答说："向魋对君不敬，这是国家的祸患，我怎敢不绝对听命呢？"皇野请求授给他符节，以令他的家兵攻打向魋。他的父老兄弟的旧臣说："不行"，新臣则说："要服从国君的命令。"于是决定攻打向魋。子顽策马前去告诉向魋。向魋打算领兵入城攻打国君，他的弟弟子车劝阻说："不能事奉国君，又要攻打都城，决不会得到百姓的拥护，只能是自取灭亡。"于是向魋便进入曹邑发动了叛乱。六月，景公派左师向巢攻打。向巢要求把大夫送到曹邑作人质，没有得到允许。他进入曹邑，准备把曹邑的人作为人质，但向魋说："不能这么做。既然不能事奉国君，又得罪了百姓，这可怎么是好？"于是向巢把曹邑的人质释放了。但曹邑的百姓随后也背叛了他们。向魋逃到了卫国。向巢逃到了鲁国，宋景公派人挽留他说："寡人已经和你订立盟约了，不能断绝向氏家族的祭祀。"向巢推辞说："我的罪过太大了，即使把桓氏家族全部灭绝也不为过。假如看在先臣的面子上，使桓氏能有后人，那就是国君的大恩大德了。至于我，是决不能再回到国内了。"

向魋的弟弟司马牛把他的封邑和玉珪交出来后就逃到了齐国。向魋逃到卫国后，卫国大夫公文氏攻打他，是为了向他索取夏后氏的一块玉璜。向魋给了他另外一块玉，又逃到了齐国。陈常让他做了次卿，司马牛把齐国给自己的封邑交出来后又到了吴国。吴国人很讨厌他，所以他又回到宋国。赵鞅请他到晋国去，陈常也请他到齐国去，结果他死在鲁都外城之外，阮氏把他安葬在丘舆。

六月五日，齐国的陈常在舒州杀了齐简公壬。孔子为此斋戒三天，又一连三次请求攻打齐国。哀公说："齐国长期以来削弱鲁国，您让我攻打它，那么我们国家怎么办呢？"孔子回答说："陈常杀了他的国君，百姓中亲近他的不到一半。用鲁国的全部兵力，加上齐国的一半人，完全能够战胜他。"哀公说："你去告诉季孙。"孔子拒绝了。退下来后对别人说："因为我曾经也位居大夫之列，所以才不敢不说。"

当初，孟孺子准备在成地养马。成地的邑宰公孙宿不同意。他说："当年孟孙子考虑到成地的百姓比较贫困，所以才不在这里养马。"孟孺子非常恼火，发兵偷袭成地。结果跟随而去的人没有攻进去，只好折回来。成地的官员派人拜见孟孺子，遭到了孟儒子的鞭打。秋季八月十三日，孟懿子去世。成地的邑宰前去奔丧，孺子拒绝接纳。于是邑宰脱去上衣，摘下帽子，在大街上哭了起来。并且表示愿意听候孟孺子的差遣。但孟孺子还是不肯原谅。邑宰非常害怕，所以也不敢回去。

哀公十五年

经　十有五年春，王正月，成叛。夏五月，齐高无丕出奔北燕。郑伯伐宋。秋八月，大雩。晋赵鞅帅师伐卫。冬，晋侯伐郑。及齐平。卫公孟彄出奔齐。

传　十五年春，成叛于齐。武伯伐成，不克，遂城输①。

夏，楚子西、子期伐吴，及桐汭②。陈侯使公孙贞子吊焉，及良而卒③，将以尸入④。吴子使太宰嚭劳，且辞曰：“以水潦之不时，无乃廪然陨大夫之尸⑤，以重寡君之忧。寡君敢辞。”上介芋尹盖对曰⑥：“寡君闻楚为不道，荐伐吴国⑦，灭厥民人。寡君使盖备使⑧，吊君之下吏。无禄，使人逢天之戚⑨，大命陨队⑩，绝世于良，废日共积，一日迁次⑪。今君命逆命人曰：‘无以尸造于门。’是我寡君之命委于草莽也。且臣闻之曰，事死如事生，礼也。于是乎有朝聘而终，以尸将事之礼⑫，又有朝聘而遭丧之礼。若不以尸将命，是遭丧而还也，无乃不可乎！以礼防民，犹或逾之⑬。今大夫曰‘死而弃之’，是弃礼也。其何以为诸侯主？先民有言曰‘无秽虐士⑭’。备使奉尸将命，苟我寡君之命达于君所，虽陨于深渊，则天命也。非君与涉人之过也⑮。”吴人内之。

秋，齐陈瓘如楚⑯。过卫，仲由见之⑰，曰：“天或者以陈氏为斧斤，既斫丧公室，而他人有之，不可知也。其使终飨之，亦不可知也。若善鲁以待时，不亦可乎？何必恶焉？”子玉曰：“然，吾受命矣，子使告我弟。”

冬，及齐平。子服景伯如齐，子赣为介，见公孙成⑱，曰：“人皆臣人，而有背人之心。况齐人虽为子役，其有不贰乎？子，周公之孙也。多飨大利，犹思不义。利不可得，而丧宗国⑲，将焉用之？”成曰：“善哉！吾不早闻命。”

陈成子馆客⑳，曰：“寡君使恒告曰：‘寡人愿事君如事卫君。’”景伯揖子赣而进之㉑。对曰：“寡君之愿也。昔晋人伐卫，齐为卫故，伐晋冠氏㉒，丧车五百，因与卫地，自济以西，禚、媚、杏以南，书社五百㉓。吴人加敝邑以乱。齐因其病㉔，取谨与阐。寡君是以寒心。若得视卫君之事君也，则固所愿也。”成子病之，乃归成。公孙宿以其兵甲入于嬴㉕。

卫孔圉取大子蒯聩之姊，生悝。孔氏之竖浑良夫㉖，长而美，孔文子卒㉗，通于内㉘。大子在戚，孔姬使之焉。大子与之言曰：“苟使我入获国，服冕乘轩㉙，三死无与㉚。”与之盟。为请于伯姬。

闰月㉛，良夫与太子入，舍于孔氏之外圃㉜。昏，二人蒙衣而乘㉝，寺人罗御，如孔氏。孔氏之老栾宁问之，称姻妾以告。遂入，适伯姬氏。既食，孔伯姬杖戈而先，大子与五人介，舆豭从之㉞。迫孔悝于厕㉟，强盟之，遂劫以登台。栾宁将饮酒，炙未熟㊱，闻乱，使告季子㊲。召获驾乘车㊳，行爵食炙㊴，奉卫侯辄来奔。

季子将入，遇子羔将出㊵，曰："门已闭矣。"季子曰："吾姑至焉。"子羔曰："弗及，不践其难㊶。"季子曰："食焉㊷，不辟其难㊸。"子羔遂出。子路入，及门，公孙敢门焉，曰："无入为也。"季子曰："是公孙也，求利焉而逃其难。由不然，利其禄，必救其患。"有使者出，乃入。曰："大子焉用孔悝？虽杀之，必或继之。"且曰："大子无勇，若燔台半，必舍孔叔㊹。"大子闻之，惧，下。石乞、盂黡敌子路。以戈击之，断缨㊺。子路曰："君子死，冠不免。"结缨而死㊻。孔子闻卫乱，曰："柴也其来，由也死矣。"

孔悝立庄公㊼。庄公害故政㊽，欲尽去之。先谓司徒瞒成曰："寡人离病于外久矣㊾，子请亦尝之。"归告褚师比，欲与之伐公，不果。

【注释】

①输：在成地附近。　②桐汭：即今桐水。　③良：地名，在吴都附近。　④尸：灵柩。　⑤廪：泛滥。　⑥上介芊尹盖：上介，即第一副使。芊尹，陈国官名。盖，人名。　⑦荐：屡，多次。　⑧备使：备于使臣之列。　⑨逢天之戚：遇到上天忧伤。　⑩队：同"坠"。　⑪一日迁次：每天迁移住地。意为匆忙赶路。　⑫以尸将事：以灵柩完成使命。　⑬犹或逾之：尚且有人逾越。　⑭虐士：死者。　⑮涉人：船工。　⑯陈瓘：陈恒兄，字子玉。　⑰仲由：即子路。　⑱公孙成：成宰公孙宿。　⑲丧宗国：失掉祖国。　⑳馆客：到宾馆见客。　㉑子赣：即子贡。　㉒冠氏：地名，在今河北冠县北。　㉓书社：书，将户籍记入簿册。社，二十五户为社。　㉔病：愧。　㉕嬴：齐邑名，在今山东泰安县东北。　㉖竖：小臣。　㉗孔文子：即孔圉。　㉘内：孔文子妻孔姬。　㉙冕、轩：为大夫车服。　㉚三死无与：免其死罪三次。　㉛闰月：闰十二月。　㉜外圃：家外菜园。　㉝蒙衣：以巾蒙面，伪装为妇人。　㉞舆豭：车上装着公猪。　㉟厕：墙角。　㊱炙：肉。　㊲季子：即子路。时子路为卫大夫孔悝的邑宰。　㊳获：人名。　㊴行爵食炙：在车子上边走边喝酒吃肉。　㊵子羔：卫大夫高柴，孔子弟子。　㊶不践其难：不要去遭罹祸难。　㊷食焉：吃他的俸禄。　㊸辟：同"避"。　㊹孔叔：即孔悝。　㊺缨：帽带。　㊻结缨：系紧帽带。　㊼庄公：即太子蒯聩。　㊽故政：故旧大臣。　㊾离病：遭受祸难。离，通"罹"。

【译文】

十五年春季，成地人背叛了鲁国孟氏投靠了齐国。孟孺子攻打成地，没有攻克，就在输地筑城以威逼成地。

夏季，楚国的子西、子期攻打吴国，行至桐汭。陈缗公派公孙贞子前往吴国慰问，不料公孙贞子行至良地突然身亡。陈国人准备带着他的尸体进入吴都，吴王派太宰伯嚭出城慰劳，并推辞说："由于敝国经常发生水灾，恐怕会泛滥开来冲淹了大夫的尸体，加重寡君的忧虑。所以寡君特此派我前来辞谢。"陈国的第一副使芊尹盖回答说："寡君听说楚国暴虐无道，多次攻打贵国，百姓惨遭祸殃。因此才派出特使，前来慰问贵国全体将士。不幸的是，使臣公孙贞子恰遇上天发怒，以致命丧途中，在良地去世。我们用了一些时间准备殡殓的东西，又不敢耽误太多时间，所以日夜兼程，每天都搬迁几次。现在国君派人前来迎接，却说：'不能把灵柩运进吴都大门。'这是把寡君的命令丢弃到草丛野地里。再说据我所知：对待死者如同对待生者一样，才合乎礼。正因为如此，各国规定了朝聘期间使臣死去，仍然要奉着灵柩完成使命，以及朝聘期间遇到受聘国家发生丧事时的礼仪。如果不让我们奉着灵柩完成使命，就等于遇到贵国发生了丧事而让我们回去，恐怕不合适吧？以礼提防百姓，还怕他们有越轨行为。现在大夫说：死了就把他扔掉。实际上是要丢弃礼。如此，还怎么能成为诸侯的盟主呢？先人有句话说：不要认为死者污秽。我一定要奉着灵柩完成国君的使命，假如寡君的命令能传达给贵君，即使让我坠入深渊，也心甘情愿，因为这是上天的意志。并不是贵君和送我们过河的船夫的过错。"于是吴国人让他们进城了。

秋季，齐国的陈瓘前往楚国。途径卫国时，子路拜见他，说："或许是上天把陈氏作为一把利斧，削弱公室，而使他人坐享其成，很难预料；也许是最后要使陈氏享有整个国家，这也很难预料。假如你们善待鲁国，等待时机，不也是一种良策吗？又何必把两国的关系搞坏呢？"陈瓘说："对。不过我已经接受命令了，您派人告诉我的弟弟陈常去吧。"

冬季，鲁国和齐国讲和。子服景伯到齐国，子赣为副使，见到了背叛鲁国的成地邑宰公孙成，对他说："同样都是做别人的臣子，尚且有背叛主人的念头。更何况齐国人虽然愿意为您帮忙，难道就保证对您没有二心吗？您是周公的后代，享有不尽的荣华，尚且要做不义之事。这样不但得不到任何好处，反而会丧失祖国，何必这样呢？"公孙成说："说得好！遗憾的是我没有早一点听到您的教诲。"

陈常到宾馆会见鲁国客人，说："寡君特派我告诉阁下：'寡人愿意像事奉卫君一样事奉贵君。'"景伯向子贡作了个揖，示意他上前回答。子贡说：

"这当然也是寡君的愿望。从前晋国人攻打卫国，贵国为了卫国攻打晋国的冠氏，损失了五百辆战车，还把济水以西，禚、媚、杏以南的土地送给了卫国，共有一万两千五百户人家。吴国人侵略我国时，贵国却乘人之危占领了谨地和阐地，寡君因此感到非常寒心。假如贵国能像对待卫君那样对待寡君，当然就是我们本来的愿望了。"听了这番话，陈常深感忧虑，便把成地还给了鲁国。公孙成率领他的士卒、武器到了齐国的嬴地。

卫国的孔圉娶了太子蒯聩的姐姐为妻，生了孔悝。孔圉的仆人浑良夫身材高大，面貌英俊。孔圉死后，浑良夫和他的妻子孔姬私通。当时太子蒯聩流亡戚地，孔姬派浑良夫到戚地。蒯聩对他说："假如你能帮我回到国内登上君位，我封你为大夫，穿大夫的衣冠，坐大夫的车子，并且赦你死罪三次。"并和他结了盟。浑良夫回来后向孔姬请求。

闰十二月，良夫和太子回到卫都，住在孔氏家外的菜园里。黄昏时分，二人以头巾蒙面，乘坐车子，由寺人罗驾车，到了孔氏家里。孔氏的家宰栾宁问是什么人，寺人罗说是亲戚家的侍妾。进去后，直接到了孔姬住处。吃完饭，孔姬拿着戈作为手杖走在前面，太子和五个随从身穿皮甲，并用车子载上一头公猪在后面跟着。把孔悝追到墙角，强行和他结盟，然后又劫持他登上孔氏高台。此时栾宁正准备喝酒，肉还没有烤熟，听说发生了叛乱，派人火速报告子路。并叫获套上车马，在车上边喝酒边吃肉，保护着卫出公逃到鲁国。

子路正要进城，碰上子羔准备出奔，子羔说："城门已经关上了。"子路说："我再去看看。"子羔说："来不及了，不要前去送死。"子路说："既然拿了孔氏的俸禄，就不能躲避祸难。"子羔随后便逃亡了。子路进了城，来到孔氏家门口，公孙敢守卫着大门，说："不要进去了。"子路说："你是公孙敢吧，你为了个人利益逃避孔氏的灾难。我不会这样，我吃了人家的俸禄，就一定要进去救他。"这时里面有人出来，子路便进去了。他高喊："太子何必劫持孔悝呢？即使杀了他，也一定有人接着与您决战。"并说："太子胆小无勇，如果用火烧台，烧毁一半，他就一定会放了孔悝。"太子听到后非常害怕，走下高台。石乞、盂黡下去抵抗子路。他们手持长戈猛击子路，砍断了他的帽带。子路说："君子即使死了，也不能摘掉帽子。"结果帽带系紧了人却被杀死了。孔子得知动乱的消息后说："在这次动乱中，子羔将逃走，子路将战死。"

孔悝立庄公为君。庄公担心旧臣会有二心，打算把他们全部除掉。先对司徒瞒成说："寡人很久以来流亡在外备尝艰辛，现在想请您也体验一下这种感觉。"瞒成回去之后告诉了褚师比，打算一同攻打庄公，但没有付诸行动。

哀公十六年

经　十有六年春，王正月己卯，卫世子蒯聩自戚入于卫，卫侯辄来奔。二月，卫子还成出奔宋。夏四月己丑，孔丘卒。

传　十六年春，瞒成、褚师比出奔宋。

卫侯使鄢武子告于周[1]，曰："蒯聩得罪于君父君母，逋窜于晋[2]。晋以王室之故，不弃兄弟[3]，置诸河上[4]。天诱其衷，获嗣守封焉。使下臣肸敢告执事。"王使单平公对曰："肸以嘉命来告余一人，往谓叔父，余嘉乃成世[5]，复尔禄次[6]，敬之哉。方天之休[7]，弗敬弗休[8]，悔其可追[9]。"

夏四月己丑[10]，孔丘卒。公诔之曰[11]："旻天不吊[12]，不憗遗一老[13]。俾屏余一人以在位[14]，茕茕余在疚[15]。呜呼哀哉！尼父[16]，无自律[17]。"

子赣曰："君其不没于鲁乎。夫子之言曰[18]：'礼失则昏，名失则愆。'失志为昏，失所为愆[19]。生不能用，死而诔之，非礼也。称一人[20]，非名也。君两失之[21]。"

六月，卫侯饮孔悝酒于平阳[22]，重酬之，大夫皆有纳焉[23]。醉而送之，夜半而遣之。载伯姬于平阳而行。及西门，使贰车反祏于西圃[24]。子伯季子初为孔氏臣，新登于公[25]。请追之，遇载祏者，杀而乘其车。许公为反祏[26]，遇之，曰："与不仁人争明无不胜[27]。"必使先射，射三发，皆远许为。许为射之，殪。或以其车从，得祏于橐中。孔悝出奔宋。

楚大子建之遇谗也，自城父奔宋。又辟华氏之乱于郑，郑人甚善之。又适晋，与晋人谋袭郑，乃求复焉[28]。郑人复之如初。晋人使谍于子木[29]，请行而期焉[30]。子木暴虐于其私邑，邑人诉之。郑人省之[31]，得晋谍焉。遂杀子木。其子曰胜，在吴。子西欲召之。叶公曰[32]："吾闻胜也诈而乱，无乃害乎。"子西曰："吾闻胜也信而勇，不为不利，舍诸边竟，使卫藩焉[33]。"叶公曰："周仁之谓信[34]，率义之谓勇[35]。吾闻胜也好复言[36]，而求死士[37]，殆有私乎？复言，非信也。期死[38]，非勇也。子必悔之。"弗从。召之使处吴竟，为白公。请伐郑。子西曰："楚末节也[39]。不然，吾不忘也。"他日，又请，许之。未起师。晋人伐郑，楚救之，与之盟。胜怒，曰："郑人在此，仇不远矣[40]。"

胜自厉剑，子期之子平见之，曰："王孙何自厉也[41]？"曰："胜以直闻[42]，不告女，庸为直乎[43]？将以杀尔父。"平以告子西。子西曰："胜如卵，余翼而长之。楚国第[44]，我死，令尹、司马，非胜而谁？"胜闻之，曰："令尹之狂也，得死[45]，乃非我。"子西不悛[46]。胜谓石乞曰[47]："王与二卿士，皆五百人当之[48]，则可矣。"乞曰："不可得也。"曰："市南有熊宜僚者，若得之，可以当五百人矣。"乃从白公而见之，与之言，说。告之故，辞。承之以剑[49]，不动。胜曰："不为利谄，不为威惕，不泄人言以求媚者，去之。"

吴人伐慎[50]，白公败之。请以战备献[51]，许之。遂作乱。秋七月，杀子西、子期于朝，而劫惠王。子西以袂掩面而死。子期曰："昔者吾以力事君，不可以弗终。"抉豫章以杀人而后死[52]。石乞曰："焚库弑王，不然不济。"白公曰："不可。弑王不祥，焚库无聚，将何以守矣？"乞曰："有楚国而治其民，以敬事神，可以得祥，且有聚矣，何患？"弗从。

叶公在蔡，方城之外皆曰："可以入矣。"子高曰："吾闻之，以险侥幸者[53]，其求无餍，偏重必离[54]。"闻其杀齐管脩也而后入[55]。

白公欲以子闾为王[56]。子闾不可，遂劫以兵。子闾曰："王孙若安靖楚国，匡正王室，而后庇焉，启之愿也，敢不听从。若将专利以倾王室，不顾楚国，有死不能[57]。"遂杀之，而以王如高府[58]，石乞尹门[59]。圉公阳穴宫[60]，负王以如昭夫人之宫[61]。

叶公亦至，及北门，或遇之，曰："君胡不胄？国人望君如望慈父母焉。盗贼之矢若伤君，是绝民望也。若之何不胄[62]？"乃胄而进。又遇一人曰："君胡胄？国人望君如望岁焉[63]，日日以几[64]。若见君面，是得艾也[65]。民知不死，其亦夫有奋心[66]。犹将旌君以徇于国[67]，而又掩面以绝民望[68]，不亦甚乎？"乃免胄而进。遇箴尹固，帅其属将与白公[69]。子高曰："微二子者[70]，楚不国矣。弃德从贼，其可保乎[71]？"乃从叶公。使与国人以攻白公。白公奔出而缢，其徒微之[72]。生拘石乞而问白公之死焉[73]，对曰："余知其死所，而长者使余勿言[74]。"曰："不言将烹。"乞曰："此事克则为卿，不克则烹，固其所也[75]。何害？"乃烹石乞。王孙燕奔頯黄氏[76]。

沈诸梁兼二者[77]，国宁，乃使宁为令尹[78]，使宽为司马[79]，而老于叶。

卫侯占梦，嬖人求酒于大叔僖子，不得，与卜人比而告公曰[80]："君有大臣在西南隅[81]，弗去，惧害。"乃逐大叔遗，遗奔晋。

卫侯谓浑良夫曰："吾继先君而不得其器[82]，若之何？"良夫代执火者而言[83]，曰："疾与亡君，皆君之子也。召之而择材焉可也[84]。若不材，器可得也。"竖告大子[85]。大子使五人舆豭从己，劫公而强盟之。且请杀良夫。公曰：

"其盟免三死。"曰："请三之后，有罪杀之。"公曰："诺哉！"

【注释】

①鄢武子：卫大夫胖。　②遄窜：逃窜。　③兄弟：同姓之国。　④河上：即戚地。　⑤嘉乃成世：赞许你继承先世。　⑥禄次：禄位。　⑦方天之休：保有上天的恩赐。　⑧弗敬弗休：不恭敬上天就不会赐福。　⑨悔其可追：岂可追悔。　⑩己丑：十一日。　⑪诔：悼辞。　⑫旻天不吊：上天不开恩。　⑬不憖遗一老：不肯姑且留下一位国老。憖，姑且。　⑭俾屏：使他保护。　⑮茕茕：孤独貌。　⑯尼父：孔子名丘，字仲尼。父，尊称。　⑰无自律：失去自己的榜样。律，法。　⑱夫子：指孔丘。　⑲失所：失去身份。　⑳一人：即'余一人'的省称，为当时天子的自称。　㉑两失：即失礼、失名。　㉒平阳：在今河南滑县东南。　㉓有纳：纳以财货。　㉔祏：盛放神主的石函。西圃：孔氏庙所在地。　㉕登于公：提升为卫庄公之臣。　㉖许公为反祏：许公为，人名，孔氏臣。反祏，返回迎接神主石函。　㉗争明：争强，争高下。　㉘求复：要求复居郑国。　㉙子木：太子建之字。　㉚请行而期：晋间谍准备回晋并约定袭郑日期。　㉛省：考察。　㉜叶公：即子高，沈诸梁。　㉝卫藩：保卫边境。　㉞周仁：符合仁爱。周，密合。　㉟率义：遵循道义。　㊱复言：实践诺言。　㊲死士：不怕死的人。　㊳期死：不畏死。　㊴未节：不合法度。　㊵仇不远矣：胜以郑有杀父之仇，子西救郑且与之盟，于是比子西为杀父仇人。　㊶王孙：胜为楚平王嫡孙，故称之为王孙。　㊷以直闻：以直率闻名。　㊸庸：岂，反诘副词。　㊹第：若，假设连词。　㊺得死：能善终。　㊻不悛：不觉察。　㊼石乞：胜的下属。　㊽皆：共。　㊾承之以剑：把剑架在脖子上。　㊿慎：地名，在今安徽颍上县北。　51战备：战场所缴获甲兵。　52抶豫章：拔掉一棵樟树。豫章，即樟木。　53以险侥幸：凭冒险而侥幸成功。　54偏重必离：心不平，众人不附。　55齐管脩：管脩自齐适楚，为阴大夫。　56子闾：楚平王之子启。　57有死不能：宁死不从。　58高府：楚宫府库名。　59尹门：守门。　60围公阳穴宫：围公阳，楚大夫。穴宫，在宫墙上挖洞。　61昭夫人：楚惠王母，越女。　62胄：头盔。此用作动词。　63岁：谷熟。　64几：同"冀"，盼望。　65艾：安。　66奋心：奋战之心。　67旌君以徇于国：以您作为旌表而巡行全城。　68掩面：古代头盔两旁长，用来掩盖面颊。　69与：助。　70二子：指子西、子期。　71保：安。　72微之：藏匿其尸体。　73死：即尸。　74长者：指白公胜。　75固其所：本来就是这样的下场。　76王孙燕：白公胜之弟。頯（kuǐ）黄氏：吴地名，在今安徽宣城县境。　77沈诸梁：即叶公子高。兼二事：兼二职，即令尹、司马。　78宁：子西之子子国。　79宽：子期之子。　80比：勾结。　81西南隅：西南角，太叔遗居于此。　82器：国之宝器。　83代执火者：代替执烛的人。即屏退左右而密言。　84择材焉：量才选择。　85竖告大子：小臣密告太子疾。

【译文】

十六年春季，卫国的瞒成、褚师比逃亡宋国。

卫庄公派鄢武子向周王室报告说："蒯聩得罪了父母，以致流亡晋国。晋国看在王室的面子上，没有抛弃兄弟之情，把他安置在黄河边上的戚地。所幸天随人愿，使他拥有了国家，并派下臣前来报告天子。"天子派单平公回答说："你给我带来了一个好消息，请你回去告诉叔父：'我赞成你继承君位，并同意恢复你的禄位。望你谨慎为政。如此才能得到上天的保佑。如果不恭敬谨慎，上天就不会赐福，到时候后悔莫及。'"

夏季四月十一日，孔子去世。哀公致悼词说："上天不愿为我保佑这位国老长留人间，以使他保护我久居君位，丢下我一人孤单无依，悲伤欲绝。呜呼哀哉，尼父啊尼父，我再也没有为政的法度了。"

子贡说："国君恐怕在鲁国难以善终吧！老师曾经说过：'失去礼就会导致昏聩，失去名分就会产生过错。'失去意志也会导致昏聩，失去身份也会产生过错。对老师生前不能重用，死后却又致词悼念，这是不合礼的；自称'一人'，是不合名分的，因为只有天子才这样自称。国君既失了礼又失了名分。"

六月，卫庄公在平阳请孔悝饮酒，并重重地酬谢他，对大夫们也都馈送了礼物。孔悝喝醉之后，到了半夜才被送回去。孔悝用车子载着孔姬从平阳出发，刚到西门，又派副车回去，到西圃宗庙中取来藏放神主的石匣。子伯季子从前做过孔氏的家臣，最后才被国君提拔为大臣。他请求派人追赶孔悝，路上遇到孔悝的副车回来取神主的石匣，于是杀了副车，并乘上他的车子继续追赶，许公为前来接应取神主石匣的副车，遇到子伯，他说："和不仁不义的人作战，不会不胜利。"并且一定要让子伯先射箭。子伯射了三箭，都落到离许公为很远的地方。许公为只射了一箭，就把子伯射死了。有人坐着子伯的车子跟了上来，并在弓袋中找到了神主石匣。孔悝逃到了宋国。

楚国的太子建遭到诬陷时，从城父逃到宋国。为了躲避宋国的华氏之乱，又逃到了郑国，郑国人待他很好。他又到了晋国，与晋国人商议偷袭郑国，并要求再回郑国以做内应。郑国人对他仍然一如既往。晋国人派间谍和太子建联系，请求确定袭击的日期。太子建在他的封邑内滥施暴政，封邑的人纷纷控告他。郑国派人调查，碰巧抓获了晋国的间谍。于是便把太子建杀了。太子建的儿子叫胜，正在吴国，楚国令尹子西打算召他回国。叶公说："我听说胜奸诈而好惹祸乱，召他来恐怕会滋生祸端。"子西说："我听说胜讲究信用而且勇敢，从来不做损害国家的事情。把他安置在边境上，可以让他保卫国家的安全。"叶公说："切近仁爱才是信，合乎道义才是勇。我听说胜一向是说了必定要做，到处网罗亡命之徒，恐怕他有更大的私欲吧！说的什么话都要去做，并不是信用；无论为了什么事都盲目去死，并不是勇敢。您一定会后悔的。"子西不听。把胜召回来，安排到和吴国相邻的边境上，号称"白公"。胜请求攻打郑国。子西说："楚国还没有完全走上正规。如果不是这个原因，我不会忘记郑国犯下的罪恶。"过了一些日子，胜又一次请求，子西同意了。还没有等到出兵，晋国就开始攻打郑国了，于是楚国救援郑国，并与郑国结盟。胜大怒，说："原来郑国人就在这里，仇人就在我身边。"

　　胜磨了一把利剑，子期的儿子子平见到后问："王孙为什么要自己磨剑呢？"胜说："我向来以直率而闻名，如果不告诉你，就算不上直率。我准备杀了你的父亲。"子平告诉了子西。子西说："胜就像一个蛋，是我用翅膀把他孵化养大的。按楚国用人的顺序，我死了，令尹或司马的职位不由胜来担任还能由谁呢？"胜听到这话后说："令尹太狂妄了，假如他能得以善终，我就不是人。"子西对他仍然没有察觉。胜对石乞说："国君和子西、子期两位卿士，只要五百人就可以对付了。"石乞说："恐怕很难凑够五百人。"胜说："市场南边有个人叫熊宜僚，只要能找到他，就能抵得上五百人。"于是石乞跟着胜去见熊宜僚，和他一说话，很高兴。讲明来意后，却遭到宜僚的拒绝。把剑架到他脖子上，他也一丝不动。胜说："他不求利禄，不怕威胁，更不会泄露别人的机密去讨好他人。我们还是走吧。"

　　吴国人攻打慎地，白公胜领兵打败了他们。战后，白公请求把缴获的甲兵献给朝廷，楚惠王同意了。白公乘机发动了叛乱。秋季七月，在朝廷上杀了子西、子期，劫持了惠王。子西羞愧难当，用袖子遮住脸而死去。子期说："从前我就是以勇敢事奉国君的，不能有始无终。"于是拔起一棵大樟树打死了几个人后才死去。石乞说："要放火烧了府库，杀了国君，否则便不能成功。"白公说："不能这么做。杀了国君不吉祥，烧了府库就没有了物资，靠什么来保守楚国？"石乞说："只要拥有了楚国，治理百姓，虔诚地事奉神灵，就能得到吉祥，也就有了各种物资，还怕什么？"白公不听。

　　叶公当时正在蔡国，方城之外的人都说："您可以进入郢都平定祸乱。"叶公说："据我所知：凡是通过冒险而求得成功的人，其欲望没有得到满足的时候，一旦他偏重于满足私欲的时候，百姓必然会离他而去。"等到听说白公把一向贤明的管脩也杀了之后，叶公才率兵进入郢都。

　　白公打算立子闾为国君，子闾拒不接受。用武力威胁他，子闾说："如果王孙能安定楚国，保护王室，使百姓得到您的庇护，这是我的愿望，我怎么能不听从呢？但如果只为了牟取私利而颠覆王室，不顾国家的兴亡，即使把我杀死，我也不会听从。”白公把子闾杀了，带着惠王前往楚王的离宫高府，由石乞把守大门。楚大夫圉公阳从里面挖了个洞，背着惠王逃到了母亲昭夫人的宫里。

叶公领兵来到郢都。行至北门，有一个人遇到他，说：“您为什么不戴上头盔呢？国人盼望您就像盼望慈祥的父母一样。如果叛贼的乱箭射伤了您，那就断绝了百姓的希望。为什么不戴上头盔呢？”叶公戴上头盔前进。又遇到一个人说：“您为什么要戴上头盔呢？国人盼望您就像盼望一年的收成一样，天天企盼。如果能见到您，心里就踏实了，百姓就知道不会再有生命危险了，人人也就有了奋起作战之心。还准备到处宣传，让大家都知道您回来了。而您却遮起面孔断绝百姓的希望，不是太过分了吗！”于是叶公又把头盔摘下来前进。途中遇到箴尹固率领部下正准备去帮助白公。叶公说：“假如没有子西、子期二人，楚国就难以成为一个国家。背弃了有德之人去追随叛贼，您的身家性命还能有保障吗？”于是箴尹固便跟着叶公去攻打白公。叶公派他和国人攻打白公，白公逃到山上自缢而死，他的士卒把他的尸体藏了起来。叶公活捉了石乞之后追问白公的尸体下落。石乞说：“我知道他的尸体在哪里，但主人不让我说。”叶公说：“不说就把你煮死。”石乞说：“本来这种事情成功了就是卿，不成功便被烹，这是当然的结局，又有什么妨碍？”于是便把石乞煮了。白公的弟弟王孙燕逃亡到了吴地頯黄氏。

在这次平定叛乱的过程中，叶公身兼令尹和司马二职，等到国家安定下来后，就让子西的儿子子国做了令尹，让子期的儿子子宽做了司马，自己则告老还乡回到封邑叶地。

卫庄公请来一个卜人为他解梦。他的一个宠臣有一次向太叔遗要酒喝，没有得到，于是这个宠臣就和卜人勾结起来对庄公说：“国君有一个大臣住在西南方向，如果不把他除掉，恐怕会有危险。”庄公便赶走了太叔遗。太叔遗逃到了晋国。

卫庄公对浑良夫说：“我虽然继承了君位，但没有得到先君的宝器，这可怎么办？”浑良夫让执烛的人退下，自己代为执烛，悄悄地对庄公说：“公子疾和逃亡在外的国君，都是国君的儿子。可以把他们召回来，然后根据每个人的才干确定一位太子。如果没有才能，可以把他废掉，这样就可以把宝器搞到手了。”仆人把这件事告诉了太子疾。太子疾让五个人用车子载上一头公猪，跟着自己劫持了庄公，强行与他结盟。并请求杀了良夫。庄公说：“我曾经和他结盟，要免他三次死罪。”公子疾说：“那就请在免了三次之后把他杀死。”

庄公说:"好吧。"

<h1>哀公十七年</h1>

　　传　十七年春,卫侯为虎幄于藉圃①,成,求令名者②,而与之始食焉。大子请使良夫。良夫乘衷甸两牡③,紫衣狐裘④。至,袒裘⑤,不释剑而食。大子使牵以退⑥,数之以三罪而杀之⑦。

　　三月,越子伐吴,吴子御之笠泽⑧,夹水而陈。越子为左右句卒⑨,使夜或左或右,鼓噪而进。吴师分以御之。越子以三军潜涉⑩,当吴中军而鼓之,吴师大乱,遂败之。

　　晋赵鞅使告于卫曰:"君之在晋也,志父为主⑪。请君若大子来⑫,以免志父⑬。不然,寡君其曰,志父之为也。"卫侯辞以难。大子又使椓之⑭。

　　夏六月,赵鞅围卫。齐国观、陈瓘救卫,得晋人之致师者⑮,子玉使服而见之⑯,曰:"国子实执齐柄,而命瓘曰:'无辟晋帅。'岂敢废命。子又何辱?"简子曰:"我卜伐卫,未卜与齐战。"乃还。

　　楚白公之乱,陈人恃其聚而侵楚⑰。楚既宁,将取陈麦。楚子问帅于大师子谷与叶公诸梁。子谷曰:"右领差车与左史老⑱,皆相令尹、司马以伐陈,其可使也。"子高曰:"率贱⑲,民慢之,惧不用命焉。"子谷曰:"观丁父,鄀俘也⑳,武王以为军率㉑,是以克州、蓼,服随、唐,大启群蛮。彭仲爽,申俘也,文王以为令尹,实县申、息㉒,朝陈、蔡㉓,封畛于汝㉔。唯其任也㉕,何贱之有?"子高曰:"天命不谄㉖。令尹有憾于陈,天若亡之,其必令尹之子是与,君盍舍焉㉗?臣惧右领与左史有二俘之贱,而无其令德也。"王卜之,武城尹吉㉘。使帅师取陈麦。陈人御之,败。遂围陈。秋七月己卯㉙,楚公孙朝师师灭陈。

　　王与叶公枚卜子良以为令尹㉚。沈尹朱曰:"吉,过于其志㉛。"叶公曰:"王子而相国㉜,过将何为?"他日,改卜子国而使为令尹。

　　卫侯梦于北宫,见人登昆吾之观㉝,被发北面而噪曰㉞:"登此昆吾之虚,绵绵生之瓜㉟。余为浑良夫。叫天无辜㊱。"公亲筮之,胥弥赦占之㊲,曰:"不害。"与之邑,置之,而逃奔宋。卫侯贞卜㊳,其繇曰:"如鱼窥尾㊴,衡流而方羊㊵,裔焉大国㊶,灭之将亡。阖门塞窦,乃自后逾㊷。"

　　冬十月,晋复伐卫,入其郛。将入城,简子曰:"止。叔向有言曰,怙乱灭国者无后。"卫人出庄公而与晋平,晋立襄公之孙般师而还。

十一月，卫侯自鄄入，般师出。初，公登城以望，见戎州㊸。问之，以告。公曰："我姬姓也，何戎之有焉？"翦之㊹。公使匠久㊺。公欲逐石圃㊻，未及而难作。辛巳㊼，石圃因匠氏攻公，公阖门而请，弗许。逾于北方而队㊽，折股。戎州人攻之，大子疾、公子青逾从公。戎州人杀之。公入于戎州己氏。初，公自城上见己氏之妻发美，使髡之㊾，以为吕姜髢㊿。既入焉，而示之璧，曰："活我，吾与女璧。"己氏曰："杀女，璧其焉往？"遂杀之而取其璧。卫人复公孙般师而立之。十二月，齐人伐卫，卫人请平。立公子起，执般师以归，舍诸潞。

公会齐侯，盟于蒙(51)，孟武伯相。齐侯稽首，公拜。齐人怒，武伯曰："非天子，寡君无所稽首。"武伯问于高柴曰："诸侯盟，谁执牛耳？"季羔曰(52)："鄫衍之役，吴公子姑曹；发阳之役，卫石魋。"武伯曰："然则彘也(53)。"

宋皇瑗之子麇，有友曰田丙，而夺其兄酁般邑以与之，酁般愠而行，告桓司马之臣子仪克。子仪克适宋，告夫人曰(54)："麇将纳桓氏。"公问诸子仲(55)。初，子仲将以杞姒之子非我为子(56)。麇曰："必立伯也，是良材。"子仲怒，弗从。故对曰："右师则老矣，不识麇也。"公执之。皇瑗奔晋，召之。

【注释】

①虎幄：刻有虎形花纹的小木房。 ②求令名者：找一个有好名声的人。 ③乘衷甸两牡：乘坐两匹公马驾驭的卿大夫之车。 ④紫衣：紫色上衣。紫色当时贵重，似为国君服色，他人不能用。 ⑤袒裘：敞开狐皮裘。 ⑥使牵以退：使人牵着他退出。 ⑦三罪：即紫衣、袒裘、不释剑。 ⑧笠泽：即今吴淞江。 ⑨句卒：军阵名。即左右两队相勾连而别为左右。 ⑩潜涉：偷渡。 ⑪志父：即赵鞅。 ⑫若：或。 ⑬免：免罪。 ⑭椓（zhuó）：诉，毁谤。 ⑮致师：单车挑战。 ⑯子玉：即陈瓘。 ⑰聚：积聚，指粮草。 ⑱右领、左史：皆官名。 ⑲率贱：都做过俘虏。 ⑳鄀：国名。 ㉑武王：楚武王。 ㉒县申、息：使申、息成为楚国两个县。 ㉓朝陈、蔡：使陈、蔡来朝。 ㉔封畛于汝：开拓封疆至汝水。 ㉕任：胜任。 ㉖谄：疑。 ㉗舍：置，任命。 ㉘武城尹：子西之子公孙朝。 ㉙己卯：初八日。 ㉚枚卜：为选官而占卜。 ㉛志：愿望。 ㉜王子：子良为惠王弟，故曰王子。 ㉝昆吾之观：筑在昆吾之墟上的观台。 ㉞被：同"披"。 ㉟绵绵：不断的样子。 ㊱叫天无辜：向天诉喊无罪。 ㊲胥弥赦：卫筮史。 ㊳贞：问。 ㊴竀（chēng）：即赪，浅红色。 ㊵衡流而方羊：横穿急流而彷徨不前。衡，同"横"。方羊，即彷徨。 ㊶裔焉大国：边界邻近大国。裔，边。 ㊷自后逾：从后墙跳越。 ㊸戎州：戎人之邑。 ㊹翦之：灭掉它。 ㊺使匠久：役使匠人长久不让休息。 ㊻石圃：卫卿。 ㊼辛巳：十二日。 ㊽北方：北面宫墙。 ㊾髡：剃发。 ㊿以为吕姜髢（dì）：作为吕姜的假发。吕姜，庄公夫人。髢，假发。 (51)蒙：地名，在今山东蒙

阴县东。 ㉒季羔：高柴。 ㉝蒉：武伯名。 ㉞夫人：宋景公母。 ㉟子仲：皇野。 ㊱杞
姒：子仲妻。为子：为嫡子。

【译文】

十七年春季，卫庄公在藉圃建造了一座刻有虎形花纹的小木屋。房子落成后，要寻找一个有名望的人和他一起吃第一顿饭。太子疾请求找浑良夫。良夫去的时候，坐着两匹公马拉的车子，穿着紫色狐皮大衣。来到后，敞开大衣，没有解下宝剑就吃饭。太子疾派人把他拉下来，数落了他的三条罪状后就杀了他。

三月，越王领兵攻打吴国，吴王在笠泽抵抗，两军隔河摆开阵势。越王布置了左右两队相勾连的军阵，让他们在夜里或左或右，呐喊着出击。吴军分兵抵抗。越王则率领三军主力悄悄渡过河去。面对吴国的中军击鼓猛攻，吴军大乱，被打得大败。

晋国的赵鞅派人告诉卫国说："当初贵君在晋国时，我是主人。现在请贵君或太子来一趟，以免去我的罪过。如果不能这样的话，寡君会以为是我不让你们来呢？"卫庄公以国内发生了动乱为由拒绝了赵鞅的要求，太子疾又乘机在晋国使者面前攻击他的父亲。

夏季六月，赵鞅领兵围攻卫国。齐国的国观、陈瓘救援卫国，俘虏了晋国一个单车挑战的人。陈瓘让这个俘虏穿上他原来的服装，并接见了他，说："我们齐国实际上是由国书执政，他命令我：'不要躲避晋军'，我怎么敢违命呢？阁下又何必主动挑战呢？"赵鞅后来说："我只占卜过攻打卫国，并没有占卜过要与齐军作战。"于是便回国了。

楚国的白公胜发动叛乱时，陈国人依仗自己积聚了足够的粮食而入侵楚国。楚国安定下来后，准备夺取陈国的麦子。楚惠王就率兵出战的将领征求太师子谷和叶公的意见。子谷说："右领差车和左史老都曾辅佐先令尹、司马攻打过陈国，他们可以胜任。"叶公说："将帅如果地位低下，百姓就会轻视他们，恐怕不会听从命令。"子谷说："当年观丁父曾经被鄀国俘虏过，但武王让他做了将帅，因此而攻克了州国、蓼国，降服了随国、唐国，并大大震动了蛮夷各部落。彭仲爽曾被申国俘虏过，但文王让他做了令尹，结果他使申、息两国成为楚国的两个县，又使陈、蔡两国前来朝见，把楚国的封疆一直开拓到汝水之滨。只要他能胜任，又何必顾及地位下贱呢？"叶公说："天命不容怀疑。在陈国这个问题上，先令尹子西临死还耿耿于怀，如果上天要灭亡陈国，

也一定要假手令尹的儿子去完成，国君何不舍右领、左史而任命他呢？我担心右领和左史有观丁父和彭仲爽的低贱而没有他们的美德。"惠王为此而占卜，结果是子西的儿子公孙朝吉利。于是决定派他率军夺取陈国的麦子。陈国人奋起抵抗，但失败了。随后楚军包围了陈国。秋季七月八日，公孙朝领兵灭亡了陈国。

　　惠王和叶公就让子良做令尹一事进行占卜。沈尹朱说："吉利。甚至超过了对他的期望。"叶公说："他作为王子出任令尹辅佐国君，如果超过了这一地位，那将意味着什么？"过了几天，又另行占卜让子国做了令尹。

　　卫庄公在北宫做了一个梦，梦见一个人登上昆吾之观，披散着头发向着北边高喊："我登上这个昆吾之墟，看到了很多瓜在绵延不断地生长。我就是浑良夫。对天喊冤。"庄公亲自为此占筮，胥弥赦占卜后骗庄公说"没有什么妨害。"庄公赏给他一座封邑，但胥弥赦丢下这座封邑逃到了宋国。庄公又一次占卜，得到的繇辞说："就像一条鱼，尾巴鲜红，横游激流，彷徨不定。紧邻大国，将其灭亡。闭门塞洞，从后面逃亡。"

　　冬季十月，晋国又一次攻打卫国，攻入外城。准备进入内城，赵鞅说："停止前进。叔向有句话说：乘别国之乱而将其灭亡者断子绝孙。"卫国人赶走了庄公和晋国讲和，晋国人立了卫襄公的孙子般师为新君后回国。

　　十一月，卫庄公从鄄地回到卫都，新君般师出逃。当初，庄公登上城墙眺望时，见到了戎州。他问那是什么地方，侍从告诉了他。庄公说："我们是姬姓，怎么还有戎人？"随后便把戎州灭掉了。庄公让匠人干活，一直不让休息。还准备驱逐卫卿石圃，没有来得及就发生了动乱。十二日，石圃依靠匠人的力量攻打庄公，庄公关上宫门请求饶命，石圃不答应。庄公翻越北墙逃跑时坠下来，摔断了大腿。戎州人也乘机攻打他，太子疾、公子青翻过围墙跟上庄公。戎州人把他们两人杀了。庄公又逃到戎州的己氏家里躲避。当初，庄公从城上看到己氏妻子的头发很漂亮，让人剪了作为夫人吕姜的假发。这次逃到己氏家里，他拿出一块玉璧，说："你如果救我一命，我把这块玉璧送给你。"己氏说："如果我杀了你，这块玉还不是照样落到我手里吗？"于是杀了庄公，并夺取了玉璧。卫国人又把公孙般师请来立为国君。十二月，齐国人攻打卫国，卫国人请求讲和。齐国人立了公子起为国君，并把般师抓起来带回齐国，让他住在潞地。

　　哀公和齐平公在蒙地结盟，由孟武伯作为相礼。齐平公对哀公叩头时，哀公仅仅弯腰答谢。齐国人大怒，武伯说："除了对天子，寡君都不行叩头之礼。"武伯向高柴问道："诸侯会盟时，应该由谁来执牛耳？"高柴说："鄫地那次盟会上，执牛耳的是吴国的公子姑曹；发阳那次盟会上，执牛耳的是卫国的石魋。"武伯说："看来这次应该由我来执了。"

宋国皇瑗的儿子麇有一个朋友叫田丙，麇夺了哥哥鄎般的封邑送给了田丙。鄎般愤怒出走，并告诉了桓司马的家臣子仪克。子仪克到宋都告诉宋景公的母亲说："麇准备勾结桓氏回国。"景公向皇野了解此事。当初，皇野曾打算将杞姒的儿子非我立为嫡子。麇说："一定要立非我的哥哥，他有才干。"皇野很恼火，不听他的话，所以这次他对景公说："右师皇瑗已经老了，不会作乱，但他的儿子麇则很难说。"景公把麇抓了起来。皇瑗逃到了晋国，不久景公又召他回国。

哀公十八年

传　十八年春，宋杀皇瑗。公闻其情，复皇氏之族，使皇缓为右师。

巴人伐楚，围鄾①。初，右司马子国之卜也，观瞻曰："如志。"故命之。及巴师至，将卜帅。王曰："宁如志②，何卜焉？"使帅师而行，请承③。王曰："寝尹、工尹④，勤先君者也。"三月，楚公孙宁、吴由于、薳固败巴师于鄾，故封子国于析⑤。

君子曰："惠王知志⑥。《夏书》曰：'官占唯能蔽志⑦，昆命于元龟⑧，'其是之谓乎？志曰：'圣人不烦卜筮⑨。'惠王其有焉！"

夏，卫石圃逐其君起，起奔齐。卫侯辄自齐复归，逐石圃，而复石魋与大叔遗。

【注释】

①鄾：地名，在今湖北襄阳旧城东北。　②宁：子国名。　③请承：请求任命副手。　④寝尹、工尹：寝尹指吴由于。工尹，即箴尹固。事见定公四年传。　⑤析：地名，在今河南内乡县西北。　⑥知志：了解人的意愿。　⑦官占唯能蔽志：卜筮之官仅能判断出人的意愿。蔽，断。　⑧昆命于元龟：而后使用大龟甲。昆，后。　⑨不烦：不用。

【译文】

十八年春季，宋国杀了皇瑗。景公得知实情后，又恢复了皇氏家族，让皇瑗的儿子皇缓为右师。

巴人攻打楚国，围攻鄾地。当初，为任命子国做右司马而占卜时，观瞻

中华藏书
四书五经·最新校勘精注今译本
中国书局

说："符合国君的意愿。"子国因此被任命为右司马。等到巴军入侵，准备为选择将帅而占卜时，楚惠王说："既然子国符合我的意愿，还用得着占卜吗？"便让他率军出发。子国请求国君任命一位副手。惠王说："寝尹吴由于和工尹蔿固都是有功于先君的人。"三月，楚国的子国、吴由于、蔿固在鄾地打败了巴军，惠王因此把析地封给了子国。

君子对此评论说："惠王知人善任。《夏书》中说：'占卜的官员只有在能够判断人的意愿之后，才使用神龟占卜。'大概就是说的这种情况吧！《志》中说：'圣人不必常常占卜占筮。'惠王就能做到这一点。"

夏季，卫国的石圃赶走了国君起，起逃到了齐国。卫出公辄又从齐国回到国内，赶走了石圃，然后把石魋和太叔遗召了回来。

哀公十九年

传　十九年春，越人侵楚，以误吴也①。夏，楚公子庆、公孙宽追越师，至冥②，不及，乃还。

秋，楚沈诸梁伐东夷，三夷男女及楚师盟于敖③。

冬，叔青如京师④，敬王崩故也。

【注释】

①误吴：使吴造成错觉而迷惑。　②冥：越地名。　③敖：东夷地名，在今浙江滨海处。　④叔青：叔还之子。

【译文】

十九年春季，越国人入侵楚国，这是为了迷惑吴国。夏季，楚国的公子庆、公孙宽追击越军，到达冥地，没有追上，便回来了。

秋季，楚国的叶公攻打东夷，东夷三处的男女夷人在敖地和楚军结盟。

冬季，叔青前往京师，这是因为周敬王去世了。

哀公二十年

传　二十年春，齐人来征会。夏，会于廪丘①。为郑故，谋伐晋。郑人辞诸侯。秋，师还。

吴公子庆忌骤谏吴子，曰："不改，必亡。"弗听。出居于艾^②。遂适楚。闻越将伐吴。冬，请归平越，遂归。欲除不忠者以说于越。吴人杀之。

十一月，越围吴，赵孟降于丧食^③。楚隆曰^④："三年之丧，亲昵之极也。主又降之，无乃有故乎？"赵孟曰："黄池之役^⑤，先主与吴王有质^⑥，曰：'好恶同之。'今越围吴，嗣子不废旧业而敌之^⑦，非晋之所能及也，吾是以为降。"楚隆曰："若使吴王知之，若何？"赵孟曰："可乎？"隆曰："请尝之。"乃往。先造于越军，曰："吴犯间上国多矣^⑧，闻君亲讨焉，诸夏之人莫不欣喜，唯恐君志之不从。请入视之。"许之，告于吴王曰："寡君之老无恤^⑨，使陪臣隆敢展谢其不共^⑩。黄池之役，君之先臣志父得承齐盟，曰：'好恶同之。'今君在难，无恤不敢惮劳。非晋国之所能及也。使陪臣敢展布之。"王拜稽首曰："寡人不佞，不能事越，以为大夫忧。拜命之辱。"与之一箪珠^⑪，使问赵孟^⑫，曰："句践将生忧寡人^⑬，寡人死之不得矣^⑭。"王曰："溺人必笑^⑮，吾将有问也。史黯何以得为君子^⑯？"对曰："黯也进不见恶^⑰，退无谤言^⑱。"王曰："宜哉。"

【注释】

①廪丘：齐地，在今河南范县东。　②艾：吴邑，在今江西修水县西。　③降于丧食：比居丧时的食物又要降低等级。古礼，在父丧中，饮食必须减等。时赵孟有其父简子之丧，又因吴被围，有灭亡之势，晋不能救助，故又降等于丧父之食。　④楚隆：赵孟家臣。　⑤黄池之役：详见哀公十三年。　⑥质：盟信。　⑦嗣子：赵孟自指。　⑧犯间：冒犯。　⑨无恤：赵孟名。　⑩展谢：陈告，谢罪。　⑪箪：盛物的竹器。　⑫问：赠送。　⑬生忧：活着忧愁。　⑭不得：不善终。　⑮溺人必笑：快淹死的人强作欢笑。吴王以溺者自喻。　⑯史黯：即史墨。　⑰进不见恶：入朝做官不被嫌恶。　⑱退无谤言：退职以后无人毁谤。

【译文】

二十年春季，齐国人前来通知参加盟会。夏季，在廪丘会见。目的是为了郑国而策划攻打晋国。郑国人谢绝了诸侯。秋季，各国军队分别回国。

吴国的公子庆忌几次向吴王进谏说："假如再不改变政策，吴国一定要灭亡。"吴王不听。公子庆忌到艾地居住，随后又到了楚国。不久听说越国将要攻打吴国。冬季，请求回国和越国讲和，然后便回去了。打算把不忠于吴国的几个大臣除掉。不料吴国人把他杀了。

十一月，越国围攻吴国，赵无恤正服父丧，听到这一消息后，把饮食的标准降到比居丧的标准还要低。家臣楚隆说："服丧三年，就表明了对亲人的至诚之心。现在主公又降低饮食标准，恐怕是另有原因吧？”赵无恤说：“黄池之战中，先主曾与吴王有过盟约，说：‘两国好恶一致。’现在越国包围了吴国，我本应履行盟约前去帮助吴国，但这又不是晋国所能做到的，因此只有再次降低饮食标准。”楚隆说：“若使吴王知道这种情况，怎么样呢？”赵无恤说：“能行吗？”楚隆说：“试一试吧。”于是楚隆动身前往。他先到了越军那里，说：“吴国冒犯贵国已经多次了，听说国君亲自率军讨伐，中原各国莫不欢欣鼓舞。但又恐怕国君不能如愿以偿。请让我先进去看看他们的情况。”越国人答应了。楚隆进去后告诉吴王说：“寡君的老臣赵无恤特派为臣前来致歉，请求宽赦他的不恭：黄池之役中，国君的先臣志父得以参加盟会，并说：‘两国好恶一致。’现在国君身处危难之中，无恤虽然不怕长途辛劳，但又不是晋国的力量所能办得到的，所以特派我前来向国君说明这一情况。”吴王叩头拜谢说：“寡人无能，不能很好地事奉越国，以致使大夫为我们而担忧。感谢他的关怀。”拿出一小盒珍珠，让楚隆送给赵无恤，并说：“句践是要决心折磨我了，我恐怕难以善终了。”又说：“快被淹死的人反而会强颜欢笑，我这里有一个问题想问阁下，史墨这个人怎么能算是个君子呢？”楚隆回答说：“史墨上朝没有人厌恶他，退朝后又没有人毁谤他。”吴王说：“确实如此。”

哀公二十一年

传　二十一年夏五月，越人始来。

秋八月，公及齐侯、邾子盟于顾①。齐人责稽首②，因歌之曰：“鲁人之皋③，数年不觉④，使我高蹈⑤。唯其儒书⑥，以为二国忧。”

是行也，公先至于阳谷。齐闾丘息曰：“君辱举玉趾，以在寡君之军⑦。群臣将传遽以告寡君⑧，比其复也，君无乃勤。为仆人之未次⑨，请除馆于舟道⑩。”辞曰：“敢勤仆人？”

【注释】

①顾：齐地，在今河南范县东南。　②责稽首：见哀公十七年传。责，责备。　③皋：即浩倨，策略不恭。　④不觉：不觉悟。　⑤高蹈：因怒而跳跃。　⑥儒书：儒家礼书。　⑦在：存问，慰劳。　⑧传遽：同义词连用，驿车。　⑨未次：未准备好馆舍。　⑩舟道：齐地名。

【译文】

二十一年夏季五月，越国首次派使者来到鲁国。

秋季八月，哀公和齐平公、邾子在顾地会盟。齐国人又谴责哀公十七年齐侯叩头而哀公只是弯腰作揖那件事，并唱道："鲁国人犯了过错，几年还不察觉，真使我们怒不可遏。只因拘泥儒家礼书，以致齐、鲁两国交恶。"

在这次会盟中，哀公先到了阳谷。齐大夫闾丘息说："有劳国君亲自前来慰问寡君的军队。我们群臣将迅速报告寡君，但等到他们回来时，国君恐怕就很疲劳了。因为仆人们没有为国君准备旅馆，就请在舟道收拾一下旅馆吧。"哀公辞谢说："岂敢有劳贵国的仆人？"

哀公二十二年

传　二十二年夏四月，邾隐公自齐奔越，曰："吴为无道，执父立子。"赵人归之，大子革奔越。

冬十一月丁卯①，越灭吴，请使吴王居甬东②。辞曰："孤老矣，焉能事君？"乃缢。越人以归③。

【注释】

①丁卯：二十七日。　②甬东：即今浙江定海县东之翁山。　③以归：归之以尸。

【译文】

二十二年夏季四月，邾隐公从齐国逃到越国，说："吴国实在无道，抓了父亲立了儿子。"越国人把他护送回去后，太子革又逃到了越国。

冬季十一月二十七日，越国灭亡了吴国，请求让吴王住到甬东。吴王辞谢说："我已经老了，怎能还事奉国君呢？"便自缢而死。越国人把他的尸首送回了吴国。

哀公二十三年

传　二十三年春，宋景曹卒①。季康子使冉有吊，且送葬，曰："敝邑有社稷之事，使肥与有职竞焉②，是以不得助执绋③，使求从与人④。曰：'以肥之得备弥甥也⑤，有不腆先人之产马，使求荐诸夫人之宰⑥，其可以称旌繁乎⑦？'"

夏六月，晋荀瑶伐齐⑧。高无丕帅师御之。知伯视齐师，马骇，遂驱之，曰："齐人知余旗，其谓余畏而反也。"及垒而还。

将战，长武子请卜⑨。知伯曰⑩："君告于天子，而卜之以守龟于宗桃，吉矣。吾又何卜焉？且齐人取我英丘⑪，君命瑶，非敢燿武也⑫，治英丘也。以辞伐罪足矣⑬，何必卜？"

壬辰⑭，战于犁丘。齐师败绩，知伯亲禽颜庚⑮。

秋八月，叔青如越，始使越也。越诸鞅来聘，报叔青也。

【注释】

①景曹：宋元公夫人，景公之母。　②肥：季康子名。职竞：职务繁忙。　③执绋：送葬。绋，牵引棺材的绳索。　④求：冉有名。舆人：贱役，此为挽棺柩者。　⑤弥甥：远房外孙。　⑥荐：进献。　⑦旃繁：马匹的装饰物。称旃繁，意为充当夫人的马匹之数。　⑧荀瑶：荀跞之孙。　⑨长武子：晋大夫。　⑩知伯：即荀瑶。　⑪英丘：晋地名。　⑫燿武：炫耀武力。　⑬辞：理由。　⑭壬辰：二十六日。　⑮颜庚：齐大夫颜涿聚。

【译文】

二十三年春季，宋景公的母亲景曹去世。季康子派冉求前去吊唁，同时为其送葬，冉求说："敝国有国家大事需要处理，季孙肥政务繁忙，无法脱身，不能亲自前来送葬，所以派我来跟在灵车后送葬。他让我转告：'季孙肥既然有幸是远房外甥，就把这先人留下的几匹劣马，派冉求献给夫人的家宰，不知能否和夫人的马匹相配。'"

夏季六月，晋国的荀瑶攻打齐国，高无丕领兵抵抗。荀瑶观察齐军的情况时，驾车的马受到惊吓，他便驱车前往，并说："齐国已经看到我的战旗了，应该再向前逼近一些，不然他们会说我胆怯而逃跑了。"策马奔至齐军营垒前才回去。

开战之前，晋大夫长武子请求占卜。荀瑶说："国君已经报告了天子，而且在宗庙中已经用宝龟占卜过了是吉利。又何必再占卜一次呢？再说齐国人夺取了我国的英丘，国君派我前来，并不是要炫耀武力，而是要收复英丘。已经有了足够的理由，还用得着占卜吗？"

二十六日，晋、齐两国在犁丘交战。齐军大败，荀瑶亲自抓住了齐大夫颜庚。

秋季八月，叔青前往越国，这是鲁国首次出使越国。随后越国的诸鞅来鲁国聘问，以回报叔青对越国的聘问。

哀公二十四年

传　二十四年夏四月，晋侯将伐齐，使来乞师，曰："昔臧文仲以楚师伐齐，取谷①。宣叔以晋师伐齐，取汶阳②。寡君欲徼福于周公，愿乞灵于臧氏③。"臧石帅师会之，取廪丘。军吏令缮④，将进。莱章曰⑤："君卑政暴，往岁克敌，今又胜都⑥。天奉多矣，又焉能进？是蒿言也⑦。役将班矣⑧！"晋师乃还，饩臧石牛⑨。大史谢之⑩，曰："以寡君之在行⑪，牢礼不度⑫，敢展谢之⑬。"

邾子又无道，越人执之以归，而立公子何⑭。何亦无道。

公子荆之母嬖⑮，将以为夫人，使宗人衅夏献其礼⑯。对曰："无之。"公怒曰："女为宗司⑰，立夫人，国之大礼也，何故无之？"对曰："周公及武公娶于薛，孝、惠娶于商，自桓以下娶于齐，此礼也则有。若以妾为夫人，则固无其礼也。"公卒立之，而以荆为大子。国人始恶之。

闰月，公如越，得大子适郢⑱，将妻公，而多与之地。公孙有山使告于季孙。季孙惧，使因大宰嚭而纳赂焉⑲，乃止。

【注释】

①取谷：事在僖公二十六年。　②取汶阳：事在成公二年。　③灵：福。　④缮：作为战斗准备。　⑤莱章：齐大夫。　⑥都：大邑，即廪丘。　⑦蒿言：大话。　⑧班：班师，还师。　⑨饩臧石牛：用活牛慰劳臧石。　⑩大史：晋太史。　⑪在行：在军行。　⑫不度：不合礼仪标准。　⑬展谢：表示歉意。　⑭何：太子革之弟。　⑮公子荆：哀公庶子。　⑯献其礼：献上立为夫人的礼仪。　⑰宗司：宗主。　⑱得：相好。　⑲因：通过。

【译文】

二十四年夏季四月，晋出公准备攻打齐国，派使者前来请求出兵，说："从前贵国的臧文仲率领楚军攻打齐国，占领了谷地。臧宣叔率领晋国军队攻打齐国，夺取了汶阳。寡君希望能求得周公的保佑，请求使臧氏率军为我军助战。"臧石率军和晋军会合，攻陷了廪丘。晋国的军吏下令做好一切准备，将要发起攻击。齐国大夫莱章说："晋君没有权力却滥施暴政，去年打败了我们，现在又攻克了廪丘。上天给他的保佑已经太多了，他们怎么还能进军呢？这只是在说大话而已。肯定就要班师回去了。"果然晋军撤退了，并送给臧石一头活牛以慰劳鲁军，太史对臧石表示歉意说："因为寡君也在军中，所以慰劳贵军的牲口不能达到规定的标准，特此表示歉意。"

邾隐公仍然暴虐无道，越国人又把他抓走，立了公子何为君。公子何也同样暴虐无道。

哀公庶子公子荆的母亲受到宠爱，哀公打算立她为夫人，让掌管宗祀之礼的衅夏献上立夫人的礼仪。衅夏说："没有这种礼仪。"哀公生气地说："你身为掌管宗祀之礼的官员，立夫人是国家的重要礼仪，怎么会没有呢？"衅夏回答说："周公和武公从薛国娶妻，孝公和惠公从宋国娶妻，自桓公以下都从齐国娶妻，这些礼仪都有。将妾立为夫人，这种礼仪本来就没有。"哀公终究还是把公子荆的母亲立为夫人，并立公子荆为太子。从此国人开始厌恶哀公。

闰月，哀公到越国访问，和越国的太子适郢相处很好，适郢准备把女儿嫁给哀公，还要送给鲁国很多土地。公孙有山把此事告诉了季孙。季孙害怕了，派人通过吴国太宰伯嚭从中阻挠，并送给伯嚭许多礼物，于是，越国才取消了嫁女给哀公的决定。

哀公二十五年

传　二十五年夏五月庚辰①，卫侯出奔宋。

卫侯为灵台于藉圃，与诸大夫饮酒焉。褚师声子袜而登席②。公怒。辞曰③："臣有疾，异于人。若见之，君将殼之④。是以不敢。"公愈怒。大夫辞之，不可。褚师出，公戟其手⑤，曰："必断而足。"闻之，褚师与司寇亥乘，曰："今日幸而后亡⑥。"

公之人也，夺南氏邑⑦，而夺司寇亥政。公使侍人纳公文懿子之车于池。初，卫人翦夏丁氏⑧，以其帑赐彭封弥子⑨。弥子饮公酒，纳夏戊之女，嬖，以为夫人。其弟期⑩，大叔疾之从孙甥也⑪，少畜于公，以为司徒。夫人宠衰，期得罪。公使三匠久。公使优狡盟拳弥⑫，而甚近信之。故褚师比、公孙弥牟、公文要、司寇亥、司徒期因三匠与拳弥以作乱，皆执利兵，无者执斤⑬。使拳弥入于公宫，而自大子疾之宫噪以攻公。鄄子士请御之⑭。弥援其手，曰："子则勇矣，将若君何？不见先君乎⑮？君何所不逞欲？且君尝在外矣，岂必不反。当今不可，众怒难犯，休而易间也⑯。"乃出。将适蒲⑰，弥曰："晋无信，不可。"将适鄄⑱，弥曰："齐、晋争我，不可。"将适泠⑲，弥曰："鲁不足与，请适城鉏以钩越⑳，越有君。"乃适城鉏。弥曰："卫盗不可知也，请速，自我始。"乃载宝以归。

公为支离之卒㉑，因祝史挥以侵卫。卫人病之。懿子知之，见子之㉒，请逐挥。文子曰："无罪。"懿子曰："彼好专利而妄㉓。夫见君之入也，将先道焉㉔。若逐之，必出于南门而适君所。夫越新得诸侯，将必请师焉。"挥在朝，使吏遣诸其室。挥出，信㉕，弗内。五日，乃馆诸外里㉖。遂有宠，使如越请师。

六月，公至自越。季康子、孟武伯逆于五梧㉗。郭重仆㉘，见二子，曰："恶言多矣，君请尽之。"公宴于五梧。武伯为祝㉙，恶郭重，曰："何肥也！"季孙曰："请饮彘也㉚。以鲁国之密迩仇雠，臣是以不获从君，克免于大行㉛，又谓重也肥。"公曰："是食言多矣，能无肥乎？"饮酒不乐，公与大夫始有恶。

【注释】

①庚辰：二十五日。　②袜：穿着袜子。　③辞：辩解。　④㲉（huò）：呕吐。　⑤戟其手：以手叉腰如戟形。　⑥幸而后亡：能够逃亡就是幸运。　⑦南氏：即公孙弥牟。　⑧夏丁氏：即夏戊，见哀公十一年传。　⑨彭封弥子：即弥子瑕。　⑩期：夏戊之子。　⑪从孙甥：姊妹之孙，即从外孙。　⑫优狡：俳优，名狡。拳弥：卫大夫。　⑬斤：斧头。　⑭鄞子士：卫大夫。　⑮先君：指蒯聩。　⑯休而易间：叛乱平定才容易离间他们。体：定，止。　⑰蒲：地名，在今河南长垣县东。　⑱鄄：在今山东鄄城西北。　⑲泠：近鲁邑。　⑳城钽：在今河南滑县东。钩越：与越国联系。　㉑为支离之卒：把徒兵分为数队。　㉒子之：即文子，公孙弥牟。　㉓专利而妄：专权好利而不法。　㉔道：同"导"。　㉕信：再宿为信。即在外住两个夜晚。　㉖外里：地名，卫君所居处。　㉗五梧：鲁南部边界。　㉘仆：为公驾车。　㉙为祝：向鲁哀公敬酒祝寿。　㉚请饮彘：请罚彘喝酒。彘，孟武伯名。　㉛大行：远行。

【译文】

二十五年夏季，五月二十五日，卫出公逃到宋国。

当初，卫出公在藉圃建造灵台，和大夫们在台上饮宴。褚师比穿着袜子入席。出公大怒。褚师比辩解说："臣有脚病，与别人不一样。如果让国君看到，肯定会呕吐。所以不敢脱下袜子。"出公更加愤怒。大夫们也都为褚师比开脱，出公仍不原谅。褚师比退出来后，出公仍然两手叉腰怒气冲冲地说："我一定要砍断你的脚！"褚师比听到后，就和司寇亥同坐一辆车逃了出来，说："今日侥幸免于一死。"

出公回国时，夺走了公孙弥牟的封邑，并夺取了司寇亥手中的权力。出公让侍从把公文懿子的车子推到池水中。当初，卫国人灭了夏戊，把他的家产赐给了彭封弥子。弥子请出公喝酒，把女儿送给了出公，受到了宠爱，被立为夫人。夫人的弟弟期是太叔疾的从外甥，从小在公室长大，被任命为司徒。夫人的宠爱日渐衰减，期也因此而得罪了出公。出公让三种匠人干活，长时间不让他们休息。他还让伶人狡和大夫拳弥结盟，以侮辱拳弥，但又很宠信他。因此褚师比、公孙弥牟、公文懿子、司寇亥和司徒期便联合起来依靠三种匠人和拳弥在宫里做内应发动了叛乱，都拿着锋利的武器，没有武器的就拿着斧子。让拳弥进入公宫，其他人则从太子疾的宫中喊着要攻打出公。卫大夫鄄子士请求派人抵抗，拳弥拉住他的手说："你虽然勇敢，但如果战死，还有谁来保护国君呢？你难道忘了先君庄公的结局吗？国君逃到哪里不能满足自己的欲望呢？再说国君也曾经在外边流亡过，怎么就能保证他不会东山再起？目前形势紧急，不能抵抗，众怒难以触犯，等到叛乱平息之后才能慢慢对付他们。"于是出公便逃亡了。他准备到靠近晋国的蒲地去，拳弥说："晋国不讲信用，不能到那里去。"准备到靠近齐国的鄄地去，拳弥又说："齐、晋两国正在争夺我国，不能到那里去。"又准备到靠近鲁国的泠地去，拳弥说："鲁国不足以依靠，请国君到城鉏，以联络越国。越国的国君很有能力。"出公便决定逃往城鉏。拳弥欺骗出公说："不知卫国的叛贼是否会来袭击您，请国君快点上路，我在前面开路。"拳弥装上出公携带的宝物绕行一圈后又回到了国都。

出公把徒兵分为数队，依靠祝史挥作为内应攻打卫国。卫国人深为忧虑。公文懿子知道挥是出公的内线，便去见公孙弥牟，请求赶走挥。公孙弥牟说："挥并没有罪啊。"公文懿子说："他一向喜欢专权夺利并且胡作非为，如果他看到国君有回来的可能，就一定会前去引路的。如果驱逐他，他一定从南门出去，逃到国君那里。越国新近得到诸侯的拥护，他们一定会请求越国出兵协助的。"当时挥正在上朝，等下朝回到家里，公孙弥牟就派人把他赶走了。挥出城后，在外住了两晚上，准备再回到城内，但没有让他进来。五天之后，就到了出公所在的外里。很快受到出公的宠信，出公派他到越国请求出兵。

六月，哀公从越国回来。季庚子、孟孺子前往五梧迎接。当时郭重为哀公驾车，他先见到季康子和孟孺子，然后在哀公面前说："这两个人说了国君很多坏话，请国君当面责备他们。"哀公在五梧设宴。孟孺子向哀公祝酒，因为他讨厌郭重，就故意讽刺他："你为什么这么肥胖呢？"季康子说："请罚武伯一杯酒。因为鲁国紧邻仇敌之国，臣因此不能跟随国君前往，从而免于长途跋涉，但武伯却问备尝辛苦的郭重为什么吃得这么肥胖？"哀公指桑骂槐地说："他是光说大话不办实事，能不胖吗？"大家喝得不痛快，哀公开始和大夫们有了隔阂。

哀公二十六年

传　二十六年夏五月，叔孙舒帅师会越皋如、舌庸、宋乐筏，纳卫侯，文子欲纳之。懿子曰："君慹而虐，少待之，必毒于民，乃睦于子矣。"师侵外州，大获①。出御之，大败。掘褚师定子之墓②，焚之于平庄之上③。

文子使王孙齐私于皋如④，曰："子将大灭卫乎，抑纳君而已乎？"皋如曰："寡君之命无他，纳卫君而已。"文子致众而问焉，曰；"君以蛮夷伐国，国几亡矣。请纳之。"众曰："勿纳。"曰："弥牟亡而有益，请自北门出。"公曰："勿出。"重赂越人，申开守陴而纳公⑤，公不敢入。师还，立悼公。南氏相之。以城鉏与越人。公曰："期则为此⑥。"令苟有怨于夫人者⑦，报之。司徒期聘于越，公攻而夺之币。期告王，王命取之。期以众取之。公怒，杀期之甥之为大子者。遂卒于越。

宋景公无子，取公孙周之子得与启，畜诸公宫，未有立焉。于是皇缓为右师，皇非我为大司马，皇怀为司徒，灵不缓为左师，乐筏为司城，乐朱鉏为大司寇。六卿三族降听政⑧，因大尹以达⑨。大尹常不告⑩，而以其欲称君命以令。国人恶之。司城欲去大尹，左师曰："纵之，使盈其罪⑪。重而无基⑫，能无敝乎⑬？"

冬十月，公游于空泽⑭。辛巳⑮，卒于连中⑯。大尹兴空泽之士千甲⑰，奉公自空桐人，如沃宫⑱。使召六子⑲，曰："闻下有师⑳，君请六子画㉑。"六子至，以甲劫之，曰："君有疾病，请二三子盟。"乃盟于少寝之庭㉒，曰："无为公室不利。"大尹立启，奉丧殡于大宫㉓。三日，而后国人知之。司城筏使宣言于国曰："大尹惑蛊其君而专其利，今君无疾而死，死又匿之，是无他矣，大尹之罪也。"

得楚启北首而寝于卢门之外㉔，已为乌而集其上㉕，咮加于南门㉖，尾加于桐门㉗。曰："余梦美，必立。"

大尹谋曰："我不在盟，无乃逐我，复盟之乎？"使祝为载书，六子在唐盂㉘。将盟之。祝襄以载书告皇非我，皇非我因子潞㉙、门尹得、左师谋曰："民与我，逐之乎？"皆归授甲，使徇于国曰："大尹惑蛊其尹，以陵虐公室。与我者，救君者也。"公曰；"与之。"大尹徇曰："戴氏、皇氏将不利公室，与我者，无忧不富。"众曰："无别㉚。"戴氏、皇氏欲伐公。乐得曰："不可。

彼以陵公有罪，我伐公，则甚焉。"使国人施于大尹③①。大尹奉启以奔楚，乃立得。司城为上卿，盟曰："三族共政，无相害也。"

卫出公自城钽使以弓问子赣③②，且曰："吾其入乎？"子赣稽首受弓，对曰："臣不识也。"私于使者曰："昔成公孙于陈③③，宁武子、孙庄子为宛濮之盟而君入③④；献公孙于齐，子鲜、子展为夷仪之盟而君入③⑤。今君再在孙矣，内不闻献之亲，外不闻成之卿，则赐不识所由入也。《诗》曰：'无竞惟人，四方其顺之③⑥'。若得其人，四方以为主，而国于何有③⑦？"

【注释】

①大获：大肆劫掠。 ②褚师定子：褚师比之父。 ③平庄：陵墓名。 ④皋如：越臣。 ⑤申开守陴：郭门、城门、城上女墙、内门都一齐大开。 ⑥期：司徒期。 ⑦夫人：期之姊。 ⑧六卿三族降听政：六卿指右师、左师、司马、司徒、司城、司寇。三族指皇、灵、乐。降听政，共同听政。 ⑨因大尹以达：通过大尹上达。大尹，国君近官。 ⑩不告：不向宋景公报告。 ⑪使盈其罪：使其罪恶满盈。 ⑫重而无基：权势重而无根基。 ⑬敝：败。 ⑭空泽：在今河南虞城县南。 ⑮辛巳：初四日。 ⑯连中：馆名。 ⑰千甲：甲士千人。 ⑱沃宫：宋都内宫名。 ⑲六子：六卿。 ⑳下：下邑。 ㉑画：谋划。 ㉒少寝：即小寝，为诸侯退朝后燕息之处。 ㉓大宫：宋国祖庙。 ㉔北首：头朝北，死象。卢门：宋国东门。 ㉕集：栖止。 ㉖咮（zhòu）：鸟嘴。 ㉗桐门：北门。 ㉘唐盂：宋都远郊地名。 ㉙子潞：司城乐茷。 ㉚无别：与他人无区别。 ㉛施于大尹：施罪于大尹。 ㉜子赣：即子贡。 ㉝孙：通"逊"，逃。 ㉞宛濮之盟：事见僖公二十八年。 ㉟夷仪之盟：在襄公二十六年。 ㊱无竞惟人，四方其顺之：句出《周颂·烈文》。意为莫强于得到人才，四方才会归顺。 ㊲国于何有：言得国不难。

【译文】

二十六年夏季五月，鲁国的叔孙舒率军会合越国的皋如、舌庸、宋国的乐茷，护送卫出公回国。公孙弥牟也想接纳出公。公文懿子说："国君刚愎而暴虐，他回国不久，就一定会残害百姓，到那时百姓就会拥护您了。"越军入侵外州，大肆抢劫一番。卫军出来抵抗，结果大败。出公把褚师比的父亲褚师定子的坟墓掘了，并在平庄上将棺材焚烧。

公孙弥牟派王孙齐私下去问皋如："阁下是想灭亡卫国呢？还是要送国君回国即位呢？"皋如说："寡君的命令没有其他意思，就是要护送卫君回国。"弥牟便把大家召集起来征求意见说："国君率领蛮夷之国的军队攻打国家，国家几乎要濒于灭亡了。请求大家接纳国君回国吧。"众人都说："不能接纳。"弥牟说："如果我逃亡对大家有好处的话，请允许我从北门出去。"众人都说："不让你出去。"于是弥牟就重重地贿赂越国人，并打开各道城门接纳出公，出公吓得不敢入城。越军回去。卫国立了悼公为君，由公孙弥牟辅佐。卫国把城钽一地送给了越国。卫出公说："是司徒期造成了这种局面。"下令对夫人有怨恨的宫女，可以对她进行报复。司徒期到越国聘问，出公带人攻打他并夺了他携带的聘礼。司徒期把此事报告了越王，越王下令再夺回来。司徒期率领士卒又从出公手里夺了回来。出公非常愤怒，就杀了司徒期的外甥，也就是太子。后来卫出公就死在越国。

宋景公没有儿子，把公孙周的儿子得与启要来养在宫中，但没有确定立谁为太子。这时，皇缓任右师，皇非我任大司马，皇怀任司徒，灵不缓任左师，乐茷任司城，乐朱钽任大司寇。宋国由皇、灵、乐三大家族的六卿共同执政，通过大尹向景公报告。大尹常常不向景公报告，却按照自己的想法假托君命发号施令。国人很厌恶他。司城打算除掉大尹，左师说："让他继续胡作非为，便使其恶贯满盈。权势再大，如果没有雄厚的根基，能不毁坏吗？"

冬季十月，宋景公在空泽游玩。四月，死在连中。大尹带着空泽的甲兵上千人，护送景公的灵枢从空洞回到沃宫。并派人召请六卿说："听说下面有的城邑发动了叛乱，国君请六卿前来谋划。"六卿来到后，大尹以武力威胁他们说："国君有了重病，请几位盟誓。"就在小寝的院子里盟誓说："不做危害公室之事！"大尹立了启为新君，然后才把棺材安放到祖庙中，三天以后国人才知道景公已经死了。司城茷派人在都城到处散布说："大尹蛊惑国君，专权跋扈。现在国君无病而死，死了他又秘不发丧。这没有别的原因，是大尹杀了国君无疑。"

得有一次楚见启头朝北睡在宋都东门庐门之外，自己则变成一只乌鸦落在他身上，嘴巴放在南门上，尾巴伸到桐门上。醒来后他说："我这个梦很好，一定能被立为国君。"

大尹和党羽商量说："以前我没有参加少寝之盟，恐怕他们几个人要驱逐我，我再和他们结盟吧！"便让祝史起草了盟书。当时六卿都在宋郊唐盂，准备和大尹结盟。祝史襄带着起草的盟书来告诉皇非我。皇非我便和乐茷、门尹得、左师商量："百姓拥护我们，要不要把大尹赶走呢？"都回去把武器发给士卒，让他们在城内到处巡逻说："大尹蛊惑国君，欺凌公室。愿意帮助我们，就是解救国君。"众人都说："愿意帮助你们！"大尹也到处宣传说："乐氏、皇氏准备危害公室，谁要跟着我，就不必再发愁不能富贵。"众人说："这话和国君的话一样！"乐氏和皇氏准备发兵攻打新君启，乐得说："不能这么做。

因为大尹欺凌国君所以才有了罪。我们攻打国君，罪过不就更大吗？"于是让国人把罪过都归到大尹身上。大尹事奉启逃到了楚国，宋国人便立了得为君。司城做了上卿，然后六卿一同盟誓说："三族共同执政，不要互相危害！"

卫出公从城锄派人送给子贡一把弓，并问："我还能回国即位吗？"子贡叩头接受了弓，回答说："我无法预料此事。"但私下对使者说："从前卫成公逃亡陈国的时候，宁武子、孙庄子曾在宛濮结盟后护送成公回国。献公逃到齐国时，子鲜、子展在夷仪结盟后护送献公回国。现在国君是第二次逃亡了，既没有听说国内有献公那样的亲信为他奔命，也没有听说国外有成公那样的忠臣为他效力，我不知道他能依靠什么回国即位。《诗经》说：'得到人才便能强大，四方也随之而归顺。'假如能得到这样的人协助，四方又把他作为主人对待，取得国家还有什么困难呢？"

哀公二十七年

传　二十七年春，越子使舌庸来聘，且言邾田，封于骀上①。

二月，盟于平阳②。三子皆从③。康子病之，言及子赣，曰："若在此，吾不及此夫。"武伯曰："然。何不召？"曰："固将召之。"文子曰："他日请念。"

夏四月己亥④，季康子卒。公吊焉，降礼⑤。

晋荀瑶帅师伐郑，次于桐丘⑥。郑驷弘请救于齐。齐师将兴，陈成子属孤子⑦，三日朝。设乘车两马，系五邑焉⑧。召颜涿聚之子晋⑨，曰："隰之役，而父死焉。以国之多难，未女恤也。今君命女以邑也，服车而朝，毋废前劳。"乃救郑。及留舒⑩，违谷七里⑪，谷人不知。及濮，雨，不涉。子思曰⑫："大国在敝邑之宇下⑬，是以告急。今师不行，恐无及也。"成子衣制⑭，杖戈，立于阪上⑮，马不出者，助之鞭之。知伯闻之，乃还，曰："我卜伐郑，不卜敌齐。"使谓成子曰："大夫陈子，陈之自出。陈之不祀，郑之罪也。故寡君使瑶察陈衷焉⑯。谓大夫其恤陈乎？若利本之颠⑰，瑶何有焉？"成子怒曰："多陵人者皆不在⑱，知伯其能久乎？"

中行文子告成子曰⑲："有自晋师告寅者，将为轻车千乘，以厌齐师之门，则可尽也。"成子曰："寡君命恒曰：'无及寡⑳，无畏众。'虽过千乘，敢辟之乎？将以子之命告寡君。"文子曰："吾乃今知所以亡。君子之谋也，始衷终皆举之㉑，而后入焉㉒。今我三不知而入之，不亦难乎？"

公患三桓之侈也㉓，欲以诸侯去之。三桓亦患公之妄也，故君臣多间㉔。公游于陵阪㉕，遇孟武伯于孟氏之衢，曰："请有问于子，余及死乎㉖？"对曰："臣无由知之。"三问，卒辞不对。公欲以越伐鲁，而去三桓。秋八月甲戌㉗，公如公孙有陉氏㉘，因孙于邾，乃遂如越。国人施公孙有山氏㉙。

悼之四年㉚，晋荀瑶帅师围郑。未至，郑驷弘曰："知伯愎而好胜，早下之㉛，则可行也。"乃先保南里以待之㉜。知伯入南里，门于桔柣之门。郑人俘酅魁垒㉝，赂之以知政㉞，闭其口而死。将门，知伯谓赵孟："入之。"对曰："主在此㉟。"知伯曰："恶而无勇㊱，何以为子㊲？"对曰："以能忍耻，庶无害赵宗乎！"知伯不悛，赵襄子由是惎知伯㊳，遂丧之。知伯贪而愎，故韩、魏反而丧之。

【注释】

①封于驼上：以驼上作为邾、鲁疆界。　②平阳：即今山东邹县。　③三子：指季康子、叔孙文子、孟武伯。　④己亥：二十五日。　⑤降礼：礼仪减等。　⑥桐丘：在今河南扶沟县西。　⑦属孤子：集合为国战死者的儿子。　⑧系五邑：将策书放在五个袋子里。邑，即橐，书囊。　⑨颜涿聚：即颜庚。　⑩留舒：在今山东东阿县旧治东北。　⑪违：离。　⑫子思：国参。　⑬大国：指晋。　⑭衣制：穿着雨衣。　⑮阪：山坡。　⑯察陈衷：调查陈国灭亡的内情。衷，同"中"。　⑰利本之颠：以树干的倾覆为利。　⑱不在：无好结果。　⑲中行文子：荀寅，此时奔在齐。　⑳及：打击。　㉑举：谋。　㉒人：上告而实行。　㉓侈：威胁。　㉔多间：隔阂多。　㉕陵阪：相传黄帝陵、少皞陵在曲阜城东北，陵阪即此地。　㉖死：指寿终而死。　㉗甲戌：初一日。　㉘公孙有陉：即公孙有山。　㉙施：勐捕。　㉚悼：鲁悼公，名宁，哀公之子。　㉛下之：向他表示屈服。　㉜南里：在郑城外。　㉝酅魁垒：晋士。　㉞知政：郑卿。　㉟主：指知伯。　㊱恶：貌丑。　㊲为子：立为继承人。　㊳惎：嫉恨。

【译文】

二十七年春季，越王派舌庸来鲁国聘问，同时谈及鲁国侵占邾国的土地一事，商定以驼上作为鲁、邾两国的疆界。

二月，两国在平阳结盟。当时季康子、叔孙文子、孟孺子都随哀公去了。季康子很忧虑，说起子贡时，他说："如果子贡在这里，我们就不会和越国结盟。"孟孺子说："对。怎么不把子贡找来？"季康子说："本来是准备让他来的。"叔孙文子说："但愿以后也能想起他。"

夏季四月二十五日，季康子去世。哀公前往吊唁，但使用的礼仪降了一级。

晋国的荀瑶领兵攻打郑国，驻扎在桐丘。郑国的子般到齐国请求救兵。齐军准备出发时，陈常把以前战死疆场的将领们的儿子召集起来，用三天时间接见了他们。当时旁边停着一辆由两匹马拉着的车子，车上有五个口袋中分别装着策书。陈常召见颜涿聚的儿子晋，说："隰地之战中你的父亲壮烈殉国。因为国家多灾多难，没有给你以更多的关怀。现在国君把这座城邑封给你，你赶快乘这辆车去朝见，以免废弃了你父亲的功劳。"然后便出兵救郑。越过留舒，过了谷地七里之后，谷地人还没有察觉。到达濮地时，遇到大雨，军队不肯渡河。子思对齐军说："晋国已经来到我国的屋檐底下，所以才向贵国告急。现在军队停滞不前，恐怕就来不及了。"陈常穿上雨衣手拿长戈当做拐杖，立在坡上，凡是战马不肯向前的，就亲自拉马或用戈打马。荀瑶得知这一消息后，决定回国。他说："我只占卜了攻打郑国，并没有占卜要和齐军作战。"并派人对陈常说："陈大夫您出身陈国，陈国之所以遭到灭亡，就是由于郑国引起的，所以寡君派我前来考察陈国灭亡的原因。我想问问阁下，难道您就丝毫不关心陈国的命运吗？假如您认为颠覆陈国对您有利，我还操这个心干什么？"陈常生气地说："经常欺压别人的人必然没有好结果，荀瑶难道能长久吗？"

流亡齐国的荀寅对陈常说："有人从晋军中告诉我，他们准备使用一千辆轻型战车攻打齐军的营门，这样就很可能会使齐军全军覆没。"陈常说："寡君曾命令我：'不要攻击小股敌人，不要畏惧大批敌人。'即使晋军战车超过一千辆，我敢逃避吗。我将把您的话转告寡君。"荀寅感叹地说："现在我才明白自己为什么会逃亡在外了。君子计划一件事，一定要对开始、发展和结局都考虑到，才能向国君报告。现在我对这三点都没有考虑就盲目地报告了，怎么能不碰壁呢？"

哀公对叔孙、季孙、孟孙三家的威胁感到头痛，准备依靠诸侯把他们除掉。这三家也对哀公的狂妄昏乱感到不安，因此君臣之间的隔阂越来越严重。有一次，哀公在陵阪游玩，在孟氏之衢遇到孟武伯，对他说："我想请教阁下，我能得以善终吗？"孟武伯回答说："臣无可奉告。"哀公一连问了三次，武伯始终不回答。哀公准备利用越国攻打鲁国来除掉三族。秋季八月一日，哀公到了公孙有陉家，乘机悄悄地逃到邾国，随后又到了越国。国人都归罪于公孙有陉氏。

鲁悼公四年，晋国的荀瑶率军围攻郑国。还没有到达，郑国的子般说："荀瑶刚愎自用而又急于求胜，不如趁早投降，以便让他早点退兵。"于是先到南里守护，等待晋军的到来。荀瑶到了南里，攻打桔柣之门，郑国人俘虏了鄢魁垒，以让他做郑国的卿相引诱，他不同意，郑国人便塞住嘴将其杀害。准备攻打城门时，荀瑶对赵无恤说："你进去吧！"赵无恤说："有主帅在这里。"荀瑶嘲讽赵无恤："你丑陋而又缺乏勇气，为什么把你立为继承人呢？"赵无恤回答说："因为我能忍气吞声，也许这样才不致招致祸患吧！"荀瑶不肯改悔，赵无恤从此开始嫉恨荀瑶。荀瑶准备灭掉赵无恤。由于荀瑶一向贪婪而刚愎，韩、魏反而联手将荀瑶灭亡了。